# 消防车辆装备故障维修

## 500 例

国家消防救援局 编

应急管理出版社

·北 京·

**图书在版编目（CIP）数据**

消防车辆装备故障维修500例 / 国家消防救援局编. -- 北京：应急管理出版社，2023

ISBN 978-7-5020-9801-8

Ⅰ.①消… Ⅱ.①国… Ⅲ.①消防汽车—维修—案例 Ⅳ.①U469.6

中国版本图书馆CIP数据核字（2022）第232609号

**消防车辆装备故障维修500例**

| | |
|---|---|
| **编　　者** | 国家消防救援局 |
| **责任编辑** | 徐　静 |
| **责任校对** | 李新荣　孔青青 |
| **封面设计** | 罗针盘 |
| **出版发行** | 应急管理出版社（北京市朝阳区芍药居35号　100029） |
| **电　　话** | 010-84657898（总编室）　010-84657880（读者服务部） |
| **网　　址** | www.cciph.com.cn |
| **印　　刷** | 北京盛通印刷股份有限公司 |
| **经　　销** | 全国新华书店 |
| **开　　本** | 787mm×1092mm $^{1}/_{16}$　**印张**　39 $^{1}/_{4}$　**字数**　939千字 |
| **版　　次** | 2023年11月第1版　2023年11月第1次印刷 |
| **社内编号** | 20221569　　**定价**　219.00元 |

# 编　委　会

**主　　编**　周　天

**副 主 编**　张全灵　东靖飞　李　翔　李云浩　陈智慧　肖　磊

**编写人员**（按姓氏笔画为序）

王吉山　亓廷顺　宁　晨　苏杞停　李　晶　李　翔

李云浩　张保国　张晓明　陈　方　陈　斌　陈智慧

欧阳利　季　成　屈天翊　赵洪兵　袁　国　钱　铖

钱恒宽　徐蕴颢　常　松　韩晓龙　程杨栋　魏兴雷

# 前　言

《消防车辆装备故障维修500例》编写工作历时4年，经多次研究修改即将付梓。这是国家综合性消防救援队伍组建以来消防装备维修技术理论研究和实践探索中的一件大事。

2018年11月9日，习近平总书记向国家综合性消防救援队伍授旗并致训词，中国消防翻开了崭新的一页。以习近平新时代中国特色社会主义思想为指引，深入贯彻落实重要训词精神和应急管理部党委的部署要求，忠诚担当“主力军和国家队”职责，切实履行“全灾种、大应急”使命，成为全队伍各条战线认真研究和创新实践的重大课题。消防装备是灭火作战和应急救援的重要物质保证，消防装备维护维修关系到消防装备作战效能，关系到队伍战斗力，关系到消防员生命安全。立足实战深入研究消防装备维修技术理论，结合实际推动消防装备故障诊断排除能力，具有十分重要的现实意义。

2019年以来，应急管理部原消防救援局会同北京市消防救援总队，在完成承担的科技计划项目研究成果的基础上，系统汇总分析总队维修中心消防车辆装备维修的第一手资料，总结提炼消防装备战线同志们几十年的车辆维修经验，认真编写了《消防车辆装备故障维修500例》。本书以一案一例的方式，客观表述了待修消防车辆装备故障诊断、故障排除的过程，分析讨论了故障发生的可能原因，对消防车辆装备的设计生产、操作使用、维护保养等环节提出了改进建议。

本书按照实战中使用的消防车分类，根据消防车构造性能特点，以消防车底盘维修作为全书的开篇，进而分别对灭火类、举高类、专勤类、战保类消防车的维修技术进行讨论，并将车载消防器材维修作为拓展内容，形成了较为系统的体系。在篇章上，各章均以车辆基本信息、故障基本情况、故障检查与排除、故障评析和改进建议为体例，体现了从实际出发的理念。本书共五篇：第一篇消防车底盘故障维修典型案例，涵盖了发动机、传动系统、行驶系统、转向系统、制动系统、取力器系统、驾乘室和电气控制系统等关键总成的维修案例157个；其中第一章由张晓明编写，第二章由李云浩编写，第三、四章由陈智慧编写，第五、六章由李翔、欧阳利编写，第七章由张保国编写，第八章由韩晓龙、赵洪兵编写。第二篇灭火类消防车故障维修典型案例，重点介绍了消防泵、管路与阀门、灭火剂容罐、消防炮及水枪系统、乘员室及器材厢、照明与警报系统、电气系统与控制系统等上装部分维修案例 119 个；其中第九章由常松编写，第十章由屈天翊编写，第十一章由韩晓龙、赵洪兵编写，第十二、十三章由韩晓龙编写，第十四章由袁国、王吉山编写，第十五章由徐蕴颢编写，第十六章由张保国、钱恒宽编写。第三篇举高类消防车故障维修典型案例，侧重介绍了支腿系统、转台系统、臂架（梯架）系统、工作斗（滑车）系统、消防系统、液压系统、电气系统与控制系统等重要系统总成的维修案例 138 个；其中第十七章由欧阳利编写，第十八章由宁晨、陈斌编写，第十九章由李晶编写，第二十章由袁国编写，第二十一章由程杨栋、陈智慧编写，第二十二章由苏杞停、陈智慧编写，第二十三章由袁国、王吉山编写，第二十四章由张保国、钱恒宽编写。第四篇专勤类和战保类消防车故障维修典型案例，涉及抢险救援消防车、供气消防车、供液消防车、排烟消防车、远程供水消防车、消防摩托车及消防机器人等车辆装备维修案例 34 个；其中第二十五、二十六章由陈方编写，第二十七章由魏兴雷、亓廷顺编写。第五篇车载消防器材故障维修典型案例，包括灭火器具、抢险救援器具、防护器具等消防器材维修案例 80 个；其中第二十八章由季成编写，第二十九章由钱铖编写，第三十章由宁晨编写。本书还对同批次同类型和不同批次同类型装备的相似维修案例进行了合并，使内容更加精练、准确，提高了使用人员检索、查询的效率。

工作中，坚持以编为纲、以审为本、以研为要的原则，在完成初稿之后三年多的时间内，国家消防救援局多次组织队伍内外专家、技术人员研究讨论、精选案例、补充图片，进一步明确了主题、梳理了脉络、完善了内容，使得案例更加科学、严谨和丰富，更加深入浅出和便于学用。

本书对消防装备维修技术的实证研究，是对消防装备理论体系的丰富发展，以案例示教、促学的编写方式，对消防装备采购验收、操作使用和维护维修具有更高的参考价值，希望进一步激发队伍各级装备技术人员的主动性和创造性。

虽然编写组对文稿和图片中的企业信息进行了隐藏处理，但是难免出现遗漏。需要说明的是：车辆出现故障的原因是多方面的，既有生产制造方面的，也有使用和维护维保方面的；某型车辆装备维修案例的多寡，并不代表该型产品本身质量的优劣，也许说明这一型号车辆装备在消防救援队伍的配备数量规模较大，或者某一企业提供的案例素材较多，或者只是编者恰巧收集了这一典型案例。

本书由国家消防救援局编，应急管理部消防产品合格评定中心张杰先生、姜红女士、黄敦奕先生，山东省自然灾害应急救援中心张俊杰先生、刘磊先生，三一集团有限公司副总裁谢志霞先生，四川川消消防车辆制造有限公司总经理胡勇先生，北京中卓时代消防装备科技有限公司总经理魏平涛先生，徐工消防安全装备有限公司技术经理张勇先生，中汽北消（北京）应急装备科技有限公司董事长王云厅先生，北京綦齿机电有限公司技术总监刘成志先生，捷达消防科技（苏州）股份有限公司技术中心主任李家欣先生，济南卢博消防技术有限公司董事长王勃先生、技术总监邵大泉先生，大连新大力进出口有限公司销售总经理张波先生、技术总经理刘卫东先生、技术部部长树忠军先生，香港天泰国际贸易有限公司总经理张静女士，马基路斯（中国）有限公司副总经理孟佳祥先生等提供了部分案例，并参加了定稿讨论，对本书编写给予了大力协助，在此表示感谢。

由于编者水平有限，本书一定存在不少缺点和错误，欢迎批评指正，以便再版时改进。

编　者

2023 年 8 月

# 目　　录

## 第一篇　消防车底盘故障维修典型案例


第一章　发动机故障分析与排除……003

案例 1　发动机进水损坏……003
案例 2　发动机拉缸……004
案例 3　发动机缸垫损坏缸体渗油……005
案例 4　发动机配气机构气门故障……006
案例 5　空气滤清器外壳碎裂……007
案例 6　空气滤清器滤芯损坏……008
案例 7　燃油系统油水分离器故障……009
案例 8　进油管路弯折致进油不畅……010
案例 9　发动机燃油滤芯堵塞……011
案例 10　燃油散热器电子风扇损坏……012
案例 11　燃油箱接口部位密封垫圈损坏……013
案例 12　燃油箱破损漏油……014
案例 13　燃油箱液位传感器故障……015
案例 14　燃油箱托底变形……016
案例 15　发动机油底壳放油螺母与底座脱离……016
案例 16　发动机冷却液泵渗漏……017
案例 17　发动机冷却液管破裂……018
案例 18　发动机散热器风扇皮带磨损……019
案例 19　发动机散热器风扇脱落……020
案例 20　发动机散热器风扇硅油离合器故障……021
案例 21　启动机故障引起发动机不能启动……022
案例 22　车载发电机排气管锈蚀断裂……023
案例 23　发动机进气系统涡轮增压器损坏……024
案例 24　发动机废气再循环系统电控气缸阀门碟片卡滞……026
案例 25　发动机尾气净化系统配量阀堵塞……027
案例 26　发动机尾气净化系统尿素喷嘴堵塞……028
案例 27　发动机尾气净化系统尿素管路堵塞……029

案例 28 发动机尾气净化系统尿素管路渗漏 …… 030
案例 29 尿素箱液位传感器故障 …… 031
案例 30 底盘仪表盘供电线路短路 …… 032
案例 31 发动机控制模块电路板短路烧毁 …… 033
案例 32 上装系统发动机转速监测失效 …… 034
案例 33 发动机控制模块电源继电器损坏 …… 035
案例 34 供气管路和供电线束受高温炙烤损坏 …… 036
案例 35 空调压缩机偏位致驱动皮带脱落 …… 037
案例 36 空调制冷系统蒸发器故障 …… 038
案例 37 行车托底致部件损坏 …… 039
案例 38 发动机冒黑烟之柴油质量差 …… 040
案例 39 发动机冒黑烟之空气滤芯堵塞 …… 042

**第二章 传动系统故障分析与排除 …… 044**

案例 40 手动变速箱换挡连杆机构松旷 …… 044
案例 41 手动变速箱换挡手柄断裂脱落 …… 045
案例 42 手动变速箱换挡机构断裂 …… 046
案例 43 手动变速箱换挡气路控制模块锈蚀损坏 …… 047
案例 44 自动变速箱挡位故障 …… 048
案例 45 变速箱主轴导向轴承损坏 …… 049
案例 46 夹心式取力器漏装一轴轴承 …… 050
案例 47 自动变速箱控制模块故障 …… 050
案例 48 电子挡位信号线损坏 …… 051
案例 49 自动变速箱控制模块故障 …… 053
案例 50 换挡控制面板故障 …… 053
案例 51 离合器片异常磨损 …… 054
案例 52 电液离合器故障 …… 055
案例 53 离合器分泵控制阀损坏 …… 056
案例 54 离合器分离轴承套损坏 …… 057
案例 55 离合器分泵脱落 …… 058
案例 56 离合器分泵漏气 …… 059
案例 57 离合器总泵密封圈破损失效 …… 060
案例 58 离合器总泵活塞磨损 …… 060
案例 59 传动轴断裂脱节 …… 062
案例 60 传动轴伸缩节花键轴脱落 …… 063
案例 61 传动轴吊挂轴承损坏 …… 064
案例 62 传动轴异响 …… 065
案例 63 消防泵传动轴万向节断裂 …… 066
案例 64 消防泵传动轴异响 …… 066

案例 65　差速器半轴断裂 …… 068

第三章　行驶系统故障分析与排除 …… 070

案例 66　后桥钢板弹簧吊耳轴销断裂 …… 070
案例 67　后桥悬架钢板弹簧断裂 …… 071
案例 68　后桥双侧悬架钢板弹簧断裂 …… 072
案例 69　后桥悬架固定销断裂 …… 073
案例 70　轮毂连接螺栓松动、断裂 …… 074
案例 71　轮毂连接螺栓脱落 …… 075
案例 72　车轮轮轴轴头损坏 …… 075
案例 73　车轮轮毂发热 …… 076
案例 74　前轮轮胎爆裂 …… 077
案例 75　轮胎过度磨损 …… 078
案例 76　轮胎亏气爆胎 …… 079
案例 77　后轮轮胎碾压异物受损 …… 080
案例 78　后轮轮胎内侧磨损 …… 081
案例 79　轮胎胎冠表面竖向切割损坏 …… 082
案例 80　同轴轮胎向左侧移位 …… 083
案例 81　前轮轮胎内侧磨损严重 …… 084

第四章　转向系统故障分析与排除 …… 085

案例 82　方向盘气动调节开关锁止阀漏气 …… 085
案例 83　转向机损坏 …… 086
案例 84　转向机构锈蚀 …… 087
案例 85　方向盘旷动 …… 088
案例 86　转向灯不亮 …… 089

第五章　制动系统故障分析与排除 …… 090

案例 87　空压机（气泵）总成损坏 …… 090
案例 88　空压机（气泵）主气管破裂 …… 091
案例 89　空气干燥罐总成阀体漏气 …… 092
案例 90　空气处理系统回路保护阀体总成漏气 …… 093
案例 91　空气干燥器清洗阀阀体漏气 …… 094
案例 92　气压表压力不足报警 …… 095
案例 93　气路系统大面积漏气 …… 096
案例 94　底盘储气罐出现磨损 …… 097
案例 95　制动系统（BS）报警 …… 098
案例 96　制动分泵漏气 …… 098
案例 97　制动分泵与驾驶室倾翻油缸剐蹭 …… 099

案例 98 制动蹄与制动毂间隙变大 …… 100
案例 99 制动蹄片损坏 …… 101
案例 100 制动盘异常高温 …… 102
案例 101 刹车片磨损严重 …… 103
案例 102 主制动力不足 …… 104

**第六章 取力器系统故障分析与排除** …… 106

案例 103 取力器传动轴断裂 …… 106
案例 104 取力器温度传感器安装错误 …… 107
案例 105 取力器气控元件漏气造成泵挡不能接合 …… 108
案例 106 自动变速箱取力器损坏 …… 109
案例 107 液压接合式取力器控制模块至电磁阀线束虚接 …… 110
案例 108 取力器电磁阀内部断路 …… 111
案例 109 取力器控制模块不得电 …… 112
案例 110 取力器工作逻辑软件无法读取 …… 113

**第七章 驾乘室故障分析与排除** …… 115

案例 111 驾乘室车门位置线束腐蚀断裂 …… 115
案例 112 驾乘室车门开关和玻璃升降困难 …… 116
案例 113 驾乘室车门限位器损坏 …… 116
案例 114 驾驶室车门门锁锁钩无法开启 …… 117
案例 115 乘员室车门铰链变形 …… 118
案例 116 驾乘室玻璃升降滑块损坏 …… 119
案例 117 驾乘室玻璃升降器从动齿轮破裂脱落 …… 120
案例 118 驾乘室玻璃升降器软轴导向套损坏 …… 121
案例 119 驾乘室玻璃升降器软轴导向固定支架破碎 …… 121
案例 120 驾驶室玻璃升降器驱动电机断路 …… 123
案例 121 驾乘室手动玻璃升降器扇形从动齿轮磨损 …… 124
案例 122 乘员室玻璃升降摇柄与空气呼吸器固定架手柄干涉 …… 125
案例 123 驾乘室倾翻电动泵损坏 …… 126
案例 124 驾乘室倾翻液压泵输出压力不足 …… 127
案例 125 乘员室后排座椅底板断裂 …… 127
案例 126 驾乘室倾翻液压泵固定支架断裂 …… 128
案例 127 驾乘室整体偏移及减震器断裂 …… 129
案例 128 驾乘室倾翻后无法回位 …… 130
案例 129 驾乘室无法举升 …… 131
案例 130 驾乘室倾翻油缸下支耳脱离支撑轴 …… 132
案例 131 驾乘室底部外侧与车厢信号灯支架剐蹭 …… 133
案例 132 后视镜剐蹭损坏 …… 134

案例 133　驾乘室顶部防爆网脱落 …… 135
案例 134　乘员室踏板断裂 …… 135
案例 135　驾驶位座椅调节气路损坏 …… 136
案例 136　乘员室后排座椅安全带插扣壳体损坏 …… 138
案例 137　空调风机轴承锈蚀 …… 139
案例 138　驾乘室空调冷凝器散热风扇插头脱落 …… 140
案例 139　空调冷凝器和发动机散热器被覆盖堵塞 …… 141
案例 140　空调风机调速电阻故障 …… 141
案例 141　驾驶室与独立乘员室共用底盘空调导致制冷效果差 …… 142
案例 142　保险盒进水导致空调不工作、车辆无法熄火 …… 143
案例 143　驾乘室放回时压坏换挡手柄底座 …… 144
案例 144　乘员室门把手断裂 …… 146
案例 145　驾乘室倾翻液压油缸漏油 …… 146
案例 146　驾驶室倾翻操作不当导致砸坏风挡玻璃 …… 148

**第八章　电气控制系统故障分析与排除** …… 150

案例 147　发动机控制模块故障 …… 150
案例 148　半自动智能换挡变速箱换挡电控单元故障 …… 151
案例 149　半自动智能换挡变速箱电控换挡系统程序故障 …… 152
案例 150　模块化开关面板故障 …… 153
案例 151　蓄电池外接线缆烧毁 …… 154
案例 152　蓄电池主线缆接头腐蚀损坏 …… 155
案例 153　蓄电池极柱连接导线腐蚀损坏 …… 156
案例 154　蓄电池及线路烧损 …… 157
案例 155　上装电路短路导致整车无电 …… 158
案例 156　侧标志灯灯座腐蚀严重 …… 159
案例 157　蓄电池结冰 …… 160

**第二篇　灭火类消防车故障维修典型案例**

**第九章　消防泵故障分析与排除** …… 163

案例 158　水罐消防车水泵机械式轴封损坏 …… 163
案例 159　水罐消防车水泵橡胶轴封损坏 …… 164
案例 160　水罐消防车水泵增速齿轮箱冷却水管冻裂 …… 165
案例 161　水罐消防车水泵传动轴轴承缺油烧损 …… 166
案例 162　泡沫消防车水泵稳压控制模块故障 …… 167
案例 163　泡沫消防车水泵压力表不工作 …… 168

案例 164　泡沫消防车水泵齿轮箱输入轴轴承损坏 …… 169
案例 165　泡沫消防车水泵温度传感器故障 …… 170
案例 166　泡沫消防车水泵超温保护泄水阀损坏 …… 171
案例 167　泡沫消防车水泵轴制动机构故障 …… 172
案例 168　泡沫消防车真空泵吸气阀漏气 …… 173
案例 169　泡沫消防车真空泵驱动故障 …… 174
案例 170　泡沫消防车真空泵保险烧蚀 …… 174
案例 171　压缩空气泡沫消防车泡沫液泵电磁开关和电源线损坏 …… 176
案例 172　压缩空气泡沫消防车泡沫液泵锈蚀损坏 …… 177
案例 173　压缩空气泡沫消防车泡沫液泵被异物堵塞 …… 178
案例 174　压缩空气泡沫消防车泡沫液真空泵叶轮变形卡滞 …… 179
案例 175　压缩空气泡沫消防车挂泵挡后水泵不转 …… 181

**第十章　管路与阀门故障分析与排除** …… 183

案例 176　水罐消防车水罐至水泵管路阀门损坏 …… 183
案例 177　水罐消防车水罐至水泵管路气动阀关闭不严 …… 184
案例 178　水罐消防车水罐至水泵管路阀门气动执行器损坏 …… 185
案例 179　泡沫消防车水罐至水泵管路阀门无法打开 …… 185
案例 180　泡沫消防车水泵至水罐注水管路气动阀门卡滞 …… 187
案例 181　水罐消防车吸水管断裂 …… 188
案例 182　水罐消防车水泵吸水管路固定不牢 …… 189
案例 183　泡沫消防车水泵进出水管路焊接处漏水 …… 189
案例 184　水罐消防车水泵吸水口接口及闷盖损坏 …… 190
案例 185　水罐消防车水泵出水止回阀法兰接口断裂 …… 191
案例 186　水罐消防车水泵出水止回阀法兰漏水 …… 192
案例 187　水罐消防车水泵上出水管路法兰漏水 …… 193
案例 188　水罐消防车水泵上出水管路蝶阀处漏水 …… 194
案例 189　水罐消防车水泵侧出水管路阀门无法打开 …… 195
案例 190　水罐消防车水泵侧出水管路阀门连接法兰漏水 …… 196
案例 191　水罐消防车侧出水管路阀门无法打开 …… 196
案例 192　水罐消防车水泵侧出水管路阀门关闭不严 …… 197
案例 193　水罐消防车水泵侧出水口漏水 …… 198
案例 194　水罐消防车水泵出水止回阀故障 …… 199
案例 195　水罐消防车高压水枪和软管冻裂 …… 201
案例 196　水罐消防车耦合供水系统故障 …… 201
案例 197　水罐消防车水泵至水罐注水管路柔性连接器破裂 …… 203
案例 198　泡沫消防车水泵侧管路出水阀门漏水 …… 204
案例 199　泡沫消防车出水闷盖打开困难 …… 204
案例 200　泡沫消防车水泵至水罐注水阀冻裂 …… 205

案例 201　压缩空气泡沫消防车水炮出水管路球阀故障 …… 206
案例 202　压缩空气泡沫消防车侧出水管球阀和接口损坏 …… 207
案例 203　压缩空气泡沫消防车泡沫液管路堵塞 …… 208
案例 204　压缩空气泡沫消防车泡沫液泵吸液管脱落 …… 209
案例 205　干粉消防车出粉管路漏气和干粉枪卷盘电机无动作 …… 210

**第十一章　灭火剂容罐故障分析与排除** …… 212

案例 206　水罐消防车水罐与管路结冰 …… 212
案例 207　水罐消防车水罐漏水 …… 213
案例 208　水罐消防车水罐注水管损坏 …… 213
案例 209　水罐消防车水罐放水阀冻裂 …… 215
案例 210　泡沫消防车水罐溢流阀损坏 …… 216
案例 211　泡沫消防车水罐外注水口球阀冻裂 …… 217
案例 212　泡沫消防车水罐出水口法兰漏水 …… 218
案例 213　泡沫消防车泡沫液罐防腐涂层脱落 …… 219
案例 214　泡沫消防车泡沫液罐呼吸阀腐蚀脱落 …… 220
案例 215　压缩空气泡沫消防车泡沫液罐罐顶漏液 …… 220
案例 216　压缩空气泡沫消防车泡沫液罐漏液 …… 222

**第十二章　消防炮及水枪系统故障分析与排除** …… 223

案例 217　水罐消防车车顶消防炮锈蚀卡死 …… 223
案例 218　水罐消防车车顶消防炮控制系统保险过载烧毁 …… 224
案例 219　泡沫消防车消防炮驱动电机进水腐蚀 …… 225
案例 220　泡沫消防车消防炮遥控驱动程序紊乱 …… 226
案例 221　泡沫消防车消防炮无线接收控制单元损坏 …… 227
案例 222　机场泡沫消防车消防炮运动编码器损坏 …… 228
案例 223　泡沫消防车消防炮控制手柄失灵 …… 229
案例 224　泡沫消防车消防炮俯仰电位器伸缩杆损坏 …… 230
案例 225　泡沫消防车消防炮控制模块保险烧断 …… 231
案例 226　泡沫消防车消防炮控制系统故障 …… 232
案例 227　泡沫消防车消防炮和升降灯组合遥控器损坏 …… 234
案例 228　泡沫消防车消防炮回转驱动齿轮损坏 …… 235

**第十三章　乘员室及器材厢故障分析与排除** …… 237

案例 229　水罐消防车乘员室空气呼吸器固定架锁止手柄无法锁止 …… 237
案例 230　泡沫消防车乘员室玻璃门破损 …… 238
案例 231　泡沫消防车器材厢电动卷帘门驱动齿轮损坏 …… 238
案例 232　水罐消防车器材厢卷帘门卡滞、损坏和脱落 …… 240
案例 233　水罐消防车器材厢卷帘门支撑导向轮丢失造成卷帘脱落 …… 241

案例 234 水罐消防车器材厢上翻门脱落 …… 243
案例 235 水罐消防车器材厢翻转踏板脱落 …… 244
案例 236 水罐消防车器材厢翻转踏板损坏 …… 244
案例 237 水罐消防车器材厢翻转踏板不能回位 …… 245
案例 238 水带敷设车器材厢翻转踏板铰链合页变形损坏 …… 246
案例 239 泡沫消防车器材厢平移式上开门连杆支架损坏 …… 247
案例 240 压缩空气泡沫消防车器材厢 A 类泡沫液罐支撑架变形 …… 248
案例 241 泡沫消防车器材厢底板加强板及放余水阀脱落 …… 250
案例 242 压缩空气泡沫消防车独立乘员室立板结构阻碍空气滤芯更换 …… 251
案例 243 泡沫消防车器材厢框架挡住空气滤清器 …… 251
案例 244 泡沫消防车驾驶室后侧面装饰盖板遮挡空气滤清器 …… 252
案例 245 水罐消防车车身和器材厢破损 …… 253

**第十四章 照明与警报系统故障分析与排除** …… 256

案例 246 水罐消防车警报器控制系统故障 …… 256
案例 247 压缩空气泡沫消防车尾灯总成故障 …… 257

**第十五章 电气系统与控制系统故障分析与排除** …… 258

案例 248 水罐消防车充气充电装置损坏 …… 258
案例 249 泡沫消防车电气线路线束烧毁 …… 259
案例 250 压缩空气泡沫消防车电控箱内电气元件和线路接头腐蚀 …… 260
案例 251 泡沫消防车车尾控制面板模块 CAN 总线短路 …… 261
案例 252 泡沫消防车气压传感器故障 …… 262
案例 253 泡沫消防车上装控制面板水泵加压控制器失灵 …… 264
案例 254 泡沫消防车水流量传感器故障 …… 265
案例 255 泡沫消防车尾显示屏视频线故障 …… 267
案例 256 泡沫消防车显示屏控制模块程序错误 …… 268
案例 257 泡沫消防车水罐至水泵管路阀门电磁阀岛故障 …… 269
案例 258 泡沫消防车泡沫液位传感器故障 …… 270
案例 259 泡沫消防车水泵电子真空压力表故障 …… 271
案例 260 泡沫消防车泡沫液计量控制阀故障 …… 272
案例 261 压缩空气泡沫消防车泵室控制面板操作失灵 …… 274
案例 262 压缩空气泡沫消防车空气压缩机控制单元故障 …… 275
案例 263 压缩空气泡沫消防车 CAFS 系统压缩空气气压不足 …… 277
案例 264 压缩空气泡沫消防车 CAFS 系统安全阀持续泄压 …… 278
案例 265 压缩空气泡沫消防车液位传感器故障 …… 279
案例 266 压缩空气泡沫消防车底盘搭电启动导致上装控制模块损坏 …… 281
案例 267 压缩空气泡沫消防车水泵智能压力控制器故障 …… 283
案例 268 泡沫消防车上装气动控制管路损坏 …… 284

第十六章 其他系统故障分析与排除…… 285

案例 269 机场泡沫消防车泡沫比例调节阀锈蚀 …… 285
案例 270 水罐消防车后操作水泵控制器油门无反应 …… 286
案例 271 泡沫消防车电磁阀组集成柜脱落 …… 287
案例 272 泡沫消防车泵室暖风机不工作 …… 288
案例 273 压缩空气泡沫系统空压机空气滤清器进气阀关闭不严 …… 289
案例 274 压缩空气泡沫消防车拉梯梯架翻转机构故障 …… 290
案例 275 压缩空气泡沫消防车翻转梯架拉梯固定支架撞坏 …… 292
案例 276 压缩空气泡沫消防车泡沫管路内液体异常 …… 293

## 第三篇 举高类消防车故障维修典型案例

第十七章 支腿系统故障分析与排除…… 297

案例 277 20 m 多功能登高平台消防车支腿操作不便…… 297
案例 278 30 m 云梯消防车支腿压力传感器故障…… 298
案例 279 30 m 云梯消防车第二节梯架定位锁止孔偏离托架定位销…… 300
案例 280 30 m 云梯消防车右前支脚撞坏…… 302
案例 281 30 m 云梯消防车支腿长度传感器故障…… 303
案例 282 37 m 云梯消防车支腿长度传感器故障…… 305
案例 283 53 m 云梯消防车支腿地面压力信号故障…… 307
案例 284 30 m 登高平台消防车一键伸出时支腿垂直油缸无动作…… 309
案例 285 40 m 登高平台消防车水平支腿伸缩油缸漏油…… 310
案例 286 51 m 登高平台消防车支腿底脚板被刮掉…… 311
案例 287 53 m 登高平台消防车调平传感器故障…… 312
案例 288 68 m 登高平台消防车支腿纵向调平传感器故障…… 314
案例 289 19 m 举高喷射消防车臂架角度编码器变形错位…… 315
案例 290 20 m 举高喷射消防车支腿伸展行程开关故障…… 316
案例 291 44 m 举高喷射消防车臂架托架的行车位置传感器保险烧断…… 318
案例 292 44 m 举高喷射消防车水平支腿液压先导单向阀先导压力设计过小 …… 319
案例 293 44 m 举高喷射消防车支腿电磁阀漏油…… 320
案例 294 48 m 举高喷射消防车支腿液压电磁阀组电磁阀线圈损坏…… 322
案例 295 48 m 举高喷射消防车左后支腿拉线位移传感器故障…… 323
案例 296 48 m 举高喷射消防车左前支腿拉线位移传感器损坏…… 325
案例 297 62 m 举高喷射消防车支腿全收传感器位置偏移…… 327

第十八章　转台系统故障分析与排除……329

案例 298　30 m 云梯消防车转台左右 2°倾斜传感器和调平传感器故障……329
案例 299　30 m 云梯消防车转台显示屏底座支架损坏……331
案例 300　30 m 云梯消防车转台驱动旋转角度编码器的皮带断裂……332
案例 301　30 m 云梯消防车转台回位传感器故障……334
案例 302　35 m 云梯消防车转台电磁控制阀故障……335
案例 303　37 m 云梯消防车转台左右 2°倾斜传感器故障……336
案例 304　40 m 登高平台消防车转台旋转角度编码器故障……337
案例 305　40 m 登高平台消防车中心回转体电路滑环断路……338
案例 306　40 m 登高平台消防车转台固定螺栓断裂……339
案例 307　53 m 登高平台消防车转台中心回转体 CAN 总线滑环隔板破损……341
案例 308　53 m 登高平台消防车转台旋转角度传感器故障……342
案例 309　66 m 登高平台消防车转台固定螺栓断裂……343
案例 310　88 m 登高平台消防车转台控制模块损坏……344
案例 311　99 m 登高平台消防车转台显示屏损坏……346

第十九章　臂架、梯架系统故障分析与排除……347

案例 312　20 m 举高喷射消防车控制手柄故障……347
案例 313　30 m 云梯消防车梯架伸缩绞盘制动器漏油……348
案例 314　30 m 云梯消防车梯架伸缩油缸内漏……348
案例 315　30 m 云梯消防车梯架不能工作……350
案例 316　50 m 云梯消防车梯架撞击变形……352
案例 317　51 m 云梯消防车梯架伸缩油缸频繁漏油……353
案例 318　53 m 云梯消防车梯架仰角编码器故障……354
案例 319　53 m 云梯消防车梯架仰角编码器联轴器故障……356
案例 320　40 m 登高平台消防车一臂俯仰角度传感器故障……357
案例 321　40 m 登高平台消防车一臂伸缩臂管线槽损坏……358
案例 322　40 m 登高平台消防车环境温差致臂架自行脱离行车位置……360
案例 323　40 m 登高平台消防车一臂伸缩油缸漏油……361
案例 324　40 m 登高平台消防车臂架位移故障……363
案例 325　43 m 登高平台消防车二臂控制手柄故障……364
案例 326　51 m 登高平台消防车臂架钢缆脱落……365
案例 327　51 m 登高平台消防车一臂俯仰角度传感器驱动机构故障……366
案例 328　51 m 登高平台消防车一臂俯仰角度传感器故障……369
案例 329　53 m 登高平台消防车二臂变幅机构轴销脱落……370
案例 330　53 m 登高平台消防车附梯损坏……372
案例 331　66 m 登高平台消防车伸缩臂长度传感器故障……373
案例 332　68 m 登高平台消防车一臂俯仰角度传感器故障……375

案例 333 99 m 登高平台消防车二臂角度传感器故障…… 377
案例 334 20 m 举高喷射消防车吊臂角度传感器故障…… 378
案例 335 32 m 举高喷射消防车一臂俯仰角度传感器故障…… 379
案例 336 56 m 举高喷射消防车一臂液压油缸平衡阀调试问题…… 380
案例 337 72 m 举高喷射消防车一臂长度传感器错误报警…… 382

**第二十章 工作斗和滑车系统故障分析与排除……** 384

案例 338 30 m 云梯消防车工作斗调平角度电位器故障…… 384
案例 339 30 m 云梯消防车梯架负载传感器控制板故障…… 385
案例 340 30 m 云梯消防车工作斗应急电控式调平手柄开关锈蚀短路…… 386
案例 341 30 m 云梯消防车主电缆断裂…… 387
案例 342 30 m 云梯消防车工作斗调平电机故障…… 389
案例 343 30 m 云梯消防车工作斗调平油缸油管接头处漏油…… 391
案例 344 30 m 云梯消防车工作斗调平液压油泵电机和油泵故障…… 392
案例 345 30 m 云梯消防车工作斗角度传感器故障…… 394
案例 346 30 m 云梯消防车工作斗显示屏模块故障…… 395
案例 347 30 m 云梯消防车工作斗锁止阀漏油…… 396
案例 348 30 m 云梯消防车云梯伸展前碰撞故障…… 397
案例 349 30 m 云梯工作斗门传感器故障…… 399
案例 350 35 m 云梯消防车工作斗调平油缸漏油…… 401
案例 351 37 m 云梯消防车工作斗控制模块故障…… 402
案例 352 37 m 云梯消防车工作斗油门踏板故障…… 403
案例 353 37 m 云梯消防车转台支座与梯架铰接螺栓松动…… 404
案例 354 37 m 云梯消防车工作斗锁定传感器损坏…… 405
案例 355 37 m 云梯消防车工作斗不能回收到行车位置…… 407
案例 356 40 m 云梯消防车滑车钢丝绳松脱、缠绕卡滞…… 409
案例 357 54 m 云梯消防车滑车位置编码器故障…… 410
案例 358 54 m 云梯消防车滑车钢丝绳断裂…… 412
案例 359 54 m 云梯消防车工作斗调平电机故障…… 415
案例 360 40 m 登高平台消防车工作斗调平油缸密封组件老化磨损…… 416
案例 361 43 m 登高平台消防车工作斗调平控制模块故障…… 418
案例 362 40 m 登高平台消防车上装显示屏工作斗负载值出现异常…… 419
案例 363 53 m 登高平台消防车工作斗自动调平液压控制阀卡滞…… 420
案例 364 68 m 登高平台消防车工作斗负载传感器故障…… 421

**第二十一章 消防系统故障分析与排除……** 423

案例 365 20 m 多功能登高平台消防车出水管脱落…… 423
案例 366 30 m 云梯消防车水罐外注水管路断裂…… 424
案例 367 30 m 云梯消防车泡沫液管路漏液…… 425

案例 368　30 m 云梯消防车泡沫液管路与泡沫液罐连接处漏液…… 426
案例 369　30 m 云梯消防车水罐至水泵进水管路开裂…… 427
案例 370　40 m 登高平台消防车伸缩水管密封组件磨损老化…… 428
案例 371　51 m 登高平台消防车泡沫系统管路被泡沫液沉积物堵塞…… 430
案例 372　53 m 登高平台消防车水泵操作控制模块损坏…… 431
案例 373　52 m 登高平台消防车电动真空泵锈蚀…… 432
案例 374　18 m 举高喷射消防车异物堵塞水泵和水炮…… 433
案例 375　20 m 举高喷射消防车水泵轴封填料密封不严…… 434
案例 376　20 m 举高喷射消防车外吸液口漏气…… 435
案例 377　20 m 举高喷射消防车气路总电磁阀未打开…… 436
案例 378　32 m 举高喷射消防车臂架伸缩水管压力限制阀被错接润滑系统…… 437
案例 379　48 m 举高喷射消防车消防泵测压连接管接头漏气…… 438
案例 380　48 m 举高喷射消防车供水软管接口密封胶圈老化开裂…… 440
案例 381　48 m 举高喷射消防车水泵制动器漏气…… 441
案例 382　48 m 举高喷射消防车水罐至水泵进水管路入口堵塞…… 442
案例 383　53 m 举高喷射消防车真空泵管路爆裂…… 443

**第二十二章　液压系统故障分析与排除**…… 445

案例 384　30 m 云梯消防车液压控制系统电磁阀故障…… 445
案例 385　37 m 云梯消防车俯仰油缸漏油…… 446
案例 386　37 m 云梯消防车后桥悬架锁油缸压力传感器故障…… 448
案例 387　53 m 云梯消防车液压软管老化…… 449
案例 388　40 m 登高平台消防车臂架及支腿液压泵故障…… 449
案例 389　42 m 举高喷射消防车支腿液压锁阀故障…… 451
案例 390　42 m 登高平台消防车液压油管老化开裂…… 452
案例 391　40 m 登高平台消防车液压油乳化变质…… 453
案例 392　53 m 登高平台消防车支腿油缸液压油钢管接头断裂…… 454
案例 393　68 m 登高平台消防车电磁阀卡滞…… 455
案例 394　99 m 登高平台消防车液压油箱吸油滤芯堵塞…… 456

**第二十三章　电气系统与控制系统故障分析与排除**…… 457

案例 395　22 m 云梯消防车梯架主电缆断裂…… 457
案例 396　30 m 云梯消防车上装控制模块损坏…… 458
案例 397　30 m 云梯消防车转台和工作斗控制模块故障…… 459
案例 398　30 m 云梯消防车上装传感器线缆接头松动…… 461
案例 399　30 m 云梯消防车电缆导向轮损坏…… 462
案例 400　37 m 云梯消防车云梯长度传感器松脱损坏…… 463
案例 401　40 m 登高平台消防车上装无高转速…… 464
案例 402　53 m 登高平台消防车转台控制模块电池记忆体电量低…… 465

案例 403　53 m 登高平台消防车支腿长度传感器数据线接头松动…… 466
案例 404　88 m 登高平台消防车转台控制模块故障…… 468
案例 405　48 m 举高喷射消防车上装控制模块故障…… 469
案例 406　48 m 举高喷射消防车尾部仪表盘转速为零…… 471

**第二十四章　其他系统故障分析与排除**…… 473

案例 407　30 m 云梯消防车应急电动液压泵电机故障…… 473
案例 408　30 m 云梯消防车梯架侧照明灯旋转电机故障…… 474
案例 409　30 m 云梯消防车转台与工作斗对讲麦克风进水损坏…… 475
案例 410　35 m 登高平台消防车应急泵发动机曲轴箱混入汽油…… 476
案例 411　54 m 登高平台消防车集中润滑系统油管堵塞…… 477
案例 412　88 m 登高平台消防车应急泵汽油发动机化油器内部管路堵塞…… 478
案例 413　48 m 举高喷射消防车有线遥控盒输出线束与主电源线磨损粘连…… 480
案例 414　62 m 举高喷射消防车臂架末端无线路由器信号发射器锈蚀…… 481

# 第四篇　专勤类和战保类消防车故障维修典型案例

**第二十五章　专勤类消防车故障分析与排除**…… 485

案例 415　抢险救援消防车绞盘电动机损坏 …… 485
案例 416　抢险救援消防车电动绞盘钢丝绳损坏 …… 486
案例 417　抢险救援消防车吊臂卷扬机和绞盘钢丝绳多种形式损坏 …… 487
案例 418　抢险救援消防车随车吊损坏 …… 489
案例 419　抢险救援消防车随车吊液压油箱被加注柴油 …… 492
案例 420　抢险救援消防车随车吊水平支腿锁销断裂 …… 493
案例 421　抢险救援消防车照明灯升降杆动作被干涉 …… 494
案例 422　抢险救援消防车升降照明灯气泵损坏 …… 495
案例 423　抢险救援消防车照明灯柱损坏不能升降 …… 495
案例 424　抢险救援消防车照明灯系统操作无动作 …… 497
案例 425　抢险救援消防车伸缩爬梯扶手损坏 …… 498
案例 426　抢险救援消防车器材厢移动发电机滑动托架底端有磨痕 …… 499
案例 427　通信指挥消防车外扩侧厢无法展开 …… 500
案例 428　通信指挥消防车支腿无法收回 …… 500
案例 429　照明消防车车顶照明灯整流控制器撞坏 …… 501
案例 430　照明消防车升降灯组无法回收 …… 503
案例 431　防化救援消防车右侧乘员室踏板遮挡空气滤清器 …… 505
案例 432　化学洗消消防车液罐罐体泄漏 …… 505
案例 433　排烟消防车风筒风机导向护罩碰撞损坏 …… 506

案例 434 正负压排烟消防车排烟风机不转 …… 508
案例 435 排烟消防车上装传动轴断裂击穿变速箱壳体 …… 508
案例 436 化学侦检消防车多个控制模块和电气元件烧坏 …… 511

**第二十六章 战保类消防车故障分析与排除 …… 513**

案例 437 远程供水系统单车吸水模块支腿变形 …… 513
案例 438 远程供水系统单车吸水模块提升机构机械锁止销变形 …… 514
案例 439 供液消防车泡沫液转子泵损坏 …… 515
案例 440 供气消防车翻板门橡胶铰链断裂 …… 516
案例 441 供油车注油口关闭不严漏油 …… 517
案例 442 自装卸式消防车车身两侧裙板外翻倾斜 …… 517
案例 443 饮食保障车蒸饭柜水箱漏水 …… 519
案例 444 饮食保障车灶台供油管路泄漏 …… 520

**第二十七章 消防摩托车及消防机器人故障分析与排除 …… 521**

案例 445 四轮摩托消防车半轴断裂 …… 521
案例 446 排烟灭火消防机器人水罐漏水 …… 522
案例 447 排烟机器人履带磨损脱落 …… 523
案例 448 排烟机器人水雾喷嘴堵塞 …… 524

**第五篇 车载消防器材故障维修典型案例**

**第二十八章 灭火器具故障分析与排除 …… 529**

案例 449 多功能消防水枪开关手柄损坏 …… 529
案例 450 多功能消防水枪前部喷芯脱落 …… 530
案例 451 多功能消防水枪关闭不严 …… 530
案例 452 直流水枪开关损坏 …… 531
案例 453 止水器开关损坏 …… 532
案例 454 消防水带接口损坏 …… 533
案例 455 分水器开关手轮损坏 …… 533
案例 456 远程供水系统分水器损坏 …… 534
案例 457 背负式细水雾灭火装置喷射软管损坏 …… 535
案例 458 背负式细水雾灭火装置储水罐发生鼓胀 …… 535
案例 459 移动式消防炮控制面板故障 …… 536
案例 460 移动式消防炮支撑脚钉脱落 …… 537
案例 461 移动式消防炮损坏 …… 537
案例 462 移动消防炮炮头无法转换射流形态 …… 538

案例 463　消防浮艇泵倾翻后进水腐蚀 …… 540
案例 464　手抬机动消防泵组吸不上水 …… 540
案例 465　手抬机动森林高压消防泵隔膜泵损坏 …… 541
案例 466　手抬机动消防泵组真空泵把手脱落 …… 543
案例 467　手抬机动消防泵组引水装置真空度不足 …… 544
案例 468　手抬机动消防泵组无法启动（一） …… 544
案例 469　手抬机动消防泵组无法启动（二） …… 545
案例 470　消防三节拉梯梯蹬断裂 …… 546
案例 471　4 m 套筒式伸缩救援梯损坏 …… 547

**第二十九章　抢险救援器具故障分析与排除 …… 549**

案例 472　液压破拆工具组液压泵发动机燃油箱漏油 …… 549
案例 473　液压破拆工具组液压油箱漏油 …… 550
案例 474　手动液压破拆工具组损坏 …… 551
案例 475　电动剪切器刀头部位损伤 …… 552
案例 476　电动液压破拆工具漏油 …… 553
案例 477　机动液压泵进出油口部位漏油 …… 554
案例 478　机动链锯发动机损坏 …… 555
案例 479　机动链锯制动系统损坏 …… 557
案例 480　机动链锯切割无力 …… 558
案例 481　无齿锯传动皮带断裂 …… 559
案例 482　无齿锯启动拉盘损坏 …… 560
案例 483　无齿锯锯片损坏 …… 561
案例 484　等离子切割机损坏 …… 562
案例 485　救生照明线线体损坏 …… 563
案例 486　救援三脚架绞盘钢丝绳交错缠绕 …… 564
案例 487　救生抛投器发射开关顶针处漏气 …… 565
案例 488　音视频生命探测仪视频线路接头损坏 …… 566
案例 489　发电机化油器堵塞 …… 566
案例 490　便携式发电机的驱动发动机化油器故障 …… 567
案例 491　移动照明灯组发动机无法启动 …… 568
案例 492　冲锋舟舷外机水泵叶轮断裂 …… 569

**第三十章　防护器具故障分析与排除 …… 571**

案例 493　消防头盔面罩防辐射镀层材料脱落 …… 571
案例 494　消防头盔面罩碎裂 …… 572
案例 495　消防头盔帽壳破裂 …… 572
案例 496　消防头盔帽箍脱落 …… 573
案例 497　消防头盔披肩损坏 …… 573

案例 498 消防员灭火防护服舒适层破损 …… 574
案例 499 消防员灭火防护靴内衬脱落 …… 575
案例 500 消防员灭火防护靴靴底脱落 …… 576
案例 501 抢险救援头盔护目镜绑带松动脱落 …… 576
案例 502 抢险救援头盔照明灯底座卡扣损坏 …… 577
案例 503 抢险救援靴靴底脱胶开裂 …… 578
案例 504 佩戴式防爆照明灯损坏 …… 578
案例 505 消防腰斧斧套破损 …… 579
案例 506 消防呼救器锯齿扣脱落 …… 580
案例 507 消防隔热服损坏 …… 581
案例 508 防蜂服面罩破损 …… 582
案例 509 一级化学防护服老化、粘连 …… 582
案例 510 二级防化服破损 …… 583
案例 511 简易防化服破损 …… 584
案例 512 正压式消防空气呼吸器气瓶阀总成损坏 …… 585
案例 513 正压式消防空气呼吸器减压器总成损坏 …… 586
案例 514 正压式消防空气呼吸器压力表不能归零和高压管漏气 …… 588
案例 515 正压式消防空气呼吸器供气阀总成损坏 …… 589
案例 516 正压式消防空气呼吸器面罩呼气阀和吸气阀丢失 …… 590
案例 517 正压式消防空气呼吸器面屏、面框和紧固头带损坏 …… 591
案例 518 正压式消防空气呼吸器背托总成损坏 …… 592
案例 519 正压式消防空气呼吸器气瓶瓶阀及接口处腐蚀 …… 594
案例 520 正压式消防空气呼吸器气瓶阀旋转手轮损坏 …… 595
案例 521 正压式消防空气呼吸器压力平视显示装置无显示 …… 596
案例 522 正压式消防空气呼吸器气瓶与减压器连接处漏气 …… 597
案例 523 正压式消防空气呼吸器高压管与报警哨连接处漏气 …… 598
案例 524 正压式消防空气呼吸器供气阀与面罩连接处漏气 …… 599
案例 525 正压式消防空气呼吸器报警哨启鸣压力不准确 …… 599
案例 526 正压式消防空气呼吸器压力表指针摆动 …… 600
案例 527 化学氧消防自救呼吸器鼓胀损坏 …… 600
案例 528 呼救器后场接收装置烧毁 …… 601

后记 …… 603

第一篇

# 消防车底盘故障维修典型案例

# 第一章　发动机故障分析与排除

本章主要对发动机的39个典型故障进行分析与排除

## 案例 1　发动机进水损坏

**1. 车辆信息**

底盘：斯堪尼亚 P420　　　　　　　　生产日期：2010年4月

车型：水罐消防车（SG150）

**2. 基本情况**

驾驶员反映，2012年7月21日晚，该车行驶经过桥涵洞内积水路面时，听到很短时间的迅速变强的异响声音，随后发动机熄火，因疑发动机进水，未再启动，将车拖回。

**3. 故障检查与排除**

（1）经询问，该车于当日参加了“7·21”北京特大暴雨的救援任务，任务中有过多次涉深水情况。

（2）检查拆卸空气滤清器（空滤），发现壳体破碎、空气滤芯变形严重，如图1-1所示。

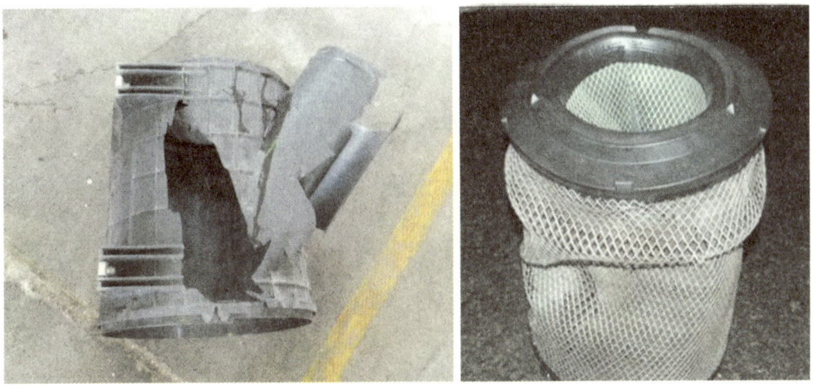

图1-1　空气滤清器壳体破碎、空气滤芯变形

（3）拆解发动机缸盖、油底、配气机构，发现6个气缸的活塞连杆、配气机构气门推杆轻微弯曲，部分气缸内存有积水，活塞有碎裂情况（图1-2和图1-3）。

（4）更换发动机缸套、活塞连杆、配气机构、空气滤清器总成等零部件，发动机启动试车后运行正常，故障排除。

图 1-2 活塞连杆及配气机构拆解情况

图 1-3 活塞损坏情况

**4. 故障评析**

车辆涉水深度过大，大量污水沿着进气系统进入空气滤芯和发动机气缸内，由于水为不可压缩流体，导致缸内压力骤然升高，同时破坏了缸筒壁和活塞之间的润滑，最终造成气缸系统大量零部件损坏；空气滤芯浸水后透气性下降，在负压进气系统的作用下出现形状改变和破损。

车辆的空气滤清器安装在驾驶室的右下方、距离地面 40 cm 处，当车辆在较深积水或城市内涝区域行驶作业时，积水很容易被吸入空气滤芯，导致发动机故障。

故障原因：驾驶疏忽（70%）；车辆设计涉水深度指标偏低（30%）。

**5. 改进建议**

在强降雨后行驶或进行排涝作业时，驾驶员一定要注意车辆允许的涉水深度，对现场实际情况进行科学评估，保证车辆安全行驶。消防车有过涉水救援后，驾驶员要注意观察，一旦发现发动机异响，应及时停车检查。

车辆采购时要考虑到救援任务的实际需求，提出相应的涉水深度要求；车辆底盘厂家设计时要增大涉水深度，在空气滤清器进气口最低处安装水位探测报警器。

## 案例 2 发动机拉缸

**1. 车辆信息**

底盘：雷诺 MIDLUM270　　生产日期：2015 年 3 月

车型：泡沫消防车（PM40）

**2. 基本情况**

2020 年 3 月，该车在行驶中发动机出现异响，水温过高指示灯和发动机故障灯亮。

**3. 故障检查与排除**

（1）检查发现，发动机排气管排放大量废气，发动机敲缸严重，发动机故障灯亮。

（2）拆解发动机缸盖、油底和配气机构，发现 6 个气缸的缸套、活塞均有拉伤，活塞环断裂（图 1-4），造成拉缸。

（3）更换发动机缸套、活塞、活塞环、活塞销等零部件，发动机启动试车后运行正常，故障排除。

图 1-4　活塞环断裂情况

**4. 故障评析**

由于发动机散热器表面被大量杨柳絮覆盖，导致散热不良，发动机温度过高，而驾驶员未及时停车检查。发动机长时间高温引起活塞变形，造成活塞环断裂损坏并卡在缸套内，出现拉缸现象。

故障原因：维护保养不到位（50%）；操作疏忽（50%）。

**5. 改进建议**

应定期检查清理发动机散热器，检查发动机机油、冷却液液位，保持良好的润滑条件。车辆行驶过程中注意水温变化，避免发动机出现过热现象。

## 案例 3　发动机缸垫损坏缸体渗油

**1. 车辆信息**

底盘：北京吉普 BJ2020C　　　　生产日期：1992 年

车型：泵浦消防车

**2. 基本情况**

消防车日常检查时，驾驶员发现发动机缸体向外渗油。

**3. 故障检查与排除**

（1）检查发现，发动机缸盖与缸体连接处渗出大量机油。

（2）拆解缸盖，发现缸垫损坏严重，失去密封效果，具体情况如图 1-5 所示。

（3）更换发动机缸垫，故障排除。

**4. 故障评析**

缺水干烧、电子风扇故障或者水箱堵塞等造成冷却液开锅沸腾，进而造成发动机过热，缸垫损坏。此外，消防车的缸垫质量较差、厚薄不均（包口内存有气囊，石棉铺设不均或包边不紧），设计的紧固缸盖螺栓没有达到规定的质量要求也会导致故障发生。2000 年以前的国产车辆，发动机制造工艺较差，容易发生漏油情况。

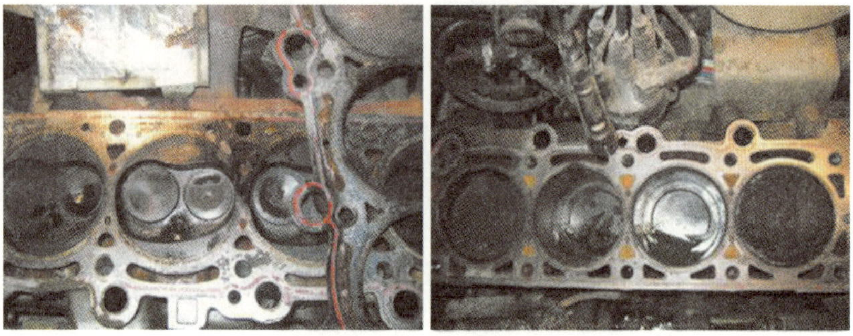

图 1-5 缸垫损坏发动机缸体渗油

故障原因：维护保养不到位（50%）；零件质量问题（50%）。

## 案例 4 发动机配气机构气门故障

**1. 车辆信息**

底盘：斯堪尼亚 P420　　　　生产日期：2010 年 11 月

车型：水罐消防车（SG150）

**2. 基本情况**

2017 年 1 月，驾驶员发现车辆启动后发动机有异响，车辆加速时排气管排出大量浓灰烟。

**3. 故障检查与排除**

（1）初步检查未发现明显异常，使用专用电脑检测，发现发动机第三气缸工作状态不稳定，还存在间断性的工作停止。

（2）初步判断是喷油器故障造成，更换喷油器总成，发动机异响和冒黑烟的问题依然存在。

（3）技术人员拆卸发动机缸盖，拆解配气机构，发现有气门破碎、气门推杆弯曲和气门过桥卡死的状况，具体情况如图 1-6 所示。

（4）更换配气机构，发动机正常运转，故障排除。

（a）气门破碎　　（b）气门推杆弯曲

图 1-6 气门破碎及气门推杆弯曲情况

**4. 故障评析**

发动机配气机构（内燃机配气机构）是按照发动机每一气缸内所进行的工作循环和点火顺序的要求，定时开启和关闭各气缸的进气门、排气门，使新鲜的可燃混合气（汽油机）或空气（柴油机）及时进入气缸，废气得以及时从气缸排出，在压缩与做功行程中，关闭气门保证燃烧室的密封。该底盘下置凸轮的顶置气门式配气机构如图 1-7 所示。

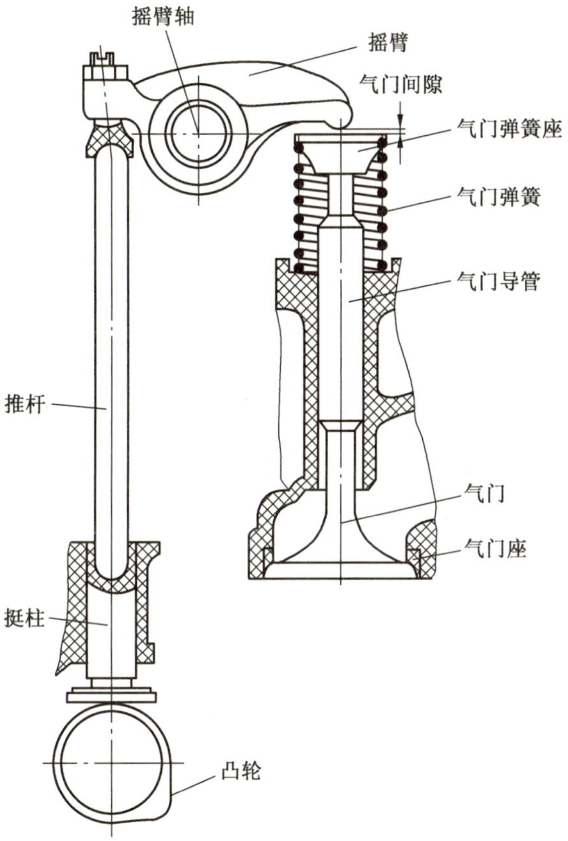


图 1-7　下置凸轮的顶置气门式配气机构示意图

发动机运转过程中气门过桥（摇臂）卡死导致气门间隙过大，发动机气缸燃烧室气密性变差，气缸内燃油混合气燃烧不充分，排放尾气中有大量黑烟。同时，由于气门过桥卡死，而驱动推杆的凸轮高速旋转，周期性冲击推杆，推杆原运动行程受阻，导致气门破损、推杆弯曲变形。故障主要原因为配气机构润滑不良，第三气缸气门过桥润滑不到位，检查不到位。

故障原因：检查和维护保养不到位（100%）。

## 案例 5　空气滤清器外壳碎裂

**1. 车辆信息**

底盘：斯堪尼亚 R620　　生产日期：2017 年 11 月

车型：水罐消防车（SG260）

**2. 基本情况**

2018 年 5 月 29 日，驾驶员反映在出水作业时，听到副驾驶位下方异响，立即停机检查，发现空气滤清器外壳有裂痕；考虑有造成发动机损坏或停机的风险，驾驶员立即报修。

**3. 故障检查与排除**

（1）技术人员现场检查，确认空气滤清器外壳损坏，如图 1-8 所示。

（2）检查进气口，发现有大量杨柳絮堆积。

（3）更换车辆空气滤清器总成，故障排除。

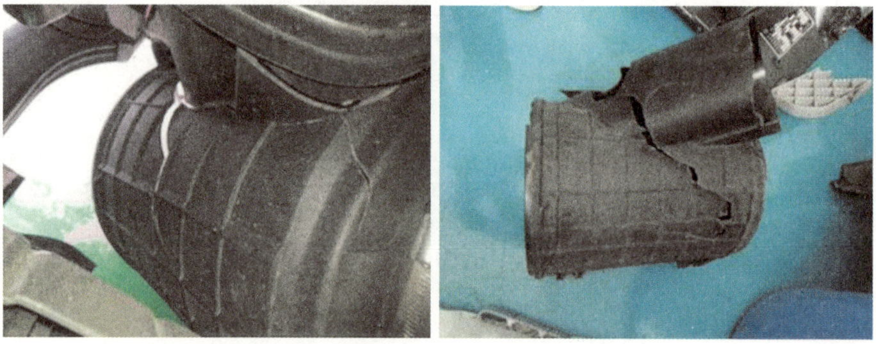

图 1-8 空气滤清器外壳损坏情况

**4. 故障评析**

正常情况下，在涡轮增压器或活塞吸气的作用下，空气由进气口进入，流经空气滤清器，经涡轮增压进入中冷器再进入气缸。空滤壳体对空气滤芯起到固定、支撑和密封作用，滤芯内有环形钢网支撑，一般不会发生变形。此车进气口处设计了一个钢质筛网，防止大颗粒固体进入壳体内部。5 月正值北方杨柳飞絮较多，杨柳絮会随气流在进气口堆积，当进气口被完全堵塞后，空滤内外形成压差，当水泵运转时发动机负载增高，就在空滤壳体内产生真空，最终空滤外壳被外界大气压压裂。

故障原因：检查和维护保养不到位（100%）。

**5. 改进建议**

建议每日出车前对进气口进行清理，排除隐患。

## 案例 6 空气滤清器滤芯损坏

**1. 车辆信息**

底盘：斯帕坦 LA41M-3164　　生产日期：2010 年 5 月

车型：压缩空气泡沫消防车（AP90，整车进口）

**2. 基本情况**

2017 年 7 月，车辆保养时发现发动机噪声大，冒黑烟。

**3. 故障检查与排除**

拆下空气滤清器，发现纸质滤芯破损严重。检查同批次保养车辆滤芯，也有破损情况。订了一批新滤芯，全部更换，未再出现此类故障。图 1-9 为损坏的空气滤清器滤芯。

图 1-9 损坏的空气滤清器滤芯

**4. 故障评析**

通过分析，造成滤芯破损的原因是滤芯材质不达标。

故障原因：零部件质量问题（100%）。

## 案例 7 燃油系统油水分离器故障

**1. 车辆信息**

底盘：雷诺 MIDLUM270　　　　生产日期：2018 年 6 月

车型：泡沫消防车（PM27）

**2. 基本情况**

2019 年 9 月 3 日，驾驶员反映该车蓄电池电量充足，但启动困难，需多次点火方可启动。

**3. 故障检查与排除**

（1）初步判断燃油系统漏气，导致管路内有空气，启动困难。

（2）检查各管路接头、滤芯，用手油泵泵油测试，发现油水分离器下部密封圈崩坏，更换滤芯后重新启动车辆，故障排除。具体情况如图 1-10 至图 1-12 所示。

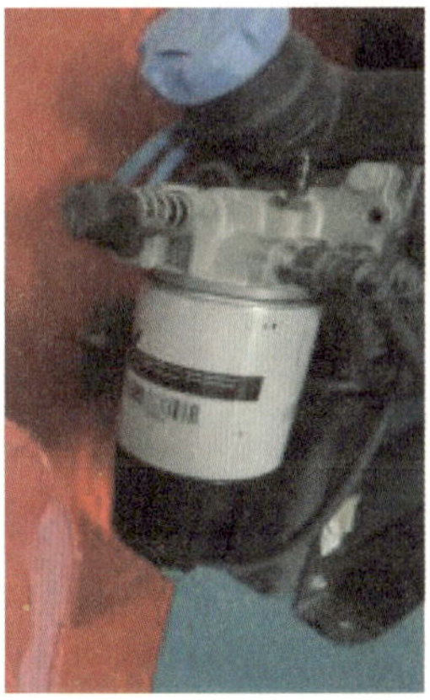

图 1-10 安装位置的油水分离器

图 1-11 油水分离器对比（左为原厂配件，右为故障车辆配件）

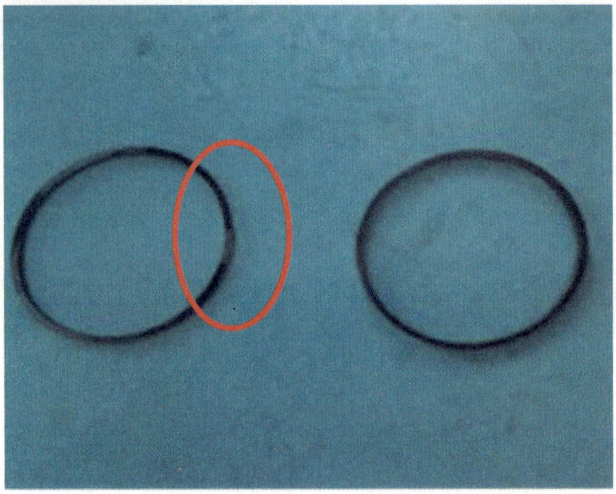

图 1-12 油水分离器密封圈对比（左坏右好）

**4. 故障评析**

车辆首保时更换了非原厂配件，该配件质量较差，密封圈出现损坏。

故障原因：零部件质量问题（100%）。

**5. 改进建议**

到正规厂家更换原厂配件。

## 案例 8 进油管路弯折致进油不畅

**1. 车辆信息**

底盘：五十铃 FVR34J　　生产日期：2006 年 8 月

车型：水罐消防车（SG50）

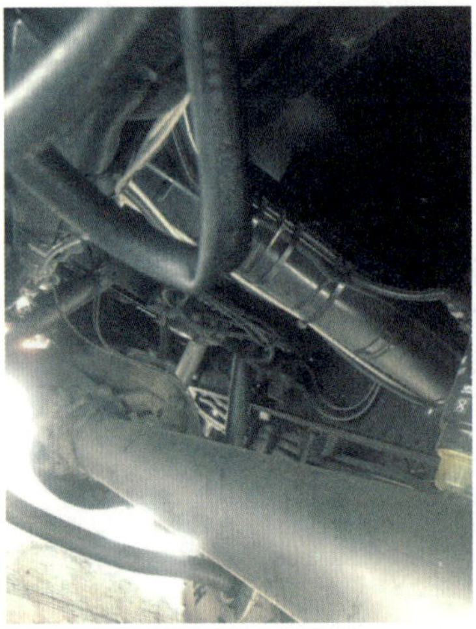

图 1-13 进油管路弯折情况

**2. 基本情况**

驾驶员报驾驶室仪表盘发动机黄色警示灯闪烁，满负荷运转时无法提升转速，发动机伴有抖动、燃烧不充分和动力不足的现象。

**3. 故障检查与排除**

（1）全面检查发动机油路，发现消防车在改装过程中，改动了进油管路，管路超长、弯曲处没有处理，发动机长时间运转产生高温使邻近的燃油进油管路变软后出现弯折，进油不畅，导致出现发动机报警信息。进油管路弯折情况如图 1-13 所示。

（2）测量进油管路长度，更换进油管，避免锐角弯折，故障排除。

**4. 故障评析**

消防车改装时，安装的进油管路过长，形成弯折，使进油受阻，导致发动机工作异常。

故障原因：改装工艺缺陷（100%）。

# 案例 9 发动机燃油滤芯堵塞

**1. 车辆信息**

底盘：奔驰 4160　　生产日期：2010 年 5 月

车型：水罐消防车（SG180）

**2. 基本情况**

2018 年，车辆在保养时，发现发动机燃油滤芯有白色结晶物，且滤芯重量增加，芯体硬度增大（图 1-14）。

图 1-14　燃油滤芯异常情况

**3. 故障检查与排除**

（1）询问驾驶员是否存在尿素和燃油错误加注的情况，同时咨询专业技术人员，判断滤芯内的白色结晶颗粒为尿素与柴油混合后产生。

（2）通过检查燃油箱和管路，确认在燃油加注过程中有少量尿素混入。

（3）打开燃油箱底部螺栓，排除残余水分，更换油水分离器滤芯及燃油细滤芯，故障排除。

**4. 故障评析**

该问题的出现是由于驾驶员误将尿素加入了燃油箱。

故障原因：操作失误（100%）。

**5. 改进建议**

（1）在燃料、其他液体加注口粘贴醒目标识。

（2）加强驾驶员和操作员的专业技能培训，提高该类人员的知识水平。

# 案例 10 燃油散热器电子风扇损坏

**1. 车辆信息**

底盘：斯堪尼亚 P380（P310）　　生产日期：2007—2015 年

车型：泡沫消防车（PM60）、水罐消防车（SG100）

**2. 基本情况**

2014 年以来，多台次斯堪尼亚 P380（P310）改装的消防车驾驶员报修，夏天出现燃油箱表面温度过高现象，人员接近时有炙烤感。

**3. 故障检查与排除**

（1）检查发现该车高压燃油倒流回燃油箱时会造成温度过高，为保证燃油良好散热，在回油管路上安装了燃油散热器，散热器上方水平倒置安装了电子风扇。该电子风扇直接安装在驾驶室左后方的车架上（图 1-15），降雨或冲洗车辆时水渍进入电子风扇，形成积水，浸泡电子风扇电机和轴承，造成锈蚀、卡死。

图 1-15 燃油散热器上方水平倒置安装的电子风扇

（2）更换电子风扇（图 1-16），正常运转后，燃油箱温度恢复正常，故障排除。

图 1-16 更换电子风扇情况

**4. 故障评析**

消防车长时间驻车高负荷运转，此时利用气流冷却燃油箱的效果比行车时差。同时，该车的单体泵高压回油容易造成燃油箱温度升高，而此车燃油散热器电子风扇又发生损坏，直接导致燃油箱温度大幅度升高。

此外，P310（P380）底盘车辆考虑到极寒环境下燃油预热问题，将燃油箱安装在距离尾气消声器较近的位置，高温尾气也是造成燃油温度升高的原因之一。

故障原因：零部件设计安装缺陷（100%）。

**5. 改进建议**

重新安装散热器电子风扇后，在扇叶中心的碗状端盖上对称位置开孔，保证积水迅速流出。

## 案例 11　燃油箱接口部位密封垫圈损坏

**1. 车辆信息**

底盘：雷诺 MIDLUM270　　　　生产日期：2013 年 8 月

车型：水罐消防车（SG30）

**2. 基本情况**

2016 年 4 月，该消防车在检修过程中发现燃油箱有漏油情况。

**3. 故障检查与排除**

（1）详细检查漏油位置，发现燃油箱顶部泵室燃油加热器吸油管路法兰密封垫和燃油箱盖等多个位置存在漏油情况（图 1-17 和图 1-18）。

（2）对以上各部件进行拆卸检查，发现密封垫均存在不同程度的损坏，更换密封垫，故障排除。

图 1-17　吸油管法兰漏油

图 1-18　燃油箱加油口漏油、密封圈损坏

**4. 故障评析**

调查发现，该系列车型均存在燃油箱漏油问题，主要是燃油箱密封圈选材不合理，材料质量不过关所造成。分析其油箱各个开口的连接方式和密封设计也存在类似问题。

故障原因：改装工艺质量问题（50%）；材料选用不合理问题（50%）。

# 案例 12 燃油箱破损漏油

**1. 车辆信息**

底盘：斯堪尼亚 P310　　　　　　生产日期：不详

车型：泡沫消防车（PM60）

**2. 基本情况**

日常检查中，发现消防车底部有燃油滴落痕迹。

**3. 故障检查与排除**

（1）观察发现，地面柴油滴落点上部为燃油箱（图 1-19）。

（2）检查燃油箱，发现车厢边框尖角与燃油箱接触，燃油箱被边框扎破，出现孔洞，柴油由孔洞渗出，具体故障如图 1-20 所示。

（3）对车厢边框与燃油箱接触部位进行切割处理，确保车厢边框与燃油箱保持较大的间隙；对燃油箱损坏部位进行焊接修补，并在燃油箱与车厢边框部位安装缓冲橡胶块，故障排除。

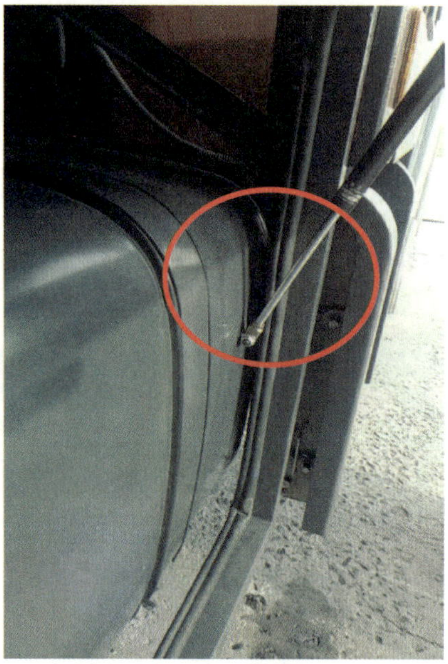

图 1-19　确认漏油部位

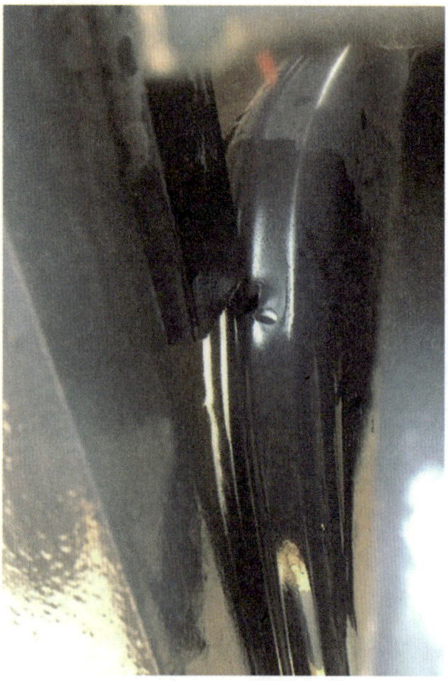

图 1-20　燃油箱破损漏油

**4. 故障评析**

消防车设计、生产过程中，燃油箱与车厢边框的间隙不够，消防车行驶时造成车厢边框尖角与燃油箱相触碰，扎破燃油箱。

故障原因：消防车设计、改装问题（100%）。

**5. 改进建议**

消防车在设计、改装过程中，增加燃油箱与车厢边框的间隙，与燃油箱靠近的边框部位避免有尖角和突出物体。

## 案例 13　燃油箱液位传感器故障

**1. 车辆信息**

底盘：依维柯 ML180E30　　　　　　生产日期：2015 年 4 月

车型：抢险救援消防车（JY100）

**2. 基本情况**

2016 年 5 月 17 日，该车燃油箱液位表显示不准确，在行车中出现液位时高时低的现象。

**3. 故障检查与排除**

（1）拆卸燃油箱液位传感器的线束插头，测量燃油传感器的供电电压为 5 V，电压正常。

（2）拆卸燃油箱液位传感器，通过上、下两次倒置传感器来改变燃油浮子的位置，测量传感器的相关电阻，燃油浮子在最低位和最高位的电阻值均显示为 120 Ω，说明传感器电阻值不正常。

（3）在上、下两次倒置传感器燃油浮子的过程中，发现浮子滑动困难，这种异常造成燃油液位显示不准确。

（4）更换燃油液位传感器总成，故障排除。图 1-21 为该车使用的可变电阻式液位传感器。

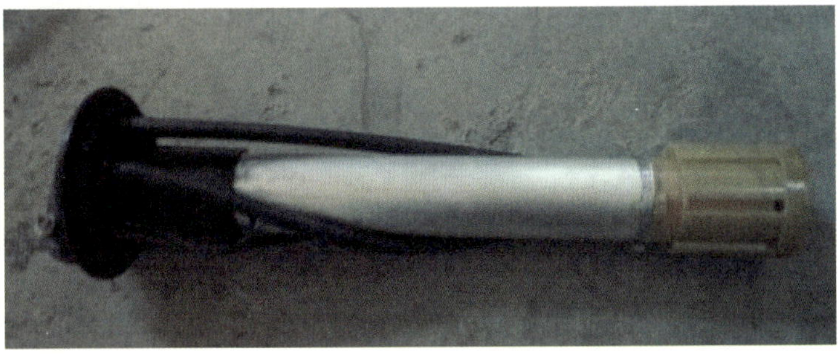

图 1-21　可变电阻式液位传感器

**4. 故障评析**

使用含硫量、含水量以及酸度超标的燃油，会对传感器本身的铝制部件造成腐蚀，并对燃油浮子上下滑动的灵敏性和准确性带来影响。故在车辆日常维护保养时应注意加注符合标准且无杂质的燃油；定期对燃油箱进行排水和杂质清洗工作。

故障原因：维护保养问题（50%）；零件质量（50%）。

**5. 改进建议**

（1）使用符合标准的柴油。

（2）定期对燃油箱进行排水和杂质清洗工作。

（3）建议厂家选购质量可靠的液位传感器。

# 案例 14 燃油箱托底变形

**1. 车辆信息**

底盘：斯帕坦 LA41M-3164　　　　生产日期：2010 年 9 月

车型：压缩空气泡沫消防车（AP90，整车进口）

**2. 基本情况**

2015 年 8 月，驾驶员报修，车辆通过颠簸路面时燃油箱托底撞击变形。

**3. 故障检查与排除**

（1）该车在行驶时，驾驶员未观察路面情况，燃油箱与地面障碍物发生剐蹭，导致燃油箱严重撞击内凹变形（图 1-22）。

（2）利用压力水进行静压整形，效果不明显（图 1-23），考虑对使用影响不大，未做进一步处理。

图 1-22 燃油箱被撞击变形情况

图 1-23 压力水静压整形后的燃油箱

**4. 故障评析**

燃油箱发生变形后，为安全起见，非专业人员严禁采用加热、切割、气焊等方式修复。

故障原因：人为因素，疏忽大意（100%）。

**5. 改进建议**

加强驾驶员安全驾驶意识和责任心。

# 案例 15 发动机油底壳放油螺母与底座脱离

**1. 车辆信息**

底盘：奔驰 1529（1629）　　　　生产日期：2013 年 4 月

车型：压缩空气泡沫消防车（AP36，整车进口）

**2. 基本情况**

2015 年以来，多台次该系列底盘消防车频繁出现发动机油底壳破损漏油问题。

**3. 故障检查与排除**

（1）检查发现，该系列底盘的发动机油底壳为玻璃钢材质，放油螺塞的螺母压铸到发动机油底壳内六角形螺母底座上。螺母底座熔接的面积小、底座的壁厚不足，易变形，反复拧动螺塞时螺母与螺母底座之间松动、脱离。具体情况如图 1-24 和图 1-25 所示。

（2）更换放油螺塞，并对底座连接部分进行加固，故障排除。

图 1-24　玻璃钢材质的发动机油底壳

图 1-25　压铸在玻璃钢材质底座的螺母松旷脱出

**4. 故障评析**

初步统计，该系列型号底盘的发动机油底壳故障出现 5 次以上。其发动机油底壳均为玻璃钢材质，放油孔为内六角形螺母底座，金属螺母压铸在玻璃钢材质的螺母底座上，因反复旋扭放油螺塞产生的力矩，导致金属螺母与玻璃钢螺母底座产生间隙，甚至撕裂，发生漏油现象。

故障原因：零部件质量问题（100%）。

## 案例 16　发动机冷却液泵渗漏

**1. 车辆信息**

底盘：斯堪尼亚 P310　　　　生产日期：2014 年 5 月

车型：水罐消防车（SG60）

**2. 基本情况**

2016 年 12 月，车辆在启动后冷却液低位报警，驾驶员随即将发动机熄火，检查发现车辆下方有冷却液渗漏。

**3. 故障检查与排除**

（1）举升起驾驶室后发现，冷却液泵附近有大量冷却液渗漏到气缸体上（图 1-26）。

（2）拆下皮带，检查冷却液泵轮间隙，泵轮在转动时无偏摆，轴向晃动间隙在正常范围，但冷却液泵轴端渗出冷却液，判断为零件损坏。

（3）清理外部污渍，更换新的发动机冷却液泵，更换冷却液后，再运转检查，故障排除。

图 1-26 发动机冷却液泵渗漏冷却液

**4. 故障评析**

冷却液泵渗漏一般有与缸体接触密封垫损坏或泵轴上密封圈损坏两种情况，大部分是泵旋转轴承损坏导致密封圈损坏。该案例中旋转轴无明显跳动，只是密封圈磨损造成密封不严。

故障原因：零部件质量问题（100%）。

**5. 改进建议**

坚持使用原厂冷却液，并按保养要求及时更换，以保证冷却系统防腐和防锈性能处于最佳状态，延长冷却液泵使用寿命。

## 案例 17 发动机冷却液管破裂

图 1-27 冷却液软管破裂情况

**1. 车辆信息**

底盘：五十铃 FVR34J 生产日期：2008 年 9 月

车型：水罐消防车

**2. 基本情况**

在日常检查时，发现消防车驾乘室下方有液体滴落。

**3. 故障检查与排除**

（1）检查发现，变速箱换挡拉杆与冷却液软管接触摩擦，造成冷却液软管破裂（图 1-27），冷却液滴落。

（2）更换损坏的冷却液软管，对变速箱换挡拉杆进行支撑并限位固定，对软管与换挡拉杆可能接触部位增加防护，故障排除。

**4. 故障评析**

消防车在安装取力器过程中，变速箱换挡拉杆未进行支撑并限位固定，行驶时，换挡拉杆晃动与软管产生摩擦，导致软管损坏。

故障原因：消防车设计、改装问题（100%）。

**5. 改进建议**

消防车在生产过程中，底盘上加装部件时，加装的部件及附属机构与底盘原有部件间留足间隙，避免发生干涉；无法留足间隙的，应对易损部件进行有效防护。

## 案例 18 发动机散热器风扇皮带磨损

**1. 车辆信息**

底盘：奔驰 1329　　生产日期：2014 年 9 月

车型：泡沫消防车（PM36，整车进口）

**2. 基本情况**

2015 年 2 月，在车辆日常检查时，驾驶员听到发动机运转过程中有轻微异响，送至维修机构检查。

**3. 故障检查与排除**

（1）系统检查发现，发动机散热器风扇皮带磨损（图 1-28），高速运转中发出异响。

图 1-28 发动机散热器风扇皮带磨损

（2）检查皮带轮同心度、皮带轮的伸出量和张紧轮张紧情况等，未发现明显异常。

（3）进一步检查发现，发动机散热器风扇皮带附近的燃油泵有轻微渗油情况，渗出油污滴落到皮带表面，如图 1-29 和图 1-30 所示。

（4）更换散热器风扇皮带和燃油泵，故障排除。

图 1-29 发动机前端燃油泵安装位置

图 1-30 燃油泵渗油处

**4. 故障评析**

初次出现故障时，该车辆使用时间不到一年，作为偶发现象，维修时仅更换了散热风扇皮带。2016 年和 2017 年初，该车又出现同一位置皮带磨损情况，且磨损程度极其相似。

技术人员分析认为，由于燃油泵渗出的油污滴落到皮带表面，对皮带产生腐蚀，造成皮带的磨损。

该车辆在投入使用的三年中，每年都发生散热器风扇皮带损坏的现象，驾驶员和维修人员并未对皮带损坏的真正原因进行细致分析和研究，导致该车虽经过多次维修，但同类故障反复发生，最终经过底盘技术人员的研判和分析，故障才得以彻底解决。

故障原因：零部件质量问题（密封材料耐久性不足）(100%)。

## 案例 19 发动机散热器风扇脱落

**1. 车辆信息**

底盘：斯帕坦 LA41M-3164　　生产日期：2010 年 7 月

车型：压缩空气泡沫消防车（AP90，整车进口）

**2. 基本情况**

2012 年 1 月，该车去维修机构进行车辆保养，行驶途中驾驶室下方发动机突发异响，随后几秒钟发出物体破碎的“咔、咔”声，停车检查发现车底有破损的塑料叶片。

**3. 故障检查与排除**

（1）驾驶员在故障发生地对车辆进行现场检查，发现发动机散热器风扇和驱动皮带轮整体脱落（图 1-31）。

（2）维修人员对整个风扇与驱动机构进行更换，故障排除。

**4. 故障评析**

该车的散热风扇皮带轮配套了气动离合器，导致该皮带轮自身重量大，转动惯量大，对皮带轮轮轴刚性、强度要求高。同时该车皮带轮轮轴与轴承之间未设置注油孔，而是采用了免维护的轮轴和轴承配合，从而加大了皮带轮轮轴的磨损（图 1-32 和图 1-33）。

图 1-31　断轴与脱落风扇

进一步分析发现，该车散热风扇除要提供发动机散热所需要的气流，还要为自动变速箱提供散热气流，需要风扇长时间连续运转，造成风扇转轴温度过高而损坏。

图 1-32　气动离合器新旧对比（左旧右新）

图 1-33　气动离合器免维护轴承新旧对比（左新右旧）

故障原因：风扇气动离合器设计问题（100%）。

**5. 改进建议**

高速旋转状态脱落的散热器风扇扇叶，可能会对水箱等其他零部件造成损伤。驾驶员应定期检查此部位，发现问题及时紧固或更换。行车过程中听到异响，应及时停车检查，避免对车辆造成二次伤害。

## 案例 20　发动机散热器风扇硅油离合器故障

**1. 车辆信息**

底盘：汕德卡　　生产日期：2020 年 5 月

车型：器材消防车（QC100）

**2. 基本情况**

2020 年 7 月 24 日，驾驶员发现发动机冷却液温度过高，仪表盘提示发动机动力输出

图 1-34 故障车辆

受限，图 1-34 为故障车辆。

**3. 故障检查与排除**

（1）连接专用诊断电脑进行检测，显示冷却水高温报警次数 12 次；故障代码提示风扇的硅油离合器存在打滑的情况。

（2）手动旋转风扇叶片，发现风扇叶片在旋转时无任何阻力，可以随意转动，依据经验断定为风扇的硅油离合器出现故障。图 1-35 和图 1-36 分别为散热器风扇和风扇的硅油离合器。

（3）更换风扇的硅油离合器部件后，手动旋转风扇叶片时，明显感觉到存在很大的阻力，且比较费力才可以转动。

（4）进行车辆路试后，发动机冷却水温在 95 ℃左右，无高温现象且发动机动力输出正常，故障排除。

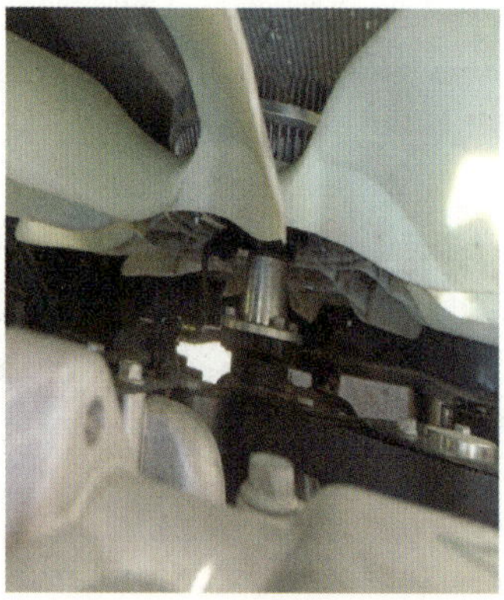

图 1-35 散热器风扇

图 1-36 硅油离合器

**4. 故障评析**

随着汽车制造技术的不断升级改进，多数散热器风扇的硅油离合器部件已经改为电控硅油离合器；风扇根据冷却液温度的变化控制转速更为精准，在发动机的油耗节约方面表现更佳，但对硅油离合器部件的品质有着极高的要求。

故障原因：部件质量问题（100%）。

**5. 改进建议**

供应商需要改进零件内部结构来提升整体质量。

## 案例 21 启动机故障引起发动机不能启动

**1. 车辆信息**

底盘：汕德卡　　　　生产日期：2020 年 6 月

车型：平板拖车

**2. 基本情况**

2020 年 7 月 9 日，打开点火开关时，有时发动机不能启动。

**3. 故障检查与排除**

（1）检查蓄电池电压为 24 V，测量蓄电池的放电电压为 22 V，蓄电池正常。

（2）检查启动机的供电线束和控制线束的接头部位，连接牢固可靠，线束正常。

（3）检查启动钥匙开关控制启动机线束的接头部位，连接牢固可靠，线束正常。

（4）拆卸启动机，通过外接电源的方式，直接操控启动机以检查启动机的工作情况，发现给启动机控制端子供电后，启动机存在有时不工作的现象，判断为启动机内部故障。

（5）因车辆处于新车质保期，故更换启动机总成，经过 20 余次的启动发动机测试，故障排除。图 1-37 为新旧启动机照片。

图 1-37　新旧启动机（上新下旧）

**4. 故障评析**

启动机属于车辆中一个非常重要的部件（图 1-38），关系到车辆发动机能否正常启动。启动机的作用是通过直流电动机产生动力，经传动机构带动发动机曲轴转动，实现发动机的启动。启动机由直流电动机、传动机构和控制装置三大部分组成。

故障原因：部件质量问题（100%）。

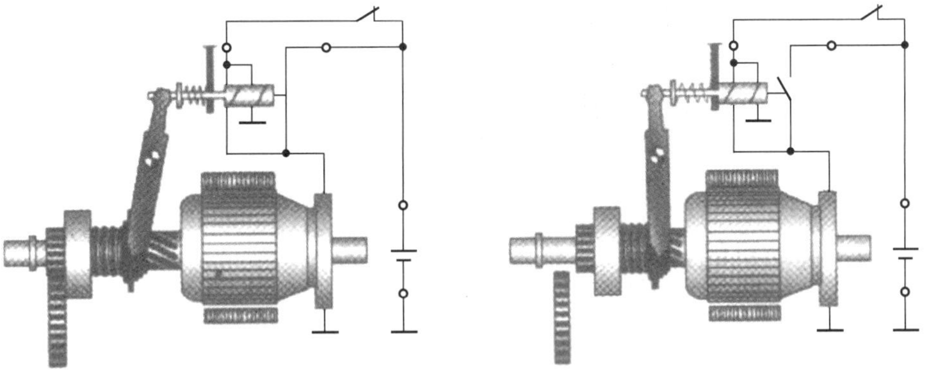

图 1-38　启动机

**5. 改进建议**

供应商应改进零件内部结构来提升质量。

## 案例 22　车载发电机排气管锈蚀断裂

**1. 车辆信息**

底盘：斯帕坦 LA41M-3164　　　　生产日期：2010 年 7 月

车型：压缩空气泡沫消防车（AP90，整车进口）

**2. 基本情况**

2014 年 5 月，消防车保养时，发现车载固定式发电机的排气管锈蚀断裂，如图 1-39 和图 1-40 所示。

图 1-39 车载固定式发电机

图 1-40 排气管锈蚀断裂情况

**3. 故障检查与排除**

（1）检查发现，该发电机的排气管从车体器材箱内延伸到车辆底盘下方，因排气管材质问题和设置问题，导致锈蚀断裂。

（2）对多车检查发现，有 6~7 台次车辆存在不同程度的此类故障，如图 1-41 所示。

（3）生产厂家分析判断为材质问题，只能更换新件。

图 1-41 多台次消防车排气管锈蚀断裂的情况

**4. 故障评析**

该车载固定式发电机排气管存在质量问题。

故障原因：排气管选材不当（100%）。

## 案例 23 发动机进气系统涡轮增压器损坏

**1. 车辆信息**

底盘：斯堪尼亚 G410　　　　生产日期：2017 年 6 月

车型：平板拖车

**2. 基本情况**

2021 年 1 月 18 日，车辆进场维修发动机爬坡无力的故障。驾驶员反映车辆在爬坡时仪表盘显示屏显示排气温度高、发动机输出扭矩降低的提示。

**3. 故障检查与排除**

（1）维修人员使用专用诊断电脑检测车辆，诊断软件没有显示与发动机无力相关的故障码，怀疑发动机供油或进气方面有机械故障。

（2）在系统内查看该车辆的保养情况，该车一直按照保养周期做保养，没有超时保养的情况，排除了发动机供油不畅导致无力的可能。

（3）检查发动机进气系统，空气滤清器没有堵塞，进气压力传感器显示数值正常，涡轮增压器、中冷器、进气道之间的管路连接正常，中冷器打压测试正常，涡轮增压器叶轮转动正常，无扫膛、旷动、抽机油的现象。恢复涡轮增压器管路时发现涡轮增压器排气泄压阀连杆断裂（图 1-42），更换新的涡轮增压器后车辆试车正常，故障排除。

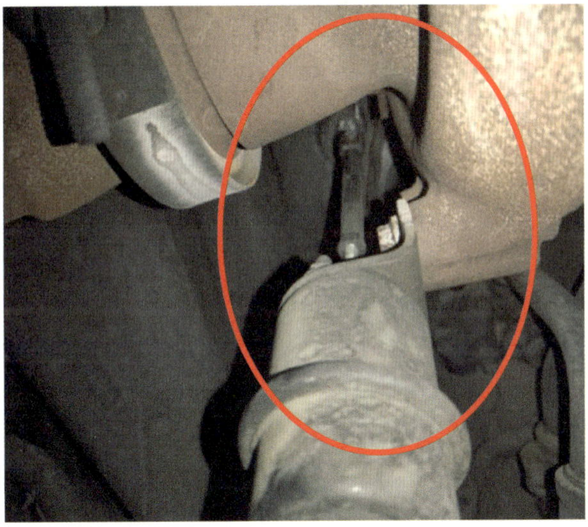

图 1-42　涡轮增压器排气泄压阀连杆断裂

**4. 故障评析**

当发动机输出功率上升时，发动机产生更多的废气，会提高进气涡轮增压器叶轮的转速，从而提高压缩机的转速，这就需要根据发动机的要求自动调节空气量。

排气泄压阀的功能是减少废气涡轮的气体流量，使得不超过进气涡轮增压器的最大速度。当废气涡轮壳体内的压力过高时，排气泄压阀开启。废气通过一根旁通管流过涡轮，进气涡轮增压器的转速下降。图 1-43 为带排气泄压阀的涡轮增压器原理图。

车辆爬坡时，发动机输出功率上升，排放的废气增多。当废气涡轮壳体内的压力过高时，排气泄压阀开启，但连杆断裂导致排气泄压阀无法开启通道。进气涡轮增压器的转速持续升高，造成壳体内压力持续增加，进气量持续上升导致发动机燃烧温度上升，排气温度传感器监测到排气温度超过限制值，发动机控制单元自我保护程序控制发动机，使输出动力下降。

故障原因：零部件质量问题（100%）。

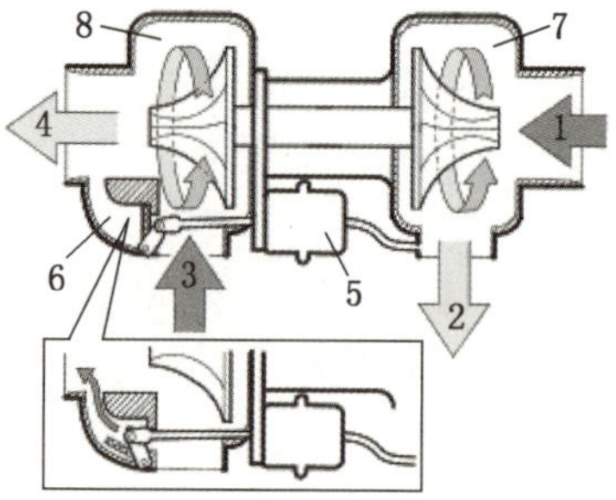


1—空滤进气；2—增压器至中冷器输出气体；3—发动机排放废气；4—排放至消声器的废气；
5—排气泄压阀；6—排气泄压通道；7—进气涡轮增压器；8—废气涡轮

图 1-43 带排气泄压阀的涡轮增压器原理图

# 案例 24 发动机废气再循环系统电控气缸阀门碟片卡滞

**1. 车辆信息**

底盘：曼 TGM18. 280　　生产日期：2008 年 5 月

车型：登高平台消防车（F22ALR，整车进口）

**2. 基本情况**

2011 年 6 月，驾驶员报修，车辆发动机出现高温和动力不足，排气管排出大量黑烟。

**3. 故障检查与排除**

（1）检查发动机冷却液、水泵和循环节温器等，均正常。

（2）用发动机专用诊断电脑检测发现，发动机的废气再循环系统（EGR）异常（图 1-44）。拆卸废气再循环系统的电子控制气缸和强制开关阀门进行测试，发现电子控制气缸的阀门碟片存在卡滞情况。图 1-45 为废气再循环系统电控气缸阀门。

（3）对 EGR 进行清洗保养，更换新的电控气缸后，故障排除。

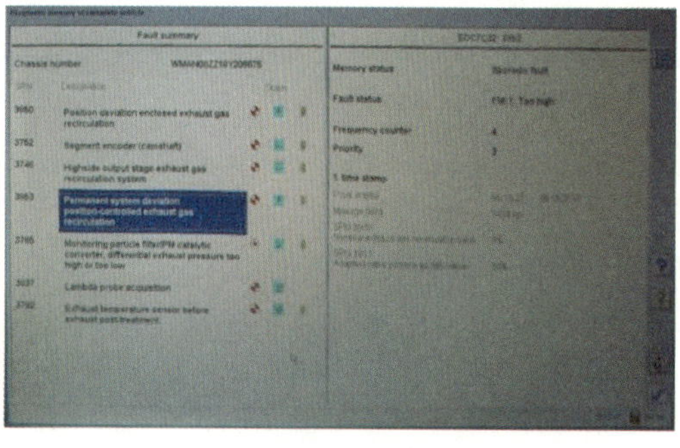

图 1-44 专用诊断电脑故障显示图

图 1-45 废气再循环系统电控气缸阀门

**4. 故障评析**

汽车排气再循环系统常被称为废气再循环系统，主要为降低排出气体中氮氧化物的含量，减少污染物的排出，并在部分负荷时可以提高燃料的经济性。EGR 电子控制气缸的阀门碟片一旦卡滞，若阀门长时间处于开启状态，发动机会产生冒黑烟、加速无力的现象；若阀门长时间处于关闭状态，车辆行驶一段时间后发动机会异常过热。

故障原因：零部件质量问题（100%）。

## 案例 25　发动机尾气净化系统配量阀堵塞

**1. 车辆信息**

底盘：斯堪尼亚 R560　　　　生产日期：2010 年 5 月

车型：水罐消防车（SG180）

**2. 基本情况**

2016 年 7 月，该车发动机故障警示灯亮起，仪表显示发动机“尾气排放高”。

**3. 故障检查与排除**

（1）利用专用诊断电脑控制储气筒内高压气体向尿素系统各阀组供气，采集各阀组压力变化情况（用于检测尿素系统有无堵塞），测试结果显示尿素系统内部存在堵塞。

（2）拆解相关阀组，可见大量尿素结晶堆积在配量阀内部，造成尿素无法进入喷嘴，导致尿素泵压力过大。系统检测尾气喷射过程中，排放物未降低，因此激活发动机故障警告，提示尾气排放高。图 1-46 为配量阀内尿素堆积造成堵塞情况。

（3）首先用温水溶解尿素喷嘴结晶物，如故障不能排除，则更换尿素喷嘴，即可排除故障。

图 1-46　配量阀内尿素堆积造成堵塞

**4. 故障评析**

选择性催化还原系统（SCR）安装在消声器上，由于部件与消声器较近，所以在设计时综合考虑了尿素易结晶和部件散热问题，在车辆熄火后，SCR 并未停止运行，SCR 控制单元会引入储气筒内的气流将尿素管中的尿素反吹回尿素箱，防止尿素在管路中结晶，造成系统堵塞。如果在点火钥匙关闭后随手将电源总开关关闭，会造成 SCR 控制单元断电，执行机构就无法将管路中残余尿素反吹到尿素箱中，造成尿素在阀体中残留。熄火后消声器温度依然很高，此时由于配量阀与消声器距离很近，造成阀内水分蒸发而尿素变成固态结晶，造成堵塞。此故障一般由操作不当引起，由于电源总开关过早关闭致使 SCR 控制单元无法进行后续执行动作，造成尿素在配量阀里结晶。

故障原因：操作不当（100%）。

**5. 改进建议**

执行正确的操作步骤：①退回空挡；②驻车制动；③发动机熄火；④等待 5 min 后关闭电源总开关。

## 案例 26 发动机尾气净化系统尿素喷嘴堵塞

**1. 车辆信息**

底盘：依维柯 ML180E30　　　　生产日期：2013 年 10 月

车型：云梯消防车（L32，整车进口）

**2. 基本情况**

2015 年 11 月 6 日，仪表盘内的发动机尾气净化后处理系统（SCR）故障灯点亮，发动机动力受限。

**3. 故障检查与排除**

（1）连接专用诊断电脑检查，确定为尾气净化后处理系统故障，如图 1-47 所示。

（2）对尿素泵部件进行功能测试，尿素泵转速可以达到 3000 r/min，压力可以达到 5.5 bar，尿素泵功能正常。

（3）将尿素喷嘴从消声器的安装部位拆下来，使用车辆专用诊断电脑运行尿素系统的液体工作部件，目视检查尿素喷嘴的喷射情况，发现尿素喷嘴不喷尿素。

（4）检查尿素管路部件无堵塞，断定为尿素喷嘴内部堵塞。

（5）拆卸尿素喷嘴，用热水浸泡 30 min 后清洗，喷嘴堵塞部位仍无法疏通。图 1-48 为拆卸尿素喷嘴情况。

（6）更换尿素喷嘴，使用专用诊断电脑再次运行尿素系统的液体工作部件，目视尿素喷嘴有雾状的尿素溶液喷出，尿素系统的液体工作部件正常。

（7）路试车辆，使用专用诊断电脑监测 SCR 上下游温度传感器到 240~250 ℃，车辆水温达到 70~80 ℃，尿素正常喷射，故障排除。

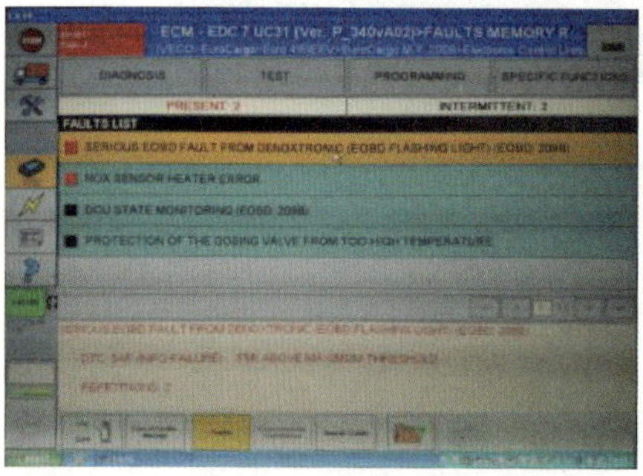


图 1-47　专用诊断电脑检查确定故障

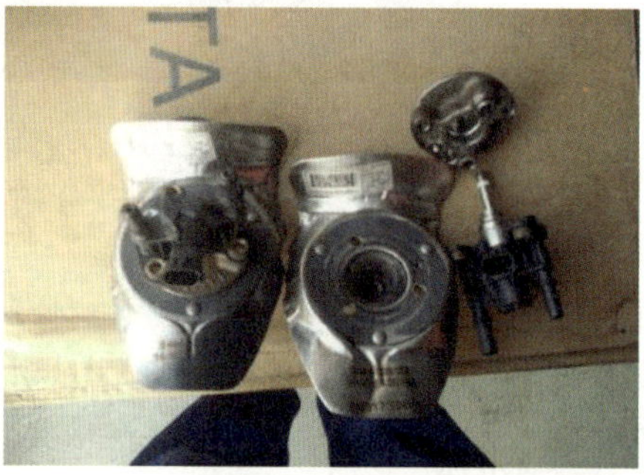

图 1-48　拆卸尿素喷嘴

**4. 故障评析**

尾气净化后处理系统属于车辆的尾气净化系统，从欧四排放阶段开始属于车辆配置中不可或缺的系统。加注尿素时应使用市面上品牌的合格尿素。在发动机熄火后，如马上关闭蓄电池的总开关，则残留在尿素喷嘴的尿素溶液不能回流到尿素箱内，在消声器内部高温影响下，尿素溶液在喷嘴内部形成结晶，造成堵塞。

故障原因：尿素品质差（50%）；操作不当（50%）。

**5. 改进建议**

（1）使用品牌的合格尿素。

（2）正常情况下该型消防车在钥匙旋转到“0”位置后，尿素泵会利用电源延时将管路内尿素抽回，此时不要立即关闭电源总开关，需等待 5 min 的时间再关闭。

## 案例 27　发动机尾气净化系统尿素管路堵塞

**1. 车辆信息**

底盘：依维柯 ML180E30　　　　生产日期：2017 年 4 月

车型：抢险救援消防车（JY80）

**2. 基本情况**

2020 年 5 月，驾驶员发现仪表盘上发动机故障黄色指示灯长亮，如图 1-49 所示。

图 1-49　仪表盘上发动机故障黄色指示灯亮

**3. 故障检查与排除**

（1）现场使用发动机专用诊断电脑检测发动机系统，未显示故障码。

（2）根据以往故障经验判断，可能是尿素系统存在问题。进一步使用专用诊断电脑进行尿素喷射测试（图 1-50），测试完成后仪表故障消失，故障排除。

**4. 故障评析**

车辆熄火后，尿素系统还在进行回流时，过早断开车辆电源，尿素系统在工作中被强制终止，尿素仍残留在管路当中，由于气温低会导致尿素管路堵塞，尿素系统无法正常运行。

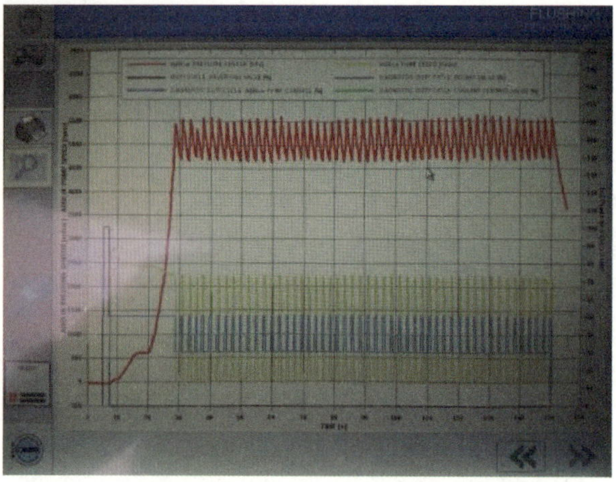

图 1-50 专用诊断电脑显示的尿素脉冲喷射测试图

驾驶室仪表盘显示发动机故障的状态下，用专用诊断电脑检测应该显示故障码，但该车却未显示。

故障原因：操作不当（100%）。

**5. 改进建议**

该型消防车工作一段时间后熄火时，应等待 90 s 左右尿素回流结束后再断开电源，否则在冬天较寒冷气候时，尿素残留在管路中容易结冰或管路破裂。

## 案例 28 发动机尾气净化系统尿素管路渗漏

**1. 车辆信息**

底盘：斯堪尼亚 P310　　　　生产日期：2016 年 2 月

车型：泡沫消防车（PM60）

**2. 基本情况**

2018 年 5 月 16 日，该类车集中保养时，维修人员发现多车次底盘下方管路上有白色结晶物（图 1-51 和图 1-52）。

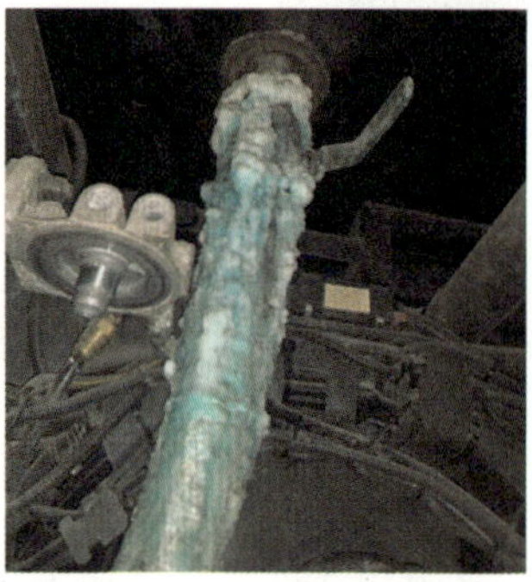

图 1-51 尿素管路上有白色结晶物

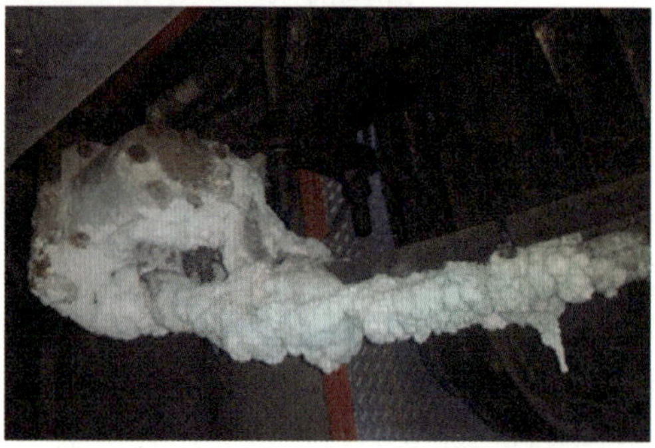

图 1-52 尿素流至液压泵及液压管路后结晶堆积

**3. 故障检查与排除**

（1）检查发现，车辆为了达到环保标准带有尿素系统，厂家在改装生产过程中，安装管路、阀门等部件时，没有做好密封处理，使用一段时间后管路、阀门发生渗漏，久而久之尿素溶液残留在管路或者车体支架部位形成白色固体结晶。

（2）清理和更换阀门、管路，故障排除。

**4. 故障评析**

管路安装时密封未紧固到位，导致少量尿素溶液体渗漏，形成结晶。

故障原因：安装不当（100%）。

## 案例 29 尿素箱液位传感器故障

**1. 车辆信息**

底盘：汕德卡　　　　生产日期：2020 年 5 月

车型：大跨度举高喷射消防车（JP48）

**2. 基本情况**

2020 年 7 月 25 日，仪表盘上发动机黄色指示灯长亮，且发动机的动力不足，图 1–53 为故障车辆。

图 1–53 故障车辆外观

**3. 故障检查与排除**

（1）通过连接专用诊断电脑读取故障代码信息，指示为后处理系统的尿素箱没有尿素，发动机故障灯长亮。

（2）通过专用诊断电脑读取尿素箱液位传感器的百分比信息，显示为 0%；通过仪表盘查看尿素箱的液位信息，显示为 0%。

（3）拆卸尿素箱液位传感器的线束插头，测量供电电压为 24 V，负极搭铁线束正常。

（4）测量尿素箱液位传感器的电阻，电阻值为 0 Ω，判断尿素箱液位传感器损坏。

（5）拆装尿素箱，更换液位传感器后，尿素箱液位显示为实际液位；使用诊断设备检查整个尿素系统，功能正常。图 1–53 和图 1–54 分别为尿素箱和尿素箱液位传感器。

（6）消除故障代码，路试车辆后，故障排除。

图 1-54 尿素箱

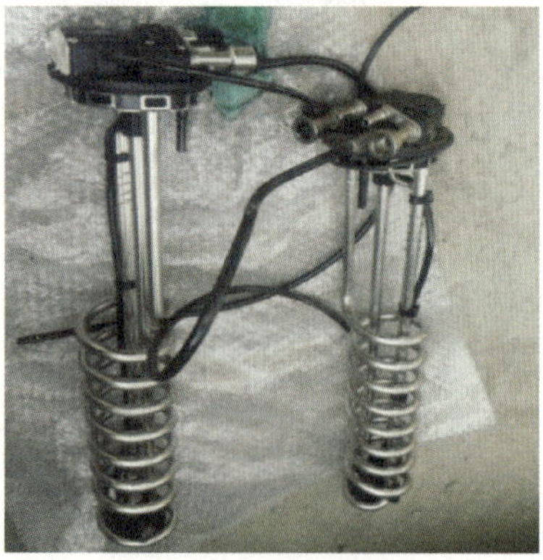

图 1-55 尿素箱液位传感器

**4. 故障评析**

发动机尾气净化后处理系统，是将车用尿素喷射到消声器内，在高温和消声器内催化转换器部件的作用下发生化学反应，将尾气中的二氧化碳转化成氨和水后排放到大气中。

尿素液位传感器损坏后系统认为尿素箱为空，故无法喷射尿素，造成尾气排放超标，发动机黄色指示灯长亮，发动机输出动力受限。

故障原因：零部件质量问题（100%）。

**5. 改进建议**

（1）供应商应改进零件内部结构来提升质量。

（2）在车辆运行中，驾驶员应适时留意尿素箱液位信息，尿素箱液位接近 20% 时，应尽快补充合格的尿素溶液。

## 案例 30 底盘仪表盘供电线路短路

**1. 车辆信息**

底盘：奔驰 3341　　生产日期：2010 年 6 月

车型：举高喷射消防车（JP18）

图 1-56 显示屏无显示

**2. 基本情况**

2020 年 6 月，驾驶员反映车辆启动后仪表黑屏，无任何显示，如图 1-56 所示。

**3. 故障检查与排除**

经询问，该车辆配发后加装了 360°行车记录仪，造成仪表盘供电线路短路，可复位保险跳闸。

（1）维修人员检查发现，底盘集中保险位置向仪表盘供电的可复位保险跳闸（图1-57）。

（2）将行车记录仪电源线调整连接到点烟器可复位保险上，仪表盘保险合闸后，不再出现跳闸现象，故障排除。

图 1-57 可复位保险的跳闸状态

**4. 故障评析**

该车在安装 360°行车记录仪时，将电源错接在仪表盘保险上，导致该保险超负荷发生跳闸。

故障原因：出厂后加装改装不当（100%）。

**5. 改进建议**

安装功率较大的用电设备时应考虑到线路和保险的承载能力。另外，车辆在后续加装设备或装置时，一定要找有专业资质的单位或在底盘厂家指导下进行施工，以免造成车辆其他故障。

## 案例 31 发动机控制模块电路板短路烧毁

**1. 车辆信息**

底盘：皮尔斯 3000　　生产日期：2014 年 12 月

车型：压缩空气泡沫消防车（PIP3000，整车进口）

**2. 基本情况**

2019 年 8 月，驾驶员反映车辆无法启动。

**3. 故障检查与排除**

（1）询问驾驶员得知，8 月份辖区出现水灾，车辆救援时多次涉深水路段。

（2）维修人员用专用诊断电脑检测后发现，发动机控制模块出现故障。

（3）拆解控制模块后发现控制模块内部进水，导致控制模块电路板短路烧毁（图 1-58 和图 1-59）。

（4）更换发动机控制模块后，故障排除。

图 1-58　整个模块俯视图

图 1-59　模块箱左下角进水腐蚀情况

**4. 故障评析**

由于发动机控制模块安装于发动机左侧，位置低且防水性能较差，通过积水较深路段时容易进水。

故障原因：操作疏忽（70%）；发动机控制模块防水等级低（30%）。

**5. 改进建议**

驾驶员应提前了解车辆的涉水性能，车辆通过涉水路面时，观察路面涉水深度。未来采购消防车时要根据救援行动需要，提出车辆涉水深度的具体需求。

## 案例 32　上装系统发动机转速监测失效

**1. 车辆信息**

底盘：奔驰 3144　　　　生产日期：2017 年 9 月

车型：举高喷射消防车（JP48）

**2. 基本情况**

驾驶员反映消防车在累计工作 418 h 后，发动机正常运转时，上装显示屏显示底盘发动机转速为零。

**3. 故障检查与排除**

（1）观察驾驶室仪表盘，发动机怠速为 550 r/min，证明发动机转速传感器正常。

（2）检测 18 号线（上装系统电源线）有 3.5 V 电压，并用万用表检测 18 号线脉冲，证明线路供电没有问题。

（3）根据车辆信号放大器电路图（图 1-60）检查电路板和上装控制器（SYMC）。具体检查方法：①检查 37 号线高电平输入，40 号线低电平输入，电路板输出电压（放大器 LM358）均为 0 V；②进一步检查，将 18 号线直接接到电路板输出端供电，此时显示速度为 378 r/min，说明 SYMC 功能正常。

（4）由此判断是电路板输出端没有电源，应为电路板的放大器 LM358 损坏，更换电路板后，故障排除。

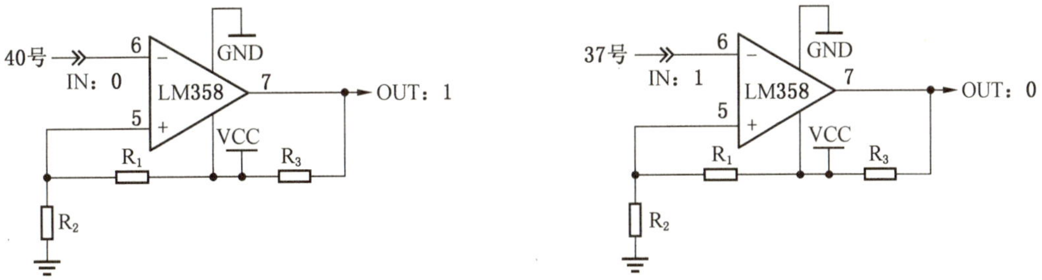


图 1-60　车速信号放大器电路图

**4. 故障评析**

测速信号通过电路板进行过滤和放大，信号通过电路板进入控制器，同时在显示屏上显示。首先分析控制器输入信号是否异常，电路板因输入值波动大，容易击穿元器件。

故障原因：电气元件质量问题（100%）。

**5. 改进建议**

适当增加放大器二极管的电容值。

## 案例 33　发动机控制模块电源继电器损坏

**1. 车辆信息**

底盘：美洲豹　　　　　　　　　　生产日期：2013 年 8 月

车型：机场泡沫消防车（PANTHER8×8，整车进口）

**2. 基本情况**

2019 年 12 月，机场泡沫消防车驾驶员在启动双发动机时发现右侧发动机无法启动，驾驶室仪表盘上显示屏报警，故障显示为“Lost Communications with ECM/PCM（J1587）”，如图 1-61 和图 1-62 所示。

图 1-61　驾驶室仪表盘显示右侧发动机故障

图 1-62　模块故障描述

**3. 故障检查与排除**

（1）检查车辆通信 CAN 总线 J1587 连接正常，用专用诊断电脑检测右侧发动机控制模块（ECM 模块），没有数据输出。

（2）检查右侧发动机控制模块保险完好，拆开发动机侧面布线盒，发现右发动机控制模块电源继电器不工作。检查发现继电器线路损坏，进一步检查继电器也损坏，更换新的继电器，并重新连接线路，发动机可以启动，故障排除。故障排查过程和故障部位如图1-63和图1-64所示。

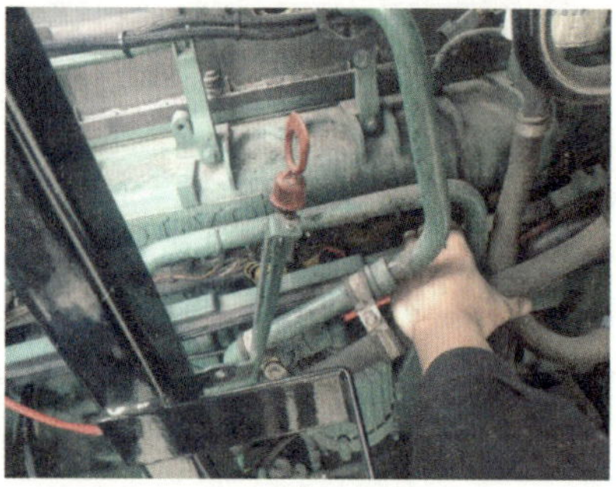

图1-63 顺着发动机线束查找故障

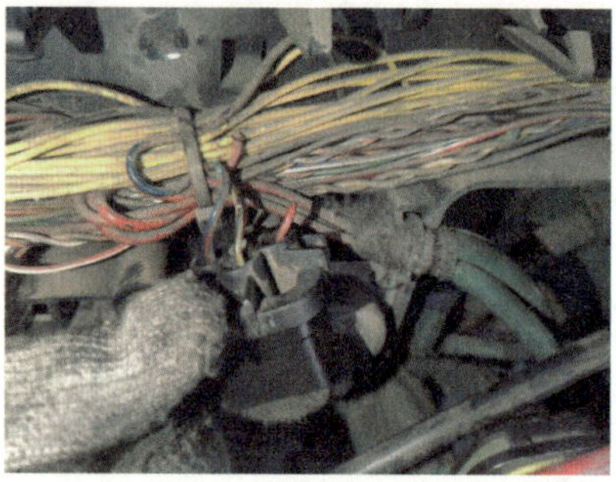

图1-64 线束中ECM模块启动继电器的连线断裂

**4. 故障评析**

由于此继电器安装在发动机缸体线盒内，发动机运转时产生的高温及振动都会影响继电器寿命，使发动机控制模块不工作，发动机无法启动。

故障原因：线路布置设计问题（100%）。

**5. 改进建议**

建议厂家将此继电器统一安放到车辆控制保险及继电器箱体内，也便于维修人员检查。

## 案例34 供气管路和供电线束受高温炙烤损坏

**1. 车辆信息**

底盘：斯堪尼亚 P400　　生产日期：2014年9月

车型：泡沫消防车（PM120）

**2. 基本情况**

2015年5月，驾驶员反映车辆上装总气源管路频繁发生破裂，导致上装气动元件无法使用。

**3. 故障检查与排除**

（1）排查线路，发现管路破裂位置主要集中在大梁内侧靠近变速箱一侧，破损位置和变速箱外壁面正对发动机排气管出口，附近管路和线束表面有大量黑色烟尘，管路和线束损坏，如图1-65所示。

（2）移动排气管位置，并对损坏的变速箱电源控制插头、传感器线缆和气动管线进行更换，故障排除。

**4. 故障评析**

由于变速箱和管线束正对车辆排气口，长期受高温烟气炙烤，导致气管爆裂和线路破

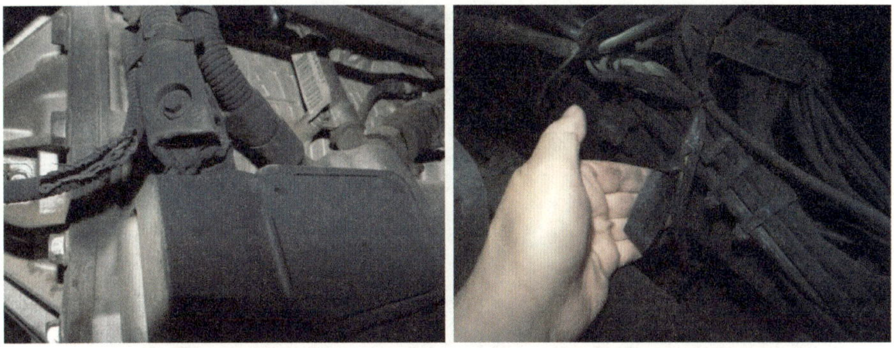

图 1-65　管路、线束损坏情况

损、变速箱电子元器件损坏。

通过与底盘生产厂家沟通，底盘厂家对排气管角度进行调整后问题彻底解决。

故障原因：设计布置问题（100%）。

**5. 改进建议**

（1）建议底盘厂家在设计时充分考虑发热、高温部位对周围部件的影响，并开展不同环境下的长时间路试，检验可靠性。

（2）车辆驾驶员做好检查工作，特别是长时间行驶后应对重点部位进行检查，及时发现问题，防止带病行驶。

## 案例 35　空调压缩机偏位致驱动皮带脱落

**1. 车辆信息**

底盘：曼 TGM18. 280　　　　生产日期：2008 年 5 月

车型：抢险救援消防车（JP80）

**2. 基本情况**

2009 年 1 月以来，多个单位报修车辆发动机底部空调压缩机皮带位置偏移。

**3. 故障检查与排除**

（1）检查发现，该车驱动空调压缩机的皮带位置跑偏，脱离皮带轮凸缘，并剐蹭压缩机上的固定螺栓（图 1-66），造成皮带脱落后被散热风扇打断。

（2）测量发现，发动机皮带轮与驱动空调压缩机皮带轮不在同一个平面，存在 0. 7 cm 的位置偏差，检查同批次消防车同型号底盘，存在同样问题。

（3）通过切割空调压缩机支架，调整空调压缩机位置，修正两个皮带轮之间的位置偏差，故障排除。

**4. 故障评析**

发动机附属部件安装位置存在明显偏差，反馈给底盘厂家后，厂家承认该批次车辆生产过程中存在数据错误。

故障原因：装配问题（100%）。

图 1-66 压缩机皮带偏移

## 案例 36 空调制冷系统蒸发器故障

**1. 车辆信息**

底盘：汕德卡　　生产日期：2020 年 5 月

车型：大跨度举高喷射消防车（JP48）

**2. 基本情况**

2020 年 7 月 14 日，该车空调系统无法制冷。图 1-67 为故障车辆。

图 1-67 故障车辆

**3. 故障检查与排除**

（1）启动发动机并打开空调开关，检查压缩机的工作情况，压缩机前部的电磁离合器部件处于吸合状态，表明空调系统的电气控制系统无故障。

（2）连接冷媒表，检查空调系统高压管路和低压管路的压力情况，高压管路的压力显示 9 bar，低压管路的压力显示 5 bar（正常值为 2 bar），低压管路压力值不正常，判断为空调系统的膨胀阀部件出现故障。图 1-68 为旧的空调蒸发器总成（白色零件为膨胀阀）。

(3) 膨胀阀零件与蒸发器部件是一个整体，不单独提供膨胀阀零件，因此更换空调蒸发器总成，并重新加注冷媒后，故障排除。图 1-69 为新的空调蒸发器总成。

图 1-68 旧的空调蒸发器总成（白色零件为膨胀阀）

图 1-69 新的空调蒸发器总成

**4. 故障评析**

膨胀阀安装在蒸发器入口，在空调系统内的主要作用是使中温高压的液体制冷剂通过其节流成为低温低压的湿蒸汽，然后制冷剂在蒸发器中吸收热量达到制冷效果。膨胀阀通过蒸发器末端的热度变化来控制阀门流量，防止出现蒸发器面积利用不足和敲缸现象。膨胀阀关闭不严，造成低压过高，无法使冷媒气化，影响制冷效果。

故障原因：零件质量问题（100%）。

**5. 改进建议**

供应商改进零件内部结构来提升质量。

## 案例 37 行车托底致部件损坏

**1. 车辆信息**

底盘：雷诺 MIDLUM270　　生产日期：2010 年 5 月

车型：水罐消防车（SG27）

**2. 基本情况**

2016 年 3 月，驾驶员反映消防车在行驶过程中发生托底。

**3. 故障检查与排除**

(1) 经过检查和询问，发现消防车底盘的水箱、风扇、冷凝器、中冷器、保险杠、大灯、前雾灯等均出现不同程度的损坏，具体情况如图 1-70 和图 1-71 所示。

(2) 通过拆卸、加工、焊接、检修、安装零部件，故障排除。

**4. 故障评析**

由于驾驶员未注意地面凸起的水泥块，造成该故障的发生。该车底盘相对较低，如长期驾驶高通过性底盘消防车的驾驶员刚接手该车，因习惯思维容易造成判断失误。

故障原因：操作人为疏忽（100%）。

图 1-70 水箱、冷凝器、中冷器损坏情况

图 1-71 风扇损坏情况

## 案例 38 发动机冒黑烟之柴油质量差

**1. 车辆信息**

底盘：曼 TGM18. 280　　生产日期：2008 年 5 月

车型：化学救援消防车（RW-K，整车进口）

**2. 基本情况**

2009 年 7 月，驾驶员反映该车行驶速度在 40 km/h 左右时，排气管冒黑烟相当严重。

**3. 故障检查与排除**

（1）维修人员通过仪表盘检查发现，出现当日及以前的 EDC（发动机诊断控制）、ZBR（中央车载计算机）、EBS（电子制动系统）等故障信息，共有 15 条。图 1-72 为仪表盘调出的部分故障信息。

（a）当日 EDC 故障信息

（b）以前 EDC 故障信息

（c）以前 ZBR 故障信息

（d）以前 EBS 故障信息

图 1-72 仪表盘调出的部分故障信息

（2）启动发动机路试检查确认，行驶速度在 40 km/h 左右时，排气管排出浓浓的黑烟，进一步加速，发动机无力（动力增加不明显）。

（3）通过油水分离器放出部分柴油，发现柴油颜色较深。图 1-73 为该车与其他车辆所用柴油对比。

（4）通过查询故障码及信息，除了近期 EDC 是现存故障，其他的都是曾经出现的故障，清除故障信息即可。根据提示信息，对燃油系统进行排空，重新加柴油、排气等，启动发动机，故障排除。

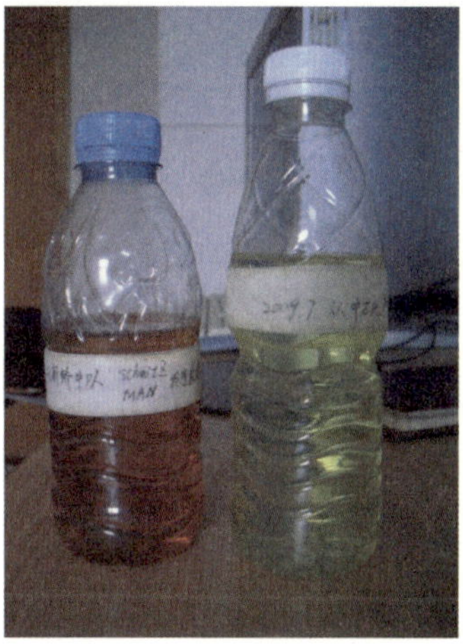

图 1-73　该车与其他车辆所用柴油对比

**4. 故障评析**

当时正值支队供油保障转换时期，执勤消防车有从配备的油罐车加油的，也有直接在中石化加油站加油的。该车是用配备的油罐车加油，但油罐车长久没有排空过，罐底部杂质沉淀多、油质差，进口底盘发动机对油品要求高，劣质燃油严重影响发动机性能。

这些年来，类似的问题也出现过多次，有的是新车在外地加的柴油质量差，也有使用者失误加入质量差的柴油，造成油水分离器堵塞。图 1-74 为油水分离器下部杂质沉淀情况，图 1-75 为油水分离器接口处脏污情况。

故障原因：维护保养操作不当（100%）。

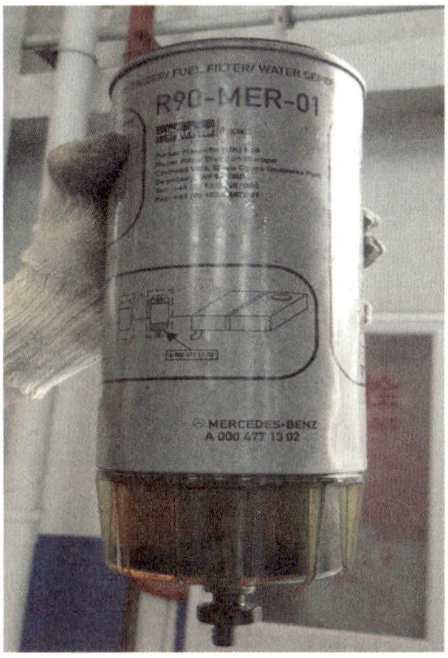


图 1-74　油水分离器下部杂质沉淀

图 1-75　油水分离器接口处脏污

**5. 改进建议**

（1）供应商在港口取新车时，如果燃油不够驶出港口区，须加质量好的柴油，实在做不到，必须取回后清洗整个燃油系统。

（2）使用者在加注柴油时，必须在正规加油站补油，如果用油罐车加注，确保不要把沉淀很久的底部柴油加入消防车燃油箱。

# 案例 39 发动机冒黑烟之空气滤芯堵塞

**1. 车辆信息**

底盘：曼 TGM18. 280　　　　　　　　生产日期：2008 年 5 月

车型：登高平台消防车（F22ALR，整车进口）

**2. 基本情况**

2011 年，维修人员在对车辆进行年度例行保养后，启动发动机，怠速时正常，加油门时排气管冒浓黑烟，行驶时发动机动力明显不足。

**3. 故障检查与排除**

（1）加速时冒浓黑烟，说明燃油燃烧不充分，空气供给严重不足。

（2）询问参与保养的维修人员，反映说均依据正常程序更换空气滤芯、机油滤芯、柴油滤芯和机油等。

（3）检查进气管路，只发现废气再循环进入中冷器的管路中存在集油现象（图 1-76），清理干净后，启动发动机不久还是出现同样故障现象。

（4）经一段时间检查，未找到原因，遂请底盘服务站技术人员检查。

（5）首先还是询问是否有异物堵塞进气管路，确认没有后，用专用诊断电脑检测，发现进气气压偏低，有 2 个气缸喷油器工作不好，于是拆下喷油器总成并调试（图 1-77）。

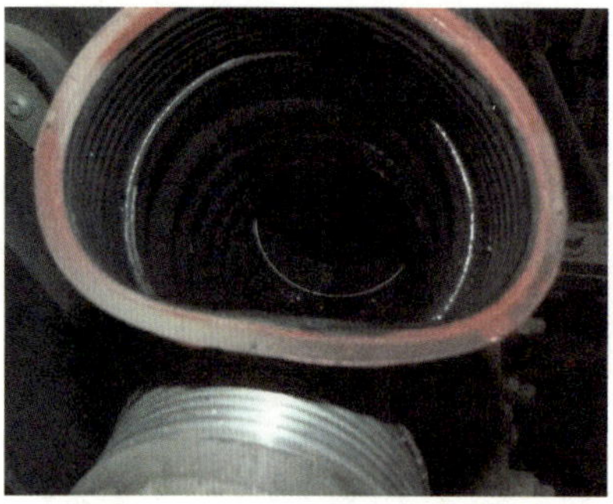

图 1-76　中冷器的管路集油

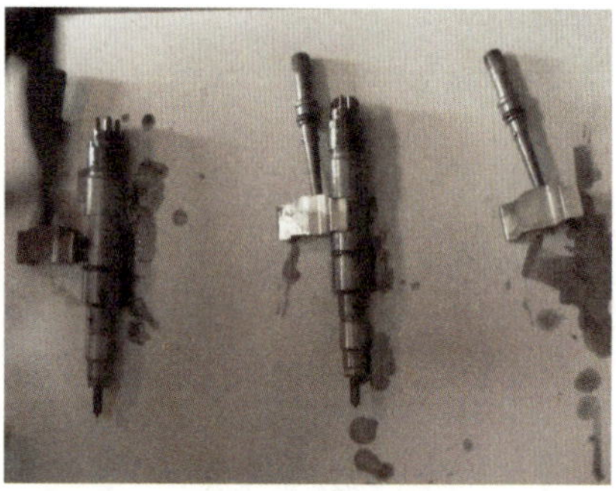

图 1-77　拆卸下的喷油器总成

（6）更换调试好的喷油器后，故障依旧没有得到解决。

（7）经过几天的排查，有一名维修人员在拆卸空气滤芯时，发现滤芯内孔有一大团棉丝。先向领导汇报，再取出棉丝并清理干净空气滤芯，启动发动机运转，故障排除。

**4. 故障评析**

柴油发动机冒黑烟的主要原因：①喷油器喷油量过大或者喷油器雾化不良；②喷油正时错误；③进气量不够，可能是进气管堵塞、空滤太脏被堵塞、增压器损坏；④油品比较差，柴油燃烧不充分；⑤喷油泵工作不良；⑥柴油机活塞之间的间隙变大。

该故障是典型的维修人员工作疏忽的案例。维修人员经常遇到做完一项维修后又出现另一故障的情况，如果不询问确认故障出现的经过，可能出现误判，花大精力也未必能解决问题。该故障中的棉丝怎么进入的，维修人员没有任何印象。大家都没有考虑到新更换的空气滤芯会堵塞，造成了本次故障判断走了很大弯路。

故障原因：维修保养人为故障（100%）。

**5. 改进建议**

维修人员要增强责任心，在维修时尽量保持工作的连续性；认真细致，做好工作交接和信息沟通。

# 第二章 传动系统故障分析与排除

本章主要对传动系统的 26 个典型故障进行分析与排除，其中案例 40 至案例 50 为调速系统故障，案例 51 至案例 58 为离合器系统故障，案例 59 至案例 65 为传动轴故障

## 案例 40 手动变速箱换挡连杆机构松旷

**1. 车辆信息**

底盘：斯堪尼亚 P420　　生产日期：2008 年 9 月

车型：水罐消防车（SG150）

**2. 基本情况**

2012 年 4 月初，多台次该型消防车出现无法挂挡和换挡的现象，有时甚至出现换挡连杆部分结构脱落的情况。

**3. 故障检查与排除**

（1）变速箱挡位轴的选挡支架上的孔距可以调整（图 2-1），长期使用造成固定螺栓松动，位置产生了偏移，致使整个选挡杆、排挡杆和换挡手柄的活动量增大，造成寻挡困难，具体情况如图 2-2 所示。

图 2-1 选挡支架的调整孔距

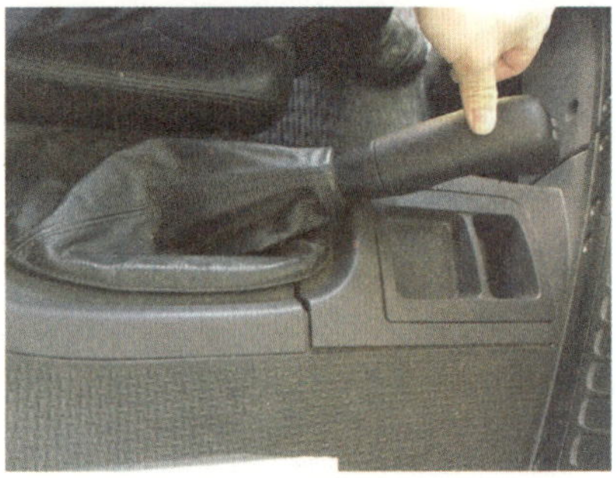

图 2-2 换挡手柄松旷

（2）经维修人员系统检查发现，由于长期使用，该类车辆的换挡连杆机构铰接位置出现橡胶套老化、固定螺栓预紧力不足的情况，导致铰接点间隙变大，如图 2-3 所示。

（3）由于该型车辆手动排挂挡机构是由多节连杆铰接组成，长期使用造成铰接点松动，最终导致整个机构系统无法完成排挂挡作业，经维修人员重新调整各个铰接点的位置，并对各个铰接点的螺栓紧固，故障排除。

图 2-3　连杆铰接位置松动

**4. 故障评析**

由于该型消防车的手动换挡连杆机构组成复杂，长期使用铰接位置容易松动，驾驶员要定期检查整个换挡连杆机构，出现连接螺栓松动及时调整，可以有效避免此类故障的发生。

故障原因：换挡连杆机构质量问题（70%）；检查保养不到位（30%）。

## 案例 41　手动变速箱换挡手柄断裂脱落

**1. 车辆信息**

底盘：斯堪尼亚 P420　　生产日期：2010 年 11 月

车型：水罐消防车（SG150）

**2. 基本情况**

2015 年 9 月至 2016 年 7 月间，多台次该型消防车发生手动变速箱换挡手柄整体脱落的情况。

**3. 故障检查与排除**

（1）经维修人员检查发现，该型车辆的换挡手柄支撑座采用薄板点焊方式固定在驾驶室金属底板，长期使用焊接点失效脱开（图 2-4）。

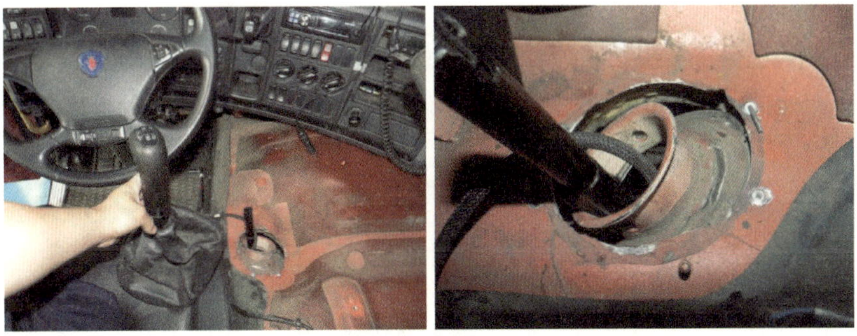

图 2-4　换挡手柄固定位置焊接点脱焊情况

（2）拆卸换挡手柄的控制线路，使其与寻挡位置一致，确定换挡手柄与驾驶室原始的焊接位置，进行固定后，重新进行整体焊接，使换挡手柄位置与寻挂挡位置完全一致，故障排除。

**4. 故障评析**

该型消防车换挡手柄整体脱落问题，已是多次出现，其换挡手柄支撑座固定方式存在强度不足的问题，希望底盘厂家改变固定方式或提升焊接强度，防止此类故障再次出现。

驾驶员要尽量控制换挡力度，同时经常检查换挡手柄有无松动、脱焊等情况。

故障原因：换挡手柄固定支撑座安装工艺质量问题（100%）。

## 案例 42 手动变速箱换挡机构断裂

**1. 车辆信息**

底盘：五十铃 FVR34J　　　　生产日期：2006 年 10 月

车型：水罐消防车（SG50）

**2. 基本情况**

驾驶员换挡时听到断裂声，再次操作换挡手柄，无法实现换挡。

**3. 故障检查与排除**

（1）顺序检查消防车换挡机构，发现换挡手柄与后续机构的连接位置发生断裂，换挡机构局部机件有弯曲变形现象，换挡拉线护管断裂导致整个换挡机构失效，如图 2-5 所示。

图 2-5 换挡机构局部机件有弯曲变形现象，换挡拉线护管断裂

（2）对断裂部分进行焊接处理（图 2-6），故障排除。

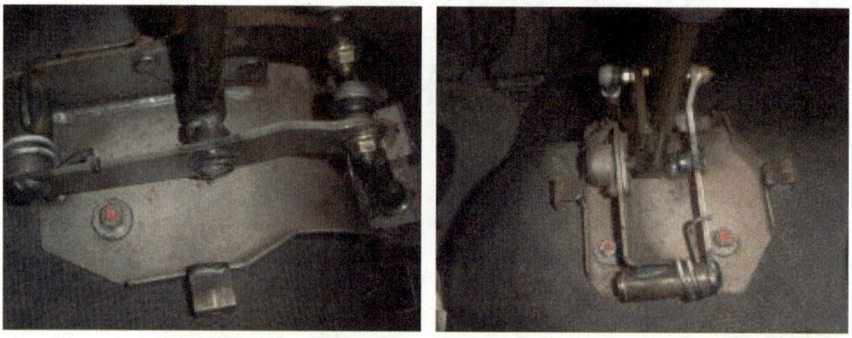

图 2-6 换挡机构断裂处焊接后情况

**4. 故障评析**

询问驾驶员，在操作换挡手柄时并无野蛮操作情况，初步确定是由于连接处材料强度不足造成。

根据此次故障情况，通知配备该型消防车的其他中队，对故障部位进行检查和加固。

故障原因：零部件材料质量问题（100%）。

## 案例 43　手动变速箱换挡气路控制模块锈蚀损坏

**1. 车辆信息**

底盘：依维柯 380T42H　　　　生产日期：2013 年 8 月

车型：山岳救援消防车（JY90）

**2. 基本情况**

2019 年 7 月，驾驶员反映车辆手动变速箱无法换挡。

**3. 故障检查与排除**

（1）检查发现车辆离合器工作存在异常。拆卸离合器分泵，发现内部有水和泥浆；拆卸气路干燥器，发现内部水分较多，已失效。

（2）检查储气罐排水阀，发现内有大量积水；进一步拆卸变速箱双 H 换挡机构，内部也有大量水分，判断变速箱换挡气路控制模块内部进水锈蚀损坏（图 2-7）。

（3）更换离合器分泵和变速箱换挡气路控制模块，并对气路进行清洗，故障排除。

图 2-7　变速箱换挡气路控制模块分解图

**4. 故障评析**

由于车辆所处环境比较潮湿，造成气动系统内水分较大，而驾驶员没有对储气罐进行定期排水，且未及时更换气路干燥器，导致车辆气动系统内积存水分，对变速箱挂挡气路控制模块造成损坏。

故障原因：检查保养不到位（100%）。

**5. 改进建议**

根据外部环境，调整干燥器的更换周期，定期检查储气罐并及时排水，避免车辆由于气动系统中有水而出现故障。

# 案例44 自动变速箱挡位故障

**1. 车辆信息**

底盘：斯帕坦 LA41M-3164、斯堪尼亚 P400 生产日期：2010 年 3 月

车型：压缩空气泡沫消防车（AP90，整车进口）、泡沫消防车（PM120）

**2. 基本情况**

配备艾利逊自动变速箱的消防车，使用六七年后，一些驾驶员反映变速箱无法升挡、脱挡、挡位挂错和挡位无法锁止。

**3. 故障检查与排除**

（1）根据故障统计发现，艾利逊自动变速箱在使用六七年后会出现无法升挡，以及脱挡、挡位挂错和挡位无法锁止故障。

（2）利用专用诊断电脑检查，变速箱控制单元不存在故障；与消防车生产厂家联系确认，该型变速箱在使用一定年限后要对其润滑油、液压油进行更换，并用密封组件、电磁阀组件和压力开关等组成的修理包进行检修和更换。

（3）对整个变速箱系统进行拆解、检修，更换油品和修理包（图 2-8 至图 2-11），故障排除。

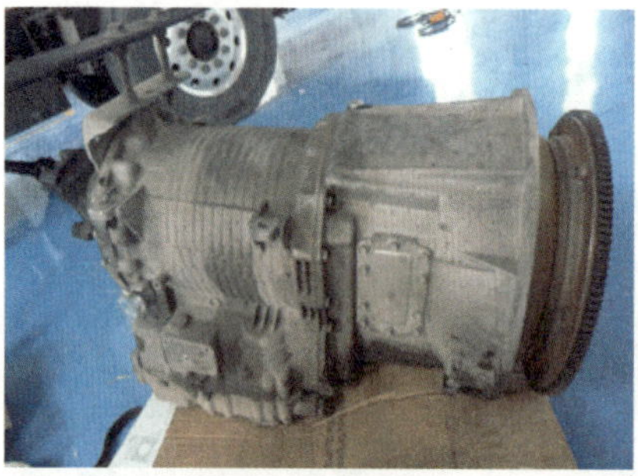

图 2-8 变速箱总成

图 2-9 拆下的变速箱油底部分

图 2-10 变速箱油底控制油路及控制开关

图 2-11 液力变扭器摩擦片损坏

**4. 故障评析**

变速箱总成等在使用一定年限后，传感器、回位弹簧和耦合摩擦片等老化损坏，会造

成工作不可靠，需要进行相应程度的维护保养，保证变速箱运行的可靠性。

起步猛加油、行驶猛制动，都会造成自动变速箱内部摩擦片高温，降低自动变速箱总成使用寿命，因此驾驶员也要养成良好的驾驶习惯。

故障原因：维护保养不及时（80%）；操作不当（20%）。

## 案例 45　变速箱主轴导向轴承损坏

**1. 车辆信息**

底盘：斯堪尼亚 R620　　生产日期：2013 年 4 月

车型：水罐消防车（SG260）

**2. 基本情况**

2016 年 1 月，驾驶员发现车辆在行驶中有动力中断现象，专用诊断电脑检查提示为变速箱故障。

**3. 故障检查与排除**

（1）车辆在坡路试车时，变速箱频发故障并伴随异响，检查离合器，未发现异常。

（2）变速箱故障代码提示换挡系统纵向作用缸位置异常。

（3）检查车辆换挡电子控制系统，未发现异常，初步判断为机械传动系统故障。

（4）拆解变速箱，发现主轴导向轴承（输入轴内轴承）损坏（图 2-12 和图 2-13），更换损坏零件后，故障排除。

图 2-12　损坏主轴导向轴承的滚珠

图 2-13　主轴导向轴承安装位置

**4. 故障评析**

因锥形轴承保持架解体，无法保证输入轴和输出轴同心，12 挡变速箱半挡又设计在输入轴上，导致同步器有时无法接合半挡，所以造成动力中断。轴承失效后主轴前后窜动，进而导致变速箱横向换挡气缸动作行程超出程序设定预期，激活变速箱故障警告。

故障车辆变速箱内的锥形轴承，属于较易发热部件，且仅依靠变速箱内润滑油飞溅到锥形轴承位置实现润滑和冷却，如润滑油品质降低、油量不足，锥形轴承也容易发生摩擦过热损坏。

故障原因：零部件质量问题（50%）；维修保养不到位（50%）。

**5. 改进建议**

此例故障已通知厂家。驾驶时出现此故障应及时报修。车辆日常使用时注意定期更换、补充变速箱润滑油。

## 案例 46 夹心式取力器漏装一轴轴承

**1. 车辆信息**

底盘：五十铃 FVR34J　　　　生产日期：2003 年

车型：泡沫消防车（PM50）

**2. 基本情况**

消防车在行驶过程中五挡换六挡时，出现打齿和换挡困难现象。

**3. 故障检查与排除**

（1）拆卸变速箱，发现缺少第一轴和输出轴之间的滚针内轴承，导致第二轴悬空，换挡齿轮限位缺失，造成换挡打齿。图 2-14 为夹心式取力器缺少滚针内轴承的位置，图 2-15 为悬空的第二轴的轴头。

（2）安装变速箱缺失的轴承后，故障排除。

图 2-14　夹心式取力器缺少滚针内轴承的位置

图 2-15　悬空的第二轴的轴头

**4. 故障评析**

改装夹心式取力器时，需要更换输入轴（俗称第一轴或长柄齿轮，主要是加长此轴，并在轴上安装齿轮，由此取出发动机的动力以驱动水泵），安装时没有在输入轴与输出轴之间安装轴承（可能是上次维修时漏装），车辆使用过程中，变速箱被磨损，挂挡打齿。

故障原因：改装过程安装问题（100%）。

**5. 改进建议**

消防车在使用过程中，要对异常现象及时进行检查维修，避免出现更大的故障。

## 案例 47 自动变速箱控制模块故障

**1. 车辆信息**

底盘：斯帕坦 LA41M-3164　　　　生产日期：2013 年 3 月

车型：压缩空气泡沫车（AP90，整车进口）

**2. 基本情况**

2020 年 4 月，驾驶员报修，挂上水泵挡后水泵可以运转，提高发动机转速但出水口始终无压力。

**3. 故障检查与排除**

（1）该消防车采用断轴取力器，通过水泵接合控制手柄挂上水泵挡（图 2-16），再通过艾利逊自动变速箱切换至高挡位（图 2-17），但水泵转速无变化，水泵控制面板（图 2-18）显示泵出水口压力依然很小。

（2）检查相关的控制电路系统、电线、电气元件，联系消防车生产厂家对照电路图进行分析，并更换水泵控制系统中的继电器，未解决故障。

（3）更换自动变速箱控制模块（图 2-19），并进行测试，可以正常切换高挡运转，故障排除。

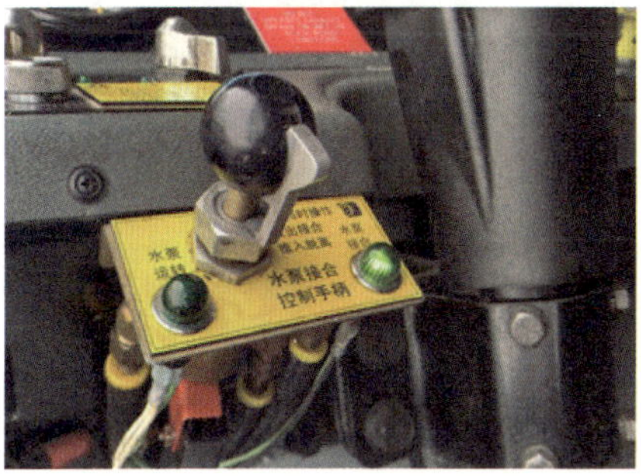


图 2-16　水泵接合控制手柄

图 2-17　自动变速箱挡位

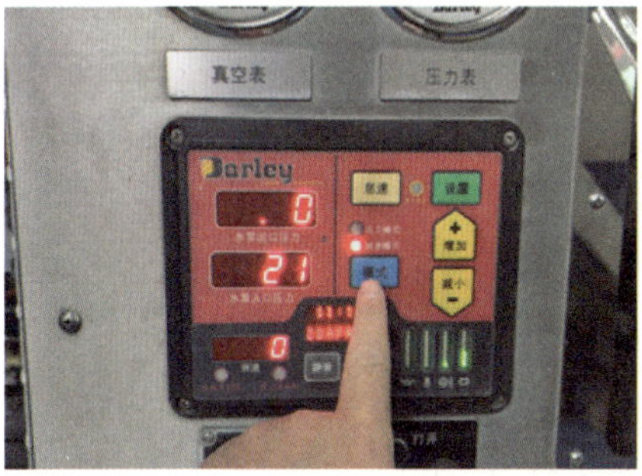


图 2-18　水泵控制面板压力显示情况

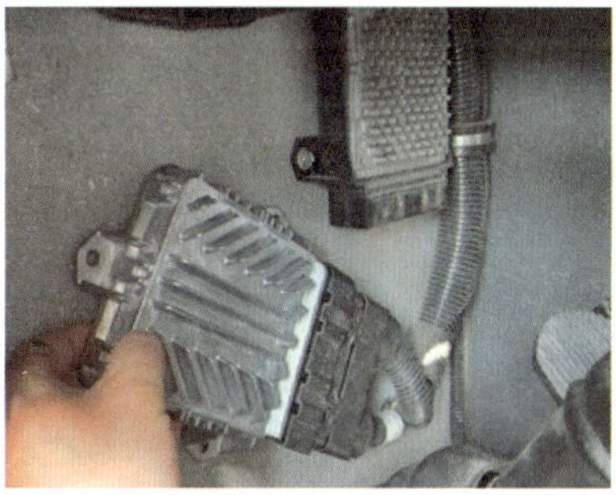

图 2-19　变速箱控制模块

**4. 故障评析**

通过对断轴取力器控制的机械结构和电气控制部分的逐级排查，最终确认是自动变速箱控制模块故障。

故障原因：零部件质量问题（100%）。

## 案例 48　电子挡位信号线损坏

**1. 车辆信息**

底盘：奔驰 3336　　生产日期：2011 年 2 月

车型：云梯消防车（MLE4-30，进口整车）

**2. 基本情况**

2014 年 3 月，该车从车库行驶到室外进行上装系统检查后，出现无法挂挡问题，仪表盘提示 FR 模块“手动挡位选择受限”，如图 2-20 所示。

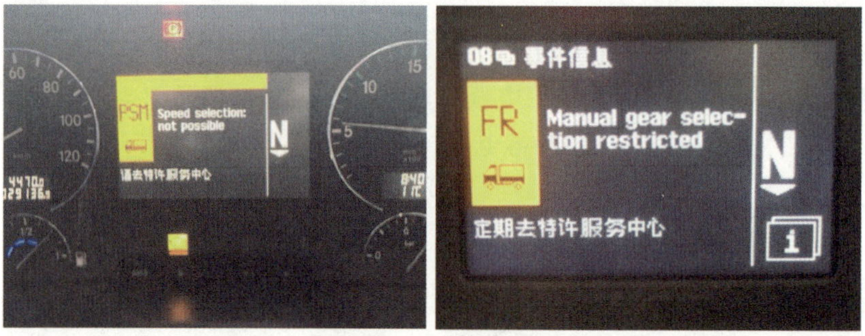


图 2-20 仪表盘故障显示

**3. 故障检查与排除**

（1）维修人员现场检查发现，车辆电子控制挡位开关失灵无动作，挡位继电器无响应；检查换挡电控单元（电子挡把）和 FR 模块，均未发现问题。

（2）检查电子挡把和 FR 模块之间线路连接情况，通断正常；检查电子挡把线路，发现 5 号和 8 号线存在短路问题，固定踏板下方的线路外皮破损，如图 2-21 所示。

（3）对破损线路进行连接和绝缘处理，并修复破损的外皮，重新启动车辆，故障排除。

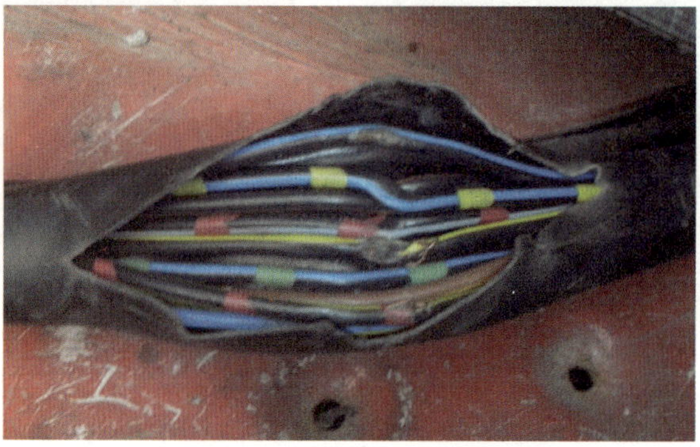

图 2-21 破损的电子挡把线路

**4. 故障评析**

采用电子挡位的奔驰底盘，已经多次出现不能正常调挡的问题。故障发生后，可以通过仪表板上的应急挂挡系统将车辆行驶到维修点，应急挡位一般有 N、2、5 和 R 等几个常用挡位。

最常见的故障原因是电子挡把或 FR 模块出现问题。故障定位的步骤为：首先更换新的电子挡位器进行故障部位排查，再考虑是否为 FR 模块问题；如均无问题再进行线路问题排查。

该车线路布置位置未进行加强防护，致使电线与固定螺丝的螺纹产生摩擦，最终线路破损造成短路。

故障原因：布置安装疏忽（100%）。

## 案例 49　自动变速箱控制模块故障

**1. 车辆信息**

底盘：斯帕坦 LA41M-3164、斯堪尼亚 P400　　生产日期：2010 年 3 月

车型：压缩空气泡沫消防车（AP90，整车进口）、泡沫消防车（PM120）

**2. 基本情况**

配置有艾利逊自动变速箱的消防车，在使用了六七年后陆续出现无法挂挡，以及跳挡和窜挡的情况。

**3. 故障检查与排除**

（1）检查变速箱和换挡机构相关机械部件，未发现明显故障。

（2）通过专用诊断电脑检测发现，2008—2010 年采购的消防车使用的艾利逊自动变速箱上配置的均是 A51 系列的控制模块，该控制模块属于较早期产品，运行稳定性不高，如图 2-22 所示。

（3）联系变速箱厂家，对控制模块进行了更换，安装了艾利逊公司生产的 A59 系列的控制模块（图 2-23），进行程序重置，故障排除。

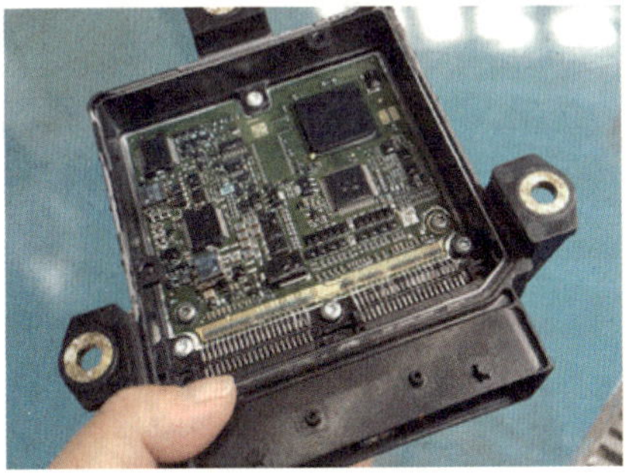

图 2-22　拆解的 A51 系列的控制模块

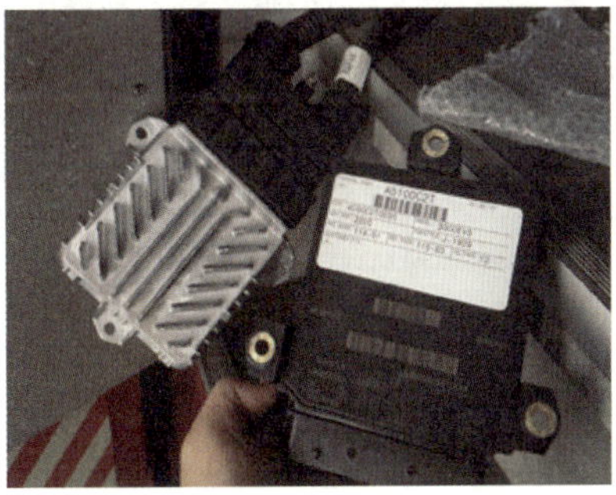

图 2-23　A59 系列的控制模块

**4. 故障评析**

现代消防车采用了大量的控制模块，这些控制模块的更新换代周期较快，对于执勤用的消防车，为保证车辆运行稳定性，厂家采用的重要控制模块一般落后市场 2~3 代，如果条件允许，可联系厂家对硬件和软件进行更新，保证消防车的稳定运行。

故障原因：零部件正常损坏（100%）。

## 案例 50　换挡控制面板故障

**1. 车辆信息**

底盘：机场消防车专用底盘　　生产日期：2009 年 8 月

车型：机场快调泡沫消防车（整车进口）

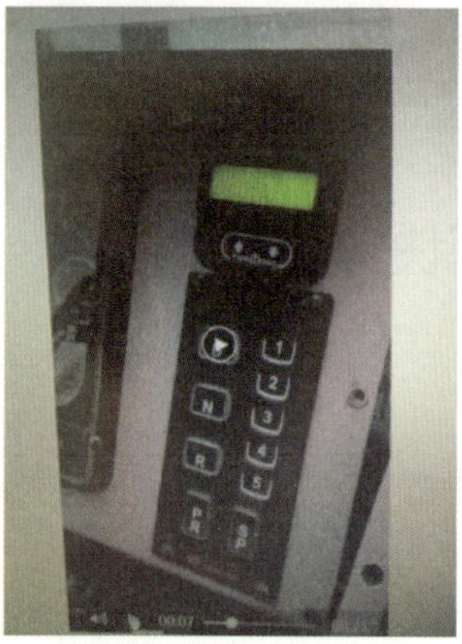

图 2-24 换挡控制面板无反应和按键指示灯不亮

**2. 基本情况**

2020 年 2 月，机场消防车驾驶员更换蓄电池后启动发动机，发现无法挂挡行车，换挡控制面板显示屏显示“SELECT NEUTRAL”(选择空挡)。

**3. 故障检查与排除**

（1）维修人员用专用诊断电脑检测，发现变速箱控制模块没有输入空挡指令信号；按下挡位选择按键 N（空挡），换挡控制面板无反应，按键指示灯也不亮，具体情况如图 2-24 所示。

（2）检查换挡控制面板电源输入插座，确认有 12 V 电输入（图 2-25），但没有信号输出，判断是此换挡控制面板故障，更换换挡控制面板总成，故障排除。图 2-26 为换挡控制面板正常显示情况。

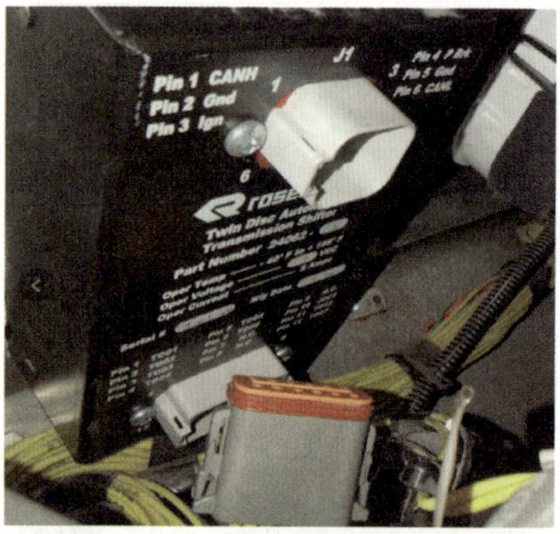


图 2-25 换挡控制面板电源接头

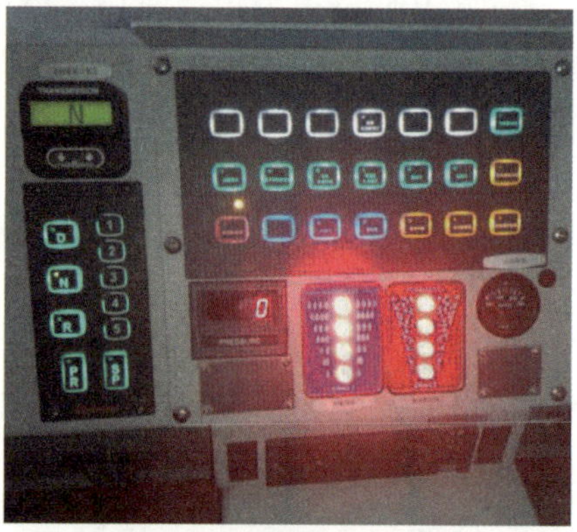

图 2-26 换挡控制面板正常显示

**4. 故障评析**

根据驾驶员反映，更换蓄电池时正负极接错（接头处曾冒火花）导致换挡控制面板烧毁。

故障原因：人为操作失误（100%）。

## 案例 51 离合器片异常磨损

**1. 车辆信息**

底盘：斯堪尼亚 P400　　生产日期：2012 年

车型：泡沫消防车（PM120）

**2. 基本情况**

驾驶员反映车辆起步行驶困难，同时发动机离合器处有烧糊气味。

**3. 故障检查与排除**

（1）事故车辆到场后，询问车辆驾驶员日常驾驶习惯及其操作使用方法，确认原因在于驾驶员对车辆离合器使用不够熟练，造成车辆离合器异常磨损。

（2）确定损坏原因后拆解离合器总成，检查测量离合器片的尺寸变化和离合器压盘的磨损情况，更换离合器片，并根据损坏程度决定先不更换压盘。车辆路测，故障排除。图 2-27 和图 2-28 为离合器损坏的情况。

图 2-27 摩擦片磨损严重的离合器片

图 2-28 堆积大量摩擦片粉末的离合器外壳

**4. 故障评析**

由于驾驶员不熟悉车辆离合器半联动间隙，导致离合器片磨损严重。由于重型消防车长期处于满载，总质量大，很多驾驶员习惯二挡起步，造成离合器接合瞬时冲击载荷大，造成离合器片损坏。还有一些驾驶员为控制车速，特别是倒车入库时使离合器长时间处于半联动状态，加快离合器片的磨损。

故障原因：人为操作不当（100%）。

**5. 改进建议**

该类故障发生频次高、范围广，反映了部分消防车驾驶员专业技能薄弱，责任心不强的现状。故应加大驾驶员的驾驶技能培训力度，使驾驶员能熟练掌握正确的驾驶技巧和养成良好的驾驶习惯，减少人为故障。

## 案例 52 电液离合器故障

**1. 车辆信息**

底盘：奔驰 4148　　　　生产日期：2017 年 10 月

车型：举高喷射消防车（JP18）

**2. 基本情况**

2018 年以来，该消防车底盘的电液离合器频繁出现漏油、泄压等情况，导致车辆尾部控制水泵的远端离合系统无法接合。

**3. 故障检查与排除**

（1）检查底盘远端控制的电液离合器，发现经常在管路、控制阀缸等部位出现漏油、泄压的情况，严重时无法进行液压控制。图 2-29 为故障底盘远端控制的电液离合器。

（2）与底盘厂家沟通多次，该故障均未得到彻底解决。目前使用该系列底盘的车辆只能靠定期加注离合器油液来保证远端控制的电液离合器的正常使用，故障暂时得到解决。

图 2-29 电液离合器

**4. 故障评析**

关于该类型故障的原因，底盘厂家并未给出确切解释。维修人员经过检查分析认为，电液离合器密封设计存在缺陷，高背压导致油路压力升高而造成频繁漏油，以及电液离合器的进油管路位置相比油杯偏高，导致液压油供油过程中易进空气，均是造成故障发生的可能原因。

故障原因：管路设计问题（50%）；元器件质量问题（50%）。

## 案例 53 离合器分泵控制阀损坏

**1. 车辆信息**

底盘：雷诺 MIDLUM270　　生产日期：2012 年

车型：水罐消防车（SG30）

**2. 基本情况**

2017 年 3 月，驾驶员反映该消防车离合器漏气严重，不能挂挡。

**3. 故障检查与排除**

（1）维修人员通过检查离合器机械结构、离合器总成和离合器分泵（图 2-30）等，确定分泵控制阀内部损坏。

（2）更换新的离合器分泵总成，故障排除。

**4. 故障评析**

经拆解分析，离合器分泵总成内部控制阀密封组件漏气，导致离合器分泵不能工作。因为厂家不提供控制阀密封组件，只能更换该总成。

故障原因：零部件质量问题（100%）。

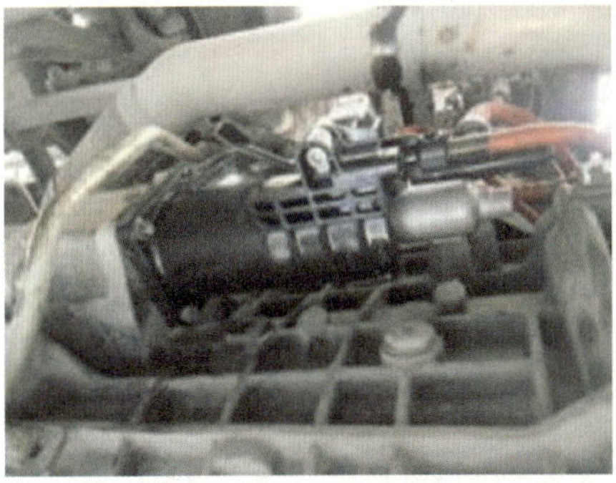

（a）处于安装位置的离合器分泵（仰视图）

（b）处于安装位置的离合器分泵（侧视图）

（c）处于安装位置的离合器分泵（侧俯视图）

（d）拆卸后的离合器分泵

图 2-30　离合器分泵

## 案例 54　离合器分离轴承套损坏

**1. 车辆信息**

底盘：五十铃 FVR34J　　生产日期：2003 年

车型：水罐消防车（SG50）

**2. 基本情况**

驾驶员在车辆测试时发现踩下离合器后，挡位挂不上，失灵。

**3. 故障检查与排除**

（1）维修人员检查发现离合器失灵，无法换挡；检查离合器总成，发现取力器输入轴断裂（图 2-31），离合器分离轴承及轴承套损坏严重（图 2-32）。

（2）更换取力器输入轴、分离轴承和轴承套，故障排除。

**4. 故障评析**

经过分析，离合器驱动取力器输入轴断裂和分离轴承、轴承套损坏的可能原因有：

（1）驾驶员不良操作习惯使离合器驱动轴受到很大冲击或驱动轴质量差，都有可能造成驱动轴断裂。

（2）离合器分离轴承的工作条件差，但是日常检查和维护工作不到位。

（3）断裂的轴干涉分离轴承致损坏。

故障原因：取力器输入轴质量问题（70%）；操作不当（20%）；保养不到位（10%）。

（a）变速箱端

（b）发动机端

图 2-31 取力器输入轴断裂情况

（a）全图

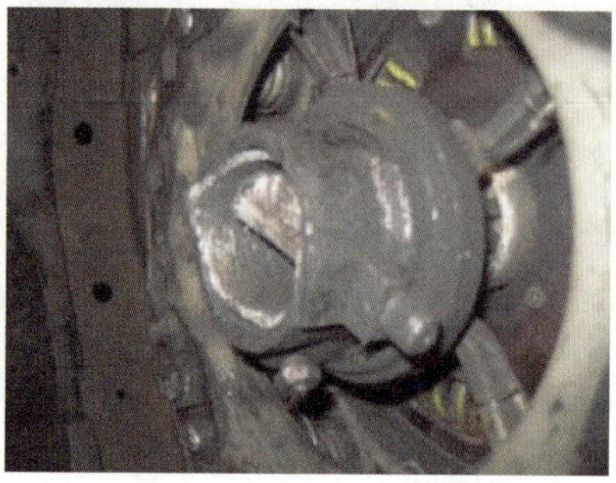

（b）局部

图 2-32 分离轴承及轴承套损坏情况

# 案例 55 离合器分泵脱落

**1. 车辆信息**

底盘：五十铃 CXZ18QL 生产日期：1993 年

车型：水罐消防车（SG110）

**2. 基本情况**

在出警归队后，驾驶员检查发现消防车离合器分泵脱落。

**3. 故障检查与排除**

（1）检查发现离合器分泵固定支架损坏，连接螺栓断裂，离合器分泵脱落情况如图 2-33 所示。

（2）修复分泵固定支架，更换连接螺栓，故障排除。

**4. 故障评析**

消防车行驶经过低洼、陡坡地段，车身抖动导致离合器分泵固定螺丝松动掉落或断裂。底盘厂家在设计分泵固定支架时对冲击载荷和疲劳强度考虑不足，或者消防车生产厂加装夹心式取力器后擅自加长离合器分泵的推动杆，但未作可靠性检验，都会引发该故障的产生。

（a）全图

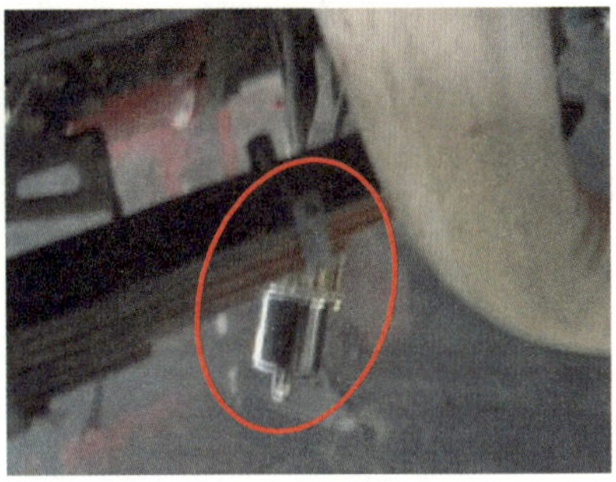

（b）局部

图 2-33　离合器分泵脱落

故障原因：设计不合理（50%）；维护保养不到位（50%）。

## 案例 56　离合器分泵漏气

**1. 车辆信息**

底盘：雷诺 MIDLUM270　　生产日期：2012 年

车型：水罐消防车（SG30）

**2. 基本情况**

2019 年，国庆安保巡检过程中发现该车离合器分泵漏气。

**3. 故障检查与排除**

（1）检查确认离合器分泵的助力器部分漏气（图 2-34 和图 2-35）。

（2）更换密封组件，故障排除。

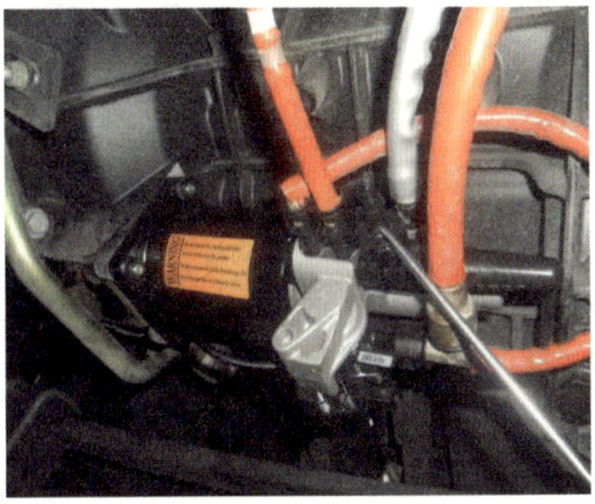

图 2-34　离合器分泵总成

图 2-35　分解的离合器分泵

**4. 故障评析**

该车离合器分泵采用气动助力，由于离合器使用频繁，导致助力器密封组件磨损漏气。

此系列底盘共装备 160 余辆，离合器分泵损坏频繁，只通过更换密封组件的修复方式，不能保证维修质量，之后更换了 40 余套分泵总成。

故障原因：零部件质量问题（100%）。

# 案例 57 离合器总泵密封圈破损失效

**1. 车辆信息**

底盘：依维柯 ML180E30　　　　生产日期：2017 年 4 月

车型：山岳运兵车

**2. 基本情况**

2019 年 9 月 30 日，驾驶员反映，踩离合器踏板时脚感过轻，且变速箱挂挡困难。

**3. 故障检查与排除**

（1）检查离合器总泵油位正常（图 2-36），打开离合器油杯盖发现油杯内部有很多黑色杂质（图 2-37）。

（2）踩下离合器踏板，发现离合器踏板自由行程过短（仅有 1 cm 左右，正常数值应在 4 cm 左右）。根据离合器踏板脚感过轻、油液有杂质和自由行程过短的现象，确认原因是离合器液路系统泄压、离合器总泵内密封损坏、离合器片磨损过大等。

（3）拆解离合器总泵后，发现总泵内部的密封圈已经破损、密封失效（图 2-38）。

（4）更换离合器总泵和油品并排尽空气后，故障排除。

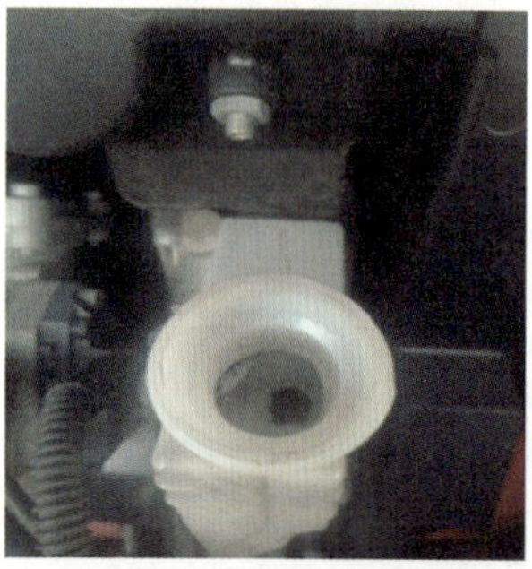

图 2-36 离合器油杯

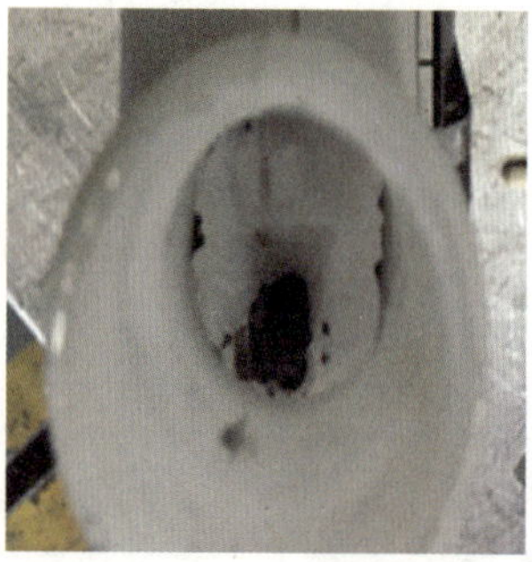

图 2-37 油杯内部的黑色杂质

图 2-38 总泵内老化腐蚀的密封圈

**4. 故障评析**

离合器油液未定期更换，氧化产生一定腐蚀性，造成总泵内部的密封圈损坏。

故障原因：维护保养问题（100%）。

**5. 改进建议**

离合器油液与制动液一般都是合成型 DOT4 油液，油液内含有“醇”类物质，该物质具有吸湿性，一旦吸湿变质具有腐蚀性，所以应定期检查更换离合器油，更换的周期一般为每年一次。

# 案例 58 离合器总泵活塞磨损

**1. 车辆信息**

底盘：雷诺 MIDLUM270　　　　生产日期：2014 年

车型：水罐消防车（SG30）

**2. 基本情况**

2019 年 8 月，驾驶员反映该车换挡困难。图 2-39 为故障车辆。

图 2-39　故障车辆

**3. 故障检查与排除**

（1）检查发现离合器油杯中油液含有杂质和水分，导致离合器总泵活塞磨损回油，离合器分离不彻底，挂挡困难。

（2）更换离合器总泵并清理油路，换新油并对离合器油路排气，故障排除。图 2-40 为维修人员对离合器油杯中油品进行检查和更换操作。

图 2-40　检查和更换离合器油杯中油品

**4. 故障评析**

经过一段时间使用，离合器系统油液会有一定量自然消耗，也可能因某些原因导致油液污染，从而使离合器总泵出现故障，造成离合器分离不彻底，以及换挡困难。

故障原因：检查保养不及时（100%）。

**5. 改进建议**

定期检查离合器油位及油质情况，必要时更换。

# 案例 59 传动轴断裂脱节

**1. 车辆信息**

底盘：斯堪尼亚 R560　　生产日期：2010 年 5 月

车型：水罐消防车（SG180）

**2. 基本情况**

2016 年 5 月，该车在高架桥上坡行驶途中停车后再次启动，发动机运行、挂挡均正常，但车辆爬坡无力，不能前行。

**3. 故障检查与排除**

（1）维修人员电话指导驾驶员查看主传动轴是否正常旋转，发现主传动轴前半部分高速转动，而后半部分静止。

（2）进一步检查发现，主传动轴在前后连接部位断裂（图 2-41），外轴套与中心轴脱开（图 2-42）发生相对转动。

图 2-41 主传动轴连接部位裂缝

图 2-42 主传动轴外轴套与中心轴脱开

（3）维修人员现场检查发现，该车的主传动轴连接部位焊接强度不足，在重新确定传动轴的长度值后，对断裂处进行了焊接（图 2-43），并进行了动平衡矫正，故障排除。

图 2-43 焊接后的主传动轴

**4. 故障评析**

2016 年 6 月，该型底盘又出现过类似事故，初步确认故障原因为传动轴质量问题。

故障原因：传动轴质量问题（100%）。

**5. 改进建议**

（1）如果在行驶过程中突然出现断轴情况，车辆速度会明显降低，倘若后车不能及时减速，则会造成严重追尾交通事故。该故障对于正在行驶中的车辆是一个重大安全隐患，如有条件，为保证传动轴的动平衡，建议直接更换新轴。

（2）重型消防车注意要低速并柔和起步，减少行驶起步时传动轴瞬时冲击载荷。此外车辆日常检查时，应注意传动轴连接处是否出现磨损等情况。

## 案例 60　传动轴伸缩节花键轴脱落

**1. 车辆信息**

底盘：五十铃 600P　　　　生产日期：2010 年

车型：水罐消防车（SG20）

**2. 基本情况**

多台次该型消防车出现传动轴伸缩节花键轴脱落现象。

**3. 故障检查与排除**

（1）检查发现，消防车传动轴伸缩节花键轴脱落的位置一般在传动轴万向节连接处，水箱和车架邻近的位置有多处因撞击损坏的情况（图 2-44 和图 2-45）。

（2）拆解万向节发现，该型消防车的万向节花键轴轴套设计长度过短（图 2-46 和图 2-47），导致消防车行驶时花键轴发生脱落。

（3）更换万向节，故障排除。

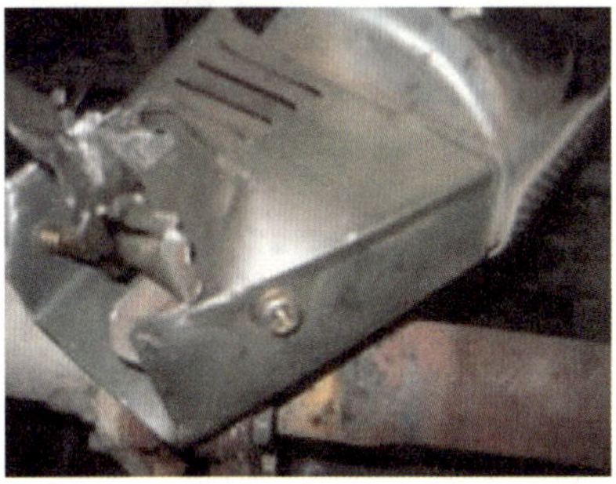

图 2-44　车体支架被传动轴撞击损坏

图 2-45　空调冷凝器被传动轴打坏

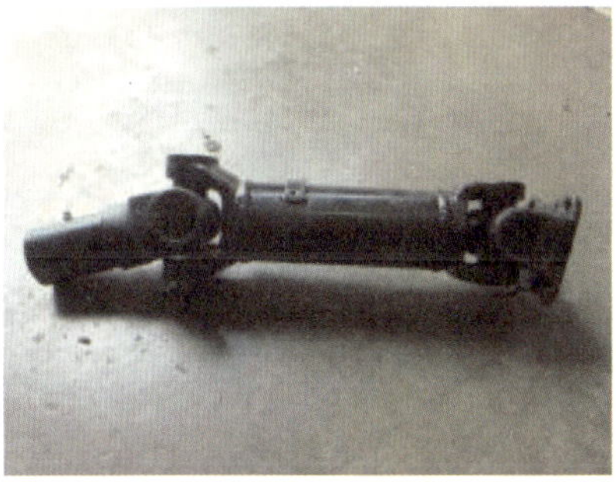

图 2-46　已更换的万向节轴套的传动轴

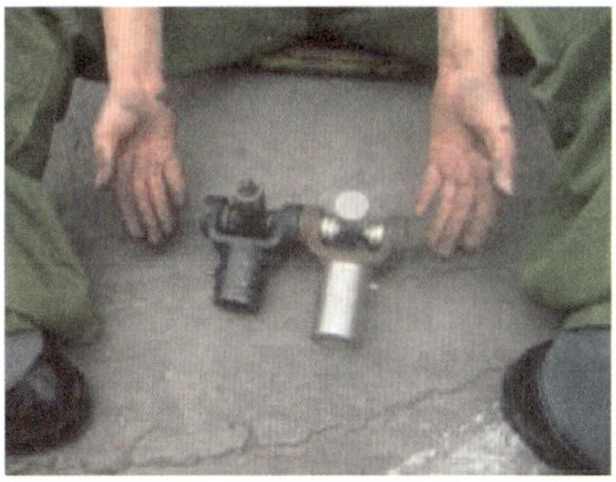

图 2-47　被换下的旧万向节轴套和新万向节轴套对比

**4. 故障评析**

万向节花键轴轴套尺寸过短，导致传动轴接合长度不足，行车震动造成传动轴脱落。脱开的传动轴高速旋转，对车架周围零部件造成损坏。

此故障发生在消防车静止试车时，如发生在消防车高速行驶过程中，脱开的传动轴有可能顶起整个车架造成翻车事故。

故障原因：传动轴伸缩节设计不合理（100%）。

## 案例 61 传动轴吊挂轴承损坏

**1. 车辆信息**

底盘：解放 16 平柴　　　　生产日期：1999 年

车型：水罐消防车（SG130）

**2. 基本情况**

消防车行驶过程中传动轴发出异响。

**3. 故障检查与排除**

（1）检查传动轴连接情况，发现传动轴中部吊挂轴承损坏严重（图 2-48），发出异响。

（2）更换传动轴中部的吊挂轴承，异响消失。图 2-49 为损坏吊挂轴承和新换的零件。

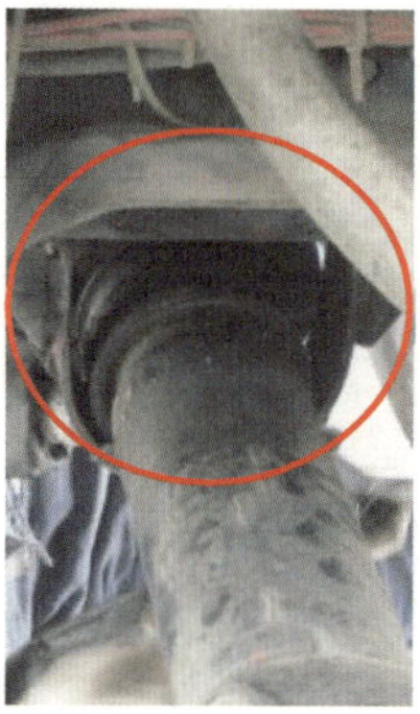

图 2-48 传动轴中部的吊挂轴承损坏

图 2-49 新旧吊挂轴承对比

**4. 故障评析**

由于后置式水泵距离取力器较远，需要设计安装多根传动轴连接，必须增加吊挂轴承支撑。吊挂轴承损坏的主要原因是消防车使用人员在日常检查和保养过程中不够仔细和认真，对轴承未定期加注润滑脂，轴承长时间无润滑运转产生高温，轴承烧坏。图 2-50 为吊挂轴承严重缺油状态。

此外，部分消防车也有吊挂轴承安装不当造成润滑油嘴被遮挡、无法加注润滑脂的情况。

故障原因：疏于检查保养（80 %）；吊挂轴承安装时未考虑保养需求（20%）。

图 2-50　吊挂轴承严重缺油

## 案例 62　传动轴异响

**1. 车辆信息**

底盘：优迪骐　　　　　　　　　　生产日期：2012 年

车型：水罐消防车（SG60）

**2. 基本情况**

2019 年 9 月 24 日，车辆行驶过程中有严重的异响和抖动现象。

**3. 故障检查与排除**

（1）检查传动轴，发现传动轴万向节（十字轴）和吊挂轴承均有损坏现象（图 2-51 和图 2-52）。

（2）将传动轴拆下，更换新的万向节及吊挂轴承，试车运转，故障排除。

图 2-51　损坏的万向节

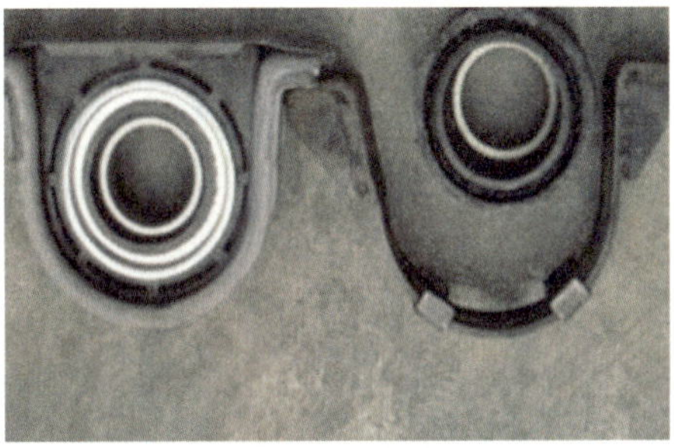

图 2-52　新旧吊挂轴承及托架

**4. 故障评析**

吊挂轴承和万向节如长期缺少润滑脂，会导致轴承高温损坏，出现滚针、滚柱丢失或移位等原因引起的间隙变大，从而出现传动轴运转剧烈抖动及异响。

故障原因：检修保养不到位（100%）。

**5. 改进建议**

要定期检查、润滑吊挂轴承和传动轴万向节。

## 案例 63 消防泵传动轴万向节断裂

**1. 车辆信息**

底盘：汕德卡　　　　生产日期：2014 年

车型：排烟消防车（PY50）

**2. 基本情况**

该消防车行驶正常，但挂上消防泵泵挡后，中置式消防泵不能运转。

**3. 故障检查与排除**

（1）检查发现，夹心式取力器输出端的消防泵传动轴万向节断裂，导致动力传输中断，消防泵无动力输入。具体故障如图 2-53 所示。

（2）该车的夹心式取力器为原底盘厂家出厂安装，联系底盘厂家更换消防泵传动轴后，故障排除。

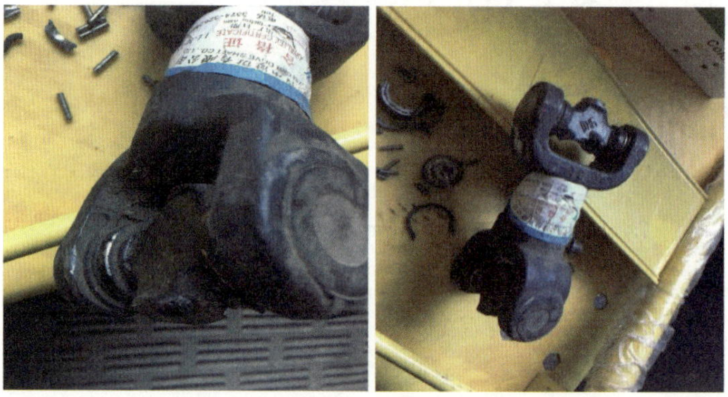

图 2-53　消防泵传动轴万向节断裂情况

**4. 故障评析**

传动轴的万向节在根部断裂，大概率属于传动轴选用不合理或质量缺陷。而且消防泵启动时，传动轴达到扭矩瞬时峰值，传动轴万向节抗剪切能力不足，最终断裂。

故障原因：零部件质量缺陷（100%）。

**5. 改进建议**

（1）消防车生产厂家对部件的强度要准确计算，确保有强度和刚度。

（2）消防车生产厂家要控制好传动件的质量，外购件应做严格的质量检验，减少故障的发生。

（3）定期检查，必要时对消防泵传动轴万向节加注润滑脂。

## 案例 64 消防泵传动轴异响

**1. 车辆信息**

底盘：欧曼　　　　生产日期：2006 年

车型：水罐消防车（SG50）

**2. 基本情况**

多台同型消防车在行驶时，驾驶员听到车底部有金属摩擦及撞击异响，驻车怠速状态下异响消失。

**3. 故障检查与排除**

故障 1：检查消防车底部，发现消防泵传动轴与水罐罐体有摩擦损坏痕迹，诊断认为传动轴与水罐罐体在车辆行驶时摩擦碰撞。具体故障如图 2-54 和图 2-55 所示。

紧固调整传动轴固定支撑装置，对水罐罐体下部进行处理，增大传动轴与水罐底板的间隙，故障排除。

图 2-54　紧贴罐底的传动轴

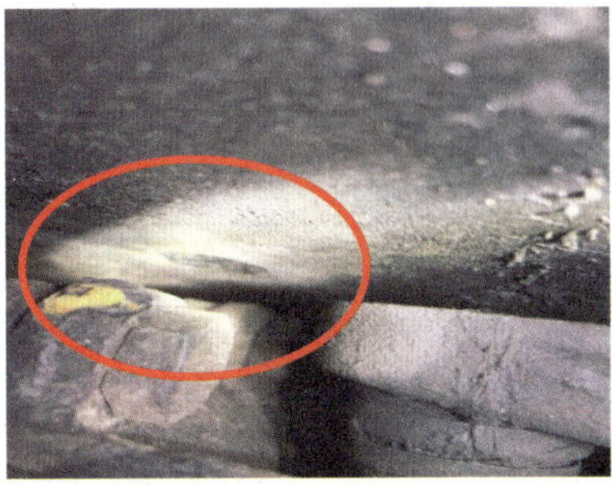

图 2-55　传动轴万向节与水罐罐体摩擦

故障 2：检查消防车底盘部件及传动轴，发现传动轴与副车架存在干涉摩擦的现象。具体故障如图 2-56 所示。

紧固调整传动轴固定支撑装置，更换副车架与主车架连接部位的减震装置，故障排除。

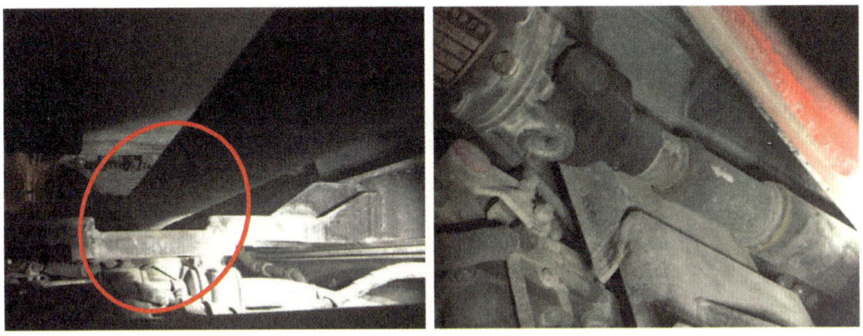

图 2-56　消防泵传动轴与副车架干涉摩擦

**4. 故障评析**

以上两个故障案例的主要原因：一是消防车在长期使用过程中，传动轴的固定装置（俗称吊挂轴承）松动，传动轴转动时摆动幅度增大，与相关部件产生摩擦；二是消防车在长期使用过程中，因重载导致水罐罐体、副车架等部件发生变形，与传动轴间的间隙缩小进而产生摩擦。此类传动轴摩擦故障严重时会造成传动轴断裂，车辆行驶过程中失去动力，引发安全事故。

故障原因：设计布置不合理（100%）。

**5. 改进建议**

（1）消防车在使用过程中，如发现底盘异响等情况，应及时检查，及时调整相关紧固部件。

（2）消防车设计生产过程中，要适当增大传动轴上方承载部件的支撑强度，做辅助支撑处理，增大与传动轴间的间隙，避免因长时间使用车辆结构变形和支撑部件松动，造成相关部件与传动轴产生干涉、摩擦。

## 案例 65 差速器半轴断裂

**1. 车辆信息**

底盘：斯堪尼亚 P310　　生产日期：2016 年 10 月

车型：水罐消防车（SG60）

**2. 基本情况**

2017 年 6 月，驾驶员反映车辆行驶中突然无动力，再次挂挡后无法行驶。

**3. 故障检查与排除**

（1）现场检查发现，车辆在挂挡后踩油门传动轴在转，可以排除发动机变速箱故障。

（2）检查差速器，拆下轮毂端盖，抽出半轴，发现右侧半轴断裂（图 2-57），更换半轴后，故障初步解决。该车行驶回修理厂，拆下差速器检查行星齿轮组和半轴齿套，未发现其他损坏，故障排除。

图 2-57　断裂的半轴

**4. 故障评析**

半轴断裂截面整齐，无明显气泡或锈蚀痕迹（图 2-58），排除暗伤造成的半轴强度不足情况，推断可能是急加速引起扭矩瞬间增大，导致半轴扭断。

图 2-58　半轴断面无气泡或锈蚀痕迹

故障原因：半轴质量问题（50%）；使用不当（50%）。

**5. 改进建议**

消防车辆长期处于满载状态，不建议高转速起步；起步时手刹应完全释放，避免弹射起步。半轴都有一定的强度、刚性和韧性，但无法避免超载和暴力驾驶的情况造成的损坏。

# 第三章 行驶系统故障分析与排除

本章主要对行驶系统的16个典型故障进行分析与排除，其中案例66至案例69为悬挂与减震系统故障，案例70至案例81为车轮系统故障

## 案例66 后桥钢板弹簧吊耳轴销断裂

### 1. 车辆信息

底盘：斯堪尼亚 P310　　　　生产日期：2007年9月

车型：水罐消防车（SG100）

### 2. 基本情况

2013年以来，多台次该型消防车出现后桥钢板弹簧吊耳轴销断裂情况。

### 3. 故障检查与排除

（1）经过系统检查，确认故障原因是后桥钢板弹簧与车架连接位置的吊耳轴销发生断裂。

（2）进一步检查更换下来的吊耳轴销，发现其表面磨损锈蚀严重，如图3-1所示。

图3-1 轴销位置及损坏情况

### 4. 故障评析

该型底盘轴销采用钢板弹簧两端铰接孔内嵌入有内螺纹扣套的结构形式，通过轴销上的螺纹与嵌入扣套的内螺纹形成配合，实现钢板弹簧与车架的连接，如图3-2所示。该连接结构为防止扣套内锈蚀，在两端安装了密封橡胶圈，但该位置的橡胶圈老化后由于更换难度大，又有水渍、油渍进入扣套内，最终造成内部锈蚀和轴销的断裂。

车辆行驶过程中钢板弹簧两端吊耳，即轴销位置会产生一定角度的转动，传统车辆大多采用插入式圆柱轴销，使用耐久性好。该车采用的内嵌式螺纹结构轴销，虽提高了连接

强度，但在反复的相对转动过程中螺纹容易损坏，造成轴销断裂，连接失效。

图 3-2　轴销结构形式

故障原因：钢板弹簧两端吊耳轴销设计问题（100%）。

## 案例 67　后桥悬架钢板弹簧断裂

**1. 车辆信息**

底盘：斯堪尼亚 P310　　　　生产日期：2008 年 7 月

车型：泡沫消防车（PM60）

**2. 基本情况**

2015 年 7 月，消防车后桥右侧悬架钢板弹簧卷耳断裂，车体向右侧略显倾斜。

**3. 故障检查与排除**

（1）经维修人员现场检查，发现钢板弹簧卷耳断裂，无法使用常规方法将断裂的卷耳由吊耳轴销及钢板弹簧上拆下。

（2）使用氧炔割炬加热吊耳，拆下吊耳上钢板弹簧销限位螺栓，使用角磨机顺吊耳下方的空隙将钢板弹簧卷耳中的衬套切透，将轴整体转 180°再次将衬套完全切开，使用扁口錾子将套剔开，然后使用锤子将钢板弹簧销从吊耳中拆下，钢板弹簧卷耳、销和衬套的情况如图 3-3 所示。

图 3-3　断裂的钢板弹簧卷耳、销、衬套

（3）将悬架钢板弹簧整体拆下，更换卷耳断裂的钢板弹簧片，将新衬套压入板簧，重新安装好夹箍，放在一侧以备安装。

（4）安装钢板弹簧，先将钢板弹簧卷耳与车体固定端支架连接固定，下方支撑千斤顶，使用千斤顶将钢板弹簧举升到合适高度，以便吊耳孔与钢板弹簧卷耳孔对正，穿钢板弹簧销，调节间隙，将钢板弹簧与车桥固定完毕，为钢板弹簧销及衬套加注润滑脂，安装轮胎，紧固轮胎螺栓，故障排除。

**4. 故障评析**

一般情况，悬架钢板弹簧断裂靠近钢板弹簧几何中线，因为那里形变量最大。钢板弹簧断裂除因弹簧本身材质或热处理工艺外，多由超载造成。本故障车辆使用不存在超载情况，且断裂点未在中线附近而在末端，根据拆下的吊耳钢板弹簧销和衬套的状况，初步判断锈蚀造成钢板弹簧销和衬套抱死在一起是造成钢板弹簧断裂的主要原因。正常情况下，钢板弹簧运动过程中吊耳与钢板弹簧销会相对运动、旋转，钢板弹簧整体形变会由抛物线向直线延伸，应力不集中在弹簧销附近，当抱死后，恰恰相反，由于没有了相对运动，靠近吊耳附近的钢板卷耳出现弯折形变，应力开始在附近集中，当应力大于材质的屈服强度，就发生钢板弹簧断裂。此故障的发生，主要是由钢板弹簧销与衬套中润滑脂润滑失效导致。

故障原因：维护保养不及时（100%）。

**5. 改进建议**

半年或一年的底盘润滑间隔增至每月一次，所有润滑点加注一遍；使用含二硫化钼的高温锂基脂，严禁使用钙基脂；养护时看到新油从缝隙中流出且不夹杂变质的润滑脂为止；损坏的黄油嘴及时更换；发现有锈蚀的钢板弹簧销，必须重新拆装，重新加注润滑脂。

## 案例 68 后桥双侧悬架钢板弹簧断裂

**1. 车辆信息**

底盘：曼 TGM18.280　　　　生产日期：2009 年 3 月

车型：抢险救援消防车（JY80）

**2. 基本情况**

2013 年 5 月，该车驾驶员反映车辆在行驶过程中车身后部突然下沉，检查发现后部轮胎与车体间隙变小，后部车体车厢变形，车厢整体下沉塌陷。

**3. 故障检查与排除**

（1）经维修人员检查发现，该车单轴后桥双侧悬架钢板弹簧均发生断裂，断裂位置处于后桥悬架钢板弹簧两个 U 型螺栓中间位置，如图 3-4 所示。

（2）维修人员更换了故障车辆的钢板弹簧总成，故障排除。

（a）左侧断裂的钢板弹簧　　（b）右侧断裂的钢板弹簧

图 3-4 双侧钢板弹簧断裂位置

**4. 故障评析**

断裂部位位于后桥悬架钢板弹簧两个 U 型螺栓中间位置，该位置主要起到支撑和固定的作用，其结构组成如图 3-5 所示，红圈内为钢板弹簧断裂位置。

图 3-5　悬架钢板弹簧结构及钢板弹簧断裂位置

为排查故障原因，维修人员对车辆进行了称重，确认消防车总质量未超过底盘最大允许总质量，排除因超重导致断裂这一因素，最终认定故障原因为钢板弹簧质量问题。

故障原因：钢板弹簧质量问题（100%）。

## 案例 69　后桥悬架固定销断裂

**1. 车辆信息**

底盘：欧曼　　生产日期：2000 年 3 月

车型：水罐消防车（SG60）

**2. 基本情况**

2007 年 10 月，车辆行驶途中有异响，同时发现右后轮内侧轮胎有冒烟现象。

**3. 故障检查与排除**

（1）检查发现右后轮内侧轮胎与后桥悬架接触磨损严重，后桥发生错位，右后轮向左移位触碰右悬架磨损轮胎（图 3-6），左后轮向左移位远离轮胎（图 3-7）。

图 3-6　右后轮内侧轮胎磨损

图 3-7　左后轮向左移位远离轮胎

（2）因固定钢板弹簧的中心定位销松动，各弹簧片出现相对运动，造成右悬架中心定位销被切断脱落（图 3-8），导致车桥向左错位。

（3）更换中心定位销，并重新紧固中心定位销，安装测试后，故障排除。

图 3-8 右悬架中心定位销被切断脱落

**4. 故障评析**

后桥两侧的钢板弹簧中心定位销紧固力度不够，或者长期行驶造成松动，导致中心定位销被切断脱落，车桥向左错位。后期，底盘厂家将当时所有 26 部车的中心定位销全部重新紧固，并部分更换了加强的中心定位销。

对于车龄较长的消防车，其日常检查和保养工作要更为仔细和严谨，保证车辆各个连接部位的紧固。

故障原因：设计问题（50%）；安装质量问题（50%）。

## 案例 70 轮毂连接螺栓松动、断裂

**1. 车辆信息**

底盘：杭州日产柴　　　　生产日期：2013 年 9 月

车型：水罐消防车（SG60）

**2. 基本情况**

2020 年 2 月，驾驶员发现车辆行驶时左后轮轴和轮胎异响，并报修。

**3. 故障检查与排除**

（1）拆卸轮毂，发现轮毂连接螺栓松动，4 根螺栓断裂脱落（图 3-9）。

（2）更换所有连接螺栓，按规定扭矩紧固螺栓，安装后调整好制动间隙，故障排除。维修现场情况如图 3-10 所示。

图 3-9 螺栓松动、断裂脱落情况

图 3-10 更换、安装螺栓现场情况

**4. 故障评析**

该车驾驶员并未按规定项目进行日常检查和保养，轮毂连接螺栓松动未及时发现。

轮毂连接螺栓在使用过程中应经常检查，定期调整其预紧力，保证连接强度。

故障原因：日常检查不到位（100%）。

## 案例 71 轮毂连接螺栓脱落

**1. 车辆信息**

底盘：五十铃 CXZ18QL　　生产日期：1993 年 9 月

车型：水罐消防车（SG110）

**2. 基本情况**

2007 年 12 月，驾驶员发现车辆行驶时左后轮轴和轮胎异响，并报修。

**3. 故障检查与排除**

（1）检查发现左后轴头的 10 个轮毂螺栓螺母已经脱落了 7 个，轮胎已经脱离轴盘。图 3-11 为轮毂螺栓螺母脱落情况。

（2）拆卸轮毂，发现轮毂连接螺栓磨损严重（图 3-12），更换轮毂连接螺栓，故障排除。

图 3-11　轮毂螺栓螺母脱落情况

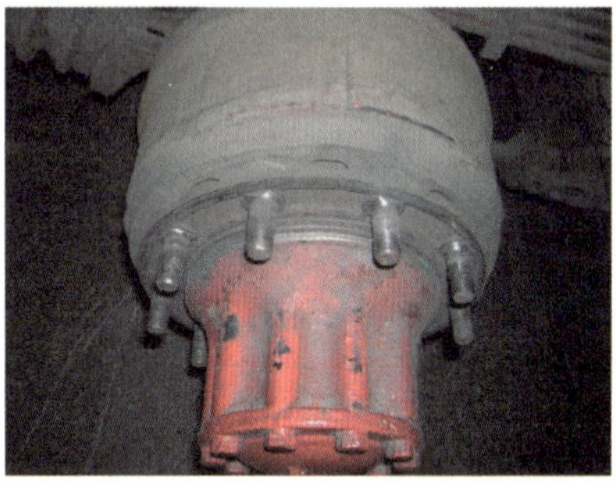

图 3-12　轮毂连接螺栓磨损情况

**4. 故障评析**

（1）轮毂螺栓固定不牢靠对安全行车造成极大隐患，同时车辆长时间行驶会对行驶机构的运动、承载部件造成较大的损伤。

（2）驾驶员及装备管理人员必须掌握车辆日常检查、维护的基本常识，尤其是涉及车辆安全行驶、操作的关键项目必须落实到位。

故障原因：使用维护不当（100%）。

## 案例 72 车轮轮轴轴头损坏

**1. 车辆信息**

底盘：斯堪尼亚 P310　　生产日期：2007 年 9 月

车型：水罐消防车（SG100）

**2. 基本情况**

2016 年 4 月和 2017 年 6 月，部分单位驾驶员反映，在车辆行驶过程中右后车轮轮轴和轮胎产生严重异响。

**3. 故障检查与排除**

（1）维修人员检查发现，车辆右后轮胎旋转时产生横向晃动，轴承内有异响。

（2）拆卸右后车轮，检查发现轴头内部进水、润滑黄油焦化干枯，轴头位置轴承破损、半轴轴套磨损严重。图 3-13 和图 3-14 为轴头损坏的具体情况。

（3）对车轮轮轴轴头位置进行除锈处理，更换轴承、半轴轴套和油封装置，故障排除。

图 3-13 车轮轮轴轴头进水锈蚀、损坏情况

图 3-14 车轮轮轴轴头轴承损坏残片

**4. 故障评析**

驾驶员不熟悉车辆各部分的保养周期和要求，对转动部件定期检查、紧固、润滑不及时，是导致车辆出现此类故障的主要原因。

故障原因：检查保养问题（100%）。

## 案例 73 车轮轮毂发热

**1. 车辆信息**

底盘：斯堪尼亚 P310（P400） 生产日期：2000 年

车型：水罐（泡沫）消防车（SG60、PM120）

**2. 基本情况**

2000 年以来，部分消防车行驶后底盘存在轮轴、轮毂发热现象。

**3. 故障检查与排除**

（1）维修人员拆卸检查，发现车轮轮毂位置连接螺栓塑料保护螺帽有变形、损坏现象，初步判断是由于轮毂过热导致，塑料保护螺帽损坏情况如图 3-15 所示。

（2）检查车辆的制动间隙、制动片和轮毂连接螺栓等部件，均无明显问题，检测驱动桥重量、整车重量等，均无异常情况。

（3）更换轮毂连接螺栓，故障排除。

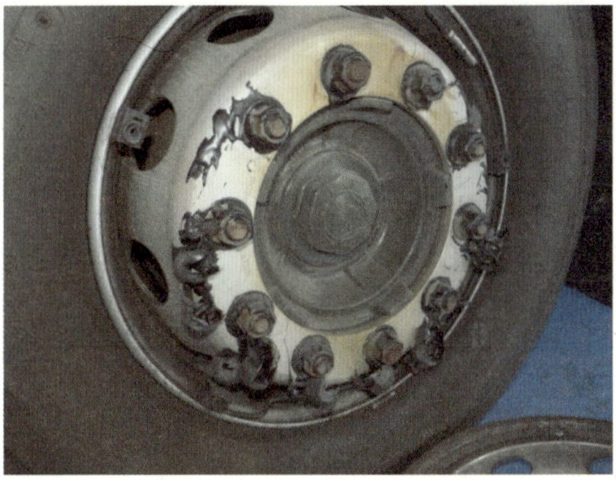

图 3-15　轮毂连接螺栓塑料保护螺帽损坏情况

**4. 故障评析**

就该故障，维修人员和底盘厂家技术人员多次进行过交流和探讨，对不同年份、不同车型的消防车进行了多批次的检查，并进行路试。驾驶员在市区频繁启动和刹车可能是造成轮毂过热的部分原因，但最终并未发现制动片不正常过热的原因。目前认为的可能原因是，欧洲商用车底盘设计初衷是适用于高速长途运输，若改装为消防车，在城市拥堵路况行驶，还需要进行针对性的性能改进。

由于消防车辆需要 24 h 备勤使用，良好的车况是保证灭火救援战斗胜利的关键因素，在某些故障未发现真正原因时，消防车驾驶员更应加大日常检查保养的频次和细致程度，发现问题及时上报处理。

故障原因：设计生产问题（100%）。

## 案例 74　前轮轮胎爆裂

**1. 车辆信息**

底盘：斯帕坦 LA41M-3164　　生产日期：2010 年 5 月

车型：压缩空气泡沫消防车（AP90，整车进口）

**2. 基本情况**

2017 年 6 月，驾驶员在倒车入库时右前轮突然爆胎（图 3-16）。

**3. 故障检查与排除**

（1）通过检查车胎，发现该车胎是刚刚更换三个月的国产新胎，车胎表面没有明显划痕和损伤，排除轮胎胎体外部损伤造成爆胎的可能。

（2）检查其他轮胎的胎压，实测值为 8.8 bar，轮胎厂家标称胎压为 9.0 bar，胎压正常。

（3）更换轮毂罩盖、轮胎挡泥板和损坏轮胎，故障排除。

图 3-16　轮胎爆胎破损情况

**4. 故障评析**

对常见的致爆胎原因进行了排查分析，排除了机械损伤、超载和超压等因素。

轮胎厂家人员进行检测并出具检测报告，认为该型号轮胎在生产设计和制造中存在缺陷，导致在一定的行驶环境下发生爆胎。

驾驶员在行车前对车辆轮胎的日常检查和保养一定细致认真，避免车辆带“病”行动。

故障原因：轮胎质量问题（100%）。

## 案例75 轮胎过度磨损

**1. 车辆信息**

轮胎：外购轮胎零配件　　　　　　　　　　生产日期：2016 年

**2. 基本情况**

2016 年 5 月，在消防车日常维修过程中，对老旧、已损坏的消防车轮胎进行了更换。更换了该批次轮胎的消防车在正常使用一年左右后，部分消防车轮胎出现严重磨损的现象。再次返厂进行维修更换，询问驾驶员，反馈消防车均为正常状态下行驶，无极端行驶情况。

**3. 故障检查与排除**

（1）维修人员发现更换的轮胎出现短时间严重磨损的情况后，及时通知已更换该批次轮胎的所有消防车使用单位，及时返厂，对所有轮胎使用状况进行检查，发现轮胎均存在不同程度的磨损情况，图 3-17 为轮胎破损情况。

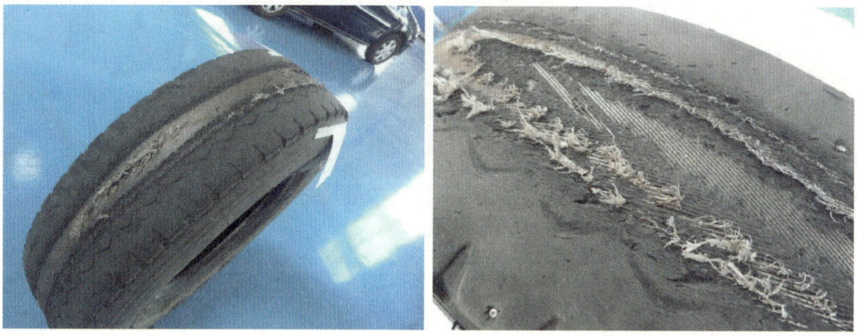

图 3-17 轮胎破损情况

（2）维修人员在检查该批次轮胎使用情况时，详细询问了消防车每一位驾驶员，驾驶员反馈各消防车基本均处于正常行驶状态，无不良驾驶习惯、无极端路况下行驶的情况，但轮胎在一年半左右的时间均出现较大的磨损。

（3）实测该批次轮胎的胎压为 7.6 bar，而轮胎标定的胎压为 7.5 bar，气压正常。

（4）对该批次已严重损坏的轮胎，通过更换其他批次、品牌、规格型号的轮胎后，类似故障、短时间内未再发生。

**4. 故障评析**

该批次轮胎在正常使用情况下，短时间内出现多条次轮胎过度磨损和破裂的现象，维修人员初步认定为轮胎质量问题。经与该批次轮胎的供货商和生产厂家协商后，共同对该批次未使用的新轮胎及已破损轮胎进行了专业技术质量检验。通过检验，发现该批次轮胎在生产过程中存在工艺误差，导致其使用耐久度下降，造成轮胎短时间内严重磨损的故障发生。

故障原因：轮胎质量问题（100%）。

**5. 改进建议**

采购轮胎时应加强新购轮胎的质量检验，确保轮胎质量性能可靠。一是要尽量采购知名品牌的轮胎；二是新轮胎交货时应重点查验轮胎的相关质检报告；三是对于大批量新购的轮胎应采取随机抽样的方式送专业检测机构进行专业检测。

驾驶员要注意日常检查和保养，特别是对新更换的部件进行定期观察，对轮胎及螺母要经常检查其外观和连接部，发现问题及时报修。

## 案例 76 轮胎亏气爆胎

**1. 车辆信息**

底盘：斯帕坦 LA41M-3164　　生产日期：2010 年 5 月

车型：压缩空气泡沫消防车（AP90，整车进口）

**2. 基本情况**

2016 年 6 月，消防车出警返回途中，经过减速带时左前轮轮胎爆胎。

**3. 故障检查与排除**

（1）维修人员到场检查后，发现轮胎损坏严重，胎侧出现多个撕裂口（图 3-18），且爆炸冲击力破坏了轮毂盖、挡泥板和制动管路。

（2）测量该车其他位置轮胎的胎压为 6.8 bar，而该型轮胎的标称胎压为 9.0 bar，说明轮胎处于亏气状态。

（3）维修人员更换了新轮胎，故障排除。

图 3-18 轮胎损坏情况

**4. 故障评析**

由于前轮处于亏气状态，而驾驶员在通过减速带时并未减速，亏气轮胎瞬间受到的冲击载荷超过了轮胎的载荷极限，导致爆胎。

后经了解，该车前轮出现亏气的现象已经有一段时间，但并未引起重视，最终导致该故障发生。

驾驶员培训过程中应该注意培养驾驶员的责任心，养成爱车与护车的习惯。

故障原因：检查维护不到位（100%）。

## 案例 77 后轮轮胎碾压异物受损

**1. 车辆信息**

底盘：雷诺 MIDLUM270　　　　生产日期：2014 年 11 月

车型：水罐消防车（SG30）

**2. 基本情况**

2016 年 4 月，驾驶员报修，后轮轮胎损坏严重。

**3. 故障检查与排除**

（1）维修人员检查发现，消防车后轮轮胎内侧表面被硬物蹭掉一块橡胶（图 3-19），胎侧表面呈现孔洞状缺口，已露出胎体帘布层。

（2）维修人员为安全起见，对损坏的轮胎进行了更换，故障排除。

图 3-19　后轮轮胎内侧面被硬物啃伤

**4. 故障评析**

消防车总质量较大，行驶过程中，尤其是火灾及救援现场内混凝土碎块、玻璃等异物比较多，轮胎与异物接触后，轮胎表面容易受到损伤，甚至发生爆胎。

故障原因：一般使用问题（100%）。

**5. 改进建议**

由于火灾及救援现场内行驶条件较差，尖锐异物较多，建议消防车应配备经过强化处理的轮胎。驾驶员在行驶过程中，尤其是行驶路面环境较差时应注意观察，避开危险异物，归队后应及时检查轮胎表面状况及双后轮中缝是否有异物，发现有异物卡入应及时排除，轮胎表面破损的应及时维修更换。

# 案例 78 后轮轮胎内侧磨损

**1. 车辆信息**

底盘：奔驰 3354　　　　　　　　　　　　生产日期：2013 年

车型：水罐消防车（SG180，整车进口）

**2. 基本情况**

在日常检查中发现，消防车轮胎内边缘出现环状划痕，如图 3-20 所示。

**3. 故障检查与排除**

（1）检查发现，该车后轮加装了制动淋水冷却装置，淋水冷却装置冷却水管喷头与轮胎侧面相接触，行驶过程中产生摩擦，导致轮胎出现环状划痕。图 3-21 为与轮胎侧面接触的冷却水管喷头。

（2）更换轮胎，按照标准充气，且在消防车满载情况下，调整制动淋水冷却装置水管位置并固定，故障排除。

图 3-20　轮胎内边缘环状划痕

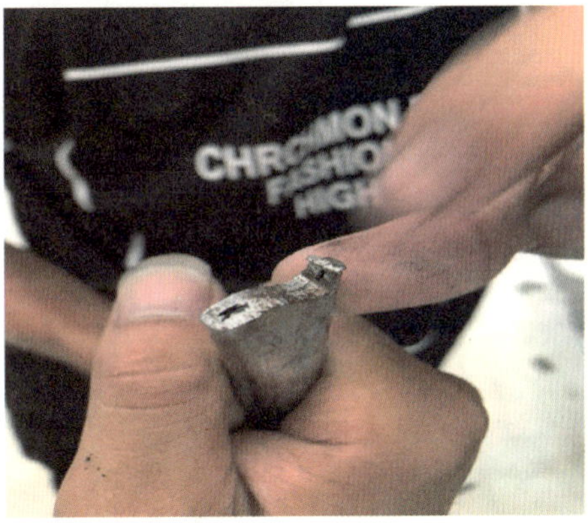

图 3-21　冷却水管喷头

**4. 故障评析**

应用户要求，消防车生产厂家安装了制动淋水冷却装置，但未充分考虑消防车满载和气压不足等行驶状态下冷却水管喷头有效固定及其与轮胎侧面的间隙余量问题。该车因冷却水管喷头与轮胎侧面预留间隙过小，且喷头未固定，导致其与轮胎长时间接触摩擦，造成轮胎损坏。

故障原因：制动淋水冷却装置改装不当（100%）。

**5. 改进建议**

（1）消防车如加装制动淋水冷却装置，要充分考虑满载、行驶和颠簸等状态下各相邻部件的间隙，不得相互干涉，且应安装牢固，避免各部件间产生碰撞或摩擦。

（2）消防车加装制动淋水冷却装置，对制动系统中的制动鼓、制动蹄等铸铁件损坏较大，存在安全隐患，建议消防车在购置过程中选配原厂的液力缓速装置、排气制动等辅助制动系统。

# 案例 79 轮胎胎冠表面竖向切割损坏

**1. 车辆信息**

底盘：斯堪尼亚 R620　　　　　　　　　生产日期：2014 年

车型：水罐消防车（SG180）

**2. 基本情况**

在日常检查中发现，消防车一侧轮胎胎冠表面出现多条竖向切割损坏现象，切口深浅不一，具体情况如图 3-22 所示。

图 3-22 轮胎胎冠表面竖向切割损坏情况

**3. 故障检查与排除**

（1）检查发现，轮胎胎冠表面与内轮罩（叶子板内衬）间隙过小，且内轮罩宽度较小、内侧边缘有向下突出的锋利金属板（图 3-23）。初步判断为消防车满载行驶状态下，因颠簸，轮胎上下移动，内轮罩边缘向下突出的锋利金属板对轮胎进行切割造成轮胎胎冠表面出现竖向切割损坏。

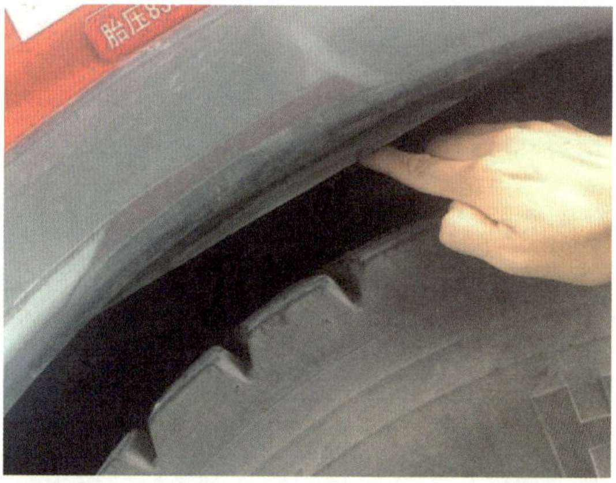

图 3-23 内轮罩的位置、宽度和形状

（2）拆卸内轮罩，打磨处理内侧锋利金属板，加大内轮罩内部弧度，增大与轮胎间隙，更换新轮胎，故障排除。

**4. 故障评析**

消防车的内轮罩宽度及结构尺寸设计不合理，且内侧向下突出的锋利金属板未做钝化处理，消防车在满载状态行驶，因颠簸、轮胎上下移动，与内轮罩边缘接触切割，导致轮胎损坏。

故障原因：消防车设计生产问题（100%）。

**5. 改进建议**

消防车在设计改装阶段，对可能发生相对位移变化的各相邻部件间的预留间隙，应满足在满载、颠簸等各种行驶状态下的位移总量需要，避免相邻部件产生干涉摩擦。

## 案例 80　同轴轮胎向左侧移位

**1. 车辆信息**

底盘：雷诺 MIDLUM270　　生产日期：2013 年

车型：水罐消防车（SG30）

**2. 基本情况**

2017 年 7 月，驾驶员报修后轮胎错位，一侧轮胎突出挡泥板，另一侧轮胎凹进挡泥板。

**3. 故障检查与排除**

（1）维修人员检查发现，该车左后轮胎发生错位，突出挡泥板 2~3 cm，同时右后轮胎凹进挡泥板 2~3 cm。图 3-24 和图 3-25 为左后轮胎突出挡泥板情况。

（2）联系消防车生产厂家，对消防车后桥位置进行调整，故障排除。

图 3-24　左后轮胎突出挡泥板情况（从前往后看）

图 3-25　左后轮胎突出挡泥板情况（从后往前看）

**4. 故障评析**

轮胎发生错位是由于整个系统安装存在误差，且悬架 U 型螺栓未紧固所致。

消防车使用过程中应当及时检查是否存在异常情况。

故障原因：车辆组装缺陷（100%）。

# 案例 81 前轮轮胎内侧磨损严重

**1. 车辆信息**

底盘：斯堪尼亚 P310　　生产日期：2010 年 2 月

车型：泡沫消防车（PM60）

**2. 基本情况**

2018 年 5 月 16 日，车辆在修理厂保养时发现前轮轮胎内侧磨损严重。

**3. 故障检查与排除**

（1）检查发现，车辆前轮轮胎内侧严重磨损（图 3-26）。

（2）经询问驾驶员，确认无高速转弯的不良驾驶习惯，并查看悬架部件无变形和间隙过大的情况，初步认定为轮胎外倾角不正确，导致内部磨损严重。

（3）对轮胎外倾角进行检查，调整轮胎外倾角定位角度，更换前轮两个轮胎后，故障排除。

图 3-26　轮胎磨损情况

**4. 故障评析**

轮胎发生内侧或外侧严重磨损主要原因：一是高速转弯，轮胎滑动，出现单侧轮胎磨损严重；二是悬架部件变形或间隙过大，影响前轮定位，出现单侧轮胎磨损严重；三是轮胎外倾角定位不准确，出现单侧轮胎磨损严重。该故障发生后，驾驶员反馈无高速过弯等不良驾驶习惯，无悬架部件变形和间隙过大的情况，经专业检测后认定故障原因为前轮轮胎外倾角定位不准确造成的轮胎单侧磨损严重。后续对该批次、同型号底盘车辆进行排查，发现前轮轮胎均不同程度地出现轮胎单侧严重磨损的情况。

故障原因：安装定位调整不当（100%）。

# 第四章　转向系统故障分析与排除

本章主要对转向系统的5个典型故障进行分析与排除

## 案例82　方向盘气动调节开关锁止阀漏气

**1. 车辆信息**

底盘：斯堪尼亚 P310（P420、R560）　　　　生产日期：2007年10月

车型：水罐消防车（SG60、SG150、SG180）

**2. 基本情况**

2010年以来，多台次该型消防车驾驶员反映方向盘位置气动调节开关漏气严重，开关无法调节。

**3. 故障检查与排除**

（1）维修人员检查底盘方向盘气动机构调节位置，确认故障原因为气动调节开关存在漏气现象，导致开关失效无法进行调节。方向盘气动调节开关位置及外形结构如图4-1所示。

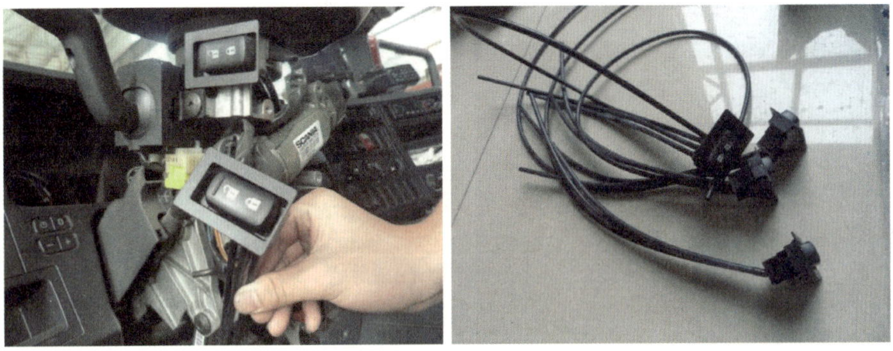

图4-1　方向盘气动调节开关位置及外形结构

（2）通过拆卸方向盘保护罩、调节气路管路，对方向盘气动调节开关进行更换，漏气故障排除。

**4. 故障评析**

车辆方向盘调节功能允许驾驶员对方向盘前后角度和方向盘高度进行调节，方便不同体形身高的人舒适驾驶。其控制原理为：使用气缸推动锁块从限位齿条脱开，此时可在最大范围内进行自由调节，气动调节开关为锁止阀，当按下解锁后锁止阀对气缸充气，按下

锁止后充气阀放气，锁块在气缸及回位装置的推动下与齿条接合，锁止在选择好的位置。气动调节开关漏气会造成气缸充气压力不足，而气缸需要克服回位机构弹簧的阻力方可进行解锁。初步判定，气动主开关漏气的原因为锁止阀芯处开裂或内部密封不严，因此必须对漏气的充气阀进行更换。

故障原因：零部件质量问题（100%）。

**5. 改进建议**

对于方向盘气动调节开关锁止阀已漏气的情况，需进行换件维修；如果发现开关阻滞感异常，回位异常，需要进行预防性更换。

新型车辆的方向盘气动调节开关锁止阀内部结构和材料已经改进，故障率极低。

## 案例83 转向机损坏

**1. 车辆信息**

底盘：斯堪尼亚 P310　　生产日期：2007 年 11 月

车型：水罐消防车（SG60）

**2. 基本情况**

2017 年 11 月，驾驶员发现该车在行驶打方向时有异响。

**3. 故障检查与排除**

（1）检查发现，转动方向盘以及横向晃动轮胎时，转向机轴承异响，且有漏油现象，图 4-2 为转向机安装位置。

（2）拆卸转向机总成，发现其内部轴承、齿轮磨损，壳体内有铁屑。

（3）打磨齿轮上的划痕，清洗内部机构，更换轴承、油封等零部件，重新安装转向机总成后调试试车，故障排除。图 4-3 为拆卸打磨后的转向机。

图 4-2 转向机安装位置

图 4-3 拆卸打磨后的转向机

**4. 故障评析**

（1）转向机使用频繁，内部齿轮机构磨损产生铁屑且未及时清理，导致转向齿轮机构摩擦损坏。

（2）密封件老化，导致渗漏油现象。

故障原因：零部件正常老化（100%）。

# 案例 84 转向机构锈蚀

**1. 车辆信息**

底盘：五十铃 600P　　　　生产日期：2004 年

车型：泵浦消防车（BP200）

**2. 基本情况**

2019 年 8 月 21 日，驾驶员报修，该泵浦车行车时转向沉。

**3. 故障检查与排除**

（1）检查发现左侧立仁轴转动困难（图 4-4）。

（2）拆下转向节臂（羊角轴），发现轴承锈蚀严重（图 4-5），导致车辆转向时不灵敏。

（3）更换铜套后试车转向正常，故障排除。

图 4-4　立仁轴安装位置及安装细节

图 4-5　锈蚀的转向节臂（羊角轴）

**4. 故障评析**

该故障主要是缺乏日常维护，润滑脂变质失去作用导致转向节臂（羊角轴）锈蚀。

故障原因：日常保养不到位（100%）。

## 案例85 方向盘旷动

**1. 车辆信息**

底盘：斯堪尼亚 P420　　　　生产日期：2008 年 9 月

车辆类型：水罐消防车（SG120）

**2. 基本情况**

2021 年 6 月 16 日，驾驶员反映方向盘旷动，影响行驶安全。

**3. 故障检查与排除**

（1）维修人员现场检查方向盘，在气动调节开关解锁状态下，方向盘角度可自由调节；在锁定状态下，方向盘被锁定在停留位置，控制开关工作正常。

（2）进一步分析判定为负责锁止方向盘角度的扇形齿轮机构故障导致方向盘旷动。

（3）拆下方向盘饰板，检查扇形锁止机构，前后调节方向盘检查扇形齿无损坏。检查发现扇形齿锁止块的固定螺丝与支架间有缝隙，导致方向盘在锁止状态下仍然有轻微的旷动（图 4-6），将螺丝拧紧后，故障排除。

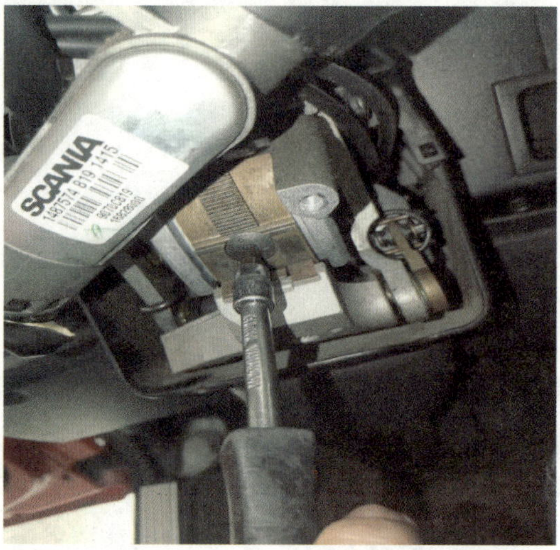


图 4-6　扇形锁止机构的固定螺丝被外力拉伸

**4. 故障评析**

该型底盘以人性化的设计提高驾乘舒适性，但往往会因为一些操作上的误差导致性能降低。该故障是由于驾驶员在调节方向盘角度时，用力过猛，造成固定螺丝被频繁撞击而被拉长。

故障原因：操作不当（80%）；零件强度不足（20%）。

**5. 改进建议**

建议在调节方向盘角度时，要缓慢进行，在即将到达极限位置时更需要谨慎操作，防止出现因用力过猛损坏操作机构。

# 案例86 转向灯不亮

**1. 车辆信息**

底盘：五十铃 600P　　　　　　　　生产日期：2004 年

车型：泵浦消防车（BP200）

**2. 基本情况**

2019 年 9 月 5 日，驾驶员报修，该泵浦车左转向灯不亮。

**3. 故障检查与排除**

（1）检查左侧转向灯灯泡正常，转向灯线路及各插接件正常。

（2）检查转向灯组合开关总成，发现组合开关总成触点接触不良，更换组合开关总成（图 4-7），故障排除。

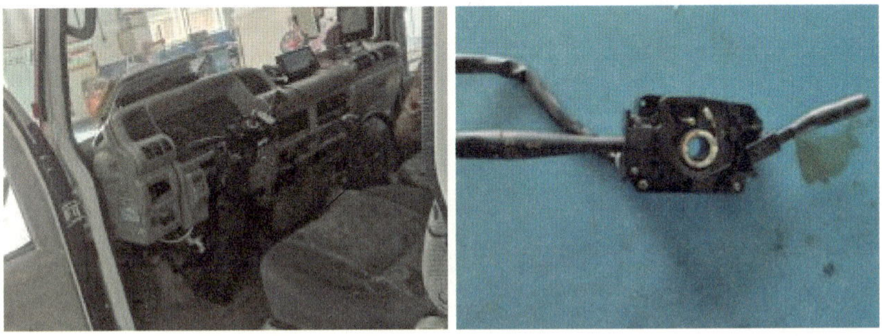

图 4-7　组合开关总成

**4. 故障评析**

由于转向灯使用频率高，左右运动触点磨损导致接触不良。目前，该车型的同类故障发生有 10 余例。

故障原因：零部件质量问题（100%）。

# 第五章 制动系统故障分析与排除

本章主要对制动系统的16个典型故障进行分析与排除，其中案例87至案例93为压缩机及气路系统故障，案例94至案例102为制动总泵及分泵故障

## 案例87 空压机（气泵）总成损坏

**1. 车辆信息**

底盘：斯堪尼亚 P310　　　　生产日期：2007年10月

车型：水罐消防车（SG60）

**2. 基本情况**

2010年以来，多名驾驶员反映，车辆仪表盘显示气路系统故障，制动系统气压不足，车辆无法行驶。

**3. 故障检查与排除**

（1）维修人员检查发现，发动机空压机无法供气的原因主要有四种情况：缸盖锈蚀严重（图5-1）、空压机单向阀片损坏（图5-2）、缸体侧盖密封垫有缺口破损、空气干燥罐阀体内有积水。

图5-1 缸盖锈蚀情况

图5-2 空压机单向阀片损坏

（2）初步判断，由于空气干燥罐更换不及时，水汽进入空压机泵壳导致单向阀锈蚀损坏，空压机无法工作，但更换干燥罐后，故障依然还会出现。

（3）对空压机内部进行清洁，根据损坏情况，分别更换缸盖总成、空压机单向阀片、缸体侧盖密封垫，故障排除。

**4. 故障评析**

该车空压机采用发动机冷却液循环冷却方式，当缸体侧盖密封性不足时冷却液会进入

泵体，导致缸盖和单向阀锈蚀损坏。

故障原因：密封垫材质（50%）；安装质量问题（50%）。

**5. 改进建议**

车辆使用时要根据使用环境尤其是空气湿度情况，及时更换空气干燥罐，保证进入空压机的为干燥气体。日常维护时，要注意检查缸体侧盖的密封性，检查是否有冷却液泄漏。

## 案例 88　空压机（气泵）主气管破裂

**1. 车辆信息**

底盘：奔驰 1829　　　　生产日期：2012 年 12 月

车型：抢险救援消防车（JY80S）

**2. 基本情况**

2014 年 5 月，驾驶员反映车辆在行驶过程中储气罐压力表气压突然下降，并在短时间内储气罐内高压气体全部泄漏，车辆紧急报警，发动机停机。

**3. 故障检查与排除**

（1）系统检查故障车辆，发现该系列车型的底盘自 2013—2014 年配备到一线执勤后，连续多次出现供气系统故障，主要是由于车辆空压机和储气罐之间连接的金属编织软管发生破裂，导致储气罐气压急速下降，车辆抱死，发动机被憋熄火。图 5-3 为空压机高压金属编织软管破裂情况。

（2）更换新的连接软管，故障排除。

图 5-3　空压机高压金属编织软管破裂情况

**4. 故障评析**

检查中发现软管破损周围区域没有明显老化和划痕，软管压头处有 PN12bar 的标识（图 5-4），分析是由于车辆气泵气压超过金属软管的耐压极限而破裂，该故障在 2015 年 2 月和 8 月同类车型多次出现。与底盘厂家技术人员联系后更换了标称为 PN20bar 的高压金属编织软管，通过提高软管的耐压能力解决了该类故障。

故障原因：零件选用不当（50%）；设计缺陷问题（50%）。

图 5-4 高压金属编织软管压头处标称数值

## 案例 89 空气干燥罐总成阀体漏气

**1. 车辆信息**

底盘：斯堪尼亚 P310　　　　生产日期：2007 年 10 月

车型：水罐消防车（SG60）

**2. 基本情况**

2010 年以来，多台次该型消防车出现空气干燥罐漏气现象。

**3. 故障检查与排除**

（1）维修人员排查发现，压缩空气制动系统中的空气干燥罐总成下部阀体漏气。

（2）拆卸空气干燥罐总成，发现阀体内部组件严重锈蚀，密封组件破损严重，如图 5-5 和图 5-6 所示。

（3）拆卸后清理阀体内部腐蚀的锈渣，更换阀体密封组件和空气干燥罐滤芯，故障排除。

图 5-5 空气干燥罐总成阀体内部组件锈蚀情况

图 5-6 空气干燥罐总成阀体密封组件损坏情况

**4. 故障评析**

（1）由于压缩机吸入的空气湿度大且洁净度差，对气泵组件产生了严重的腐蚀作用，腐蚀产生的锈渣进入空气干燥罐总成阀体内，造成干燥罐总成阀体密封件损坏漏气。

（2）空气干燥罐使用时间过长，更换不及时无法有效吸收水分，最终导致阀体组件锈蚀。

（3）由于底盘厂家对空压机组件内部的表面防锈处理工艺质量控制不到位，使用耐久性差。

故障原因：维护保养不及时（70%）；空压机和空气干燥罐零件质量问题（30%）。

## 案例 90　空气处理系统回路保护阀体总成漏气

**1. 车辆信息**

底盘：斯堪尼亚 P400　　生产日期：2015 年 6 月

车型：水罐消防车（SG80）

**2. 基本情况**

2020 年 10 月，驾驶员报修车辆气路系统漏气严重。

**3. 故障检查与排除**

（1）检查发现，驾驶室左下角空气处理系统回路保护阀体总成处漏气严重（图 5-7），将总成拆下（图 5-8）。揭开回路保护阀体总成上带调压阀的阀盖（图 5-9），拆卸检查调压阀密封组件，发现阀体内部调压阀橡胶密封碗被活塞顶破（图 5-10），导致泄气漏气。

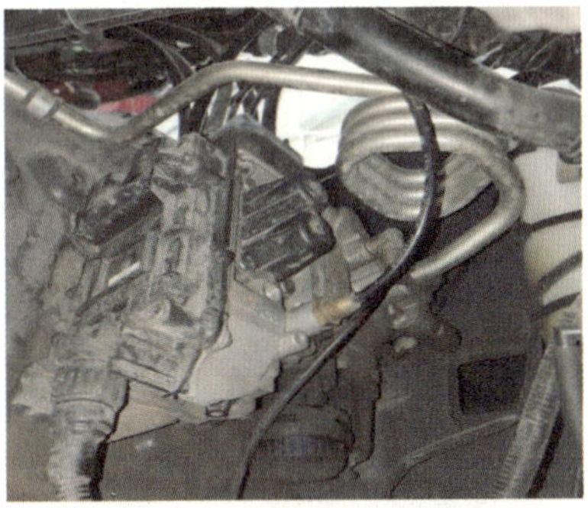

图 5-7　空气处理系统回路保护阀体总成位置

图 5-8　拆卸下的回路保护阀体总成

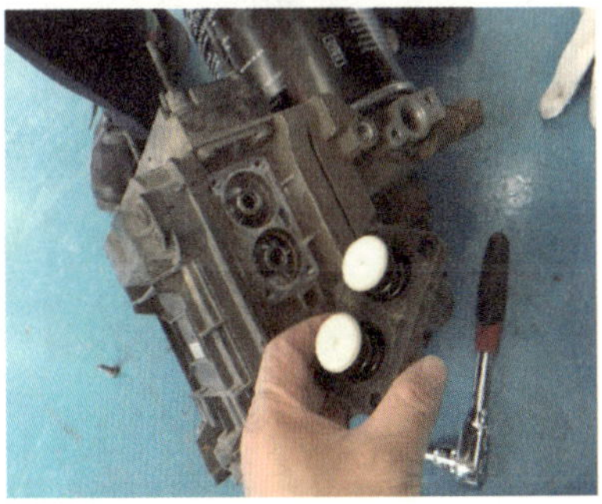

图 5-9　揭开回路保护阀体总成上带调压阀的阀盖

图 5-10　阀体内部调压阀橡胶密封碗破损情况

（2）因无法采购该干燥罐阀体密封组件，只能更换总成，车辆气路系统正常工作，故障排除。

**4. 故障评析**

通过检测、分析，确认为该密封组件材质质量问题。此类问题多次发生在同型底盘，遂通知厂家改进密封组件的材料质量。

故障原因：零部件质量问题（100%）。

## 案例 91 空气干燥器清洗阀阀体漏气

**1. 车辆信息**

底盘：曼 TGM18. 280　　　　生产日期：2008 年 5 月

车型：化学救援消防车（RW-K，整车进口）

**2. 基本情况**

2013 年，驾驶员反映，发动机启动后长时间打气，仪表盘气压表仍达不到标准压力，车辆不能行驶，底盘空气干燥器附近有“滋滋”漏气声。

**3. 故障检查与排除**

（1）维修人员排查，发现空气干燥器总成底部清洗阀阀体漏气。

（2）拆卸空气干燥器总成（图 5-11），进一步拆解发现清洗阀阀体内部锈蚀严重（图 5-12）。

（3）更换空气干燥器总成，安装后检查，故障排除。

图 5-11 拆卸下的空气干燥器总成

图 5-12 空气干燥器底部清洗阀阀体内部锈蚀

**4. 故障评析**

空气干燥器漏气一般都是底部阀体内部组件锈蚀造成密封不严引起，可能原因：

（1）空气压缩机吸入的空气湿度大且洁净度较差，部件腐蚀损坏，锈渣进入空气干燥器阀体总成内，造成干燥器底部清洗阀阀体总成密封件损坏漏气。

（2）空气干燥器上部干燥罐使用时间过长，干燥效果下降，无法及时有效吸收压缩空气中的水分，干燥罐阀体长期积水，导致锈蚀损坏。

故障原因：维修保养不及时（70%）；零部件质量问题（30%）。

**5. 改进建议**

按保养要求每年更换干燥罐，保持良好的过滤效果；最好把更换周期定在每年的高温高湿天气结束后；每次更换干燥罐时，检查并清洁阀体，以免水分累积，影响空气干燥罐总成阀体的寿命。

## 案例 92　气压表压力不足报警

**1. 车辆信息**

底盘：雷诺 MIDLUM270　　生产日期：2013 年

车型：水罐消防车（SG30）

**2. 基本情况**

2019 年 8 月 22 日，检查车辆时发现气压表显示气压不足且报警；运行发动机充足气压后，次日观察压力表气压降为 0.6 MPa 以下，无法行驶。

**3. 故障检查与排除**

（1）利用肥皂水检查漏气位置，发现水泵室内气动电磁阀接头漏气（图 5-13），更换接头，故障排除。

（2）改装时未加装上装气源控制总阀，考虑上装气路接头较多易漏气，维修人员在上装取气位置加装了一个气源控制总阀（图 5-14），防止漏气。

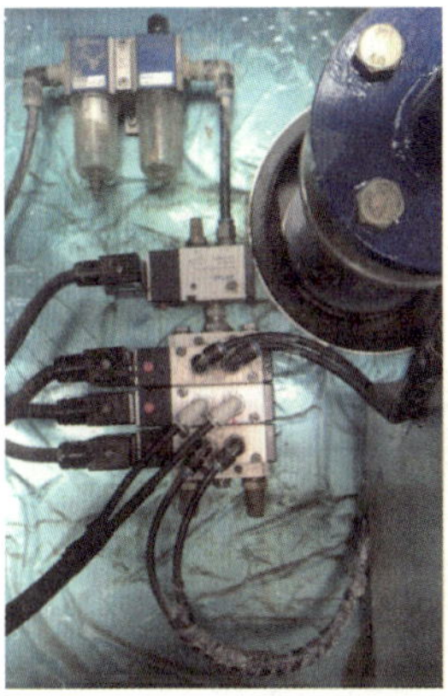

图 5-13　气动电磁阀

图 5-14　气源控制总阀

**4. 故障评析**

消防车上装用气部位多，管路接头多，发生漏气后难以查找故障点，为便于排查和维修上装气路，可采取以下两个措施：一是上装应安装气源控制总阀（图 5-15）；二是上装气路应尽量裸装且安装在便于检查维修的位置，以利于快速检查维修。

安装上装气源控制总阀可以方便上装气路检修时进行泄压，同时在车辆放置时可以减少上装气路漏气的风险。

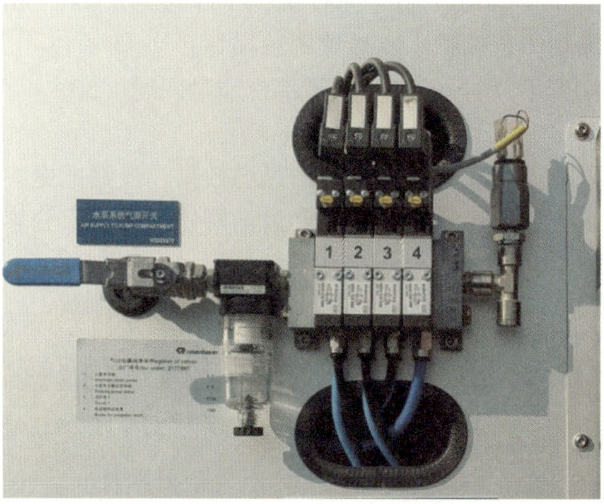


图 5-15 上装气源控制总阀

故障原因：零部件质量问题（100%）。

## 案例 93 气路系统大面积漏气

**1. 车辆信息**

底盘：五十铃 FVR34J　　生产日期：2008 年

车型：水罐消防车（SG50）

**2. 基本情况**

2019 年 8 月 22 日，巡检时发现该车底盘制动系统多处漏气。

**3. 故障检查与排除**

利用肥皂水检查漏气的位置。因为该车漏气比较严重，漏气的地方较多，只能逐一对漏气的地方进行更换。气路系统漏气位置如图 5-16 所示。

（a）上装气源气阀　　（b）储气罐

（c）放气阀

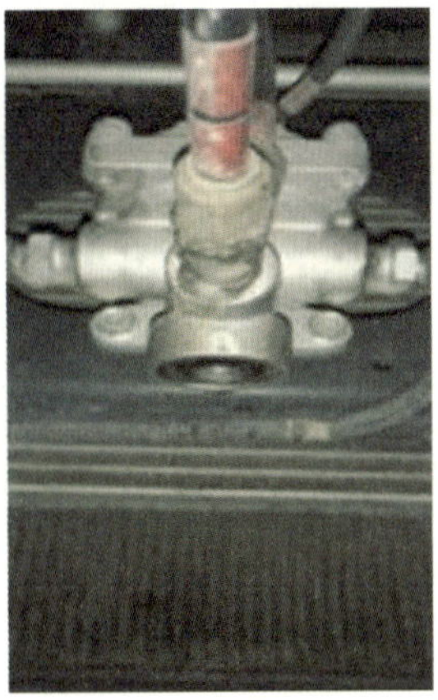

（d）三通气阀

图 5-16　气路系统漏气位置

**4. 故障评析**

由于车辆比较老旧，车上零件开始出现老化，检查还发现储气罐内有水未及时排放，导致放气阀生锈损坏。

故障原因：日常保养不到位（50%）；零件正常老化（50%）。

## 案例 94　底盘储气罐出现磨损

**1. 车辆信息**

底盘：斯堪尼亚 P310　　生产日期：2015 年 6 月

车型：水罐消防车（SG60）

**2. 基本情况**

消防车在行驶过程中，底盘时常发出间断性的金属摩擦声，经检查发现，底盘储气罐端头有掉漆、磨损现象，具体故障如图 5-17 所示。

**3. 故障检查与排除**

（1）检查发现，消防车底盘储气罐与器材厢侧板间隙较小，器材厢侧板内侧有划痕，且粘有与储气罐同样颜色的漆皮。

（2）在消防车满载状态下，调整储气罐与器材厢侧板的间隙，并对储气罐端头部位加装防护橡胶垫，故障排除。

**4. 故障评析**

消防车在满载行驶状态下，底盘悬架前后移动时储气罐与器材厢厢体发生相对移动，由于储气罐与器材厢侧板之间的间隙过小，导致储气罐与侧板发生摩擦。

故障原因：消防车设计、生产缺陷问题（100%）。

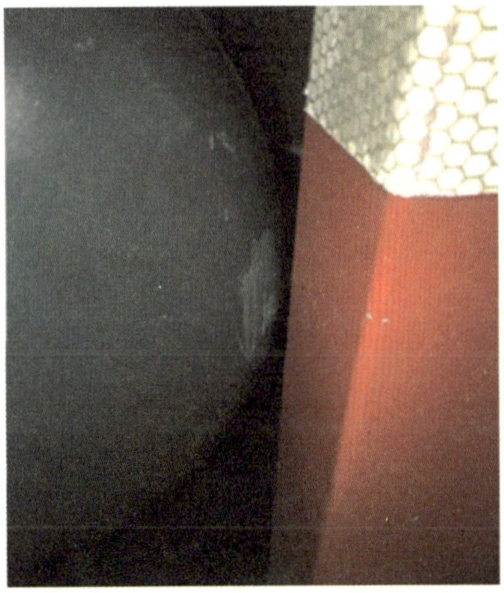

图 5-17　储气罐摩擦损坏情况

**5. 改进建议**

（1）设计、生产过程中，要充分考虑消防车满载、行驶等状态下，各相邻部件可能的相对位移，相邻部件间要预留足够的间隙，避免产生干涉。

（2）生产的样车要参照实战情况进行综合测试。

## 案例 95 制动系统（BS）报警

**1. 车辆信息**

底盘：奔驰 4148　　　　生产日期：2010 年 10 月

车型：水罐消防车（SG180）

**2. 基本情况**

2015 年以来，该底盘消防车经常出现制动系统（BS）故障报警情况，如图 5-18 所示。

**3. 故障检查与排除**

（1）维修人员对车辆制动系统进行检查，发现该故障码表示制动总泵出现问题，拆卸总泵管路和结构，未发现明显损坏。

（2）联系底盘公司技术人员，技术人员根据故障码判断是由于总泵内传感器故障，总泵内置的传感器无法单独更换，最后更换了制动总泵（图 5-19），故障排除。

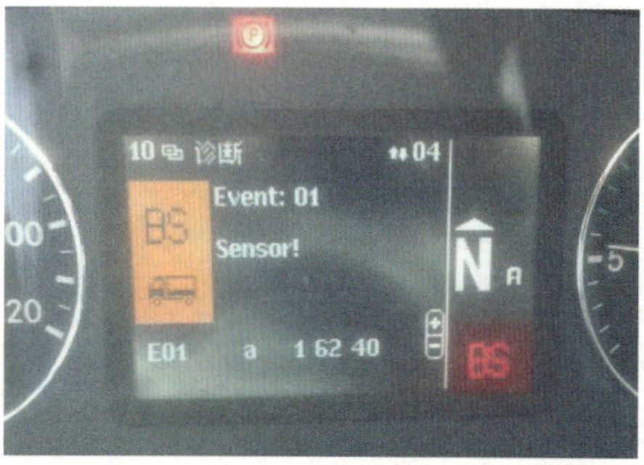


图 5-18 仪表盘显示屏显示传感器故障

图 5-19 制动总泵

**4. 故障评析**

在后期维修中，还有该系列底盘（奔驰 2641、3336）的多台次云梯消防车（L32FA）发生此类故障，仅由于传感器的故障，就需要更换整个制动总泵，维修成本过高。

故障原因：零部件质量问题（70%）；设计问题（30%）。

## 案例 96 制动分泵漏气

**1. 车辆信息**

底盘：斯堪尼亚 P310　　　　生产日期：2008 年以后

车型：水罐消防车（SG60）

**2. 基本情况**

2008 年以后，多台次该型消防车驾驶员反映制动系统故障。

**3. 故障检查与排除**

（1）维修人员检查发现，制动分泵漏气，导致制动力不足，制动力分布不均，出现偏刹的现象。

（2）拆卸制动分泵，发现分泵的密封皮碗破裂，如图 5-20 所示。

（3）更换制动分泵皮碗或者更换分泵总成，制动力不足和刹车跑偏的故障排除。

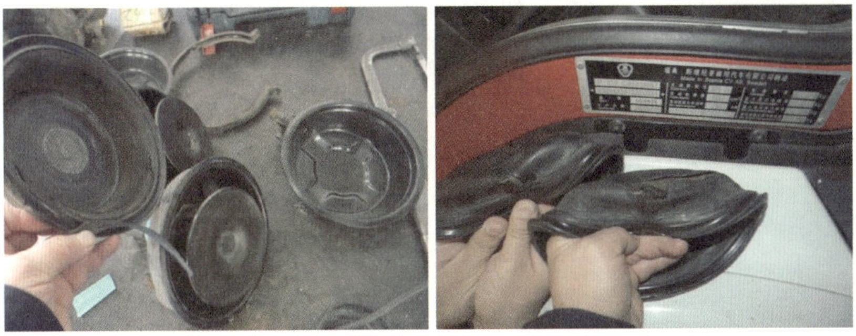

图 5-20 制动分泵密封皮碗破损情况

**4. 故障评析**

该底盘其他型号（如 P400）消防车也有多批次出现制动力不足和刹车跑偏的现象，通过系统检查故障车辆，发现制动分泵皮碗都存在一定程度的橡胶撕裂等损坏。

故障原因：制动分泵皮碗质量和寿命问题（100%）。

## 案例 97 制动分泵与驾驶室倾翻油缸剐蹭

**1. 车辆信息**

底盘：曼 TGA33. 350　　生产日期：2008 年 7 月

车型：云梯消防车（L32FA，整车进口）

**2. 基本情况**

2010 年 10 月，驾驶员在车辆行驶过程中发现右前轮有异响，下车检查发现右前轮制动分泵与驾驶室倾翻油缸在转向时发生剐蹭。

**3. 故障检查与排除**

（1）检查发现，车辆改装厂在改装双排驾乘室时更改了驾驶室倾翻油缸的位置，导致制动分泵与倾翻油缸产生摩擦，磨损情况如图 5-21 所示。

图 5-21 制动分泵与倾翻油缸相互磨损情况

（2）在对驾驶室倾翻油缸的位置进行了调整，经过行驶转向试验后，接触摩擦问题解决，故障排除。

**4. 故障评析**

维修人员及时与车辆改装厂家取得联系，通过沟通交流，一致认为，车辆改装过程中对驾驶室倾翻油缸位置的设计不合理，行驶过程中右前轮向左转动到最大角度位置时，制动分泵与驾驶室倾翻油缸的底部接头和液压管路发生干涉、剐蹭。

故障原因：倾翻油缸改装位置设计不合理（100%）。

## 案例 98 制动蹄与制动毂间隙变大

**1. 车辆信息**

底盘：斯堪尼亚 P310　　　　生产日期：2007 年以后

车型：水罐消防车（SG60）

**2. 基本情况**

2010 年以来，多台次该型消防车驾驶员反映，停车施加驻车制动后，制动力不足。

**3. 故障检查与排除**

（1）对多台消防车进行检查，发现该型底盘的多数车型刹车制动蹄的调整臂需要人工调节，长期使用导致制动蹄动作幅度发生变化，无法保证合理的刹车间隙。图 5-22 为制动蹄人工调节机构。

（2）测量刹车片与制动毂间隙，检查并调整释放间隙到正常数值范围。

（3）通过驻车制动测试，确认维修后驻车制动能够有效地起到驻车作用，故障排除。

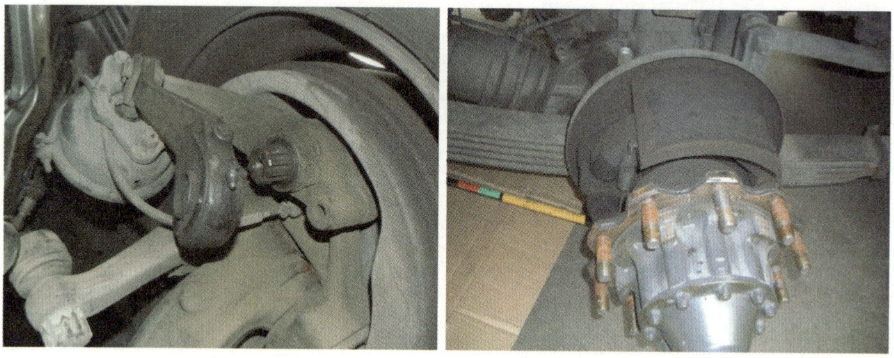

图 5-22　制动蹄人工调节机构

**4. 故障评析**

目前大多数载重货车其制动系统中刹车片和制动毂之间的间隙都是自动调整的，但该型号底盘和 P420 型底盘的制动蹄仍需要人工调节。因消防车出警频繁，刹车片磨损过快，若制动蹄间隙检查调整不及时，会经常出现同类故障。

故障原因：检测维修不及时（100%）。

# 案例 99　制动蹄片损坏

**1. 车辆信息**

底盘：欧曼　　　　　　　　　　　　生产日期：2002 年

车型：水罐消防车（SG60）

**2. 基本情况**

多名驾驶员报修，消防车制动蹄片系统故障。

**3. 故障检查与排除**

多起故障集中反映了制动蹄片轴锈蚀（图 5-23）、刹车片磨损严重（图 5-24）、制动蹄片滚轮脱落（图 5-25）等多种情况。根据各个部位的损坏程度进行了更换和修复，故障均得到排除。

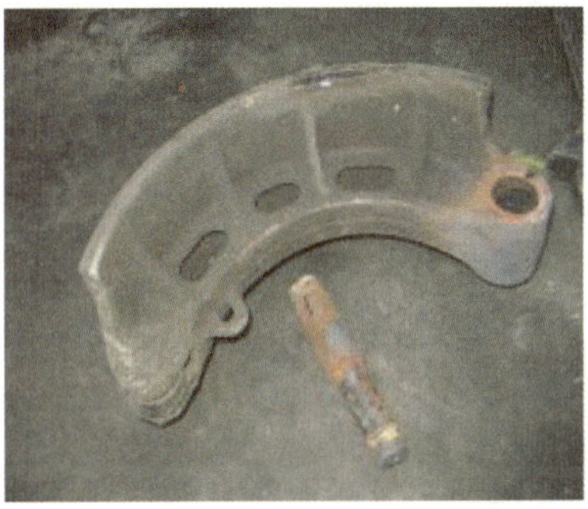

图 5-23　制动蹄片轴锈蚀

图 5-24　刹车片磨损严重

图 5-25　左侧制动蹄片滚轮脱落

**4. 故障评析**

故障原因主要有三个：

（1）由于长期使用，制动系统的制动蹄片受损，造成制动不回位，使得制动蹄片卡滞导致磨损严重。

（2）长时间没有保养，不及时加注黄油，造成制动蹄片轴锈蚀无法转动。

（3）少部分刹车系统部件选材质量不合格。

故障原因：正常损坏（70%）；日常保养不当（20%）；部分零件选材不合格（10%）。

# 案例 100 制动盘异常高温

**1. 车辆信息**

底盘：奔驰 4158　　生产日期：2010 年 10 月

车型：三剂联用消防车（TLF PM180，整车进口）

**2. 基本情况**

2011 年 7 月到 2017 年 10 月间，多台次该型消防车出现制动系统异常高温，制动盘磨损、烧蚀，甚至导致车辆在行驶过程中爆胎（图 5-26）。

图 5-26 制动系统过热导致爆胎

**3. 故障检查与排除**

（1）经拆解发现，制动盘、刹车片和制动卡钳都有不同程度的损坏，试车过程中发现车辆行驶几分钟后制动系统的温度就开始升高。制动盘和刹车片损坏情况如图 5-27 所示。

（2）通过更换制动分泵、制动盘、刹车片和制动卡钳等零部件，故障暂时得到解决，使用一年左右依然会出现制动卡滞过热的情况。

图 5-27 损坏的制动盘和刹车片损坏情况

**4. 故障评析**

该型底盘消防车已多次出现同类型故障，维修人员分析判断，造成制动盘异常过热的主要原因是：制动分泵内部各个腔室密封出现问题，存在串气现象，松开手刹手柄后，驻车制动系统不能完全松开，车辆长时间行驶，制动盘和刹车片频繁摩擦引起高温，进而导致制动系统损坏。该故障主要发生在采用后轮碟刹的重型底盘，另外还有采用奔驰 3336 的云梯消防车。

此故障经与底盘售后服务公司商讨，对方认为分泵少量串气属于正常状态，但是与商用货车相比，消防车行驶频次低，盘式制动的制动卡钳容易卡滞，制动盘容易发生锈蚀，只能更换制动盘、刹车片和制动卡钳等部件，但更换后故障依然每半年左右反复出现，导致维修费用较高。底盘厂家建议消防车应经常上路运行，消防站实际执行有困难。

故障原因：制动系统设计问题（100%）。

## 案例 101　刹车片磨损严重

**1. 车辆信息**

底盘：庆铃　　　　　　　　　　　生产日期：2014 年

车型：泵浦消防车（SG20）

**2. 基本情况**

2019 年 9 月 18 日，因制动不灵敏来厂维修，当车速过快时，踩刹车不能及时有效地减缓速度。

**3. 故障检查与排除**

（1）拆卸车轮，检查发现，由于长时间驾驶，刹车片磨损严重，制动分泵行程过大，部分密封组件脱出漏油，如图 5-28 所示。

（2）更换刹车片，恢复制动分泵状态，调整好制动毂间隙，故障排除。

图 5-28　刹车片磨损、制动分泵漏油情况

**4. 故障评析**

该车采用液压制动方式，由于长时间驾驶，刹车片磨损严重，导致制动不灵敏，加上制动分泵漏油，使整个摩擦副浸油，制动失效。

故障原因：零部件质量问题（100%）。

**5. 改进建议**

做好车辆定期检查、维护和保养，出现制动不灵敏的情况及时报修，避免使用刹车故障的车辆。

## 案例102 主制动力不足

**1. 车辆信息**

底盘：斯帕坦 LA41M-3164　　　　生产日期：2010 年 5 月

车型：压缩空气泡沫消防车（AP90，整车进口）

**2. 基本情况**

2016 年 7 月，驾驶员报修车辆刹车跑偏且偏软。

**3. 故障检查与排除**

（1）检查发现，该车底盘的轮轴因油封损坏，润滑脂侵入轮毂内侧制动蹄片等制动系统内部，造成制动组件打滑。图 5-29 和图 5-30 分别为带有油污的制动蹄片和轮毂，图 5-31 为正常状态制动蹄片。

（2）拆卸、清洗轮毂并更换制动蹄片和轮毂油封（图 5-32）后，故障排除。

图 5-29 后轮带有油污的制动蹄片

图 5-30 带有油污的轮毂

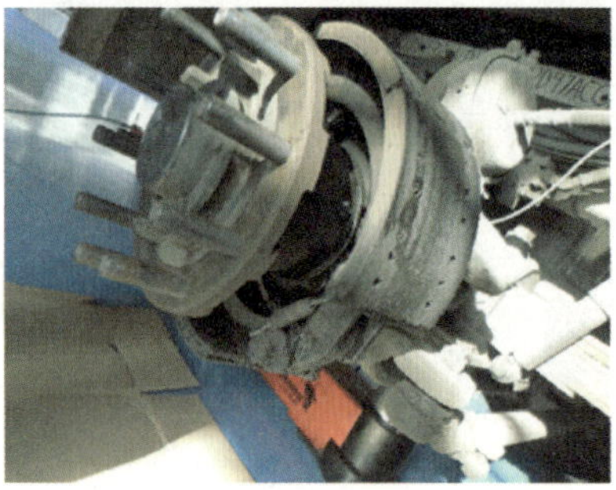

图 5-31 正常状态制动蹄片

图 5-32 新的轮毂油封

**4. 故障评析**

该型车车桥轮轴制动蹄片内侧没有防护罩，在行驶中泥土和砂石极易进入制动蹄片和轮轴内部，造成轮毂轴承油封损坏。当润滑脂受热熔化后，由于密封不严可能会进入制动蹄片内部，导致刹车失灵。

故障原因：生产质量控制问题（50%）；设计问题（50%）。

**5. 改进建议**

车辆在制动蹄片内侧要加装防护罩。

# 第六章 取力器系统故障分析与排除

本章主要对取力器系统的8个典型故障进行分析与排除

## 案例103 取力器传动轴断裂

**1. 车辆信息**

底盘：斯堪尼亚 P420　　　　　　　　　　　生产日期：2010年2月

车型：登高平台消防车（F101HLA，整车进口）

**2. 基本情况**

2019年5月，该车驾驶员反映，试车时挂挡车辆无法行驶。

**3. 故障检查与排除**

（1）维修人员现场检查发现，底盘传动轴前半部分旋转，后半部分不动，初步判断是传动轴某位置发生断裂或连接脱落。

（2）进一步检查发现，该车的断轴式取力器输入轴法兰处有松动，且传动轴和法兰出现移位旷动。

（3）拆卸传动轴和取力器，发现取力器输出端轴承旷动严重，出现分离现象；拆解取力器，发现其后法兰连接轴整体断裂，轴承损坏严重，如图6-1和图6-2所示。

（4）更换新的法兰连接轴和轴承后，故障排除。

图6-1 断裂的取力器传动轴

图6-2 破损的轴承

**4. 故障评析**

选取的断轴式取力器尺寸小，车辆使用过程中，如果长期大扭矩作用于取力器输出轴时，多次反复冲击导致断轴情况的发生。

中队车库门坡度过大，日常检查时在上坡倒回车库过程中输出轴承受扭矩和冲击力较大，容易造成输出轴过载损坏。

故障原因：取力器设计不合理（100%）。

**5. 改进建议**

由于该型车辆自重大，在车辆行驶过程中驾驶员一定要注意控制车速，避免车辆扭矩的大范围频繁波动；车辆设计也应提高取力器传动轴的强度、抗扭性能和抗冲击性能。

## 案例 104　取力器温度传感器安装错误

**1. 车辆信息**

底盘：斯堪尼亚 P310　　生产日期：不详

车型：水罐消防车（SG60）

**2. 基本情况**

该车水泵满负荷运行 30 min 时，仪表盘显示屏显示取力器油温过高，取力器输出轴油温为 108 ℃固定值。

**3. 故障检查与排除**

（1）检查发现，取力器温度传感器导流管长度不够，且安装方向错误（导流管径向导流孔应与润滑油流向同向），造成取力器油温显示异常。取力器温度传感器安装情况如图 6-3 和图 6-4 所示。

（2）按照取力器温度传感器导流管安装技术规范，调整取力器温度传感器导流管长度及安装方向后，故障排除。

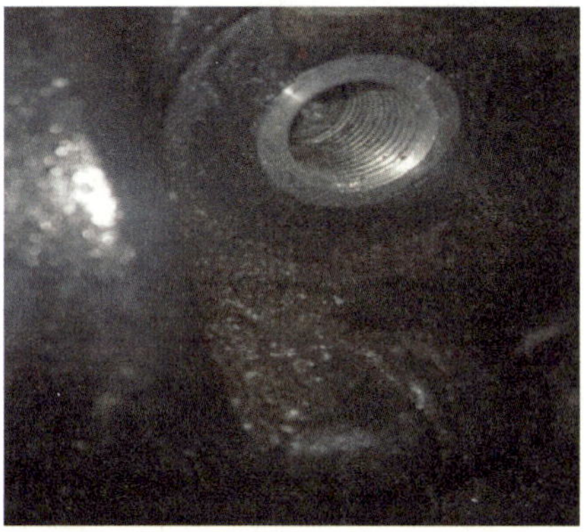

图 6-3　取力器温度传感器安装孔

图 6-4　取力器温度传感器、导流管及导流孔

**4. 故障评析**

底盘厂家认为 108 ℃属于正常油温，而国内标准不允许油温超过 100 ℃，故底盘厂家提供了循环风冷冷却的技术方案：由润滑油循环泵作为动力源，将润滑油从取力器吸出来经过冷却器再压回取力器。

取力器的温度传感器安装过程中，未按技术规范正确安装调试，导致故障发生。

故障原因：零件安装过程疏忽（100%）。

**5. 改进建议**

消防车在改装过程中，要按照技术文件及规范正确安装选购零件，安装后及时调试和测试。

## 案例 105 取力器气控元件漏气造成泵挡不能接合

**1. 车辆信息**

底盘：斯帕坦 LA41M-3164　　　　　　　　　生产日期：2010 年 5 月

车型：压缩空气泡沫消防车（AP90，整车进口）

**2. 基本情况**

2014 年以来，该型消防车频繁出现取力器接合手柄拉杆处漏气，泵挡无法接合的情况。

**3. 故障检查与排除**

（1）检查发现，在拔出取力器接合控制手柄挂泵挡时串气、漏气严重，车底的取力器齿轮拨叉执行气缸无动作，图 6-5 为取力器接合控制手柄。

图 6-5　取力器接合控制手柄

（2）拆卸取力器接合控制手柄，出气管路密封正常，但回路气管存在漏气现象。排查气路至取力器齿轮拨叉执行气缸（图 6-6），发现该拨叉执行气缸有串气现象，导致驾驶室内的取力器接合控制手柄回路气管漏气。

（3）更换取力器齿轮拨叉执行气缸的密封组件（图 6-7），操作取力器接合控制手柄，泵挡正常工作，故障排除。

图 6-6　取力器齿轮拨叉执行气缸

图 6-7　取力器齿轮拨叉执行气缸的密封组件

**4. 故障评析**

正常情况下，操作驾驶室内取力器接合控制手柄，可直接通过相关气路控制执行气缸，驱动取力器拨叉，使齿轮啮合启动水泵运转。

由于气缸内密封圈磨损老化，发生串气，引起气缸驱动力不足，无法使拨叉推动齿轮啮合启动水泵。

底盘气路系统虽带有汽水分离器气动缸，但不能保证水汽完全分离，如未定期排水，水汽一旦进入气路系统，将影响气动缸（含气路密封组件）性能。

故障原因：零部件自然老化（100%）。

**5. 改进建议**

气路系统要及时放排残水，发生轻微泄漏也要及时更换密封组件。

## 案例 106 自动变速箱取力器损坏

**1. 车辆信息**

底盘：斯堪尼亚 P310　　　　生产日期：2008 年 9 月

车型：水罐消防车（SG60）

**2. 基本情况**

2019 年 9 月，该车完成比武后，驾驶员报修，增加发动机转速，水泵出水口仍无压力。

**3. 故障检查与排除**

（1）该车配置艾利逊自动变速箱，水泵取力器为自动变速箱取力器，检查发现发动机转速提高，但水泵轴转速未随之提高，水泵系统无工作压力。

（2）拆解检修取力器（图 6-8），发现其内部轴承、离合器摩擦片和摩擦盘烧毁、碎裂（图 6-9 和图 6-10）。

（3）该车在半年前维修过取力器，此次主体结构和内部主要零部件毁坏严重，已无维修价值，更换自动变速箱取力器总成，故障排除，图 6-11 为安装的新取力器。

**4. 故障评析**

车辆在比武或演习过程中，为达到尽快加压出水的目的，操作员会频繁地高速挂接泵挡，多次急加速或急减速操作水泵，造成了取力器自动摩擦片和齿轮盘高温烧蚀损毁。

故障原因：人为操作不当（100%）。

图 6-8 拆解取力器

图 6-9 损坏的轴承、离合器摩擦片

图 6-10 摩擦盘烧毁、碎裂

图 6-11 新取力器

**5. 改进建议**

驾驶员和消防员在训练和实战中操作车辆、器材时，要遵循机械设备的使用条件和操作要求，切勿野蛮操作。

## 案例 107 液压接合式取力器控制模块至电磁阀线束虚接

**1. 车辆信息**

底盘：斯堪尼亚 R620　　生产日期：2015 年 2 月

车辆类型：水罐消防车（SG260）

**2. 基本情况**

2021 年 6 月 16 日，驾驶员反映取力器挂上运行 5~10 min 自动脱开。图 6-12 为故障车辆取力器。

图 6-12 故障车辆取力器

**3. 故障检查与排除**

（1）维修人员到达现场检查，确认该车配备的是电磁阀控制液压接合式取力器，控制接合取力器时能够听到明显的液压系统工作声音，但取力器却无法正常接合。

（2）初步判断是由于油路堵塞导致油压不足；拆下油管、电磁阀、滤芯，检查发现滤芯和油管内堵塞严重；清理管路、电磁阀，更换滤芯后试车，依然无法接合取力器。

（3）进一步排查，电磁阀电阻正常，但电磁阀控制电压仅为 5 V，而正常电压为 24 V；怀疑是控制模块工作异常；检查模块的输入电压为 24 V，输出电压为 24 V，结果正常；最终将故障点锁定为控制模块至电磁阀之间的线束存在虚接，导致电压过低。

（4）检查模块至电磁阀的线束连接，发现该线束存在多处严重腐蚀的情况，取力器电磁阀插头和线束插头腐蚀严重（图 6-13 和图 6-14），更换线束后试车，取力器工作正常，故障排除。

图 6-13　取力器电磁阀插头腐蚀

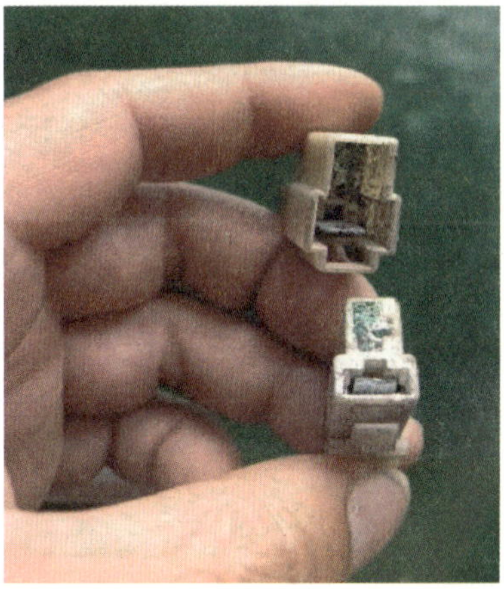

图 6-14　取力器线束插头腐蚀严重

**4. 故障评析**

该车取力器控制模块至电磁阀之间的线束连接存在多处严重腐蚀，电流经过腐蚀部位发生严重损耗，出现电压下降的情况，到达电磁阀部位的电压不足以使电磁阀正常工作，油压无法到达取力器离合器内部来接合取力器。

通过了解，该车 4 年前参加过海岸边船舶火灾的灭火作业，直接使用海水进行灭火，车体内部多处遗留海水水渍，加速了线路接头的腐蚀损坏。

加装取力器时使用的线束密封性差，空气中的水汽和盐分进入线束内部，造成线束腐蚀、虚接。

故障原因：改装部件线路插头密封性差、设计防水等级低（100%）。

**5. 改进建议**

沿海城市使用的消防车辆在选配时要注意电器及线路的防水性和防腐蚀性，车辆线束接头处加热塑管或采用防水插头。

## 案例 108　取力器电磁阀内部断路

**1. 车辆信息**

底盘：依维柯 ML180E30　　　　生产日期：2015 年 4 月

车型：水罐消防车（SG60）

**2. 基本情况**

2016 年 5 月 17 日，驾驶员反映，取力器无法正常接合。

**3. 故障检查与排除**

（1）检查翘板开关供电为 24 V，测量翘板开关内部的通断正常，翘板开关和供电正常。

（2）拆卸电磁阀线束插头，在翘板开关接合的情况下有 24 V 电压；取力器的控制线束正常。

（3）测量电磁阀电阻值为 8 MΩ，判断为电磁阀内部断路，电磁阀不工作，无法通过气压控制取力器进行接合。

（4）更换取力器电磁阀总成（图 6-15），取力器接合正常，故障排除。

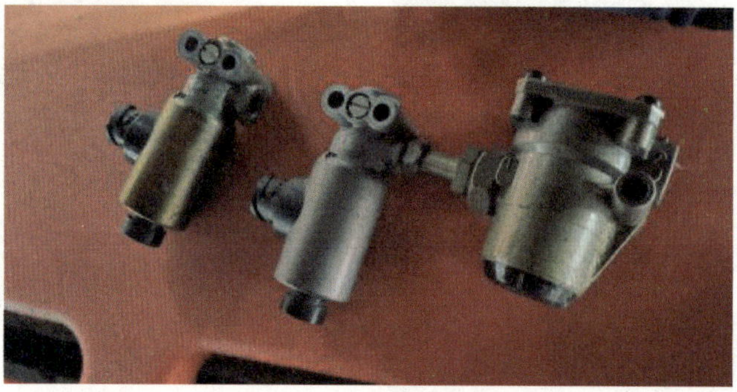

图 6-15 新旧取力器电磁阀总成

**4. 故障评析**

电磁阀能否正常工作直接影响到取力器的正常接合，电磁阀本身的质量也决定了电磁阀寿命。

故障原因：零部件质量问题（100%）。

**5. 改进建议**

厂家已改进电磁阀内部的电磁线圈和材质，以延长电磁阀的使用寿命。

## 案例 109 取力器控制模块不得电

**1. 车辆信息**

底盘：斯堪尼亚 R620 CB8×4HSZ　　生产日期：2017 年 5 月

车辆类型：水罐消防车（SG260）

**2. 基本情况**

2021 年 7 月 2 日，驾驶员反映取力器无法正常接合。

**3. 故障检查与排除**

（1）现场检查，接合取力器时控制模块内无反应。检查控制模块供电电压为 0 V，检查取力器保险丝，无异常。检查保险丝至控制盒之间的线束连接，发现取力器供电线束连同其他 3 根线束因为长时间被水浸泡，已经腐蚀、断开，导致控制模块没有供电，无法正常工作（图 6-16 和图 6-17）。

（2）更换新的取力器供电线束，将断裂的其他线束重新拼接，并做好防水，故障排除。

图 6-16 取力器线束长时间被水侵蚀

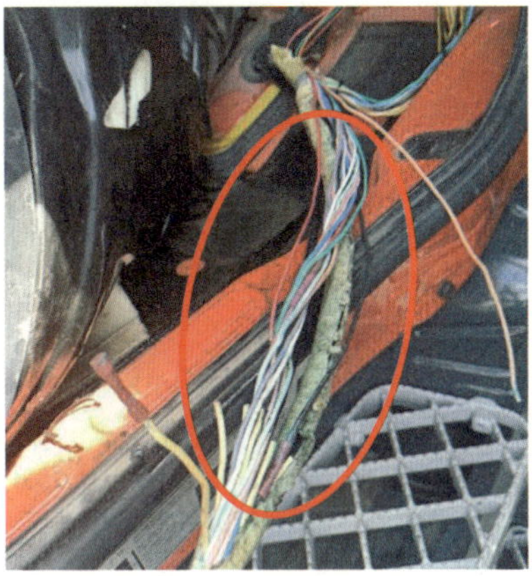

图 6-17 取力器线束被腐蚀、断开

**4. 故障评析**

该案例是因为驾驶室内部长期积水，导致线束被水侵蚀后断裂，取力器控制模块断电，无法正常工作。询问驾驶员水的来源，得知驾驶室内的积水是因为经常用水冲洗驾驶室内部，残留的水分汇聚在了驾驶室地胶的下方。

故障原因：线束密封性差，安装质量问题（80%）；长期用水冲洗驾驶室内部，错误维护方式（20%）。

**5. 改进建议**

选配车辆时要注意电器及线路的防水性，车辆线束接头处加热塑管或采用防水插头。

## 案例 110 取力器工作逻辑软件无法读取

**1. 车辆信息**

底盘：斯堪尼亚 P320 B4×2NZ　　生产日期：2019 年 7 月

车辆类型：供气消防车（GQ120）

**2. 基本情况**

2021 年 4 月 28 日，驾驶员反映，无论是在泵室还是在驾驶室内均无法操作接合取力器。

**3. 故障检查与排除**

（1）维修人员到达现场对车辆进行检测，在打开 EXT 开关（底盘上装电气控制权限转换开关）和取力器开关的情况下，仪表中的取力器接合指示灯不亮，取力器无法接合。

（2）使用专用诊断电脑检测，没有与取力器相关的故障代码。该车辆配备的是 EK750F 取力器（斯堪尼亚自产取力器），怀疑是取力器电磁阀有问题导致无法接合取力器。

（3）检查取力器电磁阀供电电压为 11.8～12 V（标准电压为 24 V）。向电磁阀提供 24 V 电压后取力器可以正常运行，但仪表板中的取力器接合指示灯不亮，图 6-18 为测量取力器电磁阀的供应电压情况。

图 6-18 测量取力器电磁阀的供应电压

（4）检查变速箱控制模块到电磁阀的线束有无虚接的情况，线束无异常。使用专用诊断电脑检查取力器的工作逻辑，逻辑工作正常（图 6-19）。把原车的取力器逻辑图保存后重新写入车辆，试车正常，取力器可以正常工作，故障排除。

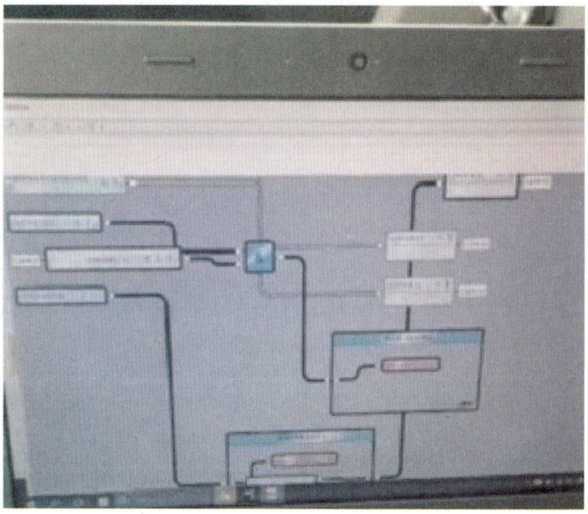

图 6-19 取力器工作逻辑正常

**4. 故障评析**

车辆的上装控制模块无法识读取力器工作逻辑图，导致车辆取力器无法接合，重新导入逻辑图后车辆工作正常。

故障原因：底盘取力器控制模块软件故障（100%）。

# 第七章　驾乘室故障分析与排除

本章主要对驾乘室的 36 个典型故障进行分析和排除

## 案例 111　驾乘室车门位置线束腐蚀断裂

**1. 车辆信息**

底盘：斯堪尼亚 P310、P380、P420　　　　生产日期：2007 年

车型：水罐消防车（SG60）、泡沫消防车（PM120、PM150）、抢险救援消防车（JY80）

**2. 基本情况**

2009 年以来，驾驶员反映，双排驾乘室后侧乘员室玻璃升降器无法动作，音箱喇叭不响，室内灯不亮。

**3. 故障检查与排除**

（1）维修人员对各个故障位置的线路、动作部件和作用部件进行检查，均未发现问题。

（2）检查故障部件的控制开关和电源线路，发现在双排驾乘室后侧乘员室车门下方的线束被外力挤断，如图 7-1 所示。

（3）修复断开的线路（图 7-2），对线束内同样受到损伤但未断开的线路进行加固，故障排除。

图 7-1　被挤断的线束

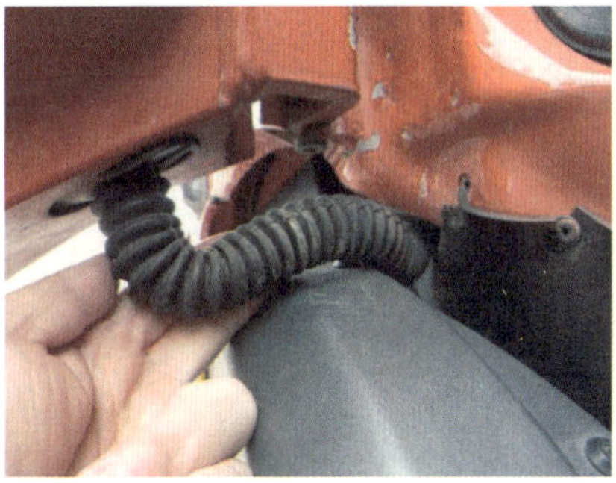

图 7-2　修复后的线路

**4. 故障评析**

该段线束处于驾驶室与车门之间，车门开关导致线束反复拉扯、挤压，疲劳损伤，是造成故障发生的主要原因。进一步检查分析，故障的发生还涉及以下影响因素：

（1）线束两端安装了固定卡箍，导致线束活动伸缩量很小，反复拉扯时加重了线束的损伤。

（2）车门线束采用橡胶套密封，在橡胶套中间设置了透气孔，车辆使用过程中会有水渍和油渍通过透气孔进入密封套内，造成线路腐蚀断裂。

（3）导线包皮柔韧度不足、抗老化能力差，对线缆保护度不够。

故障原因：布线设计不合理（50%）；安装配置缺陷（50%）。

## 案例 112 驾乘室车门开关和玻璃升降困难

**1. 车辆信息**

底盘：曼 TGM18. 280　　生产日期：2008 年 5 月

车型：抢险救援消防车（RW-K，整车进口）

**2. 基本情况**

2014 年 11 月以来，多台次该型消防车驾乘室内侧车门开关把手脱落（图 7-3），手动玻璃升降器损坏（图 7-4）。

图 7-3 车门把手损坏情况

图 7-4 玻璃升降摇把损坏情况

**3. 故障检查与排除**

（1）通过拆卸驾乘室车门的开关系统，发现其开门手柄属于卡扣式结构，反复使用导致卡扣松旷脱落。

（2）检查手动玻璃升降系统，发现传动齿轮链受挤压变形发生卡滞。

（3）更换整个开关系统和玻璃升降系统，故障排除。

**4. 故障评析**

车辆驾乘人员在使用此类部件时应注意力度和幅度，减少人为损坏的概率。

故障原因：操作不当（50%）；零部件质量问题（50%）。

## 案例 113 驾乘室车门限位器损坏

**1. 车辆信息**

底盘：斯堪尼亚 P310、P420　　生产日期：2007 年

车型：水罐消防车（SG60、SG150）

**2. 基本情况**

2010 年以来，多台次该型消防车驾乘室前后车门的限位器发生损坏。

**3. 故障检查与排除**

（1）检查发现，驾乘室车门限位器有多种损坏情况，使车门无法关闭或开启，如内部锁定螺栓松旷脱落、螺纹损坏、限位器拉杆变形等。图 7-5 为车门限位器损坏情况。

（2）根据损坏情况的不同，进行维修：拆卸驾驶室车门限制器的外侧螺栓，将车门与驾驶室分离，取出已经变形的限位器脱落部分，将限位器的固定螺栓孔扩大，重新套扣，用螺栓固定，故障排除；严重损坏的情况，更换新的车门限位器（图 7-6），故障排除。

图 7-5　车门限位器损坏情况

图 7-6　新的限位器及限位器安装位置

**4. 故障评析**

多台次该型消防车出现类似故障，均是由于车门限位器两端固定螺栓松脱，导致限位器拉杆发生偏离，开关门时因拉杆受力不均而弯曲变形。

消防员出警时开关车门力度和幅度太大，以及限位器固定螺栓处铝合金材质构件强度不足，都是故障发生的可能原因。

故障原因：操作不当（80%）；零部件材质问题（20%）。

**5. 改进建议**

建议乘车人员开启和关闭车门时，尽量控制开关门的幅度和力度，减少外力对限位器固定螺栓的冲击，一旦发现问题及时报修。

产品设计生产环节也要注意选型、选材和强度计算，尤其是考虑消防员在紧急出警时可能会存在的粗暴使用的情况。

## 案例 114　驾驶室车门门锁锁钩无法开启

**1. 车辆信息**

底盘：斯堪尼亚 P310　　　　生产日期：2013 年 4 月

车型：水罐消防车（SG60）

**2. 基本情况**

2015 年 5 月，驾驶员报修驾驶室右侧车门无法打开。

**3. 故障检查与排除**

（1）检查车门把手行程，行程正常。

（2）检查车门内拉手行程，行程正常，回位正常。

（3）一人在车门外拉住把手，一人在驾驶室内用力将车门向外推，车门打开；进一步检查确认，车门外框锁钩位置发生偏差。

（4）用 T40 螺丝刀将锁钩固定螺栓旋松，适当将锁钩向下移，紧固螺栓，关上车门，重复此步骤直至车门开关正常，故障排除。图 7-7 和图 7-8 分别为车门锁外观和门框锁钩结构。

图 7-7 驾驶室右侧车门锁外观

图 7-8 门框锁钩结构

**4. 故障评析**

驾驶室车门外框锁钩位置发生偏差，导致车门锁与门框锁钩接合过深，在开门时锁体无法与锁钩分离。可能是长时间使用造成车门下坠，或较大风力开门时造成车门脱手、撞击极限位置，门锁与门框锁钩发生错位。

故障原因：操作使用问题（80%）；零件质量问题（20%）。

**5. 改进建议**

驾驶员和乘员不应拽住车门上下车；风力较大情况开启车门一定要抓牢。

## 案例 115 乘员室车门铰链变形

**1. 车辆信息**

底盘：依维柯 ML180E30　　生产日期：2017 年 4 月

车型：抢险救援消防车（JY100）

**2. 基本情况**

2019 年 4 月，驾驶员报修，乘员室车门开关困难且存在异响。

**3. 故障检查与排除**

（1）检查车门开关情况，开关困难，有异响，还会出现车门关闭不严的情况，判断为车门铰链变形。

（2）拆卸车门铰链，发现固定销内部生锈且变形（图 7-9）；更换车门铰链（图 7-10），故障排除。

**4. 故障评析**

下雨或洗车时水进入车门铰链固定销内，导致固定销生锈。而长期开关车门用力过大，固定销产生变形，也会导致开关车门费力和发出异响。

故障原因：维护保养问题（80%）；零部件质量问题（20%）。

图 7-9　损坏的车门铰链

图 7-10　更换后的铰链

**5. 改进建议**

（1）开启车门时应尽量避免撞击极限位置。

（2）当开关车门感觉到费力或有异响时，检查车门铰链，必要时可喷涂 WD40 除锈润滑剂；如发现固定销变形，应及时维修更换。

## 案例 116　驾乘室玻璃升降滑块损坏

**1. 车辆信息**

底盘：斯堪尼亚 P310、R560　　生产日期：2008 年

车型：水罐消防车（SG60、SG180）

**2. 基本情况**

2008 年以来，多台次车辆驾驶员反映，驾乘室前后门玻璃无法升降。

**3. 故障检查与排除**

（1）维修人员拆卸车门内饰护罩、驱动电机（马达）、升降支架等组件，检查驱动电机通电动作情况正常，升降支架无断裂卡死。

（2）检查玻璃升降滑道，发现玻璃升降滑块破碎卡死在滑道内，导致玻璃无法升降。

（3）更换新的玻璃升降滑块（图 7-11），玻璃升降正常，故障排除。

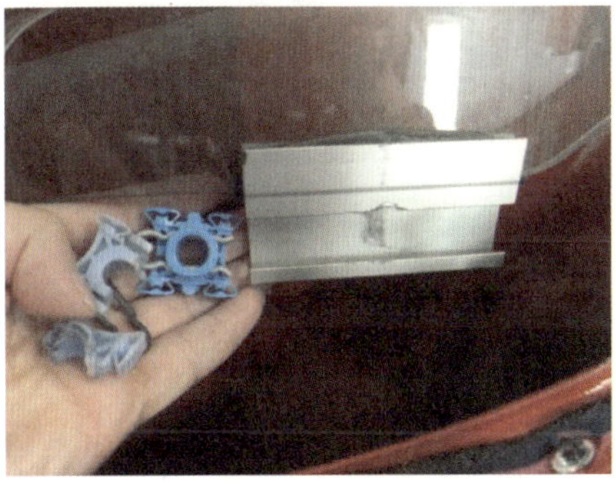
（a）损坏的和新的上滑块及滑道

（b）圆形下滑块（绿色）和方形上滑块（蓝色）

图 7-11　玻璃升降滑块

**4. 故障评析**

该品牌 P310、P380、R560 等多个系列底盘出现问题，其可能原因为：玻璃升降机构在玻璃升降到极限位置时没有有效限位，同时使用人员在玻璃升降到极限位置时未及时松开升降开关，驱动电机持续运转，致使升降滑块反复受到冲击载荷，最终损坏。此外，塑料滑块强度不足也是原因之一。

故障原因：玻璃行程无限位设计问题（50%）；操作使用问题（30%）；滑块质量问题（20%）。

**5. 改进建议**

建议底盘厂家设置一个限位信号，使玻璃升降到极限位置，驱动电机自动停止工作。

使用车窗电动升降开关时，玻璃升降到极限位置后应及时停止操作。

## 案例 117 驾乘室玻璃升降器从动齿轮破裂脱落

**1. 车辆信息**

底盘：奔驰 1529　　　　生产日期：2014 年 3 月

车型：压缩空气泡沫消防车（PM36，整车进口）

**2. 基本情况**

2016 年和 2017 年，多台次该型消防车驾乘室车门玻璃升降器损坏无法使用。

**3. 故障检查与排除**

（1）维修人员拆卸车门盖板，确认该玻璃升降器是由驱动电机带动的齿轮旋转升降机构。图 7-12 即为电动玻璃升降器的驱动电机和升降机构。检查中发现，升降机构从动齿轮发生破裂、脱落，如图 7-13 所示。

（2）更换从动齿轮，故障排除。

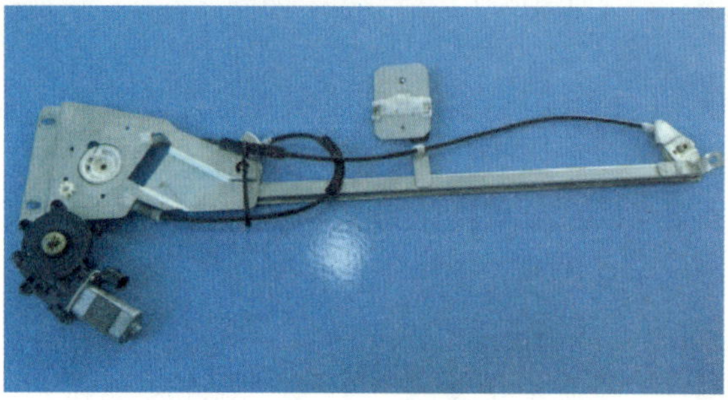

图 7-12 电动玻璃升降器的驱动电机和升降机构

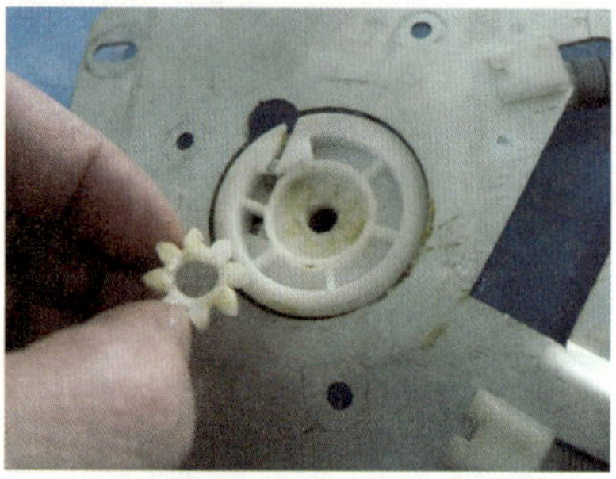

图 7-13 从动齿轮破裂、脱落

**4. 故障评析**

该玻璃升降机构的从动齿轮为塑料材质，结构单薄，升降玻璃过程中一旦遇到阻力，齿轮很容易破损。

经过与车辆底盘厂家沟通，对现有该系列车型的从动齿轮进行了升级，提高了其抗扭能力。

故障原因：零部件材质问题（100%）。

## 案例 118　驾乘室玻璃升降器软轴导向套损坏

**1. 车辆信息**

底盘：雷诺 MIDLUM270　　　　生产日期：2016 年

车型：水罐消防车（SG30）

**2. 基本情况**

2017 年 3 月，驾驶员报修，消防车车门玻璃无法升降。

**3. 故障检查与排除**

（1）拆卸车门组件，检查发现玻璃升降器软轴的导向套损坏、软轴脱出，如图 7-14 所示。

（2）联系消防车生产厂家，更换玻璃升降器，故障排除。

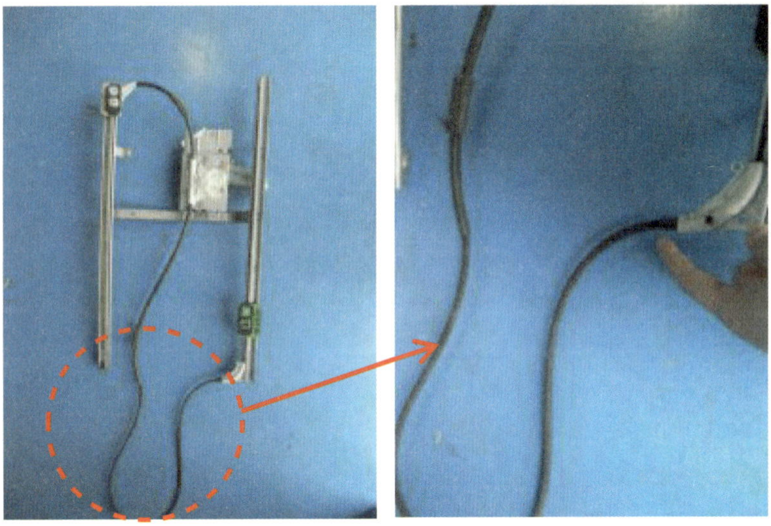

图 7-14　玻璃升降器导向套损坏、软轴脱出情况（右图为局部放大）

**4. 故障评析**

软轴导向套为塑料材质，强度偏低，冬季气候寒冷，导向套变脆易损。此外，如果升降玻璃到极限位置未及时停止操作，在驱动电机作用下，导向套受软轴持续作用力，容易造成导向套损坏、软轴脱出。消防车验收过程中，也发现有 4 例玻璃升降器损坏的情况。

故障原因：零部件材料质量问题（40%）；设计问题（40%）；操作不当（20%）。

## 案例 119　驾乘室玻璃升降器软轴导向固定支架破碎

**1. 车辆信息**

底盘：雷诺 MIDLUM270　　　　生产日期：2013 年 4 月

车型：水罐消防车（SG30）

**2. 基本情况**

2015 年以后，多台次该型底盘消防车出现驾乘室玻璃无法升降情况。

**3. 故障检查与排除**

（1）检查发现，因玻璃框架上的软轴导向固定支架（塑料材质）破碎（图 7-15），导致双排驾乘室车门玻璃升降机构卡死。

（2）拆卸车门内饰护罩，取出玻璃升降器，对故障部件进行逐一检查，更换问题部件后（图 7-16），故障排除。

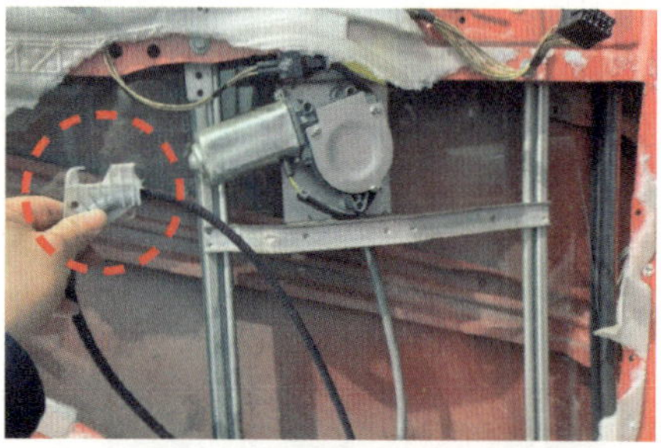

图 7-15 破碎的软轴导向固定支架

图 7-16 检查和更换玻璃升降器

**4. 故障评析**

软轴式玻璃升降器由软轴、小齿轮等组成。电机的输出部分是一个小齿轮，通过与软轴上的齿（近似于齿条）相啮合，驱动软轴卷轴卷绕，带动玻璃沿导轨上下运动。图 7-17 即为软轴式玻璃升降器总成。

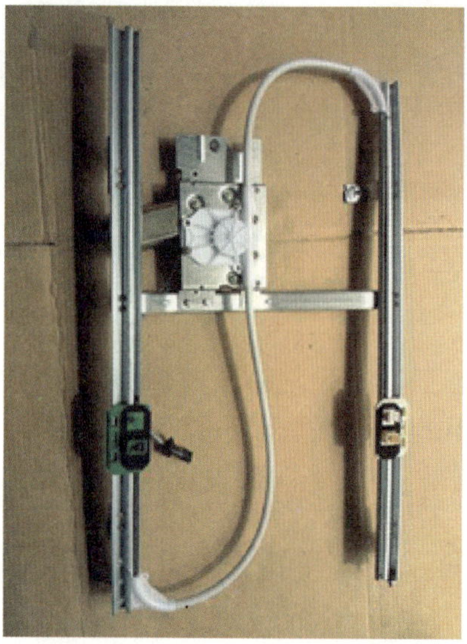

图 7-17 软轴式玻璃升降器总成

该车玻璃升降器总成是由驱动电机、左右平行框架内导槽式滑动升降软轴（类似弹簧结构），以及架在两个平行框架上的玻璃托架构成。电机转动时分别驱动两个平行框架内的滑动升降软轴（其运动方向相反），柔性蜗杆两端固定在玻璃固定托架上，从而驱动玻璃升降。

滑动软轴与左右平行框连接的固定导向支撑套破裂损坏后，损坏端的滑动升降柔性蜗杆不能正常运动，而导致另一侧软轴形成转动力矩，使玻璃不能沿平行框上下移动。

初步统计，自 2015 年以来，有 50 多辆该型底盘消防车出现同类故障，说明该车玻璃升降器设计存在缺陷，且导向固定套材质选用不当。

故障原因：升降器设计缺陷（50%）；零部件材质强度不足（50%）。

## 案例 120 驾驶室玻璃升降器驱动电机断路

**1. 车辆信息**

底盘：斯堪尼亚 P310 生产日期：2014 年 5 月

车型：水罐消防车（SG60）

**2. 基本情况**

2015 年 8 月，驾驶员报修主驾驶侧车门玻璃无法升降。

**3. 故障检查与排除**

（1）将点火开关置于“ON”，检查保险无熔断，排除短路造成故障；使用万用表逐段测量供电电压，测得车门线束至车门玻璃升降开关供电电压为 24 V，正常，排除线束短路。

（2）将供电插头从电机（马达）拔下，测得操作开关供电电压为 24 V，正常。

（3）测量电机电阻，判断电机是断路还是短路，断路电阻无限大，短路电阻接近 0。实测阻值为兆欧，可判断电机线圈断路或碳刷接触不实（注意：如果保险已熔断，维修前先行将电机供电线束断开，再插保险以判断故障）。

（4）更换电机，车门玻璃升降功能恢复正常，故障排除。图 7-18 和图 7-19 分别为玻璃升降器驱动电机以及电机安装位置。

图 7-18 玻璃升降器驱动电机

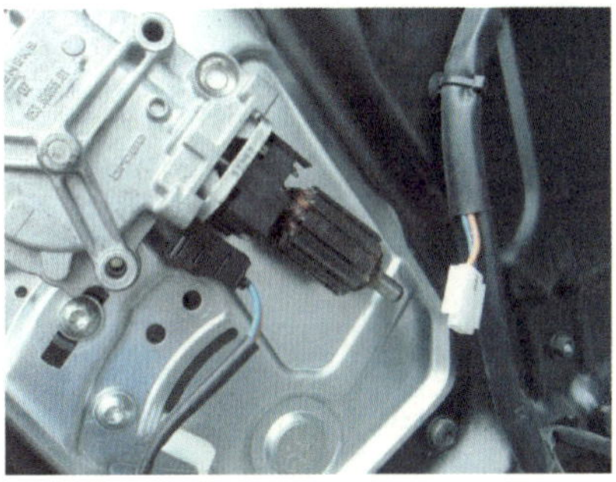

图 7-19 电机安装位置

**4. 故障评析**

电机断路一般有两种可能：线圈断路或碳刷接触不实。

电机故障大多由质量问题造成，也有少数是因为玻璃到位后，开关未复位，持续通电导致电机烧毁。

故障原因：零部件质量问题（100%）。

**5. 改进建议**

根据故障原因，厂家升级了电机，在电机内部集成热敏电阻，可实现高温自动断电，保护电路。

## 案例 121 驾乘室手动玻璃升降器扇形从动齿轮磨损

**1. 车辆信息**

底盘：斯帕坦 LA41M-3164　　　　生产日期：2008 年

车型：压缩空气泡沫消防车（AP90，整车进口）

**2. 基本情况**

2014 年以后，驾驶员陆续报修，驾乘室车门玻璃接近最低位置时打滑、无法升起。

**3. 故障检查与排除**

（1）拆卸检查车门内饰护罩（图 7-20），可见车门内安装的手动玻璃升降器结构（图 7-21）。

（2）检查发现驾乘室前后车门玻璃升降器的手摇升降器扇形从动齿轮，出现不同程度偏磨或者过度磨损（图 7-22），导致车门玻璃接近最低位置时无法升起。

（3）最初通过焊补修整齿牙，安装后使用正常。但半年后，又出现磨损情况，最终拆卸手动玻璃升降器总成并进行更换，故障彻底排除。图 7-23 为手动升降器的齿轮摇臂机构。

图 7-20 拆卸车门内饰护罩

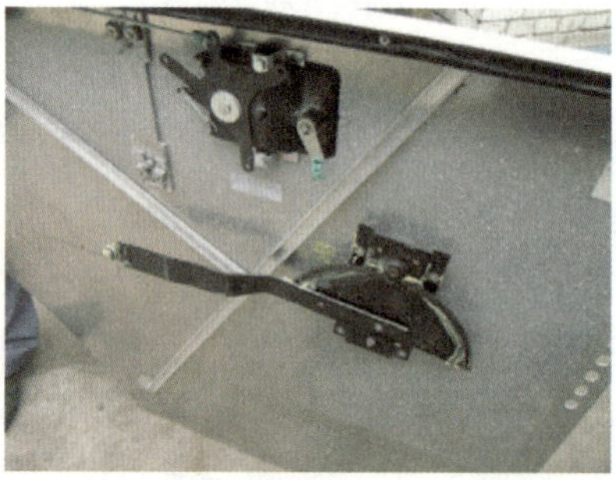

图 7-21 手动玻璃升降器

图 7-22 过度磨损的扇形从动齿轮

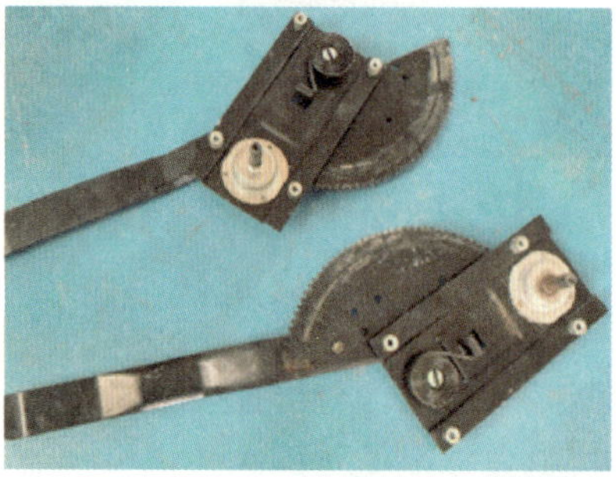

图 7-23 手动升降器的齿轮摇臂机构

**4. 故障评析**

该车驾乘室门手动玻璃升降器的摇臂主动齿轮与升降器的从动扇形齿轮的厚度约 3 mm，两齿轮没有完全啮合，偏位 1 mm 以上，造成的主动齿轮与扇形从动齿轮磨损。已有 10 辆该型底盘消防车驾乘室门的手动玻璃升降器出现类似故障。

故障原因：设计缺陷（60%）；安装精度不足（40%）。

**5. 改进建议**

改善设计和生产工艺，提高零部件强度和精度，加强安装质量控制。

## 案例 122　乘员室玻璃升降摇柄与空气呼吸器固定架手柄干涉

**1. 车辆信息**

底盘：五十铃 FVR34J　　　　生产日期：2007 年

车型：水罐消防车（SG50）

**2. 基本情况**

消防员手动操作该乘员室玻璃升降器时发现，该车型后排乘员室玻璃升降摇柄与空气呼吸器固定架手柄干涉，玻璃升降摇柄无法正常使用，具体故障如图 7-24 和图 7-25 所示。

图 7-24　玻璃升降摇柄位置与空气呼吸器固定架手柄（下压）

图 7-25　玻璃升降摇柄位置与空气呼吸器固定架手柄（拉起）

**3. 故障检查与排除**

（1）该车为新车，后排乘员室玻璃升降摇柄、空气呼吸器固定架手柄均未变形或移位，确认设计时两机构间隙不足，产生干涉。

（2）将空气呼吸器固定架拆除后，调整固定架手柄安装位置，加大摇柄与手柄的间隙，故障排除。

**4. 故障评析**

该故障为相邻活动部件的设计间隙不足，未考虑使用中的位置变化，导致两部件干涉，无法正常使用。

故障原因：设计、生产缺陷问题（90%）；细节部位验收不到位（10%）。

**5. 改进建议**

（1）设计过程中，要充分考虑各相邻部件的运动范围及相对位置，留足相邻部件的间隙；生产时发现干涉现象应及时改正，避免干涉。

（2）消防车验收过程中，要进行实际操作，及时发现问题并整改。

## 案例 123 驾乘室倾翻电动泵损坏

**1. 车辆信息**

底盘：依维柯 ML180E30　　生产日期：2017 年 4 月

车型：抢险救援消防车（JY80）

**2. 基本情况**

2019 年 2 月，驾驶员反映操作驾乘室电动倾翻泵无反应。

**3. 故障检查与排除**

（1）首先检查驾乘室倾翻控制电路保险及开关，未发现异常。

（2）检查驾乘室倾翻电动泵插头时发现内有大量水渍（图 7-26），线路已烧黑，判断该驾乘室倾翻电动泵内部烧损（图 7-27）。

（3）更换驾乘室倾翻电动泵，故障排除。

图 7-26 驾乘室倾翻电动泵插头进水情况

图 7-27 测量驾乘室倾翻电动泵内部烧蚀短路情况

**4. 故障评析**

驾乘室倾翻电动泵插头防水等级低，下雨或使用高压水枪冲洗容易引起锈蚀并短路，导致损坏。

故障原因：设计问题（50%）；使用维护不到位（50%）。

**5. 改进建议**

建议提高电气系统插接件防水等级；现有线路插接件如防水性能不佳，可使用防水胶带进行缠绕，避免进水；清洗车辆时应断开总电源，同时避免使用高压水枪冲洗任何电气部件。

# 案例 124　驾乘室倾翻液压泵输出压力不足

**1. 车辆信息**

底盘：斯堪尼亚 P310　　生产日期：2010 年

车型：水罐消防车（SG60）

**2. 基本情况**

2013 年以后，多台次该型底盘消防车出现驾乘室倾翻液压泵无压力，同时该液压泵供液管路存在破损漏油现象。

**3. 故障检查与排除**

（1）拆卸倾翻液压泵进行输出压力测试，发现液压泵工作时输出压力不足，达不到驾驶室倾翻油缸的作用力。

（2）检查倾翻泵液压管路，发现液压管路在前轮胎、车大梁内侧等存在多处破损漏油情况（图 7-28 和图 7-29）。

（3）拆解倾翻液压泵，更换液压泵的密封组件和泵阀等，重新测试液压泵，出口压力恢复正常。

（4）更换破损的液压管路，并对损坏位置的液压管路增加外部保护，故障排除。

图 7-28　倾翻油缸液压管漏油

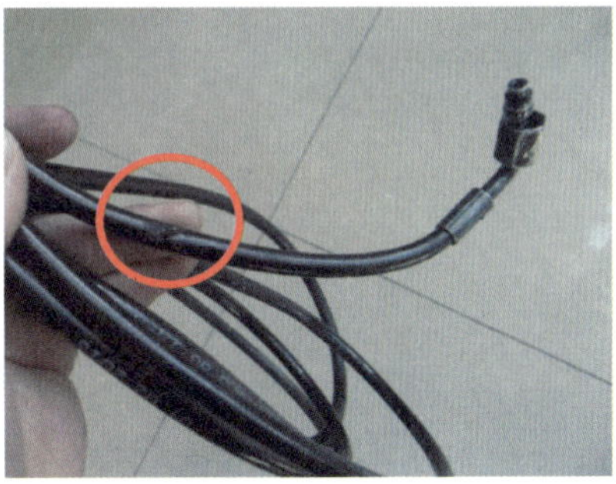

图 7-29　磨破的液压管

**4. 故障评析**

驾乘室倾翻液压泵内部核心密封组件磨损或有杂质，导致密封不严或泄漏，造成液压泵压力不足或无压力的现象。布置液压管路时，未充分考虑其与邻近构配件可能产生接触摩擦，最终造成液压管路破损。该底盘其他不同型号（如 P380、R560 等）也出现过相似问题。

故障原因：零部件质量问题（50%）；设计布置问题（50%）。

# 案例 125　乘员室后排座椅底板断裂

**1. 车辆信息**

底盘：斯堪尼亚 P310　　生产日期：2007 年

车型：泡沫消防车（PM50）

**2. 基本情况**

消防车在使用一段时间后，乘员室长排座椅变形、座椅底板断裂。具体故障如图7-30 所示。

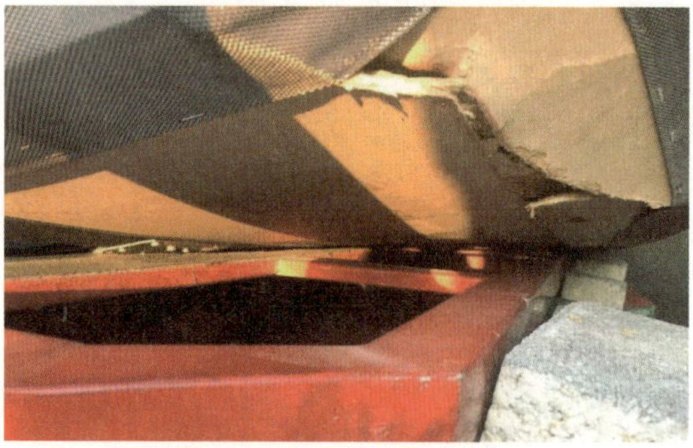

图 7-30 长排座椅底板断裂

**3. 故障检查与排除**

（1）检查乘员室长排座椅底板断裂情况，发现该座椅底板采用密度纤维板，且底板前端及两端突出座椅支撑框架较多，长时间使用底板断裂。

（2）将座椅底板材质改为一次成型聚乙烯材料或由金属框架上附底板的方式，重新定制座椅进行更换，故障排除。

**4. 故障评析**

该问题主要是乘员室座椅质量太差，不适合消防车执勤使用。座椅底板材料选择不合理，座椅底板突出框架前端较多，底板材料强度低，长时间负载后底板断裂。

故障原因：设计问题（50%）；零部件质量问题（50%）。

**5. 改进建议**

乘员室后排座椅乘坐的是穿戴全副装备的消防员，需要快速上下车，对座椅耐磨、耐冲击都有很大要求。座椅底板需要采用承载能力较强的硬质材料或金属材质，面料需具有很好的耐磨性能与耐撕拉性能，最好采用一次成型方式加工制作的坐垫。

## 案例 126 驾乘室倾翻液压泵固定支架断裂

**1. 车辆信息**

底盘：雷诺 MIDLUM270　　　　生产日期：2010 年

车型：水罐消防车（SG30）

**2. 基本情况**

2017 年 2 月，驾驶员在进行驾乘室倾翻操作时手动液压泵支架突然断裂。

**3. 故障检查与排除**

（1）检查发现，驾乘室倾翻液压泵的固定支架断裂，固定铁片损坏，如图 7-31 和图7-32 所示。

（2）重新加固该倾翻液压泵的支撑位置，故障排除。

图 7-31　倾翻液压泵固定支架断裂

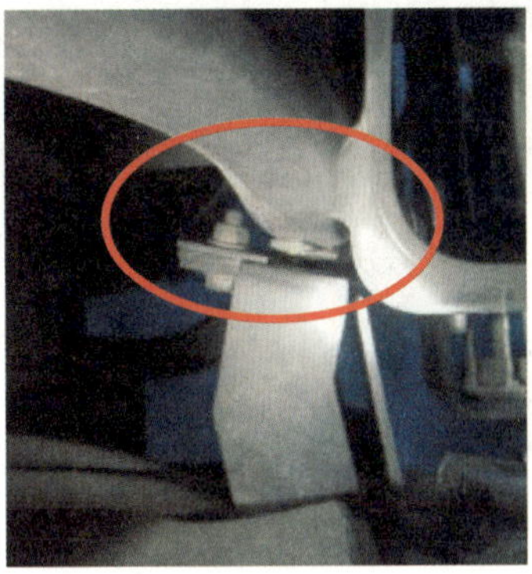

图 7-32　倾翻液压泵固定铁片断裂（俯视图）

**4. 故障评析**

与厂家沟通确认，该型车驾乘室重量偏大，驾乘室倾翻过程中，手动倾翻液压泵支架强度不足，导致支架损坏。

故障原因：设计问题（50%）；零部件质量问题（50%）。

**5. 改进建议**

驾驶员须谨慎操作，不要连续快速用力操作液压支杆，发现液压支杆明显向下倾斜时，应及时停止操作，如支架固定铁片处出现裂缝，及时与维修部门联系。

## 案例 127　驾乘室整体偏移及减震器断裂

**1. 车辆信息**

底盘：奔驰 3344　　生产日期：2012 年 5 月

车型：压缩空气泡沫消防车（AP90）

**2. 基本情况**

2015 年 9 月和 2016 年 6 月，该型底盘消防车驾驶员反映驾乘室发生错位（驾乘室左右侧与罐体平面不一致），驾乘室倾翻操作阻力大。

**3. 故障检查与排除**

（1）维修人员对车辆驾乘室位置进行仔细测量，发现驾乘室左侧整体向外偏移近 8 cm（图7-33），驾驶室左右定位块无法对齐支撑托架限位槽（图 7-34），造成驾乘室在倾翻回收过程中与支撑架产生挤压磨损。

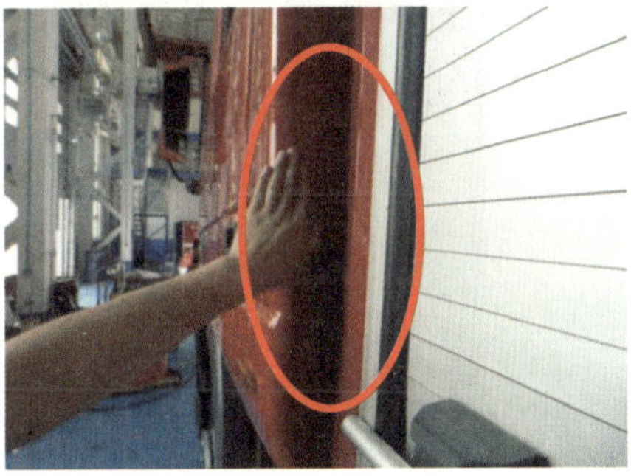

图 7-33　驾乘室明显超出车厢

（2）检查支架系统，发现一侧支架系统的减震器断裂。

（3）重新更换新的减震器，检修驾驶室双侧倾翻油缸，通过牵引矫正，使驾乘室回到初始位置，故障排除。图 7-35 为更换完成的支架系统减震器与断裂的旧减震器。

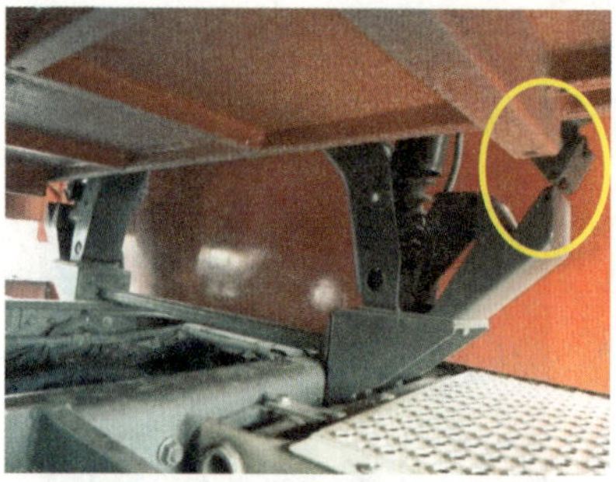

图 7-34 驾乘室固定锁无法对齐限位槽

图 7-35 驾乘室固定锁减震器断裂

**4. 故障评析**

由于该车底盘没有原厂四门驾乘室，都是由第三方改装厂加装。安装后驾乘室重量加大，倾翻泵分配阀或一侧的油缸锁止阀出现卡滞，导致驾乘室左右倾翻油缸动作不同步，左右两侧举升高度不一致，造成驾乘室向一侧偏移。在驾乘室落回固定锁座过程中，驾驶员并未注意或发现驾乘室位移，强制放下驾乘室，长期受侧向力导致驾乘室单侧减震器疲劳断裂。

底盘厂家对该车故障维修过三次，该批次其他两部车也发生过类似故障。

故障原因：改装设计问题（80%）；操作疏忽（20%）。

## 案例 128 驾乘室倾翻后无法回位

**1. 车辆信息**

底盘：奔驰 1829　　　　生产日期：2011 年 4 月

车型：抢险救援消防车（JY80，整车进口）

**2. 基本情况**

2013 年 11 月以后，该型底盘车辆相继出现驾乘室倾翻油缸底座固定支架变形问题。

**3. 故障检查与排除**

（1）维修人员检查发现，驾乘室倾翻采用单油缸支撑，油缸底座固定支架螺栓断裂脱出（图 7-36），导致倾翻油缸角度偏斜过大，在回缩过程中倾翻油缸多节伸缩活塞杆的最后一节无法完全回落（图 7-37），驾乘室不能完全回位。

图 7-36 底座固定支架螺栓断裂脱出

图 7-37 倾翻油缸活塞杆未完全回位

（2）调整倾翻油缸底座固定支架安装方式并更换连接螺栓，故障排除。

**4. 故障评析**

该型车驾乘室倾翻采用单侧液压油缸支撑方式，还选用多节伸缩活塞杆（以有充足的举升高度）的结构。由于驾乘室单侧支撑，驾乘室重心不在油缸支撑力及运动面上，导致驾驶室倾翻油缸受较大扭矩，最终造成倾翻油缸底座固定支架螺栓受到很大剪切力而断裂。

维修人员就该问题向消防车生产厂家进行了反馈。但厂家说经过设计计算，受力能满足要求，没有问题，但实际上由于振动等原因，重心在倾翻油缸支撑受力点上形成扭矩，已造成倾翻系统多起损坏。

故障原因：驾乘室倾翻机构设计问题（100%）。

**5. 改进建议**

由2门改成4门的驾乘室质量增大，建议生产厂家改装倾翻系统时，采用双侧液压缸支撑方式或由在大梁内侧中间安装单油缸，并调整好举升角度，以减少在倾翻油缸支撑点的扭矩。同时驾驶员在日常检查中多关注驾乘室倾翻油缸设计不合理的部位，及时发现问题，防止发生大的故障甚至事故。

## 案例 129　驾乘室无法举升

**1. 车辆信息**

底盘：奔驰 2641　　　　生产日期：2011年5月

车型：云梯消防车（L32FA，整车进口）

**2. 基本情况**

2016年7月，该型底盘消防车相继出现驾乘室支撑托架锁止机构无法打开，驾乘室无法举升，甚至倾翻液压泵油管爆裂的情况。

**3. 故障检查与排除**

（1）通过仔细检查发现，该车辆驾驶室支撑托架锁止机构（图7-38）无法打开。盲目操作驾乘室倾翻作业，导致减震器拉偏（图7-39），继续伸展倾翻油缸顶坏了驾乘室倾翻机构顶板，撑破倾翻液压泵的液压油管。

图7-38　驾乘室支撑托架锁止机构（解锁状态）

图7-39　拉偏的减震器

（2）更换驾乘室支撑托架锁止机构和其他被破坏的结构，故障排除。

**4. 故障评析**

驾驶员对驾乘室在进行倾翻操作时注意并观察锁止机构是否打开。当倾翻液压泵阻力很大时，依旧一直进行驾乘室倾翻作业，会导致倾翻支撑机构和倾翻液压缸不同程度损坏。

建议驾驶员、维修人员在进行此类操作时，首先要按照相关步骤进行操作，其次要关注异常现象，及时检查，减少人为操作不当造成的损坏。

故障原因：操作不当（100%）。

## 案例 130　驾乘室倾翻油缸下支耳脱离支撑轴

**1. 车辆信息**

底盘：奔驰 3344　　　　生产日期：2008 年

车型：举高喷射消防车（F30WFT），整车进口

**2. 基本情况**

2009 年 4 月 16 日，该车驾驶员反映倾翻驾乘室检查保养时，发现驾乘室在翻转后左右倾斜较大。

**3. 故障检查与排除**

（1）倾翻该车驾乘室，发现该驾乘室倾翻系统采取单侧多伸缩节油缸支撑（图 7-40），位于底盘右侧，倾翻油缸下支耳轴孔脱离底座支撑轴约一半（图 7-41），尼龙衬套损坏，倾翻油缸下支耳锁片将被挤出（图 7-42）。

（2）厂家技术人员重新装配尼龙衬套，在支撑轴顶端加装固定垫圈，并由锁片固定，保证倾翻油缸下端轴孔不能脱出支撑轴，故障排除。但由于单侧受力不均，油缸下支耳仍有些歪斜（图 7-43）。

**4. 故障评析**

该车驾乘室是原车驾驶室到意大利改装出来的，增加重量较大，但只配置单侧倾翻油缸，同时固定在大梁外侧，驾驶室倾翻油缸受较大扭矩，导致倾翻油缸下支耳由于侧向力几乎脱出支撑轴。

故障原因：支撑油缸设计不合理（100%）。

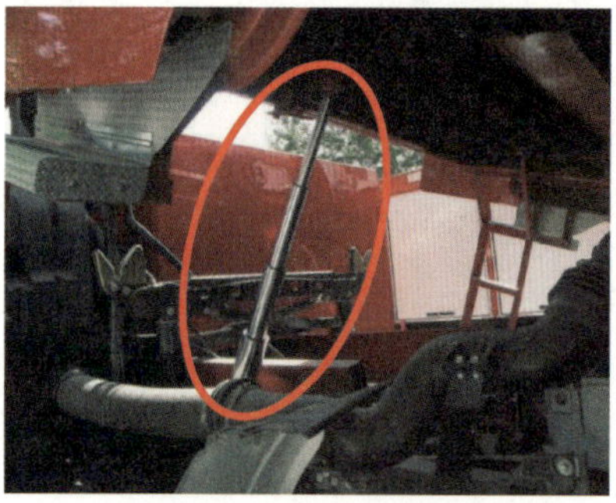

图 7-40　驾乘室采取单侧多伸缩节油缸支撑

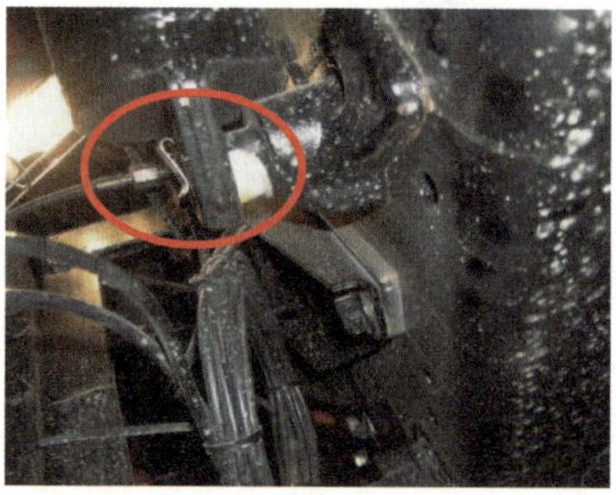

图 7-41　倾翻油缸下支耳轴孔脱离底座支撑轴约一半

图 7-42 倾翻油缸下支耳锁片将被挤出

图 7-43 加固后的倾翻油缸下支耳仍有些歪斜

**5. 改进建议**

这种由 2 门改成 4 门的驾乘室，质量增大，建议生产厂家改装倾翻系统时，采用双侧液压缸支撑方式或由在大梁内侧中间安装单油缸，并调整好举升角度，以减少在倾翻油缸支撑点的扭矩。同时驾驶员在日常检查中多关注驾乘室倾翻油缸设计不合理的部位，及时发现问题，防止发生大的故障甚至事故。

## 案例 131 驾乘室底部外侧与车厢信号灯支架剐蹭

**1. 车辆信息**

底盘：雷诺 MIDLUM270　　生产日期：2012 年

车型：压缩空气泡沫消防车（AP30）

**2. 基本情况**

在日常检查过程中，发现驾乘室右后角底部外侧出现划痕、漆面损坏，具体情况如图 7-44 和图 7-45 所示。

图 7-44 驾乘室右后角底部外侧划痕、掉漆情况（远图）

图 7-45 驾乘室右后角底部外侧划痕、掉漆情况（近图）

**3. 故障检查与排除**

（1）检查发现，静止状态下驾乘室与车厢下侧的信号灯支架间隙较大，并无接触，但信号灯支架内侧有划痕及红色漆痕；当乘员进入驾乘室后，驾乘室与该支架间隙变小。分析原因，应该是驾乘室在满员状态下，行驶在不平路面上，驾乘室上下起伏和左右晃动，与信号灯支架碰撞产生划痕。

（2）调整信号灯支架安装位置或更换稍窄的信号灯支架，避免驾乘室与该支架发生干涉，故障排除。

**4. 故障评析**

消防车驾乘室与后部灯架在静止时虽然存在一定间隙，但在满员情况下行驶颠簸，驾乘室出现左右晃动，二者之间产生干涉摩擦。

故障原因：设计问题（100%）。

**5. 改进建议**

消防车生产厂家在设计、生产过程中，要充分考虑满载、行车颠簸等状态下，相邻部件的相对位移和运动，预留足够的空间，避免各种状态下的干涉。

## 案例 132 后视镜剐蹭损坏

**1. 车辆信息**

底盘：雷诺 MIDLUM270　　生产日期：2012 年

车型：水罐消防车（SG30）

**2. 基本情况**

2017 年 2 月，驾驶员反映消防车后视镜发生剐蹭，损毁严重。

**3. 故障检查与排除**

（1）检查发现左侧上下后视镜均存在严重的剐蹭损坏，如图 7-46 和图 7-47 所示。

（2）更换损坏的后视镜，故障排除。

图 7-46 左后视镜剐蹭损坏（远视）

图 7-47 左后视镜剐蹭损坏（近视）

**4. 故障评析**

由于车辆后视镜相对突出，驾驶员驾驶中未控制好与侧面车辆或障碍物间距，造成后视镜剐蹭损坏。

故障原因：操作不当（100%）。

## 案例 133　驾乘室顶部防爆网脱落

**1. 车辆信息**

底盘：曼 TGM18. 280　　　　生产日期：2010 年

车型：抢险救援消防车（JY80）

**2. 基本情况**

消防车在行驶过程中，驾乘室顶部的防爆网突然脱落。

**3. 故障检查与排除**

（1）检查发现，驾驶室前端顶部防爆网安装孔被外力拉坏（图 7-48），固定螺栓脱落；防爆网安装支座及拉铆螺母整体被拔出（图 7-49）。

（2）根据驾乘室顶部形状，制作与顶部形状一致的 L 形防爆网安装底座及衬垫，采取加大防爆网安装底座尺寸、增加受力面积等措施，重新安装，故障排除。

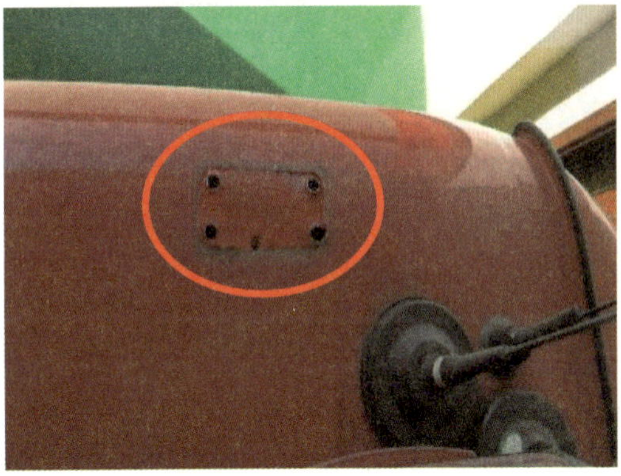

图 7-48　防爆网安装孔被外力拉坏（俯视）

图 7-49　防爆网安装支座及拉铆螺母被整体拔出

**4. 故障评析**

防爆网直接在驾乘室顶部打孔安装，未进行加强处理。加上驾乘室板材较薄且防爆网自重较大，当消防车长期行驶颠簸时，因振动和风阻导致防爆网安装支座及螺母被拔出。

故障原因：消防车后期改装问题（100%）。

**5. 改进建议**

在消防车附件设备加装改装中，要充分考虑安装位置的选取，结构的承载、受力、强度及连接能力，同时做好防水处理。

## 案例 134　乘员室踏板断裂

**1. 车辆信息**

底盘：欧曼　　　　生产日期：2012 年

车型：水罐消防车（SG50）

**2. 基本情况**

消防员上下车时，乘员室右侧踏板后部断裂，具体故障如图 7-50 所示。

图 7-50 乘员室右侧踏板后部断裂

**3. 故障检查与排除**

（1）经检查，该车踏板采用玻璃钢材质作框架，上面固定不锈钢防滑垫板，因玻璃钢材质耐冲击性差、塑性差，在消防员上下车猛力踩踏下，受到反复冲击后断裂。

（2）根据此踏板外形尺寸，定制并安装该金属框架踏板，故障排除。

**4. 故障评析**

选择零部件材料进行改装时，消防车生产厂家未考虑零部件的使用工况（消防员快速进出）导致故障发生。

故障原因：零部件选材不当（100%）。

**5. 改进建议**

根据使用工况，消防车生产厂家应合理选择或改进零部件材料。

## 案例 135 驾驶位座椅调节气路损坏

**1. 车辆信息**

底盘：斯堪尼亚 P310、P420　　　　生产日期：2007 年

车型：水罐消防车（SG60、SG120）

**2. 基本情况**

2009 年以来，多位驾驶员反映，驾驶位座椅后面漏气，无法调节座椅。

**3. 故障检查与排除**

（1）检查座椅调节按钮、移动滑道等均未发现问题。

（2）检查座椅调节气路，发现气路接口处漏气，接口有破损，如图 7-51 所示。

（3）更换座椅调节组件和破损的气管接头，并对裸露的管路系统加装保护裙板，故障排除。

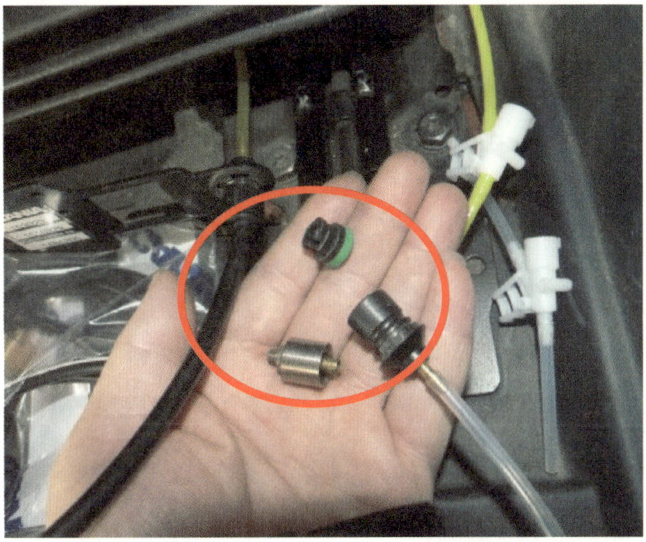

图 7-51　座椅调节气路接头损坏情况

**4. 故障评析**

检查维修中发现，座椅气动调节管路及接头裸露固定在座椅后部的滑轨上，未加任何防护措施。而驾乘室又为整体通透空间，后部乘员容易踢到该座椅调节供气管路的接头，造成接头损坏。图 7-52 为驾驶位座椅后部调节气路布置情况。

图 7-52　驾驶位座椅后部调节气路布置情况

故障原因：设计不合理（70%）；操作使用不当（30%）。

**5. 改进建议**

建议消防车生产厂家在设计时改变接头位置，增加保护装置。如不能很好改进，就在邻近位置粘贴醒目的警示标识，提醒后排乘员注意脚下的供气管路和接口，防止踢、踩造成损毁。同时根据反馈的损坏情况，提供单独转换接头（厂家只提供整套组件）。

# 案例 136 乘员室后排座椅安全带插扣壳体损坏

**1. 车辆信息**

底盘：斯堪尼亚 P310　　　　　　　　　　　生产日期：2010 年 9 月

车型：泡沫消防车（PM60）

**2. 基本情况**

2021 年 6 月，在消防车安全性能检查时，发现后排座椅的安全带插扣存在壳体断裂（图 7-53）、裂纹（图 7-54）等破损现象。

图 7-53 安全带插扣壳体断裂情况

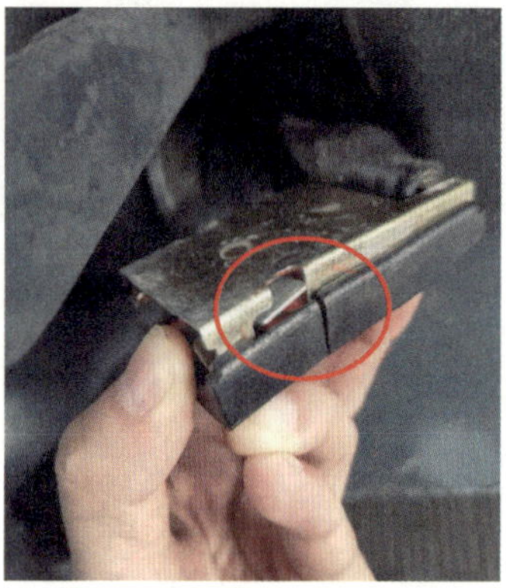

图 7-54 安全带插扣壳体裂纹情况

**3. 故障检查与排除**

（1）该车后排座椅安全带安装在后部金属材质表面（图 7-55），接扣位置设置不合理，接口侧偏短；部分安全带插扣壳体有断裂、裂纹损坏的情况。

（2）更换损坏的安全带插扣，并调整插扣端安全带的长度，故障排除。

**4. 故障评析**

安全带插扣出现损坏情况的原因主要为：一是安全带插扣壳体采用塑料材质脆，且接口侧偏短，安全带插拔时，可能存在撬动力，导致壳体损坏；二是安全带插扣壳体不使用时放置在坐垫上，座椅后方为正压式消防空气呼吸器固定架，在取放空气呼吸器时存在磕碰插扣的情况，导致插扣壳体被砸坏。

图 7-55 后排座椅安全带的安装形式

故障原因：材质问题（50%）；安装问题（30%）；使用问题（20%）。

**5. 改进建议**

（1）消防车后排座椅为后续改装，安全带位置周边环境较为复杂，安全带插扣应选用金属材质壳体，避免因受力过大而损坏。

（2）消防车后排座椅安全带安装位置应充分考虑

操作的便利性，避免干涉、误碰、误砸等情况。

## 案例 137　空调风机轴承锈蚀

**1. 车辆信息**

底盘：BJ40　　　　　　　　　　　　　　生产日期：2012 年

车型：消防勤务巡逻车

**2. 基本情况**

2019 年 8 月 16 日，车辆空调风口不吹风，且调节风量的挡位无反应。

**3. 故障检查与排除**

（1）检查空调风机线路无异常，风机负极向外界搭铁后风机启动，说明风机功能还有；但风量挡位仍无法调挡，判断为控制挡位的风机调速电阻损坏。图 7-56 为空调风机安装位置。

（2）更换空调风机调速电阻后（图 7-57），可正常调节风量，但风机运转时出现时转时停的现象。

（3）拆卸风机，发现风机轴承等金属部分有锈迹，清洁处理后，故障排除。

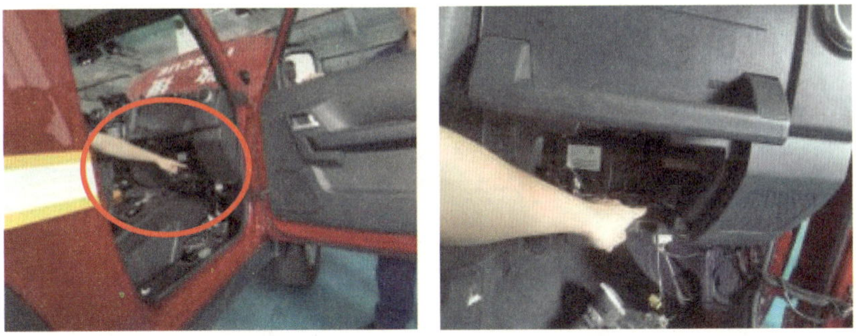

（a）整体图　　　　（b）局部图

图 7-56　空调风机安装位置

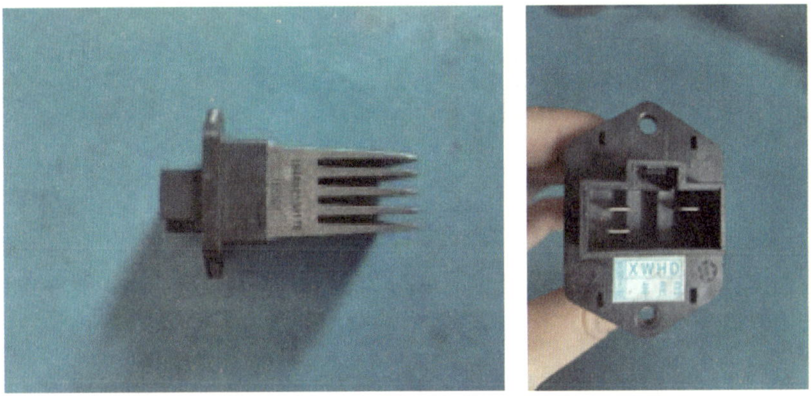


（a）侧视图　　　　（b）插口视图

图 7-57　空调风机调速电阻

**4. 故障评析**

该底盘空调外循环进风口过滤网容易进入灰尘和杂物，空调冷凝水的鸭嘴口如果不及时清理，易堵塞而积水，浸泡空调风机总成，造成风机电机锈蚀或损坏。

故障原因：检查保养不及时（50%）；设计不合理（50%）。

## 案例 138 驾乘室空调冷凝器散热风扇插头脱落

**1. 车辆信息**

底盘：优迪骐　　　　生产日期：2014 年

车型：水罐消防车（SG60）

**2. 基本情况**

2019 年 7 月 29 日，驾驶员反映空调不工作。

**3. 故障检查与排除**

（1）检查发现该车空调压缩机皮带缺失，重装后试车发现皮带打滑，压缩机皮带轮不转，压缩机不能工作。

（2）检查发现无法转动空调压缩机皮带轮，判断为空调压缩机损坏。安装新的压缩机，为防止管路内杂质对新的压缩机造成损坏，对该车的空调管路进行清洗。

（3）加注冷媒运转时，发现压力表示数过高。进一步检查发现给空调冷凝器（图 7-58）冷却的散热风扇插头脱落，风扇无法转动，重新插好后，故障排除。

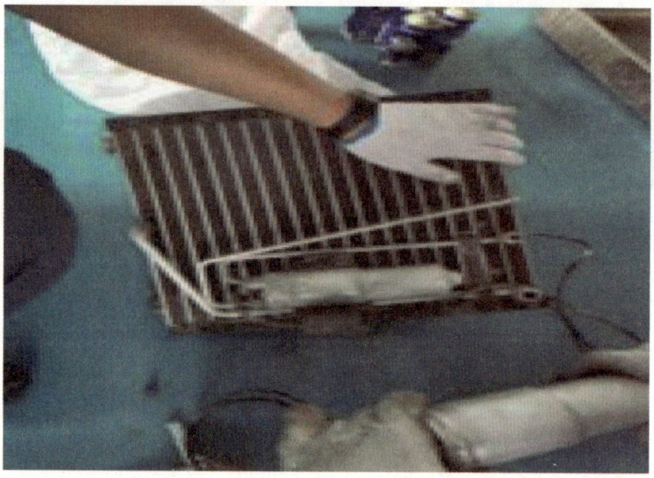

图 7-58 空调冷凝器

**4. 故障评析**

空调压缩机负荷过大，压缩机过热磨损，离合器过热烧毁，导致皮带轮不能转动，空调皮带打滑摩擦断裂。

故障原因：零部件磨损（50%）；偶发故障（50%）。

**5. 改进建议**

日常检查时，注意检查散热风扇插头是否松脱、空调传动皮带是否工作正常。

## 案例 139　空调冷凝器和发动机散热器被覆盖堵塞

**1. 车辆信息**

底盘：雷诺 MIDLUM270　　生产日期：2016 年

车型：水罐消防车（SG30）

**2. 基本情况**

2019 年 8 月 16 日，在执勤过程中，驾驶员打开车内空调制冷，但长时间无冷风吹出，且发动机散热器冷却液温度过高。

**3. 故障检查与排除**

（1）检查发现，该车空调冷凝器和发动机散热器外表被较厚的毛絮层覆盖（图 7-59），造成散热不良，水温过高。

（2）用高压气枪对空调冷凝器和发动机散热器表面的毛絮灰尘进行吹扫，清理后车辆状况恢复正常，故障排除。

图 7-59　被毛絮覆盖的冷凝器和散热器

**4. 故障评析**

由于初夏柳絮多，发动机散热器表面、冷凝器和空调外部容易被发动机散热器风扇吸来的毛絮堵塞，消防车长时间驻车运转，更易导致散热器水温过高。驾驶员应根据当地季节特点及时检查和清洗散热器和冷凝器。

故障原因：检查保养不到位（100%）。

## 案例 140　空调风机调速电阻故障

**1. 车辆信息**

底盘：雷诺 MIDLUM270　　生产日期：2016 年

车型：水罐消防车（SG30）

**2. 基本情况**

2019 年 8 月 25 日，驾驶员发现该车空调高速挡有风，低速挡风机不转。

**3. 故障检查与排除**

（1）空调高速挡有风说明风机电路正常，检查风机开关良好，初步判断为风机低挡位调速电阻损坏或电路断路。

（2）将驾驶室整个仪表台拆下，更换风机调速电阻（图 7-60 和图 7-61），空调恢复正常，故障排除。

图 7-60 拆解仪表台显示风机调速电阻位置

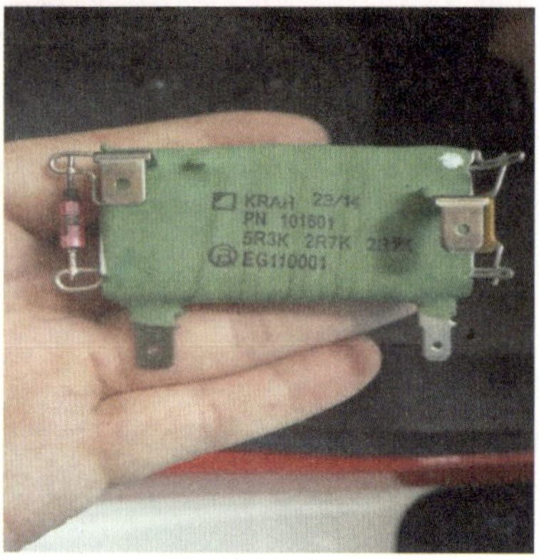

图 7-61 风机调速电阻

**4. 故障评析**

该车空调高速挡为直接供电，低速挡（1、2、3 挡）通过调速电阻调节电流，控制风机转速。当调速电阻出现故障时，不影响空调高速挡正常工作，但低速挡失灵。

该空调调速电阻，未安装在风道内风机出口附近（大多数车辆均安装在风道内紧靠风机出口处，可通过风机自然风冷却），如果调速电阻质量不过关，很容易由于过热而损坏。

故障原因：零部件质量问题（50%）；安装位置设计问题（50%）。

## 案例 141 驾驶室与独立乘员室共用底盘空调导致制冷效果差

**1. 车辆信息**

底盘：斯堪尼亚 R560　　生产日期：2016 年 10 月

车型：水罐消防车（SG180）

**2. 基本情况**

2017 年 6 月，驾驶员反映车辆空调制冷效果差，冷风不凉。

**3. 故障检查与排除**

（1）维修人员现场对空调冷媒系统压力进行检查（图 7-62），测得低压 2 bar，高压 9 bar，高压略低（正常情况高压应为 10~15 bar）。

（2）出风口温度不理想，冷风量太小，体感不明显，排除空调滤芯堵塞和风机问题；

检查空调管路，排除泄漏造成压力不足的可能。

（3）掀开驾驶室前面板，发现车辆在原车空调冷媒管路上焊接了附加管路（图7-63），管路通向驾驶室后部的独立乘员室，二者共用底盘空调系统，确定故障为改动所致。

（4）如果达到有效制冷，需要给独立乘员室增加一套空调系统，故障暂时搁置。

图7-62　检查冷媒系统压力测试

图7-63　加装三通后的空调冷媒管路

**4. 故障评析**

由于消防车生产厂家改装，驾驶室与独立乘员室共用一套空调系统，造成制冷功率不足，影响整个空调制冷效果。

空调设计一般要考虑驾乘室总空间和制冷剂流量，制冷剂流量决定了空调压缩机的功率，当驾驶室和独立乘员室空间增大但泵送流量却没有增加，使制冷效果变差。此外，这种增加空调系统负荷的做法，容易造成空调压缩机过载损坏。

故障原因：设计不合理（100%）。

**5. 改进建议**

建议消防车生产厂家给独立乘员室单独安装空调系统，可以配备额外的发动机取力器（EK）或变速箱取力器（EG）进行驱动，也可以使用成熟的露营车车顶空调系统，仅需要蓄电池供电。这些设计方案都可以减少对原底盘空调系统的不良影响。

## 案例142　保险盒进水导致空调不工作、车辆无法熄火

**1. 车辆信息**

底盘：红岩　　　　　　生产日期：2013年

车型：泡沫消防车（PM60）

**2. 基本情况**

消防车使用过程中，发现空调不工作、车辆无法熄火现象。

**3. 故障检查与排除**

（1）检查车辆启动开关，未见异常；对启动电路进行逐一排查，发现该车在驾驶室

改装过程中，调整了底盘保险盒位置，并倒置安装，致使保险盒进水，保险及线路短路，具体情况如图 7-64 所示。

图 7-64 底盘保险盒倒置安装、进水短路

（2）调整保险盒的安装方向，更换保险盒内部短路线路、保险，对保险盒进行防水处理，故障排除。

**4. 故障评析**

消防车生产厂家改装保险盒安装方式不当，且未做好防水、防尘保护，导致进水短路。

故障原因：消防车设计改装问题（100%）。

**5. 改进建议**

消防车改装过程中，尽量保持原底盘部件安装位置及安装方式，如确需调整底盘原装部件位置，应全面考虑相关影响，必要时咨询底盘生产厂家，确保不破坏原底盘功能。

## 案例 143 驾乘室放回时压坏换挡手柄底座

**1. 车辆信息**

底盘：奔驰 1525　　生产日期：2005 年 6 月

车型：压缩空气泡沫消防车（AP30）

**2. 基本情况**

2015 年 2 月，驾驶员反映倾翻后放回驾乘室时，压坏换挡手柄底座。

**3. 故障检查与排除**

（1）现场检测换挡手柄和换挡拉杆机构的活动量和间隙等功能参数，初步判断挡位机构没有明显损坏，能正常使用。

（2）询问驾驶员故障经过，获悉：在驾乘室倾翻后检查发动机，估计碰到换挡手柄，导致卡入某一个挡位上，放回驾乘室时，没有将换挡手柄复位，未对正驾乘室换挡手柄通过孔（图 7-65），通过倾翻液压泵回收驾乘室，导致驾乘室地板压裂换挡手柄把手，换挡手柄固定支架破碎，具体损坏情况如图 7-66 和图 7-67 所示。

（3）向底盘售后进行技术咨询、询价，得知老车型供货周期长，且价格高，最终决定焊接损坏的断裂部件，进行加工维修。

（4）对加工焊接的零部件进行打磨、校正后，安装调试换挡手柄的位置，测试换挡和排挡功能正常，故障排除。

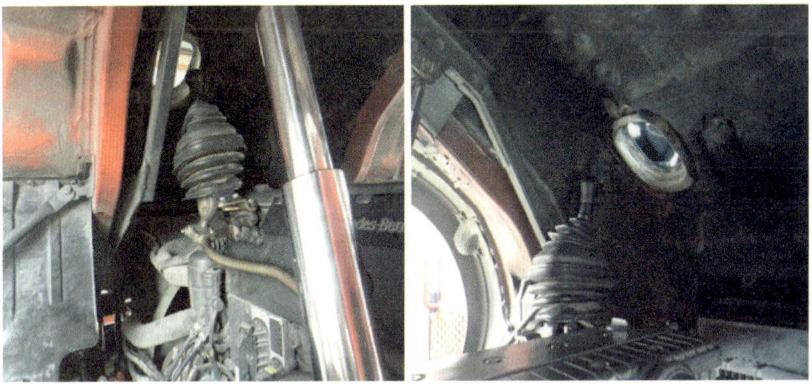

图 7-65　换挡手柄未对正驾乘室手柄通过孔

图 7-66　换挡手柄把手开裂

图 7-67　换挡手柄固定支架破碎

**4. 故障评析**

该故障也可能是驾乘室倾翻前未将挡位换至空挡，倾翻过程中换挡手柄能顺着通过孔滑出，但在回收驾乘室时，换挡手柄的位置偏差，不能顺利进入通过孔，顶在驾乘室地板上，造成换挡手柄头部和手柄固定支架等部件损坏。

故障原因：人为操作失误（100%）。

**5. 改进建议**

建议驾驶员在倾翻收回驾乘室过程中要注意观察驾驶室换挡手柄位置以及操作安全。对于故障的排除，如时间和经费允许，尽量更换原厂新件。

## 案例 144 乘员室门把手断裂

**1. 车辆信息**

底盘：斯堪尼亚 P400　　生产日期：2008 年 5 月

车型：泡沫消防车（PM120）

**2. 基本情况**

2014 年 11 月，驾驶员反映，乘员室车门打不开，用力过度导致门把手断裂。

**3. 故障检查与排除**

检查发现乘员室右后车门把手被拉断（图 7-68），更换新件后，故障排除。

图 7-68 损坏的门把手

**4. 故障评析**

该故障属于野蛮操作损坏，战斗员在开车门时，因车门落锁或损坏等原因不能开启，强行拉拽门把手，导致门把手断裂。

故障原因：操作不当（100%）。

**5. 改进建议**

由于商用车底盘的驾驶室一般都有自动落锁功能，消防车驾驶员应熟悉所用车辆中控锁的锁住原理。同时也要考虑车门不能开启必定存在原因，应检查并排除，杜绝野蛮操作。

## 案例 145 驾乘室倾翻液压油缸漏油

**1. 车辆信息**

底盘：斯堪尼亚 P400　　生产日期：2013 年 6 月

车型：水罐消防车（SG120）

**2. 基本情况**

2015 年 6 月，驾驶员反映驾乘室右侧倾翻液压油缸漏油严重。

**3. 故障检查与排除**

（1）倾翻驾乘室检查，发现驾乘室右侧倾翻液压油缸端盖松脱并且漏油严重。图 7-69 为驾乘室倾翻液压油缸位置，图 7-70 为驾乘室倾翻液压油缸端盖脱离情况。

（2）取下整个液压油缸，拆卸、分解该油缸及其密封组件（图 7-71 和图 7-72），发现油缸密封组件中主体支撑密封油封已经腐蚀断裂并有碎末，同时发现液压油缸活塞杆支耳两端安装孔的减磨套碎裂（图 7-73）。

（3）清理该倾翻液压油缸内部腐蚀物、更换全套密封组件，采用尼龙棒加工油缸支耳减磨套并更换，重新安装油缸并测试，故障排除。

图 7-69　驾乘室倾翻液压油缸位置

图 7-70　驾乘室倾翻液压油缸端盖脱离

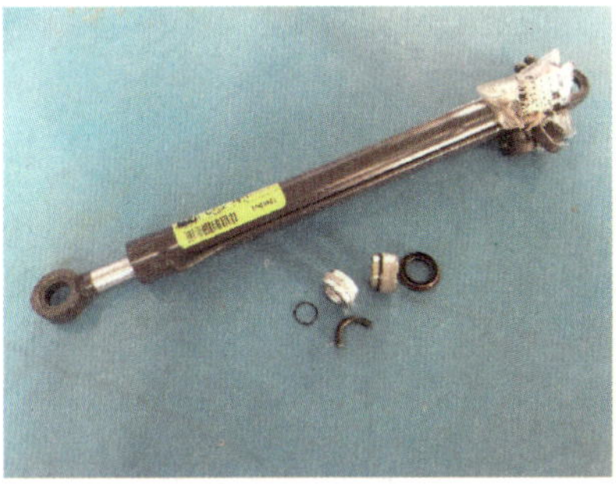

图 7-71　拆卸下的驾乘室倾翻液压油缸

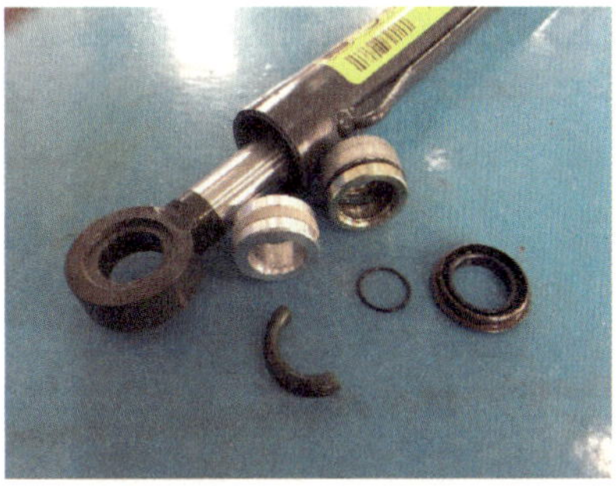

图 7-72　拆解的驾乘室倾翻液压油缸损坏组件

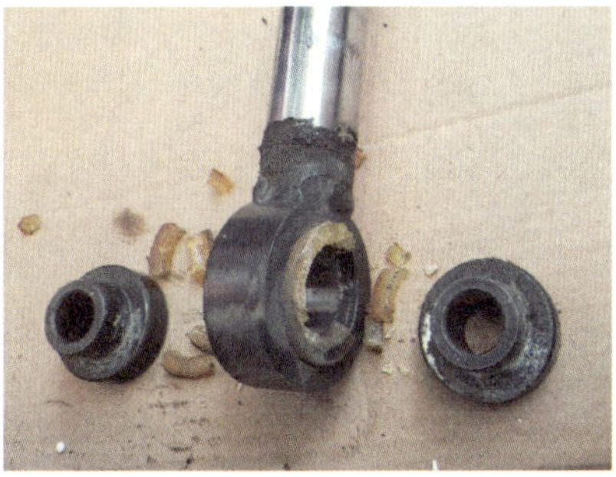

图 7-73　倾翻液压油缸活塞杆支耳的减磨套碎裂

**4. 故障评析**

该故障可能是油缸活塞杆支耳减磨套破裂脱落后，液压油缸在受力时缸筒与杆不同心，把端盖挤出，从而进一步损坏密封组件。驾乘室倾翻液压油缸密封组件及减磨套在短短两年内出现腐蚀断裂等情况，对整个车辆保有量来说是个别偶发故障，但存在厂家选配零件时对质量把控不严的情况，属于选材用料的质量问题。

故障原因：零部件质量问题（100%）。

## 案例 146 驾驶室倾翻操作不当导致砸坏风挡玻璃

**1. 车辆信息**

底盘：奔驰 4160　　生产日期：2017 年 5 月

车型：举高喷射消防车（JP18）

**2. 基本情况**

2021 年 2 月，驾驶员在倾翻驾驶室前，未将驾驶室内活动的自制金属条凳移除，导致倾翻时条凳滑落，砸坏前风挡玻璃。图 7-74 和图 7-75 分别为风挡玻璃损坏情况和驾驶室倾翻致风挡玻璃损坏情况。

**3. 故障检查与排除**

（1）经了解，该车为了增加出警乘坐人员，摆放了自制金属条凳（图 7-76）。驾驶员在倾翻驾驶室时，检查并收拾了驾驶室大部分活动物品，但忘记该条凳未固定，导致其滑落砸坏风挡玻璃（图 7-77）。

（2）更换风挡玻璃，故障排除。

图 7-74 风挡玻璃损坏情况

图 7-75 驾驶室倾翻致风挡玻璃损坏情况

图 7-76 放在正副驾驶员之间的自制金属条凳

图 7-77 条凳滑落砸坏风挡玻璃

**4. 故障评析**

为了保障某些功能需求，会在消防车驾乘室内摆放、加装部分设施，但是在加装过程应考虑各项安全因素，由专业人员实施。作为驾驶员应该熟悉车辆的情况，同时也应想法加固活动部件，减少类似故障的发生。本案例情况比较特殊，送修驾驶员不是原车备防驾驶员，以为条凳是固定的，不熟悉设备和附件情况。该案例的条凳设置（未固定、未加安全带等）是个很大的安全隐患：急速刹车时易造成乘员和条凳飞出，倾翻时易掉落砸坏风挡等。

故障原因：人为操作疏忽（100%）。

# 第八章 电气控制系统故障分析与排除

本章主要对电气液压控制系统的11个典型故障进行分析与排除

## 案例147 发动机控制模块故障

**1. 车辆信息**

底盘：斯堪尼亚 P310（6X2） 生产日期：2007 年

车型：水罐消防车（SG100）

**2. 基本情况**

2010 年 6 月，该车在行驶途中，仪表板显示屏上“发动机故障”和“电瓶故障”警示灯点亮，并伴随车辆信息报警，如图 8-1 所示。

图 8-1 车辆仪表盘故障显示

**3. 故障检查与排除**

（1）技术人员通过专用诊断电脑检测，显示发动机控制模块或电源继电器故障，进一步检查确认是发动机控制模块故障。

（2）用专用诊断电脑解锁后，更换位于发动机左侧的控制模块，设置新安装的发动机控制模块数据，发动机试车后正常。

（3）为防止故障再次发生，又更换了与控制模块匹配的两个继电器，故障排除。图 8-2 为更换的新、旧发动机控制模块。

图 8-2　发动机控制模块（右侧为升级的新控制模块）

**4. 故障评析**

关于车辆发动机控制模块损坏的原因，厂家判断与控制模块匹配的继电器有问题，更换了副驾驶位前侧继电器保险丝集成板上左侧两个继电器。

另外还有一例是因为发动机控制模块进水损坏。

故障原因：电路设计问题（100%）。

## 案例 148　半自动智能换挡变速箱换挡电控单元故障

**1. 车辆信息**

底盘：奔驰 3336　　　　生产日期：2006 年 8 月

车型：自装卸式消防车（一拖三，整车进口）

**2. 基本情况**

2013 年 7 月以来，消防车行驶时出现无法换挡，同时仪表盘显示屏显示变速箱挡位问题，如图 8-3 所示。

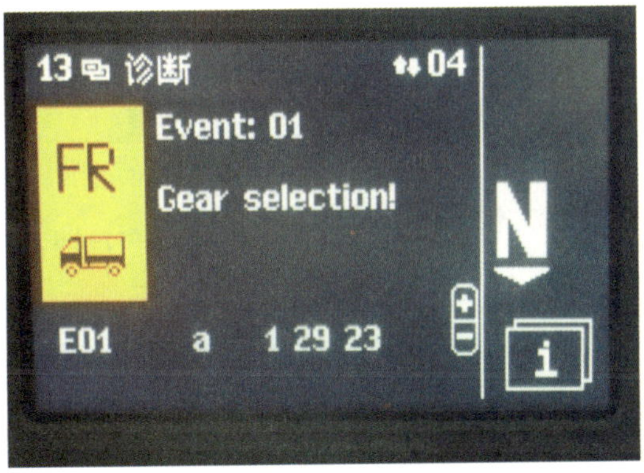


图 8-3　仪表盘显示屏故障显示

**3. 故障检查与排除**

（1）维修人员使用车辆专用诊断电脑检测，初步判断换挡电控单元（电子挡把）故障。

（2）用专用诊断电脑清除故障码，更换换挡电控单元（图 8-4），故障排除。

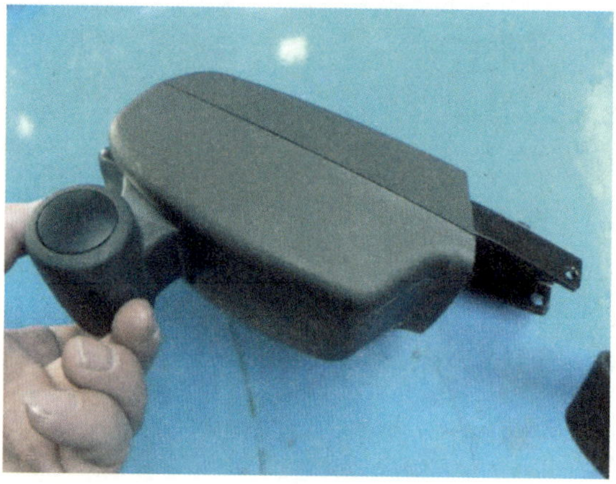

图 8-4 换挡电控单元

**4. 故障评析**

（1）联系底盘公司技术人员对该型底盘、不同车型的换挡电控单元故障进行检查、分析，公司技术人员认为：车辆使用过程中电子元件和控制硬件等均有一定的使用寿命，存在自然失效的可能。

（2）用户认为该车服役仅 7 年，换挡电控单元可能也存在质量问题。

（3）该车采用半自动智能换挡变速箱（EPS），与正常手动变速箱操作顺序不一致，行驶过程中变换挡位时需先操作换挡手柄预设挡位，再踩下离合器才能实现挡位变换。驾驶员因操作习惯，经常会出现先踩离合、后挂挡的情况，可能会影响半自动智能换挡电控单元的使用寿命。

故障原因：控制单元自然老化（40%）；换挡电控单元质量问题（30%）；操作使用问题（30%）。

## 案例 149 半自动智能换挡变速箱电控换挡系统程序故障

**1. 车辆信息**

底盘：奔驰 4160（8X4） 生产日期：2012 年 2 月

车型：水罐消防车（SG180）

**2. 基本情况**

2015 年 2 月，驾驶员准备驾车出库，发现换挡电控单元（电子挡把）无法实现挡位变化，但方向盘应急挂挡模式可以操作，仪表盘显示屏显示故障提示“选择手动换挡模式受限”，如图 8-5 所示。

**3. 故障检查与排除**

（1）使用专用诊断电脑检测，未发现电气控制系统故障。

（2）更换同款车型的换挡电控单元，仍然无法挂挡，但该车的换挡电控单元安装到其他车辆上却可以正常使用。

（3）对车辆挡位控制系统参数进行重置，依然无法挂挡行驶。底盘厂家技术人员分析判断，可能是由于车辆的前模块（FR）故障，拆卸并调换其他车辆的前模块（FR）进行试验，仍无法挂挡。

（4）试验将其他车型的前模块（FR）和原始控制程序安装至本车上（图 8-6），车辆可以正常挂挡操作。

（5）最终判断为前模块（FR）与主控模块之间通信存在问题，技术人员重新编写前模块（FR）程序，该车故障排除。

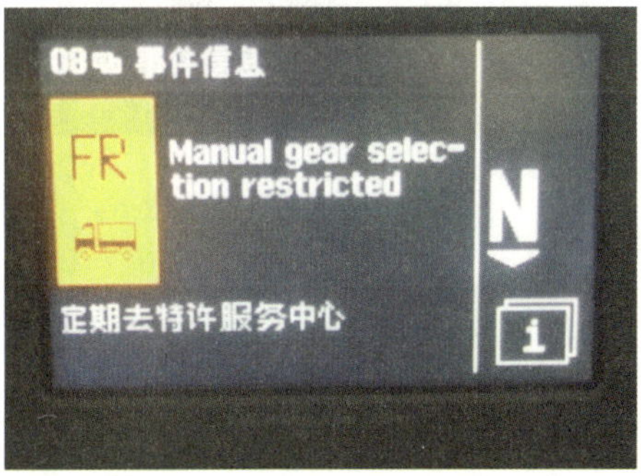


图 8-5　仪表盘显示屏故障显示信息

图 8-6　替换前模块（FR）并安装原始控制程序

**4. 故障评析**

该车采用半自动智能换挡变速箱（EPS），已经多次发生不能正常调挡情况，一般都能通过仪表板上的应急挂挡系统进行操作（应急挡位有 N、2、5 和 R 等挡位），以使车辆能行驶到维修点检修。

以前此类故障一般为换挡电控单元出现问题，更换新的换挡电控单元即可，而此次故障属于车辆控制系统通信问题，需要进行控制系统的更新或重置。

故障原因：数据通信故障，前模块（FR）软件问题（100%）。

## 案例 150　模块化开关面板故障

**1. 车辆信息**

底盘：奔驰 1832　　　　生产日期：2004 年

车型：自装卸式消防车（一拖三，整车进口）

**2. 基本情况**

2013 年，多台次该型车驾驶员分别反映，当打开车辆点火钥匙门时，转向灯、喇叭、远光和雨刷会自行工作。

**3. 故障检查与排除**

（1）维修人员对方向盘左下的组合开关进行检查，并未发现明显异常，更换新组合开关，故障依旧存在。

（2）通过仪表盘内自带检测功能调出故障信息，显示“MSF”故障：开关以及相应故障码，提示模块化开关面板故障（图 8-7）。

（3）更换模块化开关面板，故障排除。图 8-8 为模块化开关面板。

图 8-7 仪表盘显示屏故障信息

图 8-8 模块化开关面板

**4. 故障评析**

该型底盘车辆采用 CAN 总线系统，整车采用模块化设计与控制，驾驶室内所有开关都是通过模块化开关面板（布置在“双闪开关”后部）输出信号，如果某个开关信号出现故障，可能是该开关故障，也可能是模块化开关面板输出的信息错误。修理模块化控制的车辆，必须了解系统工作原理，熟悉各模块信号的接收与传输，避免头疼医头的思维。该车就是模块化开关面板出现故障，导致输出信号错误，所有相关信号（转向灯、喇叭、远光灯和雨刷等）进入应急模式，显示异响。

故障原因：零部件故障（100%）。

## 案例 151 蓄电池外接线缆烧毁

**1. 车辆信息**

底盘：五十铃 FVR34J　　　　生产日期：2005 年

车型：抢险救援消防车（JY100）

**2. 基本情况**

驾驶员报修消防车无法启动，起动机通电后不转。

图 8-9 蓄电池外接线缆短路烧毁

**3. 故障检查与排除**

（1）检查起动机和供电系统，发现消防车蓄电池外接线缆短路烧毁（图 8-9），蓄电池接线柱夹头、电解液加注孔盖烧毁。

（2）更换蓄电池接线柱夹头、相应线缆，故障排除。

**4. 故障评析**

蓄电池连接导线太细、蓄电池固定不当引起导线折损、蓄电池电解液漏溢腐蚀导线、连接导线与蓄电池正负极的螺丝未拧紧等，都是造成故障发生的可能原因。外接线不规范，导线太细，高负荷下发热，绝缘层熔化，都会引起短路烧蚀。

建议日常管理中，要加强对蓄电池接线柱、导线的日常检查。

故障原因：导线布置不规范（50%）；维护保养不到位（50%）。

## 案例 152 蓄电池主线缆接头腐蚀损坏

**1. 车辆信息**

底盘：斯帕坦 VA41M-2142　　　　　　　　　生产日期：2010 年 5 月

车型：压缩空气泡沫消防车（AP50，整车进口）

**2. 基本情况**

2015 年以来，多台次该型压缩空气泡沫消防车报修，底盘蓄电池极柱（桩头）和主线缆接头有大量腐蚀结晶堆积，主线缆接头断裂脱落。

**3. 故障检查与排除**

（1）检查发现蓄电池主线缆接头处严重腐蚀，产生大量铜绿氧化物，并造成接头连接孔开裂，主线缆脱落，具体情况如图 8-10 和图 8-11 所示。

（2）拆卸蓄电池组，剥离连接线缆，清理氧化腐蚀产生的堆积物。

（3）更换新的带接头的连接线缆，车辆正常启动，故障排除。

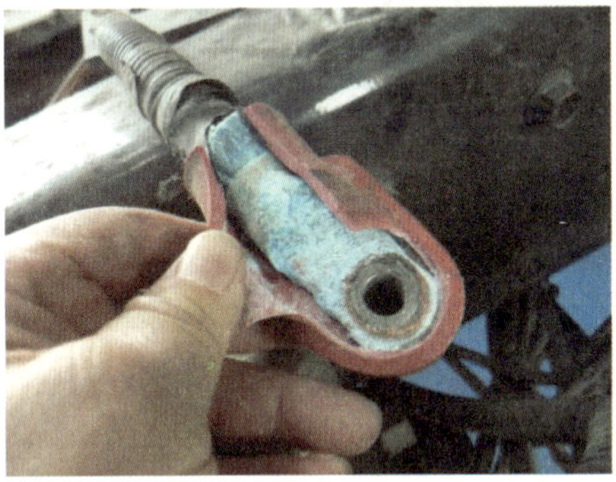

图 8-10 被腐蚀的线缆接头

图 8-11 被腐蚀接头根部的线缆

**4. 故障评析**

蓄电池氧化实际上指的是蓄电池极柱硫化物堆积。原因是极柱与线缆接头虚接或极柱所在单元极板严重硫化，影响到充放电而过热，与极柱紧密连接的聚丙烯受热与极柱分离，造成缝隙，蓄电池中的电解液（稀硫酸）因为虹吸现象与极柱发生化学反应，极柱的主要成分是铅合金，因而造成硫酸铅晶体堆积，这种现象俗称“电瓶爬酸”。同时，也会有部分进入极柱的电解液随极柱渗透到蓄电池连接线缆内部腐蚀铜芯。

故障原因：维护保养不到位（100%）。

**5. 改进建议**

使用单位要严格落实日检查、周保养制度，加强车辆日常的维护保养工作，及时发现并解决故障隐患。

# 案例 153 蓄电池极柱连接导线腐蚀损坏

**1. 车辆信息**

底盘：斯堪尼亚 R560　　　　　　　　　　　　生产日期：2014 年

车型：水罐消防车（SG180）

**2. 基本情况**

驾驶员报修车辆启动困难。

**3. 故障检查与排除**

（1）检查蓄电池，发现连接线正极极柱处腐蚀结晶物堆积（图 8-12），蓄电池连接线卡扣紧固螺栓因腐蚀出现残缺（图 8-13）。

（2）将蓄电池极柱及周边腐蚀结晶物清理干净，并更换蓄电池连接线，重新启动车辆，故障排除。

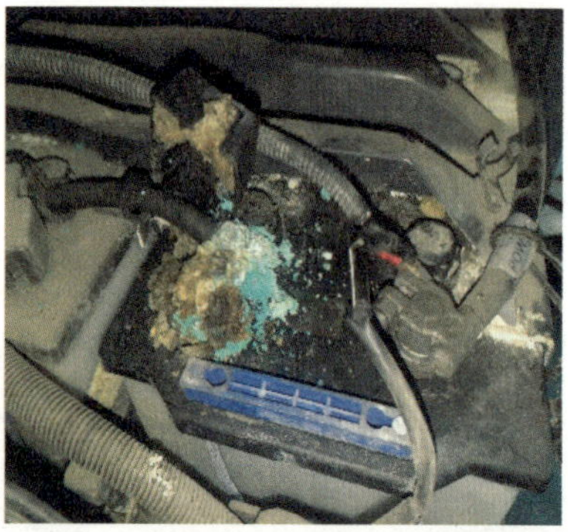

图 8-12 极柱处腐蚀结晶物堆积情况

图 8-13 损坏的蓄电池连接线

**4. 故障评析**

这种故障现象叫作“电瓶爬酸”，是蓄电池电解液从壳体中溢出，与蓄电池极柱发生化学反应导致。电解液的主要成分是硫酸，极柱的主要成分是铅合金，二者反应后生成硫酸铅。硫酸铅是一种白色的粉末状物质，它附着在极柱上，形成“电瓶爬酸”现象。如果“电瓶爬酸”严重，还会继续腐蚀连接线及卡扣。一般卡扣有铅锌合金和黄铜材质两种，连接线一般是纯铜的，硫酸与它们反应生成硫酸锌及硫酸铜，它们均为白色粉末状，但是硫酸铜与水接触后会变成蓝绿色，这就是有些“电瓶爬酸”会呈现白绿色相间的原因。

造成该故障的原因主要有两个：

（1）蓄电池极柱与壳体之间密封不良，电解液从二者之间的缝隙渗出，直接腐蚀极柱，这种情况一般属于蓄电池质量问题。

（2）蓄电池中的电解液加多了，车辆在行驶中颠簸、振动，或者蓄电池充电过度致使电解液“沸腾”，都会使部分电解液从加液口渗出，流到极柱处产生腐蚀，这种情况一般发生在非免维护蓄电池上，在免维护蓄电池上基本不会发生。

故障原因：日常保养不到位（100%）。

**5. 改进建议**

（1）经常检查保养，发现有蓄电池极柱腐蚀，用热水淋一下腐蚀物就可去掉。

（2）新蓄电池安装完成后，应在极柱与线缆连接处涂抹润滑脂或者凡士林隔绝空气，可以预防故障的发生。

## 案例 154　蓄电池及线路烧损

**1. 车辆信息**

底盘：斯堪尼亚 P310　　　　　　生产日期：2011 年

车型：抢险救援消防车（JY80）

**2. 基本情况**

在使用消防车电动绞盘时，线路冒烟烧损并伴有烧焦气味，车上用电设备无法正常工作。

**3. 故障检查与排除**

（1）消防车发生冒烟部位在蓄电池仓附近，检查蓄电池仓时，发现内部线路烧损；进一步排查，确认烧损线路属于电动绞盘控制线路。蓄电池和电动绞盘控制线路烧损情况如图 8-14 和图 8-15 所示。

（2）更换蓄电池、电动绞盘控制线路、线路保险及其他烧损线路，调整电控绞盘控制线路连接方式，规范电动绞盘控制线路布线结构，故障排除。

图 8-14　蓄电池烧损情况

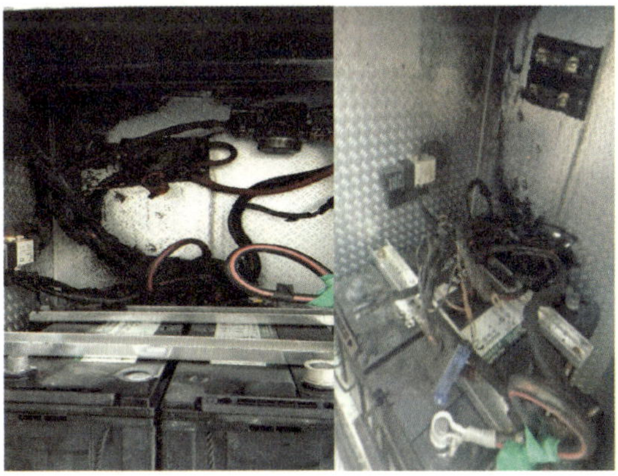

图 8-15　蓄电池上方电动绞盘控制线路烧损情况

**4. 故障评析**

安装的保险熔断电流高达 200 A，保险熔断电流设计过高，绞盘电动机过载时保险未熔断，导致蓄电池及相关电路烧毁。

故障原因；设计问题（100%）。

**5. 改进建议**

消防车在设计、生产过程中，安装用电部件时要严格按照电气线路布置规则，布设用电设备线路及连接方式；严禁将改装用电设备直接连入动力线路，或直接与蓄电池相连。改装用电部件时，配备可靠的保险装置，并要充分考虑用电设备负荷，严禁接入超载用电设备。

按照 GB 7956.14《抢险救援消防车》中要求，绞盘应配备过载保护装置，过载时应能够自动停止作业。

## 案例 155 上装电路短路导致整车无电

**1. 车辆信息**

底盘：斯堪尼亚 P310　　生产日期：2010 年 1 月

车型：水罐消防车（SG100）

**2. 基本情况**

2015 年 2 月，车辆在工作中自行熄火，无法重新启动，整车无电。

**3. 故障检查与排除**

（1）整车无供电，蓄电池串联检测电压为 0 V，单独检测也为 0 V，蓄电池高温烫手，蓄电池组有烧毁现象。图 8-16 为烧毁的蓄电池组。

（2）检查供电线路，正极电缆对地短路，断开底盘电器中心供电电缆，短路没有消失，说明短路不在驾驶室；断开发电机，短路没有消失；继续排查，发现上装取电保险装置异常，保险盒中的保险丝被铜丝代替。

（3）消防车生产厂家检查上装电路，发现真空泵电机短路（图 8-17），断开上装供电，短路消失。

（4）更换蓄电池组、真空泵总成，故障排除。

图 8-16 烧毁的蓄电池组

图 8-17 真空泵总成（右侧护罩下为电机）

**4. 故障评析**

车辆设计时，为上装预留了专门的供电装置，供电线缆与蓄电池、发电机及底盘电器中心并联，供电装置设立了独立的保险盒，可插保险丝，当电器短路会触发熔断保险，保护底盘电器。由于保险丝被换成了铜丝，铜丝熔点高，因而无法触发熔断起到保护作用，蓄电池在短路情况下放电导致蓄电池断格，致使整车无电。此故障属违规操作引起。

故障原因；使用维护问题（100%）。

**5. 改进建议**

出现电器故障时要及时排查问题根源，并按照规程进行维修，特别是发生保险熔断情况时，严禁使用其他导体代替保险丝，强行作业。

## 案例 156　侧标志灯灯座腐蚀严重

**1. 车辆信息**

底盘：雷诺 MIDLUM270　　生产日期：2014 年 5 月

车型：水罐消防车（SG30）

**2. 基本情况**

驾驶员报修车辆一侧标志灯不亮，如图 8-18 所示。

图 8-18　侧标志灯不亮

**3. 故障检查与排除**

（1）消防车侧标志灯一般连接在车辆尾灯上，由组合灯光开关控制。

（2）检查发现，侧标志灯灯座腐蚀严重导致灯泡不亮，具体情况如图 8-19 和图 8-20 所示。

（3）维修人员更换新的侧标志灯灯座，安装灯泡灯罩，故障排除。

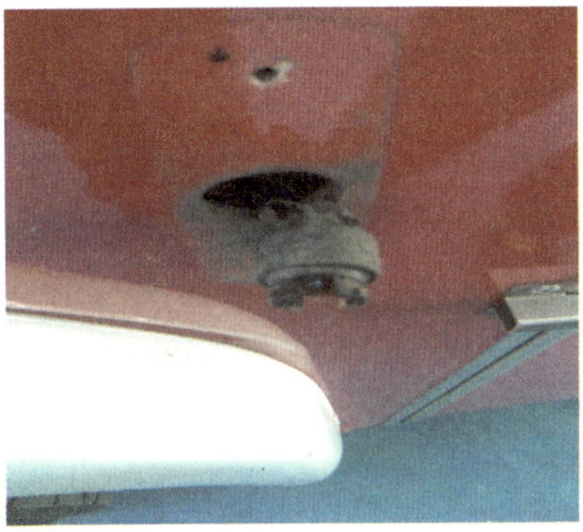

图 8-19　侧标志灯灯座损坏

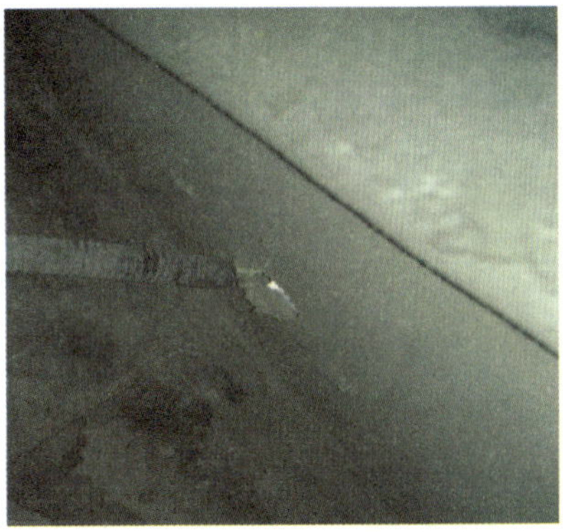

图 8-20　侧标志灯灯座背面

**4. 故障评析**

该车灯座不防水，安装的线束裸露在外也未做防水处理，车辆在雨天行驶时水溅到灯座上，水汽未及时排出腐蚀灯泡，接触铜片锈蚀损坏。

故障原因：设计安装问题（100%）。

**5. 改进建议**

侧标志灯安装时需做好灯座的防水；更换质量更好的、防水等级更高的侧标志灯。

## 案例 157 蓄电池结冰

**1. 车辆信息**

底盘：曼 TGA41.480　　　　生产日期：2009 年 1 月

车型：泡沫消防车（PM180，整车进口）

**2. 基本情况**

2009 年 3 月，新车到货验收时，车辆无法启动，检查发现蓄电池结冰，部分蓄电池已经结冰鼓胀。

**3. 故障检查与排除**

检查故障状况，发现蓄电池结冰鼓胀、电解液结冰（图 8-21 和图 8-22）。因无法修复，协商厂商免费更换。

图 8-21 蓄电池结冰鼓胀

图 8-22 蓄电池电解液结冰

**4. 故障评析**

蓄电池电解液结冰的可能原因有二：

（1）电解液配比问题。蒸馏水与硫酸比例过高，低温环境下容易结冰。

（2）过度放电。长期闲置不用，或使用过程中过度放电都有可能造成电解液浓度降低。

由于此批次进口车辆通过海运进入我国，且未及时交付验收，在港口停车场露天停放时间较长，再赶上冬季寒冷，导致电解液结冰、蓄电池鼓胀。

故障原因：交接措施问题（60%）；维护保养问题（40%）。

**5. 改进建议**

消防车海运和较长时间停放，应采取提前断电措施；尽量避免车辆在严寒环境下长期停放。

第二篇

# 灭火类消防车故障维修

## 典型案例

# 第九章　消防泵故障分析与排除

本章主要对消防泵的 18 个典型故障进行分析和排除

## 案例 158　水罐消防车水泵机械式轴封损坏

**1. 车辆信息**

底盘：东风 153　　生产日期：2000 年 1 月

车型：水罐消防车（SG30）

**2. 基本情况**

驾驶员发现，水泵加压出水过程中有较严重的漏水现象。

**3. 故障检查与排除**

（1）拆解泵壳、叶轮等水泵组件（图 9-1），发现水泵的机械式轴封装置已破碎（图 9-2）。

（2）更换机械式轴封装置，启动水泵试车，故障排除。

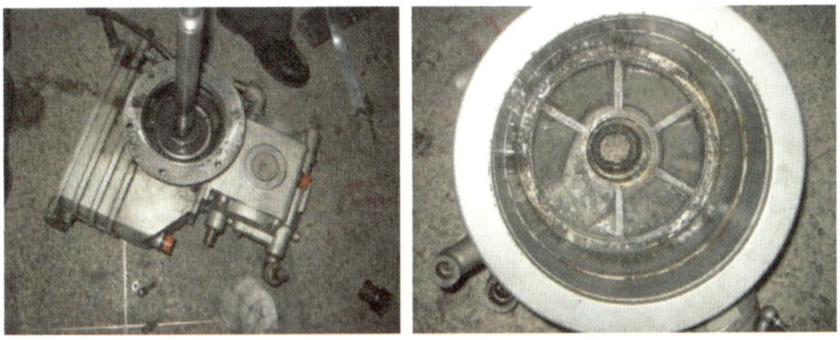

（a）拆解后的齿轮箱与泵轴　（b）拆下的泵壳和机械轴封的静环

图 9-1　拆解水泵组件

图 9-2　机械式轴封装置的动环和损坏的石墨摩擦环（不同视角）

**4. 故障评析**

一般情况下，水泵机械式轴封装置密封环损坏的可能原因有三：

（1）水泵长时间无水空转，机械式轴封装置的密封环（动环和静环）因摩擦升温，此时突然注入冷水，造成机械密封组件破裂。

（2）水泵使用后没有及时排净余水，水中杂质可能进入动环和静环之间，造成摩擦环剧烈磨损或碎裂。

（3）密封环背面固定底座老化造成弹簧和密封环倾斜，摩擦面受力不均进而出现磨损。

故障原因：人为操作失误（100%）。

**5. 改进建议**

（1）严禁水泵长时间无水空转（水泵空转极限时间遵照水泵使用说明书要求）。

（2）每次使用完水泵后应及时排净水泵中的余水。

## 案例 159　水罐消防车水泵橡胶轴封损坏

**1. 车辆信息**

底盘：斯堪尼亚 P310　　　　生产日期：2016 年 5 月

车型：水罐消防车（SG60）

**2. 基本情况**

2019 年 8 月，驾驶员报修，水泵运转过程中底部严重漏水。

**3. 故障检查与排除**

（1）维修人员检查并未发现水泵有明显裂纹等损坏情况，主要漏水点在泵轴的轴端位置，初步判断为水泵轴封装置损坏。

（2）为了进一步确认轴封装置是否损坏，断开附属管路，拆下水泵分解（图 9-3），发现水泵橡胶式轴封装置密封环损坏（图 9-4），导致漏水。

（3）更换该套密封环，装复水泵，故障排除。

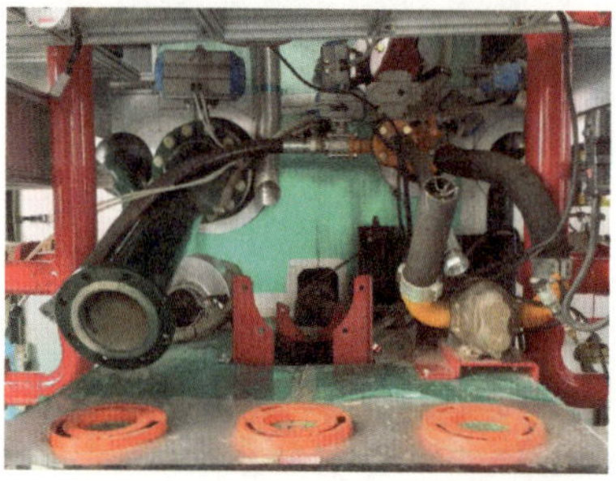

图 9-3　拆下水泵后的附属管路

图 9-4　损坏的橡胶式轴封装置密封环

**4. 故障评析**

调查发现，操作人员曾长时间操作水泵无水高速运转，此情况会造成橡胶式轴封装置密封环持续干磨、温度升高，造成橡胶密封环软化、变形和磨损。

操作人员不熟悉水泵的操作流程和使用禁忌，是故障发生的主要原因。

故障原因：人为操作失误（100%）。

**5. 改进建议**

（1）加强人员培训，严格遵守操作规程，水泵无水运转时间不得超过使用说明书规定的空转时间。

（2）在轴封装置上设立温度传感器，当温度超过允许值时向操作人员发出警示。

## 案例 160 水罐消防车水泵增速齿轮箱冷却水管冻裂

**1. 车辆信息**

底盘：雷诺 MIDLUM270　　生产日期：2011 年 2 月

车型：水罐消防车（SG30）

**2. 基本情况**

2016 年 3 月，驾驶员发现水泵漏水。

**3. 故障检查与排除**

（1）检查发现，水泵运转时水泵增速齿轮箱排气孔有水喷出，并有异常噪声。初步判断为冷却水管破裂，水直接进入了齿轮箱。

（2）准备拆卸冷却水管时，发现该冷却水管安装于增速齿轮箱内最下部，难以拆卸。图 9-5 为增速齿轮箱内最下部的冷却水管进出水口。拆开增速齿轮箱底座可见内部的冷却水管（图 9-6）。

图 9-5 增速齿轮箱内最下部的冷却水管进出水口

图 9-6 增速齿轮箱内部的冷却水管

（3）将水泵整体拆下，发现该水泵增速齿轮箱冷却水管胀裂（图 9-7），水进入齿轮箱，齿轮油和水从排气孔排出。

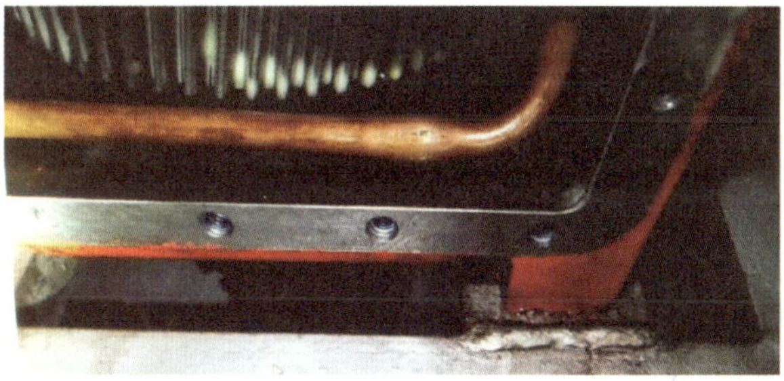

图 9-7 增速齿轮箱内部冷却水管胀裂

（4）更换冷却水管，除锈、加注齿轮油后重新安装，故障排除。

**4. 故障评析**

消防车在低温环境使用后水泵未放尽余水，往往造成泵及管路、阀门的冻裂。本案例中，水泵放余水开关位置高于齿轮增速箱冷却水管，即使及时打开水泵放余水开关，冷却水管内余水仍无法排净。另外，此车型存在附加冷却效果差，冷却水管拆装不方便等问题。

还有类似故障：冷却水管冻裂后，润滑油稀释或排净，泵轴、轴承、齿轮在没有润滑情况下运转，发生损坏、锈蚀（图 9-8）。

图 9-8 增速齿轮箱泵轴、轴承、齿轮锈蚀损坏情况

故障原因：设计问题（70%）；操作不当（30%）。

**5. 改进意见**

（1）水泵的放余水开关应低于齿轮箱冷却水管位置，确保管内余水排净。或者齿轮增速箱冷却水管设置放余水阀门，该阀门位置必须是最低点。

（2）操作人员应确保管路内无余水。

（3）水泵冷却水管设计安装应考虑更换和维修的便利性。

## 案例 161 水罐消防车水泵传动轴轴承缺油烧损

**1. 车辆信息**

底盘：斯堪尼亚 P310　　　　生产日期：2008 年 8 月

车型：水罐消防车（SG100）

图 9-9 水泵传动轴过桥轴承座

**2. 基本情况**

2018 年 5 月，驾驶员报修，水泵运转时有异响并且伴有传动轴抖动现象。

**3. 故障检查与排除**

（1）经拆解发现水泵传动轴过桥轴承烧损，打开轴承发现内部润滑脂已经干枯失去润滑作用（图 9-9 至图 9-11）。

（2）更换水泵传动轴过桥轴承总成，加注润滑脂后抖动消失，故障排除。

图 9-10 传动轴法兰长期过热变色

图 9-11 轴承内润滑脂干枯失去润滑作用

**4. 故障评析**

经检查和询问驾驶员，该车服役 10 年期间水泵传动轴过桥轴承从未经黄油嘴加注过润滑脂，水泵传动轴过桥轴承依靠出厂原有的内部润滑脂运转至今，已经脱脂风干。该车水泵传动轴长度超过 6 m，中间设置了三个过桥轴承，但由于传动轴安装位置在大梁上方与副梁之间，通过黄油嘴加注润滑脂操作困难。

部分相同车型车辆因轴承高温已经将内部黄油消耗完，导致轴承烧损。

故障原因：维护保养不到位（50%）；润滑位置设计不合理（50%）。

**5. 改进建议**

（1）水泵传动轴过桥轴承要定期进行检查保养，按工况要求加注润滑脂。

（2）为方便加注润滑脂建议延长加注口位置，或者配备专门加注工具。

（3）建议水泵传动轴过桥轴承尽量采用免维护轴承。

## 案例 162 泡沫消防车水泵稳压控制模块故障

**1. 车辆信息**

底盘：奔驰 3341　　生产日期：2008 年 8 月

车型：泡沫消防车（PM120）

**2. 基本情况**

2018 年 3 月，出水训练操作时，驾驶员打开水泵定压系统，调到 0.5 MPa 时，水泵无法自动加压到设定压力。

**3. 故障检查与排除**

（1）维修人员检查发现，通过水泵控制面板上手动调压旋钮（图 9-12）加压时，水泵工作正常，说明上装与底盘控制调速系统工作正常；加压时驾驶室内水泵控制面板显示器也可以正常显示压力变化，说明压力传感器无故障。

（2）检查测试，当电信号输入稳压控制模块 DRE2.4 后，没有信号输出，判断该稳压系统控制模块故障。图 9-13 为水泵接线盒左下方的稳压控制模块。

（3）更换新模块，重新设置压力参数值，故障排除。

**4. 故障评析**

消防车到达火场，一般需要同时有多支水枪出水，而每只水枪压力不能超过 0.5 MPa，

图 9-12 水泵控制面板上手动调压旋钮

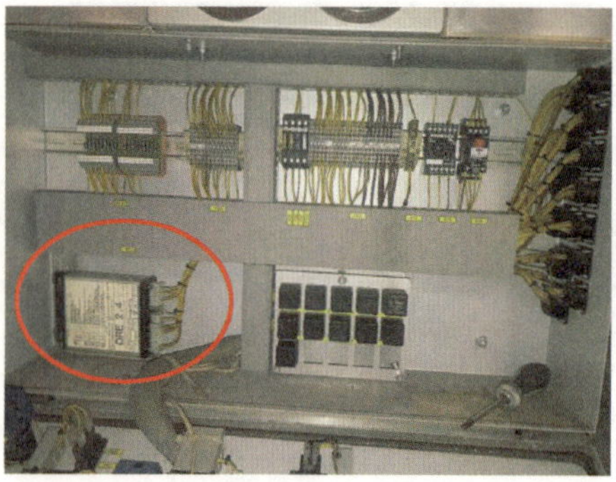

图 9-13 水泵接线盒左下方的稳压控制模块

否则可能因后坐力过大导致消防员无法抓牢水枪，甚至脱手造成人身伤害，所以车辆设计稳压装置，保证出水压力恒定。当多支水枪同时使用，出水流量增大时，发动机自动调高转速，以保证水枪出水压力不下降；当部分水枪关闭总流量减小时，发动机自动降低转速，以保证水枪出水不超压。该车已使用 10 年，稳压系统控制模块元件老化，导致压力控制失灵，水泵无法自动加压到设定压力。

故障原因：产品自然老化损坏（100%）。

**5. 改进建议**

每 10 年应对消防车进行全面维修，更换、校准全车电子元件及易损件，确保在救援现场能正常运行。

## 案例 163 泡沫消防车水泵压力表不工作

**1. 车辆信息**

底盘：奔驰 3341　　生产日期：2016 年 8 月

车型：泡沫消防车（PM180，整车进口）

**2. 基本情况**

2018 年 6 月，车辆巡检时，维修人员发现该车在未接合水泵时压力表指针不回零（图 9-14）。

**3. 故障检查与排除**

（1）经检测，此压力表是连接在 CAN 总线模块上，通过采集装在水泵出水端压力传感器信号，转换成压力表指针显示，检查压力传感器及连接线路正常，但发现压力表的一组供电电源没电。

（2）进一步排查发现，保险盒中 F4 号保险烧断，更换保险，故障排除。保险盒中保险如图 9-15 所示。

**4. 故障评析**

此车型压力表显示模块是通过 CAN 总线感应信号转换成表盘指针显示，模块如果没电，显示错误。由于此保险的熔断电流只有 1 A，有可能是系统负载偏大造成保险烧断。

故障原因：设计问题（100%）。

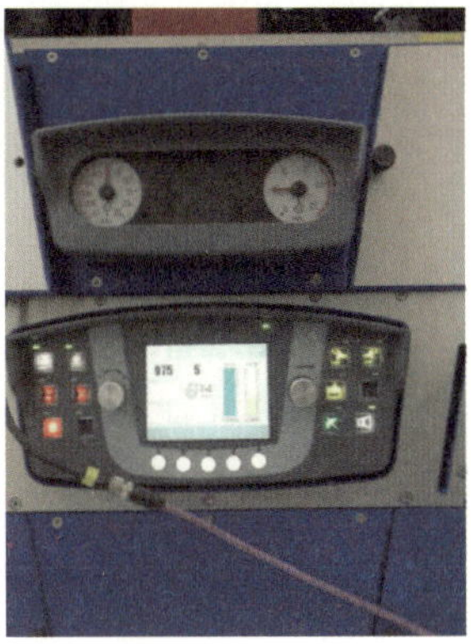

图 9-14 控制面板右上压力表指针不回零

图 9-15 保险盒中保险

**5. 改进建议**

（1）更换 2 A 保险。

（2）直接安装机械式水压表更可靠。

## 案例 164 泡沫消防车水泵齿轮箱输入轴轴承损坏

**1. 车辆信息**

底盘：豪沃　　生产日期：2014 年 6 月

车型：泡沫消防车（PM60）

**2. 基本情况**

2020 年 1 月，例行检查时发现该消防车 RSD100 水泵异响，无法正常工作。

**3. 故障检查与排除**

（1）例行检查时进行水泵连续运转性能测试，1 h 后水泵发出异响，并伴有刺激性气味。

（2）检查水泵系统取力器、传动轴等连接机构均无异常。

（3）拆卸水管路、水泵及齿轮箱，发现增速箱内输入轴另一端轴承损坏，如图 9-16 所示。

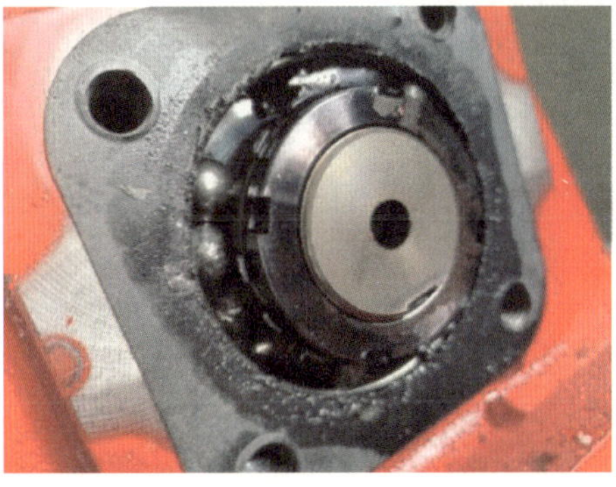

图 9-16 增速箱内输入轴另一端齿轮轴承损坏情况

（4）清洁、干燥处理水泵内部，更换轴承，按照标准加注润滑油，故障排除。

**4. 故障评析**

该车辆水泵齿轮箱长期缺乏保养，未及时更换补充齿轮油，输入轴轴承润滑效率下降，导致轴承过热损坏。

故障原因：保养不到位（100%）。

**5. 改进建议**

用户应定期对水泵的变速箱、传动轴等机构进行检查，并按照规定在相应位置加注或更换润滑油。

## 案例 165 泡沫消防车水泵温度传感器故障

**1. 车辆信息**

底盘：曼 TGA33.350　　　　生产日期：2016 年 8 月

车型：泡沫消防车（PM100）

**2. 基本情况**

2018 年 10 月，消防车在正常出水操作时，水泵压力突然降低，转动旋钮加压后水泵压力无变化。

**3. 故障检查与排除**

（1）维修人员检查发现，只要挂接水泵取力器，控制面板显示屏就显示水泵超温报警（图 9-17），同时系统电脑自动打开水泵向水罐的内循环水阀，水泵无法加压。

（2）用专用诊断电脑检测，发现水泵温度传感器损坏，误报温度超高，更换温度传感器（图 9-18），故障排除。

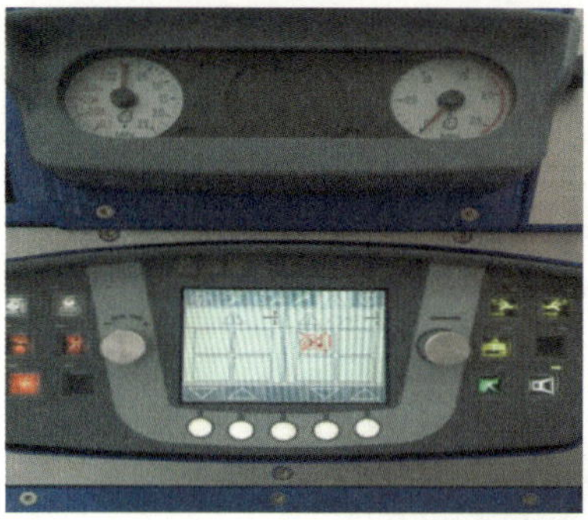

图 9-17 显示屏显示水泵超温报警

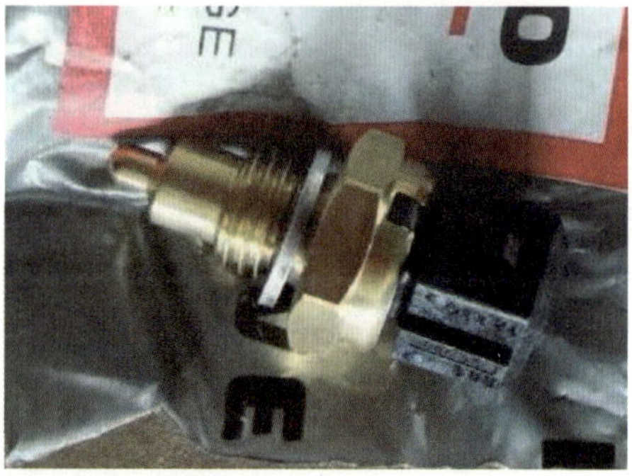

图 9-18 温度传感器

**4. 故障评析**

消防车在灭火救援行动中，会有水炮或水枪暂停射水的情况，此时为防止水泵高速运转造成水泵内压力水升温，需要驾驶员主动降低水泵转速，同时打开水泵向水罐的回水阀。

该车为电脑自动控制系统，当温度传感器检测到超温信号后，系统会自动降低水泵转速，同时自动打开水泵向水罐的回水阀，以保护水泵不受损伤，同时控制水泵低速运转。

该车温度传感器损坏后，控制系统会阻止水泵进行加速加压。

部分车辆加装自动控制系统后，虽然简化了车辆各部分的逻辑控制过程，如程序设计不合理，可能在灭火救援时因部分零部件故障导致系统停止工作，此时若无手动备份系统，消防车将无法继续工作，贻误战机。

目前，在车辆自动控制系统可靠性尚有不足的情况下，不应完全依赖全自动控制，建议系统提供决策辅助信息，由驾驶员判断信息是否准确后再控制车载设备。可见，消防车的效能发挥还是需要驾驶员具有较高的操作水平，不能单纯依靠自动控制系统。

故障原因：温度传感器质量问题（70%）；逻辑控制设计不合理（30%）。

**5. 改进建议**

（1）设置温度传感器防止水泵超温，可用声光报警方式提醒驾驶员，不应设置自动控制水泵降低转速，也不应设置自动打开水泵向水罐的回水阀，以保证火场供水的持续性。

（2）带有自动控制系统的消防车，应设置手动应急操作装置。

## 案例 166　泡沫消防车水泵超温保护泄水阀损坏

**1. 车辆信息**

底盘：奔驰 3341　　　　生产日期：2016 年 8 月

车型：泡沫消防车（PM180）

**2. 基本情况**

2018 年 5 月，驾驶员挂上水泵出水 2 min 左右，车底突然喷水。

**3. 故障检查与排除**

维修人员现场检查发现，水泵超温保护泄水阀打开放水，但此时水泵温度并不高。更换新超温保护泄水阀（图 9-19），故障排除。

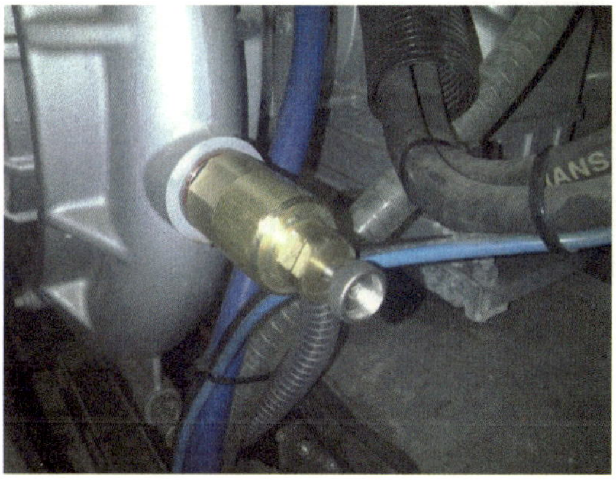

图 9-19　水泵超温保护泄水阀

**4. 故障评析**

水泵超温保护泄水阀内设置了温敏金属阀片，当温度超过阈值时，温敏金属阀片发生变形，泄水阀打开，这时水泵内压力水泄出，防止损坏水泵。

水泵超温保护泄水阀是防止水泵温度过高损坏水泵的安全设计，但此次温度并没有超过设定温度，可能是温敏金属阀片强度不足，在水压作用下损坏。

此种水泵超温保护泄水阀为一次性使用，温敏金属阀片损坏后，需要更换整个阀体。

故障原因：水泵超温保护泄水阀质量问题（100%）。

**5. 改进建议**

建议改为可重复使用的超温保护泄水阀，减少维修成本；或选用电子温度传感器，温度过高时打开水泵排水阀，也可使水罐冷水流入水泵降温。

## 案例 167 泡沫消防车水泵轴制动机构故障

**1. 车辆信息**

底盘：曼 TGA41. 480　　生产日期：2016 年 7 月

车型：泡沫消防车（PM180，整车进口）

**2. 基本情况**

2018 年 3 月，在训练时驾驶员挂水泵取力器后发动机熄火，并闻到有焦煳味儿。

**3. 故障检查与排除**

（1）维修人员检查发现，不挂水泵取力器发动机工作正常，说明故障是上装系统引起。

（2）检查水泵传动轴，发现传动轴抱死，无法转动，用手动气阀解除传动轴制动（图 9-20），发现制动机构卡死，判断水泵传动轴制动机构故障（图 9-21），更换新机构，故障排除。

图 9-20　手动气阀操作位置

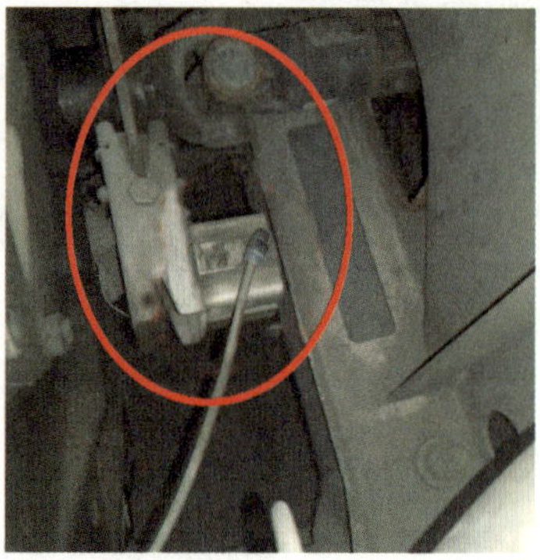

图 9-21　水泵传动轴制动机构

**4. 故障评析**

在安装大流量水泵的消防车上，当发动机运转，取力器未结合时，因取力器箱体内齿轮油的黏性或齿轮间相互摩擦力可能会导致水泵传动轴低速转动，进而造成干磨损坏机械密封，故一般此类消防车要加装水泵传动轴制动机构。当挂接取力器时，制动自动解除，水泵可正常运转。

此制动机构为盘式制动（制动钳夹住水泵轴制动盘制动）（图 9-22），造成制动机构卡死的可能原因是：制动机构驱动气缸中的带压气体未泄放，导致顶杆不回位，制动钳无法松开；制动钳弹簧片撑扩力不足，无法打开制动钳。

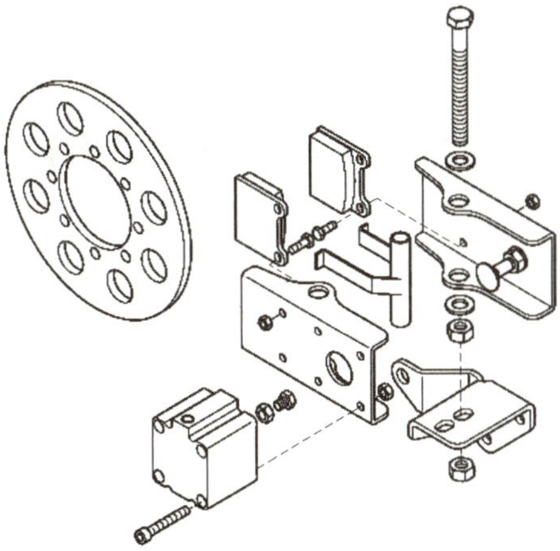

图 9-22　水泵传动轴制动机构结构原理

故障原因：制动机构质量问题（100%）。

## 案例 168　泡沫消防车真空泵吸气阀漏气

**1. 消防车信息**

底盘：奔驰 3344　　生产日期：2019 年

车型：泡沫消防车（PM80）

**2. 基本情况**

2019 年 7 月，消防车进行吸真空测试，真空度无法保持。

**3. 故障检查与排除**

（1）消防车进行吸真空测试，真空可以达到 85 kPa，但是无法在规定时间内保持，真空度下降过快（标准要求每分钟真空度下降不大于 2.6 kPa）。

（2）将吸水口、放余水球阀都打开，把余水放净。重新关闭相关阀门，再次进行吸真空操作，发现真空度仍然无法保持。

（3）排查气路管路连接处是否漏气，未发现异常。

（4）检查吸气阀时，发现松开真空泵手柄的瞬间，听见吸气阀附近有轻微的漏气声音。进一步观察发现，吸气阀阀芯在手柄松开的瞬间没能及时关闭到位，导致真空保不住。图 9-23 为真空泵吸气阀。

（5）更换吸气阀后，故障排除。

**4. 故障评析**

吸气阀功能是在真空泵工作时迅速开启，真空泵停止工作时，迅速关闭，防止管路与外部导通。

图 9-23　真空泵吸气阀

本故障是由于吸气阀内部复位功能故障，造成真空无法保持。

故障原因：零部件质量问题（100%）。

## 案例 169 泡沫消防车真空泵驱动故障

**1. 车辆信息**

底盘：曼 TGA41. 450　　生产日期：2009 年 8 月

车型：泡沫消防车（PM180，整车进口）

**2. 基本情况**

2010 年 8 月以来，多台次该型泡沫消防车报修，驱动真空泵的皮带断裂，真空泵不能运转，导致消防泵无法进行引水作业。

**3. 故障检查与排除**

（1）通过技术人员观察，驱动皮带断裂，但皮带表面没有明显的老化和损伤，初步判断是由于真空泵故障，导致皮带承受的驱动力超过其应力极限而断裂。该车配备双活塞真空泵，拆解真空泵，发现两端活塞缸盖的密封垫（进气膜，下同）破裂，破损的密封垫被吸入至活塞与缸壁之间，将活塞与缸壁卡滞。皮带断裂和密封垫变形情况如图 9-24 所示。

（2）将变形的密封垫取出压平，装入真空泵后进行测试，真空泵仍然无法正常运转，分析是由于真空泵密封垫变形后，不能恢复密封和吸排气功能。

（3）联系厂家，更换密封垫调试后，真空泵运转正常，故障排除。

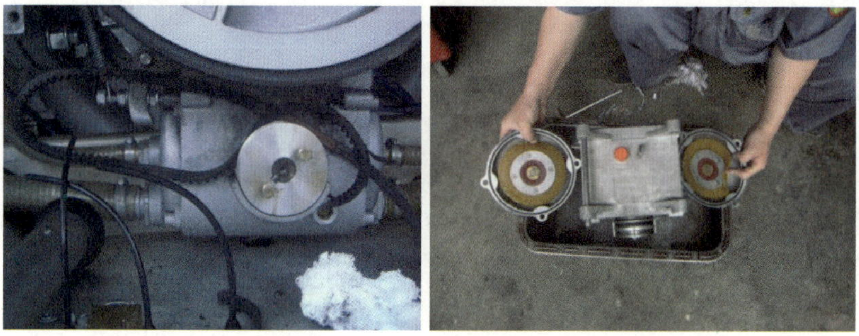

图 9-24　皮带断裂和密封垫变形情况

**4. 故障评析**

真空泵是水罐消防车和泡沫消防车引水系统里重要的部件，该故障主要是由于真空泵密封垫选材和设计存在缺陷。

故障原因：真空泵质量问题（100%）。

## 案例 170 泡沫消防车真空泵保险烧蚀

**1. 车辆信息**

底盘：汕德卡　　生产日期：2019 年 3 月

车型：泡沫消防车（PM120）

**2. 基本情况**

2020 年 7 月，驾驶员反映，该车真空泵无法启动。

**3. 故障检查与排除**

（1）维修人员对真空泵保险进行测量，发现电源 150 A 保险断路，无法正常通电。

（2）更换新的保险后，启动真空泵，保险再次烧断。

（3）拆解真空泵后发现，真空泵运转阻力大，继续拆解发现该真空泵内部刮片过长，导致其运转阻力大（图 9-25 和图 9-26）。

（4）打磨刮片长度（图 9-27），重新组装后，故障排除。

图 9-25　卸下的刮片真空泵

图 9-26　拆解后的刮片泵

图 9-27　刮片打磨前后对比（右边打磨短了）

**4. 故障评析**

该车为新车，真空泵是美国某公司生产。通过对该真空泵拆解发现，新泵内的刮片偏长，导致真空泵运转时阻力过大，电源保险烧断。

故障原因：真空泵质量问题（100%）。

**5. 改进建议**

（1）生产厂家重新对真空泵内刮片尺寸进行修改。

（2）真空泵使用后排空水泵余水，再拉两次真空排净真空泵余水，可有效防止真空泵生锈。

# 案例171 压缩空气泡沫消防车泡沫液泵电磁开关和电源线损坏

**1. 车辆信息**

底盘：五十铃 600P　　生产日期：2010 年 1 月

车型：压缩空气泡沫消防车（AP20）

**2. 基本情况**

水泵能够正常出水，出泡沫时打开泡沫液泵开关，泡沫液泵不能正常运转（图 9-28 和图 9-29）。

图 9-28　泵室操作面板

图 9-29　泵室侧面照片

**3. 故障检查与排除**

（1）检查上装保险，未发现异常。

（2）对泡沫比例混合器、泡沫液泵开关、泡沫液泵和线路等逐一排查，发现泡沫液泵控制电磁开关进水（图 9-30），泡沫液泵电源线被泡沫腐蚀、断裂（图 9-31）。

（3）更换电磁开关和电源线，故障排除 。

图 9-30　泡沫液泵控制电磁开关

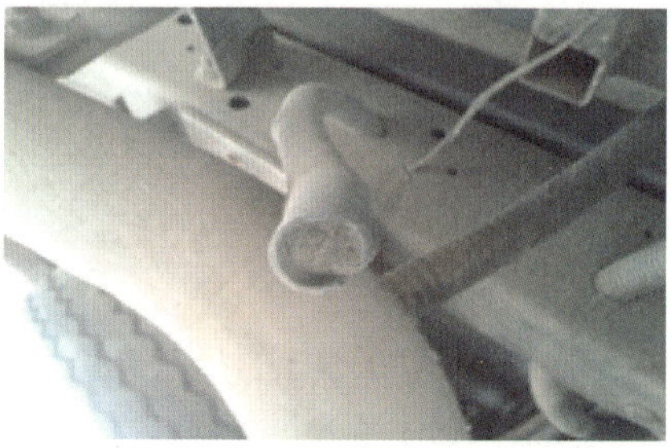

图 9-31　断裂的电源线

**4. 故障评析**

该底盘搭载 HALE 压缩空气泡沫系统，结构组成包括水泵、泡沫液泵、管路、真空泵、油气分离器、泡沫比例混合器和流量传感器等。

控制面板上的泡沫液泵开关，产生小电流，小电流控制电磁线圈产生高电流控制泡沫液泵的电机启停。

维修过程中发现，电磁开关安装位置不当，容易被水溅湿，水泵出水后的余水或者泡沫也会流下来，泡沫或者潮气进入线缆端口都会腐蚀铜线，造成断裂。

故障原因：设计布置不合理（100%）。

**5. 改进建议**

建议电磁开关更换布设位置并做好防水，从蓄电池处引出的线缆端口做防水处理。

## 案例 172 压缩空气泡沫消防车泡沫液泵锈蚀损坏

**1. 车辆信息**

底盘：Saber　　生产日期：2014 年 12 月

车型：压缩空气泡沫消防车（PIP 3000，整车进口）

**2. 基本情况**

该车辆发动机控制模块更换后，车辆正常启动，在调试过程中发现正压泡沫系统无法工作。

**3. 故障检查与排除**

（1）检查发现，泡沫液齿轮泵锈蚀（图 9-32），泵轴无法转动。

（2）拆解泡沫液泵和手动调节阀，清理、打磨、除锈后重新安装，泡沫系统运转正常，故障排除。

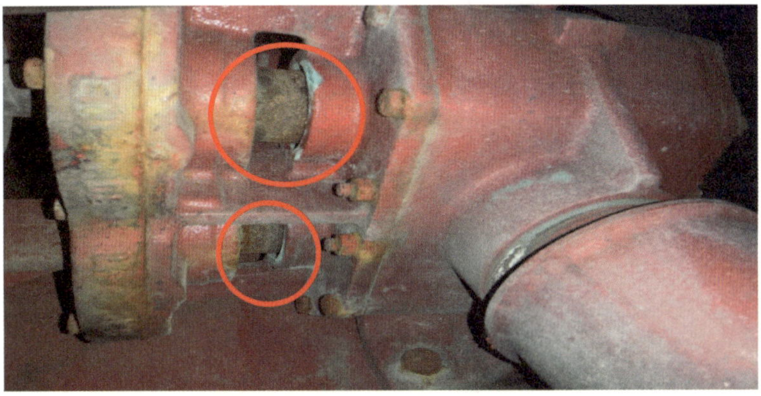

图 9-32 泡沫液齿轮泵泵轴锈蚀

**4. 故障评析**

该车正压泡沫系统采用液压马达驱动的泡沫液齿轮泵，因长时间未使用泡沫液泵，且近期发生车辆浸泡情况，导致泵轴锈蚀无法转动。

另外，由于手动转换阀长时间不使用，也发生锈蚀损坏情况。

故障原因：使用维护问题（100%）。

**5. 改进建议**

（1）驾驶员应注意经常操作手动控制阀及泡沫液泵，避免泵轴、阀门锈蚀而无法操作现象的发生。

（2）如消防车发生浸水，应及时对浸水部位进行清洁、干燥，重新加注润滑油。

## 案例 173　压缩空气泡沫消防车泡沫液泵被异物堵塞

**1. 车辆信息**

底盘：奔驰 3341　　　　　　　　　　生产日期：2017 年

车型：压缩空气泡沫消防车（AP120）

**2. 基本情况**

2020 年 5 月，驾驶员反映，消防车泡沫液泵运转但出液量太大，该消防车载水 10 t、A 类泡沫液 600 L，出压缩空气泡沫时水没出完，泡沫用尽。

**3. 故障检查与排除**

（1）拆解柱塞泡沫液泵（图 9-33），发现泡沫液泵单向阀被异物堵塞封闭不严，且柱塞腔体内也有异物（图 9-34）。

（2）检查泡沫液罐，发现异物是脱落的罐壁防腐涂层（图 9-35）。

（3）清洗泡沫液罐，将脱落的罐壁防腐涂层清理干净。

（4）清理单向阀和柱塞腔体内脱落的罐壁防腐涂层，清洗泵体、柱塞腔体、单向阀后，安装测试，故障排除。

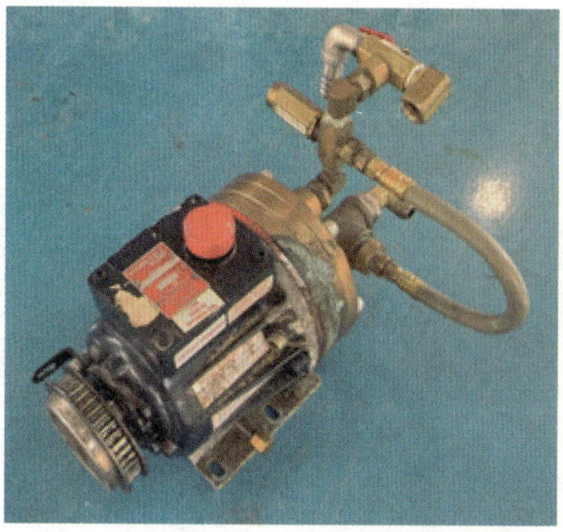

图 9-33　拆下的柱塞泡沫液泵

图 9-34　被异物堵塞的泡沫液泵单向阀和柱塞腔

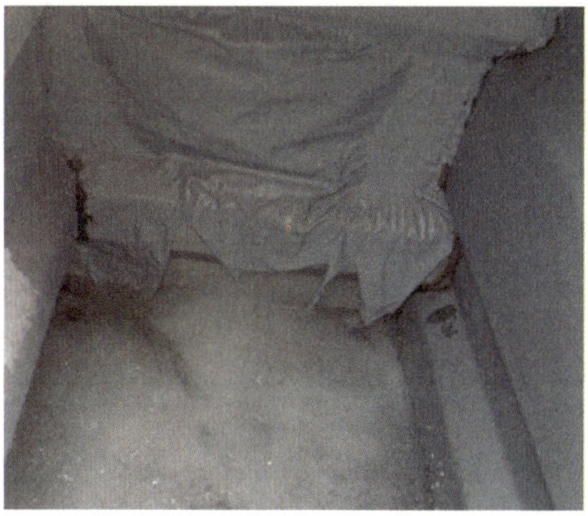

图 9-35　泡沫液罐内脱落的防腐涂层

**4. 故障评析**

柱塞泡沫液泵系统正常工作时，单向阀会循环开启与关闭，实现泡沫液的吸入与压出，但该泵单向阀被脱落的罐壁防腐涂层碎片卡滞失效，造成单向阀无法闭合，泡沫液大量流失。

该消防车在生产加工罐体时，厂家为了作防腐在水罐体内和泡沫罐体内做了防腐涂层，该涂层在经过长期腐蚀和浸泡后，起泡脱皮脱落，且泡沫罐至泡沫液泵之间没有滤网，碎片最终进入管道堵塞泡沫液泵及相关管路阀门。出现该问题后，及时通知厂家对同批次所有车辆进行清理整改。

故障原因：泡沫液罐设计问题（100%）。

**5. 改进建议**

泡沫液罐体一般要选择抗腐蚀性材料，避免采用防腐涂层。若确需涂覆防腐涂层，则在罐寿命期内不应脱落，且在泡沫液泵入口处设置滤网。

## 案例 174　压缩空气泡沫消防车泡沫液真空泵叶轮变形卡滞

**1. 车辆信息**

底盘：奔驰 1529　　　　生产日期：2014 年 8 月

车型：压缩空气泡沫消防车（AP20，整车进口）

**2. 基本情况**

2015 年以后，多台次消防车在加注泡沫液时，泡沫吸液泵无法将外部泡沫液吸入罐体或进行外吸泡沫液作业。

**3. 故障检查与排除**

（1）该型车泡沫液泵有两种功能：一是从泡沫液罐或外吸泡沫液向泡沫系统增压供液；二是加注泡沫液时需要由泡沫液泵将泡沫液注入泡沫液罐（图 9-36）。

（2）初步判断是叶轮式泡沫液真空泵出现问题，无法向隔膜式泡沫液（增压）泵供液。

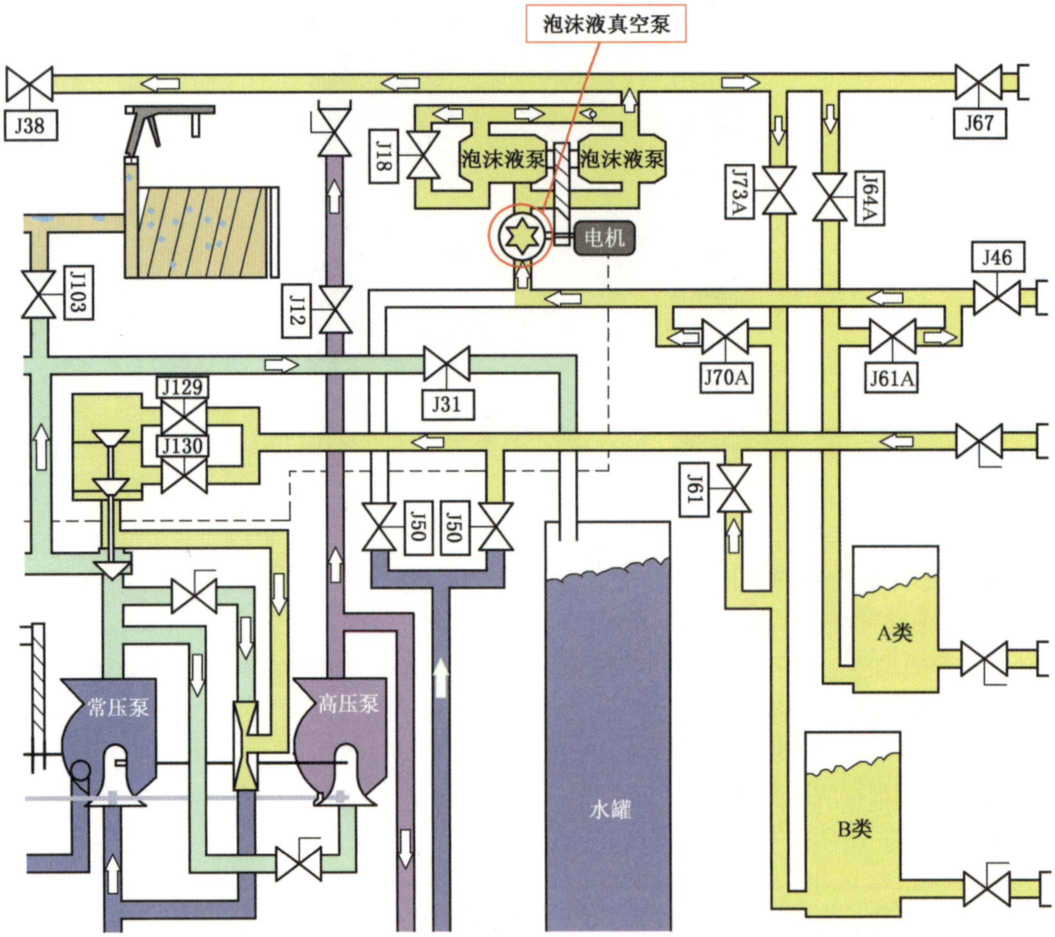


图 9-36 水、泡沫管路系统图

（3）拆卸泡沫液真空泵，发现其橡胶叶轮存在变形和运转过程中卡死的现象（图 9-37），虽然泡沫液真空泵可以正常运转但无法形成有效负压，无法将泡沫液吸入到隔膜式泡沫液（增压）泵。

（4）更换新的叶轮（图 9-38），故障排除。

图 9-37 损坏的橡胶叶轮

图 9-38 新、旧橡胶叶轮对比

**4. 故障评析**

维修人员检查了同批次其他车辆的泡沫液真空泵叶轮，发现不同程度上存在橡胶叶轮变形、卡滞的现象。

厂家分析显示，该批次车辆的泡沫液真空泵橡胶叶轮存在问题，对同批次的泵叶轮统一进行了更换。

故障原因：泡沫液真空泵叶轮材料问题（100%）。

## 案例 175　压缩空气泡沫消防车挂泵挡后水泵不转

**1. 车辆信息**

底盘：福特 F650　　　　生产日期：2011 年 4 月

车型：压缩空气泡沫消防车（AP30，整车进口）

**2. 基本情况**

2022 年以来，驾驶员多次反映，车辆挂上泵挡后选择前进挡位（该车为断轴式取力器），偶尔会出现水泵不运转。

**3. 故障检查与排除**

（1）维修人员多次测试挂泵挡水泵运转正常，车辆开回；驾驶员回中队后使用发现水泵还是偶尔不转，再次来厂维修。

（2）经检查发现开启泵挡开关后，泵挡结合指示灯点亮，说明泵挡开关没问题。挂上前进挡变速器挡位不升高（正常情况下泵挡挂接后，自动变速器挡位自动升到 4 挡），进一步检测泵挡传感器（泵挡结合开关）正常（图 9-39），检查相关线束未发现磨损破裂现象。

（3）检查位于驾驶室中间位置的保险、继电器控制中心的保险正常（图 9-40）。

（4）当检查到 B 继电器时继电器偶尔有断续吸合的现象，说明此继电器可能有故障（图 9-41）。

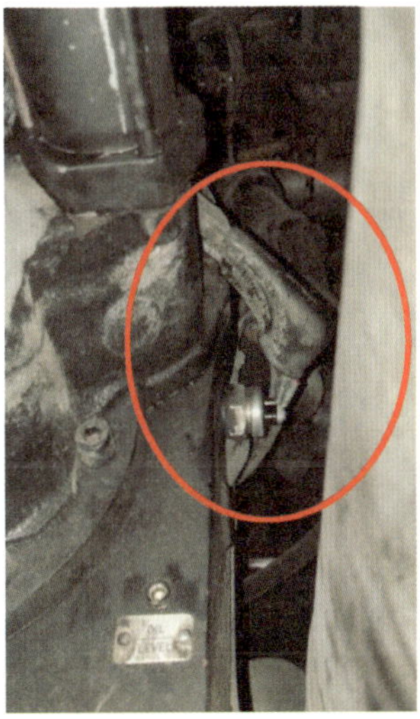

图 9-39　泵挡结合开关

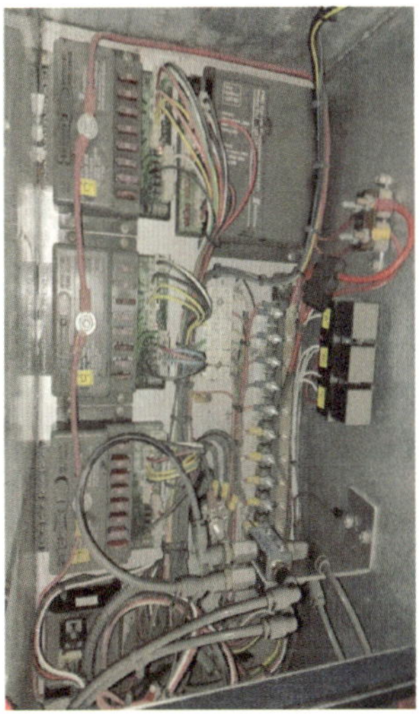

图 9-40　保险、继电器控制中心

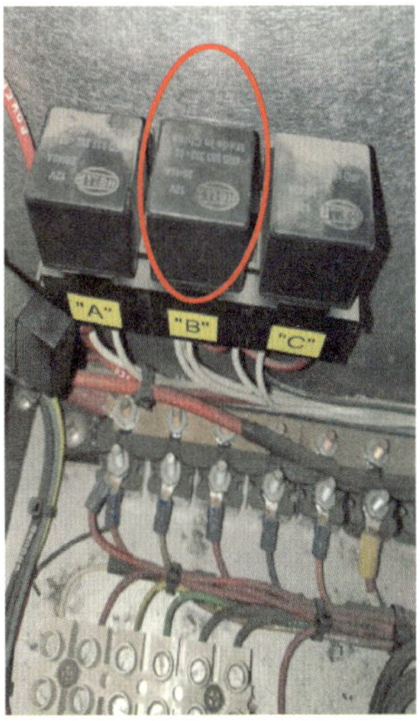


图 9-41　B 继电器

（5）更换 B 继电器后测试挂泵挡和前进挡，挡位还是无变化，且没听到继电器吸合声音。拔下 B 继电器，检查 B 继电器插座，发现对应 B 继电器 86 插头的金属针脚下沉（图 9-42），恢复针脚接口，并安装继电器，反复测试水泵运转正常（图 9-43），故障排除。

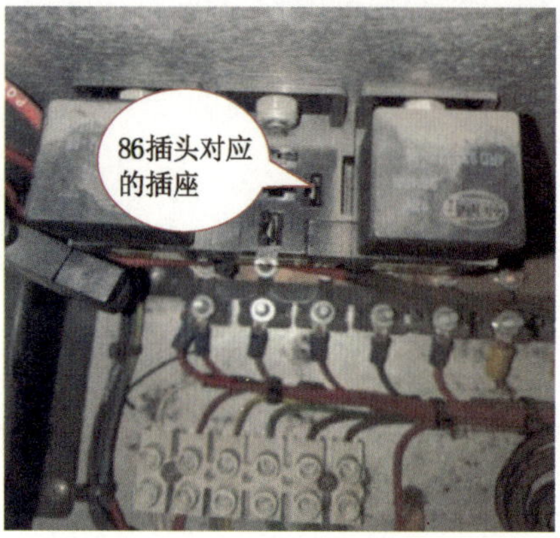


图 9-42 对应 B 继电器 86 插头的金属针脚下沉

图 9-43 挂泵挡后正常状态

**4. 故障评析**

该车使用的是断轴式取力器，需要先挂泵挡后，再挂前进挡，水泵才会工作运转。挂泵挡成功后，泵挡结合开关会给底盘一个电信号使自动变速器升为 4 挡，继而水泵运转。继电器 85 金属插脚对应插座下沉原因可能为安装时未插到位，固定不牢，长时间使用颠簸松动所致。

故障原因：偶发故障（100%）。

# 第十章　管路与阀门故障分析与排除

本章主要对管路与阀门的30个典型故障进行分析与排除

## 案例176　水罐消防车水罐至水泵管路阀门损坏

**1. 车辆信息**

底盘：五十铃 FVR34J　　　　生产日期：2008年

车型：水罐消防车（SG50）

**2. 基本情况**

消防车驾驶员利用水罐水出水作业时，发现水罐手动出水阀门损坏。

**3. 故障检查与排除**

（1）进一步检查发现，水罐出水阀门手柄只能空转，无法带动阀芯。

（2）拆解阀门，发现阀芯轴与球阀之间连接出现松动，阀芯轴变形，具体情况如图10-1至图10-4所示。

（3）更换阀芯轴，故障排除。

图10-1　水罐出水阀门

图10-2　球阀大阀芯

图10-3　变形的阀芯轴

图10-4　球阀及阀芯轴

**4. 故障评析**

消防车水罐至水泵的出水管路直径较大，一般选择蝶阀，该消防车却采用了球阀，球阀阀芯直径大，导致球阀转动所需要的力很大，造成了阀芯轴的变形。

该阀门选型设计存在问题，在较大直径的管道内一般不采用球阀作为阀组；同时，阀芯轴材料强度不足也是故障原因之一。

故障原因：部件选型设计问题（100%）。

## 案例 177 水罐消防车水罐至水泵管路气动阀关闭不严

**1. 车辆信息**

底盘：雷诺 MIDLUM270　　生产日期：2013 年

车型：水罐消防车（SG30）

**2. 基本情况**

2016 年 2 月，驾驶员反映消防车水罐出水阀门关闭不严，水泵中余水排不净。

**3. 故障检查与排除**

（1）检查发现，水罐出水阀门关闭不严，且气路电磁阀组一直漏气（图 10-5）。

（2）拆卸整个阀，未发现蝶阀有明显损坏，更换气动执行器（图 10-6）进行试验，故障排除。

图 10-5 水罐出水阀电磁气动执行器

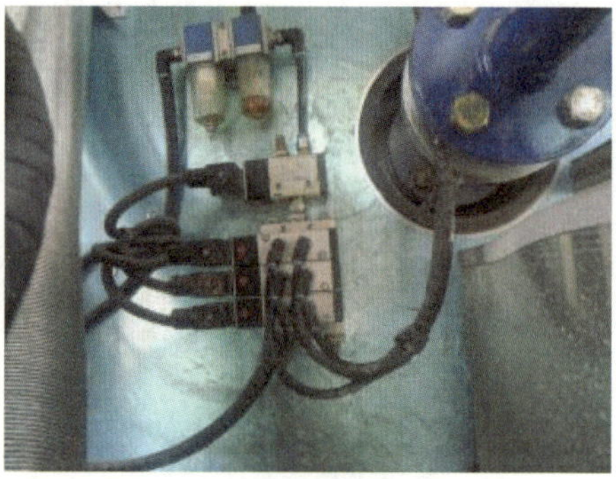

图 10-6 气路电磁阀组

**4. 故障评析**

蝶阀气动执行器在使用一段时间后，容易造成扭力不足。这主要是执行器内气缸活塞密封缺乏保养，密封不严，致使带压气体从电磁阀泄压口泄漏。

故障原因：维护保养不到位（100%）。

**5. 改进建议**

建议经常保养蝶阀气动执行器，缸内涂抹凡士林，增加活塞密封性。

## 案例 178　水罐消防车水罐至水泵管路阀门气动执行器损坏

**1. 车辆信息**

底盘：雷诺 MIDLUM270　　　　生产日期：2013 年

车型：水罐消防车（SG30）

**2. 基本情况**

2019 年 9 月 11 日，该车驾驶员反映，水罐出水气动蝶阀有时打不开。

**3. 故障检查与排除**

拆解水罐至水泵管路阀门（罐出水气动蝶阀），检查发现，气动执行器的活塞齿条端头一齿发生断裂（图 10-7 和图 10-8），导致蝶阀无法正常开闭，更换气动执行器，故障排除。

图 10-7　罐出水气动蝶阀位置及气动执行器

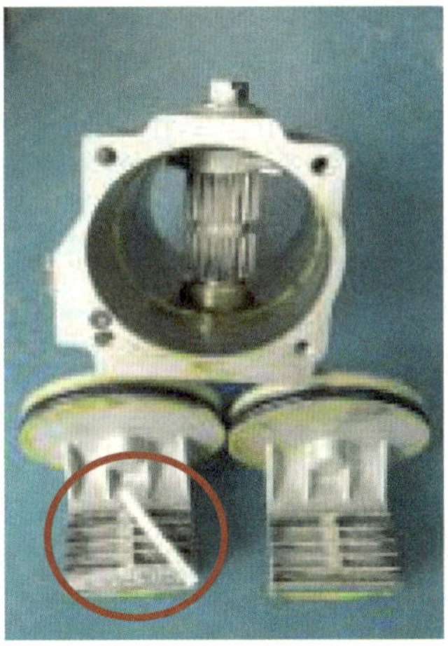

图 10-8　气动执行器损坏的活塞齿条

**4. 故障评析**

故障是由于蝶阀气动执行器活塞齿条端头强度不足。

故障原因：零部件质量问题（100%）。

## 案例 179　泡沫消防车水罐至水泵管路阀门无法打开

**1. 车辆信息**

底盘：奔驰 4160　　　　生产日期：2012 年 7 月

车型：泡沫消防车（PM180，整车进口）

**2. 基本情况**

2013 年 5 月，消防员挂泵挡、接合取力器后，水泵出水口无水，检查发现水罐至水泵管路阀门未打开。

**3. 故障检查与排除**

（1）维修人员检查水罐出水阀（此阀为蝶阀）(图 10-9)，发现气动式阀门执行气缸(图10-10）无法驱动阀门开闭，加大气缸进气量再次尝试，该气缸仍然无法有效推动阀门。如果在气缸的活塞杆顶部再施加一个推力，该阀门即可打开。由此判断，该执行气缸推力过小，无法打开直径 250 mm 的阀门。

（2）进一步检查发现，该车配置的水罐出水阀执行气缸与 250 mm 的阀门转矩不能匹配，执行气缸无法推动阀门，水罐的水无法进入水泵。图 10-11 和图 10-12 分别为气动式阀门执行气缸总成和执行气缸分解情况。

（3）厂家技术人员测试检查，得出相同结论。将该批次车辆的所有气缸更换为大缸径气缸，故障排除。

图 10-9 水罐至水泵管路阀门

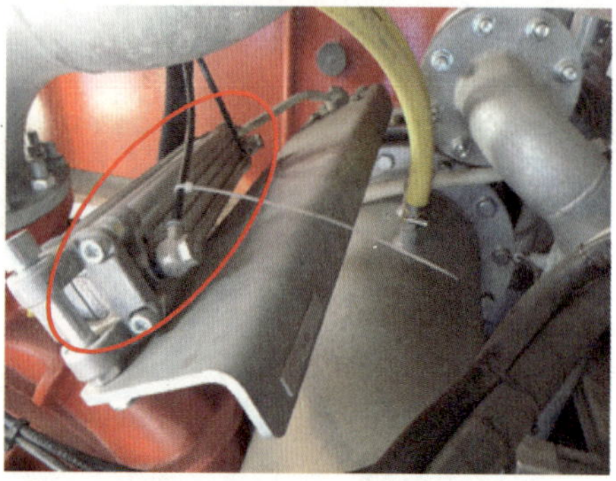

图 10-10 气动式阀门执行气缸

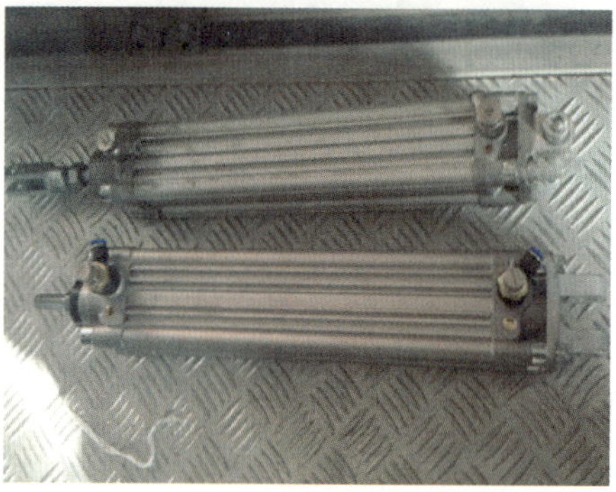

图 10-11 气动式阀门执行气缸总成

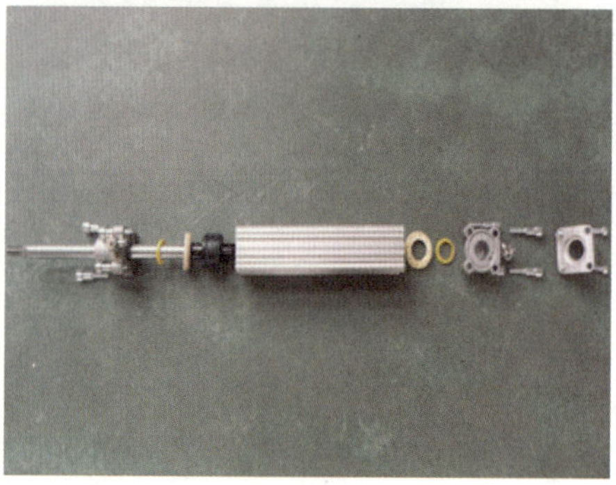

图 10-12 气动式阀门执行气缸分解图

**4. 故障评析**

该蝶阀直径大，而气动缸缸径小驱动扭矩不足，无法开闭水罐出水阀。

故障原因：机构设计问题（100%）。

**5. 改进建议**

为增加推力，可更换较大缸径的执行气缸。

# 案例 180　泡沫消防车水泵至水罐注水管路气动阀门卡滞

**1. 车辆信息**

底盘：曼 TGA41.430　　生产日期：2009 年 8 月

车型：泡沫消防车（PM180，整车进口）

**2. 基本情况**

2010 年以来，驾驶员多次反映，该车进行外吸水对水罐加水时，水泵至水罐注水管路气动阀门无法打开。

**3. 故障检查与排除**

（1）对水泵至水罐注水管路气动阀门的气动执行器进行拆卸，未发现气动缸体存在明显问题（图 10-13 和图 10-14）。分解蝶形阀门，发现阀门密封体与碟片之间存在挤压卡滞现象，还存在密封不严问题。

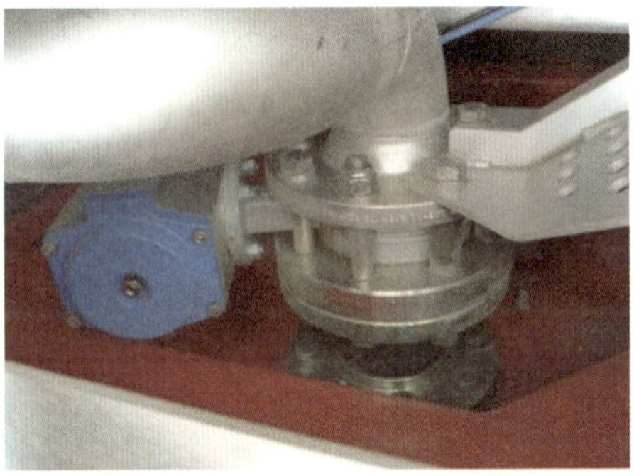

图 10-13　气动蝶阀及执行器安装位置

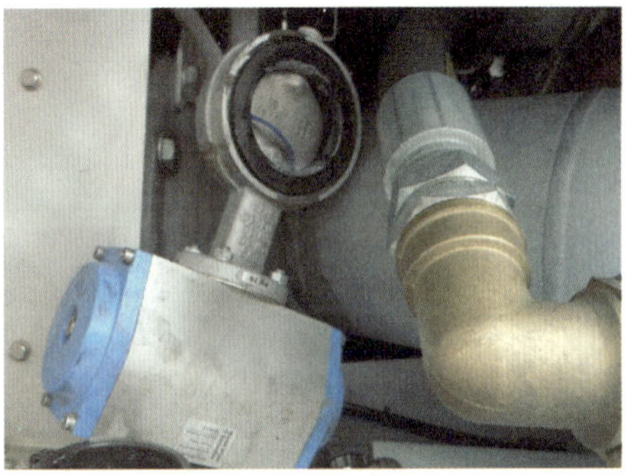

图 10-14　拆卸后的气动蝶阀及执行器

（2）为解决该问题，手动调整气动执行器进气接头流量，将流量调节至最大，希望通过高压大流量来提高气动执行器扭矩，但还是无法将卡滞的蝶阀打开。图 10-15 为卡滞的气动蝶阀。

图 10-15　卡滞的气动蝶阀

（3）厂家更换新的气动阀门总成，在不进行流量调整的情况下，气动蝶阀也能够正常开启或关闭，故障排除。

**4. 故障评析**

气动蝶阀卡滞问题与气动执行器内活塞密封有关，活塞需要保养，缸壁要涂上润滑脂，起到密封润滑与防腐蚀作用，否则活塞密封易漏气，顶开蝶阀的扭矩不足。阀门密封垫选材和密封形式有一定的关联，建议厂家在未来新产品的设计中考虑该问题的影响。

车辆使用过程中也应定期进行气动蝶阀气动执行器的保养，保证蝶阀在需要时可以正常开启。

故障原因：维护保养不到位（50%）；零部件选型问题（50%）。

## 案例 181 水罐消防车吸水管断裂

**1. 车辆信息**

底盘：斯堪尼亚 P310　　生产日期：2016 年

车型：泡沫消防车（PM60）

**2. 基本情况**

该车在吸水过程中，吸水管与内扣式接口连接部位发生横向断裂，如图 10-16 所示。

图 10-16 吸水管与内扣式接口连接部位断裂情况

**3. 故障检查与排除**

经检查，吸水管为 PVC 轻质材料制成，断裂部位为接头部位下端，横截面为整体断裂，且断口齐整。更换新吸水管，故障排除。

**4. 故障评析**

吸水管质量问题，材料强度不够。

故障原因：材料质量问题（100%）。

## 案例 182 水罐消防车水泵吸水管路固定不牢

**1. 车辆信息**

底盘：雷诺 MIDLUM270　　　　生产日期：2014 年

车型：水罐消防车（SG30）

**2. 基本情况**

2016 年 4 月，驾驶员反映，消防车水泵右侧吸水管路支架固定螺栓脱落。

**3. 故障检查与排除**

（1）拆卸水泵吸水管路，检查脱落的水泵吸水管路固定螺栓，发现固定螺栓的螺母丢失。

（2）重新安装之前在安装孔位置进行重新打孔（图 10-17），保证安装孔穿过下部护板，安装螺栓和螺母，故障排除。

图 10-17　重新打孔安装

**4. 故障评析**

由于消防车生产厂在改装过程中设计存在缺陷，并未充分考虑零部件的安装强度和固定问题。

故障原因：安装工艺问题（70%）；设计问题（30%）。

## 案例 183 泡沫消防车水泵进出水管路焊接处漏水

**1. 车辆信息**

底盘：斯堪尼亚 P310　　　　生产日期：2014 年

车型：泡沫消防车（PM60）

**2. 基本情况**

泡沫消防车水泵进出水管路漏水。

**3. 故障检查与排除**

（1）泡沫消防车水泵出水压力不够，检查发现出水管路多处焊接位置漏水，且存在多次焊接的情况，如图 10-18 和图 10-19 所示。

（2）按照原尺寸，重新制作水泵进出水管路，并对焊缝进行应力消除、除锈防腐、涂层处理，将消防车泵室内原管路整体拆除，更换供水管路后，重新安装水泵，故障排除。

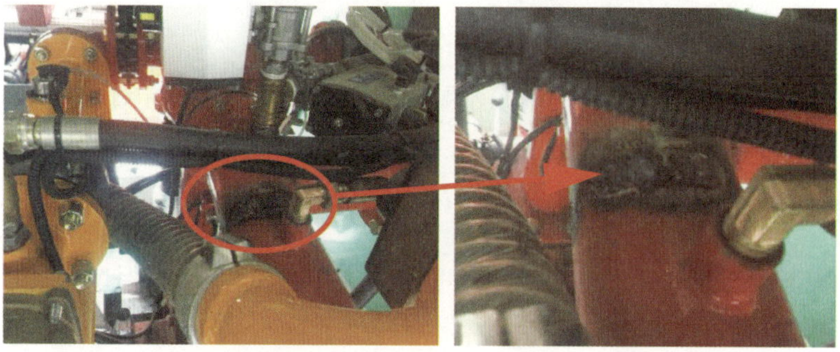

图 10-18 水泵出水管路焊接位置情况（右图为左图位置细节图）

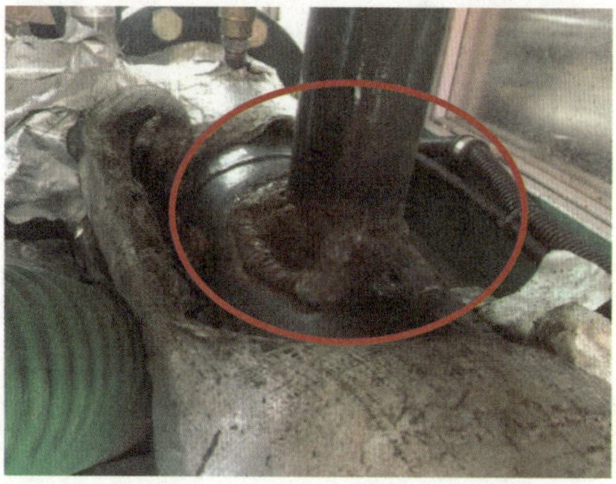

图 10-19 水泵吸水管路焊接位置情况

**4. 故障评析**

消防车在制造过程中，管路连接部位的焊接不良，其应力消除、防腐处理不到位，长时间使用，焊缝锈蚀、开裂，导致进出水管路漏水泄压。

故障原因：制造工艺质量问题（50%）；维修质量问题（50%）。

**5. 改进建议**

消防车进出水管路焊缝应做好应力消除和防腐处理，必要时进行焊缝探伤检查，确保焊接质量。

## 案例 184 水罐消防车水泵吸水口接口及闷盖损坏

**1. 车辆信息**

底盘：雷诺 MIDLUM270　　生产日期：2013 年

车型：水罐消防车（SG30）

**2. 基本情况**

消防车驾驶员反映，出水作业过程中内扣式吸水口闷盖处漏水，扣爪出现断裂。

**3. 故障检查与排除**

（1）打开吸水口闷盖，发现吸水口内扣式接口和闷盖扣爪断裂，断裂位置陈旧（图10-20）。

（2）更换吸水口内扣式接口及闷盖，故障排除。

图 10-20　吸水口内扣式接口和闷盖扣爪断裂情况

**4. 故障评析**

扣爪断裂的原因可能是由于吸水口闷盖位置压力增大、扣爪材料强度不足或扣爪未完全接合到位所致。

（1）水泵工作时，如水泵出水止回阀封闭不严（部分老式进口消防车甚至未安装出水止回阀），突然关闭水枪，由于水锤作用，导致进水口闷盖位置压力增大，可能造成吸水口内扣式接口和闷盖扣爪损坏。

（2）该车水泵吸水管内扣式接口和闷盖扣爪材料强度不足，是故障的主要原因。

（3）因多台次消防车出现过同类故障，对吸水管接口和闷盖进行更换时发现，有的闷盖扣爪与吸水管接口卡槽未完全拧到位，导致管牙接口受力不均匀，也是造成接口损坏的可能原因。

故障原因：设计问题（40%）；质量问题（30%）；操作不当（30%）。

**5. 改进建议**

目前，有些总队为耦合供水的需要把吸水管接口和闷盖接口都改为铜质三爪内扣式，强度较二爪内扣式有较大提高。

## 案例 185　水罐消防车水泵出水止回阀法兰接口断裂

**1. 车辆信息**

底盘：斯堪尼亚 P310　　　　生产日期：2014 年

车型：水罐消防车（SG60）

**2. 基本情况**

消防车在行驶过程中，驾驶员反映，泵房内出现异响，之后消防泵无法正常工作。

**3. 故障检查与排除**

图 10-21 泵出水端与止回阀连接法兰下端断裂情况

（1）经检查，发现消防泵出水端与止回阀连接法兰下端断裂，泵壳损坏，无法修复，如图 10-21 所示。

（2）更换新的水泵，故障排除。

**4. 故障评析**

水泵安装中水泵出水口与出水管路不对正而产生应力，加之消防车行驶颠簸，导致断裂。从断口分析，铸件可能存在质量缺陷，也是原因之一。

故障原因：安装工艺问题（80%）；泵质量问题（20%）。

**5. 改进建议**

消防车在设计、生产过程中，在部件安装时，要保证相连接的部件之间相对位置准确，防止安装后连接位置产生内应力，对于较重的部件必须要做好支撑，避免因颠簸导致部件损坏。

建议消防车生产厂家要注意跟踪同批次消防泵泵壳质量和运行情况。

## 案例 186 水罐消防车水泵出水止回阀法兰漏水

**1. 车辆信息**

底盘：斯堪尼亚 P310　　生产日期：2014 年

车型：泡沫消防车（PM60）

**2. 基本情况**

消防车在使用过程中，发现水泵出水止回阀的法兰连接处存在漏水现象。

**3. 故障检查与排除**

（1）检查发现，水泵出水止回阀的法兰固定螺栓断裂，法兰密封失效，导致漏水，具体故障如图 10-22 所示。

（2）将连接螺栓更换为高强度螺栓后，故障排除；使用一段时间后，此处又出现螺栓断裂漏水故障。

（3）将止回阀与泵体法兰连接孔由 $\phi 8$ 扩为 $\phi 16$，更换螺栓使用一段时间后，此处螺栓再次出现断裂漏水故障，如图 10-23 所示。

（4）进一步分析判定，两个连接法兰位置偏差大，导致该连接处长时间处于应力集中状态，故对该部位的管路结构进行调整，更换新的管路，故障排除。

**4. 故障评析**

该故障反复出现，主要原因为，管路设计和加工缺陷，导致该位置一对法兰同轴度误差大、法兰平面不平行、法兰之间螺栓孔不对正，通过螺栓硬连接无法纠正上述偏差。

故障原因：结构设计缺陷（50%）；安装缺陷（50%）。

图 10-22 水泵出水管路止回阀的法兰连接处密封失效漏水情况

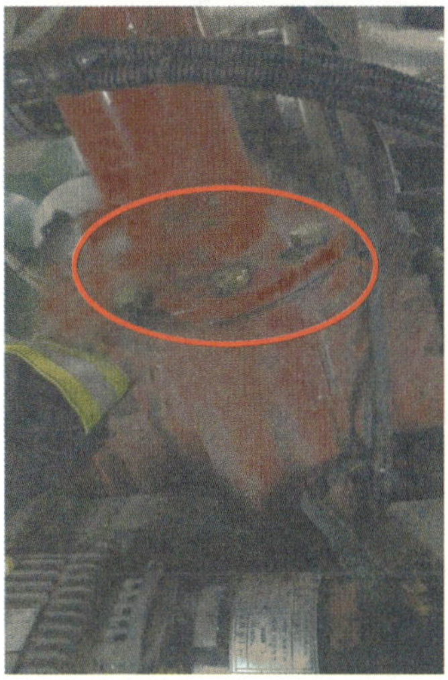

图 10-23 扩孔更换螺栓再次断裂漏水情况

**5. 改进建议**

设计及安装位置要精确，消除安装误差和因行驶颠簸、水泵运转产生振动等应力。

## 案例 187 水罐消防车水泵上出水管路法兰漏水

**1. 车辆信息**

底盘：斯堪尼亚 R560　　生产日期：2014 年

车型：水罐消防车（SG180）

**2. 基本情况**

水泵加压后，水泵至水炮出水管路（即水泵上出水管路）法兰连接处漏水（图 10-24）。

**3. 故障检查与排除**

（1）测试发现，水压达到 1.5 MPa 时，水泵至水炮上出水管路法兰连接处出现较为严重漏水。拆卸法兰连接处，发现密封垫损坏。

（2）按照管路耐压设计要求，选择合适型号的密封垫进行更换，重新安装后，故障排除。

图 10-24 水泵至水炮出水管路法兰

**4. 故障评析**

发生水泵管路漏水的常见原因包括：

（1）新配发车辆出现连接处漏水现象，可能存在连接处密封垫型号、尺寸、耐压等选用不当，或密封垫安装不当、未安装密封垫或法兰连接螺栓预紧力不足等情况，本案例即属于此类情况。

（2）在使用过程中，如果管路阀门、法兰、开关手柄等连接处出现漏水，或达到一定压力后出现漏水现象一般为密封垫损坏。

（3）在使用时未按使用要求执行，压力超出管路能承受的压力，也会出现漏水现象。

故障原因：零部件选型问题（100%）。

**5. 改进建议**

（1）选用密封件时，注意密封垫的型号、尺寸、耐压、质量等性能，确保密封垫可靠耐用。

（2）消防车在使用过程中，应对容易老化、磨损部位的密封垫定期检查、更换，确保密封作用良好。

## 案例 188 水罐消防车水泵上出水管路蝶阀处漏水

**1. 车辆信息**

底盘：斯堪尼亚 P310　　生产日期：2017 年 5 月

车型：水罐消防车（SG60）

**2. 基本情况**

2018 年 10 月，消防车在使用过程中，发现泵室内水泵至水炮的上出水管路阀门连接处漏水。

**3. 故障检查与排除**

（1）检查发现漏水位置为水泵上出水管路蝶阀（水炮出水蝶阀）与管路法兰之间的密封垫，其中蝶阀在两个法兰中间的位置如图 10-25 所示。

（2）拆解水炮出水蝶阀连接法兰，发现使用的密封垫虽与法兰尺寸相符，但是与蝶阀接触面的口径不匹配，导致密封不严，如图 10-26 所示。法兰橡胶密封垫内圈上的黑色印迹只有半周长，说明蝶阀与密封垫的实际接触面太小，密封垫与蝶阀尺寸不匹配。

（3）重新更换密封垫，故障排除。

图 10-25 蝶阀在两个法兰中间的位置

图 10-26 密封垫与蝶阀尺寸不匹配

**4. 故障评析**

水泵至水炮管路一般输水压力在 1.0 MPa 左右，在此压力下，如果蝶阀与法兰密封垫的实际接触面较小或错位，密封垫容易被挤出，导致严重漏水。

经过与消防车生产厂家技术人员协商，厂家对该批次车辆按合适尺寸和厚度重新更换了连接法兰密封垫。

故障原因：零部件选型问题（100%）。

## 案例 189　水罐消防车水泵侧出水管路阀门无法打开

**1. 车辆信息**

底盘：斯堪尼亚 P310　　　　　　　　　　　　生产日期：2008 年 10 月

车型：水罐消防车（SG100）

**2. 基本情况**

2009 年 4 月和 2010 年 1 月，该车型两次报修，水泵出水口阀门手柄脱落，球阀不能随手柄动作打开。

**3. 故障检查与排除**

（1）检查发现，阀门中心轴（简称阀轴，又称阀杆）与阀体分离，电加热球阀漏水（图 10-27）、水泵出水口阀门手柄脱落（图 10-28）、阀轴固定铜套松动等故障现象。

（2）消防车生产厂家多次更换阀门，故障依然反复发生，遂与球阀生产厂家联系，希望能更换质量更好的产品，但厂家当时只能提供同型产品，只能在出现故障时更换新件。

图 10-27　漏水的电加热球阀

图 10-28　水泵出水口阀门手柄脱落

**4. 故障评析**

手柄紧固设计不合理是出水口阀门手柄脱落的主要原因。

该球阀的阀轴（阀杆）仅在与阀门开关手柄连接处设有轴承，为半浮式球阀，阀轴成为单边悬臂支撑，受力不均，加之阀轴固定铜套螺纹间隙大，阀轴定位不良，容易造成松动、漏水。为了保证合理受力，球体宜由上轴承和下轴承共同支撑，图 10-29 为上轴承和下轴承共同支撑的出水球阀结构。

由于无法彻底排除该故障，消防员使用该阀门时注意启闭力度，日常维护保养时注意检查和紧固阀轴与手柄的螺帽状态。

故障原因：零部件设计问题（100%）。

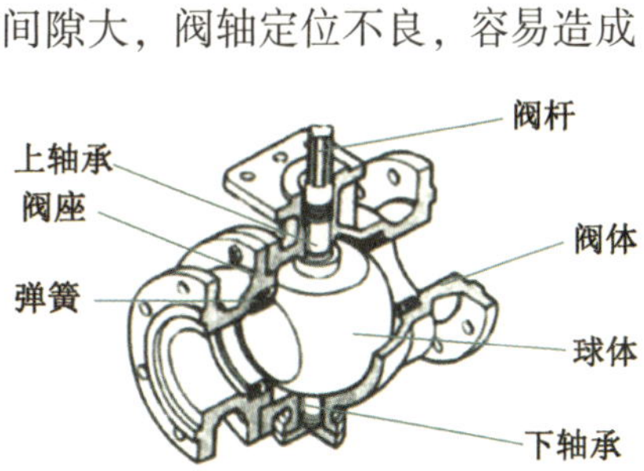


图 10-29　上轴承和下轴承共同支撑的出水球阀结构

**5. 改进建议**

出水球阀电加热故障较多，建议提高零部件质量和保障安装质量，或采用余水吹扫等其他相对可靠的防冻措施替代电加热方法。

## 案例 190 水罐消防车水泵侧出水管路阀门连接法兰漏水

**1. 车辆信息**

底盘：雷诺 MIDLUM270　　　　生产日期：2013 年

车型：水罐消防车（SG30）

**2. 基本情况**

2017 年 2 月，消防车驾驶员发现，水泵侧出水管路阀门连接法兰漏水严重。

**3. 故障检查与排除**

（1）检查发现，消防车水泵侧出水管路阀门连接法兰处漏水严重，未发现明显损坏情况。水泵侧出水管路阀门漏水位置及连接法兰处漏水情况如图 10-30 所示。

（2）拆卸出水阀，发现法兰密封垫发生变形，密封不严；更换密封组件，故障排除。

图 10-30 水泵侧出水管路阀门漏水位置及连接法兰处漏水情况

**4. 故障评析**

出水阀连接法兰为平面接触，若安装密封垫时受力不均，容易发生错位，导致密封不严；建议在法兰上设置密封垫限位槽或在法兰平面上设置内置式密封胶圈。

故障原因：设计问题（50%）；安装问题（50%）。

## 案例 191 水罐消防车侧出水管路阀门无法打开

**1. 车辆信息**

底盘：解放 16 平柴　　　　生产日期：2000 年

车型：水罐消防车（SG120）

**2. 基本情况**

消防车驾驶员报修，水泵侧出水口阀门无法打开。

**3. 故障检查与排除**

（1）检查发现，水泵侧出水管路阀门手柄无法转动；拆卸阀门检查阀轴，阀轴和阀体锈蚀严重（图 10-31），阀轴在阀体内无法转动。

（2）由于阀门锈蚀严重无法修复，更换新的阀门，故障排除。

图 10-31 阀轴和阀体锈蚀情况

**4. 故障评析**

询问得知，该消防车在车库停放很长时间，其间阀门一直处于关闭状态，且未对阀门进行保养和维护，加之管内余水的腐蚀作用，导致阀轴严重锈蚀无法转动。

故障原因：检查保养不到位（100%）。

**5. 改进建议**

消防车故障案例中，阀门、阀轴锈蚀情况多发。建议消防车久置不用时，不要忽略对管路阀门进行检查保养。

## 案例 192 水罐消防车水泵侧出水管路阀门关闭不严

**1. 车辆信息**

底盘：雷诺 MIDLUM270　　生产日期：2013 年

车型：水罐消防车（SG30）

**2. 基本情况**

2019 年 9 月 15 日，驾驶员发现，水泵侧出水管路阀门关闭不严，有漏水现象。

**3. 故障检查与排除**

（1）扳动水泵侧出水管路阀门手柄，感觉阻力较大，初步判定为阀门有锈蚀。拆卸后发现，水泵侧出水管路阀门球体确已生锈，图 10-32 为拆下的球阀情况。

（2）对球阀进行打磨保养，重新安装后仍有漏水，最后只能更换新的球阀，故障排除。

(a) 出水球阀

(b) 球阀进水侧

(c) 球阀出水侧

图 10-32 拆下的球阀情况

**4. 故障评析**

消防车水泵出水后，出水管路球阀通常情况下有一定余水，如果阀门长时间不动，就会产生锈蚀现象。

故障原因：检查保养不到位（100%）。

**5. 改进建议**

为防止球阀锈蚀，水泵每次出水后，应放净管路及球阀余水，并经常对球阀进行启闭保养。

## 案例 193 水罐消防车水泵侧出水口漏水

**1. 车辆信息**

底盘：雷诺 MIDLUM270　　　　生产日期：2012 年

车型：水罐消防车（SG30）

**2. 基本情况**

2016 年 3 月，驾驶员反映，消防车水泵侧出水口漏水。

**3. 故障检查与排除**

（1）检查发现，消防车水泵侧出水口位置有大量水渍泄漏，拆卸出水阀发现密封组件均存在不同程度的损坏漏水（图 10-33）。

图 10-33 出水口阀轴处轴封漏水

（2）更换出水阀阀轴密封圈和阀轴组件（图 10-34 和图 10-35），故障排除。

图 10-34　旧的阀轴密封圈

图 10-35　阀轴组件

**4. 故障评析**

该故障是由出水口各位置密封组件质量问题导致密封不严漏水。粗略统计，同批次该型消防车出水口密封不严问题已经先后出现 8 例，说明出水口阀门密封设计确实存在严重缺陷。

此后生产厂家更换成新型出水口。

故障原因：零件质量问题（100%）。

## 案例 194　水罐消防车水泵出水止回阀故障

**1. 车辆信息**

底盘：斯堪尼亚 R620　　生产日期：2013 年 5 月

车型：水罐消防车（SG260）

**2. 基本情况**

2020 年 6 月，驾驶员报修，车辆试运转时水泵右侧所有出水口无法出水。

**3. 故障检查与排除**

（1）运转水泵试水，发现水泵管路系统的右侧出水管路出水口无压力水流出，左侧所有出水口有压力水喷出。

（2）检查右侧所有出水口阀门，均未发现异常。

（3）拆卸水泵主出水管路与右侧出水管连接处，发现有异物堵塞右侧管路，进一步检查发现水泵止回阀阀芯偏转了 90°，堵塞了右侧出水管，如图 10-36 所示。

图 10-36　止回阀阀芯偏转了 90°堵塞右侧出水管

（4）拆解水泵上出水管路，进而拆解止回阀，发现阀芯的橡胶皮碗损坏变形，止回阀阀杆从导向孔脱出（图 10-37），最终导致止回阀阀芯偏转了 90°，堵塞了右侧出水管。

图 10-37 拆解的止回阀阀芯结构

（5）更换改进的止回阀阀体和阀芯（图 10-38），故障排除。

（a）新的止回阀阀体

（b）改进后的止回阀阀芯

图 10-38 新的止回阀阀体和改进后的止回阀阀芯

**4. 故障评析**

止回阀固定橡胶皮碗的铝制金属阀板太薄且受腐蚀后，导致皮碗脱落，阀杆连同阀板从导向孔脱出，并旋转 90°，堵住右侧出水管路。

故障原因：零部件尺寸和材质问题（100%）。

**5. 改进建议**

该车水泵止回阀采用了新型结构，并增加了金属阀板厚度，之后未发生过此类故障。

## 案例 195　水罐消防车高压水枪和软管冻裂

**1. 车辆信息**

底盘：欧曼　　　　生产日期：2002 年

车型：水罐消防车（SG50）

**2. 基本情况**

2006 年 1 月，消防车驾驶员报修，高压卷盘灭火系统的高压水枪和软管损坏。

**3. 故障检查与排除**

（1）检查发现，该车高压卷盘灭火系统的高压水枪和软管冻裂损坏（图 10-39）。

（2）更换高压水枪和软管，故障排除。

（a）高压水枪

（b）软管

图 10-39　冻裂损坏的高压水枪和软管

**4. 故障评析**

由于冬季使用后并未放尽管路内部的余水，导致冻结胀裂水枪和软管。

另外，收卷高压软管时操作不当也可能造成折损。

故障原因：人为疏忽（100%）。

## 案例 196　水罐消防车耦合供水系统故障

**1. 车辆信息**

底盘：优迪骐　　　　生产日期：2013 年

车型：水罐消防车（SG60）

**2. 基本情况**

该车耦合供水受水时，出现泄压漏水状况，导致耦合供水系统效能降低。

**3. 故障检查与排除**

检查发现，水泵进水管路通向水罐的超压泄压胶管破裂（图 10-40），更换破裂泄压胶管，故障排除。

图 10-40　破裂的泄压胶管

**4. 故障评析**

该泄压胶管与水罐连接端安装有气动执行器，该执行器能接收到水泵压力传感器信号。当水泵进水压力超过 0.7 MPa

时，气动执行器打开泄压阀（为蝶阀），压力水经泄压胶管流入水罐泄压。

耦合供水系统的泄压胶管破裂的可能原因：

（1）泄压胶管连接水泵进水管路与水罐之间，泄压阀安装在泄压胶管的水罐一侧（图 10-41），此种安装方式下，当水泵吸水时泄压胶管可能承受负压，而耦合供水承受较高正压，交变应力作用下胶管更容易损坏。

（2）检查同批次消防车，发现每台车安装的泄压胶管长短不一（图 10-42），部分胶管扭曲安装，长时间受扭转应力，产生裂缝。

（3）泄压胶管存在质量问题，长时间使用老化后，遇高压水裂开。

（4）使用后未排净管内余水，寒冷季节泄压胶管冻裂。

（5）泄压胶管通径小，其流量不能满足耦合受水泄压要求，会一直承受水压，减少胶管的使用寿命。

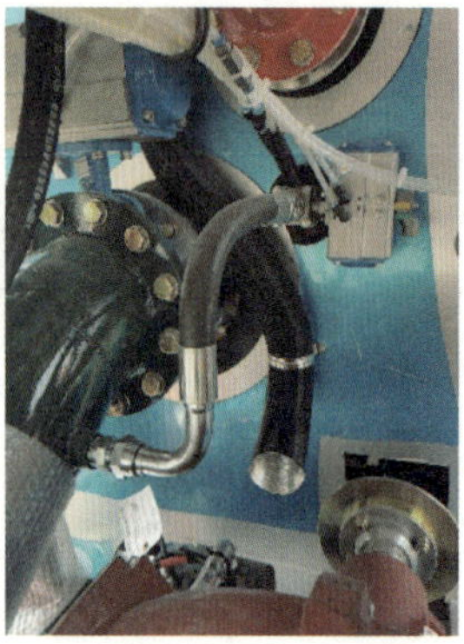

图 10-41　该车泄压胶管安装位置

图 10-42　测量同批次消防车泄压胶管长度

根据水泵使用方法，在火场上消防枪、炮暂停出水时，水泵一般会低速运转，为了防止泵内温升，设置了水泵至水罐的回水管（也叫内循环管路），此时水泵的流量和压力都不高，但耦合供水时受水消防车设置泄压胶管，其目的是通过泄水实现泄压，避免车泵超压损坏。关于案例中设置的泄压胶管的实际作用，仍有几点值得讨论：

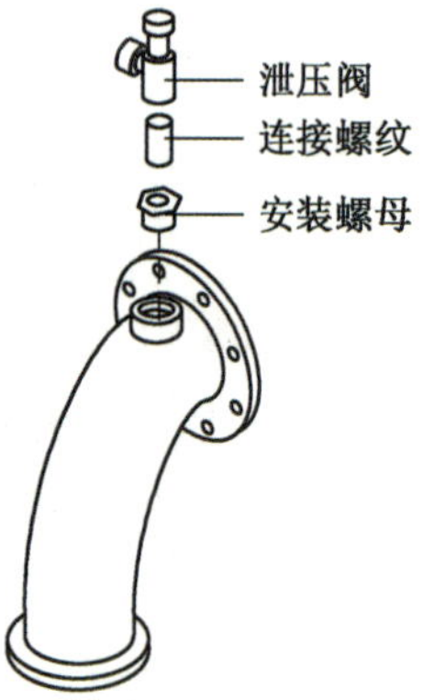


图 10-43　水泵进水管加装泄压阀的安装方式

（1）耦合供水时受水消防车水泵进水口流量较大，但是因为泄压胶管通径小，通过泄压胶管向水罐泄水降低水泵进水口压力的作用十分有限。

（2）即使超压时，气动执行器打开了泄压胶管上的泄压阀，因为压力水泄放到水罐中，驾驶员也不能及时观察到超压警示，存在盲目加压操作的可能。

故障原因：设计、生产缺陷问题（100%）。

**5. 改进建议**

（1）耦合供水时为减少胶管爆裂故障，泄压阀宜安装在水泵进水管路一端。

（2）直接在水泵进水管上加装泄压阀（图 10-43），压力超过设定值时直接泄压排放，此种方法便于观察，可以及时提醒驾驶员减压。

# 案例 197　水罐消防车水泵至水罐注水管路柔性连接器破裂

**1. 车辆信息**

底盘：斯堪尼亚 P310　　　　　　　　　　　生产日期：2016 年 8 月

车型：水罐消防车（SG60）

**2. 基本情况**

2017 年春节，驾驶员反映车辆出警运转水泵时，水泵至水罐注水管路突然大量漏水。

**3. 故障检查与排除**

（1）水泵至水罐注水管路（又称内循环管路）的柔性连接器破裂漏水严重，检查发现该柔性连接器中间的橡胶连接管破裂（图 10-44）。

（2）检查发现该柔性连接器由两个金属法兰和橡胶连接管组成，其中橡胶连接管中部是球形，内部有增强帘布层。更换新的柔性连接器后（图 10-45），故障排除。

图 10-44　破损的柔性连接器

图 10-45　新柔性连接器

**4. 故障评析**

柔性连接器是连接水罐罐体和水泵之间的过渡管路，缓冲两大部件相对运动造成的破坏。该车使用的常压消防泵最高压力可以达到 1.7 MPa，在蓄压过程中柔性连接器破裂，属于厂家选用的柔性连接器质量问题，没有满足最高压力下工作状况。同时还要考虑零件的使用寿命，减少更换次数。

其次规范操作：在消防车出水过程中水枪、水炮等停止射水时，应首先降低泵转速，再打开水泵回水阀，形成水罐与水泵之间循环水流，防止水泵运转过热。如水泵高速运转状态下突然打开回水阀，也可能造成柔性连接器超压破裂。

故障原因：零部件质量问题（90%）；操作使用不当（10%）。

**5. 改进建议**

厂家在生产、设计、安装的过程中，要严格把关零部件的质量，并考虑每个零件的使用寿命；驾驶员严格遵守操作规程。

# 案例 198 泡沫消防车水泵侧管路出水阀门漏水

**1. 车辆信息**

底盘：曼 TGM18. 280　　　　生产日期：2018 年 8 月

车型：泡沫消防车（PM40，整车进口）

**2. 基本情况**

灭火演练时，驾驶员发现水泵出水管路有一个阀门在关闭状态下漏水。

**3. 故障检查与排除**

（1）维修人员拆下该出水阀门，发现阀片密封胶垫脱落（图 10-46），阀门关闭时无法密封。

（2）更换阀片后重新安装出水阀，故障排除。图 10-47 为重新安装后的出水阀与管路。

图 10-46　密封胶垫脱落的出水阀阀片

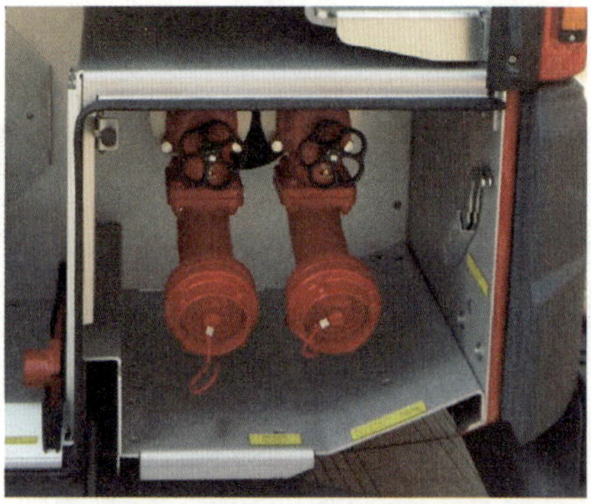

图 10-47　重新安装后的出水阀与管路

**4. 故障评析**

高压水不断冲击阀片，若橡胶密封垫与阀片金属件粘接不牢，易导致胶垫脱落。

同一批次型号消防车出水阀出现同类故障 10 余台次，更换新型出水阀阀片后，未再出现过此类问题。

故障原因：零部件质量问题（100%）。

# 案例 199 泡沫消防车出水闷盖打开困难

**1. 车辆信息**

底盘：曼 TGM18. 280　　　　生产日期：2016 年 8 月

车型：泡沫消防车（PM40，整车进口）

**2. 基本情况**

泡沫消防车在出水前，出水口闷盖开启困难，导致闷盖顶端损坏（图 10-48）。

**3. 故障检查与排除**

（1）经检查发现，闷盖自身有工艺问题，闷盖与出水接口不匹配，闷盖锁止机构

（锁圈按不到底）在取下时无法正常回弹，导致闷盖卡死。

（2）更换闷盖及出水口，故障排除。

图 10-48　闷盖顶端损坏情况

**4. 故障评析**

出现此故障的可能原因：一是闷盖与出水接口匹配不良，开启较为困难，长期使用磨损变形失圆，导致开启困难或无法打开；二是因出水接口质量问题，长期使用后，锁舌与周边卡滞、回弹不顺畅，导致闷盖打开困难；三是管路有压力时开启又关闭球阀或球阀漏水，会造成球阀和闷盖之间存有压力水，致使闷盖无法打开。

故障原因：闷盖及出水接口质量问题（100%）。

**5. 改进建议**

（1）严格把好质量关，选用高质量的闷盖和出水接口。

（2）新型闷盖上设置泄压孔。

## 案例 200　泡沫消防车水泵至水罐注水阀冻裂

**1. 车辆信息**

底盘：曼 TGM18. 280　　生产日期：2016 年 8 月

车型：泡沫消防车（PM40，整车进口）

**2. 基本情况**

2018 年 3 月，驾驶员测试车辆性能时发现，打开水泵至水罐注水阀时漏水严重。

**3. 故障检查与排除**

（1）维修人员检查发现，水泵至水罐注水阀开裂（图 10-49）。询问得知，该车前一天在外执勤，室外温度过低，造成注水阀冻裂。

图 10-49　损坏的注水阀

（2）更换新球阀，故障排除。需要注意的是：拆卸此球阀时要用电热加温枪加热软化螺纹密封胶，否则无法拆下（图 10-50）；新球阀安装时也应在螺纹接口上涂抹强力螺纹胶，并在半小时之内调整至安装位置，否则螺纹胶会因硬化而不能调整，确保紧固不漏水（因为球阀有位置要求，不建议使用生胶带密封）。

图 10-50 利用电热加温枪加热拆卸球阀

**4. 故障分析**

使用消防车出水后，一定要排尽水泵、管路和阀门内余水。严寒环境下室外执勤时，要开启器材厢暖风，必要时间隔一段时间启动水泵内循环给管路加温，防止管路及各种阀门冻裂。

故障原因：人为操作原因（100%）。

## 案例 201 压缩空气泡沫消防车水炮出水管路球阀故障

**1. 车辆信息**

底盘：斯帕坦 LA41M-3164　　生产日期：2010 年 5 月

车型：压缩空气泡沫消防车（AP90，整车进口）

**2. 基本情况**

2014 年以来，多名驾驶员反映该型号消防车挂上水泵取力器后，水炮出水阀门在关闭情况下还会有水流出。

**3. 故障检查与排除**

（1）拆卸和拆解水炮出水管路球阀，该车顶水炮的控制阀门为铜制球阀，使用尼龙密封组件，球体表面可见明显磨损划痕，导致密封性能下降。图 10-51 为拆下球阀后的水炮管路，图 10-52 为拆解的出水球阀。

（2）对球体表面打磨抛光，同时对密封组件进行抛光，安装复位后，进行压力测试，发现水炮依然漏水，说明简单的抛光打磨等处理，不能恢复其密封性能。

（3）采购新的球阀密封组件更换后，故障排除。

**4. 故障评析**

首先，当吸入的水中含有泥沙时，泥沙会随水流残留在球体表面时，反复开闭球阀，球体表面和密封组件因磨损会产生间隙；其次，阀门的密封件为尼龙材质，缺乏弹性，长期挤压变形和磨损产生间隙，在压力下造成泄漏。

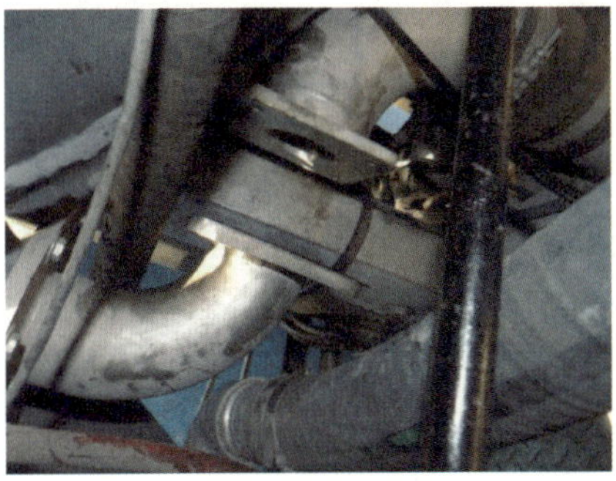

图 10-51 拆下球阀后的水炮管路

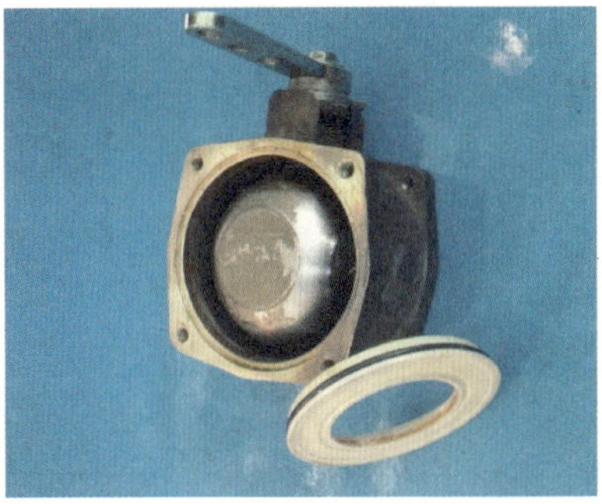

图 10-52 拆解的出水球阀

硬质的密封件出现磨损划痕后，虽经抛光，磨去表面划痕，但是形状变了，无法恢复其密封效果，甚至密封性会更差，无法继续使用。

故障原因：球阀密封材料质量问题（100%）。

## 案例 202 压缩空气泡沫消防车侧出水管球阀和接口损坏

**1. 车辆信息**

底盘：斯帕坦 VA41M-2142　　生产日期：2010 年 9 月

车型：压缩空气泡沫消防车（AP90，整车进口）

**2. 基本情况**

2019 年 9 月，车辆训练过程中，因拖曳水带行车导致出水口球阀和连接接口损坏。

**3. 故障检查与排除**

（1）现场检查发现，水泵出水接口与水带的连接口断裂，与阀体连接的接口螺纹严重损坏，如图 10-53 所示。出水管球阀法兰变形，具体情况如图 10-54 所示。

（2）拆卸阀体出水端口，更换损坏的零件，故障排除。

图 10-53 接口螺纹严重损坏

图 10-54 出水管球阀法兰变形损坏（从上向下看）

**4. 故障评析**

该车在进行训练时，因操作员将水带接口错误的接入高压出水口后（注：为了防止误操作发生事故，除非高层供水，一般火场不使用高压出水口），开车时拖曳带压水带，出水管球阀拉拽变形，活动接口螺纹损坏。

故障原因：人为操作原因（100%）。

## 案例 203 压缩空气泡沫消防车泡沫液管路堵塞

**1. 车辆信息**

底盘：斯帕坦 LA41M-3164　　生产日期：2013 年 1 月

车型：压缩空气泡沫消防车（AP90，整车进口）

**2. 基本情况**

驾驶员反映，车辆出水正常但无法出泡沫。

**3. 故障检查与排除**

（1）车辆启动后操作检查，发现挂上泵挡能正常出水，泡沫液泵也能正常运转，但无泡沫喷出。

（2）沿着泡沫液供给管路检查，拆下并发现进液管路上 Y 型过滤器的过滤网被沉积物堵塞。图 10-55 分别为 Y 型过滤器在供液管路中的位置，图 10-56 为 Y 型过滤器中取出的过滤网，图 10-57 为过滤网堵塞情况。

图 10-55 Y 型过滤器在供液管路中的位置

图 10-56 进液管路上 Y 型过滤器中取出的过滤网

图 10-57 过滤网堵塞情况

（3）清洗滤网重新安装，并疏通供液管路，出泡沫正常，故障排除。

**4. 故障评析**

泡沫液泵运转正常，但无法出泡沫，说明没有泡沫液供给。一般是缺少泡沫液或者罐出口堵塞、供液管路堵塞和泡沫液泵故障等。本故障是由于平时泡沫使用少，泡沫也没有被循环搅动，泡沫存放时间过长，出现凝胶现象堵塞了滤网。

故障原因：检查保养不到位（100%）。

**5. 改进建议**

（1）针对这种泡沫供液管路堵塞的情况，需要加强日常维护管理。

（2）使用高质量泡沫液，并尽可能在保质期内用完泡沫液。

（3）使用泡沫液后彻底清洗管路及泡沫液泵。

（4）定期喷射泡沫检查泡沫系统功能，检查和清洗泡沫液过滤网等，确保出警时能正常使用。

## 案例 204　压缩空气泡沫消防车泡沫液泵吸液管脱落

**1. 车辆信息**

底盘：斯堪尼亚 P310　　生产日期：2012 年

车型：压缩空气泡沫消防车（AP55）

**2. 基本情况**

该车在检测出泡沫功能时，无泡沫输出。

**3. 故障检查与排除**

（1）检查出泡沫功能时泡沫液泵运转正常，无泡沫输出，进一步检查泡沫供液管路及泡沫液泵，发现泡沫液泵吸液管脱落，如图 10-58 所示。

（2）将泡沫液管重新连接、固定后，故障排除。

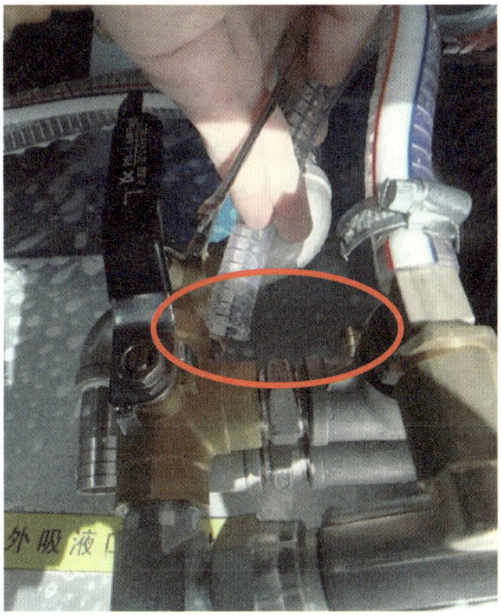


图 10-58　泡沫液泵吸液管脱落

**4. 故障评析**

国内消防车制造厂使用的泡沫液泵吸液管，是内部弹簧钢丝骨架的塑料管，端口未去除钢丝，卡扣安装不牢固，加之消防车行驶颠簸，易造成固定卡扣松动，泡沫液吸液管脱落或轻微漏气，无法吸液。

故障原因：零部件选材问题（70%）；安装工艺质量问题（30%）。

**5. 改进建议**

（1）消防车在生产过程中，要充分考虑零部件的可靠性和适配性。

（2）严格生产复检环节，出厂全面检验，确保相关连接部件的紧固。

（3）设计并使用专用的负压透明导液管。

## 案例 205 干粉消防车出粉管路漏气和干粉枪卷盘电机无动作

**1. 车辆信息**

底盘：欧曼　　　　生产日期：2014 年

车型：干粉消防车（GF30）

**2. 基本情况**

日常检查维护中，打开氮气瓶阀，加压氮气充入干粉罐，压力表显示罐内压力持续下降，干粉枪卷盘电机无动作。

**3. 故障检查与排除**

（1）检查干粉罐周围，发现罐体表面、气动阀等多个位置覆盖有干粉粉尘（图 10-59），压力表显示干粉罐内压力为零（图 10-60）。

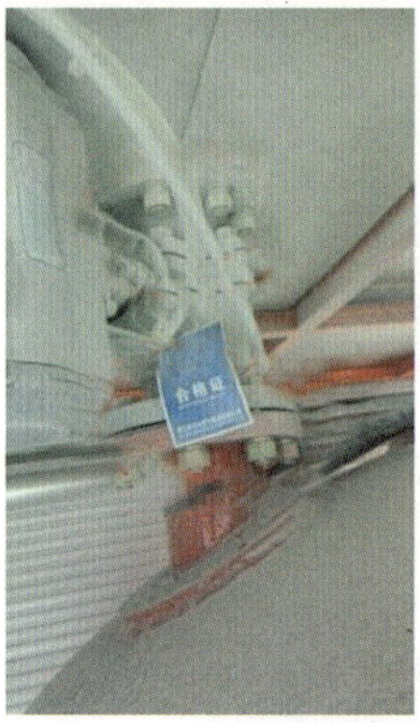

图 10-59 干粉覆盖干粉罐上方及气动阀情况

图 10-60 压力表显示干粉罐内压力为零

（2）进一步检查，确定罐体上方出粉管路气动阀法兰连接处密封不严，导致气粉从此处泄漏，干粉罐内逐渐失压。

（3）检查干粉枪卷盘电机电路，发现线路连接接头处电线断裂（图 10-61），电机无供电。

(4) 更换出粉管路气动阀法兰密封垫，检查整个管路，重新紧固管路接头，压力表显示正常，漏气故障排除。

(5) 重新连接电机供电线路接头，做好防护处理，故障排除。

**4. 故障评析**

干粉消防车出粉管路系统选用的密封垫质量、尺寸不合适、老化都会发生漏气。电气线路连接部位因连接工艺粗糙，会导致线路连接脱落、断裂，是电机无动作的主要原因。

故障原因：零部件质量问题（80%）；安装工艺问题（20%）。

**5. 改进建议**

消防车一直处于执勤状态，设计、选购管路密封组件和连接部件等，要根据设计尺寸、耐压等要求，选择规格型号匹配、质量可靠的部件；减少故障率。电气线路要按照线路铺设规范及处理要求，做到线路铺设整齐、接头连接可靠、不发生干涉等。

图 10-61 干粉枪卷盘电机接头处电线断裂

# 第十一章 灭火剂容罐故障分析与排除

本章主要对灭火剂容罐的11个典型故障进行分析与排除

## 案例206 水罐消防车水罐与管路结冰

**1. 车辆信息**

底盘：雷诺MIDLUM270　　生产日期：2016年10月

车型：水罐消防车（SG30）

**2. 基本情况**

2018年2月，驾驶员反映，消防车水泵无法出水。

**3. 故障检查与排除**

（1）维修人员发现，水罐内部及供水管路结冰（图11-1）。

（2）将车辆置于车库，启动泵室暖风机对泵室加热，并用热水对水泵进出水管路冰冻部分加热，故障排除。

图11-1 水罐内结冰状态

**4. 故障评析**

因消防保卫任务需要，冬季消防车在室外执勤点停留很长时间，且未采取必要的防冻措施，导致水罐及管路结冰。

故障原因：操作使用不当（100%）。

**5. 改进建议**

（1）寒区有室外执勤需要的，应选配加装保温装置的消防车辆。

（2）冬季罐类消防车室外执勤应定时启动水泵，内循环运行，或适当对泵室、管路和水罐进行保温或加热。

（3）停车后应放尽水泵进出水管路的余水。

## 案例 207 水罐消防车水罐漏水

**1. 车辆信息**

底盘：五十铃 FVR34J　　生产日期：2005 年 10 月

车型：水罐消防车（SG50）

**2. 基本情况**

消防车停放时，发现车底地面积水，检查发现积水为车体某部位滴落。

**3. 故障检查与排除**

（1）检查水罐及管路系统，发现地面积水为水罐流出，确认水罐漏水。

（2）进一步检查，发现水罐焊缝局部开裂漏水，具体情况如图 11-2 所示。

（3）对水罐开裂焊缝进行打磨清理，重新焊接，对焊缝部位重新刷防腐漆，水罐漏水现象得到解决。图 11-3 为水罐泄漏部位处理后情况。

图 11-2 水罐焊缝开裂漏水部位

图 11-3 水罐泄漏部位处理后情况

**4. 故障评析**

水罐焊接存在缺陷，且行车震动、锈蚀影响，发生泄漏。

故障原因：焊接工艺质量问题（100%）。

**5. 改进建议**

（1）消防车水罐在焊接过程中，要做到焊缝均匀，并对焊缝进行防腐、消除应力处理，避免长时间使用，因焊缝连接不牢、焊缝锈蚀、振动开裂而造成漏水。

（2）应定期对水罐进行清理。

（3）在新购车辆时选用新型一体成型罐体（玻璃钢、塑料等）。

## 案例 208 水罐消防车水罐注水管损坏

**1. 车辆信息**

底盘：雷诺 MIDLUM270　　生产日期：2010 年 11 月

车型：水罐消防车（SG30）

**2. 基本情况**

2016 年 2 月，驾驶员反映，消防车水罐注水管漏水。

**3. 故障检查与排除**

（1）检查发现，该车由水罐底部的注水口引出的 2 根带接口的管路（固定于泵室后部，直接用于消火栓取水），发生多处损坏，损坏程度严重，已无法进行修复。图 11-4 为位于泵室下部的 2 根注水管路位置，图 11-5 为水罐注水管损坏情况。

（2）联系厂家更换注水管，故障排除。

图 11-4 泵室下部的 2 根注水管路位置

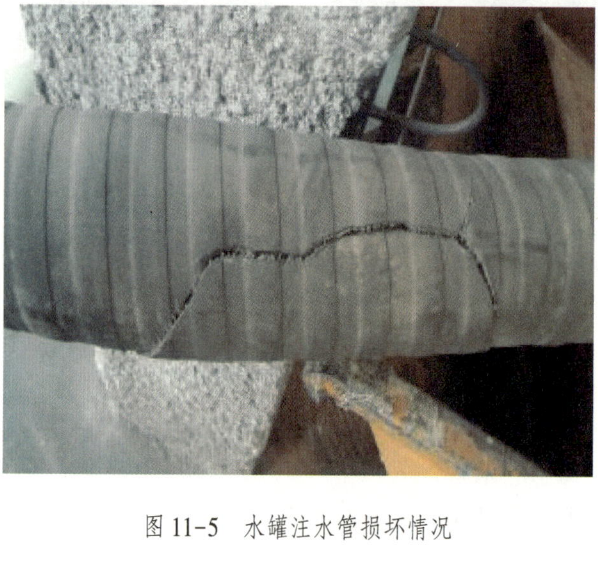

图 11-5 水罐注水管损坏情况

**4. 故障评析**

注水管安装后并未加强防护，大部分管段与后桥存在接触摩擦的现象，长期摩擦导致注水管破损。

该型车采用的注水管为橡胶管内衬金属骨架，该类型管承压能力不足，在带压注水过程中如果压力控制不合理，有可能导致管道破裂。

故障原因：水管质量问题（50%）；设计问题（50%）。

**5. 改进建议**

经统计发现该车型注水管均存在以上问题，建议厂家更换高强度水管，必要时可更换铝制或铸铁管路；对水管与底盘进行隔离处理，杜绝直接接触摩擦现象。

## 案例 209　水罐消防车水罐放水阀冻裂

**1. 车辆信息**

底盘：雷诺 MIDLUM270　　生产日期：2010 年 11 月

车型：水罐消防车（SG30）

**2. 基本情况**

消防车驾驶员反映，水罐放水阀漏水。

**3. 故障检查与排除**

（1）检查发现，该车水罐底部引出式放水阀冻裂（图 11-6 和图 11-7）。

（2）更换新的水罐放水阀，故障排除。

图 11-6　水罐底部引出式放水阀

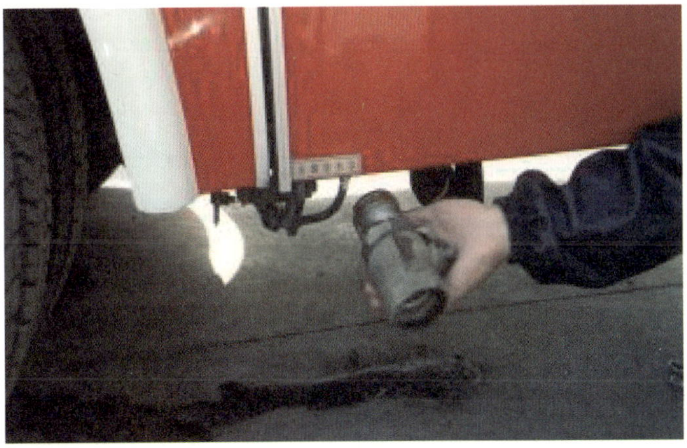

图 11-7　冻裂的放水阀

**4. 故障评析**

该车水罐底部放水阀设在较长软管外端，会长期存水，当消防车在低温环境下长时间停放时易造成冻裂损坏，这种设计在北方地区不太适用。

故障原因：设计问题（100%）。

## 案例 210 泡沫消防车水罐溢流阀损坏

**1. 车辆信息**

底盘：奔驰 1829　　生产日期：2015 年 8 月

车型：泡沫消防车（PM40，整车进口）

**2. 基本情况**

2016 年 6 月，新车交车培训时发现，经消防栓向水罐注水时，水罐还没加满，就从溢流管漏水。

**3. 故障检查与排除**

（1）正常情况，当水罐快加满时，水罐通气孔浮子应该将通气孔封闭，继续注水直到满罐以后，水再从溢流管溢出。但检查发现，水罐快加满时浮子未能将通气孔封闭，水由通气孔经溢流管流出。

（2）拆卸通气孔密封圈，发现密封圈由于受到螺栓紧固压力而变形，圈口不圆，与浮子半球头产生缝隙漏水（图 11-8）。

（3）更换硬质密封圈，均匀紧固螺栓，保持密封圈圆形，测试后，故障排除。

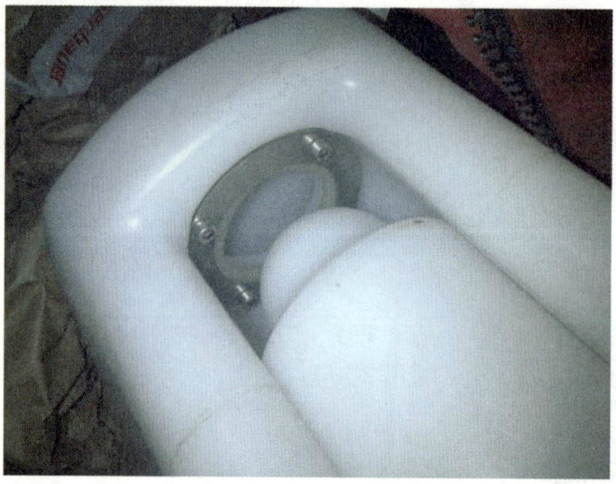

图 11-8　水罐通气孔浮子与螺栓紧固的密封圈

**4. 故障评析**

与常规水罐消防车采用上弯管溢流方式不同，该型车水罐溢流阀整体安装在水罐罐体内，当水位下降，浮子下降，打开水罐通气孔；当水位上升到 90% 液位，浮子上浮关闭通气孔。继续加水至满罐，此时水压大于溢流阀片复位弹簧预紧力，溢流阀片打开，水罐内溢流的水从与大气连通的溢流管流出。水罐通气孔与溢流管结构和通气孔浮子与溢流管拆解部件如图 11-9 和图 11-10 所示。

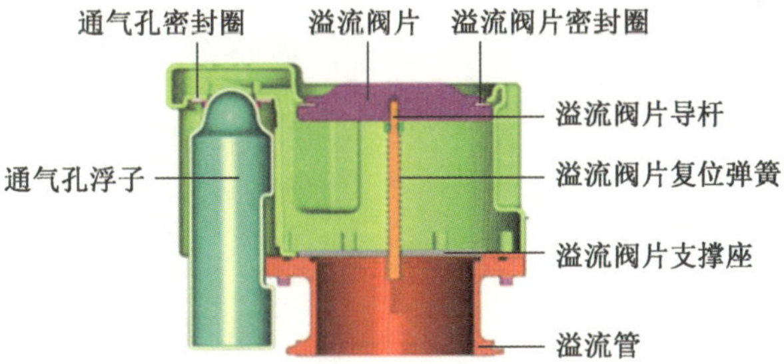


图 11-9　水罐通气孔与溢流管结构

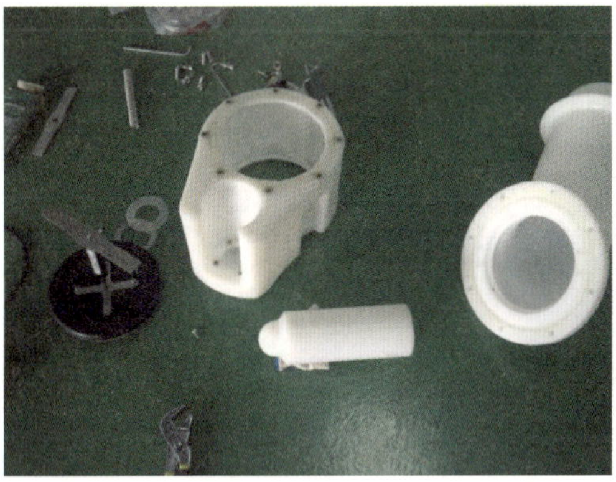

图 11-10　水罐通气孔浮子与溢流管拆解部件

由于通气孔密封圈易在紧固螺栓作用下受力不均产生变形，导致密封不严，水由此经过与溢流阀片下部连通的腔室，由溢流管流出。

故障原因：溢流阀设计问题（50%）；通气口密封安装问题（50%）。

**5. 改进建议**

建议此密封圈改为粘接方式，这样可以避免螺栓紧固时的变形。浮子改用椎体，密封会比球体效果更好。

## 案例 211　泡沫消防车水罐外注水口球阀冻裂

**1. 车辆信息**

底盘：斯堪尼亚 P310　　　　生产日期：2016 年 11 月

车型：泡沫消防车（PM60）

**2. 基本情况**

2017 年 1 月，车辆交接验收时，发现水罐外注水口球阀冻裂。

**3. 故障检查与排除**

（1）检查发现，由于外注水管路内还存有大量余水，车辆长期停置于室外，导致水罐外注水口球阀冻裂，如图 11-11 所示。

（2）更换损坏的阀门，故障排除。

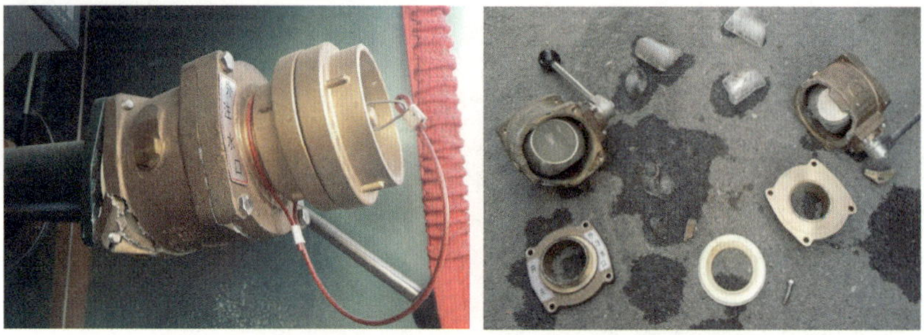

（a）冻裂的外注水口球阀　　（b）冻裂损坏的球阀分解图

图 11-11　冻裂损坏的球阀和球阀分解图

**4. 故障评析**

调查发现，生产厂家在出厂检测试验后未排尽余水，导致水罐、管路和阀体内积存大量余水，冬季时结冰体积膨胀，导致阀门冻裂损坏。

经过与厂家协调，厂家对冻裂损坏阀门进行了更换。

故障原因：厂家交货期间工作疏忽（100%）。

## 案例 212　泡沫消防车水罐出水口法兰漏水

**1. 车辆信息**

底盘：奔驰 2636　　生产日期：2019 年 6 月

车型：泡沫消防车（PM120，整车进口）

**2. 基本情况**

2020 年 10 月，该车驾驶员发现 PP（聚丙烯）水罐出水管路（水罐至水泵）法兰漏水。

**3. 故障检查与排除**

（1）维修人员现场对漏水处进行检查，罐后出水法兰与尾板圆周方向角焊接不均匀，泄漏处焊接高度未达到要求，焊接强度差导致受压后渗漏（图 11-12a）。

（2）安装管道法兰的连接螺栓过长，导致预埋螺母损坏（图 11-12b）。

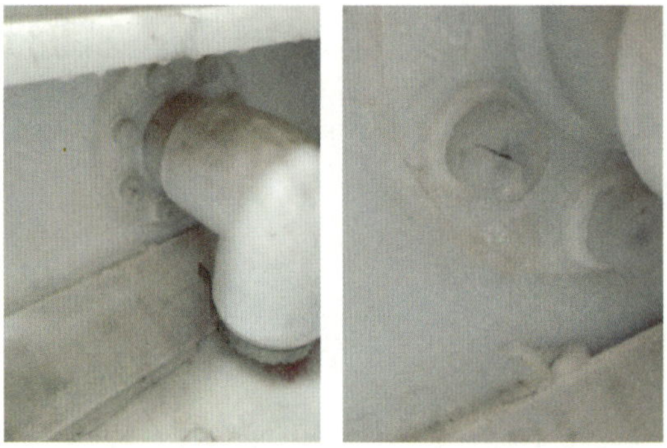

（a）出水法兰渗漏　　（b）预埋螺母损坏

图 11-12　水罐出水法兰损坏情况

（3）对法兰及更新后的预埋螺母进行重新焊接，同时更换符合长度要求的螺杆，故障排除。

**4. 故障评析**

该法兰与尾板圆周焊接高度未达到强度要求、管道法兰连接螺杆过长，法兰焊接不良，紧固件长度选用不匹配等多种原因造成漏水。

故障原因：安装工艺质量问题（70%）；设计问题（30%）。

**5. 改进建议**

PP 罐的金属预埋件故障率较高，在安装时要注意安装工艺和质量控制。

## 案例 213　泡沫消防车泡沫液罐防腐涂层脱落

**1. 车辆信息**

底盘：斯堪尼亚 P400　　　　生产日期：2014 年 2 月

车型：泡沫消防车（PM120）

**2. 基本情况**

2016 年以来，消防车泡沫液罐罐体内部防腐涂层发生大面积脱落。

**3. 故障检查与排除**

（1）检查发现泡沫液罐内部防腐涂层出现大面积鼓包、破损和脱落现象（图 11-13）。

（2）与厂家沟通后，对泡沫罐体内表面进行清理，清除原涂层，重新涂覆防腐涂层，故障排除。

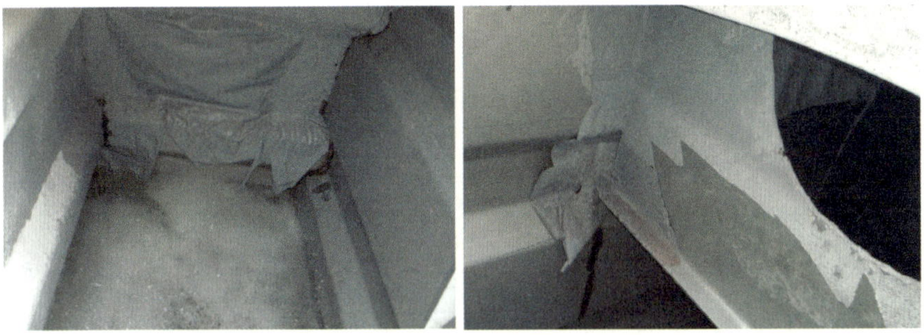

图 11-13　罐内脱落的防腐涂层

**4. 故障评析**

该系列车型的泡沫液罐防腐涂层在喷涂工艺、涂层材料选择和罐体内表面处理等均存在问题，因泡沫液长期储存腐蚀，导致涂层脱落，防腐作用失效。

故障原因：材料及生产工艺问题（70%）；检查保养不到位（30%）。

**5. 改进建议**

（1）厂家在罐体内表面喷涂过程中应加强工艺控制，或采用新材料罐体。

（2）更换泡沫液时要特别注意罐体内表面涂层情况，发现破损及时处理，更换泡沫液时应对罐体和管路进行清洗。

## 案例 214　泡沫消防车泡沫液罐呼吸阀腐蚀脱落

**1. 车辆信息**

底盘：斯帕坦 LA41M-3164　　生产日期：2013 年 11 月

车型：压缩空气泡沫消防车（AP100，整车进口）

**2. 基本情况**

2016 年 4 月，驾驶员在检查车辆时发现，泡沫液罐的呼吸阀腐蚀脱落。

**3. 故障检查与排除**

（1）维修人员检查发现，泡沫液罐呼吸阀存在严重的腐蚀损坏情况，呼吸阀阀盖已经脱落，如图 11-14 所示。

（2）经过除锈和清理，更换新的呼吸阀，故障排除。

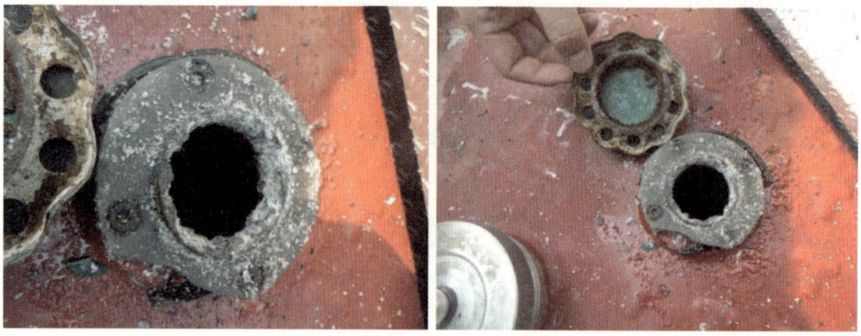

图 11-14　不同观测角度的呼吸阀腐蚀脱落情况

**4. 故障评析**

厂家在采购该型呼吸阀时对产品耐腐蚀性缺乏检测验证，长期使用后表面腐蚀，出现阀盖脱落的情况。

故障原因：零部件质量问题（100%）。

**5. 改进建议**

消防车生产企业在零部件采购过程中应根据消防车辆实际使用情况，对部件的性能提出系统的要求和质量指标，保证零部件质量可靠，使用耐久度高。

## 案例 215　压缩空气泡沫消防车泡沫液罐罐顶漏液

**1. 车辆信息**

底盘：奔驰 3344　　生产日期：2012 年 5 月

车型：压缩空气泡沫消防车（AP100）

**2. 基本情况**

该车在行驶中，泡沫液罐罐体顶部甲板处和侧面有大量泡沫液流出（图 11-15）。

**3. 故障检查与排除**

（1）检查发现，该车泡沫液罐为钢板拼接结构，厂家在生产液罐结构中没有使用整体压制焊接。该罐体为U形结构，其顶部甲板为花纹铝板拼装、拉铆结构（图11-16），也未使用密封胶加以密封。现因长期腐蚀，顶部甲板的铆钉也已经锈蚀脱落（图11-17）。

（2）消防车生产厂家对泡沫液罐顶部空隙用密封胶临时密封，故障排除。

图11-15　行车中泡沫液罐侧面大量泡沫液流出情况

（a）泡沫液罐顶部的花纹铝板

（b）泡沫液罐顶部的拼接情况

图11-16　花纹铝板拼接的泡沫液罐

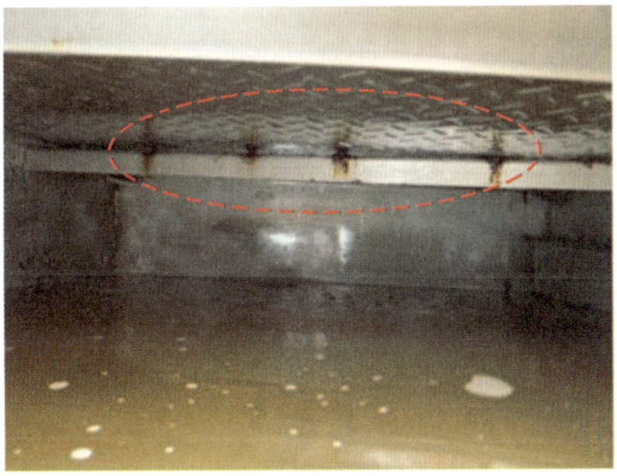

图11-17　泡沫液罐顶部甲板铆钉锈蚀脱落情况

**4. 故障评析**

该罐体在生产制造中存在结构设计不合理：不能采用不锈钢与花纹铝板两种不同金属材料来拼接生产泡沫液罐；生产加工和工艺也非常粗糙，使用一段时间后泡沫液从两种材料的铆接处大量泄漏。

故障原因：设计问题（80%）；生产工艺（20%）。

## 案例 216 压缩空气泡沫消防车泡沫液罐漏液

**1. 车辆信息**

底盘：奔驰 1529　　生产日期：2014 年 2 月

车型：压缩空气泡沫消防车（AP36，整车进口）

**2. 基本情况**

2015 年 6 月、8 月、10 月以来，配有多功能压缩空气泡沫消防车的中队驾驶员多次反映，A 类和 B 类两个泡沫液罐相继开裂漏液。

**3. 故障检查与排除**

（1）检查发现，该车泡沫液罐属于 PE（聚乙烯）材质，罐体侧壁检查孔位置有明显漏液痕迹（图 11-18）。

（2）进一步检查，发现泡沫液罐侧壁检查孔局部开裂，密封槽与密封圈尺寸不匹配，导致漏液，具体情况如图 11-19 和图 11-20 所示。

（3）更换新的泡沫液罐，故障排除。

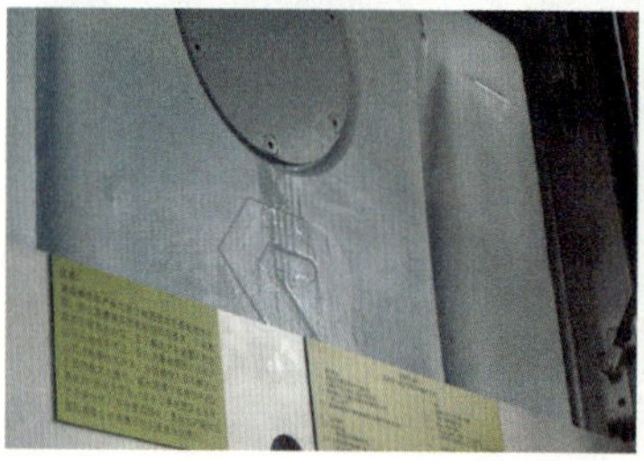

图 11-18 罐壁检查孔位置的漏液痕迹

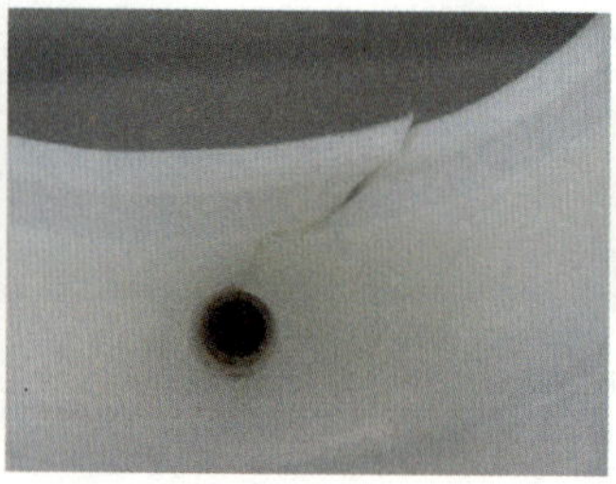

图 11-19 泡沫液罐检查孔局部开裂情况

图 11-20 密封槽与密封圈尺寸不匹配

**4. 故障评析**

仔细检查泡沫液罐，发现其检查孔的开口密封槽加工过于简单，仅仅使用了简单的机加工手段铣出了安装 O 型圈的矩形沟槽。同时，使用的密封圈与沟槽的尺寸也存在偏差，导致检查孔受到挤压发生变形破裂，导致漏液。

车辆改装厂家没有对罐体的密封、材料选取和加工方式做系统的分析和出厂检查，导致该型车辆的泡沫液罐多次出现类似故障。之后，用户在招标时要求罐体保修 10 年。

故障原因：泡沫液罐设计问题（50%）；加工工艺问题（50%）。

# 第十二章　消防炮及水枪系统故障分析与排除

本章主要对消防炮及水枪系统的 12 个典型故障进行分析与排除

## 案例 217　水罐消防车车顶消防炮锈蚀卡死

**1. 车辆信息**

底盘：优迪骐　　　　生产日期：2010 年 10 月

车型：水罐消防车（SG80）

**2. 基本情况**

2019 年 9 月 12 日，驾驶员反映该车车顶消防炮无法回转。

**3. 故障检查与排除**

（1）经检查发现，消防炮由于长时间不使用，导致内部旋转滚珠轴承的滚珠锈死，无法转动。

（2）对消防炮拆卸后进行除锈处理，消防炮仍然无法旋转，后更换消防炮旋转滚珠轴承的滚珠，消防炮恢复正常，具体情况如图 12-1 所示。

（a）电控消防炮标识牌

（b）损坏的消防炮

（c）锈蚀的消防炮连接法兰

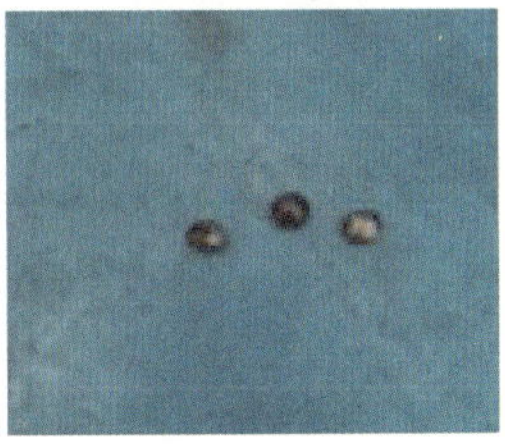

（d）旋转滚珠轴承的损坏滚珠

图 12-1　消防炮卡死问题

**4. 故障评析**

对消防炮进行拆卸做除锈处理，旋转滚珠轴承内的锈渣虽冲洗干净，但滚珠已锈蚀不圆，所以仍不能转动，更换所有滚珠，故障排除。

故障原因：日常维护保养不到位（100%）。

**5. 改进建议**

对消防炮应定期检查、操作运转、清洁除锈；对相对运动零件用正确的防水润滑脂进行润滑。

## 案例218 水罐消防车车顶消防炮控制系统保险过载烧毁

**1. 车辆信息**

底盘：奔驰 4158　　生产日期：2010 年 10 月

车型：水罐消防车（SG180，整车进口）

**2. 基本情况**

2011 年 7 月、2014 年 3 月，该型车辆分别出现车顶大功率消防炮仰角达到最大值后卡死的现象，造成消防炮无法动作（图 12-2），控制系统保险过载烧毁。

图 12-2 卡滞的车顶消防炮

**3. 故障检查与排除**

（1）通过拆解发现，当消防炮仰角达到最大时，出现卡死的现象。其原因是驱动俯仰动作的丝杠螺母运行到极限位置（死点）卡死（图 12-3），引起驱动电机过载，控制保险烧毁。

（2）对该车烧毁的控制保险进行更换后，消防炮俯仰动作恢复。

（3）同时对控制俯仰角度的电位器进行调整，使丝杠螺母到达俯仰极限位置之前能够自动停止驱动电机动作（图 12-4），故障排除。

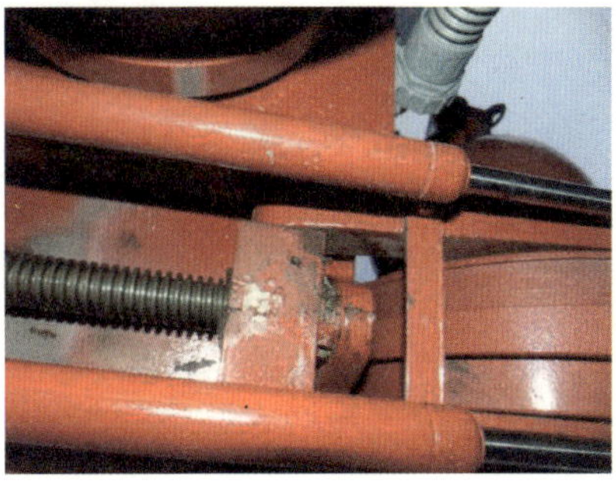

图 12-3 丝杠螺母到达极限位置卡死

图 12-4 电位器调整后丝杠螺母运行至此位置应停止

**4. 故障评析**

为了不影响车辆使用，维修人员及时对同批次车辆的车顶消防炮进行了系统的检查和测试，发现部分车辆也存在不同程度的卡滞问题。经检查发现，多数为电位器故障或阈值设置（软限位）出现偏差，没有及时切断俯仰电机电源，导致丝杠螺母达到极限位置（硬限位）卡死。

目前，车用消防炮的软限位方式主要有两种方式：一是通过位置传感器（如电位器和行程开关）；二是通过消防炮控制电路板的限流，如超过一定电流的情况下，才切断驱动电机的电流。

故障原因：电子元器件调整不当（50%）；电子元器件老化损坏（50%）。

**5. 改进建议**

（1）消防车车顶消防炮在长时间使用后，消防炮的位置传感器阈值可能发生变化，操作人员应执行日常检查，发现消防炮俯仰动作到达极限位置未能提前减速等异常现象时，应对位置传感器阈值进行校正。

（2）由于该型车载消防炮炮身尺寸较长，在操作过程中，尤其是射水时，尽量避免消防炮俯仰角度达到最大极限位置。

## 案例 219 泡沫消防车消防炮驱动电机进水腐蚀

**1. 车辆信息**

底盘：斯堪尼亚 P420　　生产日期：2009 年

车型：泡沫消防车（PM150）

**2. 基本情况**

2010 年 3 月以来，多台次该型消防车配置的进口消防炮出现驱动电机失效的问题。

**3. 故障检查与排除**

（1）现场测试发现，消防炮通电后驱动电机不工作，消防炮无法动作。

（2）拆卸电机检查发现，由于电机外壳密封不严导致电机内部进水，发生严重腐蚀，如图 12-5 所示。

（3）更换驱动电机后，故障排除。

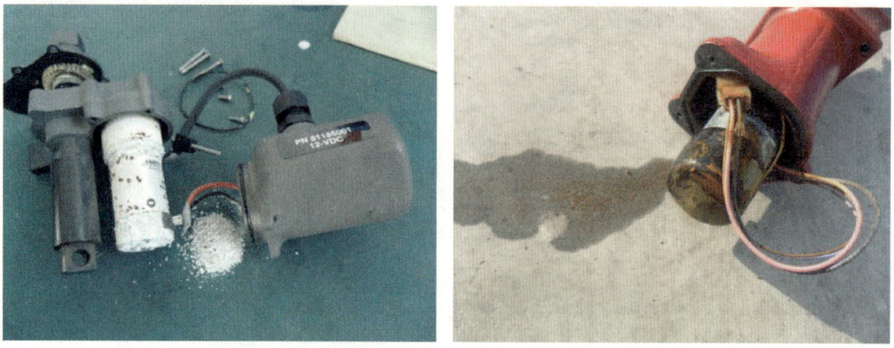

（a）消防炮驱动电机腐蚀后形成结晶　　（b）消防炮驱动电机外壳进水腐蚀

图 12-5 腐蚀的消防炮驱动电机

**4. 故障评析**

同一批次的消防炮出现过多次同样故障，维修人员判断原因为消防炮长期暴露在外，电机壳密封组件老化导致电机内部进水。消防炮厂家的解释是电机密封圈自然老化时间一般为 3 年，需定期更换。

故障原因：零部件防护等级低（100%）。

**5. 改进建议**

（1）提高消防炮电机的设计寿命指标和防护等级，建议防护等级≥IP65。

（2）对于长期暴露在外的电气部件，要特别注意是否有生锈迹象，加强保养、防止用水冲。

## 案例 220 泡沫消防车消防炮遥控驱动程序紊乱

**1. 车辆信息**

底盘：斯堪尼亚 P420　　生产日期：2011 年

车型：泡沫消防车（PM150）

**2. 基本情况**

2014 年 3 月以来，多台次该型消防车配置的进口消防炮出现无法控制和操作的问题。

**3. 故障检查与排除**

（1）由于故障出现于多台次消防车，维修人员集中对同规格消防炮的驱动系统、遥控系统等进行详细测试，发现主要故障为消防炮无法俯仰和旋转。

（2）检查消防炮俯仰和旋转驱动电机和线路，均无异常。检查其操作控制系统，发现发出操作指令后消防炮并不执行动作；检查控制器硬件系统，无异常。

（3）通过与消防炮生产厂家技术人员沟通，对控制系统进行了检查，发现操作指令与实际动作紊乱（图 12-6），通过刷新控制系统程序，故障排除。

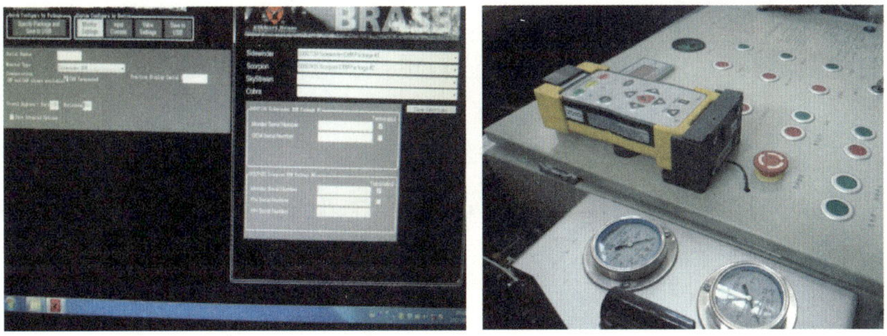

（a）控制系统程序界面　　（b）控制面板

图 12-6　消防炮控制系统故障和控制面板

**4. 故障评析**

对消防炮控制系统程序刷新后，故障排除，但车辆使用一段时间后故障还会出现，需要对控制程序再次重置和刷新。

该型消防炮此种故障，可能为消防炮长期使用后，消防炮的位置传感器阈值发生变化，与系统程序设定数值不符，只能在出现故障时对控制系统程序进行重置和刷新。

故障原因：消防炮程序设计问题（100%）。

**5. 改进建议**

采购遥控消防炮时应向供应商索要控制系统程序（或刷新软件）。

## 案例 221　泡沫消防车消防炮无线接收控制单元损坏

**1. 车辆信息**

底盘：斯堪尼亚 P420　　生产日期：2009 年

车型：泡沫消防车（PM150）

**2. 基本情况**

2010 年 3 月以来，多台次该型消防车配置的进口消防炮出现无法控制和操作的问题。

**3. 故障检查与排除**

（1）通过系统检查，初步判断主要问题是消防炮无法俯仰和旋转，在检查硬件系统无故障后，拆卸消防炮无线接收控制单元，发现其电路板内部电子元器件烧毁。图 12-7

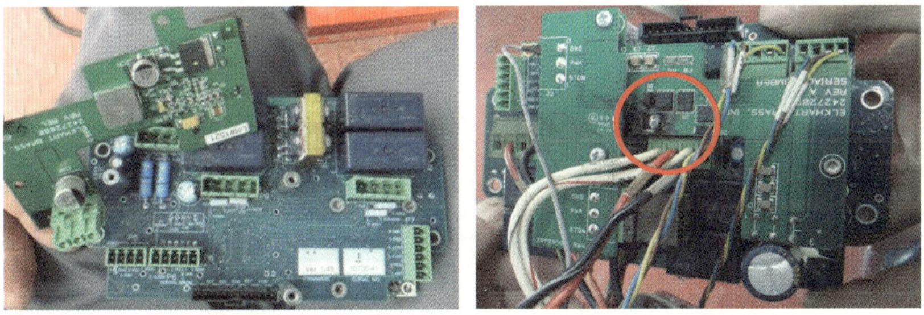

（a）分解的无线接收控制单元线路板　　（b）损坏的无线接收控制单元电路板

图 12-7　消防炮无线接收控制单元电路板

为消防炮无线接收控制单元电路板。

（2）对接收控制单元内损坏的电路板进行更换，故障排除。

**4. 故障评析**

由于消防炮无线接收控制单元安装于消防炮炮身上，长期暴露在外，易受湿气和水渍影响，当其出现密封问题时会导致控制单元内部电子元器件的损坏，进而影响消防炮的控制和使用。

故障原因：零部件防护等级低（100%）。

**5. 改进建议**

提高消防炮无线接收控制单元控制盒的防护等级，建议防护等级≥IP65。

## 案例 222 机场泡沫消防车消防炮运动编码器损坏

**1. 车辆信息**

底盘：机场消防车专用底盘 6×6　　生产日期：2019 年 8 月

车型：机场主力泡沫消防车（PM120，整车进口）

**2. 基本情况**

按下驾驶室内消防炮模拟控制手柄（图 12-8）上的启动键，消防炮不能自动移至攻击位置。

图 12-8　驾驶室内消防炮模拟控制手柄

**3. 故障检查与排除**

检查发现消防炮控制模块指示灯 F2 点亮红灯（图 12-9），说明消防炮主保险损坏，更换保险后，故障排除。

图 12-9　车顶消防炮及消防炮控制模块

**4. 故障评析**

消防炮主保险烧损的主要原因是消防炮运行轨迹复杂，特别是消防炮回到锁定位置，编码器位置跑偏，有时会造成消防炮卡死，烧断保险，烧毁模块或电机。

相同故障现象如果保险没问题，而控制模块指示灯 F3 亮红灯，说明消防炮控制模块内部短路损坏，可更换模块，重新对消防炮运动轨迹编程即可。

如果消防炮模块没有亮红灯，说明模块工作正常，可检查消防炮电机及线路、减速齿轮是否损坏，更换损坏零件，重新编程即可。

故障原因：产品设计问题（100%）。

## 案例 223　泡沫消防车消防炮控制手柄失灵

**1. 车辆信息**

底盘：奔驰 3341　　生产日期：2015 年 8 月

车型：泡沫消防车（PM120）

**2. 基本情况**

驾驶员在驾驶室内按下消防炮控制手柄上的启动键，发现车顶消防炮无动作（图 12-10）。

**3. 故障检查与排除**

（1）维修人员用专用诊断电脑现场检测，发现驾驶室内消防炮手柄控制模块不工作，车顶消防炮控制模块工作正常。

（2）打开驾驶室内消防炮控制手柄外壳，发现手柄控制模块上的 LED 工作状态指示灯不亮。检查供电电源线有 24 V 输入，进一步检查发现手柄下端与底座相连的旋转电位器供电线断路（图 12-11），当重新接通电线后手柄控制模块上的 LED 工作状态指示灯仍然不亮，判断手柄控制模块损坏。

（3）更换手柄控制模块后（图 12-12），重新编程，故障排除。

图 12-10　车顶消防炮

图 12-11　手柄旋转电位器

图 12-12　更换手柄控制模块

**4. 故障评析**

该消防车驾驶室内消防炮控制手柄为模拟式，分为手柄控制模块、消防炮控制模块以及连接 CAN 总线，其中手柄控制模块控制信号通过手柄下端的电位器实现控制信号的传输。

故障可能是由于旋转电位器供电线路布线位置不当，在手柄转动时磨损断开，电源线搭铁造成手柄模块烧坏。

厂家为提高手柄的可靠性设计生产的新型手柄，已将控制手柄电位器和控制模块设计为一体式，但如果新型手柄发生故障，无法单独更换零件，只能更换整个手柄，增加维修成本。

故障原因：安装不当（100%）。

## 案例 224 泡沫消防车消防炮俯仰电位器伸缩杆损坏

**1. 车辆信息**

底盘：曼 TGM18. 280　　　　生产日期：2015 年 8 月

车型：泡沫消防车（PM40）

**2. 基本情况**

2018 年 9 月，驾驶员在启动消防炮后发现，手柄无法控制，消防炮自动上仰到最大角度卡死。

**3. 故障检查与排除**

（1）维修人员现场检查发现，消防炮控制模块及手柄模块工作正常，在车顶摇动消防炮俯仰转轮时俯仰电位器电压值不变化，确认是俯仰电位器故障。

（2）打开消防炮壳体，发现俯仰电位器的伸缩杆弯曲（正常为平直）(图 12-13)，当消防炮俯仰时电位器无法感应消防炮位置。更换新的俯仰电位器，重新设置消防炮位置程序，故障排除。

(a) 车顶消防炮和俯仰电位器位置　　(b) 消防炮俯仰电位器伸缩杆弯曲

图 12-13 消防炮俯仰电位器损坏情况

**4. 故障评析**

此种消防炮俯仰电位器安装在炮管托架内，托架与消防炮的炮管采用一支螺栓轴连接，可以转动。当消防炮俯仰运动时，电位器随之做微小摆动，同时将消防炮俯仰运动转换成电位器伸缩杆的直线运动，转换为电信号。如果安装俯仰电位器托架螺栓轴太紧，托架不能上下摆动，可能会导致伸缩杆折弯，现在新型消防炮已经更新设计用编码器替代电位器，增加了可靠性。图 12-14 为消防炮俯仰电位器伸缩杆安装原理图。

故障原因：电位器托架安装不当（100%）。

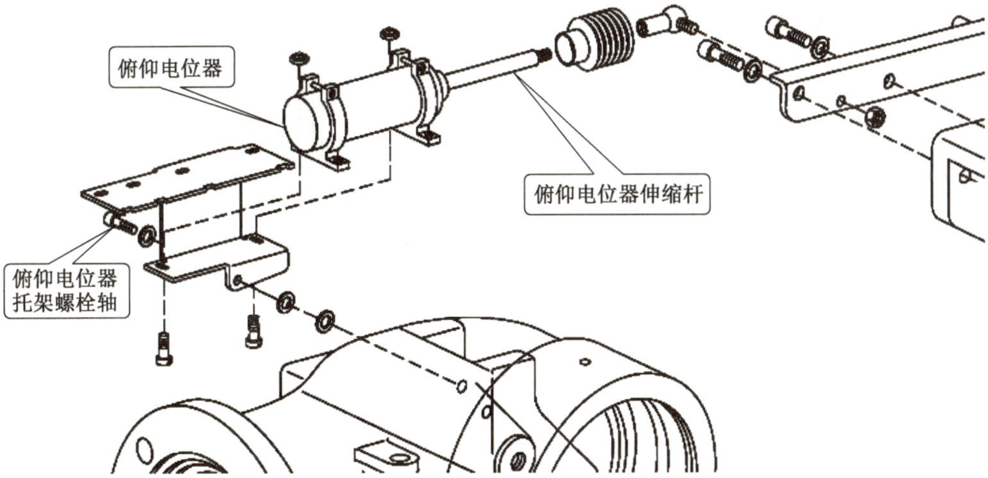


图 12-14　消防炮俯仰电位器伸缩杆安装原理图

## 案例 225　泡沫消防车消防炮控制模块保险烧断

**1. 车辆信息**

底盘：奔驰 4148　　　　生产日期：2015 年 6 月

车型：泡沫消防车（PM180，整车进口）

**2. 基本情况**

驾驶室内的消防炮控制手柄（图 12-15）及泵室的有线遥控器（图 12-16）都不能控制车顶消防炮（图 12-17）。

图 12-15　驾驶室消防炮控制手柄

图 12-16　泵室内的消防炮有线遥控器

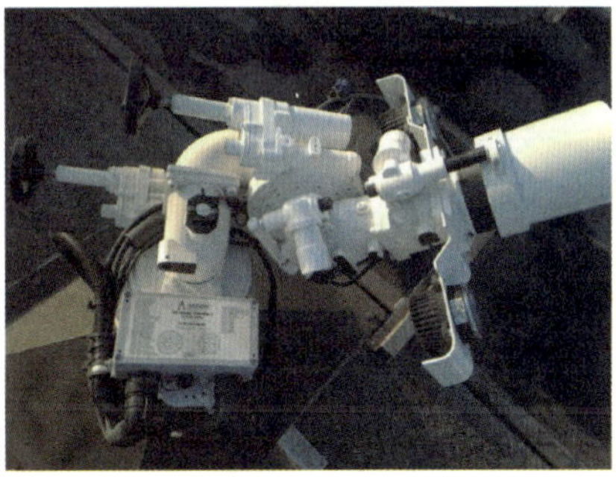

图 12-17　车顶消防炮

**3. 故障检查与排除**

（1）检查发现消防炮的控制模块保险烧断，更换新保险，试运行时保险再次烧断。

（2）进一步检查，发现泵室内的消防炮有线遥控器接头松脱，拆开接头发现连接内部针头的接线有短接情况，如图 12-18 所示。

（3）更换泵室内的有线遥控器线缆接头及消防炮的控制模块保险，故障排除。

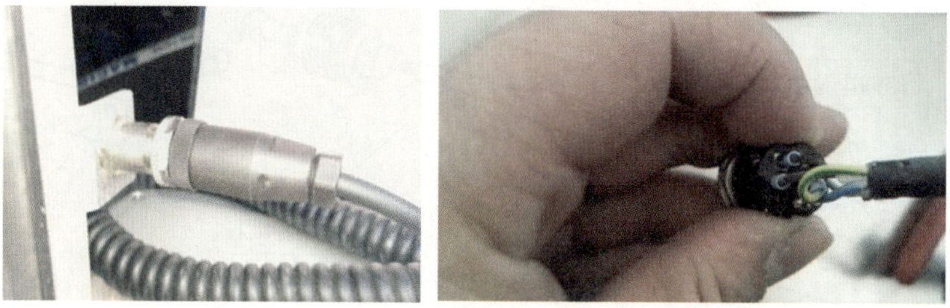

（a）有线遥控器松动的接头　　（b）接线短接的遥控器接头

图 12-18　故障消防炮有线遥控器线路及接头

**4. 故障评析**

由于有线遥控器自带的遥控螺旋线缆短，多次拉拽遥控线缆后导致固定的接头松脱，内部针头的接线出现短接。

线缆接头设置了锁紧螺母用来压紧电线防止松脱，如果压紧螺母未拧紧或线缆直径过小，锁紧螺母无法有效压紧线缆，容易造成线缆松脱或短路。

故障原因：线路设计问题（50%）；操作不当（50%）。

**5. 改进建议**

加长线缆，避免经常拉拽接头，另多备几根备用线缆。

连接插头与线缆连接处要加强紧固和检查。

## 案例 226　泡沫消防车消防炮控制系统故障

**1. 车辆信息**

底盘：奔驰 2628　　生产日期：1998 年 8 月

车型：泡沫消防车（PM120，整车进口）

**2. 基本情况**

2019 年 10 月，驾驶员在按下消防炮遥控手柄启动按钮后，消防炮不受控制，自动转动到最后方，停止运动。

**3. 故障检查与排除**

（1）该车消防炮控制系统为老式 PLC（可编程逻辑控制器）控制系统（图 12-19），正常情况下消防炮控制系统的电路板 PM88 显示的 0~5 号的 6 个黄色指示灯全亮。现场检查发现消防炮控制系统的电路板 PM88 显示 0、1、4 三个黄灯亮，说明消防炮电位器故障。

（2）进一步检查，消防炮旋转到正前方上仰 20°左右时测量旋转及俯仰电位器电压只有 0.5 V（正常为 5 V），将手柄转到正前方上仰 10°左右，测量手柄旋转及俯仰电位器电压也为 0.5 V（正常为 5 V）。

（3）检测消防炮控制系统输出给继电器及接线电路板 XP01 插头的 8 号针脚（图 12-20）有 10 V 电压，说明消防炮控制系统的电路板 PM88 输出正常，但接线电路板输出至手柄电位器及消防炮电位器电压只有 1 V，说明此接线电路板损坏。更换新接线电路板，故障排除。

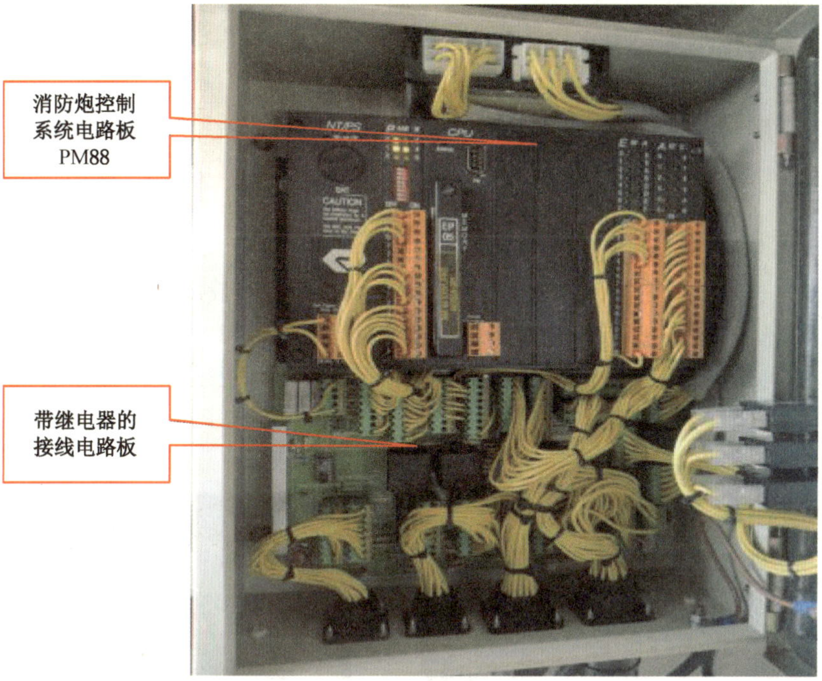


图 12-19 消防炮 PLC 电控箱

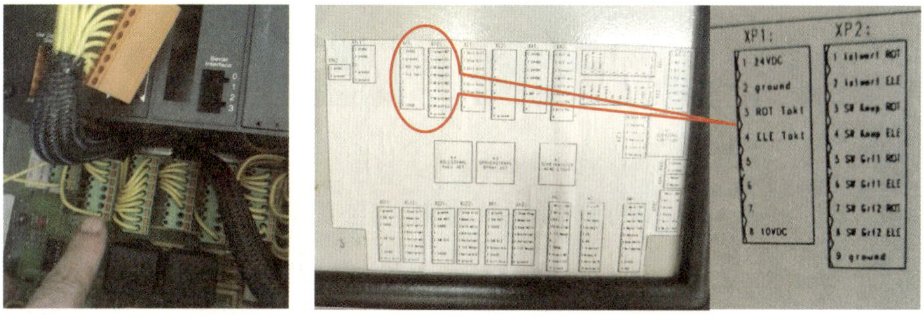


（a）电路板 XP01 插头 8 号针脚　　（b）印刷线路板插头说明

图 12-20 消防车消防炮控制系统故障

**4. 故障评析**

此车顶消防炮是由驾驶室内遥控手柄控制，消防炮由控制系统采集、比较手柄电位器电压及消防炮电位器电压，并控制消防炮按照手柄控制方向运动。由于此车已经服役 20 年，使用的是最老一代控制系统产品，属于印刷电路板正常老化。

故障原因：元器件老化（100%）。

# 案例 227 泡沫消防车消防炮和升降灯组合遥控器损坏

**1. 车辆信息**

底盘：曼 TGM18. 280　　　　生产日期：2016 年 8 月

车型：泡沫消防车（PM36，整车进口）

**2. 基本情况**

2018 年 10 月，驾驶员发现车载消防炮和升降灯组合遥控器（可切换有线和无线两种控制方式），有线遥控可正常使用，无线遥控失灵。遥控器充电指示灯一直亮红灯，但无法充电。

**3. 故障检查与排除**

（1）维修人员检查充电插座有 24 V 电源，说明充电线路完好，判断为遥控器损坏，更换新的遥控器。消防炮和升降灯组合遥控器检修情况如图 12-21 所示。

（2）重新更改新遥控器的 ID 号，使之与车辆 ID 匹配，更改 ID 步骤如图 12-22 所示。

（3）再与遥控信号接收器匹配后，故障排除。组合遥控器与接收器匹配步骤如图 12-23 所示。

（a）测量组合遥控器电压

（b）组合遥控器有线控制和充电状态

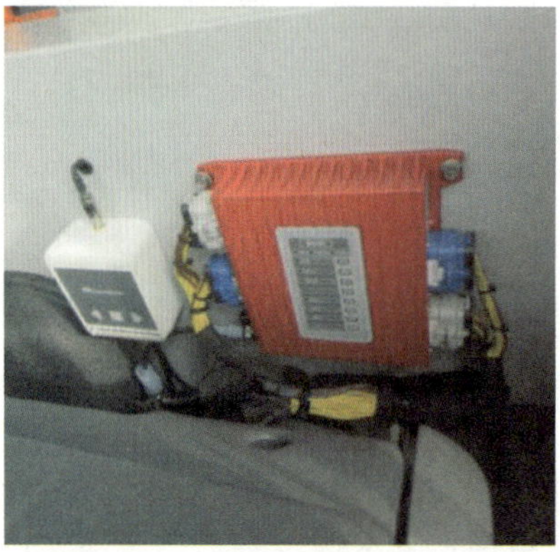

（c）位于车厢中部的遥控信号接收器和控制模块

（d）新旧组合遥控器对照

图 12-21 消防炮和升降灯组合遥控器检修情况

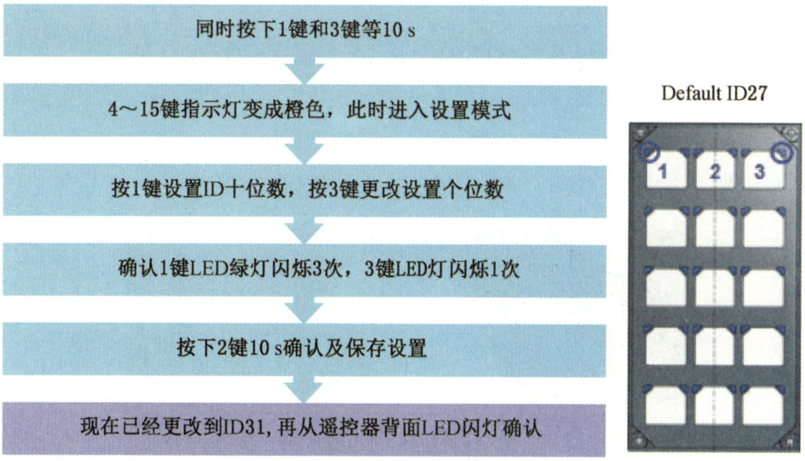


图 12-22　新组合遥控器更改 ID 号步骤

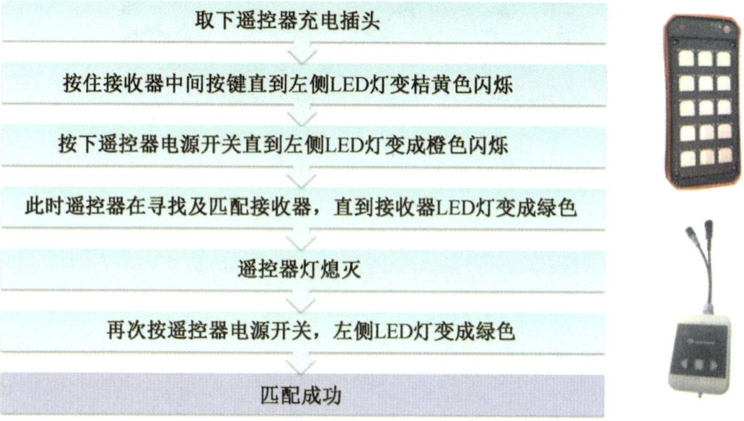


图 12-23　组合遥控器与接收器匹配步骤

**4. 故障评析**

此遥控器可以通过无线遥控或有线控制消防炮模块、升降灯模块及控制发动机转速调整出水压力。由于按键有照明功能，适合夜间操作，用电量大，所以配备了大容量充电电池，平时不用时接上线缆，随时充电，否则如果电量放净，可能造成充电电池损坏。

故障原因：产品质量问题（50%）；使用保养问题（50%）。

**5. 改进建议**

建议平时遥控器应长期保持充电状态（线缆始终保持连接状态），以确保使用无线控制时电量充足。

## 案例 228　泡沫消防车消防炮回转驱动齿轮损坏

**1. 车辆信息**

底盘：斯太尔　　　　　　　　　　　　生产日期：2016 年 4 月

车型：泡沫消防车（PM120）

**2. 基本情况**

2019 年 8 月，驾驶员发现车顶消防炮（100 L/s）不能水平转动。

**3. 故障检查与排除**

（1）维修人员现场拆解消防炮，发现水平回转驱动小齿轮损坏三个齿（图 12-24）。

（2）更换齿轮、加注润滑脂，增加防尘护罩，故障排除。

图 12-24　齿轮损坏情况

**4. 故障评析**

分析损坏原因是：缺少润滑脂且有异物进入导致齿轮损伤，齿轮缺失润滑脂、外部没有防护罩。

故障原因：防尘防护设计不到位（50%）；保养不及时（50%）。

# 第十三章　乘员室及器材厢故障分析与排除

本章主要对乘员室的 17 个典型故障进行分析与排除

## 案例 229　水罐消防车乘员室空气呼吸器固定架锁止手柄无法锁止

**1. 车辆信息**

底盘：五十铃 FVR34J　　生产日期：2008 年 5 月

车型：水罐消防车（SG50）

**2. 基本情况**

该消防车配发使用时，发现空气呼吸器固定架锁止手柄无法全部按下，气瓶未被锁紧固定。

**3. 故障检查与排除**

（1）经检查，空气呼吸器固定架锁止手柄与固定架间隙过小造成行程较短，无法按下归位，出现卡滞情况，如图 13-1 所示。

（2）将空气呼吸器固定架整体拆解后，调整锁止手柄安装位置，增大锁止手柄与空气呼吸器固定架及周边部件间隙，留足操作空间，故障排除。

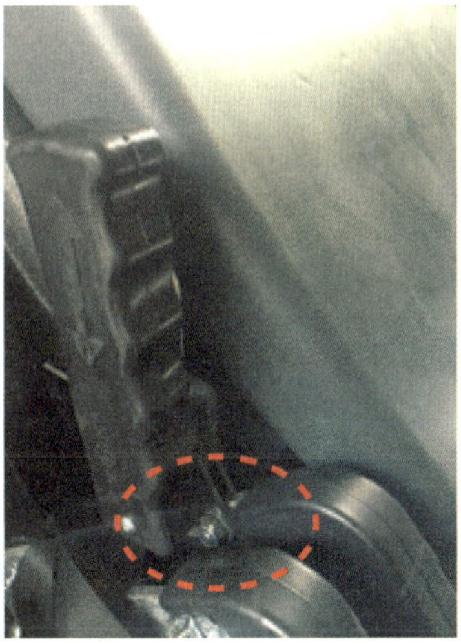

图 13-1　空气呼吸器固定架锁止手柄与固定架卡滞位置

**4. 故障评析**

此故障为消防车乘员室空气呼吸器固定架设计时，未充分考虑固定架锁止手柄的动作范围，与固定架的间隙太小而产生干涉，导致锁止手柄无法使用，丧失锁止功能。

故障原因：设计问题（50%）；安装问题（50%）。

**5. 改进建议**

（1）消防车在改装设计过程中，要充分考虑相关部件之间可能产生的干涉问题，预留合理的操作空间，必要时对整车设计进行仿真分析，形成最佳设计方案。

（2）消防车要加强统型设计生产，对设计生产的样车进行实战化测试。

## 案例 230 泡沫消防车乘员室玻璃门破损

**1. 车辆信息**

底盘：曼 TGM18. 280　　　　生产日期：2017 年 8 月

车型：泡沫消防车（PM36，整车进口）

**2. 基本情况**

消防员在日常训练时，从乘员室左侧跳下车，腰斧与乘员室车门玻璃发生碰撞，导致左侧车门玻璃破碎。损坏的消防车乘员室车门情况如图 13-2 所示，图 13-3 为正常的乘员室车门玻璃位置。

图 13-2 损坏的消防车乘员室车门

图 13-3 正常的乘员室车门玻璃位置

**3. 故障检查与排除**

更换新的左侧乘员室车门玻璃，故障排除。

**4. 故障评析**

为了消防车外形美观和方便消防员观察车外情况，该车乘员室车门由全钢化玻璃制作，但消防员在紧急出警上车及下车时，携带的器材很容易与车门发生碰撞导致玻璃破损。

故障原因：车门选材问题（70%）；使用问题（30%）。

**5. 改进建议**

（1）厂家在设计车门时不仅要考虑美观还要注重实用性，提高车门玻璃的耐冲击性。

（2）消防员上下车时，要注意防止随身携带的器材撞击车门，造成损坏。

## 案例 231 泡沫消防车器材厢电动卷帘门驱动齿轮损坏

**1. 车辆信息**

底盘：奔驰 1329　　　　生产日期：2014 年 3 月

车型：泡沫消防车（PM10，整车进口）

**2. 基本情况**

2015 年 12 月至 2016 年 4 月间，多台次该型消防车的电动卷帘门发生无法开闭的故障。

**3. 故障检查与排除**

（1）经维修人员检查，发生故障的器材厢卷帘门由单个电动机驱动，在开闭过程中因驱动卷轴过长，卷帘门升降时抖动严重。器材厢卷帘门电机驱动系统如图 13-4 所示。

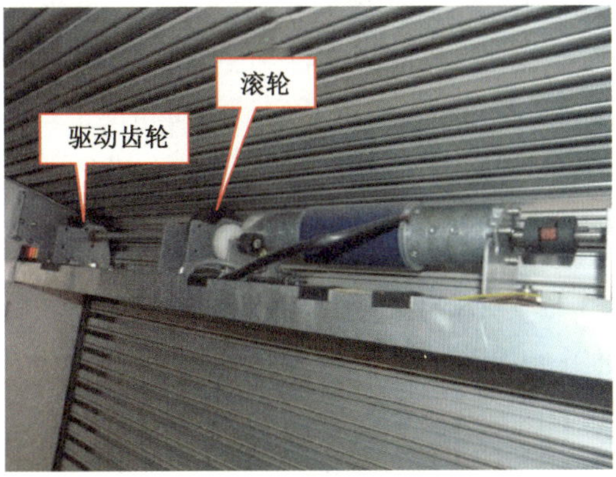


图 13-4　器材厢卷帘门电机驱动系统

（2）由于卷帘门严重抖动，驱动齿轮与卷帘门齿轮槽之间的啮合出现错位，造成驱动齿轮跳槽、偏位和卷帘门卡滞，如果强行开闭造成齿轮破损（图 13-5）。

图 13-5　电机驱动的驱动齿轮破损情况

（3）联系消防车生产厂，反馈故障问题。厂家技术人员现场检查发现，出厂时电动卷帘门驱动电机控制模块设定的功率过小，同时因两侧滚轮与驱动齿轮不同步，造成滑道摩擦力增大，导致该故障出现。

（4）消防车生产厂技术人员调整控制模块设定的驱动电机功率值（增大电流），更换驱动齿轮，故障排除。

**4. 故障评析**

该电机驱动系统功率小、齿轮等传动件强度低，运行可靠性低，同时卷帘门太宽，容易造成两侧驱动齿轮不同步，是导致故障出现的根本原因。

故障原因：电动卷帘门设计（70%）；零部件质量问题（30%）。

**5. 改进建议**

（1）卷帘门宽度不宜过大；电动卷帘门机构复杂、故障率高，不建议在消防车上安装使用。

（2）车辆设计时应满足《消防车 第 1 部分：通用技术条件》（GB 7956.1—2014）中 5.10.3.1 条“器材厢门应开启、关闭方便，不应有卡阻和两手用力不平衡就打不开的现象”等相关条款要求，加强出厂前的零部件和整车性能测试工作。卷帘门锁应开关方便、可靠，卷帘门和锁具应能承受 10000 次开启、关闭和锁止，不应失效。

## 案例 232 水罐消防车器材厢卷帘门卡滞、损坏和脱落

**1. 车辆信息**

底盘：奔驰 4158、斯堪尼亚 R560　　生产日期：2007 年

车型：水罐消防车（SG180）

**2. 基本情况**

2009 年以来，多台次消防车器材厢卷帘门出现卡滞、损坏和脱落故障，具体情况如图 13-6 所示。

（a）锁舌的固定架错位

（b）损坏的卷帘门锁

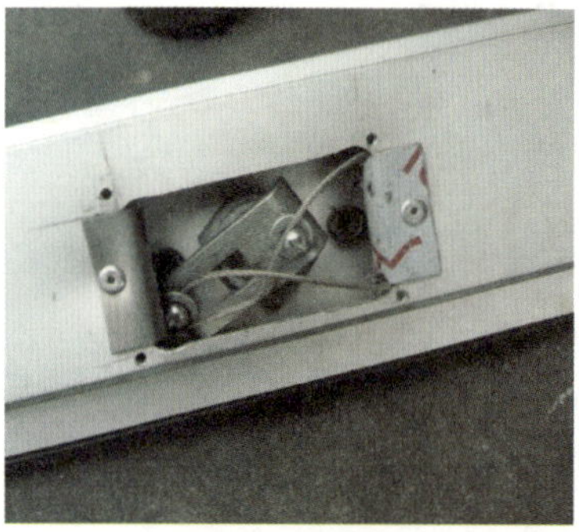

（c）锁销拉线松动

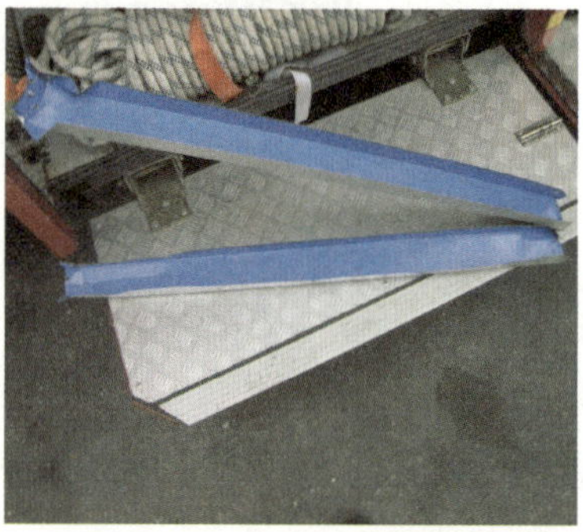

（d）锁杆护板变形脱落

图 13-6 卷帘门损坏的各种情况

**3. 故障检查与排除**

（1）卷帘门锁舌固定架强度不够、锁舌太长、护板太薄、滑道不平整和强度不够、拉杆太细等造成卷帘门卡滞，长时间强行操作后，出现不同程度的损坏甚至整体脱落情况。

（2）更换锁止机构、轨道、连接扣锁等损坏部件，故障排除。

**4. 故障评析**

（1）检查发现，改装车辆的卷帘门存在材料档次低、强度不够，安装工艺粗糙，整体做工质量差等问题，尤其是锁销或锁舌等主要锁止部件质量差，安装不牢靠，导致了卷帘门频繁损坏。

（2）除了本身设计问题外，个别基层消防员在开闭卷帘门时动作粗暴，也是卷帘门损坏的原因之一。

故障原因：设计问题（30%）；安装问题（20%）；材料问题（30%）；操作不当（20%）。

**5. 改进建议**

（1）卷帘门使用频繁，厂家对材料、安装工艺和组件质量一定要高度重视，需求单位在车辆采购过程中，应对卷帘门的质量、强度、耐久性提出明确要求，并在验收时重点检查、测试。

（2）车辆使用过程中，消防员也要注意对卷帘门的保护，固定好随车器材，防止行驶过程中出现器材颠簸和滑动，撞坏卷帘门甚至发生器材甩出情况；消防员开闭卷帘门要合理用力。

## 案例 233　水罐消防车器材厢卷帘门支撑导向轮丢失造成卷帘脱落

**1. 车辆信息**

底盘：斯堪尼亚 P310　　生产日期：2014 年 12 月

车型：水罐消防车（SG60）

**2. 基本情况**

2020 年 3 月，车辆驾驶员发现器材厢卷帘门脱落，消防员只得临时用绳索捆绑固定，具体情况如图 13-7 所示。

图 13-7　临时用绳索固定的卷帘门

**3. 故障检查与排除**

（1）检查发现，卷帘门支撑导向轮脱落丢失，卷帘门导向轮轴变形造成导向轮偏斜，两侧滑道磨损，卷帘门整体脱落，具体情况如图 13-8 和图 13-9 所示。

（2）更换卷帘门总成和滑道，故障排除。

图 13-8 导向轮脱落后的导向轮轴

图 13-9 变形的卷帘门导向轮轴造成导向轮偏斜

**4. 故障评析**

卷帘门一般由卷帘门导向轮轴、导向轮、卷轴、型材、滑道、滑块、门头以及把手门锁等部件组成，其中卷帘门导向轮轴为主要承重部件，滑块为定位及锁止部件。当推动卷帘门时滑块通过与滑道的阻尼作用保证卷帘门在任意位置停住，卷帘门导向轮轴安装位置与可靠度，以及导向轮轴上安装的导向轮，确保卷帘门上下推动轻松平顺。

如导向轮发生故障，卷帘门将无法上下滑动；如导轨与滑块不能正常匹配，卷帘门将无法在任意位置停住。

国产消防车生产厂改装的卷帘门，普遍存在支撑导向轮脱落、滑道损坏，卷帘门卷轴松脱，以及固定卷帘门型材的小滑块（尼龙材质）和固定卷帘门门头的大滑块（尼龙材质）出现损坏的情况。

此类故障的主要原因：卷帘门滑道安装在车厢厢体上时，未与车厢整体造型匹配，滑道弧度与厢体弧度不完全吻合，影响了滑道整体的平滑性，导致滑道和滑块容易损坏。

消防员开关卷帘门时动作粗暴容易造成卷帘门损坏。另外，如器材厢内器材未固定，行车时器材滑动碰撞卷帘门，也会造成卷帘门损坏。

故障原因：零部件质量问题（40%）；工艺质量问题（40%）；操作不当（20%）。

**5. 改进建议**

（1）提高导向轮轴与导向轮的强度，确保导向轮轴与导向轮在卷帘门反复拉动时的强度与可靠性。

（2）确保导向轮轴与导向轮安装位置正确，即导向轮轴应该与卷帘门滑动方向保持垂直。

（3）提高滑道强度，确保多次使用后滑道本体不变形；小滑块与滑道之间的间隙设计要合理。

# 案例 234　水罐消防车器材厢上翻门脱落

**1. 车辆信息**

底盘：汕德卡　　　　　　　　　　　　生产日期：2017 年 10 月

车型：水罐消防车（SG60）

**2. 基本情况**

消防车使用一段时间后，水罐左侧下部上翻门整体脱落，具体故障情况如图 13-10 所示。

图 13-10　水罐左侧下部上翻门脱落

**3. 故障检查与排除**

（1）经检查，上翻门与支撑杆连接部位螺栓脱落、翻转橡胶铰链断裂，导致上翻门整体脱落。

（2）更换上翻门铰链、连接的气弹簧支撑杆，故障排除。

**4. 故障评析**

经对损坏部件检查，发现上翻门的橡胶铰链、连接的气弹簧支撑杆质量差、可靠性低，长期使用，连接部位断裂；在使用过程中，未及时发现上翻门连接机构、气弹簧支撑杆出现故障，仍继续使用或暴力开门，导致上翻门整体脱落。

故障原因：零部件质量问题（70%）；检查维护不及时（30%）。

**5. 改进建议**

（1）选择可靠性较高、质量好的上翻门铰链轴及支撑连接件。

（2）对设计生产的样车参照实战进行综合测试，如对上翻门进行开启、闭合寿命测试，减少故障的发生。

（3）使用过程中，要经常检查，及时进行紧固、润滑和调整，避免在车辆行驶过程中上翻门脱落，造成安全事故。

## 案例 235 水罐消防车器材厢翻转踏板脱落

**1. 车辆信息**

底盘：解放 J6　　生产日期：2018 年 6 月

车型：水罐消防车（SG60）

**2. 基本情况**

该车使用时，器材厢翻转踏板发生倾斜和脱落。

**3. 故障检查与排除**

（1）检查发现，与器材厢翻转踏板连成一体的内侧限位挡块断裂脱落，器材厢翻转踏板失去支撑，发生倾斜和脱落，具体情况如图 13-11 所示。

（2）拆卸踏板，进行更换后，故障排除。

图 13-11　器材厢翻转踏板脱落

**4. 故障评析**

故障的主要原因是：一是踏板内侧的支撑限位挡块强度不足，承重后损坏；二是使用过程中，踏板超载也会导致支撑结构变形和损坏。

故障原因：部件质量问题（70%）；使用不当（30%）。

**5. 改进建议**

消防车在改装过程中，要对踏板的承重及支撑强度进行综合计算、分析、合理设计，选用支撑强度高的材料，提高部件的可靠性。同时要在踏板显著位置采用清晰文字标注踏板最大承载质量，提醒使用人员严禁超载。

## 案例 236 水罐消防车器材厢翻转踏板损坏

**1. 车辆信息**

底盘：斯堪尼亚 P310　　生产日期：2008 年 5 月

车型：水罐消防车（SG60）

**2. 基本情况**

2009 年以来，多台次消防生产车厂改装的器材厢翻转踏板出现下斜或上扬，无法正常使用，具体情况如图 13-12 和图 13-13 所示。

图 13-12　翻转踏板下斜

图 13-13　翻转踏板上扬

**3. 故障检查与排除**

（1）检查发现器材厢翻转踏板角度偏移，出现安全隐患。

（2）检查踏板连接结构，发现其采用的铰链及支撑结构强度不足，在多次踩踏瞬时冲击下变形或损坏。

（3）更换新的铰链，故障排除。

**4. 故障评析**

车辆翻转踏板是方便消防员在器材厢内取放器材而设置的，消防员在使用翻转踏板时要注意上下时的动作幅度和强度，减小瞬时冲击力对铰链及支撑结构的损坏。

除了合页本身质量问题外，有些消防车改装过程中未充分考虑车辆上下坡时离去角的要求，由于踏板安装位置不合理，在车辆上下坡时出现合页与地面剐蹭的情况。

故障原因：翻转踏板设计问题（50%）；踏板材质强度问题（50%）。

## 案例 237　水罐消防车器材厢翻转踏板不能回位

**1. 车辆信息**

底盘：雷诺 MIDLUM270　　生产日期：2008 年 5 月

车型：水罐消防车（SG30）

**2. 基本情况**

在日常检查过程中发现，消防车器材厢翻转踏板不能正常回位，踏板整体向外支出，但踏板开启正常。

**3. 故障检查与排除**

（1）检查未发现消防车踏板回收装置及支撑结构损坏；检查踏板下方，发现该车排气管后期加装了防火帽，防火帽与踏板间隙过小，发生卡滞，具体情况如图 13-14 和图 13-15 所示。

（2）拆除排气管加装的防火帽后，踏板能够回位。

（3）选用尺寸较小的防火帽安装后，踏板使用正常，故障排除。

图 13-14 无法回位的翻转踏板

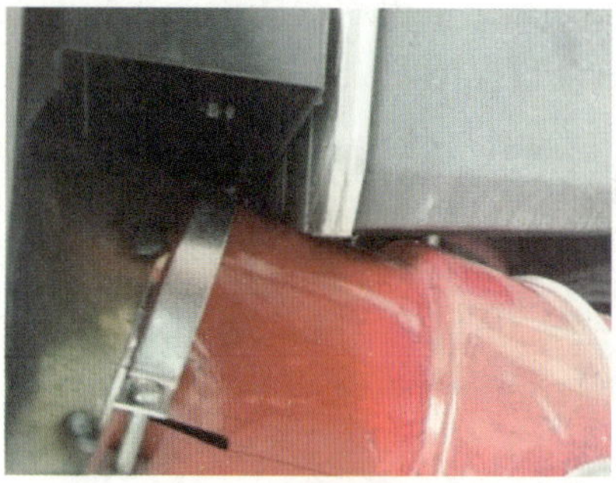

图 13-15 踏板与防火帽发生卡滞的位置

**4. 故障评析**

用户有特殊需求，在该车排气管端口加装了防火帽，但防火帽尺寸过大，与踏板产生干涉，导致踏板无法回位。

故障原因：改装不当（50%）；用户到货后非正规改装（50%）。

**5. 改进建议**

用户若有特殊设计需求，应在招标文件中提出，由底盘和消防车生产厂进行结构设计与安装，不应私自改装，以免影响部件之间的结构关系。另外，国四以上排放标准的汽车尾气不会残留火花。

## 案例 238 水带敷设车器材厢翻转踏板铰链合页变形损坏

**1. 车辆信息**

底盘：曼 TGA33. 480　　生产日期：2017 年 4 月

车型：水带敷设车（DF25）

**2. 基本情况**

2020 年 10 月，车辆巡检过程中发现，水带敷设车尾部翻转踏板打开时向下倾斜变形，只能临时采用捆绑方式进行固定，具体情况如图 13-16 和图 13-17 所示。

图 13-16 踏板打开时向下倾斜变形

图 13-17 采用捆绑方式临时固定翻转踏板

**3. 故障检查与排除**

（1）现场排查发现，翻转踏板铰链左侧旋转主轴弹簧挡圈脱落，造成主轴丢失（图 13-18），铰链受力不均，铰链下合页发生变形（图 13-19）。

（2）重新设计，铰链根部翻边增加了强度，旋转轴增加限位销钉，故障排除。

图 13-18　铰链左侧旋转主轴脱落

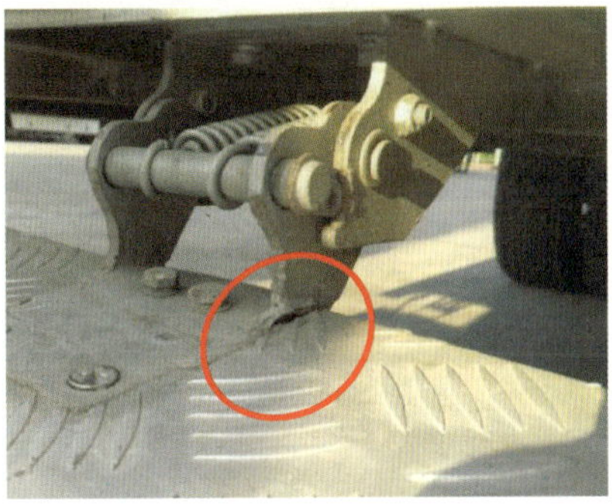

图 13-19　铰链下合页变形

**4. 故障评析**

翻转踏板旋转主轴端部弹簧限位挡圈易脱落；该翻转踏板打开上人后受力较大，合页板厚度不够，根部强度不足，在承载力矩下变形。

故障原因：结构设计问题（材料强度不够）(100%)。

**5. 改进建议**

这一类翻转踏板向下变形的情况比较普遍，故应大幅度增加铰接结构和踏板的载荷余量。

## 案例 239　泡沫消防车器材厢平移式上开门连杆支架损坏

**1. 车辆信息**

底盘：奔驰 4158　　生产日期：2018 年 11 月

车型：泡沫消防车（PM180）

**2. 基本情况**

2019 年 9 月，该泡沫消防车液罐下方两侧器材厢平移式上开门在持续多次使用后发现连杆支架间隙变大。

**3. 故障检查与排除**

（1）检查发现液罐下部器材厢平移式上开门开启或关闭后间隙较大，上开门连杆两端定位孔塑料衬套发生磨损，配合孔间隙变大，具体情况如图 13-20 所示。

（2）更换改进型连杆机构，故障排除。

**4. 故障评析**

主联动支架采用铝合金材质，连杆采用不锈钢材质。连杆端部转动部位采用不锈钢机加工件内镶嵌的塑料衬套，结构强度偏低，平移式上开门频繁启闭后导致定位孔磨损。

（a）车身右侧后部连杆外端

（b）车身右侧前部连杆外端

图 13-20 连杆两端的塑料衬套损坏情况

该型号车辆连杆支架结构存在强度不足，塑料衬套不耐磨等问题。

厂家重新设计制作了连杆机构，并选用不锈钢作为支架材料，塑料衬套改为铰接式关节轴承，此后再未发生过此类问题。

故障原因：零部件结构设计问题（50%）；选材问题（50%）。

# 案例 240 压缩空气泡沫消防车器材厢 A 类泡沫液罐支撑架变形

### 1. 车辆信息

底盘：奔驰 ATEGO 1329　　生产日期：2016 年 5 月

车型：压缩空气泡沫消防车（AP10，整车进口）

### 2. 基本情况

多台次该型消防车驾驶员报修，器材厢支撑架变形断裂、两端支撑板弯曲折裂、水泵电磁阀支撑板倾斜等多个故障现象。

### 3. 故障检查与排除

（1）维修人员检查发现，故障现象有：布置器材厢上的 A 类泡沫液罐（200 L）和备用的 A 类泡沫液桶支撑架变形折裂（图 13-21）；左右两侧铝合金框架连接处支撑板弯曲折裂（图 13-22）；水泵上部气动电磁阀支撑板倾斜（图 13-23）。

（2）对于泡沫液罐支撑架变形折裂情况，拆下泡沫液罐及框架，校正回到原位，加装加强板固定泡沫液罐，故障排除。

（3）对于器材厢铝合金框架连接处支撑板弯曲折裂情况，拆下左右两侧铝合金框架及板材，校正回到原位，更换损坏折裂框架，重新加装加强板，故障排除。

（4）对于气动电磁阀支撑框架倾斜情况，更换倾斜的支撑框架，加装加强板，重新安装电磁阀组，故障排除。

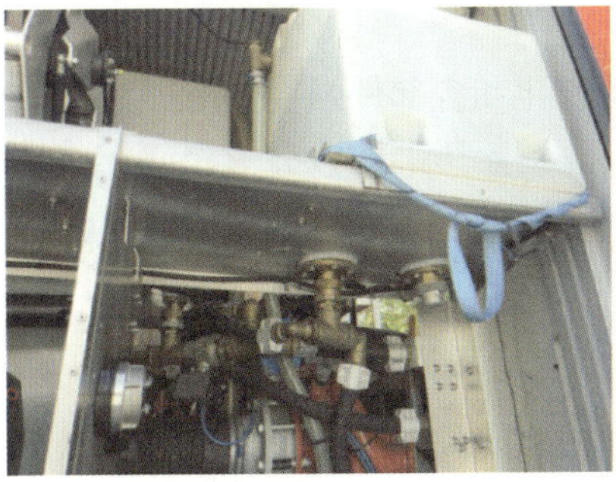

(a) A 类泡沫液罐及支撑架位置

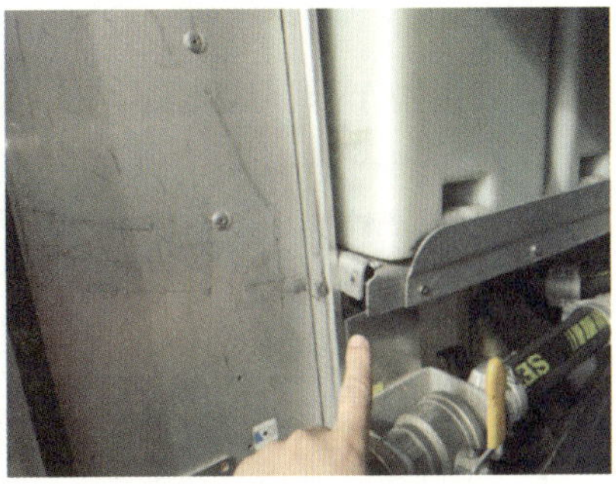

(b) 备用的 A 类泡沫液桶支撑架变形折裂

图 13-21　支撑架变形折裂情况

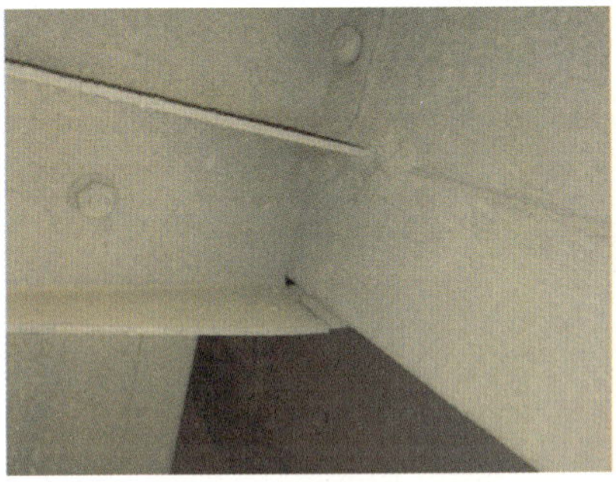

(a) 铝合金框架弯曲、断裂

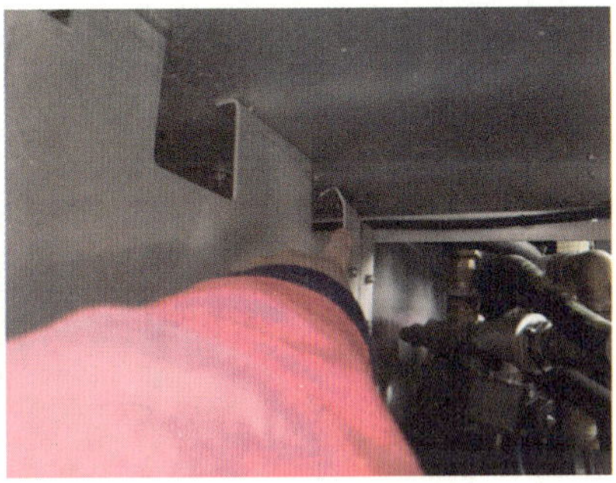

(b) 支撑框架底板变形弯曲

图 13-22　器材厢铝合金框架弯曲折裂

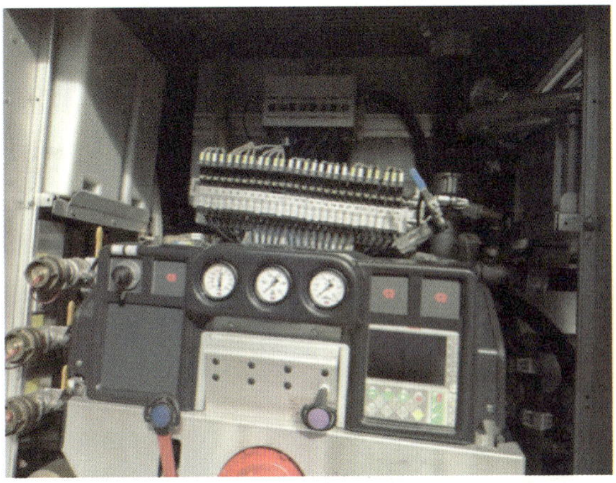

图 13-23　水泵上部气动电磁阀支撑板倾斜

**4. 故障评析**

根据用户要求，该消防车在普通泡沫车基础上直接加装压缩空气泡沫系统及 A 类泡沫液罐，整套压缩空气泡沫系统都安装在右侧器材厢内，而器材厢结构并未做相应加强处理，导致右侧载重超过原车设计强度，造成多处铝合金框架弯曲、变形和断裂。

故障原因：改装结构设计问题（100%）。

**5. 改进建议**

厂家应在改装消防车时，应充分考虑荷载变化和各部件强度要求。

## 案例 241　泡沫消防车器材厢底板加强板及放余水阀脱落

**1. 车辆信息**

底盘：奔驰 4160　　　　生产日期：2017 年

车型：泡沫消防车（PM180）

**2. 基本情况**

该车在行驶过程中，突然出现金属部件与地面摩擦声，停车检查发现，固定放余水阀的器材厢底板加强板和放余水阀整体脱落，具体情况如图 13-24 所示。

（a）器材厢下放余水阀位置

（b）脱落的放余水阀和器材厢底板

图 13-24　器材厢底板加强板及放余水阀脱落情况

**3. 故障检查与排除**

（1）检查发现，放余水阀与加强板连接，加强板与车厢底板的焊点开裂脱落。

（2）对加强板与车厢连接处进行清理及预处理，加强板与车厢底板采用螺栓连接并对螺栓进行防松处理（图 13-25），故障排除。

图 13-25　加强板与车厢采用螺栓连接

**4. 故障评析**

该故障因加强板焊接点较少，焊接不牢固，且放余水阀管路较粗、自重较大，消防车长时间行驶颠簸，焊点强度不够，逐步开裂，最终导致加强板及放余水阀脱落。

故障原因：器材厢底板加强板焊接质量问题（100%）。

## 案例 242　压缩空气泡沫消防车独立乘员室立板结构阻碍空气滤芯更换

**1. 车辆信息**

底盘：曼 TGM18. 280　　　　生产日期：2008 年 10 月

车型：压缩空气泡沫消防车（AP86，整车进口）

**2. 基本情况**

2009 年，车辆年度保养时，发现空气滤清器空气滤芯无法取出更换。

**3. 故障检查与排除**

（1）对比原底盘技术文件发现，在上装改装时调整了空气滤清器的安装位置，导致独立乘员室主体结构（固定于车架的立板）妨碍空气滤清器端盖的打开，空气滤芯无法取出更换，具体情况如图 13-26 所示。

（2）联系消防车生产厂家，考虑到驾乘室和上装的整体布置问题，该滤芯的位置无法单独调整，维修人员切割了小部分的驾乘室主体金属板材，再将空气滤清器端盖切割一条缝，使端盖可以腾出位置，更换滤芯后，再将切割裂口用胶带密封，恢复滤芯过滤功能，故障排除。

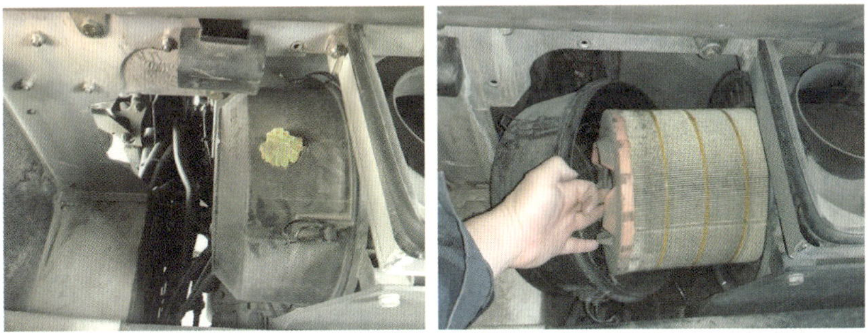

（a）空气滤清器所处位置空间　　（b）空气滤芯无法取出

图 13-26　受空间限制空气滤芯无法取出

**4. 故障评析**

消防车生产厂家在改装中经常需要重新调整底盘部分零部件的安装位置，但未认真考虑位置调整后与周围结构的干涉问题，造成维护保养操作空间受限。

故障原因：改装设计问题（100%）。

## 案例 243　泡沫消防车器材厢框架挡住空气滤清器

**1. 车辆信息**

底盘：奔驰 4160　　　　生产日期：2013 年 10 月

车型：泡沫消防车（PM180）

**2. 基本情况**

2014 年，车辆年度保养时，发现发动机的空气滤清器空气滤芯无法取出更换。

**3. 故障检查与排除**

（1）检查发现，消防车生产厂改装时改变了发动机空气滤芯位置，空气滤清器被器材厢框架挡住，无法拆卸更换空气滤芯，具体情况如图 13-27 所示。

（2）联系厂家沟通整改方案，最终只能切割了部分车厢主体金属型材，故障排除。

（a）空气滤清器位置

（b）空气滤清器内滤芯无法取出

图 13-27 卡滞的空气滤芯

**4. 故障评析**

消防车生产厂改装中未考虑底盘保养拆装需求，结构设计未预留足够的零部件拆装空间，导致空气滤清器空气滤芯无法取出更换。

故障原因：设计考虑不周（100%）。

## 案例 244 泡沫消防车驾驶室后侧面装饰盖板遮挡空气滤清器

**1. 车辆信息**

底盘：奔驰 4160　　　　生产日期：2014 年 6 月

车型：泡沫消防车（PM180）

**2. 基本情况**

2015 年 5 月，泡沫消防车驾驶员报修空气滤清器更换不便。

**3. 故障检查与排除**

（1）拆除驾驶室后侧面装饰盖板，发现空滤端盖有方管阻挡，即使拆下空滤端盖，内部滤芯也不能抽出，具体情况如图 13-28 所示。

（2）消防车生产厂派技术人员去除了阻挡的方管，装饰面板改为可以局部拆卸结构（图 13-29），留出了更换空气滤芯的洞口，面板外再安装活动装饰盖板（采用 M4 螺钉固定），故障排除。

图 13-28　空滤被方管阻挡

图 13-29　采用螺钉固定的活动装饰盖板

**4. 故障评析**

消防车生产厂未考虑到底盘后期维护保养的需要，该消防车驾驶室后部的装饰盖板固定框架采用方管焊接，中间位置方管阻挡了空气滤清器滤芯的更换。

故障原因：设计问题（100%）。

## 案例 245　水罐消防车车身和器材厢破损

**1. 消防车信息**

底盘：五十铃 FVR34J　　　　生产日期：2007 年 3 月

车型：水罐消防车（SG50）

**2. 故障现象**

2014 年 1 月，该消防车送修，维修人员检查发现车身和器材厢有多处破损。

**3. 故障检查与排除**

（1）对车辆外观检查发现：车身右侧车顶护栏和车身中间下沿刮擦碰撞损坏；喷漆底层处理不好，右乘员室门和右前翼子板掉漆锈蚀；乘员室座椅破损，倒车监视器损坏；左后翻板踏脚定位结构变形，器材厢横搁板变形，暖风管变形等多个结构件出现变形，具体情况如图 13-30 所示。

（2）对该车剐蹭掉漆进行全车钣金整形、喷漆，对器材厢的结构件和车辆的损坏附件进行修理或更换，故障排除。

**4. 故障评析**

该消防车服役仅 7 年，材料、工艺水平低，所以锈蚀、掉漆、变形严重。另外该车属于远郊消防站，平时出火警很多，磕刮碰蹭也多，但很少保养，维修不及时，造成车身多处破损，车况极差。

故障原因：工艺粗糙（50%）；结构、外饰件用材差（40%）；维修保养不到位（10%）。

(a) 车身右侧车顶护栏磕碰损坏，中间下沿剐蹭

(b) 左前翼子板锈烂

(c) 右侧乘员室门掉漆、翼子板锈裂

(d) 乘员室座椅破损

(e) 倒车监视器损坏

（f）左后翻板踏脚定位结构变形

（g）器材厢横搁板和暖风管变形

图 13-30　水罐消防车车身和器材厢多处破损情况

**5. 改进建议**

采购时应着重考虑整车质量，保证主要结构 10 年不出大的质量问题，同时车辆使用单位要加强车辆日常管理。

# 第十四章 照明与警报系统故障分析与排除

本章主要对照明与警报系统的2个典型故障进行分析与排除

## 案例246 水罐消防车警报器控制系统故障

**1. 车辆信息**

底盘：雷诺 MIDLUM270　　生产日期：2014年2月

车型：水罐消防车（SG30）

**2. 基本情况**

2019年9月4日，驾驶员报修警灯指示灯亮但警灯不亮。

**3. 故障检查与排除**

（1）打开警灯警报控制器（警报器）上的警灯开关，警灯指示灯亮但车顶警灯不亮；检查控制器保险及线路，正常；检查警灯、警报控制器，发现控制器警灯控制线无电压输出，判断警灯、警报控制器故障，如图14-1所示。

（2）更换警灯、警报控制器，故障排除。

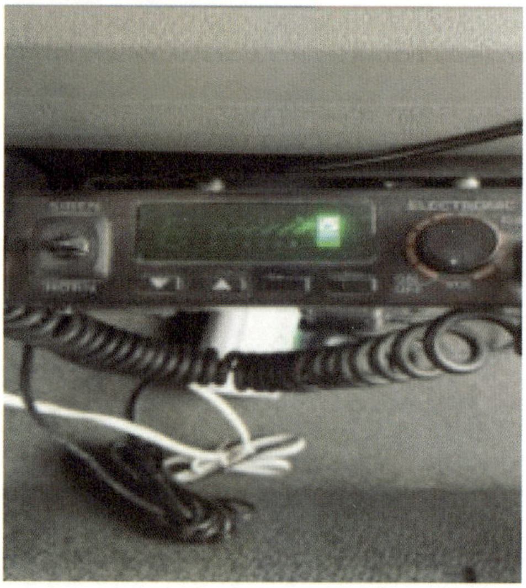

图14-1 警灯、警灯控制器故障状态

**4. 故障评析**

警灯、警报控制器频繁开启警灯开关，且长时间工作，控制器内部的警灯继电器触点可能会由于烧蚀接触不良。

故障原因：零部件质量问题（100%）。

**5. 改进建议**

非紧急情况下禁止开启警灯。

## 案例 247 压缩空气泡沫消防车尾灯总成故障

**1. 车辆信息**

底盘：奔驰 1528　　生产日期：2013 年 6 月

车型：压缩空气泡沫消防车（AP36，整车进口）

**2. 基本情况**

该车右侧 LED 后尾灯时亮时不亮。

**3. 故障检查与排除**

（1）该车尾灯总成为消防车生产厂自行设计生产，由 LED 尾灯灯组和控制模块组成。图 14-2 为 LED 尾灯灯组。

（2）检查 LED 尾灯灯组接线，没有虚接，接头连接正常。

（3）左右两组灯对换后发现还是右侧灯故障，判断 LED 灯组没问题。

（4）更换尾灯控制模块（图 14-3），故障排除。

图 14-2　LED 尾灯灯组

图 14-3　尾灯控制模块

**4. 故障评析**

消防车生产厂改装的车尾灯总成是由 LED 尾灯灯组和控制模块组成，该控制模块接收原底盘尾灯控制信号并转换成 LED 尾灯灯组控制信号。由于模块安装在车底后部，容易受水和泥沙的侵蚀，导致控制模块损坏。此外，控制模块也可能存在质量问题。

故障原因：设计问题（50%）；产品质量问题（50%）。

**5. 改进建议**

建议改变控制模块的安装位置，或增加其防护措施，使其减少因振动、外部侵蚀而导致故障。

# 第十五章 电气系统与控制系统故障分析与排除

本章主要对电气系统与控制系统的21个典型故障进行分析与排除

## 案例248 水罐消防车充气充电装置损坏

**1. 车辆信息**

底盘：雷诺 MIDLUM270　　生产日期：2010年5月

车型：水罐消防车（SG30）

**2. 基本情况**

2019年9月24日，在对车辆器材例行检查过程中，发现充气充电装置无法使用。

**3. 故障检查与排除**

（1）用万用表检查车侧充电插头（图15-1）和充气充电装置，线路正常，初步判断为充电线盘损坏（图15-2）。

（2）将线盘拆开发现线路压片和滑环脱开（图15-3），造成断路，修复后，故障排除。

图15-1 车侧充电插头

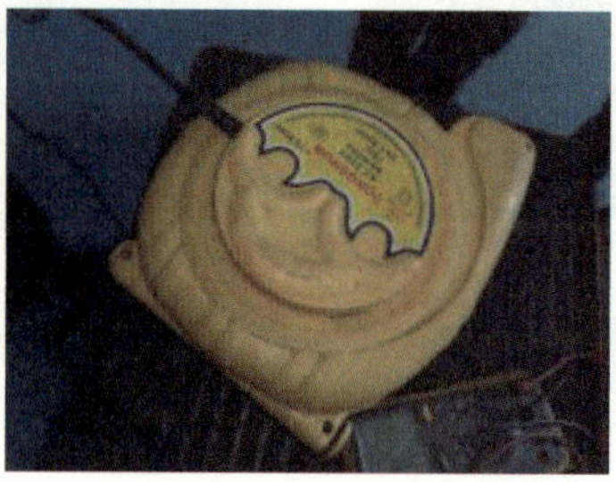

图15-2 充电线盘

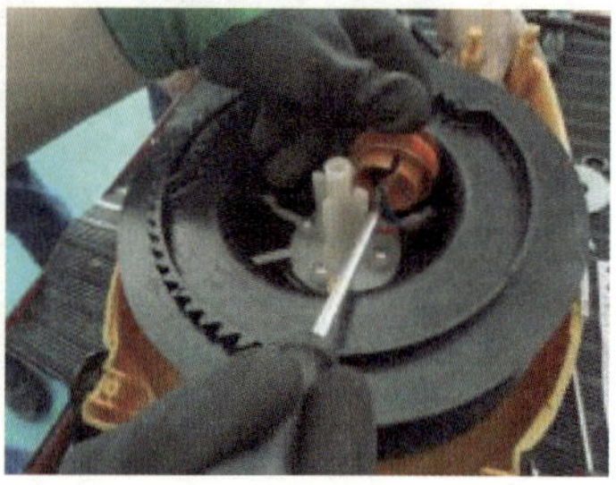

图15-3 脱开的线盘压片和滑环

**4. 故障评析**

线盘收线时，卷盘回卷速度快，当回卷到线盘末端时，因惯性造成对线盘内部线路压片和滑环冲击，发生损坏。

故障原因：操作不当（100%）。

**5. 改进建议**

定期对各类接头等易损部件进行检查和测试，确保及时发现和解决问题，严防车辆带病作业。

线盘回收时应用手拉住线盘末端使线盘缓慢回卷。

## 案例 249　泡沫消防车电气线路线束烧毁

**1. 车辆信息**

底盘：五十铃 FVR34J　　　　生产日期：2004 年 8 月

车型：泡沫消防车（PM50）

**2. 基本情况**

消防车用电设备出现不供电现象，且有橡胶烧焦异味。

**3. 故障检查与排除**

（1）经对全车电气线路进行检查，发现电气线束存在大面积烧毁现象（图 15-4），导致整车用电设备无法正常工作。

（2）拆除全车电气线路，更换线束总成，整车供电系统及电气设备恢复正常，故障排除。

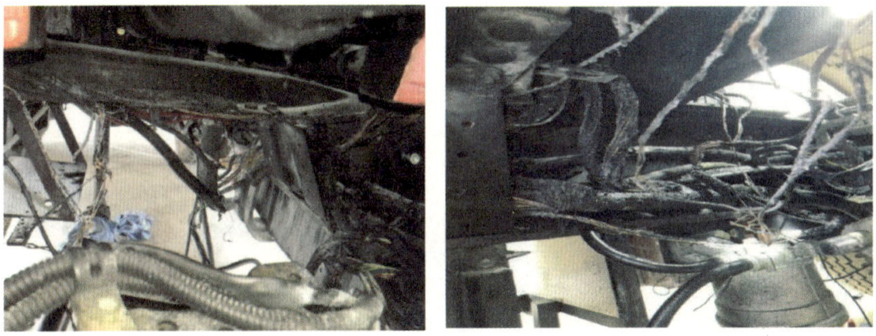

（a）驾乘室倾翻后由左侧观察到烧毁线束　　（b）变速箱左侧大梁内烧毁线束

图 15-4　电气线束大面积烧毁情况

**4. 故障评析**

该故障因整车电气线路敷设不规范，线束防护处理不到位，导致线路短路整体烧毁，可能原因包括：

（1）未采用整根线路，中间有连接延长，且连接部位防护处理不当，长时间使用出现老化。

（2）线束过于密集，未做防护隔离处理，长时间运行时，线束发热、温度过高。

（3）线束离底盘发热部件较近，未做防高温处理，存在高温烘烤现象，导致线束烧毁短路。

（4）电气短路或过载，保险未能及时响应。

故障原因：安装工艺质量问题（100%）。

**5. 改进建议**

（1）消防车在设计、生产过程中，要严格按照电气设计规范敷设线路。

（2）各电气设备线路要采用整根线路，严禁中间延长补接。

（3）线路接头采用正规接头和接插件、不得随意铰接。

（4）线路做好防水、防尘、隔热、绝缘、耐磨处理，线束要避开尖锐、发热等部件。

# 案例 250 压缩空气泡沫消防车电控箱内电气元件和线路接头腐蚀

**1. 车辆信息**

底盘：斯帕坦 VA41M-2142　　　　生产日期：2008 年 5 月

车型：压缩空气泡沫消防车（AP40，整车进口）

**2. 基本情况**

2009 年以来，该车常有电控箱和各种电控盒因密封不严进水，腐蚀电气元件和线路接头，导致控制系统失效的情况。

**3. 故障检查与排除**

（1）检查发现，消防车控制系统的电控箱密封不严，进潮气腐蚀电气元件和线路接头（图 15-5）。

（2）消防炮电控盒也因密封不严进水，腐蚀接线板和电气元件（图 15-6）。

（3）将电控箱（盒）清理除锈，重新清理紧固接柱、连接线路，并涂覆润滑脂；电控箱（盒）加装密封垫，故障排除。

（a）泵室下部电控箱　（b）电控箱内部接柱腐蚀　（c）电控箱内部腐蚀的接线板背面

图 15-5 电控箱内电气元件和线路接头腐蚀情况

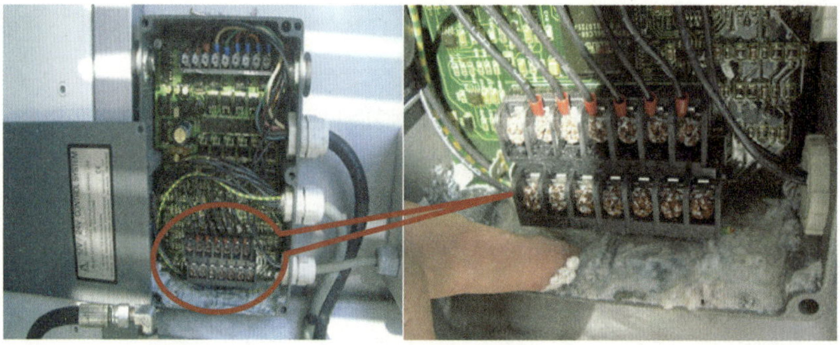

图 15-6 消防炮电控盒内接线板和电气元件腐蚀情况

**4. 故障评析**

该车的电控箱安装在水泵泵室内，且该电控箱箱门与泵室框架外沿平齐，水炮射水时，部分水渍沿泵室框架流过电控箱，因电控箱密封不严，水渍进入电控箱内部，腐蚀线路及接头。

该车消防炮电控盒也是由于密封不严，水渍进入造成腐蚀损坏。

故障原因：电控箱设置位置不合理（70%）；电控箱（盒）密封不严（30%）。

**5. 改进建议**

（1）电控箱设置位置要合理，并提高电控箱的防护等级。

（2）线路板和电器接线端子采用树脂等材料封装保护，确保控制元件在寿命期内不因水或水汽（湿度）腐蚀损坏。

## 案例 251　泡沫消防车车尾控制面板模块 CAN 总线短路

**1. 车辆信息**

底盘：曼 TGM18.280　　　　　　生产日期：2016 年 8 月

车型：泡沫消防车（PM40）

**2. 基本情况**

2020 年 5 月，驾驶员发现，从车尾部控制面板上无法接合水泵取力器。

**3. 故障检查与排除**

（1）维修人员按控制面板 ID81 模块上的水泵接合按钮（图 15-7），取力器不接合，显示屏上无水泵已接合的提示信息。

（2）使用备用 ID82 的水泵接合按钮，取力器可以正常接合；将 ID82 模块插头连接到 ID81 控制线上，此时水泵仍无法接合，判断 ID81 模块无故障，应为控制线路问题。

（3）进一步检查 ID81 控制线路。图 15-8 即为控制面板 ID81 的输入输出 Y 型插头，

图 15-7　控制面板 ID81 按钮

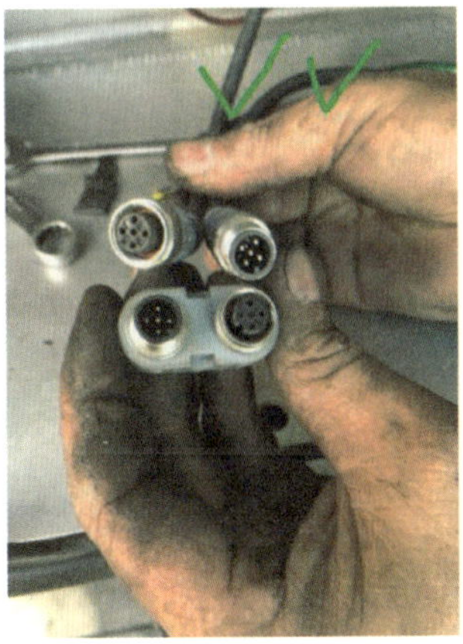

图 15-8　控制面板 ID81 的输入输出 Y 型插头

控制线路共有 5 针插接头：1 号针脚为正极线，2 号针脚为搭铁线，3 号针脚为 CAN-H 线，4 号针脚为屏蔽线，5 号针脚为 CAN-L 线。分别测量 CAN 总线针脚端和针孔端针脚 3 和针脚 5 之间的电阻，一端为 0 Ω（正常应为 120 Ω），另外一端为120 Ω，由此判断连接到上装主门模块 ID5 的 CAN 总线短路。图 15-9 为人机对话（HMI）系统示意图。

（4）由于 CAN 总线包在大梁内部，不好检查具体短路位置，直接加装一条新 CAN 总线，故障排除。

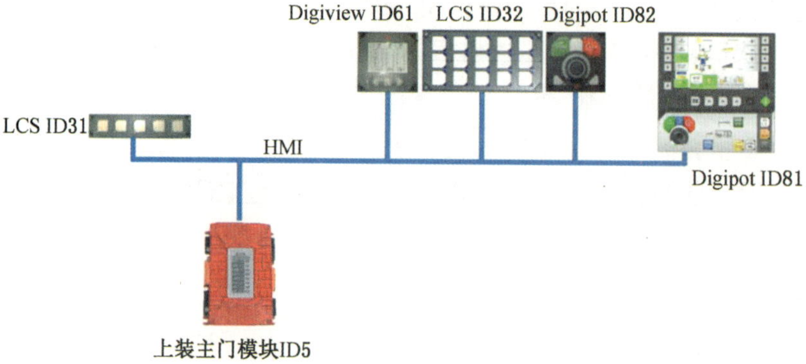


（注：ID31、ID61 和 ID32 为按键控制和显示系统，该车并未配备）

图 15-9 人机对话（HMI）系统示意图

**4. 故障评析**

水泵控制面板 ID81 与显示屏安装在一起，通过辅助 CAN 总线 HMI 连接上装主门模块 ID5 与主 CAN 总线进行通信。由于 ID5 安装在乘员室内，此 CAN 总线也要 10 m 左右，底盘减震器上下浮动，可能对 CAN 总线中间接头造成损坏，还有可能是老鼠咬坏 CAN 总线，造车 CAN 总线短路。

故障原因：偶发故障（100%）。

## 案例 252 泡沫消防车气压传感器故障

**1. 车辆信息**

底盘：依维柯 380T42H　　生产日期：2008 年 8 月

车型：泡沫消防车（PM150）

**2. 基本情况**

2017 年 9 月，驾驶员反映，该车无法从水泵控制面板上接合取力器（图 15-10），按压自动或手动按键都不起作用，只能在驾驶室内踩下离合踏板直接接合取力器。

**3. 故障检查与排除**

（1）维修人员现场检查，确认水泵控制模块保险正常；通电可以听到水泵控制模块有吸合响声，说明水泵控制模块工作。

（2）检查线路连接正常，控制面板按键也正常；取力器可以在驾驶室内接合，说明取力器也可以正常工作。

（3）检查取力器接合信号继电器，发现泵室按下取力器接合按键后继电器不工作。此继电器要有四个信号输入才能输出控制信号，输入信号包括发动机运转信号（D+）、变速箱空挡信号、驻车制动信号、上装气压信号。检查发现无上装气压感应信号，判断是上装气压传感器损坏。

（4）更换新的上装气压传感器（图 15-11），可以由水泵控制面板按键操作结合取力器，故障排除。

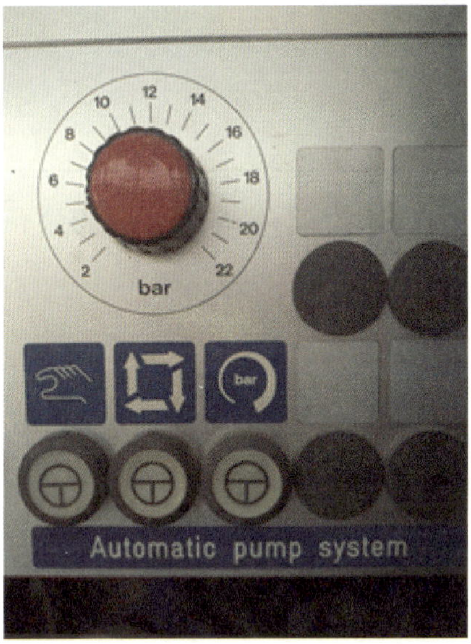


图 15-10　水泵控制面板

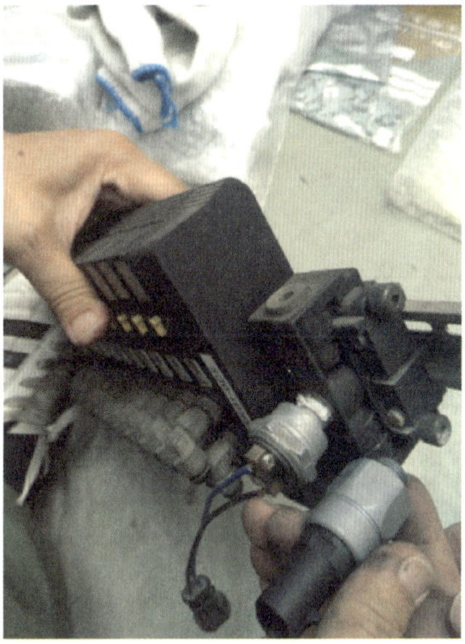

图 15-11　气动电磁阀组上的气压传感器

**4. 故障评析**

取力器无法接合，主要是因为气压传感器损坏，导致气压过低无法解除水泵传动轴制动，致使发动机熄火或磨损制动蹄片。而气压传感器损坏可能是由于气路中有水汽，造成气压传感器内部腐蚀。

为安全考虑，此款车远程接合水泵取力需要四个信号：发动机运转信号、变速箱空挡信号、驻车制动信号和上装系统气压达到 0.7 MPa 信号。如缺少其中一个信号，取力器接合控制继电器就无法接通，控制模块接收不到取力器接合控制继电器信号，控制模块即无法发出接合取力器的指令，故如果发现水泵控制面板不能接合取力器，可以测试取力器接合控制继电器四个输入信号的通断情况。图 15-12 为远程接合水泵取力器的信号控制原理。

故障原因：产品电气元件老化（50%）；保养不及时（50%）。

**5. 改进建议**

应该在车辆保养时对储气罐进行排水，按时更换空气干燥器，发现电子器件故障要及时更换。

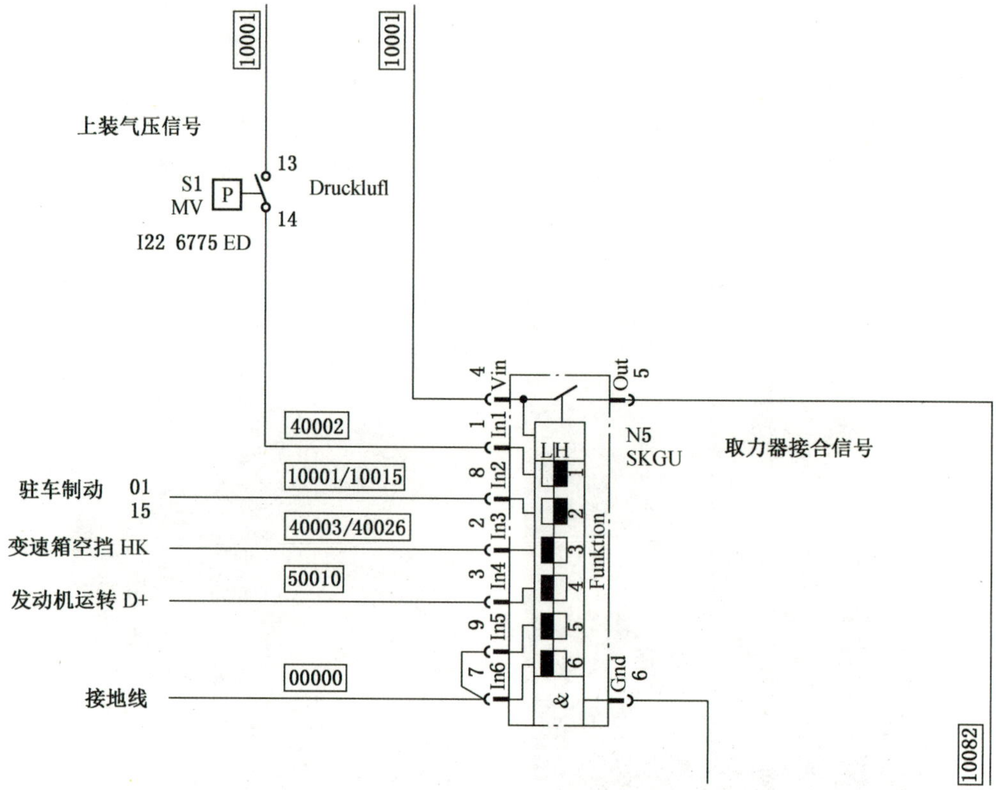


图 15-12 远程接合水泵取力器的信号控制原理

# 案例 253 泡沫消防车上装控制面板水泵加压控制器失灵

**1. 车辆信息**

底盘：三一 5313　　　　生产日期：2018 年 2 月

车型：泡沫消防车（PM120）

**2. 基本情况**

该泡沫消防车（SYMC 控制，该系统是为控制发动机转速在上装系统安装的控制器），挂接取力器后，水泵无法加压，显示屏上显示“发动机升速故障”，近控和遥控状态故障一样，熄火重新启动切换后又能正常工作。

**3. 故障检查与排除**

（1）出故障时驾驶室无人，误操作的可能性排除；驾驶室内手刹指示灯点亮，并已切换到泵挡。

（2）排查电路板问题，怠速状态下测量发动机调速线电压为 0.4 V（如小于 0.3 V 需更换电路板），保持泵送状态时测量发动机调速线电压为 2.9 V，属于正常范围。

（3）检查离合器踏板和刹车踏板，可以正常回位。

（4）检查驾驶室后面发动机调速线路接口，用手扯动相关线路也未发现松动；进一步检查，发现调速接头卡扣脱落（图 15-13）。由于出现故障每次重启发动机能正常升速，故线路瞬间虚接的可能性最大，用扎带绑紧该接头之后，故障排除。

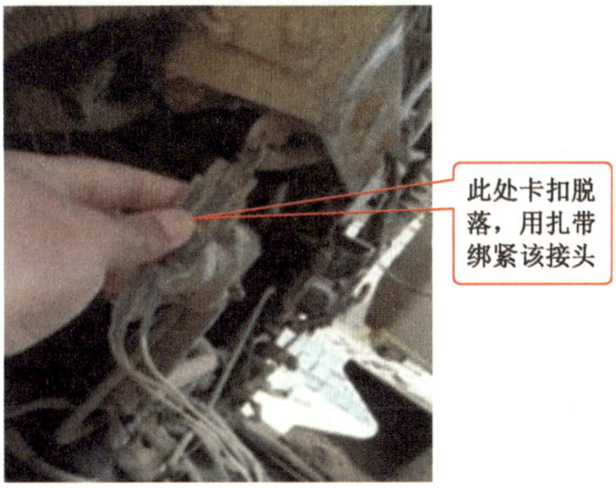


图 15-13 调速接头卡扣脱落

**4. 故障评析**

该车型调速接头卡扣脱落，是由于上装改装时重新选取接头与底盘接口对接后安装不匹配导致的。此外，接头触点安装不牢靠，接头位置长期受灰尘污染，导致接触不良都有可能成为调速接头出现虚接的原因。

故障原因：接头质量问题（50%）；接头安装不当（50%）。

**5. 改进建议**

接头要提高其插接牢固度，使用防尘、防水、抗震性能更好的接头。

## 案例 254 泡沫消防车水流量传感器故障

**1. 车辆信息**

底盘：奔驰 3341　　生产日期：2016 年 6 月

车型：泡沫消防车（PM180，整车进口）

**2. 基本情况**

2017 年 5 月，驾驶员反映训练时消防车无法出泡沫。

**3. 故障检查与排除**

（1）现场检查发现，该车出水操作正常。当按下泡沫功能启动键，泡沫液罐出液阀打开，电机驱动的泡沫比例阀自动回到关闭位置（单出水时泡沫比例阀处于打开位置，便于冲洗该阀），判断控制模块及比例阀电机工作正常。

（2）泵室控制面板显示屏显示，出水时水流量传感器 MID 数值为零，检查水流量传感器有电源输入，判断应该是此传感器故障。

（3）更换新的水流量传感器，设置参数后，故障排除。

**4. 故障评析**

此车在水泵出水管和泡沫液罐出液管分别安装了流量传感器，两个传感器将流量信息反馈至控制模块，控制模块可以根据实时水流量值计算出与之匹配的泡沫液流量值，并通过步进电机控制打开一个或者两个位于泡沫液罐出液管上的比例阀的开度，实现泡沫液流量的连续可调。故该系统如果感应不到水流量的大小，控制模块也不会下指令打开泡沫液出液阀。图 15-14 为该消防车管路系统原理示意图。

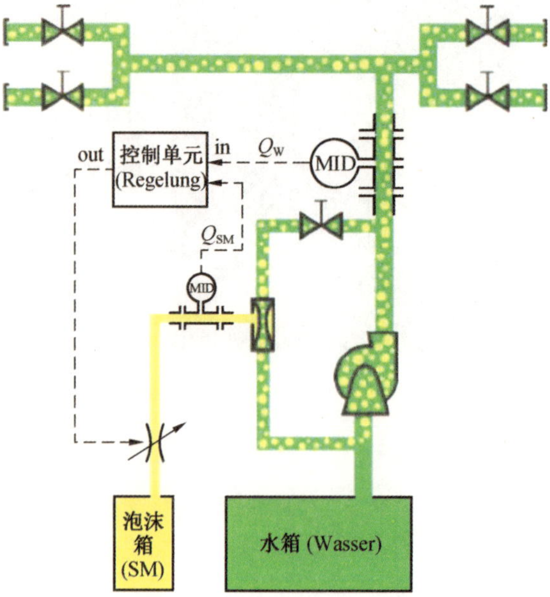


图 15-14 消防车管路系统原理示意图

泡沫液罐出液管路上在近罐端安装有泡沫液出液总阀，在近泡沫液流量计端并联安装有两个步进电机控制的泡沫液比例阀。不出泡沫时，泡沫液比例阀处于开启状态，可以实现泡沫管路的循环水清洗作业；当出泡沫作业时，电脑会控制打开近罐端的泡沫液总阀，同时关闭泡沫液比例阀，此时控制模块会同步采集水泵出水管水流量，进而控制泡沫液比例阀的开度，实现泡沫液与水按比例混合。泵室总体布置情况和两个控制泡沫液比例阀步进电机分别如图 15-15 和图 15-16 所示。

图 15-15 消防车泵室总体布设情况

图 15-16 两个泡沫液比例阀的控制步进电机

故障原因：流量传感器质量问题（100%）。

## 案例 255 泡沫消防车尾显示屏视频线故障

**1. 车辆信息**

底盘：曼 TGM18. 280　　生产日期：2016 年 8 月

车型：泡沫消防车（PM40，整车进口）

**2. 基本情况**

2019 年 8 月，驾驶员反映车尾（后）显示屏屏幕闪烁，画面抖动。

**3. 故障检查与排除**

（1）维修人员检查发现，发动机运转时车尾显示屏画面抖动加剧（图 15-17）。

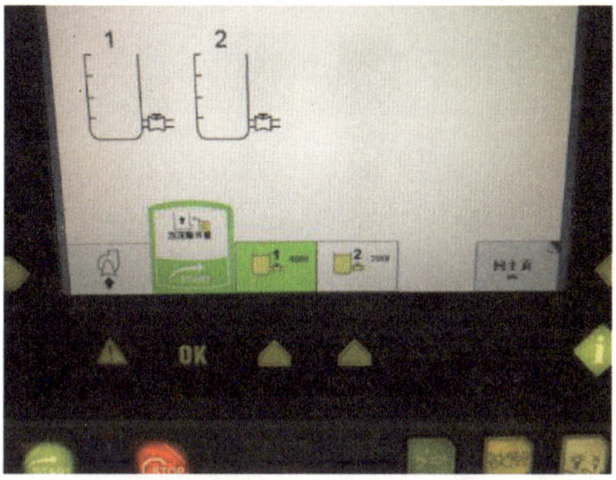


图 15-17 车尾显示屏

（2）更换其他同类型车尾显示屏，画面依然抖动。

（3）更换同类型其他车的显示屏控制模块（ID60&61），画面也依然抖动，判断为车尾显示屏视频线 APIX AUX 故障。图 15-18 为显示屏控制模块线路图。

（4）更换新 APIX AUX 视频线，故障排除。

APIX MAIN—通向驾驶室（前）显示屏视频线；APIX AUX—通向车尾（后）显示屏视频线

图 15-18 显示屏控制模块线路图

**4. 故障评析**

由于此车显示屏控制模块安装在驾驶室内，通过 ID60 控制驾驶室（前）显示屏，ID61 控制车尾显示屏，其中车尾显示屏视频线从驾驶室内控制模块 ID61 一直连接到车尾显示屏上，长度超过 14 m，该视频线沿着车辆底盘大梁布置，因此有时会受车辆振动干扰，影响视频信号传输的稳定性。

故障原因：设计问题（50%）；视频线质量问题（50%）。

**5. 改进建议**

由于该位置的视频线路故障较多，建议将两个显示屏控制模块分开，分别安装在前后显示屏附近，减少视频线长度。

## 案例 256 泡沫消防车显示屏控制模块程序错误

**1. 车辆信息**

底盘：曼 TGM18. 290　　　　生产日期：2018 年 9 月

车型：泡沫消防车（PM40，整车进口）

**2. 基本情况**

驾驶员例行检查时发现驾驶室显示屏显示英文，不显示正常画面。

**3. 故障检查与排除**

（1）现场检查，驾驶室显示屏英文提示为软件需升级（图 15-19），车尾显示屏显示故障码为 ID60（图 15-20）。

图 15-19 驾驶室显示屏故障显示控制软件需升级

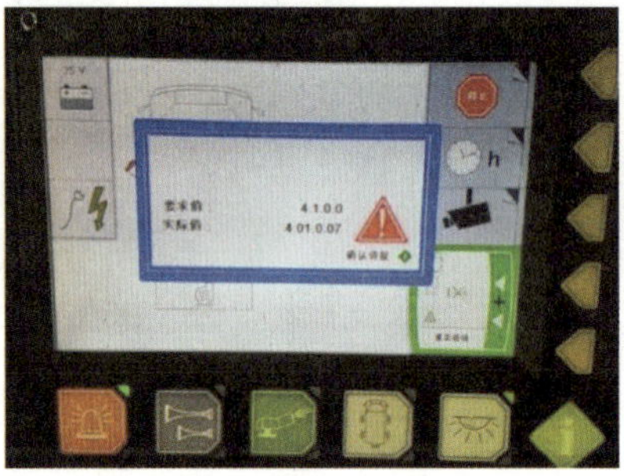

图 15-20 车尾显示屏显示故障码

（2）打开驾驶室主副驾驶位中间的控制箱顶盖，找到左侧 ID60&61 红色显示屏控制模块。观察模块指示灯（图 15-21），只有一个“Run”绿灯亮，说明控制模块故障（当“Run”绿灯亮，“F1”绿灯频闪为工作正常，如果只有一个绿灯亮或者红灯亮均为不正常现象）。

（3）将 ID60 系统软件存入空白 U 盘，按照指定操作方法与步骤对 ID60 模块软件升级，如图 15-22 所示。

（4）升级后还不能解决该故障，更换新的显示屏控制模块，输入软件参数，系统恢复正常，故障排除。

图 15-21　显示屏控制模块一个“Run”灯亮

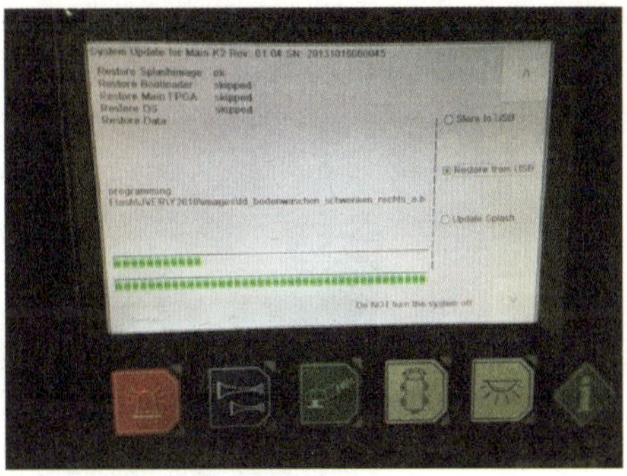

图 15-22　升级显示屏控制模块

**4. 故障评析**

驾驶员可以根据该车配置的显示屏控制模块（图 15-23）上的显示灯进行故障的初步判断，显示灯显示形式与故障类型如图 15-24 所示。

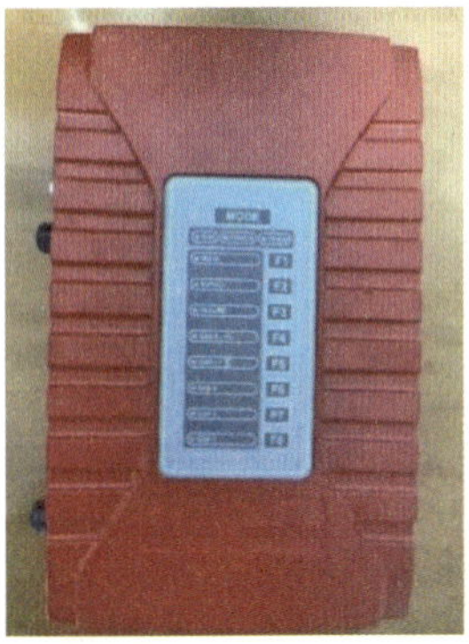

图 15-23　显示屏控制模块

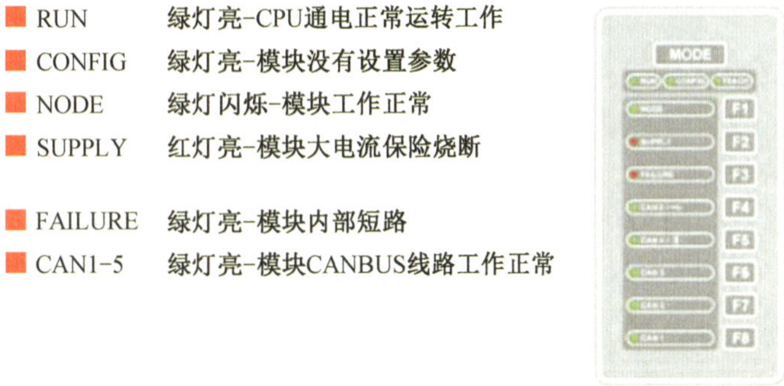


图 15-24　显示灯显示形式与故障类型

故障原因：电路设计问题（100%）。

## 案例 257　泡沫消防车水罐至水泵管路阀门电磁阀岛故障

**1. 车辆信息**

底盘：曼 TGM18. 280　　生产日期：2017 年 8 月

车型：泡沫消防车（PM36，整车进口）

**2. 基本情况**

2019 年 12 月，驾驶员在训练时发现，挂接取力器后，水罐出水阀无法自动打开，水泵无法建立压力，不能正常出水操作。

**3. 故障检查与排除**

（1）维修人员现场检查，按下操控面板上各按键，所有气动电磁阀都不工作，驾驶室显示屏和泵室内显示屏均未显示故障码。

（2）用专用诊断电脑检测，上装所有模块工作正常，水泵控制模块 ID8 也工作正常，由于 ID8 也控制阀岛模块，故怀疑是电磁阀岛模块故障。

（3）进一步检查发现，阀岛模块 LED 灯不亮，阀岛模块不工作（图 15-25）。检查电源输入线，发现电源线插头针脚松动，电源线接触不良，重新紧固针脚，故障排除。

图 15-25 电磁阀岛模块

**4. 故障评析**

现代新型消防车的电磁阀都是通过 CAN 总线连接到阀岛模块，水泵控制模块给阀岛模块指令信息，阀岛模块通过阀岛内 CAN 总线系统控制各电磁阀开关气路，用来控制水泵管路各阀门开启及闭合。所以，如果发现多个电磁阀都不工作，可以先检测阀岛模块故障。采用 CAN 总线后，每个电磁阀无须单独控制线，如果整排中某一个电磁阀不工作，很难通过传统万用表进行检测，只能更换新电磁阀。

故障原因：安装疏忽（100%）。

## 案例 258 泡沫消防车泡沫液位传感器故障

**1. 车辆信息**

底盘：依维柯 380T42H　　生产日期：2008 年 8 月

车型：泡沫消防车（PM150，整车进口）

**2. 基本情况**

2017 年 8 月，驾驶员在灭火时发现，消防车无法出泡沫，泡沫液罐液位表显示液位为零。

**3. 故障检查与排除**

（1）检查发现，泡沫液位表显示零位，但实际泡沫液罐有 2/3 泡沫，在水泵泵室控制面板和驾驶室控制面板上的泡沫液位表都显示为零，说明可能是泡沫液位传感器故障。图 15-26 为水泵控制面板。

（2）拆开泡沫液位传感器插头，发现有锈蚀现象，造成损坏。图 15-27 为锈蚀的泡沫液位传感器插头，图 15-28 为浮子式液位传感器。

（3）更换泡沫液位传感器，设置零位及满位，故障排除。

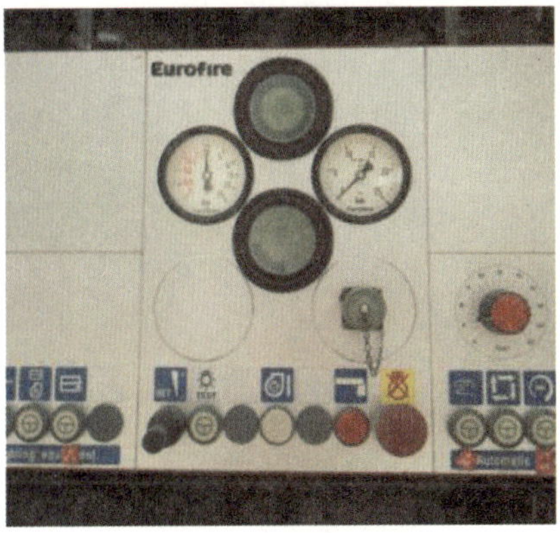

图 15-26　水泵控制面板

图 15-27　锈蚀的泡沫液位传感器插头

图 15-28　浮子式液位传感器

**4. 故障评析**

如果泡沫液位过低，吸入空气对水泵造成损坏。为防止此问题的发生，当泡沫液位传感器检测液位较低时，会自动关闭泡沫液罐出液阀，无法形成泡沫混合液。但是如果泡沫液位传感器一旦出现故障，可能造成误报，消防车无法出泡沫灭火。考虑液位传感器可靠性问题，厂家设计了可以手动开启泡沫液罐出液阀的应急操作方式。

该车液位传感器在车顶部，如果接头密封不严容易进水锈蚀、短路造成损坏。

故障原因：零部件质量问题（100%）。

**5. 改进建议**

（1）应该考虑在液位传感器上加装保护罩。

（2）驾驶员在日常训练中应掌握应急操作方式。

## 案例 259　泡沫消防车水泵电子真空压力表故障

**1. 车辆信息**

底盘：奔驰 4158　　生产日期：2015 年 6 月

车型：泡沫消防车（PM180，整车进口）

**2. 基本情况**

2018 年 10 月，驾驶员反映该车水泵电子真空压力表指针不能归零，而且显示数值与实际有偏差，具体情况如图 15-29 所示。

**3. 故障检查与排除**

（1）检查电子真空压力表压力传感器接线，没有虚接，接头连接正常。

（2）检查电子真空压力表显示模块保险正常，模块自检没有问题。

（3）更换电子真空压力表压力传感器后（图 15-30），故障排除。

图 15-29 水泵电子真空压力表

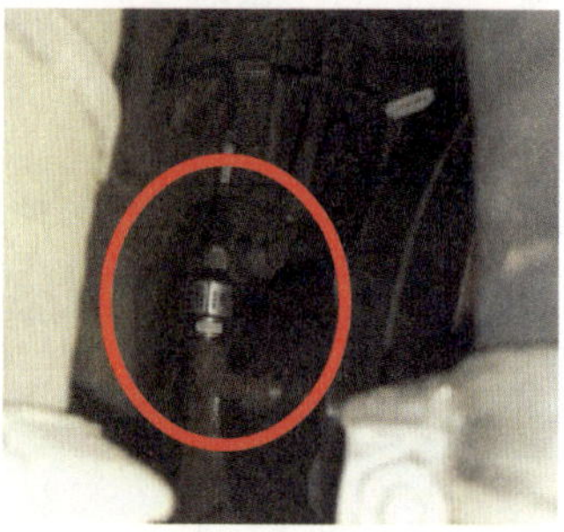

图 15-30 电子真空压力表压力传感器

**4. 故障评析**

电子真空压力表压力传感器易受水泵使用环境、水质、水垢等方面的影响，在水泵长时间不放余水的情况下可能会产生数据失真偏差。

故障原因：维护保养不到位（100%）。

**5. 改进建议**

建议每次使用完水泵后排干水泵与管路余水，减少水垢及腐蚀的产生。

## 案例 260 泡沫消防车泡沫液计量控制阀故障

**1. 车辆信息**

底盘：奔驰 4144　　　　生产日期：2017 年 8 月

车型：泡沫消防车（PM180）

**2. 基本情况**

水泵正常出水，但打开泡沫系统不出泡沫。

**3. 故障检查与排除**

（1）通过应急备用阀操作来检测管路及气控阀是否正常：在泵、炮出水状态下打开应急备用阀，能正常出泡沫，则确认泡沫液罐出液阀和压力水阀已开启，且文丘里管工作正常。如备用开关阀打开状态下都无法出泡沫，则需要检查罐液阀、压力水阀是否开启，避免因控制气压低及阀卡滞等问题导致无法打开。图 15-31 为该车泡沫系统的结构原理。

（2）在炮出水状态下查看泡沫比例混合系统的控制单元面板（图 15-32）上的水流量数值，确认其数值随水流大小变化，传感器工作正常（若水流量数值不变化，可拆下管道上的水流量传感器，检查转轮旋转是否正常，如有卡滞则清理异物或更换，当水流量传感器出现故障，控制单元无法得到水流量信号时，可以进入“手动模式”，手动控制泡沫流量，使泡沫系统继续工作）。

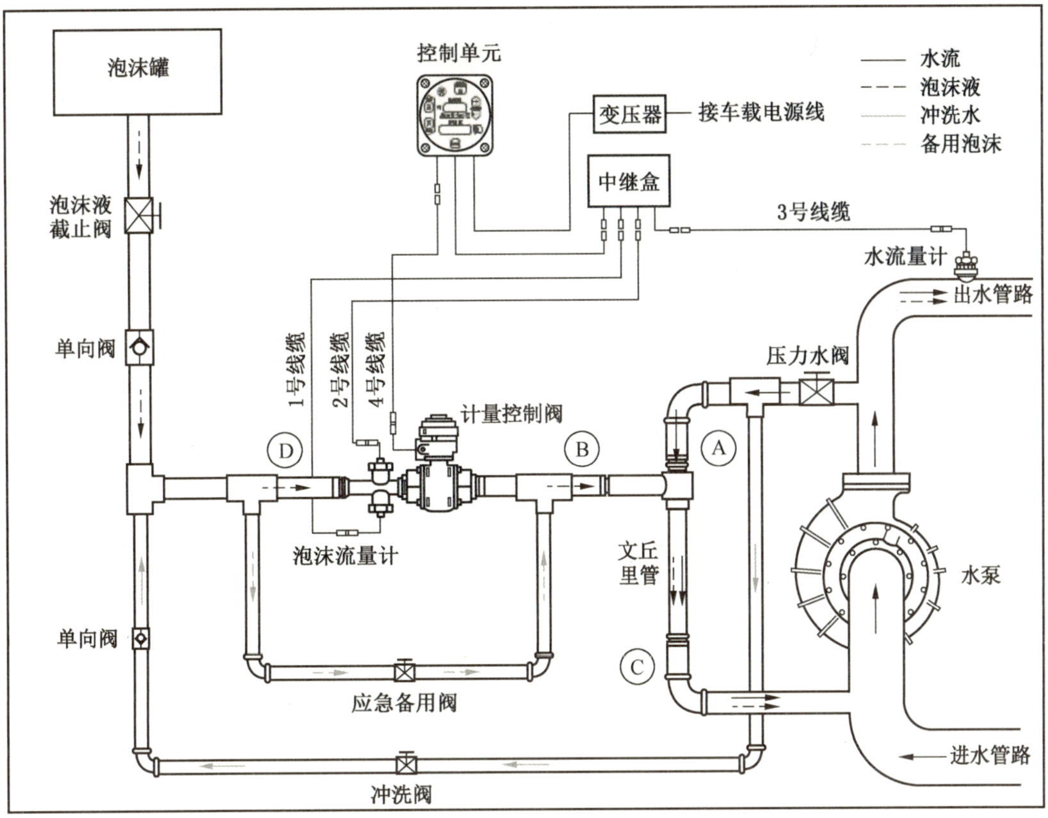


图 15-31　泡沫系统结构原理

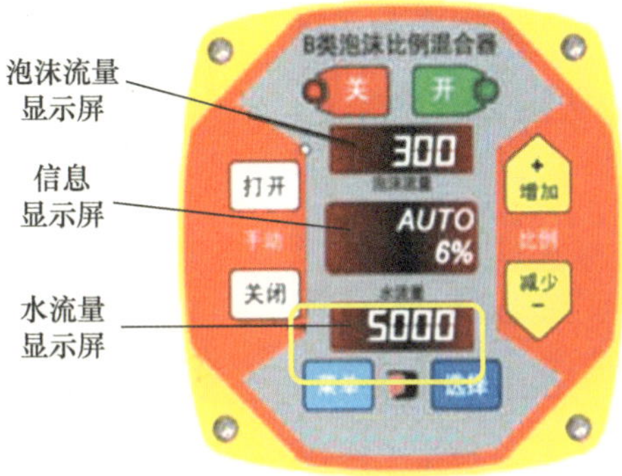


图 15-32　泡沫比例混合系统的控制单元面板

（3）在确认管路、控制气阀及水流量传感器正常后，再打开泡沫系统，查看信息显示屏有无故障报警。

（4）确认无报警后仍无法出泡沫，则对计量控制阀进行检查：通电状态下测量计量控制阀的端口线缆（即图 15-31 中 4 号线缆）接头上的供电电源，未发现异常；拔下计量控制阀端口的线缆，使用扳手转动蜗杆，检查蜗杆及计量控制阀的阀芯，发现阀芯运转不顺畅，因此判断为蜗杆长期未添加润滑脂，造成计量控制阀无法动作。

（5）在蜗杆位置重新上润滑脂，故障排除。

**4. 故障评析**

该车泡沫系统中，控制单元收集水流量传感器信号、泡沫流量传感器信号，并根据泡沫混合设定比例发送命令给计量控制阀来控制泡沫流量，从而保持固定的混合比例；计量控制阀为执行机构，通过自身控制模块与控制单元进行通信，同时也根据控制单元的指令控制直流电机运转，以调节计量控制阀的开度，保证泡沫液流量。

该计量控制阀主要结构有控制模块、直流电机和蜗轮蜗杆机构，蜗轮蜗杆机构直接控制计量控制阀开度，需定期润滑保养避免卡滞。

故障原因：维护保养不当（100%）。

**5. 改进建议**

故障原因排查时，在控制系统无故障情况下主要检查直流电机、蜗轮蜗杆等执行机构。

## 案例 261 压缩空气泡沫消防车泵室控制面板操作失灵

**1. 车辆信息**

底盘：曼 TGM 18. 290　　　　生产日期：2011 年 3 月

车型：压缩空气泡沫消防车（AP30，整车进口）

**2. 基本情况**

2019 年 8 月，驾驶员发现，驾驶室内上装显示屏不能正常启动（图 15-33），泵室控制面板不能用按键操作压缩空气泡沫系统（简称 CAFS 系统）。图 15-34 为泵室控制面板。

图 15-33 驾驶室内上装显示屏未正常启动

图 15-34 泵室控制面板

**3. 故障检查与排除**

（1）检查发现，泵室控制面板不能用按键操作 CAFS 系统，但水泵能正常工作。

（2）检查水泵控制模块和保险，未发现异常。

（3）测量 CAN 总线中 CAN-H 与 CAN-L 之间电阻为 60 Ω、电压为 2. 3 V，说明 CAN 总线连接正常（图 15-35）。

（4）检查按键模块和电磁阀阀岛控制模块指示灯，工作正常，没有显示故障信息。

（5）与相同车型的另一辆车对调电磁阀阀岛，故障仍未排除。

（6）驾驶室内上装显示屏的后置 SD 卡（图 15-36）重新安装软件后，显示屏启动到正常页面，泵室控制面板按键也可正常操作 CAFS 系统，故障排除。

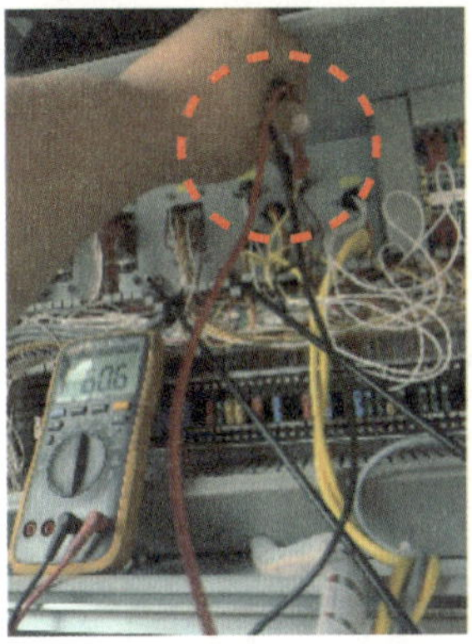

图 15-35 测量 CAN 总线电阻和电压

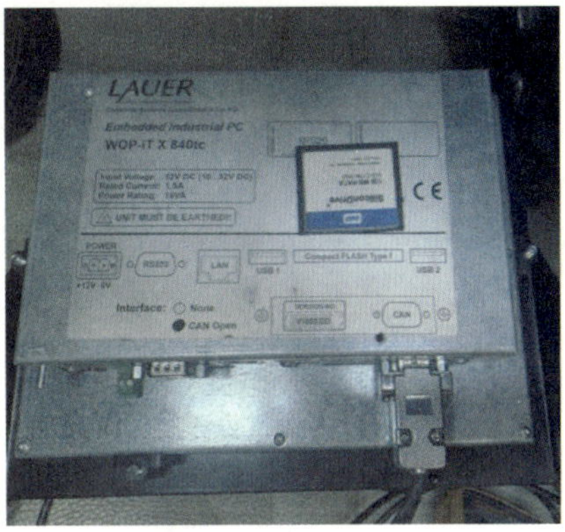

图 15-36 显示屏后置 SD 卡

**4. 故障评析**

该系统在设计时为连续逻辑关系，当其中某一环节或某一系统出现问题时，逻辑关系中断，导致后续操作无法实施。该消防车驾驶室内上装显示屏也自带控制模块和程序，只有该控制模块和程序正常启动才能通过 CAN 总线进行通信，阀岛控制模块控制下电磁阀才能正常工作。

使用蓄电池搭接启动，使该显示屏内部的程序被损坏，是造成显示屏故障的可能原因。

故障原因：设计不合理（80%）；操作原因（20%）。

**5. 改进建议**

车辆驾驶室内显示器模块不应该影响电磁阀工作，否则一旦显示器损坏，影响水泵独立操作，CAFS 系统不能正常灭火。

## 案例 262 压缩空气泡沫消防车空气压缩机控制单元故障

**1. 车辆信息**

底盘：斯帕坦 LA41M-3164　　生产日期：2010 年 5 月

车型：压缩空气泡沫消防车（AP90，整车进口）

**2. 基本情况**

2016 年 7 月，驾驶员报修，CAFS 系统的空气压缩机无法启动，操作控制面板控制单元按键无反应。图 15-37 为该车操作控制面板。

**3. 故障检查与排除**

（1）检查控制单元电信号正常。拆卸控制单元，发现排线插头和电子元器件腐蚀，有白色、蓝色的氧化物堆积，具体情况如图 15-38 所示。

（2）清理氧化的腐蚀堆积物，安装后测试，故障未排除。

（4）更换新的控制单元（图 15-39），压缩机可正常启动，控制功能恢复正常，故障排除。

图 15-37 操作控制面板

（a）控制单元面板、内部电子元器件

（b）控制单元后壳体

图 15-38 控制单元内部电子元器件腐蚀、氧化物堆积情况

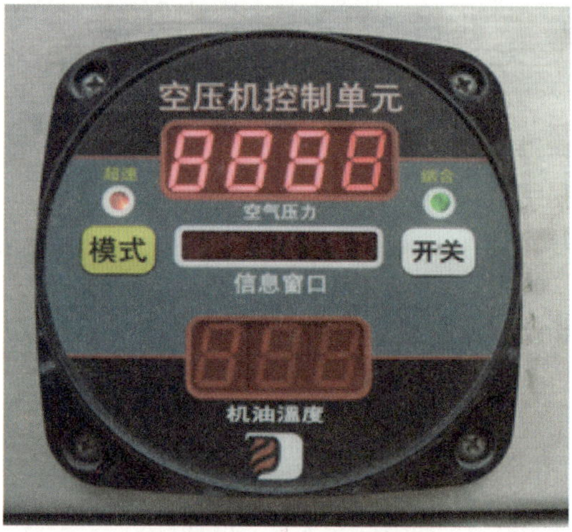


图 15-39 新的控制单元

**4. 故障评析**

该车服役时间较长，仪表板和控制单元的密封组件可能发生老化，或因振动等外因导致密封结构损坏，最终引起密封性能下降，进水后发生腐蚀损坏。

驾驶员习惯用水冲洗车辆，压力水冲击下会导致仪表板和控制单元内部进水腐蚀。

故障原因：人为操作（40%）；零部件老化（30%）；零部件质量问题（30%）。

**5. 改进建议**

（1）慎用压力水直接对车辆进行冲洗，特别是严禁对仪表板和控制单元等部件冲洗。

（2）定期检查仪表板和控制单元等部件的密封性，一旦发现问题，及时维修更换。

## 案例 263　压缩空气泡沫消防车 CAFS 系统压缩空气气压不足

**1. 车辆信息**

底盘：曼 TGM18. 280　　生产日期：2016 年 8 月

车型：压缩空气泡沫消防车（AP40，整车进口）

**2. 基本情况**

2019 年 8 月，驾驶员报修，消防车出压缩空气泡沫时消防枪射程太近，同时空气压缩机机油温度过高。

**3. 故障检查与排除**

（1）维修人员现场检查，出气管路气压只有 0.5 MPa 左右（正常为 0.8 MPa）。

（2）检查压缩机机油，油量正常且油品干净无杂质；检查发现压缩机进气口的空气滤清器比较脏，更换新的空气滤清器后，气压依然低于正常值。

（3）检查管路未发现漏气、漏油现象。

（4）拆下机油过滤器，更换新滤芯，故障排除。

**4. 故障评析**

压缩机机油主要起到润滑、密封和降温作用。由于此车交付后一直没有更换压缩机机油过滤器的滤芯，在滤芯堵塞情况下，机油回流进入压缩机的油量过少，压缩机螺杆的密封性能下降，造成气压降低，同时造成压缩机机油温度过高。需要注意的是，补充压缩机机油必须使用压缩机专用机油。

故障原因：维护保养不当（100%）。

**5. 改进建议**

建议每年车辆保养时应更换压缩机机油、机油过滤器滤芯，以及油气分离器滤芯和空气滤清器滤芯。图 15-40 为内部安装有油气分离器的储气筒和机油过滤器。

图 15-40　内部安装有油气分离器的储气筒和机油过滤器

# 案例 264 压缩空气泡沫消防车 CAFS 系统安全阀持续泄压

## 1. 车辆信息

底盘：曼 TGM18. 280　　生产日期：2015 年 8 月

车型：压缩空气泡沫消防车（AP40）

## 2. 基本情况

2020 年 3 月，驾驶员发现，车辆挂泵挡出水时，压缩空气储气筒上的安全阀一直漏气（图 15-41）。

图 15-41 储气筒顶部安全阀

## 3. 故障检查与排除

（1）维修人员现场检查气路系统，发现储气筒气压过高（额定工作压力为 0. 8 MPa），超过了安全阀设定的泄压极限（1. 2 MPa），通过储气筒上部调压阀调整压力（图 15-42），储气筒内部气压无变化。

（2）进一步检查发现，控制压缩机进气阀的气管（图 15-43）被油垢堵塞，而该气管与油气分离器的出气管连通（图 15-44），此种情况下，虽然储气筒内部气压已到达设定值，因气管被堵塞却无法关闭压缩机进气阀，造成储气筒内部气压持续增加。

（3）清理管路油污，更换油气分离器滤芯，故障排除。

图 15-42 储气筒上部调压阀

图 15-43 控制压缩机进气阀的气管（黑色）

图 15-44 油气分离器出气管（黑色）

## 4. 故障评析

油气分离器结构原理如图 15-45 所示。当空压机输出的油气混合物进入分离器后，喷洒在散油帽上，扩散后的油靠重力沿器壁下滑到分离器下部，经排油管排出。同时，气体因密度小而上升，经过油气分离器滤芯时，将气体中的小油滴黏附在滤芯上，脱油后的气体经分离器顶部出气管输出压缩空气。

由于长时间没有更换油气分离器滤芯，经过油气分离器后的压缩空气中仍会带有大量油脂，这些油脂在油气分离器出气管内部积存，最终堵塞了气管，而此油气分离器出气管同时又与控制压缩机进气阀的气管连通，压缩机进气阀是通过此管路控制关闭。但由于气管堵塞，即使储气筒内气压达到设定值0.8 MPa，压缩机进气阀也不能关闭，压缩机继续工作造成储气筒内部气压持续增加，高于安全阀设定压力时，安全阀就会一直泄压。

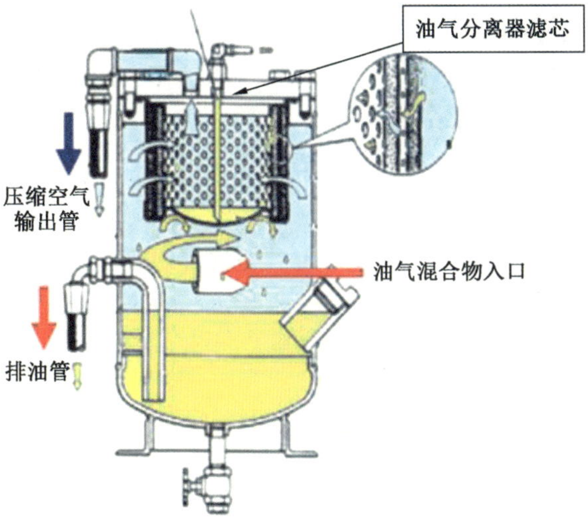


图 15-45　油气分离器结构原理图

故障原因：维护保养不当（100%）。

**5. 改进建议**

定期保养 CAFS 系统，建议每年车辆保养时应更换压缩机油、油滤、油气分离器滤芯及空气滤清器滤芯。

## 案例 265　压缩空气泡沫消防车液位传感器故障

**1. 车辆信息**

底盘：斯帕坦 LA41M-3164　　生产日期：2010 年 5 月

车型：压缩空气泡沫消防车（AP90，整车进口）

**2. 基本情况**

2012 年以来，该型消防车多次出现水罐液位显示不准确或 LED 灯上下两段交错闪烁的故障现象。图 15-46 为 LED 灯液位显示器。

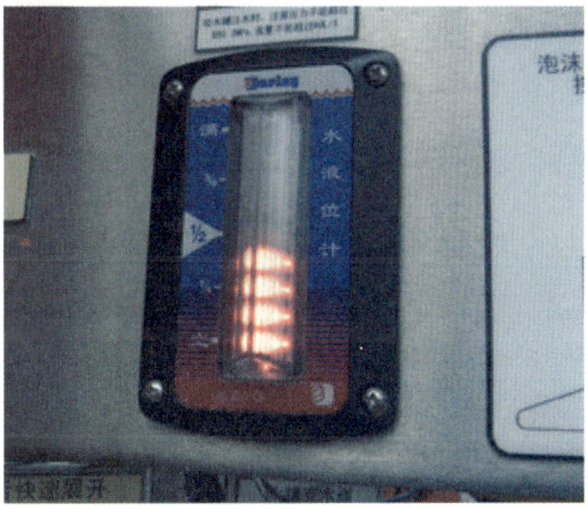

图 15-46　LED 灯液位显示器

**3. 故障检查与排除**

（1）该型消防车采用电子液位传感器加 LED 灯的水罐液位显示器。检查发现，该传感器的液位压力采集孔被水垢堵塞（图 15-47），引起传感器失灵，LED 灯无法正常显示水位。

（2）使用电钻将液位传感器液位压力采集孔的水垢打磨清除、清洗后，安装测试，液位显示器仍然无法正常显示。

（3）更换新的液位传感器，水罐液位显示正常，故障排除。

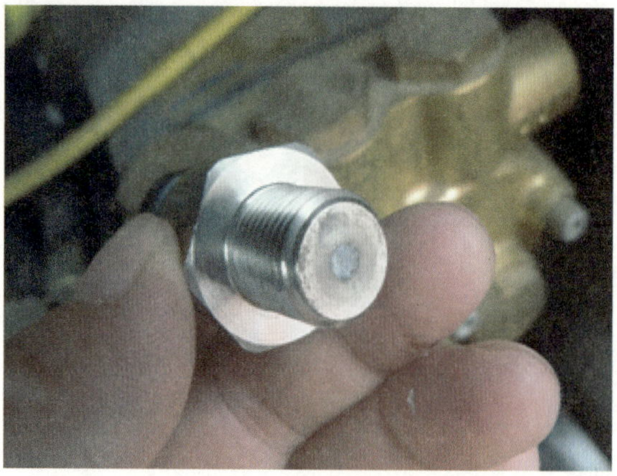

图 15-47 被堵塞的传感器液位压力采集孔

**4. 故障评析**

该车早期使用的液位传感器为铝质，容易腐蚀。该液位传感器压力采集孔设计较小，如腐蚀、结垢后容易堵塞，如果水罐内水质偏“硬”，更会加速结垢堵塞。

后来消防车生产厂家做了技术改进，更换了一批新型液位传感器（图 15-48），此后故障发生次数明显减少。

图 15-48 两种形式的液位传感器

（右侧为新式液位传感器）

故障原因：零部件选材选型不当（100%）。

**5. 改进建议**

（1）压力式液位传感器的灵敏度较高，水中杂质进入压力采集孔或金属材质腐蚀，都会造成液位传感器失灵。

（2）液位传感器的安装，要远离水泵向水罐的注水口和水罐向水泵的出水口等可能产生压力水流的区域，防止压力波动影响液位显示。

# 案例 266　压缩空气泡沫消防车底盘搭电启动导致上装控制模块损坏

**1. 车辆信息**

底盘：曼 TGM18.280　　　　　　生产日期：2019 年

车型：压缩空气泡沫消防车（AP40，整车进口）

**2. 基本情况**

2020 年 7 月，该车在进行搭电启动时出现发动机无法启动情况，同时上装显示屏一直停留于初始页面，即使发动机启动后也无法自动切换进入操作模式。

**3. 故障检查与排除**

（1）现场检查发现，蓄电池经车载充电器充满后，电压正常，但是发动机一旦启动压降非常大，二次尝试启动发动机均未能成功，判断为蓄电池损坏。

（2）上装显示屏故障原因检查：显示屏供电和通信线路正常；上装负责与底盘通信的控制模块 F2 亮红灯（图 15-49），检查供电线路和保险正常，因此确认为此控制模块硬件损坏。

（3）更换蓄电池，更换上装与底盘通信的控制模块，故障排除。

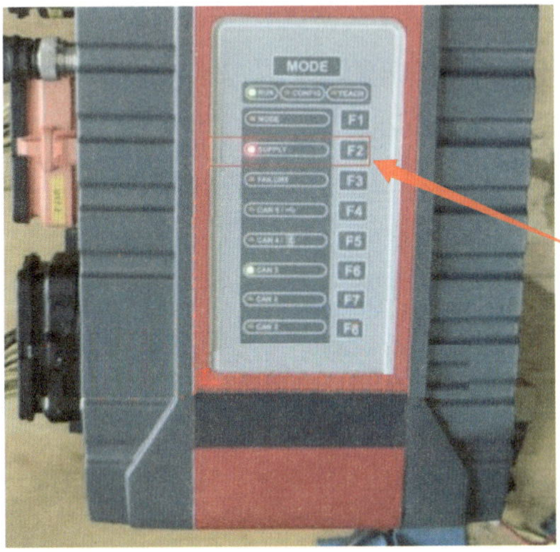


图 15-49　控制模块 F2 亮红灯

**4. 故障评析**

消防车蓄电池普遍亏电损坏的原因：消防车长期存放于车库，即使每日例行检查时运行发动机充电，但其充电量不足以确保蓄电池长期存放的自我放电和部分用电器持续微量消耗的电量。建议消防车回到车库后即插上车载充电装置，对蓄电池保持维护充电模式，延长蓄电池寿命和随时出警时的蓄电池性能，减少搭电启动的频次和风险。

控制模块硬件损坏的原因：在搭电启动发动机后，应保持发动机运转 5～10 min，再拆下搭电线；否则，由于本身车辆蓄电池严重亏电，同时启动机工作时消耗大量电流，此时，发电机感应到蓄电池亏电，会在短时间内产生极高的峰值电压，导致保护较弱的控制模块烧坏。

消防车出现蓄电池亏电需要搭电启动时，正确搭电方法为：

（1）应使用其他消防车蓄电池或独立蓄电池进行辅助搭电。

（2）首先将辅助搭电的消防车发动机保持运行。

（3）按照图 15-50 方法正确连接正负极，且按照“先正极后负极”的顺序连接。连接时需要注意，负极不能直接连接到被搭电车辆蓄电池的负极，应该连接至被搭电车辆靠近蓄电池处的金属搭铁处，以减少连接负极时产生的电火花。

（4）连接正负极后，先保持充电 5~10 min（实际根据蓄电池亏损情况）。

（5）启动前关闭被搭电车辆耗电较高的电器，如大灯、空调等，启动时启动机持续运行时间不要超过 10 s（具体根据相应品牌要求）。如首次启动不成功，两次启动间隔时间最好保持在 2 min，以防止启动机损坏或降低其使用寿命。

（6）启动成功后，不可以立即脱开搭电线，也不能立即开启被搭电车辆耗电较高的用电器，以避免由于发电机感应亏电时产生的峰值电压，更好地保护控制模块。

（7）持续运行一段时间（如 10 min）后再分离搭电线，脱开顺序是“先负极后正极”。

（8）确保充电量满足下一次启动要求后，将车辆入库并立即使用车载充电器保持充电。

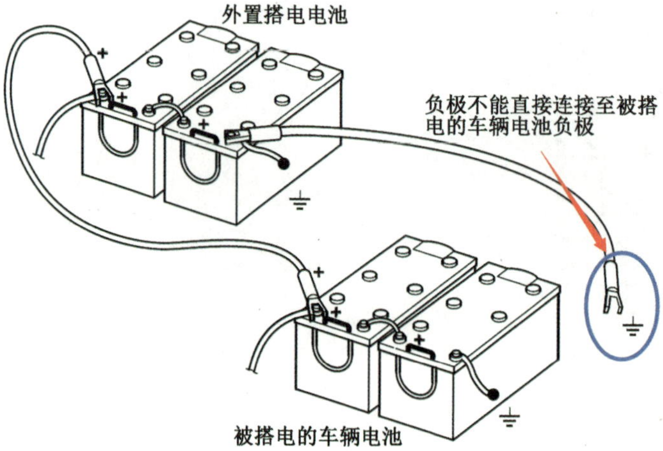


图 15-50 蓄电池搭电线连接方法

故障原因：操作不当（100%）。

**5. 改进建议**

（1）消防车入库后，应及时利用随车配置的车载充电器对蓄电池充电。不经常充电的蓄电池寿命一般 2~3 年，保持经常充电的蓄电池寿命可以延长至 4~5 年。

（2）建议每个车位配备自动回收的充电线，配合新款车载充电器能够在发动机启动时自动脱落，保证快速出警的同时确保车辆蓄电池满电。

（3）安全提示：铅酸电池充电时会释放可燃气体，严重时可引发爆炸，蓄电池存放时应该保持通风且严禁烟火；如必须执行搭电时，应正确识别正、负极，掌握正确的搭电操作方法，避免接反而引发蓄电池爆炸。

# 案例 267　压缩空气泡沫消防车水泵智能压力控制器故障

**1. 车辆信息**

底盘：斯帕坦 VA41M-2142　　生产日期：2007 年 10 月

车型：压缩空气泡沫消防车（AP60，整车进口）

**2. 基本情况**

2017 年 2 月，该车驾驶员反映，车辆在火场时水泵控制面板无法实现发动机加速操作，并且温度和机油压力没有显示。

**3. 故障检查与排除**

（1）维修人员对水泵控制面板（图 15-51）进行测试，在水泵工作状态下，通过控制面板无法使发动机加速，同时发动机相关运行参数也无法显示。

（2）拆卸控制面板，发现该车配置的自动压力平衡控制器电路板严重腐蚀，连接排线存在折断现象，如图 15-52 所示。

（3）咨询厂家得知，该型车辆的自动压力平衡控制器已经升级换代，采购新一代的控制器，安装调试后试车，故障排除。

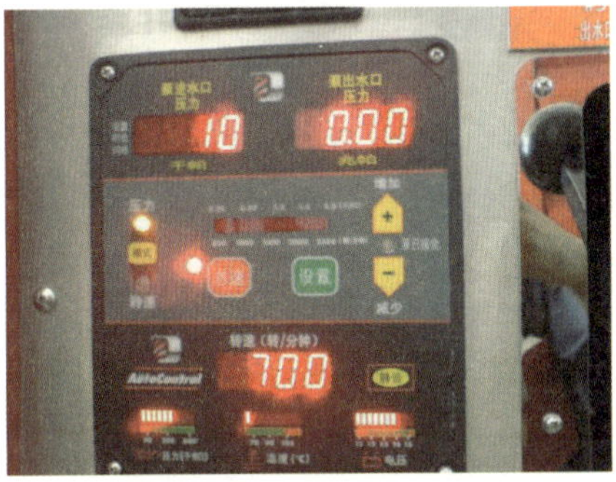

图 15-51　控制面板信息显示

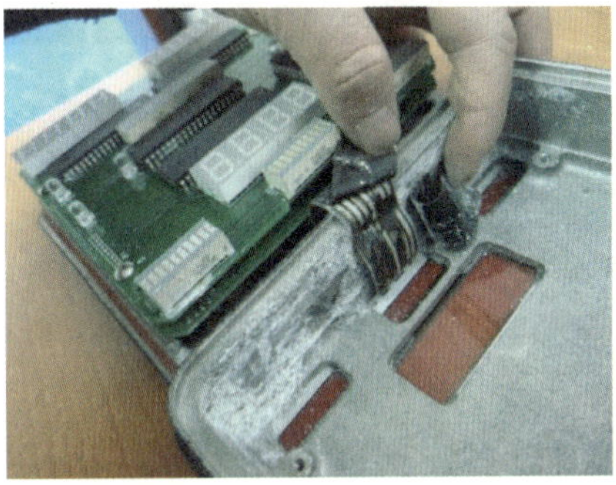

图 15-52　锈蚀的自动压力平衡控制器排线

**4. 故障评析**

此车辆配置的自动压力平衡控制器是控制发动机油压、蓄电池电压、水温温度、水泵加速等功能的一体化电子模块。该模块为核心控制元件，应有高可靠性和防水性。

由于该车使用已经超过 10 年，自动压力平衡控制器元件老化；腐蚀可能与控制器壳体密封不佳有关。

故障原因：元件正常老化（50%）；结构设计问题（50%）。

**5. 改进建议**

提高控制元件设计寿命指标和防护等级，建议电子元器件防护等级≥IP65。同时驾驶员在日常保养时应注意对控制面板内外的清洁，禁止水冲。

# 案例 268 泡沫消防车上装气动控制管路损坏

**1. 车辆信息**

底盘：曼 TGM18.280　　生产日期：2009 年 8 月

车型：泡沫消防车（PM40，整车进口）

**2. 基本情况**

2010 年以后配发的泡沫消防车先后出现上装气动控制管路频繁漏气现象。

**3. 故障检查与排除**

（1）维修人员检查发现，上装气动控制管路中蓝、黑双色并联气管发生破损漏气，导致水泵控制系统气动阀门无法正常工作。

（2）用肥皂水检漏，发现管路上存在多处开裂，如图 15-53 所示。

（3）更换新的管路，故障排除。

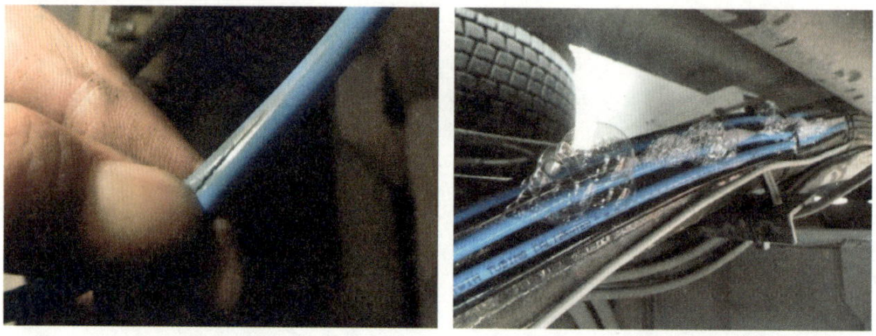

（a）管路开裂情况　　（b）管路肥皂水检漏

图 15-53 气动控制管路破损与漏气情况

**4. 故障评析**

经厂家确认，消防车底盘升级后储气罐气压达到了 1.0~1.2 MPa，该气管标称工作压力 0.8 MPa，气管耐压等级低于实际压力，导致该批次车辆频繁发生气动控制管路漏气故障。之后厂家新车更换为工作压力 1.6 MPa 的气管。

故障原因：设计选型问题（100%）。

# 第十六章　其他系统故障分析与排除

本章主要对灭火类消防车其他系统的 8 个典型故障进行分析与排除

## 案例 269　机场泡沫消防车泡沫比例调节阀锈蚀

**1. 车辆信息**

底盘：美洲豹（6×6）　　　　生产日期：2009 年 8 月

车型：机场泡沫消防车（FLF12000/1500，整车进口）

**2. 基本情况**

2018 年 5 月，在训练时驾驶员发现形成的泡沫混合液浓度低，生成的泡沫少。

**3. 故障检查与排除**

（1）检查泡沫液罐出液阀，可以正常开启。

（2）拆下泡沫比例混合器比例调节阀及进液喉管（图 16-1），发现机械联动的比例调节阀阀片轴锈死无法转动。图 16-2 为泡沫比混合器比例调节阀的爆炸图。

（3）更换新的比例阀后，故障排除。

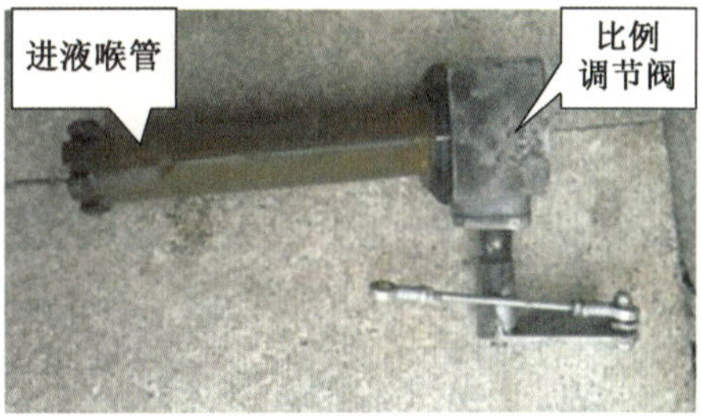


图 16-1　泡沫比例混合器比例调节阀及进液喉管

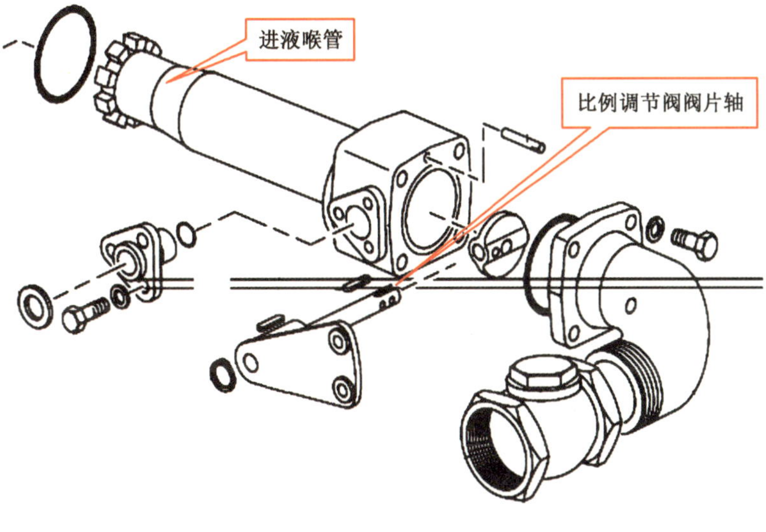


图 16-2　泡沫比例混合器比例调节阀的爆炸图

**4. 故障评析**

该泡沫消防车采用环泵式泡沫比例混合系统，比例混合器比例调节阀可根据水泵出水口流量，按设定好的混合比自动调节泡沫液进入泡沫比例混合器的量，从而保证合理的泡沫浓度，当比例阀转轴和阀片发生卡滞，会影响负压吸入的泡沫液量。图 16-3 为泡沫比例混合系统原理图。

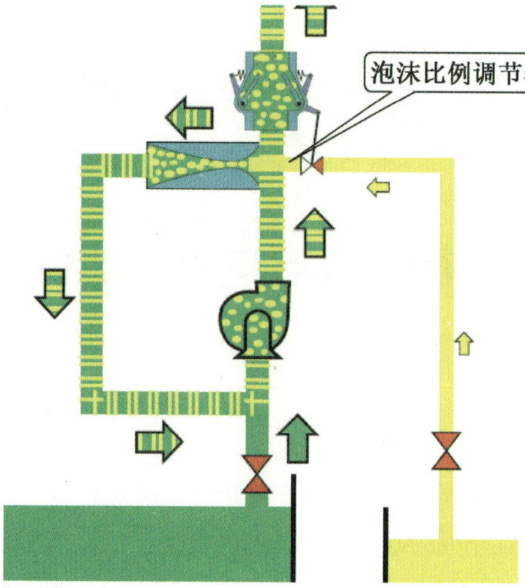


图 16-3 泡沫比例混合系统原理

机场消防车使用泡沫系统频次低，比例阀阀片轴长时间不转动，而且也没有对泡沫比例混合器定期润滑保养，导致比例阀阀片轴生锈卡死。

故障原因：保养不到位（100%）。

**5. 改进建议**

驾驶员平时应多使用消防车进行出泡沫训练，结束后要对系统进行清洗；加强对泡沫比例混合器定期润滑保养。

## 案例 270 水罐消防车后操作水泵控制器油门无反应

**1. 车辆信息**

底盘：斯堪尼亚 R620　　　　生产日期：2014 年 2 月

车型：水罐消防车（SG260）

**2. 基本情况**

驾驶员反映车辆在灭火出水中操作水泵控制器时，通过手动油门加速，无反应。

**3. 故障检查与排除**

（1）检查发现控制器面板上的各按键均有反馈，说明面板正常。图 16-4 为控制面板按键功能正常。

（2）找到可编程控制器（图 16-5），检查可编程控制器输出线（004 号、125 号）油门信号（图 16-6），电压为零（正常电压为 0.1~3.5 V），初步断定可编程控制器损坏。

跟相同车辆的可编程控制器调换后测试油门可正常调节，确定为可编程控制器损坏。

（3）因配件无现货，驾驶员去厂家更换可编程控制器，故障排除。

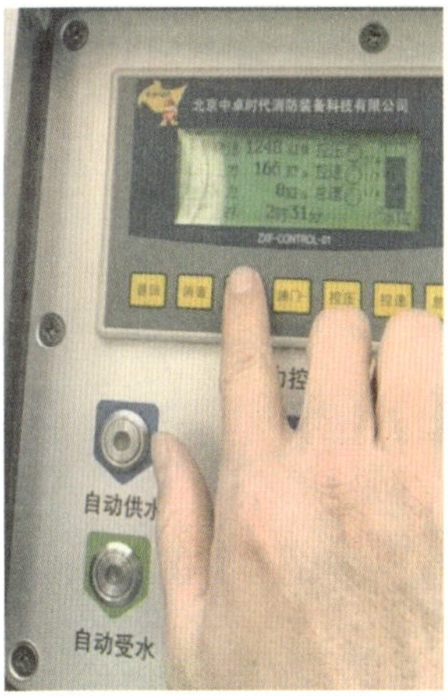


图 16-4　控制面板按键功能正常

图 16-5　可编程控制器位置

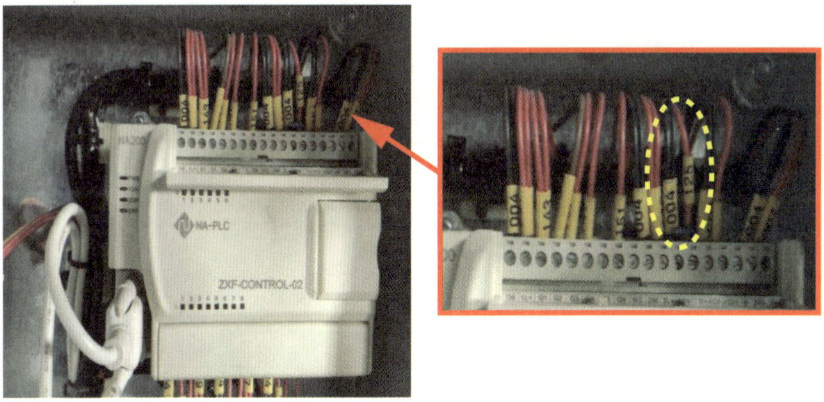


图 16-6　可编程控制器油门输出线（004 号、125 号）

**4. 故障评析**

车辆已使用近 10 年，可能是可编程控制器内元件老化损坏所致。

故障原因：零件正常老化（100%）。

**5. 改进建议**

（1）建议使用质量好的电子元件，提高可编程控制器的使用寿命。

（2）显示屏应能显示关键控制部件的故障信息（如可编程控制器损坏）。

## 案例 271　泡沫消防车电磁阀组集成柜脱落

**1. 车辆信息**

底盘：斯堪尼亚 P310　　　　生产日期：2014 年

车型：泡沫消防车（PM60）

**2. 基本情况**

消防车在行驶过程中，器材厢内有碰撞异响。

**3. 故障检查与排除**

（1）检查发现，电磁阀组集成柜连接螺栓脱落，导致集成柜脱落，与器材厢箱体发生碰撞，具体故障如图 16-7 所示。

（2）对集成柜螺栓孔与器材架连接部位做加强处理，加装衬垫，重新用螺栓固定连接，故障排除。

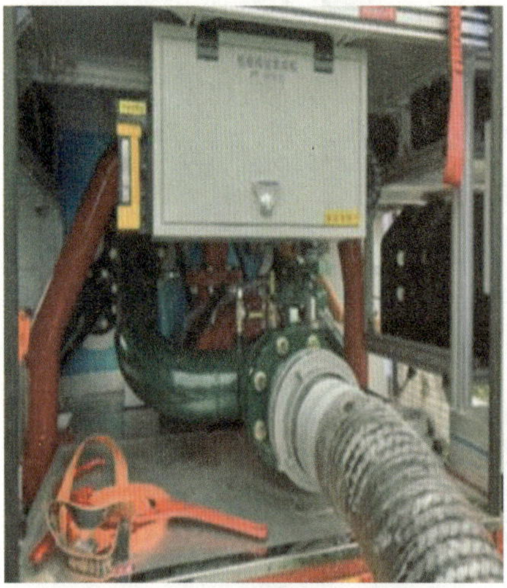

（a）阀组集成柜安装位置

（b）阀组集成柜固定螺栓脱落情况

图 16-7 电磁阀组集成柜脱落前后情况

**4. 故障评析**

电磁阀组集成柜固定的方式可靠性差，而且固定螺栓未安装止动垫片等防松装置，长时间行驶颠簸，螺栓与螺母松动脱落，导致整个集成柜脱落。

故障原因：消防车生产工艺问题（80%）；日常检查不到位（20%）。

**5. 改进建议**

（1）消防车在生产安装时，凡涉及螺栓紧固件的部位，应安装止动垫片或其他防松装置，避免车辆因行驶、颠簸，导致螺栓松动、脱落。

（2）电磁阀集成柜等铁皮箱体结构的连接固定不应直接采用螺栓紧固，应设置加强筋或加装衬垫，防止铁皮变形、撕裂。

（3）消防车使用过程中，如发现异响，应及时检查，对松动螺栓进行紧固。

## 案例 272 泡沫消防车泵室暖风机不工作

**1. 车辆信息**

底盘：豪泺 ZZ1167M4617C　　生产日期：2016 年 8 月

车型：泡沫消防车（PM80）

**2. 基本情况**

2017 年 11 月，驾驶员反映消防车泵室暖风机不能开机。

**3. 故障检查与排除**

（1）检查暖风机（燃油加热器）保险无故障（图 16-8），供电正常。

（2）检查暖风机供油系统，正常。

（3）打开暖风机开关后，风机不转，进一步检查发现暖风控制模块没有输出电压。

（4）更换暖风机控制模块（图 16-9），暖风机工作正常，故障排除。

图 16-8　暖风机

图 16-9　暖风机控制模块

**4. 故障评析**

泵室暖风机由于夏天长时间不工作，暖风机模块内部老化损坏。

该故障的主要原因是暖风机控制模块质量问题。

故障原因：零部件质量问题（100%）。

## 案例 273　压缩空气泡沫系统空压机空气滤清器进气阀关闭不严

**1. 车辆信息**

底盘：奔驰 1529　　　　生产日期：2014 年 2 月

车型：压缩空气泡沫消防车（AP30，整车进口）

**2. 基本情况**

2015 年 2 月，多台次该型消防车压缩空气泡沫系统的空气压缩机空气滤清器频繁发生浸油现象。

**3. 故障检查与排除**

（1）拆卸检查发现，该车压缩空气泡沫系统的空气压缩机（简称空压机）空气滤清器喉管部件内侧频繁浸油，大量油渍从空气滤清器内往外渗漏，具体情况如图 16-10 所示。

（2）拆解同型号消防车空压机，发现同样存在空气滤清器漏油的现象。

（3）通过与厂家沟通，初步判断为空压机中空气滤清器喉管部位的进气阀可能存在问题，厂家对该部件进行了更换，故障排除。图 16-11 为拆解的浸油的滤清器及进气阀总成和新的滤清器滤芯及进气阀总成。

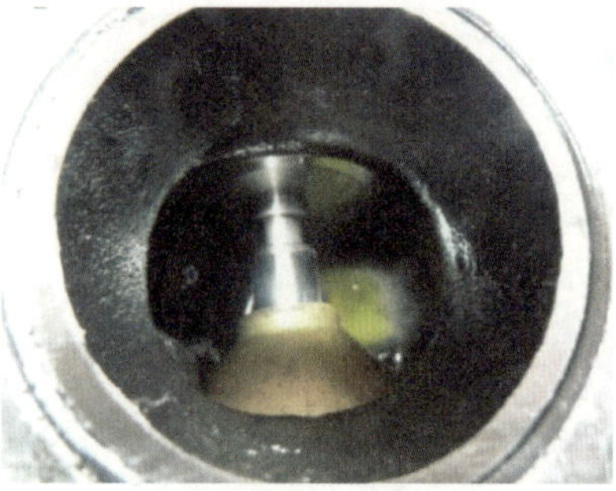
图 16-10 空气滤清器壳体及其喉管

图 16-11 空气滤清器及进气阀总成（右侧为旧，左侧为新）

**4. 故障评析**

该车的空气压缩系统在进气滤芯和空压机气缸之间设置了单向阀，该单向阀控制着空压机进气道的开闭。

空压机运行时内部油液甩入阀体，由于单向阀密封不严进入空气滤清器内，轻微浸油不影响空气滤清器滤芯使用，但浸油严重时必须更换滤芯及进气阀总成。因此，要定期检查空气滤清器漏油状况和空气滤清器滤芯情况。

故障原因：零件质量问题（100%）。

## 案例 274 压缩空气泡沫消防车拉梯梯架翻转机构故障

**1. 车辆信息**

底盘：斯帕坦 VA41M-2142　　　　生产日期：2010 年 7 月

车型：压缩空气泡沫消防车（AP40，整车进口）

**2. 基本情况**

2017 年 2 月，多台次该型压缩空气泡沫消防车车顶拉梯电动液压翻转机构无法动作。

**3. 故障检查与排除**

（1）该车车顶右侧安装了一套金属拉梯电动液压翻转机构，在水泵操作面板上的电机开关可以进行支架的翻转升降，方便拉梯的取放。图 16-12 为翻转作业中的车顶拉梯及梯架，图 16-13 为车顶拉梯梯架的液压翻转机构。

图 16-12 翻转作业中的车顶拉梯及梯架

（2）检查该拉梯梯架液压翻转机构的电动液压泵及油缸，发现油缸处有大量液压油流出。进一步检查发现油缸吸油管发生脱落，导致大量液压油漏出。图 16-14 为梯架液压翻转机构的电动液压泵、油缸及吸油管（液压油罐已拆掉）。

（3）仔细观察发现，由于液压油油温高使吸油管接头软化，造成吸油管脱落，损坏的吸油管如图 16-15 所示。

（4）为了探究液压油温度升高的原因，进一步检查电动液压泵及控制电路，发现控制液压泵电机的继电器损坏。

（5）重新安装吸油管，更换液压泵电机继电器，故障排除。

图 16-13　车顶拉梯梯架的液压翻转机构

图 16-14　梯架液压翻转机构的电动液压泵、油缸及吸油管

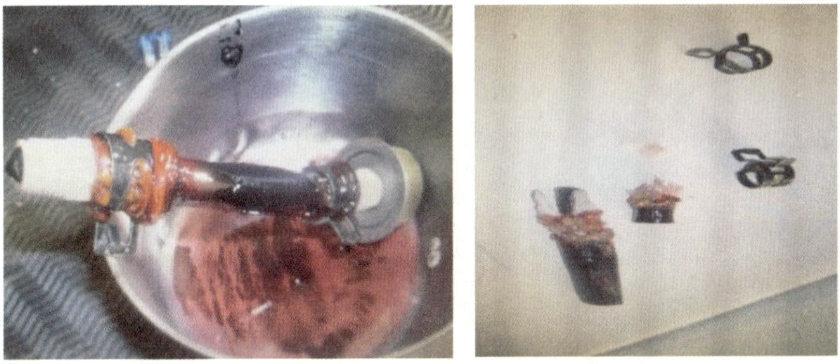

（a）高温损坏的液压泵吸油管　　（b）损坏的吸油管零部件

图 16-15　梯架翻转机构液压泵吸油管软化脱落情况

**4. 故障评析**

由于控制电动液压泵电机的继电器故障，导致电动液压泵连续运转，致使液压油温度升高，吸油管接头软化、吸油管脱落。该梯架系统位于车辆顶部，而整个电液驱动系统未做系统密封处理，容易导致电气元件发生进水损坏。

统计发现，该型消防车还有近 10 台次出现类似故障，其中有部分故障是由于进油管与油泵连接结构强度不足发生脱落（图 16-16），造成液压油泄漏。

故障原因：零件质量问题（100%）。

图 16-16　脱落的电动泵进油管

# 案例 275 压缩空气泡沫消防车翻转梯架拉梯固定支架撞坏

**1. 车辆信息**

底盘：斯帕坦 VA41M-2142　　生产日期：2010 年 5 月

车型：压缩空气泡沫消防车（AP40，整车进口）

**2. 基本情况**

2014 年 11 月，驾驶员报修，车辆行驶时因未注意上方树枝，导致车顶部翻转梯架上的两节拉梯固定支架刮坏变形。

**3. 故障检查与排除**

（1）检查发现，电动液压翻转梯架上的拉梯固定支架刮坏、扭曲变形，具体情况如图 16-17 和图 16-18 所示。

（2）由于属于非易损件无库存，只能暂时对损坏的固定支架进行校正、焊接、打磨，安装调试拉梯固定支架的距离位置，确定安放拉梯的正确位置，临时解决了车顶拉梯的固定问题。

（3）后采购新的原装零件进行更换，复原整体拉梯固定支架，故障排除。

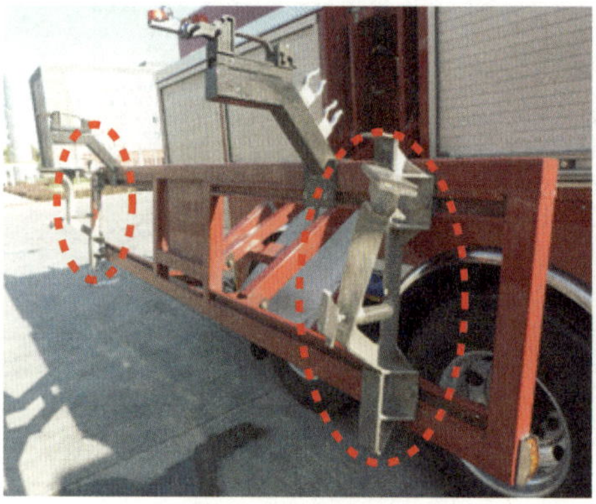

图 16-17 损坏的拉梯电动液压翻转梯架固定支架扭曲变形

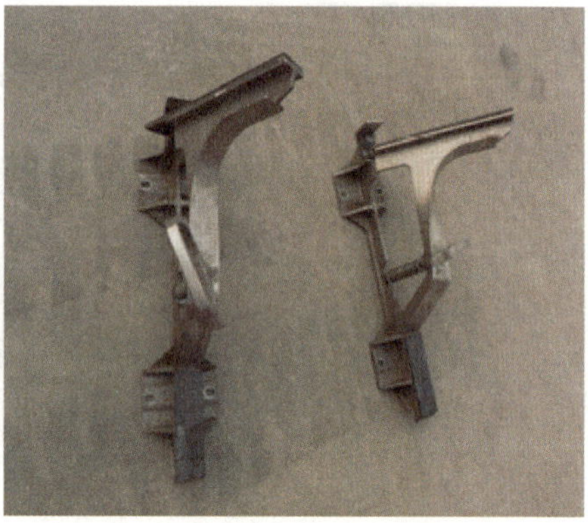

图 16-18 扭曲变形的拉梯固定支架

**4. 故障评析**

驾驶员安全驾驶意识差，责任心不强，行车途中观察不到位，未注意上方障碍物，导致车辆零件损坏。

故障原因：人为操作疏忽（100%）。

**5. 改进建议**

加强驾驶员安全驾驶意识和责任心，坐在副驾跟车人员也应该随时观察路况，保证行车安全。

# 案例 276 压缩空气泡沫消防车泡沫管路内液体异常

**1. 车辆信息**

底盘：奔驰 3341 生产日期：2006 年 3 月

车型：路轨两用压缩空气泡沫消防车（整车进口），压缩空气泡沫消防车（整车进口）

**2. 基本情况**

2013 年 7 月，驾驶员报修，泡沫液罐加注口/排放口有绿色凝胶状混合物。

**3. 故障检查与排除**

（1）检查发现，两台故障消防车的 B 类泡沫液罐加注口/排放口有绿色凝胶状液体流出（图 16-19），该泡沫液（为水成膜泡沫液）已无法使用。

图 16-19 泡沫加注口/排放口流出的凝胶状液体

（2）清洗罐体以及拆卸、清洗管路、阀门（图 16-20），加注新的泡沫液，故障排除。

图 16-20 压缩空气泡沫消防车清洗流出的废液

**4. 故障评析**

泡沫液异常的可能原因：

（1）泡沫液过期变质。加注泡沫液时未及时登记泡沫液生产日期，未按照要求定期更换泡沫液，最终造成泡沫液过期变质。

（2）泡沫液选型不当。泡沫液抗冻结性能是其重要参数之一，如果选用的泡沫液凝固点高于本地区的最低气温，可能出现结冻凝胶状。

（3）不同泡沫液混加也会造成凝结。不同种泡沫液采用的原料、试剂不同，混加后可能会出现化学反应，产生凝胶状；即使同种泡沫液不同厂家的配方也不相同，混加也可能发生反应，最终导致变质。

故障原因：耗材配发管理问题（100%）。

**5. 改进建议**

（1）加注泡沫液时，一定要详细询问泡沫液类型、生产日期、储存温度、有效期等基本信息，并做好登记，尤其要记清泡沫液加注时间。定期对泡沫液罐及管路进行检查，发现问题要及时进行更换，到达保质期前一定要使用完毕。

（2）不同种泡沫液不可混加，同种泡沫液要进行混加时应做化学成分分析实验，确定无反应后，方可进行添加，并加大检查频率，一旦出现结冻、分层、沉淀等现象要及时进行清理。

（3）采购时要选择符合本地区气温、水质等自然环境的泡沫液，防止出现结冻、变质情况。

（4）做好泡沫液验收工作。由于受到技术和设备的制约，各总队、支队级单位无法通过外观和简单灭火实验判定泡沫液是否符合要求，建议抽样送专业检测机构进行鉴定，并且可定期对库存泡沫液进行抽样检测，一旦发现有变质或灭火效率下降无法达到标准要求，要及时进行更换。

（5）建议在泡沫消防车显著位置设置泡沫灭火剂信息卡，方便使用人员随时查看相关信息，可参照图 16-21 样式。

**名称：**__________ **使用比例：**__________

**使用温度：**__________ **添加时间：**__________

**添加人：**__________ **生产厂家：**__________

**灭火剂性能：**______________________________

______________________________________

______________________________________

图 16-21 泡沫灭火剂信息卡内容

第三篇

# 举高类消防车故障维修典型案例

# 第十七章　支腿系统故障分析与排除

本章主要对举高类消防车支腿系统的21个典型故障进行分析与排除

## 案例 277　20 m 多功能登高平台消防车支腿操作不便

**1. 车辆信息**

底盘：曼 TGM18.280　　　　生产日期：2008 年

车型：登高平台消防车（F22ALR，整车进口）

**2. 基本情况**

新车到货验收时发现，支腿操作控制阀在车尾右侧（图 17-1），若站在地面操作，站立位置空间不足，且支腿升起整车时，操作面板高度超过头部，无法看到面板指示说明；若站在工作斗内操作支腿，虽能保持操作位置和距离不变，但需要尽量伸长手臂。

**3. 故障检查与排除**

（1）仰起臂架后，可以看到支腿接线盒在臂架托架中部，支腿操作控制阀在车尾右侧（图 17-2）。

图 17-1　支腿操作控制阀的位置

图 17-2　起臂后支腿操作控制阀的位置

（2）臂架回收到位后，如果站在地面操作支腿收回，各个操作手柄明显高过操作员的头部，无法看到每个控制阀手柄的说明，不便操作。

（3）鉴于验收时发现的上述问题，消防车生产厂家技术人员重新设计支腿操作控制阀和接线盒位置，并现场加工改装支架，方便消防员在工作斗内直接操作支腿。安装调试完成后，故障排除。图 17-3 为根据设计方案加工支架，图 17-4 为改装后的效果。

图 17-3 根据设计方案加工支架过程

图 17-4 改装后的效果

**4. 故障评析**

经了解，当时该车是这家企业新开发的一款概念车型，集登高平台、抢险救援、小型水罐于一体的多功能消防车，主要配备给小型消防站，一车多用，减少人员和装备的配置。用户要求的功能比较多，研发生产时间紧，在设计和生产中来不及仔细分配和考虑布局，造成了支腿操作不便的问题。

故障原因：设计问题（100%）。

## 案例 278 30 m 云梯消防车支腿压力传感器故障

**1. 车辆信息**

底盘：奔驰 2641　　生产日期：2011 年 6 月

车型：云梯消防车（L32FA，整车进口）

**2. 基本情况**

2012 年 5 月，该型云梯消防车驾驶员反映，支腿伸出后，转台显示屏出现“左后支腿压力传感器故障”的提示，如图 17-5 所示，操作云梯抬起无反应。

**3. 故障检查与排除**

（1）维修人员检查发现，操作支腿支撑完毕后，转台显示屏出现驾驶员反映的故障信息“左后支腿压力传感器故障”，并发出报警声。在显示屏上进一步调出支腿控制信息，发现左后垂直支腿压力显示值为 0 kN（图 17-6），说明该压力传感器存在问题。

（2）检查该压力传感器的连接线路正常，判断该压力传感器损坏。

（3）拆卸支腿脚板、护罩、压力开关和压力传感器等部件，发现压力传感器和支腿油缸内侧有水渍和明显锈蚀。图 17-7 为云梯车支脚油缸底部的压力传感器，图 17-8 为拆卸压力传感器后的支腿油缸内侧锈蚀情况。

（4）清洁支腿油缸内壁，对压力传感器进行清洁处理，重新校核，压力传感器未能修复。

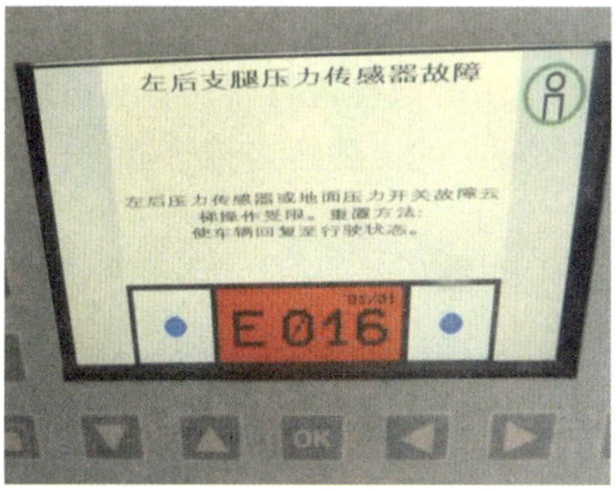


图 17-5　显示屏上的故障信息

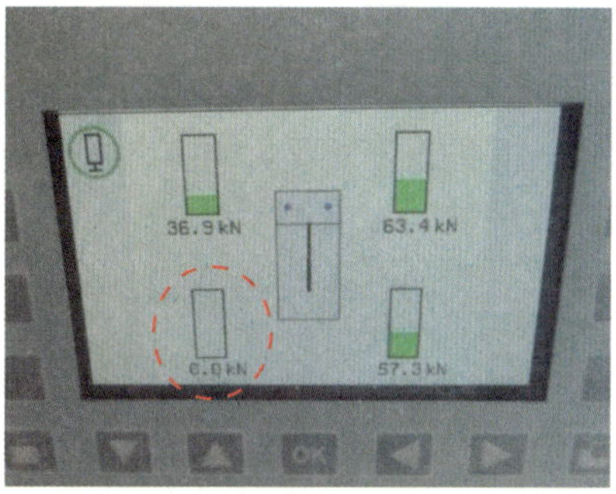


图 17-6　显示屏调出左后支腿未受力提示信息

图 17-7　云梯车支脚油缸底部的压力传感器

图 17-8　拆卸压力传感器后的支腿油缸内侧锈蚀情况

（5）使用厂家提供、改进后的整体式中心螺栓紧固，更换支腿压力传感器总成及密封圈，重新校核零位，故障排除。图 17-9 为整体式与分体式中心螺栓对比情况，图 17-10 为拆下的外表布满污渍的支腿压力传感器。

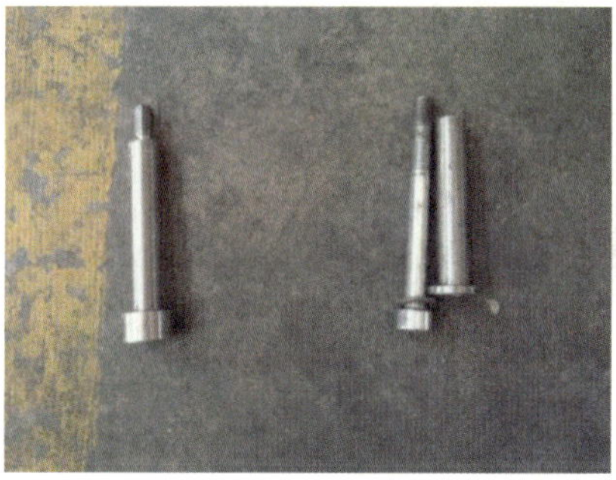

图 17-9　整体式中心螺栓（左）与分体式中心螺栓（右）对比

图 17-10　拆下的外表布满污渍的支腿压力传感器

**4. 故障评析**

该车型在半年时间内出现了 3 例同类故障，厂家初步认定传感器损坏的主要原因是：该支腿压力传感器总成内分体式中心螺栓尺寸存在安装间隙，支腿工作时存在轻微晃动，使密封圈产生间隙，水汽等进入筒壁内部造成部件锈蚀，进而导致压力传感器损坏。问题反映后，厂家设计了整体式中心螺栓，对该原分体式中心螺栓进行召回，对该批次车辆所有螺栓、密封圈进行了更换，并承诺该批次 18 辆同型车的支腿压力传感器延长 5 年质保。此后，同类故障发生率大幅度降低。

故障原因：产品设计问题（100%）。

## 案例 279 30 m 云梯消防车第二节梯架定位锁止孔偏离托架定位销

**1. 车辆信息**

底盘：奔驰 3341　　生产日期：2015 年 8 月

车型：云梯消防车（L32XS，整车进口）

**2. 基本情况**

2018 年 8 月，驾驶员反映云梯消防车支腿不能操作。

**3. 故障检查与排除**

（1）维修人员现场检查发现，第二节梯架定位锁止孔偏离托架定位销，回位锁定位置传感器没有感应到梯架完全收回（图 17-11）。

图 17-11　维修人员现场检查故障云梯消防车

（2）采用应急手动操作，将伸缩梯架完全收回后，故障排除。梯架应急回收步骤如图 17-12 所示。

**4. 故障评析**

正常情况下，云梯消防车行车状态时，托架上的定位销同时穿过第一节和第二节云梯上的梯架定位锁止孔，图 17-13 即是位于第一节梯架的定位锁止孔（位于第二节梯架的定位锁止孔形式相同）。此故障可能是行驶过程中遇到颠簸路面紧急刹车时，第二节梯架定位锁止孔偏离托架上的定位销，第二节梯向前滑出一些距离，导致行驶状态梯架回位锁止位置传感器不起作用。控制模块会判断云梯处于起臂状态，此时车辆进入互锁，禁止操作支腿。此种情况下，可以手动操作液压阀直接收回云梯，恢复云梯到行车位置，就可以按正常步骤操作了。

此类故障发生概率很高，处理方式比较简单，操作员在救援现场也能第一时间进行排除。

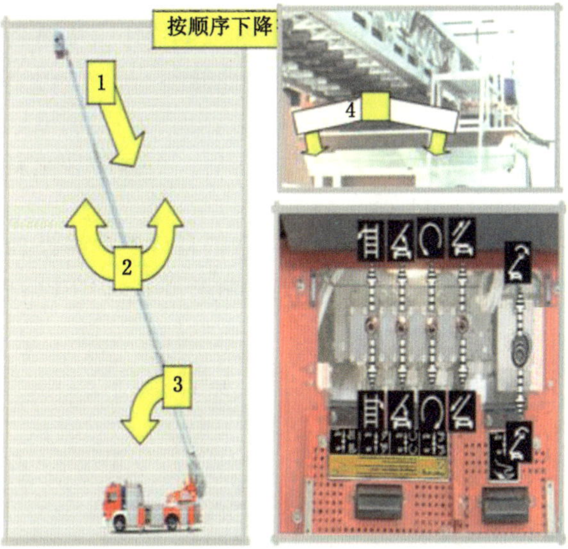


1—回收伸缩臂；2—旋转操作；3—下俯操作；4—臂架落回托架

图 17-12 云梯应急回收步骤（此案例只执行步骤 1 即可）

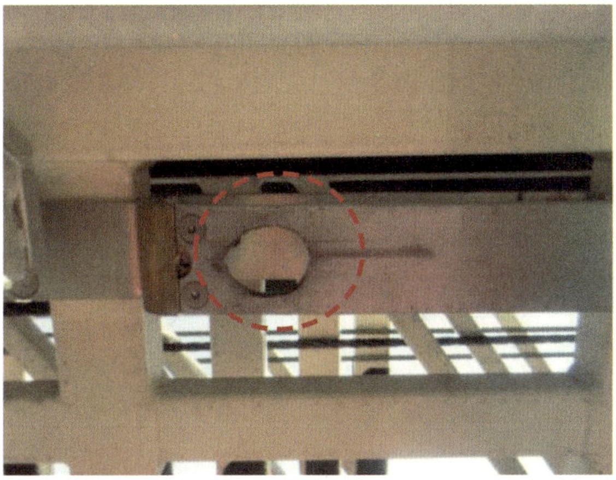

图 17-13 位于第一节梯架的定位锁止孔

故障原因：产品设计问题（80%）；操作疏忽（20%）。

**5. 改进建议**

改进这种设计方案，减少此故障发生。

# 案例 280 30 m 云梯消防车右前支脚撞坏

**1. 车辆信息**

底盘：奔驰 1929　　生产日期：2008 年 5 月

车型：云梯消防车（MLE4-30，整车进口）

**2. 基本情况**

2015 年 5 月，该云梯消防车在参加大型演练返回途中，横跨铁路道口时，由于铁轨高于路面较多，致使右前支脚撞击铁轨后发生扭曲倾斜。

**3. 故障检查与排除**

（1）维修人员检查发现右前支脚与铁轨撞击后，下部向后倾斜、支脚水平臂扭曲变形，右前支脚损坏情况如图 17-14 所示。

（2）将右前水平支脚整体卸下，由于水平臂钢材较厚，热处理变形部分会导致强度下降，影响安全，遂向厂家订购右前支脚（带油缸）总成（图 17-15）。

（a）明显向后倾斜的右前支脚　（b）右前支脚水平臂凹陷变形　（c）右前支脚水平臂凹陷变形的局部放大照片

图 17-14　右前支脚损坏情况

图 17-15　新旧右前支脚总成对比

（3）三个月后，更换到货的右前支脚总成，进行调试后，故障排除。

**4. 故障评析**

举高消防车一般车身、轴距较长，所以行车通过障碍物时，不仅要考虑到整车接近角和离去角，还要考虑车辆中间部件的最小离地间隙和纵向通过角。云梯消防车一般前支脚离地间隙最小，当跨越铁轨时，驾驶员可能未有效减速，前轮冲过障碍重重砸向地面，在悬架减震作用下车辆纵向通过角缩小，导致右前支脚撞击铁轨，严重变形。图 17-16 为消防车纵向通过角 J 示意图。

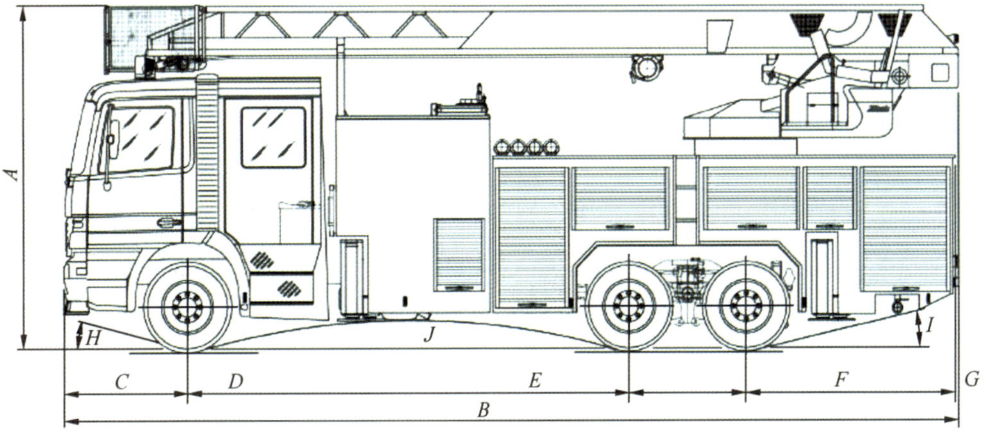


图 17-16　消防车纵向通过角 J 示意图

故障原因：行车安全设计问题（50%）；操作疏忽（50%）。

**5. 改进建议**

针对轴距长的消防车辆，生产厂家、消防车采购人员和验收人员应适当关注中间部件最小离地间隙、前轮接近角、后轮离去角、纵向通过角等关键参数与实际结构；提示驾驶员可能引发故障的不利因素。此外，驾驶员在行驶时发现前方地面或上方有障碍物时，一定要及时减速，谨慎驾驶，必要时下车核查，保证安全通行。

## 案例 281　30 m 云梯消防车支腿长度传感器故障

**1. 车辆信息**

底盘：曼 TGM 15. 290　　　　生产日期：2021 年 4 月

车型：云梯消防车（L32，整车进口）

**2. 基本情况**

2023 年 1 月，消防员在正常操作云梯支腿时，右后支腿伸出到一半突然停止运动，云梯转台显示屏报警，提示“右后支腿的架设宽度监测故障”信息及“E038”故障码，具体情况如图 17-17 所示。

**3. 故障检查与排除**

（1）维修人员现场检查发现，右后支腿已伸出，但显示屏进入支腿诊断页面后右后支腿（RR）伸出长度显示为“0”，如图 17-18 所示。

（2）进一步检查模块诊断页面，发现右后支腿传感器模块 ID17/ID18 是红色（图 17-19），说明支腿长度传感器故障。

（3）检查长度传感器连接 CAN 总线接头，正常。然后将此两个传感器换到右前支腿处，连接 CAN 总线还是显示 ID17/ID18 红色，说明 CAN 总线连接正常，确认为此两传感器故障。

（4）更换两个新的支腿长度传感器（图 17-20），设置 ID17/ID18 参数后，故障排除。

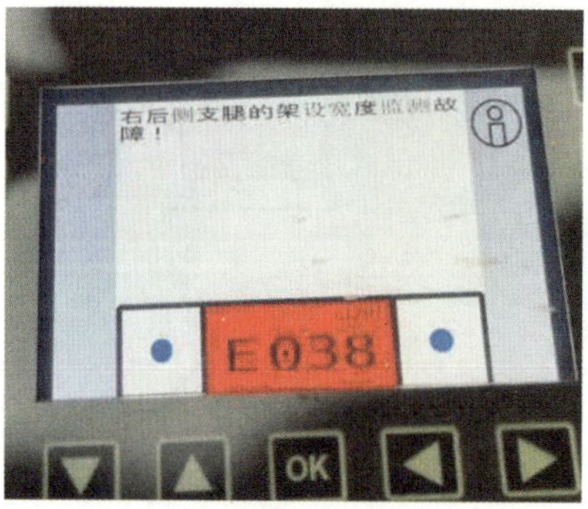


图 17-17　显示屏报警信息及故障码

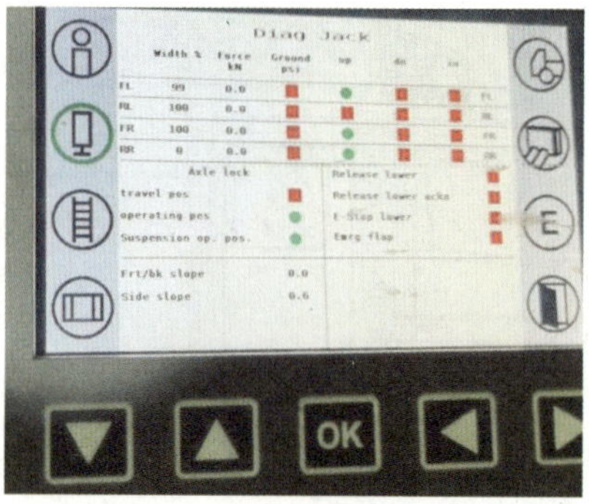


图 17-18　显示屏支腿诊断页面显示右后支腿（RR）伸出长度为“0”

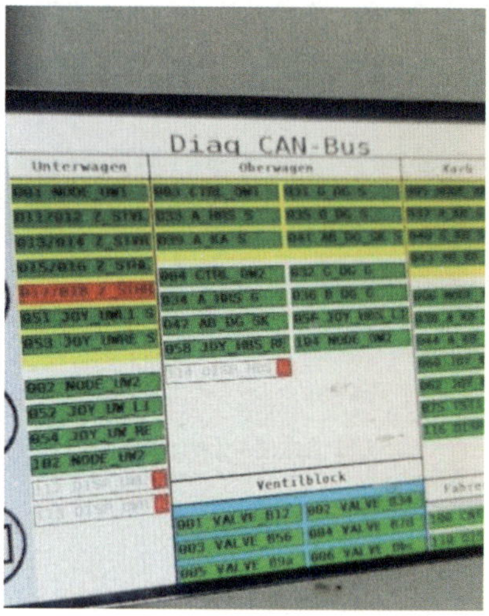


图 17-19　显示屏模块诊断页面显示 ID17/ID18 红色

图 17-20　支腿长度传感器（左旧右新）

**4. 故障评析**

此云梯消防车采用新型电控系统，有两条 CAN 总线，分为主 CAN 总线和安全 CAN 总线。

每个支腿横梁安装一对超声波传感器（图 17-21），副传感器发送超声波，主传感器接收信号，两个传感器都连接到安全 CAN 总线上，每个设有不同 ID，发送和接收交替进行。

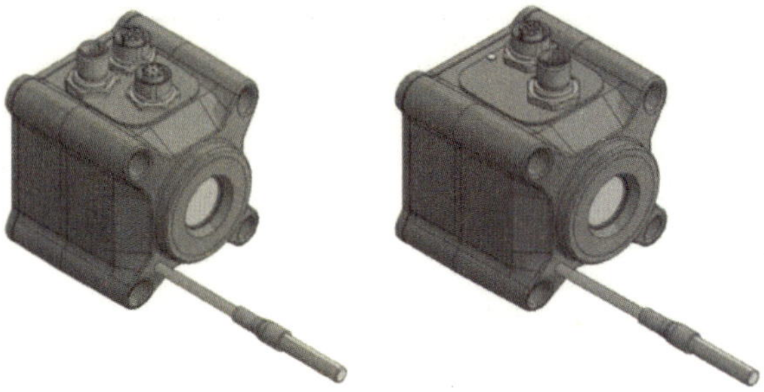

图 17-21 超声波传感器（左为主传感器，右为副传感器）

有三个接口的传感器为主传感器，固定不动，可设置 ID11、ID13、ID15 和 ID17。

有两个接口的传感器为副传感器，随支腿伸出移动，随主传感器的 ID 自动生成 ID2、ID4、ID6 和 ID8。

此两传感器是配对使用，当其中一个传感器出现故障，系统都收不到长度数据会报警停止操作。由于两个传感器分别安装在支腿横梁内侧和外侧，工作条件比较差，可能会进水造成损坏，需要提高防水防尘等级。

故障原因：零件质量问题（100%）。

## 案例 282 37 m 云梯消防车支腿长度传感器故障

**1. 车辆信息**

底盘：曼 TGM 18. 280　　　　生产日期：2010 年 2 月

车型：云梯消防车（DLK39，整车进口）

**2. 基本情况**

操作支腿时，其中一个支腿伸出速度过慢，同时显示屏显示“检查前/右支腿踏板传感器”和“检查前/右支腿横梁上的传感器”，如图 17-22 所示。故障过程中没有报警声音，支腿垂直油缸可以向下完全支撑，但云梯消防车在此支腿对应的工作幅度会受限在最小范围。

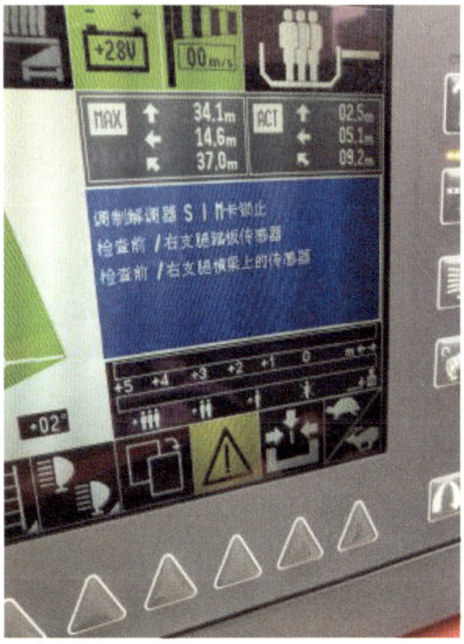


图 17-22 显示屏故障信息显示

**3. 故障检查与排除**

（1）该车采用 X 型支腿（图 17-23）。维修人员检查发现，支腿伸出过程中，长度传感器侧面的 LED 灯长亮，正常情况下应交替闪烁，故判断长度传感器故障。图 17-24 为支腿长度传感器，图 17-25 为支腿长度传感器侧面的 LED 灯。

（2）更换新的长度传感器，手动将支腿全部收回，然后断开电源，再重新启动电源，此时长度传感器数据初始化完成，操作支腿检查，正常工作，故障排除。

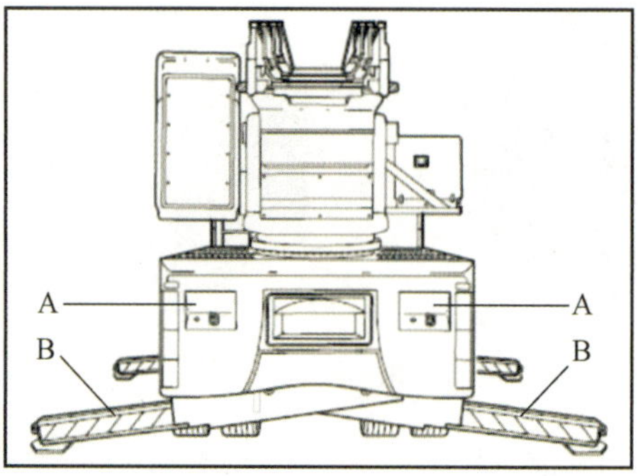


（a）X 型支腿结构

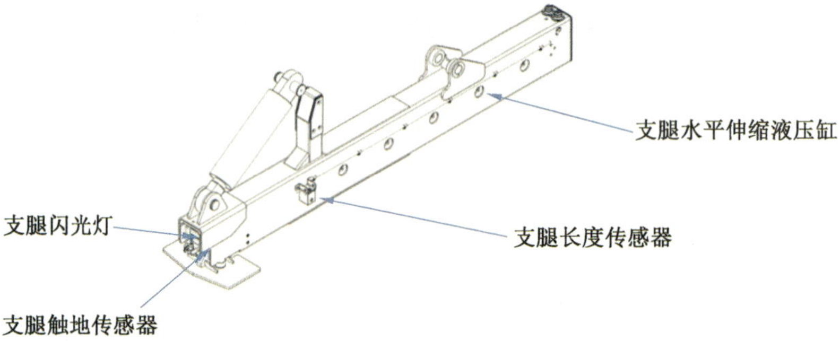


（b）X 型支腿单个支腿结构

图 17-23 X 型支腿

图 17-24 支腿长度传感器

图 17-25 支腿长度传感器侧面 LED 灯

**4. 故障评析**

该车水平支腿伸缩臂侧面设置若干等间距的光栅孔，水平支腿外套筒上安装一对光电计数式长度传感器。该传感器的光信号在相邻光栅上形成连续的通断信号，形成计数，再通过上装控制模块可实时计算得到水平支腿伸出长度，如图 17-26 所示。

虽然长度传感器损坏后，不会影响支腿的支撑动作过程，但是因为当支腿水平全伸且向下至完全支撑到位时，控制模块并没有采集到支腿的长度信息，所以此时控制系统虽然允许云梯可以继续操作，但是安全起见，显示器显示报警信息，同时控制系统会根据支腿最小伸出长度，计算并限制云梯在最小工作幅度范围。

故障原因：零部件自然损坏（100%）。

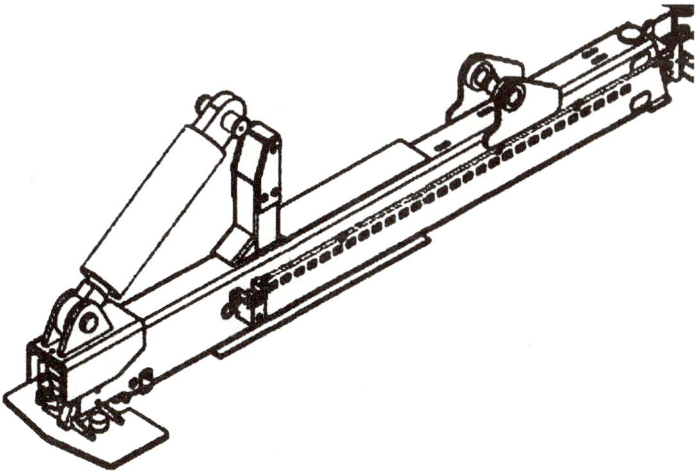

图 17-26　水平支腿伸缩臂侧面的等间距光栅孔

## 案例 283　53 m 云梯消防车支腿地面压力信号故障

**1. 车辆信息**

底盘：奔驰 3335　　生产日期：2014 年 10 月

车型：云梯消防车（DLK55，整车进口）

**2. 基本情况**

操作该车支腿可以全部触地（图 17-27），但支腿支撑完成后，支腿控制面板上状态指示灯未由闪亮的黄灯变成绿色（图 17-28），不能切换到上装操作。此时转台显示屏没有任何故障提示。

图 17-27　支腿全部触地的展开状态

图 17-28　支腿控制面板显示情况

**3. 故障检查与排除**

（1）检查发现左前支腿的闪光灯不亮。

（2）拆开左侧带闪光灯的支腿侧封板后，发现支腿内部电线和脱落的固定螺母（图17-29），本应固定的伸缩螺旋线路导向铜杆脱开。

（3）打开支腿横梁另一侧后发现内部伸缩螺旋线已压扁、导向铜杆变形（图17-30），更换新的伸缩螺旋线及铜杆后，支腿工作正常，故障排除。

图 17-29 打开支腿侧封板后的电线和螺母

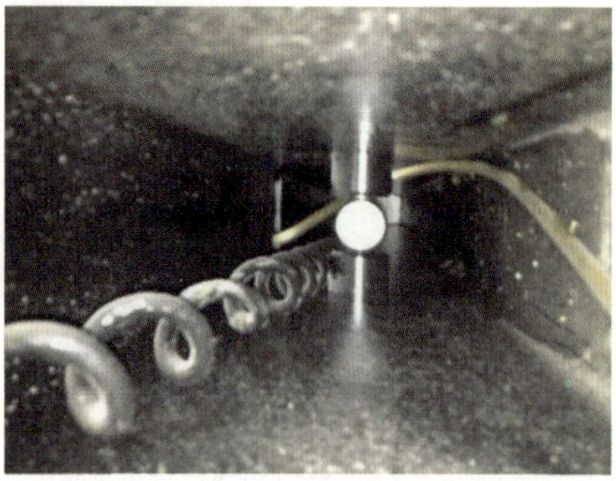

图 17-30 支腿伸缩螺旋线和弯曲的导向铜杆

**4. 故障评析**

该车支腿伸缩螺旋线导向铜杆固定螺母没有拧紧，导致铜杆脱开，当横梁在多次伸缩后，铜杆弯曲变形并压到伸缩螺旋线，导致线路内部压断，传感器及闪光灯没有了供电，闪光灯不亮，控制系统无法采集到支腿的触地信号，也就不能完成上下车切换。图17-31为支腿各部件的示意图。

故障原因：装配问题（100%）。

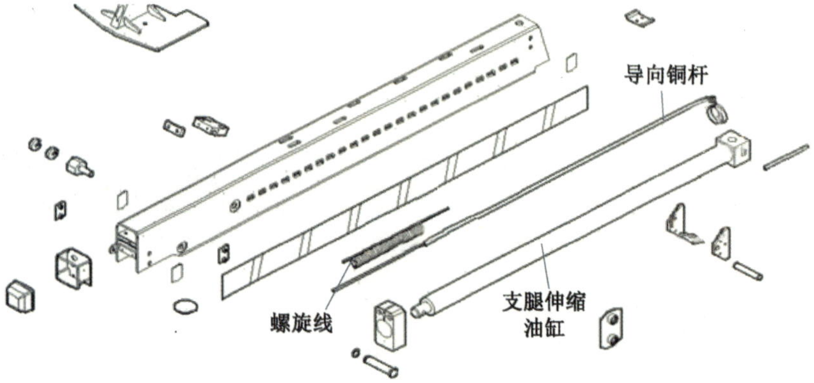


图 17-31 支腿各部件的示意图

# 案例 284　30 m 登高平台消防车一键伸出时支腿垂直油缸无动作

**1. 车辆信息**

底盘：奔驰 3336　　　　　　　　　　　　生产日期：2007 年 11 月

车型：登高平台消防车（ALP32，整车进口）

**2. 基本情况**

操作员在日常检查中使用一键伸出模式操作支腿，四个支腿横梁已经完全伸出并停止动作，但支腿垂直油缸无法向下伸出，显示屏没有任何故障提示。

**3. 故障检查与排除**

（1）使用专用诊断电脑检测，显示右后横梁伸出长度参数值 71%，未达到 100% 伸出（图 17-32），判断可能是长度传感器故障。更换长度传感器，但专用诊断电脑仍显示右后横梁未完全伸出。

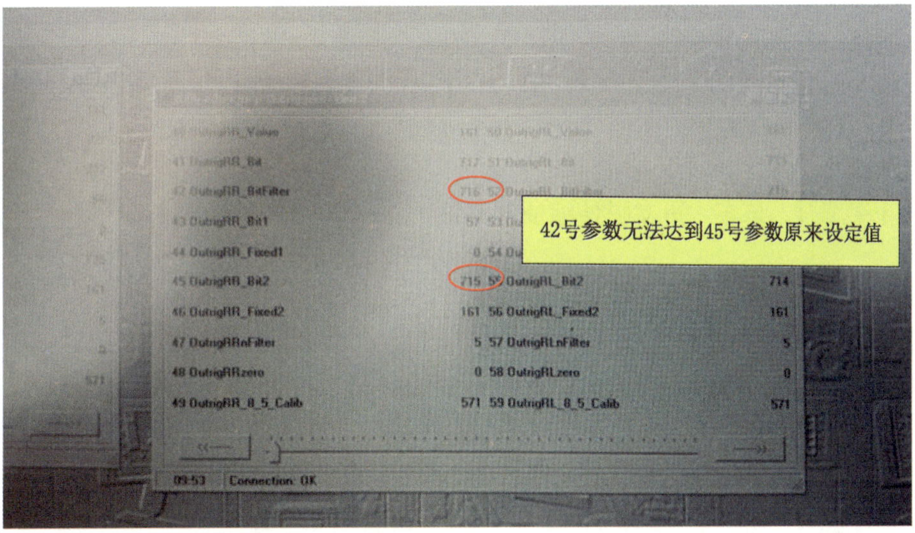


图 17-32　专用诊断电脑显示横梁长度参数值

（2）人工测量 4 个支腿横梁水平伸出的长度（全伸出应为 161 cm），发现右后横梁长度比其余 3 个短约 5 cm（图 17-33）。清洁横梁，喷上液体润滑剂，涂上润滑脂，往复动作几次后支腿工作正常，故障排除。

**4. 故障评析**

由于日常维护保养不及时或保养方法不对，导致横梁伸出时卡滞不能完全伸出，控制模块未收到完全伸出到位的信号，所以垂直支腿不能跟进伸出。

故障原因：保养不到位（100%）。

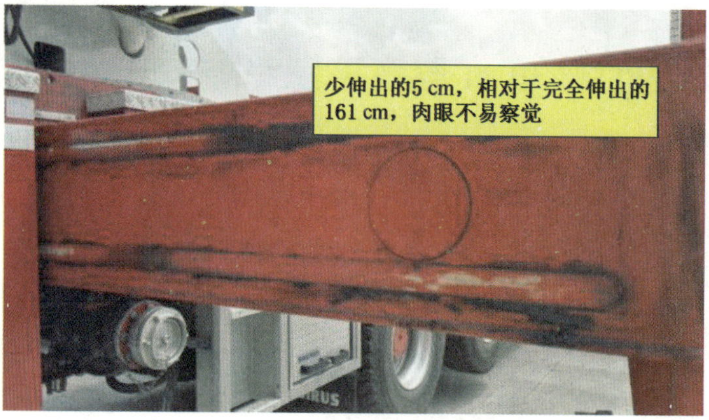


图 17-33 人工测量右后水平支腿横梁长度短 5 cm

## 案例 285 40 m 登高平台消防车水平支腿伸缩油缸漏油

**1. 车辆信息**

底盘：奔驰 2641　　　　生产日期：2000 年

车型：登高平台消防车（F42HDT，整车进口）

**2. 基本情况**

2013 年 1 月，该车水平支腿伸缩油缸漏油，在操作水平支腿伸展动作时，液压油泄漏严重。

**3. 故障检查与排除**

（1）通过多次运行测试，拆开水平支腿端盖，发现伸缩油缸与活塞杆接触端口处漏油严重。

（2）将 4 个支撑脚架总成全部拆卸（图 17-34），抽出水平支腿伸缩油缸（图 17-35）及伸缩电缆，将所有液压油管、油管接头接口包扎防护好（图 17-36）。

（a）从车尾部拆下支撑脚架

（b）拆下来的支撑脚架

图 17-34 拆卸支撑脚架总成

图 17-35　抽出水平支腿伸缩油缸

图 17-36　拆下的水平支腿伸缩油缸（油管、油管接头接口已包好）

（3）分解水平支腿伸缩油缸，抽出活塞杆，依据厂家维修手册更换密封组件和支腿滑块套装组件。

（4）全部安装调试好后，安装伸缩电缆部件、限位开关、液压油管，再次紧固所有连接和锁止部件；调节支腿底部摩擦滑块，涂抹侧边、底部润滑脂，安装调试侧面限位开关；多次操作水平支腿伸缩油缸，确认伸缩油缸活塞杆及端盖密封不漏油，故障排除。

**4. 故障评析**

检查和确认水平伸缩油缸漏油位置比较困难，需要先行将水平支架的另一端端盖拆开，用手电探查活塞杆端漏油状况，大致判定漏油位置后，才能下决心吊移支撑脚架（包括水平支腿和垂直支脚），并且拆卸液压油管、电缆、限位开关、活塞杆端的销轴等工作也非常繁杂。最后支撑脚架抽出后，才能拆卸水平支腿伸缩油缸，更换密封组件。

该登高平台消防车服役满 13 年，密封组件属于正常老化。

故障原因：零部件老化（100%）。

## 案例 286　51 m 登高平台消防车支腿底脚板被刮掉

**1. 车辆信息**

底盘：斯堪尼亚 P310　　　　生产日期：2016 年 3 月

车型：登高平台消防车（F53RL，整车进口）

**2. 基本情况**

2017 年 8 月，驾驶员反映，该登高平台消防车左后支腿的底脚板被刮掉。

**3. 故障检查与排除**

（1）检查发现支腿底部的底脚板半圆固定环（位于垂直油缸导向套底部）断裂，导致底脚板脱落，如图 17-37 所示。

（2）对该底脚板脱落的支腿整体拆卸、分解后，焊接固定环，同时对油缸的外护套和脱落的底脚板进行打磨、校正和安装调试，如图 17-38 和图 17-39 所示。

（3）通过斜坡、负载、支撑测试后，再检查其焊接部位的使用状况，确定焊接后对滑动和支撑力无影响，故障排除。

图 17-37 拆卸后底脚板固定环断裂情况

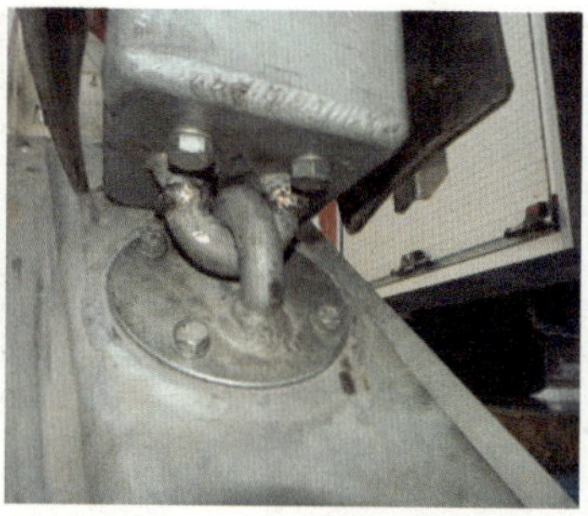

图 17-38 焊接完成的底脚板固定环

图 17-39 垂直支腿安装情况

**4. 故障评析**

询问驾驶员，车辆行驶经过覆盖钢板的施工道路时，前轮压在钢板中部，钢板后端翘起，而该车支腿底脚板离地高度较小正好卡在钢板下，钢板撞击固定环，巨大的动能造成固定环断裂。图 17-40 为底脚板掉落现场情况。

驾驶员行车经过路面覆盖钢板施工道路没有减速，车速过快，动能过大，也是该故障的主要原因之一。

图 17-40 支腿底脚板掉落现场情况

故障原因：操作疏忽（100%）。

**5. 改进建议**

带支腿支脚的登高平台消防车，因支腿底脚板离地较近，且底脚板有向前倾斜的一面，在通过路面覆盖钢板施工道路等异常情况时，一定要减速慢行。如果条件允许时，随车人员下车观察并指导，保障车辆的安全平稳通过，避免此类故障发生。

## 案例 287 53 m 登高平台消防车调平传感器故障

**1. 车辆信息**

底盘：奔驰 3332　　生产日期：2010 年 3 月

车型：登高平台消防车（F55RLX，整车进口）

**2. 基本情况**

2012 年 5 月，驾驶员反映，登高平台消防车支腿伸出后，车辆无法调平，显示屏显示支腿调平传感器故障。

**3. 故障检查与排除**

（1）检查发现，操作登高平台消防车支腿时，蜂鸣器持续报警，车辆始终无法调平。图 17-41 为登高平台消防车外观。

（2）从车尾显示屏上调取故障信息，显示为支腿调平传感器故障，如图 17-42 所示。

（3）车辆投入使用仅一年多，车辆在保修期内。联系厂家维修，技术人员更换 X 向（纵向）和 Y 向（横向）两个方向的调平传感器后，使用密钥解码进行参数设置，故障排除。

图 17-41　登高平台消防车外观

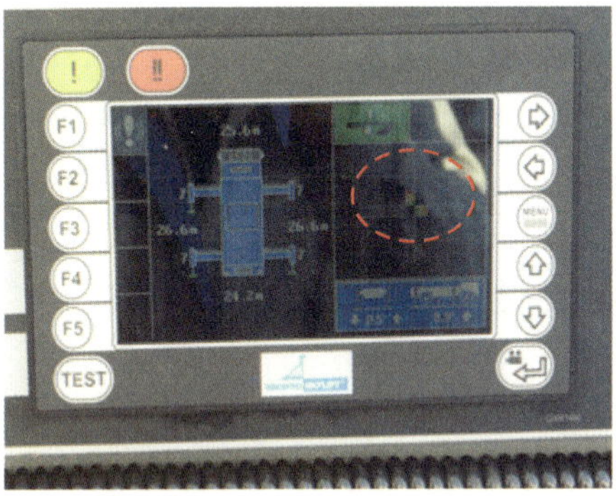


图 17-42　车尾显示屏显示故障情况

**4. 故障评析**

该车 X 向和 Y 向调平传感器（图 17-43），安装于车辆后部，可分别测量车辆 Y 向（横向）和 X 向（纵向）水平数据信息。而此车两个传感器均出现故障，自带的控制模块（图 17-44）无法接收到调平数据，致使无法自动调平，并显示故障信息。因采集的数据都经过控制模块处理，即使手动调平车身，控制模块也接收不到或接收到错误的调平传感器数据，所以依然无法完成支腿调平操作，进行上下车切换。

图 17-43　车尾控制盒内 X 向和 Y 向调平传感器

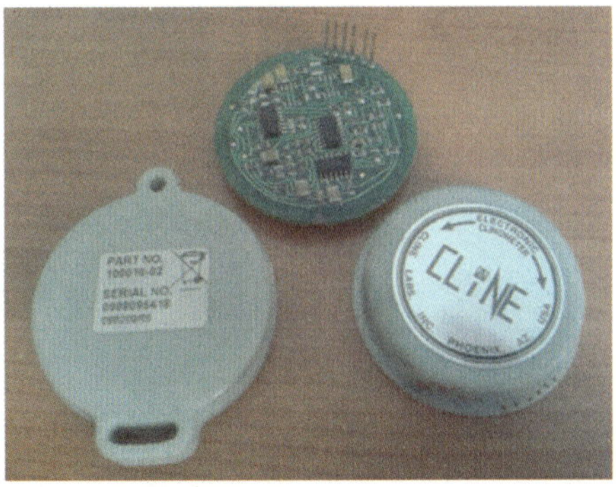


图 17-44　拆开的调平传感器内部控制模块

故障原因：零部件质量问题（100%）。

**5. 改进建议**

车辆配置的调平传感器应在设计寿命周期内减少故障率，保证可靠性。

早期调平传感器内部感应媒介是水银，拆解时需要专业人员操作，且该类传感器不可以直接作为废弃物丢弃。现在调平传感器是电子元件，需要注意安装时设置初始数值或用专用诊断电脑调整数值。

## 案例 288　68 m 登高平台消防车支腿纵向调平传感器故障

**1. 车辆信息**

底盘：斯堪尼亚 P420　　生产日期：2011 年

车型：登高平台消防车（F70RPX，整车进口）

**2. 基本情况**

2014 年 7 月，驾驶员反映，该车支腿纵向自动调平失灵，只能手动调平。

**3. 故障检查与排除**

（1）维修人员现场检查，从车尾显示屏调出实时监控数据，发现纵向（X 向）调平传感器参数值（2.419 V）与标准值 2.5 V 相差较大（图 17-45），判断为支腿纵向（X 向）调平传感器故障。

（2）更换新的传感器，用专用诊断电脑连接车载系统（或采用密钥）重新设置参数后，故障排除。图 17-46 为车身水平传感器，图 17-47 为转台下部密钥插孔。

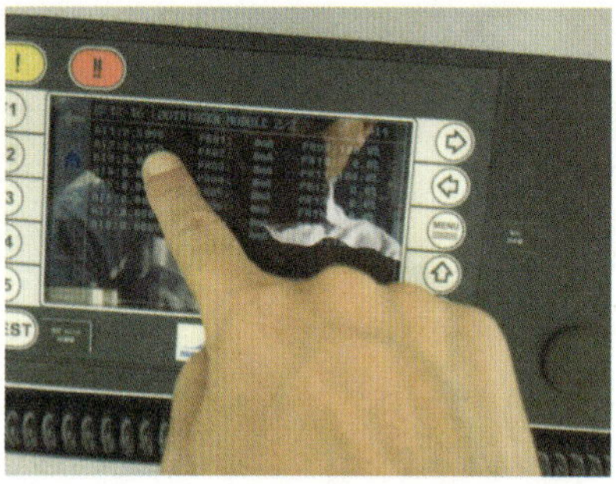

图 17-45　车尾显示屏调出调平传感器参数情况

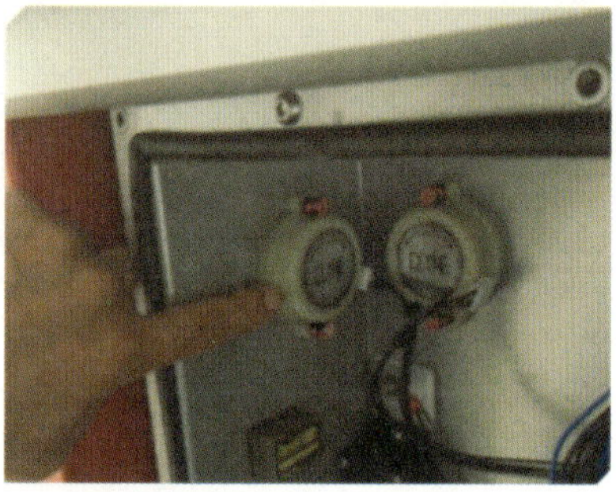

图 17-46　车身纵向（X 向）水平传感器

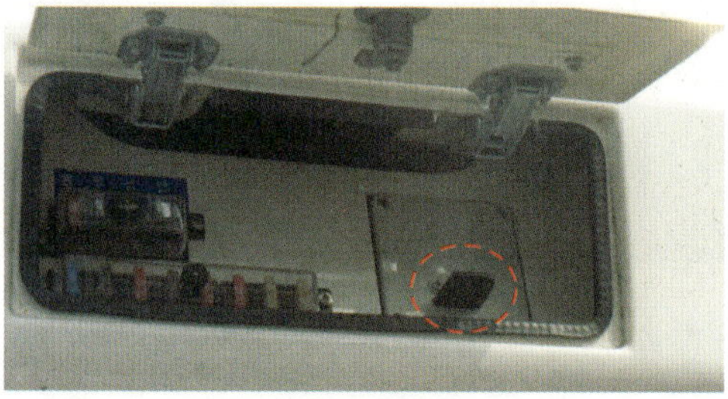

图 17-47　转台下部插孔上的密钥

**4. 故障评析**

用于控制自动支腿调平的传感器发生故障，将导致 X 向（纵向）、Y 向（横向）无法自动调平。由于大多使用单位都没有专用诊断电脑或密钥，也未进行过电脑参数设置专业培训，无法独立解决此类问题。

故障原因：零部件质量问题（100%）。

**5. 改进建议**

支腿自动调平系统的目的是方便驾驶员操作，但如果传感器出故障，不能自动调平，将无法使用。厂家应增强驾驶员应急操作能力，以应对战时需要。

对于需要调整、设置参数的车型，厂家不能给用户配备专用诊断电脑或密钥的情况时，建议加强远程诊断、系统更新和参数设置的能力。

## 案例 289　19 m 举高喷射消防车臂架角度编码器变形错位

**1. 车辆信息**

底盘：奔驰 3344　　　　生产日期：2012 年

车型：举高喷射消防车（JP19）

**2. 基本情况**

驾驶员在日常检查中发现车辆支腿操作无动作的现象。

**3. 故障检查与排除**

（1）经检查，该车臂架前端可安装破拆液压剪。该液压剪平时放置在车辆左前侧固定槽内。由于液压剪固定不牢，车辆行驶时液压剪挤压臂侧液压油管，触碰到了臂架角度编码器，造成角度编码器移位，驱动齿轮脱开。图 17-48 为液压剪、臂侧液压油管和角度编码器的位置关系，图 17-49 为角度编码器驱动齿轮变形脱开情况。

（2）维修人员更换液压剪支架松动或断裂的固定螺栓，并使用绑带重新固定液压剪。

（3）将角度编码器驱动齿轮归位，观察显示屏显示的臂架角度值，调整编码器到 0°，并固定，故障排除。

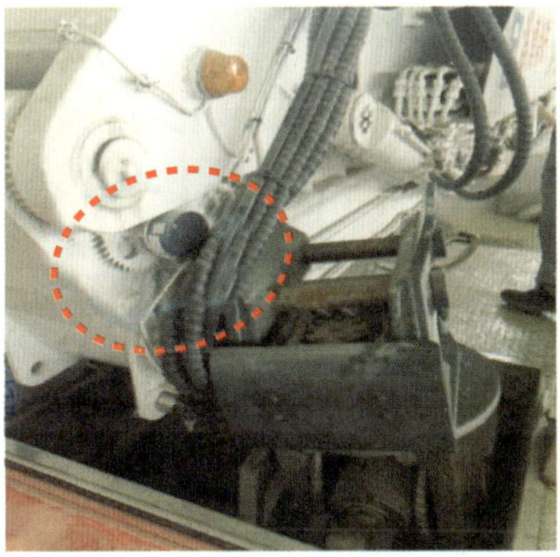

图 17-48　液压剪、臂侧液压油管和角度编码器的位置关系

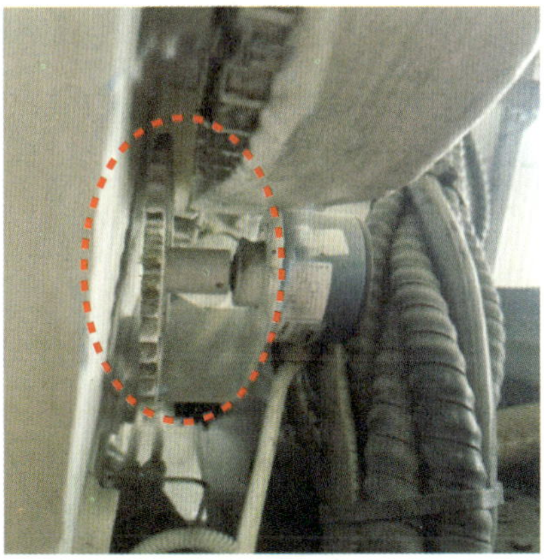

图 17-49　角度编码器驱动齿轮变形脱开

**4. 故障评析**

液压剪固定位置距离编码器过近，为了取放方便，采用非紧固安放，固定不牢。车辆在行驶途中，液压剪晃动幅度较大，撞到编码器并使之变形错位，出现故障。后来厂家改进了液压剪的固定装置，如图 17-50 所示。

图 17-50 改进的液压剪固定装置

故障原因：设计问题（100%）。

**5. 改进建议**

消防车车载较重的部件，设计安装位置时要注意远离重要的精密部件，防止干涉碰撞损坏。

## 案例 290 20 m 举高喷射消防车支腿伸展行程开关故障

**1. 车辆信息**

底盘：曼 TGS 33.480　　　　生产日期：2011 年 8 月

车型：举高喷射消防车（CTE 20/EFFER470 强臂救援消防车，整车进口）

**2. 基本情况**

2019 年 3 月，驾驶员日常训练时，发现用遥控器操作支腿支撑好后，高喷臂架遥控器绿色指示灯不亮，遥控器无法操控臂架工作。图 17-51 和图 17-52 分别为故障车辆。

图 17-51 故障车辆外观（行驶状态）

图 17-52　故障车辆外观（臂架和吊臂初起状态）

**3. 故障检查与排除**

（1）维修人员检查发现，接合液压取力器后，高喷臂架遥控器绿色指示灯不亮，无法遥控操作。支腿控制器可以操作支腿，但支撑地面后，支腿控制器上左前支腿水平伸展到位黄色状态指示灯不亮（图 17-53）。

（2）检查发现左前支腿水平伸展到位行程开关（图 17-54）不工作，更换新开关，支腿控制器上指示灯正常（图 17-55），臂架遥控器绿色指示灯点亮（图 17-56 为臂架遥控器，正常情况下绿色指示灯亮），故障排除。

图 17-53　支腿控制器水平伸展到位黄色指示灯不亮

图 17-54　支腿行程开关

图 17-55　支腿控制器指示灯正常

图 17-56　臂架遥控器

**4. 故障评析**

高喷臂架必须在前支腿完全伸出后才能工作，水平支腿行程开关安装在支腿伸展横梁上，又没有防护，容易进水或碰撞损坏。

故障原因：设计问题（100%）。

**5. 改进建议**

水平支腿行程开关增加防尘防水保护罩。

## 案例 291 44 m举高喷射消防车臂架托架的行车位置传感器保险烧断

**1. 车辆信息**

底盘：奔驰 3344　　　　生产日期：2013 年 4 月

车型：举高喷射消防车（44TWT，整车进口）

**2. 基本情况**

2019 年 2 月，驾驶员在操作举高喷射消防车时发现支腿不能操作。

**3. 故障检查与排除**

（1）检查上装保险盒内保险，未见异常，上装显示屏也没有故障码。

（2）查看车辆上装显示屏信息菜单，发现菜单显示“Booms in TRP”后面状态空白（图17-57），说明臂架没有在行车位置。

（3）检查臂架托架的行车位置传感器（行程开关）（图 17-58），传感器开关动作正常，但没有供电。

（4）按照线路图检查供电线路，最后确认驾驶室内 GM 模块位置附近，连接行车位置传感器的一个 6 A 的保险烧断，更换新保险，故障排除。

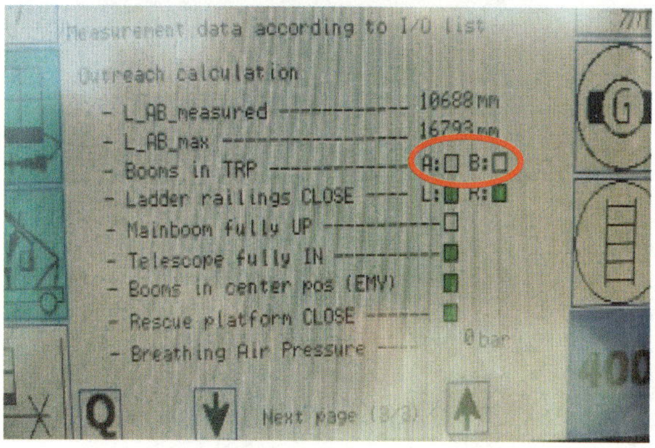


图 17-57 上装显示屏信息情况

图 17-58 臂架托架行车位置传感器

**4. 故障评析**

由于上装控制模块没有接收到臂架放置于行车位置（即托架上）的信号，为安全起见，上下车互锁功能使液压转换阀不能转换到支腿操作位置，故支腿不能操作。

故障原因：偶发电路故障（100%）。

# 案例 292　44 m 举高喷射消防车水平支腿液压先导单向阀先导压力设计过小

**1. 车辆信息**

底盘：奔驰 3344　　生产日期：2012 年 6 月

车型：举高喷射消防车（44TWT，整车进口）

**2. 基本情况**

2014 年，驾驶员反映，该车在行驶时四个支腿均存在外伸的情况，影响行车安全。

**3. 故障检查与排除**

（1）检查发现，确实存在行车时水平支腿伸出情况（图 17-59），但未发现车辆液压系统和控制系统有明显异常，反复对支腿进行操作，情况有所好转。初步怀疑支腿的液压软管过长，导致内部有空气，所以支腿会自动伸出。

（2）厂家工程师到场检修，根据支腿液压系统原理图（图 17-60），认为是水平支腿液压先导单向阀（“止回阀，CHECK VALVE”）故障。但是更换四个水平支腿液压先导单向阀后，并没有明显变化；行驶转弯测试，支腿依然会随转弯惯性甩出少许。

（3）工程师进一步分析认为，更换的液压先导单向阀（图 17-61）耐压过小，无法限制支腿的转弯离心力，截至目前未更换耐压更大的先导单向阀，该故障仍未排除。

**4. 故障评析**

由于水平支腿液压先导单向阀先导压力设计过小，当车辆转弯时，水平支腿油缸产生的向外离心力超过了先导单向阀的先导压力，导致先导单向阀被部分打开、水平支腿向外伸出。此外，支腿水平油缸活塞密封泄漏和液压油温差也可能造成外伸。

故障原因：设计问题（100%）。

**5. 改进建议**

建议厂家在设计制造时选择合适的先导单向阀，使用中出现的先天故障能及时处理。

（a）水平支腿外伸超出车体宽度　（b）从另一侧看水平支腿伸出状况

图 17-59　水平支腿伸出情况

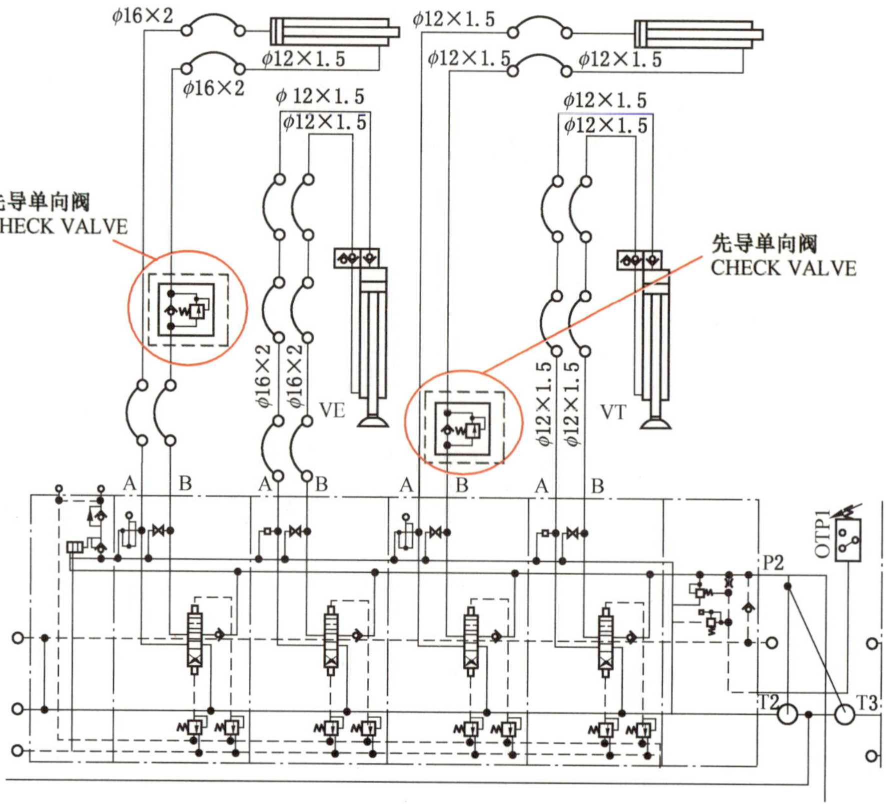


图 17-60 水平支腿液压先导单向阀在支腿液压系统原理图中的位置

图 17-61 水平支腿液压先导单向阀实物

## 案例 293 44 m 举高喷射消防车支腿电磁阀漏油

### 1. 车辆信息

底盘：奔驰 3344　　　　生产日期：2014 年 6 月

车型：举高喷射消防车（44TWT，整车进口）

**2. 基本情况**

2020 年 10 月，更换上装液压系统液压油及相应滤芯后，驾驶员操作支腿时发现控制支腿动作的电磁阀漏油。

**3. 故障检查与排除**

（1）维修人员检查发现漏油位置在电磁阀电线插头处，而且四个电磁阀电线插头处都漏油。图 17-62 为支腿液压电磁阀实物。

（2）因车辆维修保养前没有该故障，分析支腿液压系统原理图和油泵液压原理图（图 17-63 和图 17-64），对比实际管路，发现原因是：油箱回油阀处于关闭状态（系维修人员保养后忘记打开油箱回油阀），造成液压系统压力过高，破坏了电磁阀与外壳上部连接处间的密封件，导致漏油。更换新电磁阀，故障排除。

**4. 故障评析**

该车每年要进行上装液压油滤芯的更换及保养工作，根据油泵液压原理图（图 17-64），保养时需关闭液压油箱回油阀①和液压油箱出油阀②，防止旧液压油重新混入油箱。在更换液压油高压滤芯和回油滤芯后，为避免液压系统中的电磁阀等部件损坏，要记得打开关闭的阀门。此车保养人员更换完滤芯，只打开液压油箱出油阀②，忘记打开回油阀①，造成液压系统压力过高，损坏液压电磁阀。此故障多次发生，应该引起重视。

故障原因：人为操作原因（100%）。

**5. 改进建议**

在更换液压油等工作时，应在专业人员指导下，严格按照说明书中的规范流程操作。

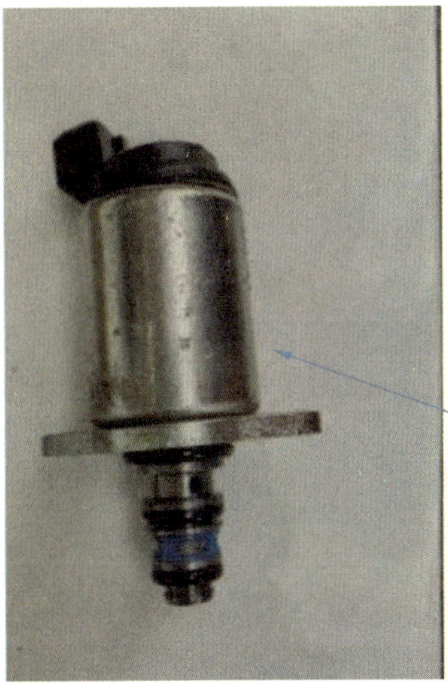

图 17-62 支腿液压电磁阀

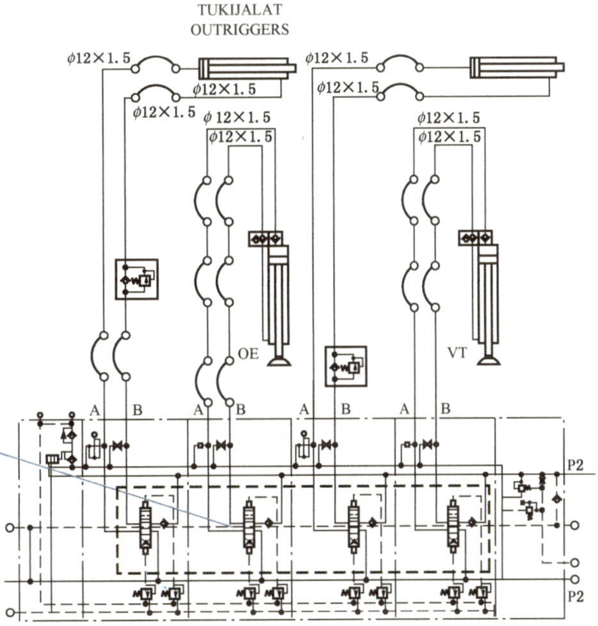


图 17-63 支腿液压系统原理图（虚线框内为支腿液压电磁阀）

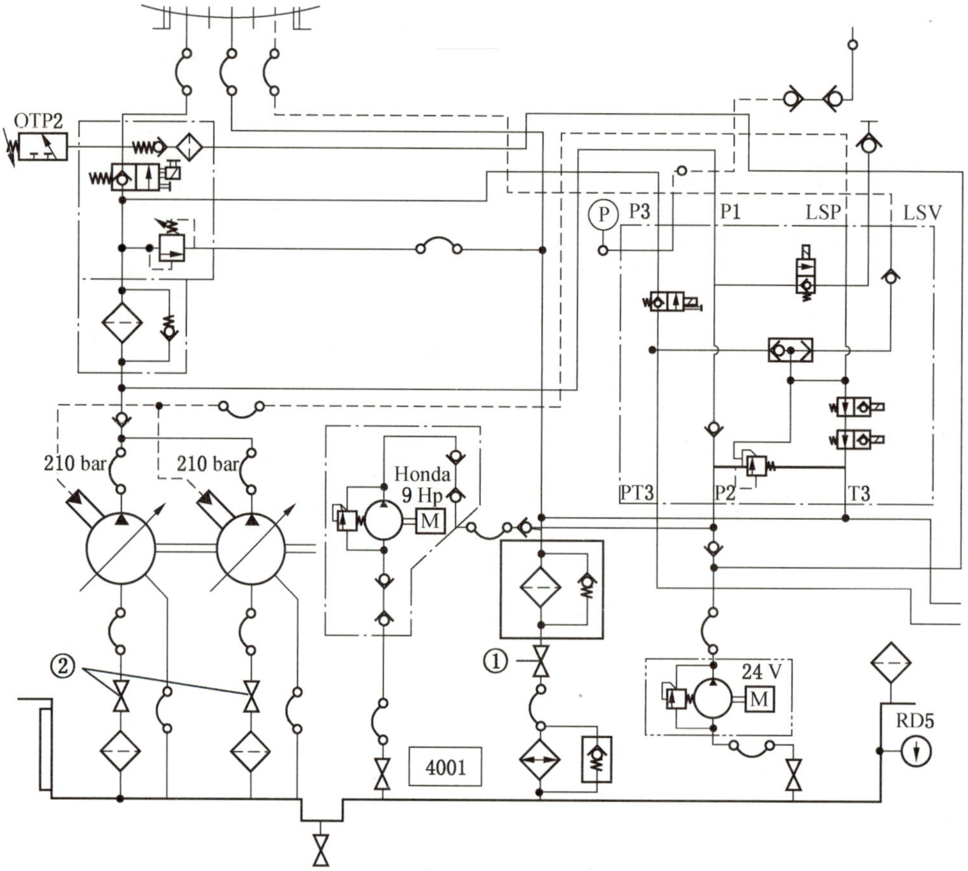


①—液压油箱回油阀；②—液压油箱出油阀

图 17-64 油泵液压原理图

# 案例 294 48 m 举高喷射消防车支腿液压电磁阀组电磁阀线圈损坏

**1. 车辆信息**

底盘：奔驰 4144　　　　生产日期：2018 年 3 月

车型：大跨度举高喷射消防车（JP48）

**2. 基本情况**

驾驶员在操作该车时发现，前支腿正常伸出，后支腿无法摆动打开。

**3. 故障检查与排除**

（1）重新测试该故障：打开支腿控制总开关（使能开关），操作支腿遥控器，发动机升速，此时前支腿正常伸出，后支腿却无法摆出；手动操作电磁阀，后支腿可正常摆出，说明液压系统无故障。

（2）拆下液压电磁阀组中控制支腿的阀片插头，此时操作支腿开关，测量后支腿摆动电磁阀端子输出电压为 27 V，证明控制模块输出无问题。为验证输入有无问题，将控制旋转的接线头插在控制支腿的阀片上，用遥控器控制旋转，多路阀仍然不做下压动作，说明故障一定在电磁阀组控制后支腿的阀片上。

（3）此时只需要检查支腿液压电磁阀组电磁阀线圈与电液比例阀阀芯这两项，以确定具体损坏部位。根据从易到难的原则和电磁阀组电路图，先测量线圈电阻，经测量电阻为 130 Ω，与其他电磁阀线圈电阻（19 Ω）都不同，可以判断为线圈损坏。图 17-65 为液压电磁阀组，图 17-66 为电磁阀组电路示意图。

（4）更换电磁阀线圈，故障排除。

图 17-65　液压电磁阀组

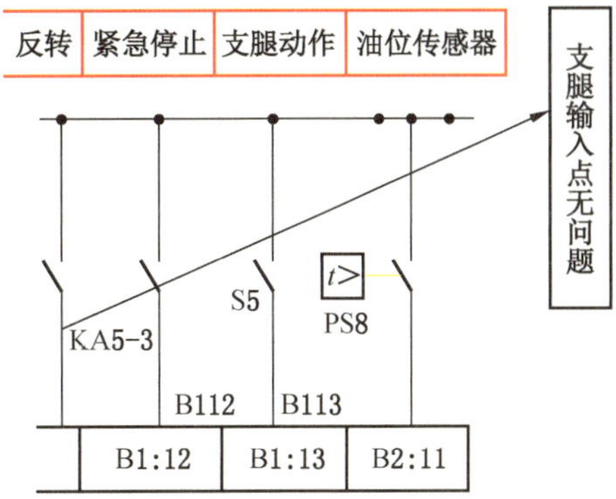


图 17-66　电磁阀组电路示意图

**4. 故障评析**

拆卸电磁阀线圈时发现内部有水渍，判断为电磁阀进水损坏，导致故障发生。高压水枪冲洗消防车，是导致电磁阀进水的可能原因。

故障原因：保养不当（100%）。

**5. 改进建议**

严禁使用高压水枪冲洗车辆电气部件。

当出现由于液压电磁阀故障导致支腿不动作的类似情况，应急处理时可以临时利用备用或不常用的阀组，以保证现场使用。例如该液压电磁阀组上有一个风冷补油辅助装置的电磁阀，作用是超长时间连续工作时冷却液压油，但在消防车（很少连续工作 3 h 以上）上基本不会启动使用，如交换相应油路和电路，可临时顶替使用。因支腿动作与风冷补油在同一片控制阀上，且风冷补油可有可无，所以在应急情况下可将风冷补油的油管与支腿动作油管对调下，然后交换对应的接头，这样就可正常出支腿了。

## 案例 295　48 m 举高喷射消防车左后支腿拉线位移传感器故障

**1. 车辆信息**

底盘：奔驰 4141　　生产日期：2017 年 10 月

车型：大跨度举高喷射消防车（JP48）

**2. 基本情况**

2022 年 11 月，驾驶员开始操作支腿时，发现支腿控制中心显示屏显示“60：左后支腿拉线位移传感器故障”，支腿无位置信号，无法操作支腿摆出动作，具体情况如图 17-

67 所示。

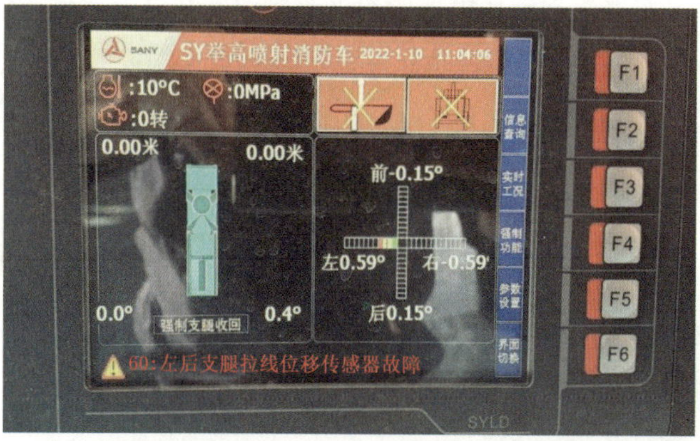


图 17-67 显示屏显示支腿操作故障信息

**3. 故障检查与排除**

（1）维修人员确认车尾部支腿控制模块显示屏显示“60：左后支腿拉线位移传感器故障”，支腿无位置信号，控制系统无法自动操作左后支腿摆出动作。

（2）测试支腿电磁阀接线良好；检查支腿各项电控及液压阀均正常；通过分解、检修，最终判断为左后支腿拉线位移传感器故障（图 17-68）。

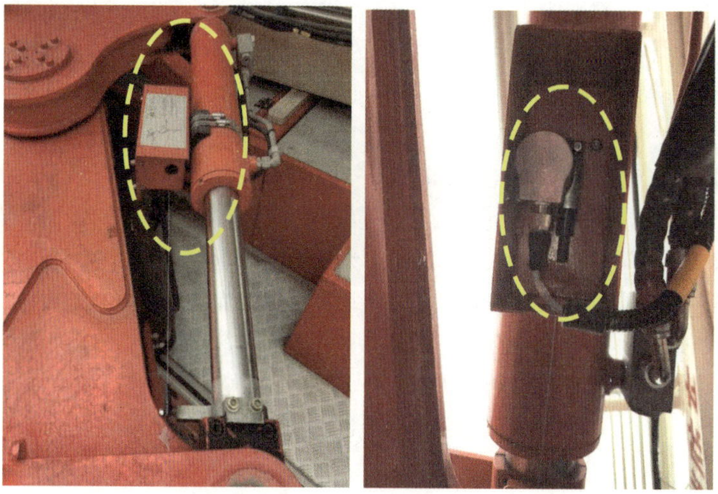

（a）俯视　　（b）仰视

图 17-68 左后支腿拉线位移传感器位置

（3）更换一个新的拉线位移传感器（图 17-69）（新的拉线位移传感器参数，厂家在出售时已经标定好），故障排除。

**4. 故障评析**

该大跨度举高喷射消防车前支腿为逐级伸出，后支腿为摆动打开（图 17-70），后支腿拉线位移传感器用于测量后支腿摆出角度，控制模块根据前支腿伸出长度和后支腿摆出角度控制臂架安全工作范围。拉线位移传感器损坏的原因有以下三种情况：

图 17-69 拉线位移传感器

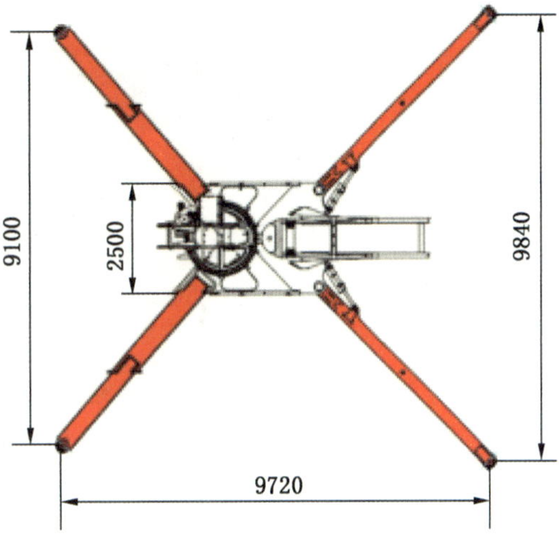


图 17-70 前支腿伸出（图中左侧）和后支腿摆出（图中右侧）状态

（1）该拉线位移传感器为电位器传感元件，车辆在颠簸震动等情况下，会出现测量偏差。

（2）由于传感器拉线在外暴露，可能受到钩挂无法回收。

（3）零件本身质量问题。

故障原因：零部件质量问题（100%）。

## 案例 296 48 m 举高喷射消防车左前支腿拉线位移传感器损坏

**1. 车辆信息**

底盘：奔驰 4141　　生产日期：2017 年 10 月

车型：大跨度举高喷射消防车（JP48）

**2. 基本情况**

2021 年 9 月，驾驶员报修，开始操作支腿时，发现支腿控制中心显示屏显示“59：左前支腿拉线位移传感器故障”，支腿无位置信号，无法操作前支腿伸出动作，具体情况如图 17-71 所示。驾驶员检查发现拉线位移传感器拉线断裂脱落，在自行维修中造成传感器的接线插头损坏、扯断接线，无法确定初始接线位置。

**3. 故障检查与排除**

（1）检查发现，当操作支腿时，显示屏出现支腿位置信号故障，导致无法动作。拉线位移传感器拉线断裂缩回卷轴内部，驾驶员自行修理时损坏了传感器的接线插头、扯断接线，无法确定初始接线位置，具体情况如图 17-72 所示。

（2）测试其他支腿电磁阀及接线良好；检查支腿各项电控及液压阀都正常；通过分解、检修，最终确认只是左前支腿拉线位移传感器问题。

（3）更换一个新的拉线位移传感器（图 17-73 和图 17-74）（新的拉线位移传感器参

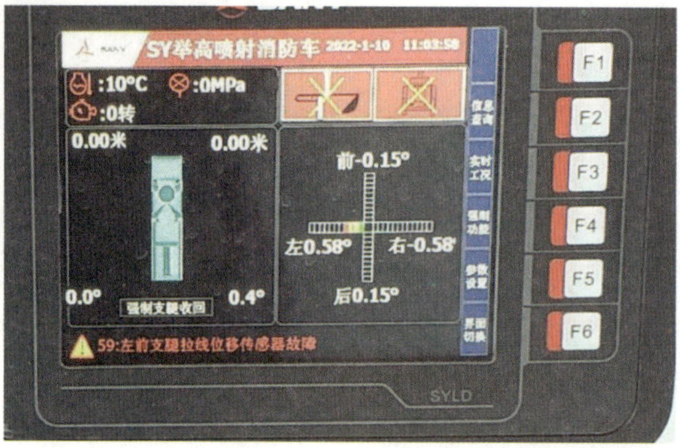


图 17-71 显示屏显示支腿操作故障信息

图 17-72 拉线位移传感器拉线断裂缩回及接线插头损坏

图 17-73 拉线位移传感器新旧对比（左新右旧）

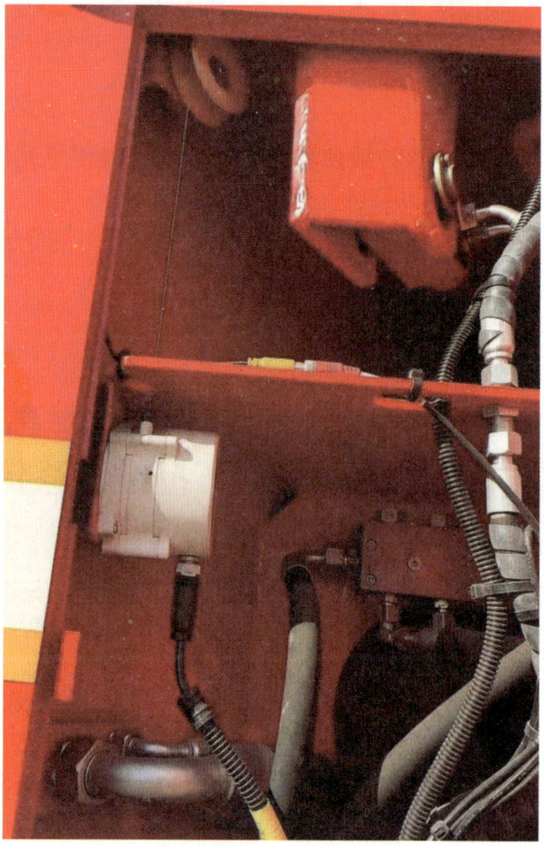

图 17-74 安装新的拉线位移传感器

数，厂家在出售时已经标定好），故障排除。

**4. 故障评析**

该传感器拉线为非常细的钢丝，工作时处于绷紧状态，如支腿伸出动作过猛或触碰障碍物，有可能拉断拉线。

故障原因：偶发故障（50%）；驾驶员维修不当（50%）。

**5. 改进建议**

驾驶员在没有经验情况下，切勿盲目进行维修操作。

## 案例 297　62 m 举高喷射消防车支腿全收传感器位置偏移

**1. 车辆信息**

底盘：沃尔沃 FM540　　生产日期：2016 年

车型：举高喷射消防车（JP62）

**2. 基本情况**

2017 年 7 月，驾驶员反映，手动操作支腿操作杆时，前摆动支腿和后水平支腿可以回收到位，但一键自动回收操控时，却无法实现回收到位。

**3. 故障检查与排除**

（1）前方摆动支腿在使用自动遥控盒回收时，支腿不能到达全收位置，利用手动操作回收支腿时可以回收到位，该车支腿型式如图 17-75 所示。初步分析判断，支腿行程没有问题，应该只是行程开关位置不合适。

（2）利用自动遥控盒再次将支腿回收，停止后，检查显示屏支腿全收检测开关是否检测到信号；测试发现，支腿全收检测开关可以检测到支腿全收信号，并将信号进行反馈且自动停止。图 17-76 为支腿全收时传感器亮灯状态。

（3）虽然信号显示支腿已全部回收到位，但支腿实际未完全收回，支腿全收传感器安装位置发生偏移（图 17-77），调整传感器的位置后，重新操作支脚伸缩，故障排除。

**4. 故障评析**

水平支腿动作停止受回收接近开关控制，全收传感器有信号输出时，支腿回收停止。所以全收传感器的安装位置非常重要。由于车辆长期使用或长途行驶，传感器固定不牢固，是造成其位置变动的可能原因。本故障是由于全收传感器的调节位置靠前，致使支腿完全收回前已检测到信号并自动停止，造成完全收回的假象。

图 17-75　该举高喷射消防车支腿型式

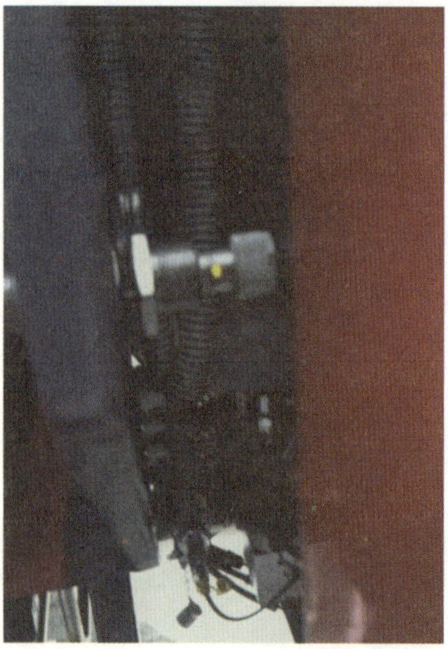

图 17-76 支腿全收传感器亮灯状态

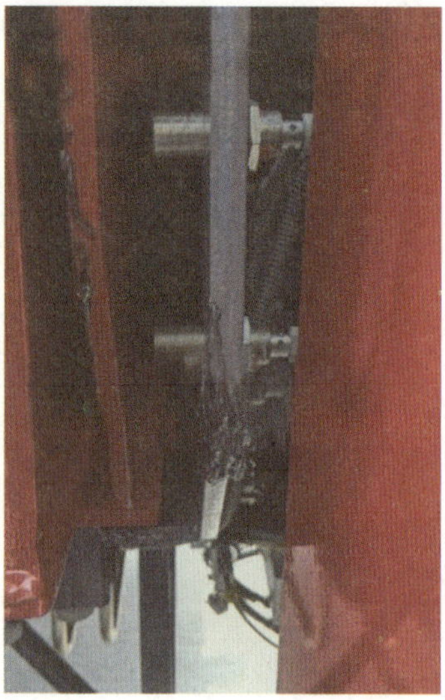

图 17-77 支腿全收传感器安装位置

故障原因：元件安装定位紧固问题（100%）。

**5. 改进建议**

上装相关传感器位置很重要，应紧固到位。实施中增加标记，如红漆标记固定点，以便快速识别松动状态。

# 第十八章　转台系统故障分析与排除

本章主要对举高类消防车转台系统的 14 个典型故障进行分析与排除

## 案例 298　30 m 云梯消防车转台左右 2°倾斜传感器和调平传感器故障

**1. 车辆信息**

底盘：奔驰 2641　　　　生产日期：2011 年 6 月

车型：云梯消防车（L32FA，整车进口）

**2. 基本情况**

2023 年 2 月，该车驾驶员报修，梯架无法调平，只要梯架旋转发动机立即熄火。

**3. 故障检查与排除**

（1）检查确认故障情况：操作梯架旋转动作时，发动机有时立即熄火；操作显示屏出现“E082”故障码信息（图 18-1）；梯架左右不能自动调平；梯架不在转台中心位置时，触动转台左右 2°倾斜传感器控制盒，发动机立即熄火。

（2）检查位于转台中心左侧位置的转台左右 2°倾斜传感器控制盒（图 18-2），发现该传感器控制盒内部进水且电路板和线缆腐蚀损坏（图 18-3）。

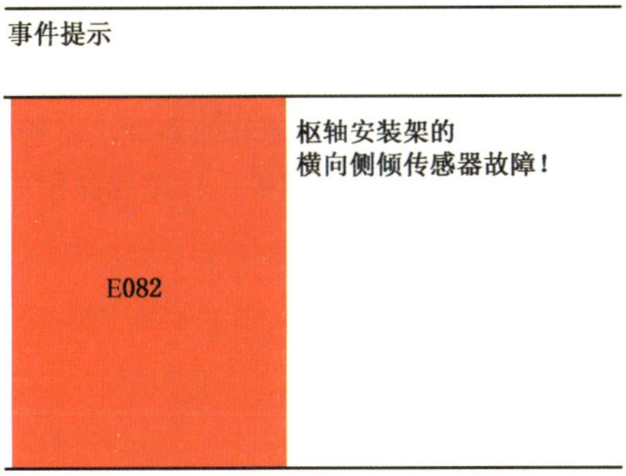


图 18-1　故障码及故障信息

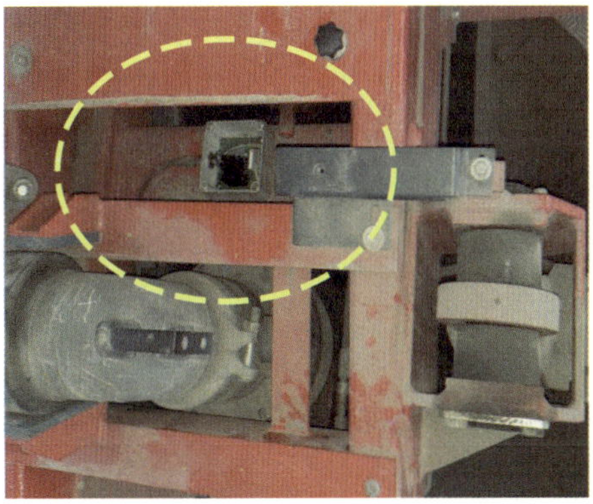

图 18-2　转台左右 2°倾斜传感器控制盒位置

（3）更换新的倾斜传感器控制盒，梯架各项功能都可以操作，发动机没有出现熄火状况，“E082”故障码消除。但是发现梯架还是不能自动调平，联系厂家技术人员说明情况后，厂家给出的说明是：控制云梯调平动作是由转台左右 2°倾斜传感器、线性角度传感器（ID24，调平传感器）（图 18-4）、云梯主控制模块等联合控制调平动作完成；建议更换或者调换线性角度传感器（ID24）进行测试，确认故障部件。

（a）传感器控制盒进水情况　　（b）电路板及线缆腐蚀情况

图 18-3　转台左右 2°倾斜传感器控制盒进水及电路板、线缆腐蚀情况

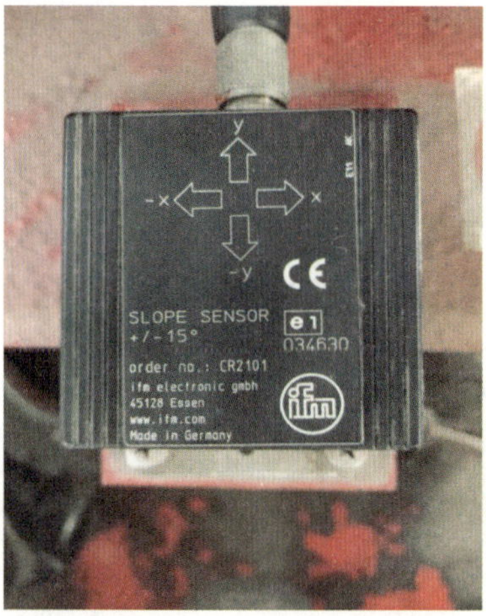


图 18-4　线性角度传感器（ID24，调平传感器）

（4）由于没有线性角度传感器（ID24，调平传感器）备件，调用其他同批次车辆的线性角度传感器（ID24，调平传感器）进行排查，梯架可以自动调平，故障现象消失。将该线性角度传感器重新安装回原车，采购新的传感器以备维修。

**4. 故障评析**

转台左右 2°倾斜传感器控制盒内部进水的情况有以下几种情况：

（1）车辆长期停放露天环境导致雨水侵蚀。

（2）大气环境潮湿，该传感器控制盒密封不严导致进水。

（3）驾驶员使用高压水枪冲洗车辆导致进水。

故障原因：电气元件质量问题（60%）；维护不当问题（40%）。

**5. 改进建议**

（1）加强驾驶员和操作员的装备维护培训。

（2）将高性能、高价值的车辆尽可能地停放在室内环境。

# 案例 299　30 m 云梯消防车转台显示屏底座支架损坏

**1. 车辆信息**

底盘：奔驰 2641　　　　　　　　　　生产日期：2011 年 5 月

车型：云梯消防车（L32FA，整车进口）

**2. 基本情况**

2012 年 9 月，驾驶员反映，该云梯消防车转台显示屏底座支架断裂。

**3. 故障检查与排除**

（1）转台显示屏集成了液晶显示屏、控制模块、开关按键和线缆，底部采用旋转锁止机构与支架连接，图 18-5 为损坏后固定的转台显示屏，图 18-6 为转台显示屏破裂损坏情况。

（2）显示屏内部构件多，质量大，而其支撑组件为塑料材质，强度不足造成了底座支架和显示屏外框（壳）开裂破损。

（3）更换消防车生产厂家提供的改进后的金属底座支架和显示屏外壳（图 18-7），故障排除。

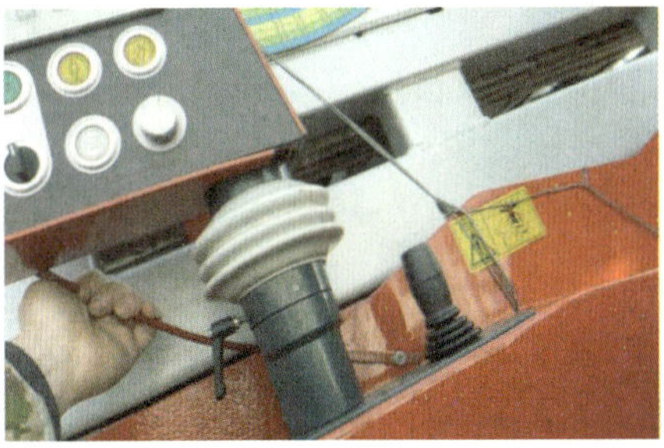

图 18-5　损坏后固定的转台显示屏

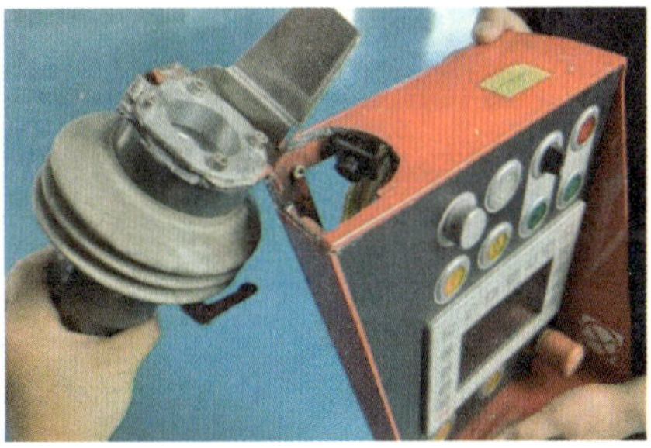

图 18-6　转台显示屏破裂损坏情况

（a）新旧底座支架　　　　（b）新旧显示屏外壳

图 18-7　底座支架和显示屏外壳更换前后新旧对比

**4. 故障评析**

该型消防车转台显示屏质量大，支撑结构塑料材质单薄，重心偏，车辆行驶抖动增加疲劳损坏；操作员不经意地触碰也易损坏底座支撑薄弱处。厂家已重新改进了底座支架和显示屏外壳的结构，增加了材料的厚度。

故障原因：设计问题（100%）。

**5. 改进建议**

建议厂家在使用新结构和材质后，要进行严格的疲劳性实验，并有足够的安全裕度，确保能够满足实际使用的强度。

## 案例300　30 m 云梯消防车转台驱动旋转角度编码器的皮带断裂

**1. 车辆信息**

底盘：奔驰 2641　　生产日期：2011 年 6 月

车型：云梯消防车（L32FA，整车进口）

**2. 基本情况**

2016 年 1 月，例行检查操作云梯消防车，梯架抬起，操作正常；梯架落回时在离托架 50 cm 左右不能继续下降，用手动操作可以降落到托架，向上操作无影响；转台显示屏显示故障码“E032”，提示“旋转角度编码器故障”信息（图 18-8），并伴有报警声。

**3. 故障检查与排除**

（1）检查转台显示屏上故障信息，显示“E032：旋转角度编码器故障”。实施常规处理方式（断电重启、手动收回重新操作检查），均不能解决故障。

（2）检查转台显示屏内控制模块，发现旋转角度一直显示“-8.3°”，如图18-9所示。

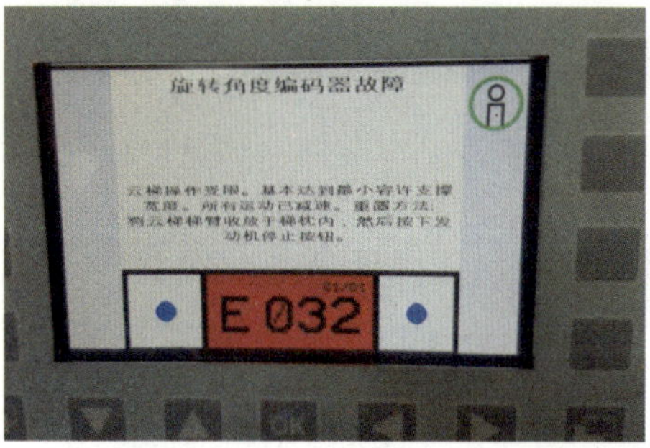


图 18-8　转台显示屏故障信息

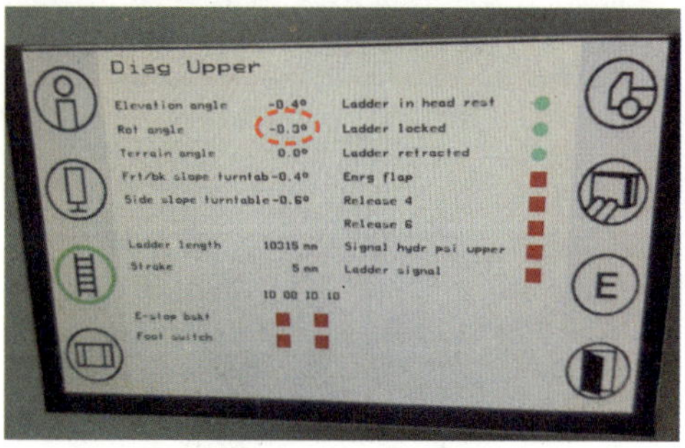


图 18-9　转台显示屏内控制模块显示旋转角度一直为-8.3°

（3）检查转台系统驱动部件、传动机构和连接结构，未发现异常；使用专用诊断电脑检测，发现转台旋转角度编码器出现数值无变化的故障。

（4）拆卸转台旋转部件，更换新旋转角度编码器后故障依旧；拆卸中心回转体通向下部水管路端盖，发现内侧腐蚀严重，水垢堵塞皮带槽，导致驱动旋转角度编码器的皮带断裂，无法输出连续有效信号，具体情况如图 18-10 至图 18-12 所示。

（5）清洁、干燥处理旋转部件和中心回转体，更换驱动皮带（图 18-13），故障排除。

（a）拆卸前

（b）拆卸后

图 18-10　拆卸转台旋转部件和中心回转体通向下部水管路（拆卸前后对比）

图 18-11　中心回转体通向下部水管路端盖内侧腐蚀物

图 18-12　断裂的旋转角度编码器驱动皮带和腐蚀物

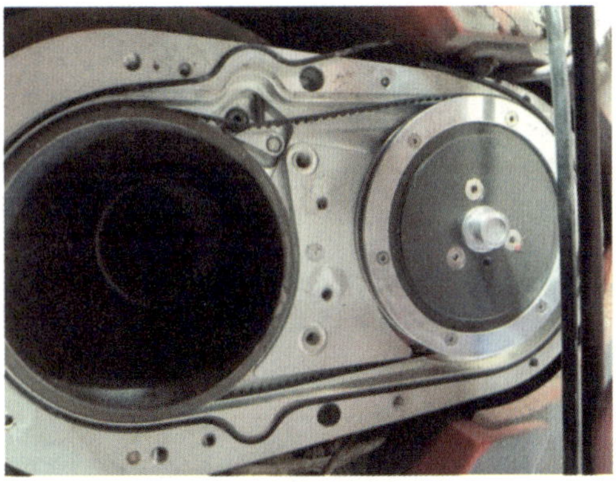

图 18-13　清理并更换皮带后的转台中心回转体

**4. 故障评析**

云梯消防车转台的旋转角度编码器，通过微型齿形驱动皮带连接在云梯转台的中心回转体壳体，水管路穿过中心回转体，旋转角度编码器根据相对水管旋转角度来给云梯车控制模块旋转信号。云梯消防车灭火作业后，如管路内存有余水，且回转体水管路密封不严，长时间渗水造成皮带轮压盘腐蚀，最终损坏传感器驱动皮带。图 18-14 为从转台底部向上看旋转角度编码器。

图 18-14 从转台底部向上看旋转角度编码器

故障原因：零部件质量问题（70%）；保养不到位（30%）。

## 案例 301 30 m 云梯消防车转台回位传感器故障

### 1. 车辆信息

底盘：奔驰 1528　　　　生产日期：2014 年 7 月

车型：云梯消防车（L32，整车进口）

### 2. 基本情况

2022 年 2 月，消防员操作云梯消防车训练时发动机突然熄火，显示屏出现报警信息及“E048”故障码（图 18-15），再次启动发动机，故障码消失，可以继续操作云梯，但有时又会出现相同故障。

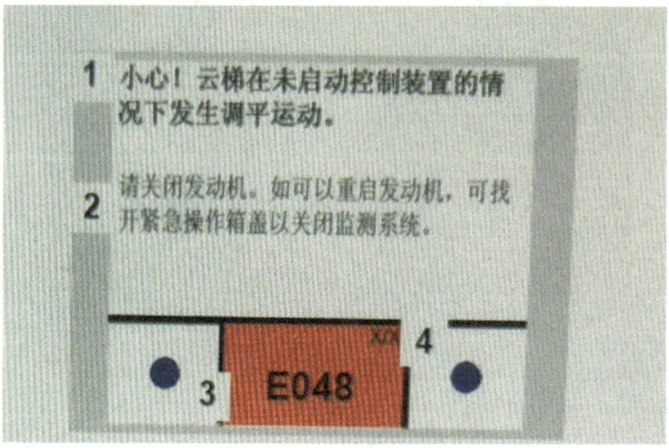


图 18-15 显示屏报警信息及故障码

### 3. 故障检查与排除

（1）用应急方式，手动强制操作转台座椅下部电磁阀将转台倾斜，踩油门踏板，转台可以自动调平，用专用诊断电脑检测调平传感器 ID24 数值，都没有发生突然跳动变化。图 18-16 即为调平传感器 ID24。

（2）用专用诊断电脑检测回位编码器 ID22 数值，也没有发现明显数值跳动；断开 ID22 CAN 总线接头，故障码显示“E048”，说明故障应该是 ID22 编码器瞬时信号中断，造成系统报警。图 18-17 为回位编码器 ID22。

（3）更换新的 ID22 编码器，重新用专用诊断电脑标定参数，多次试车，没有再出现此故障，故障排除。

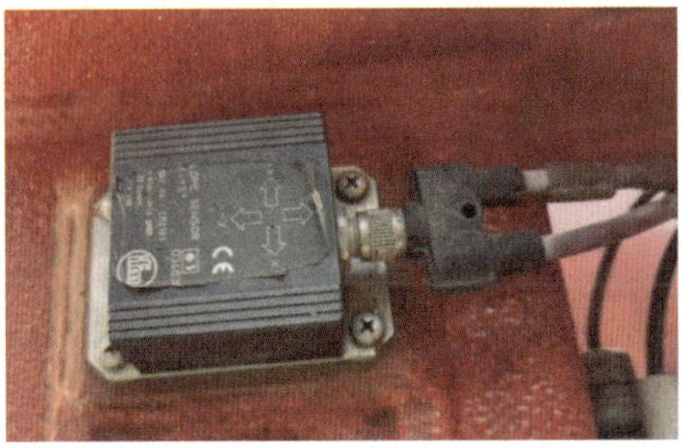

图 18-16　调平传感器 ID24

图 18-17　回位编码器 ID22

**4. 故障评析**

当云梯升起及旋转时，转台在调平传感器 ID24 的控制下自动调整到左右水平状态，如果地面不是水平，此时梯架与车身会有角度偏差。当云梯梯架放回托架前，梯架要回到与托架成水平状态，此回位编码器 ID22 就是自动控制臂架回到零位的编码器，内部瞬时数值跳动我们可能无法在显示屏上读出跳动值，所以不易判断此编码器内部损坏情况。此编码器暴露在外面，受外部环境影响可能会造成损毁。

故障原因：偶发故障（50%）；元器件老化（50%）。

## 案例 302　35 m 云梯消防车转台电磁控制阀故障

**1. 车辆信息**

底盘：曼 TGM 18.290　　生产日期：2016 年

车型：云梯消防车（DLK37，整车进口）

**2. 基本情况**

云梯消防车旋转工作时，突然停止运动，转台显示屏显示“Check the rotation control valve（检查旋转控制阀）”，并发出报警，云梯所有动作都无法操作。

**3. 故障检查与排除**

（1）通过专用诊断电脑检查云梯消防车旋转控制电磁阀参数，发现电磁阀位置反馈参数错误。

（2）拆开电磁阀控制盒，发现有水汽进入控制盒，清理吹干盒内控制单元的水渍，重新安装后，故障排除，具体情况如图 18-18 和图 18-19 所示。

**4. 故障评析**

传感器电磁阀控制单元属于精密电气元件。由于控制盒密封不严，灭火或冲洗车辆时进水，或长期在潮湿环境下停放，容易导致电气元件腐蚀。

图 18-18 电磁阀控制盒

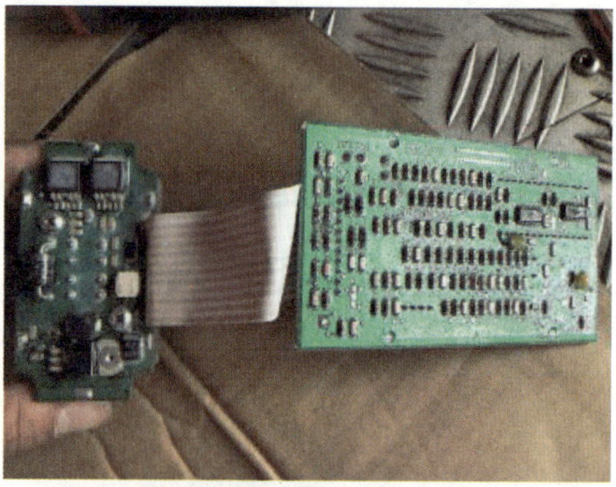

图 18-19 电磁阀控制盒内的控制单元

故障原因：产品密封质量问题（70%）；维护保养不当（30%）。

**5. 改进建议**

目前，电气元件在消防车上广泛应用，当冲洗车辆时不得直接用压力水直射电控盒和电气元件。

## 案例 303 37 m 云梯消防车转台左右 2°倾斜传感器故障

**1. 车辆信息**

底盘：奔驰 1528　　生产日期：2014 年 8 月

车型：云梯消防车（L39，整车进口）

**2. 基本情况**

2022 年 7 月，驾驶员报修，支腿支撑好后，抬起梯架运动时显示屏突然显示“E082”故障码和“调平角度编码器的枢轴安装故障”信息（图 18-20），同时停止调平指示黄灯亮起（图 18-21），自动调平功能失效，其他运动可以正常工作。

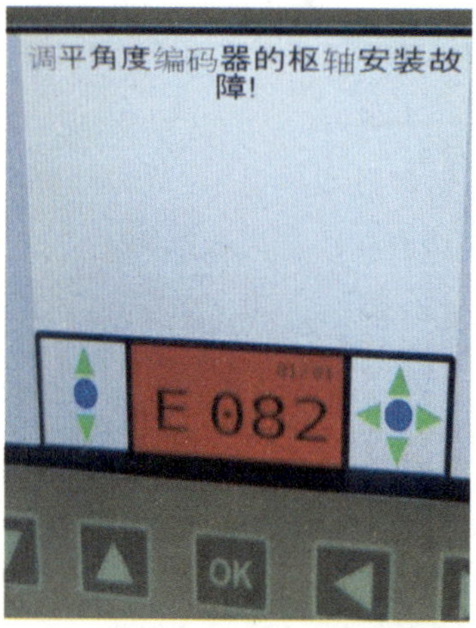


图 18-20 显示屏显示故障信息

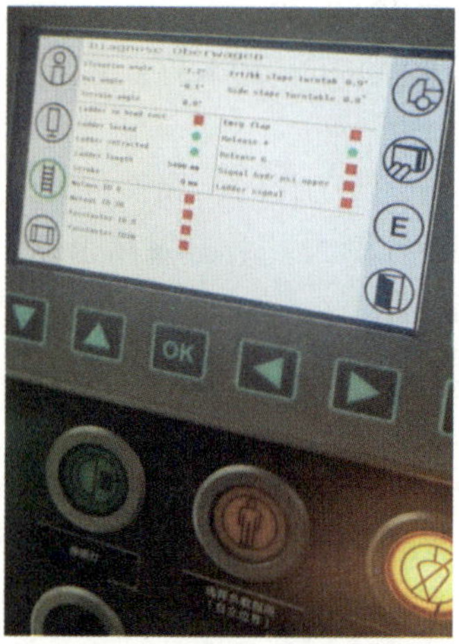


图 18-21 停止调平指示黄灯亮

**3. 故障检查与排除**

（1）故障码“E082”表示调平角度编码器失效，手动将转台倾斜，用专用诊断电脑检测线性角度传感器（ID24，调平传感器）（图 18-22），发现数值没有明显跳动变化，怀疑电脑无法辨识瞬时变化数值，因此还是更换了线性角度传感器（ID24，调平传感器），但结果仍显示“E082”故障码。

（2）考虑到控制转台调平角度还有一个左右 2°倾斜传感器（图 18-23），检查此传感器，发现内部进水，更换新的传感器，故障排除。

图 18-22 线性角度传感器（ID24，调平传感器）

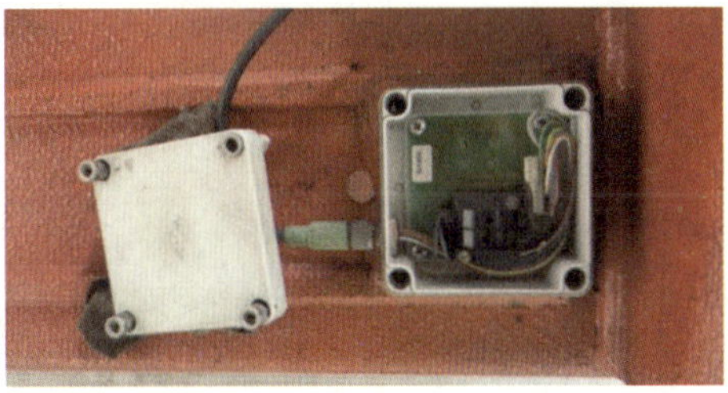

图 18-23 转台左右 2°倾斜传感器

**4. 故障分析**

转台左右 2°倾斜传感器（连接进 ID11 I/O 端 10 和 11 针脚）是云梯开始调平和停止调平电磁阀启动停止开关，当倾斜传感器感应角度在 2°之内，该倾斜传感器没有触发，云梯停止调平工作；当感应角度大于 2°时，同时线性角度传感器 ID24 感应云梯实时角度，云梯开始调平。由于倾斜传感器进水短路，2°倾斜传感器开关触发，调平控制系统错误以为云梯倾斜大于 2°，但是此时线性角度传感器 ID24 测量值为 0.8°，系统报错，为确保安全关闭自动调平系统。

故障原因分类：电气元件防水质量问题（100%）。

**5. 改进建议**

建议使用防水等级更高的电气元件。

## 案例 304 40 m 登高平台消防车转台旋转角度编码器故障

**1. 车辆信息**

底盘：依维柯 410T44　　生产日期：2009 年 8 月

车型：登高平台消防车（ALP42，整车进口）

**2. 基本情况**

2020 年 8 月，驾驶员操作上装臂架时，突然出现报警，转台显示屏显示“转台旋转 No. 2 传感器”（转台旋转角度编码器）故障，但臂架仍然可以运行。

**3. 故障检查与排除**

（1）维修人员检查后发现，此车有两个旋转角度传感器（编码器），转台显示屏显示“转台旋转 No. 2 传感器”故障，如图 18-24 所示。

（2）对连接线路进行检查，线路连接良好。

（3）维修人员用专用诊断电脑检测，确认旋转角度编码器 No. 2 失效，没有信号输出。图 18-25 为转台处叠加布置的两个旋转角度编码器。

（4）更换新的旋转角度编码器 No. 2，重新设定 ID 及其参数，故障排除。

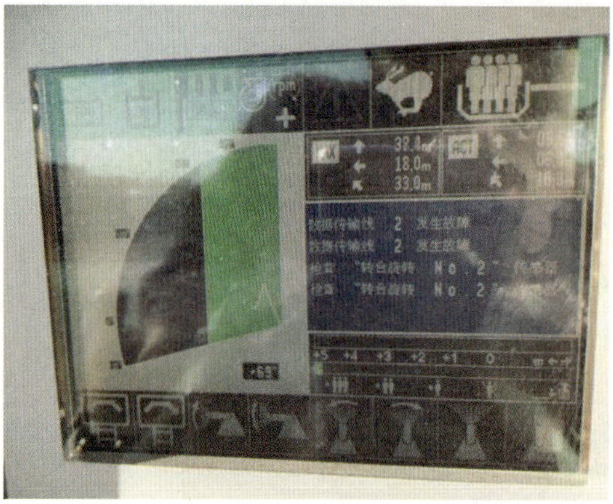

图 18-24 转台显示屏提示检查转台旋转 No. 2 传感器

图 18-25 转台处叠加布置的两个旋转角度编码器

**4. 故障评析**

此车主要动作，如转台旋转，一臂俯仰和伸缩，都安装有双编码器，当系统感应两编码器采集的信号有偏差，系统会停止臂架工作，以避免安全事故的发生。但如果系统确认一个编码器损坏或失灵，仍可以按另一编码器参数正常工作，防止在救援中由于一个编码器故障导致车辆无法工作的情况发生。由于此车系统已经判断转台编码器 No. 2 故障，所以臂架仍可继续工作，但要提醒驾驶员尽快维修。此车使用已超过 10 年，电气元件老化，应进行全面检修。

故障原因：零件正常老化（50%）；维护保养问题（50%）。

**5. 改进建议**

建议使用超过 10 年的登高平台消防车应进行全面检修，更换易损电气元件、液压系统密封件、液压油管、液压油及全车滤芯，并进行全车控制系统控制模块安全检测，保证登高平台消防车安全使用。

## 案例 305 40 m 登高平台消防车中心回转体电路滑环断路

**1. 车型信息**

底盘：依维柯 410T44　　生产日期：2008 年 8 月

车型：登高平台消防车（ALP42，整车进口）

**2. 基本情况**

在转台主控台或工作斗控制台进行臂架旋转操作时，都出现发动机突然熄火，显示屏提示上装通信故障。

**3. 故障检查与排除**

（1）检查转台主控台的上装发动机启停控制信号线，电压为0 V（正常应为24 V供电电压）。

（2）检查沿支腿到主控台之间的连接信号线，发现线路中断。

（3）打开中心回转体电路金属滑环密封盖，发现金属滑环生锈（图18－26），清洁每一圈金属滑环后，故障排除。

图18-26　中心回转体电路金属滑环生锈及掉落的锈蚀物

**4. 故障评析**

由于中心回转体电路金属滑环中间安装有水管，且滑环处在一个封闭空间，当向上装系统供水有水流通过时，由于滑环内外壁产生温差，导致外界空气中的水汽在滑环外壁形成冷凝水。因此，该车在滑环底部装有两个加热器，加热器长时间使用后出现故障，无法将水汽加热蒸发。另外，即使通过加热能使水汽蒸发，但滑环腔体底部的通气孔不足以及时将水蒸气排尽，导致滑环生锈。

故障原因：电器部件防水设计问题（100%）。

**5. 改进建议**

建议加大底部通气孔的孔径或改变通气孔的位置和结构；定期检查滑环加热器。

## 案例 306　40 m 登高平台消防车转台固定螺栓断裂

**1. 车辆信息**

底盘：奔驰 3341　　　　生产日期：2009 年

车型：登高平台消防车（F42HDT，整车进口）

**2. 基本情况**

2018 年 6 月 8 日，日常检查时发现转台固定螺栓部分断裂，留在原安装孔位的螺栓锈蚀，难以拔出。图 18-27 为转台固定螺栓断裂情况。

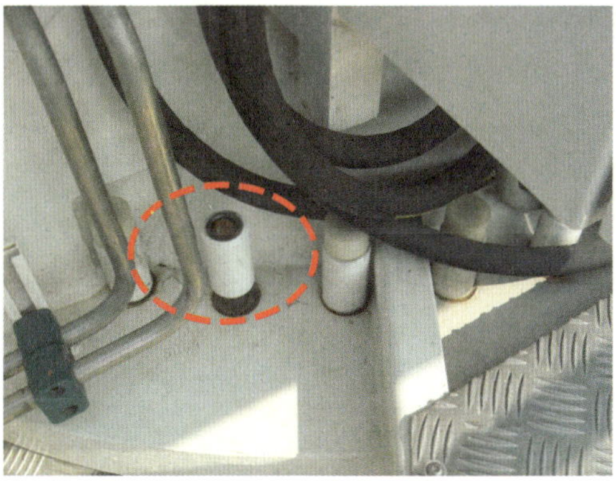

图 18-27　转台固定螺栓断裂情况

**3. 故障检查与排除**

（1）使用扭矩扳手对转台全部固定螺栓依顺序按照标准扭矩进行紧固检查，发现部分螺栓未达到标准扭矩。图 18-28 为转台固定螺栓紧固顺序。

（2）检查支腿调平之后与转台处的水平度，发现存在 0.2°的偏差，重新调试支腿调平传感器，以确保支腿调平后，转台处水平面尽量接近 0°且在原厂接受的水平范围内。

（3）对断裂螺栓进行更换：完成支腿调平后，保持臂架位于行车位置，并使用紧急下降功能，将臂架油缸存在的压力释放，以确保臂架“安然”躺在行车位置，不产生对转台和主车架的额外应力；更换断裂螺栓及其两侧的螺栓，首先按照 50% 标准扭矩紧固三个螺栓，再使用 100% 标准扭矩做最终紧固。由于部分转台螺栓固定位置不好，必须使用改装的专用扭矩扳手紧固。图 18-29 为使用改装的专用扭矩扳手紧固转台螺栓操作。

（4）更换转台固定螺栓后，对螺栓进行应力检测：工作斗加额定载荷后，按最大工作幅度运转登高平台消防车，收回后再用扭矩扳手检查所有转台固定螺栓的紧固扭矩。经检查力矩正常，故障排除。

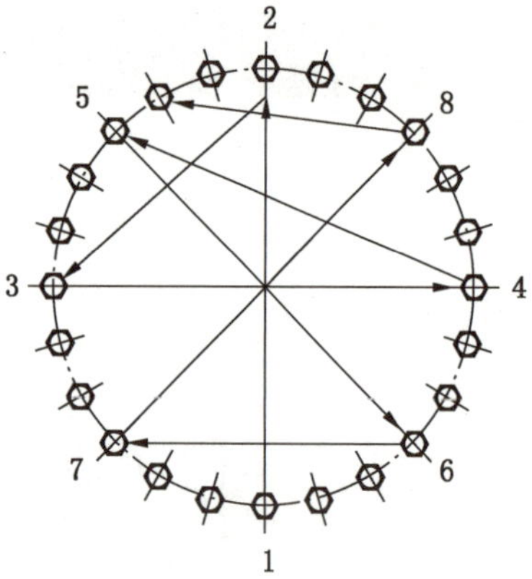


图 18-28 转台固定螺栓紧固顺序

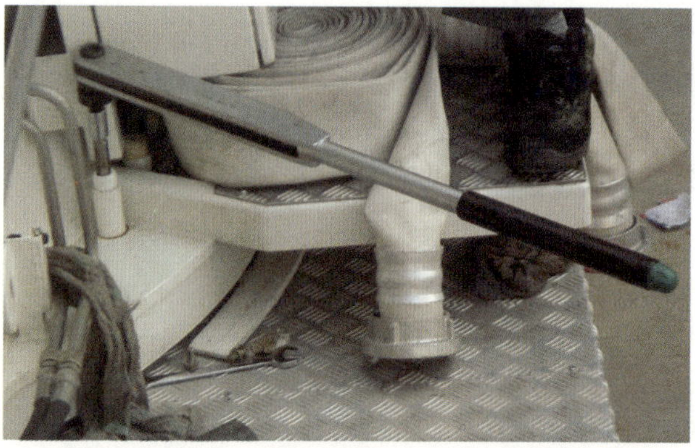

图 18-29 使用改装的专用扭矩扳手紧固转台固定螺栓

**4. 故障评析**

转台固定螺栓承受连接底盘和上装臂架的应力，随着臂架旋转在不同方位，此应力随之变化，因此固定螺栓会产生交替疲劳。日常维保时应定期检测各固定螺栓状况并按照原厂要求每年对此类关键螺栓进行紧固确认。

转台固定螺栓断裂的常见原因：各螺栓松紧度不一致，导致紧的螺栓单独承受更多的应力，而过松的螺栓处于“休假”状态；臂架在旋转中产生交变应力，容易造成螺栓疲劳。瞬间动载荷可能超过转台固定螺栓设计强度，从而造成断裂，在操作上装时应注意合理控制速度变化，尽量避免不必要的晃动。

转台固定螺栓更换原则：断裂一根，左右相邻两根都要更换；如相邻的两根同时断裂，全部螺栓都需要更换。

故障原因：安装原因（50%）；零部件质量原因（50%）。

**5. 改进建议**

应使用满足原厂技术性能要求的转台固定螺栓作为维修配件。

严格按照原厂要求执行转台固定螺栓安全性检测，并定期检查螺栓的紧固力矩。

# 案例 307　53 m 登高平台消防车转台中心回转体 CAN 总线滑环隔板破损

**1. 车型信息**

底盘：奔驰 4160　　生产日期：2008 年 6 月

车型：登高平台消防车（TFL553，整车进口）

**2. 基本情况**

2019 年 5 月，驾驶员支撑并调平支腿，发现转台油压踏板无法加压。

**3. 故障检查与排除**

（1）维修人员检查发现，车尾控制面板显示屏右下角报警显示“×××”（正常显示工作斗额定载荷），表明 CAN 总线存在通信故障，同时显示支腿调平红色指示点偏移到右上角（调平状态时是绿色指示点在最里圈），具体情况如图 18-30 所示。

（2）检查上装 CAN 总线，未发现接头松动及 CAN 总线脱落现象；检查底盘 CAN 总线也未发现接头松动及 CAN 总线脱落现象；更换同型号控制模块进行测试，故障仍然存在。

（3）拆开转台中心回转体电路滑环组壳体，发现 CAN 总线滑环塑料隔板有破损，相邻两 CAN 总线存在锈蚀短路现象，具体情况如图 18-31 所示。

（4）更换破损的滑环塑料隔板，用专用电器除锈剂清洗整个滑环组，重新安装后，故障排除。

图 18-30　车尾控制面板显示屏故障提示

图 18-31　转台中心回转体电路滑环组隔板破损、线路锈蚀

**4. 故障评析**

转台中心回转体作为上下车连接的关键结构防护等级低，密封不严，造成电路滑环锈蚀、塑料隔板老化破裂，导致上下车之间线路短路、断路、接触不良等故障的发生。

故障原因：设计问题（50%）；材质问题（50%）。

**5. 改进建议**

设计生产时要采取密封、防水、防锈、除湿等措施，防止中心回转体电路滑环出现锈蚀、腐蚀的情况，导致电路发生故障。

# 案例 308 53 m 登高平台消防车转台旋转角度传感器故障

**1. 车辆信息**

底盘：奔驰 3332　　　　　　　　　　　　　　生产日期：2010 年 3 月

车型：登高平台消防车（F55RPX，整车进口）

**2. 基本情况**

2012 年 5 月，驾驶员反映，操作臂架旋转时转台显示屏出现传感器故障提示，同时发出报警声。

**3. 故障检查与排除**

（1）检查确认，转台旋转时显示屏发出报警，同时臂架出现连续抖动，故障显示“TURNTAB：Slewing Sensor”（转台：旋转传感器），如图 18-32 所示。

（2）经厂家技术人员诊断，确认转台旋转角度传感器出现故障，更换新的传感器，并初始化标定，故障排除。该车转台旋转角度传感器及内部结构如图 18-33 所示。

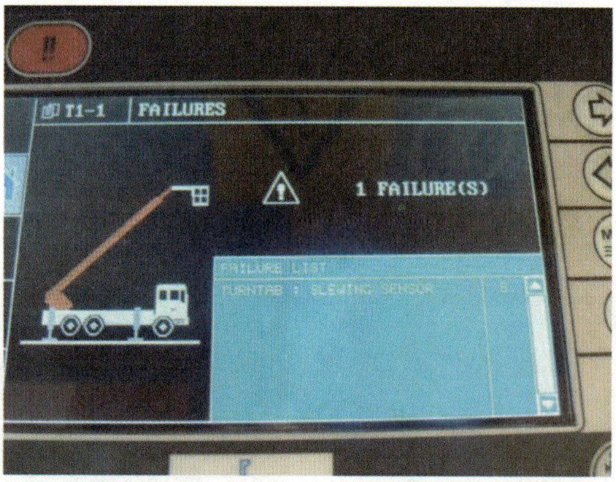


图 18-32　转台显示屏显示故障提示

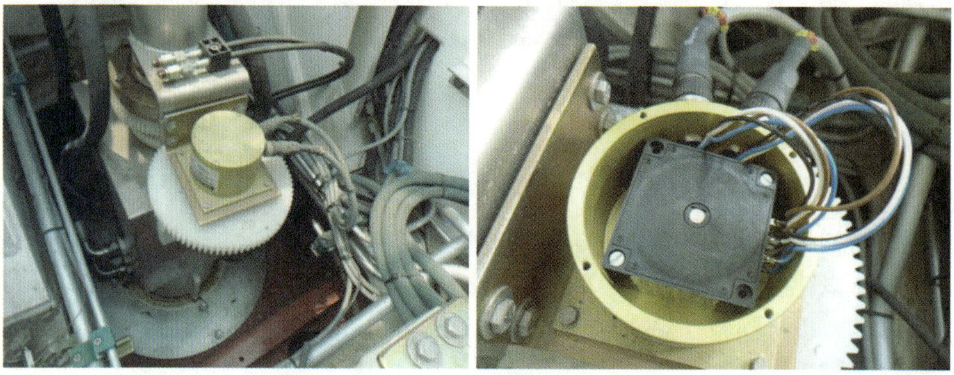

图 18-33　转台旋转角度传感器及内部结构

**4. 故障评析**

登高平台消防车转台旋转角度传感器是臂架控制单元的重要组成部分。该车由 2 个电位器采集臂架旋转角度数据，分别传送到 A、B 控制模块，由这 2 个控制模块对比数据，当数据超过规定值时，判断为故障。车辆在使用不到一年的情况下，该零件就出现了问题，主要原因是产品质量的问题。

故障原因：零部件质量问题（100%）。

## 案例 309　66 m 登高平台消防车转台固定螺栓断裂

**1. 车辆信息**

底盘：斯堪尼亚 P400　　　　生产日期：2007 年

车型：登高平台消防车（F68RLX，整车进口）

**2. 基本情况**

2008 年 11 月，该登高平台消防车驾驶员发现转台固定螺栓断裂，送至维修部门检修。

**3. 故障检查与排除**

（1）维修人员检查发现，转台固定螺栓螺帽直接断裂掉落在车身平台甲板上。常见转台固定螺栓损坏情况有螺栓螺纹处断裂、螺栓螺帽处断裂、螺纹出现拉长等。而且大部分螺栓只要出现问题，都能用手轻松拧下。螺栓损坏脱落情况如图 18-34 至图 18-37 所示。

图 18-34　转台固定螺栓螺帽直接掉在平台甲板上

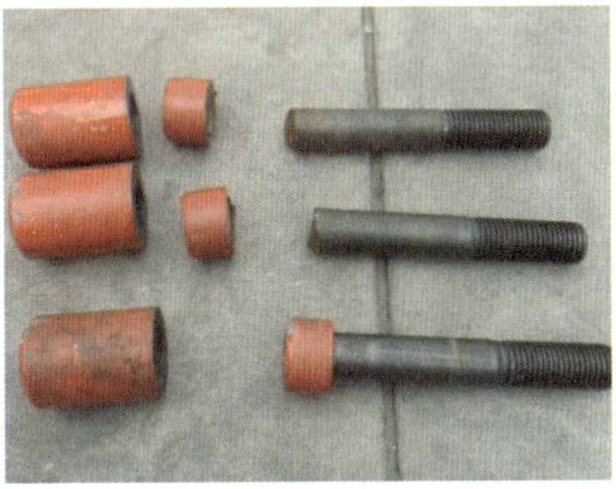

图 18-35　断裂的转台固定螺栓

图 18-36　螺栓螺纹处断裂的转台固定螺栓

图 18-37　全断掉的转台固定螺栓和有微裂纹的螺栓

（2）联系消防车生产厂家，提供原厂高强度螺栓，按技术要求更换断裂螺栓及周围紧邻的两根螺栓，用扭矩扳手按规定扭矩拧紧（图 18-38）。

图 18-38 使用专用扭矩扳手更换新的转台固定螺栓

（3）工作斗加额定载荷后，按最大工作幅度运转登高平台消防车，收回后再用扭矩扳手检查所有转台固定螺栓的紧固扭矩正常，故障排除。

**4. 故障评析**

登高平台消防车转台是承上启下的重要构件，转台固定螺栓承载了臂架系统全部应力，也关系到整个登高平台消防车的运行安全。部分转台固定螺栓质量有问题，或者个别螺栓预紧力过大，都会造成螺栓受力过大发生断裂。2009 年 8 月、2011 年 9 月、2015 年 7 月，其他不同型号登高平台消防车也出现臂架转台固定螺栓断裂的情况。

需要注意的是，转台固定螺栓发生单根断裂，应同时更换紧邻的另外两根螺栓，如果有两根或两根以上螺栓断裂应更换整个连接结构的所有螺栓。

故障原因：零件质量问题（50%）；安装质量问题（50%）。

**5. 改进建议**

应每日目测检查转台固定螺栓，观察螺栓漆皮是否完好，时常用锤子轻叩听回声，用手轻轻拧动感受螺栓预紧情况，及时发现并解决隐患。如果条件允许可定期用扭矩扳手按规定扭矩检查，发现问题立即解决。

## 案例 310 88 m 登高平台消防车转台控制模块损坏

**1. 车辆信息**

底盘：斯堪尼亚 P450　　生产日期：2021 年 6 月

车型：登高平台消防车（F90HLA，整车进口）

**2. 基本情况**

2022 年，驾驶员在操作登高平台消防车时，支腿已经支撑好，完成调平工作后，在转台操作臂架没有动作，转台显示屏跳出故障显示“TURNTAB：RELAY EXS A”，说明安全继电器回路故障（图 18-39）。

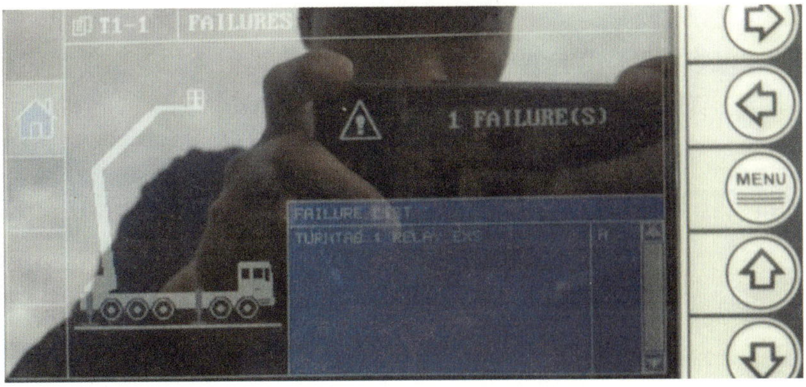


图 18-39 显示屏报警信息及故障码

**3. 故障检查与排除**

（1）根据控制模块提示，检查转台控制模块安全继电器（图 18-40），发现安全继电器没有工作（未吸合），检查紧急停止回路线路正常，更换新的安全继电器，故障没有消除。

（2）联系厂家技术人员，现场判断为转台控制模块（图 18-41）损坏，更换新控制模块总成，故障排除。

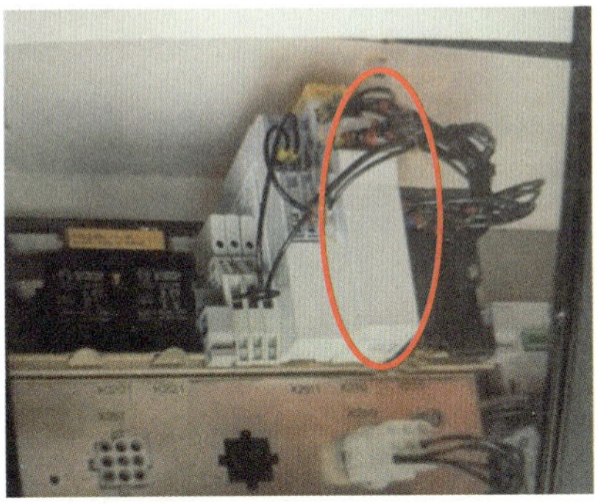

图 18-40 安全继电器

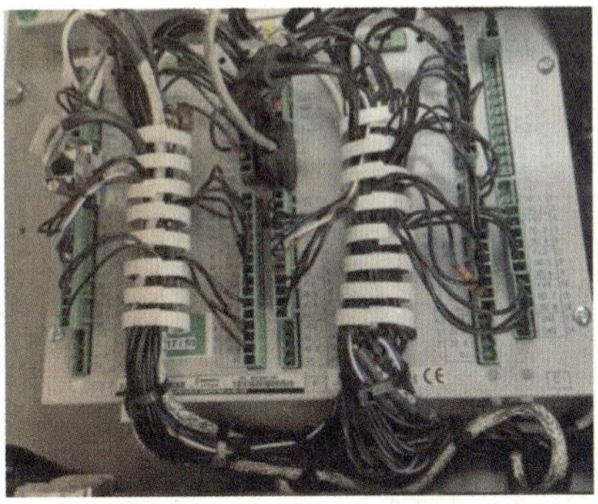

图 18-41 转台控制模块

**4. 故障评析**

安全继电器和转台控制模块是上装紧急停止系统的一部分，转台控制模块检查各输入输出信号情况，如属正常范围，转台控制模块将向安全继电器输出相应的控制信号，如无紧急停止按键被按下，安全继电器吸合，上装紧急停止系统处于未被激活状态；如转台控制模块发现有输入输出信号异常情况，则停止向安全继电器输出相应的信号，安全继电器无法吸合，上装紧急停止系统处于紧急停止激活状态，上装动作立即停止，且未消除紧急停止之前，无法恢复正常操作。

上述案例中，转台控制模块通电后，实时自我诊断过程中发现异常，如控制模块认为输入输出信号情况正常，但未检测到安全继电器吸合反馈信号，即显示“TURNTAB：RELAY EXS A”故障码，更换安全继电器后，安全继电器仍无法吸合，可排除安全继电器本身的故障，在线路没有问题的情况下，一般为控制模块内部硬件损坏导致。

故障原因：零部件质量问题（50%）；电子产品偶发性故障（50%）。

**5. 改进建议**

由于此车在保修期内，厂家免费更换新控制模块，类似故障也在近期 F101HLA 车出现过，如果出保，费用会很高，建议厂家分析原因，以免造成高维修成本。

## 案例 311 99 m 登高平台消防车转台显示屏损坏

**1. 车辆信息**

底盘：斯堪尼亚 P420　　　　生产日期：2011 年 6 月

车型：登高平台消防车（F101HLA，整车进口）

**2. 基本情况**

2014 年 6 月，驾驶员反映，该登高平台消防车转台显示屏出现禁止操作图标，并连续发出声音和图形报警，车辆操作无反应。

**3. 故障检查与排除**

（1）开启车辆液压系统，打开主电源，转台显示屏显示禁止操作图标（图 18-42），随后该显示屏黑屏（图 18-43）。

（2）通过咨询厂家技术人员，并用专用诊断电脑检测，确认转台显示屏损坏，技术人员回复该显示屏无法修复。

（3）更换原厂转台显示屏后，故障排除。

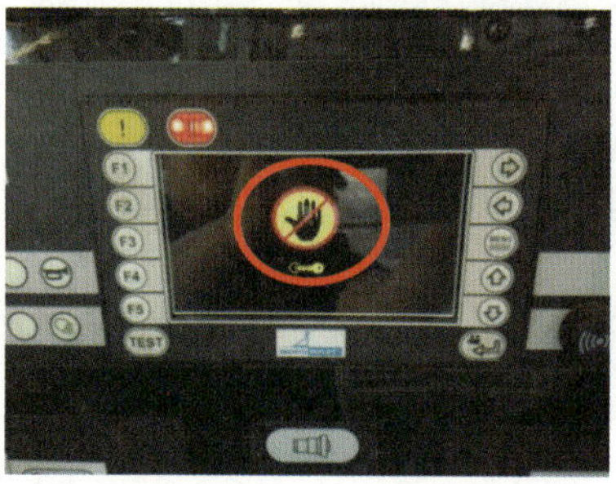


图 18-42 转台显示屏显示禁止操作图标

图 18-43 转台显示屏黑屏

**4. 故障评析**

转台显示屏组件（与控制单元成一体）作为该车的核心控制单元，车辆服役仅 3 年就出现了不可修复的故障，该零部件价格昂贵，对用户造成很大的经济负担。

故障原因：零部件质量问题（100%）。

**5. 改进建议**

关键零部件可考虑适当延长保修期。

# 第十九章　臂架、梯架系统故障分析与排除

本章主要对举高类消防车臂架、梯架的 26 个典型故障进行分析与排除

## 案例 312　20 m 举高喷射消防车控制手柄故障

**1. 车辆信息**

底盘：豪沃　　生产日期：2014 年

车型：举高喷射消防车（JP20）

**2. 基本情况**

2017 年 6 月，驾驶员发现，使用遥控盒操作臂架控制手柄，举高喷射消防车的二臂无法动作。

**3. 故障检查与排除**

（1）维修人员检查发现，完成支腿调平后，臂架无动作。

（2）检查垂直支腿地面压力开关，信号正常，控制系统允许操作臂架。

（3）利用手动操控二臂应急电磁阀，可将二臂抬起，说明液压动力已经切换至上车。操作一臂控制手柄，一臂可以抬起；操作二臂控制手柄，二臂依然无动作。

（4）进一步检测控制手柄信号输出情况，二臂控制手柄无信号输出，打开有线遥控盒，发现二臂控制手柄上有多处锈蚀物存在，二臂控制手柄密封胶套损坏（图 19-1）和臂架控制手柄电路板锈蚀损坏（图 19-2）。

（5）更换二臂控制手柄后，故障排除。

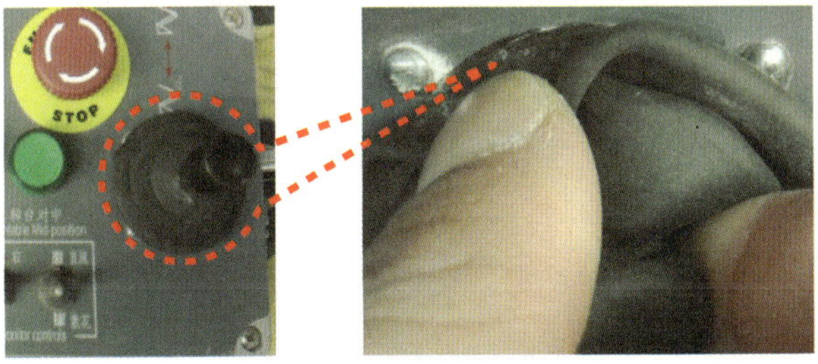


图 19-1　二臂控制手柄密封胶套损坏

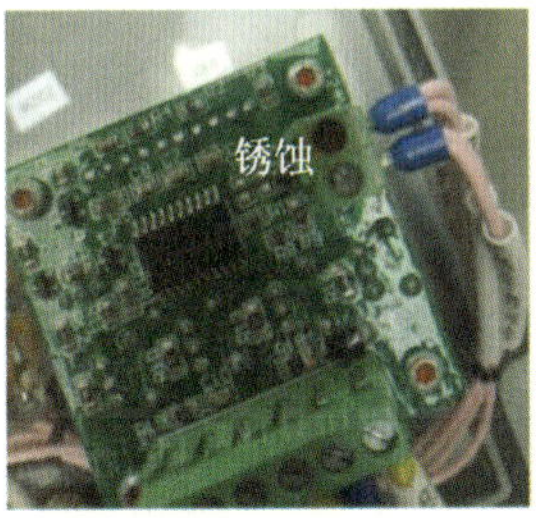


图 19-2　臂架控制手柄电路板锈蚀位置

**4. 故障评析**

该车使用有线遥控盒，控制手柄安装在控制盒体上，依靠密封胶套防水密封。长期使

用过程中，由于控制手柄的频繁操作和密封胶套的老化，容易出现密封胶套松动或老化变形所致的进水问题，导致遥控盒内的电子元件锈蚀损坏。

故障原因：日常检查与保养不到位（100%）。

**5. 改进建议**

建议用户按照原厂操作手册，执行定期检查，及时发现各主要电控箱密封问题，并定期更换起密封作用的橡胶密封件。

## 案例 313 30 m 云梯消防车梯架伸缩绞盘制动器漏油

**1. 车辆信息**

底盘：奔驰 1828　　生产日期：2011 年 8 月

车型：云梯消防车（M32L，整车进口）

**2. 基本情况**

2018 年 5 月，消防车巡检时维修人员发现梯架伸缩绞盘的一个制动器漏油严重（图 19-3）。

**3. 故障检查与排除**

维修人员更换新的绞盘制动器总成（图 19-4），故障排除。

图 19-3 梯架伸缩绞盘制动器漏油位置

图 19-4 更换新的绞盘制动器

**4. 故障分析**

此款云梯消防车梯架伸缩靠绞盘带动钢缆，绞盘安装有两个制动器防止绞盘失控时梯架快速下滑。长期使用的绞盘制动器，其内部油封容易出现老化导致漏油。从安全角度考虑，绞盘制动器如漏油，应更换整个制动器总成，不建议拆解更换油封。

故障原因：制动器油封老化（100%）。

## 案例 314 30 m 云梯消防车梯架伸缩油缸内漏

**1. 车辆信息**

底盘：奔驰 2641　　生产日期：2012 年 11 月

车型：云梯消防车（L32FA，整车进口）

**2. 基本情况**

2022年8月，该云梯消防车转台显示屏经常出现故障码“E047”（注意！伸/缩操作失控）（图19-5），继续操作梯架时发动机会突然熄火。

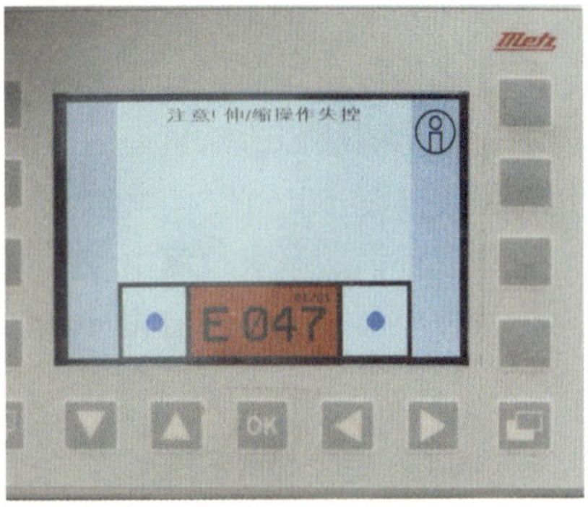


图19-5　转台显示屏显示故障码及故障信息

**3. 故障检查与排除**

（1）检查发现，云梯在开始操作时正常，但是当梯架仰起后若停顿几分钟，就会显示故障码，且再次操作梯架时发动机会突然熄火。

（2）根据故障码信息进行检修，检查控制模块和相关传感器均工作正常。通过多次观察和测量云梯长度传感器，发现梯架在仰起并伸出后会自行慢慢回缩；在云梯仰起伸出过程中，多次在梯架上标记尺寸，然后将发动机熄火切断动力源，发现并确定了梯架自行回缩的故障。

（3）拆卸梯架两个伸缩油缸及锁阀（图19-6和图19-7），逐个进行故障排查，最终确定两个锁阀正常，而伸缩油缸内漏导致梯架自行回缩。

（4）分解内漏的伸缩油缸（图19-8），更换其密封组件后，故障排除。

图19-6　拆卸伸缩油缸

图19-7　拆下的油缸及锁阀

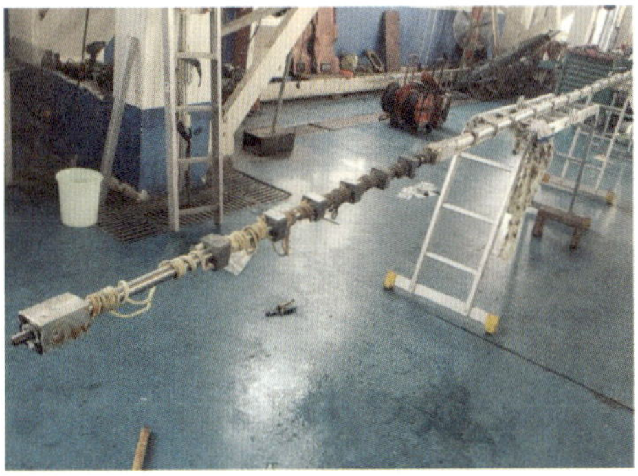

图19-8　分解修理伸缩油缸

**4. 故障评析**

在没有动力源的情况下，云梯消防车梯架发生自行回缩时，梯架长度传感器电信号会反馈给控制模块，控制模块会判断云梯长度伸缩异常，进而显示屏会出现故障码、发动机熄火。

此案例故障判断，首先检查梯架长度传感器是否正常，如果该传感器工作正常，就可以通过显示屏故障诊断页面，查看云梯长度信息，进而判断梯架是否发生自行回缩和油缸是否发生内漏。

该云梯消防车服役满10年，密封组件发生老化。

故障原因：零部件老化（100%）。

## 案例315 30 m云梯消防车梯架不能工作

**1. 车辆信息**

底盘：曼TGM18.280　　生产日期：2010年6月

车型：云梯消防车（L32，整车进口）

**2. 基本情况**

2021年3月，驾驶员完成支腿支撑、工作斗翻起操作后，梯架有时不能升起，踩脚踏板有油压升高，此故障时好时坏，经常发生，没有规律。

**3. 故障检查与排除**

（1）维修人员检查发现，故障发生时支腿支撑好后，工作斗翻起到工作位置，踩下油门踏板，有油压升高，但云梯梯架无法仰起，显示屏没有显示任何故障码。

（2）手动应急操作可以仰起梯架，说明液压系统没问题，支腿支撑系统也没问题，但所有云梯运动还是无法通过正常操作手柄控制。

（3）检查云梯液压换向电磁阀反馈信号，测量ID6的CPU端28针脚，当踩下油门踏板后28针脚电压从5 V变化到8 V，说明上装液压反馈信号也正常。

（4）检查云梯运动控制电磁阀，这些运动控制是由ID10 PWM（脉冲宽度调制Pulse Width Modulation）信号输出控制，检查后发现当踩下油门踏板，移动云梯上仰手柄时ID10的46号针脚有输出24~27 V电压（图19-9为云梯运动控制模块ID10输出端电路图，图中虚线红圈内为俯仰运动信号输出46号针脚），说明控制系统没问题；检查电磁线圈，发现电磁线圈指示灯不亮，进一步检查发现，线圈负极没有接地，根据电路图分析，所有线圈接地线是连接在一起的（如图19-10所示，图中红色虚线框内的所有接地线连为一体）；拆开接地线线束，发现内部有线磨损折断，重新连接修复接地线线束（图19-11），故障排除。

**4. 故障评析**

云梯运动靠电磁阀线圈通电改变液压阀阀芯方向控制，如果只有正极没有负极，电磁阀也无法工作，电脑诊断显示系统又无法判断故障问题。此负极线束从主控台座椅下穿过，如果座椅随云梯俯仰运动，可能会磨损此电缆线束，造成故障时断时续，故障难以查出原因。

故障原因：安装问题（100%）。

**5. 改进建议**

建议改进线束布置方式，尽量避免与移动部件接触，防止线束反复弯折损坏。

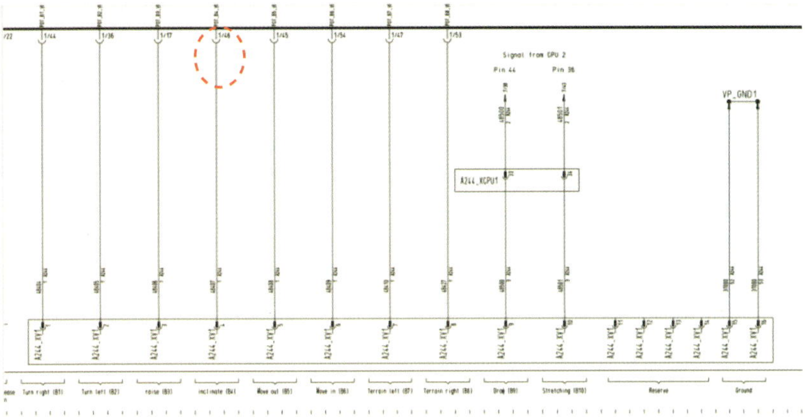


图 19-9　ID10（云梯运动控制模块）输出端电路图

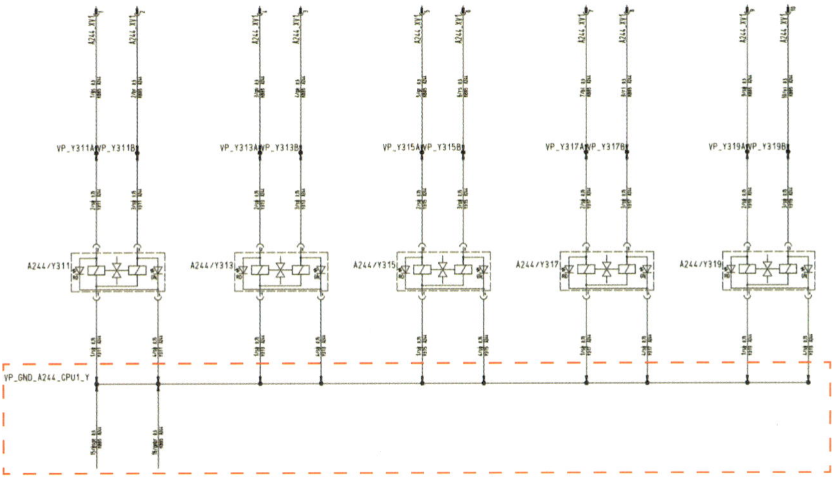


图 19-10　云梯各动作控制阀电路图

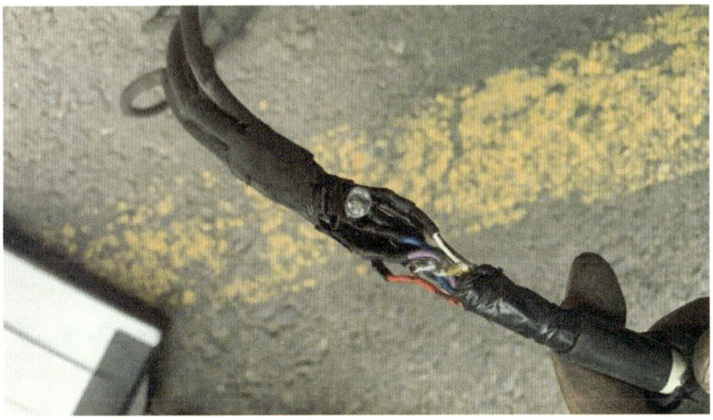

图 19-11　连接修复接地线线束

# 案例316 50 m云梯消防车梯架撞击变形

**1. 车辆信息**

底盘：五十铃 CXZ18QL　　生产日期：1992年10月

车型：云梯消防车（MLE6-50，整车进口）

**2. 基本情况**

2005年11月14日，驾驶员驾驶该车在立交桥下掉头时未注意引桥桥洞限高，导致云梯消防车梯架前部撞击损坏。

**3. 故障检查与排除**

（1）行车过程中消防车超出限高，梯架与桥梁撞击，导致行驶托架前倾，梯架前端扭曲变形，云梯前端高电压感应装置、梯顶照明灯、梯顶水炮支架和防碰撞天线，以及梯架尾部防飞出装置等部位损坏严重，具体情况如图19-12至图19-16所示。

（2）根据厂家提出修复方案，用户购买梯架原厂的轻钢辐条、高电压感应装置、梯顶照明灯、梯顶水炮支架、防碰撞天线等损坏零部件及专用焊接材料；由厂家工程师现场进行切割、整形、焊接、调整。

图19-12 从不同角度看梯架行驶托架向前倾斜变形情况

图19-13 梯架顶端严重损坏

图19-14 梯架尾部防飞出装置和梯架变形损坏情况

图 19-15　各附件在梯架顶端安装的大致位置

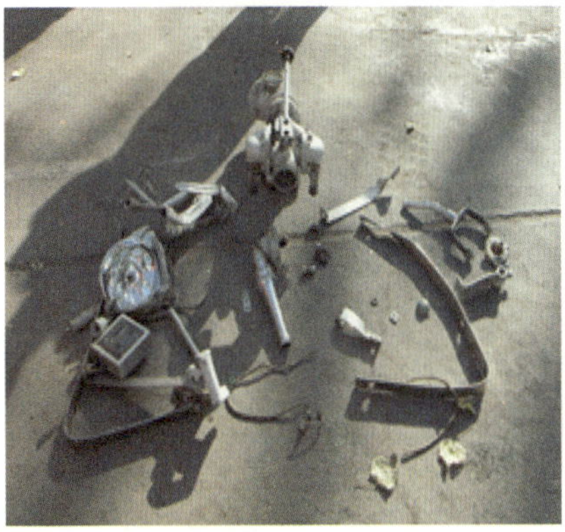

图 19-16　梯架顶端拆下损坏的高电压感应装置、照明灯、水炮支架和防碰撞天线

（3）修整后对云梯消防车现场检查、操作、测试，经过对各工况和功能的多次运行试车，修复完成。

**4. 故障评析**

驾驶员简单认为立交桥桥洞高度均一致，未意识到立交桥引桥桥洞高度低于 4 m，盲目驾驶致使故障发生。

故障原因：人为操作失误（100%）。

**5. 改进建议**

驾驶员驾车过桥时要提前降低车速，注意观察桥洞限高，并与自身车高进行比较，确认安全再通行，坐在副驾的跟车人员也要注意观察，对危险情况进行判断和警示。

## 案例 317　51 m 云梯消防车梯架伸缩油缸频繁漏油

**1. 车辆信息**

底盘：曼 TGA33. 350　　　　生产日期：2007 年 5 月

车型：云梯消防车（L53，整车进口）

**2. 基本情况**

2009 年 7 月、2012 年 5 月和 2016 年 8 月，该云梯消防车多次报修梯架伸缩油缸出现漏油。

**3. 故障检查与排除**

（1）拆卸梯架伸缩油缸，在油缸进出油接口、油缸缸体等部位未发现明显泄漏点，但在油缸端套和活塞杆处发现漏油。

（2）拆解油缸，拆卸油缸密封组件，油缸端套和活塞杆之间的密封圈磨损严重，这是漏油的主要原因；拉出活塞杆发现内部多处油缸密封圈出现磨损，可能造成串油情况，如图 19-17 和图 19-18 所示。

（3）重新打磨活塞杆上的焊缝，减小焊缝高低差，更换油缸密封组件，重新安装后，故障排除，如图 19-19 和图 19-20 所示。

图 19-17 油缸端套和活塞杆之间的密封圈磨损

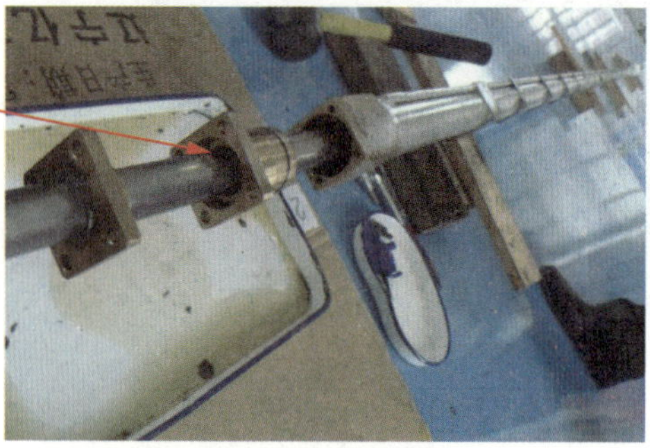

图 19-18 拉出活塞杆检查

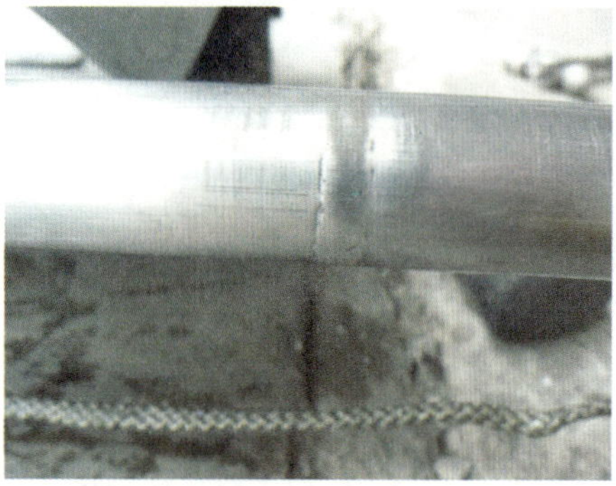

图 19-19 活塞杆上的焊缝

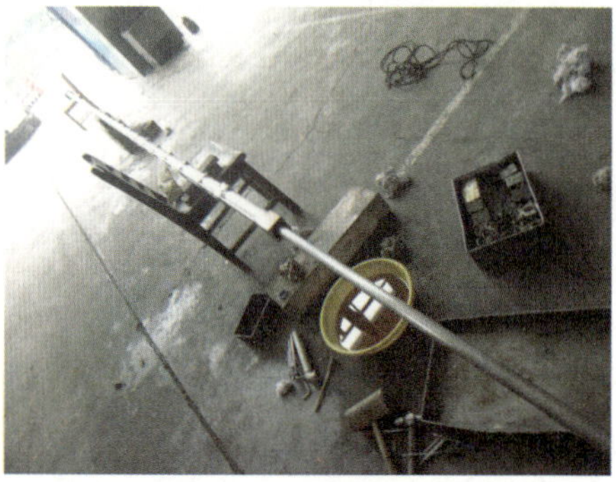

图 19-20 更换密封组件后重新组装伸缩油缸

**4. 故障评析**

此云梯消防车梯架伸缩油缸活塞杆采用焊接方式，在活塞杆焊接位置焊缝处理粗糙，同时伸缩油缸尺寸过于细长（长度 10 m 以上），活塞杆伸缩运动过程中很难保证平直，进而对密封组件造成较大磨损。此外，油缸密封组件质量问题也是造成故障发生的原因之一。

故障原因：零部件质量问题（100%）。

## 案例 318 53 m 云梯消防车梯架仰角编码器故障

**1. 车型信息**

底盘：曼 TGA33.350　　　　生产日期：2017 年 6 月

车型：云梯消防车（ML55CS，整车进口）

**2. 基本情况**

2019 年 11 月，驾驶员操作云梯梯架时发现工作斗不调平，梯架锁死不能工作，转台显示屏显示“云梯支座自动控制失灵（即转台控制功能失灵），检查上仰步进编码器”故障，如图 19-21 所示。

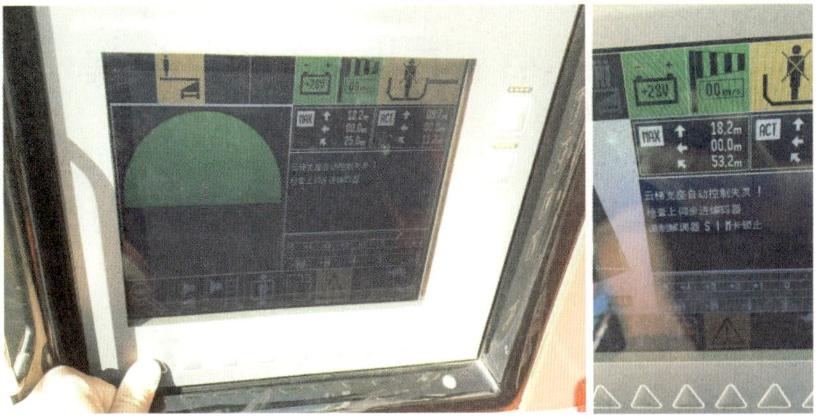


图 19-21　转台显示屏显示“云梯支座自动控制失灵”和“检查上仰步进编码器”

### 3. 故障检查与排除

（1）打开梯架仰角编码器外罩，发现仰角编码器橡胶联轴器断裂，更换联轴器后，故障依然存在，如图 19-22 和图 19-23 所示。

图 19-22　断裂的仰角编码器橡胶联轴器

图 19-23　更换联轴器后的梯架仰角编码器

（2）将梯架放在行车位置，更换梯架仰角编码器，用专用诊断电脑设置 0°值，重启发动机，故障排除。如没有专用诊断电脑，可先连接编码器 CAN 总线，通电后显示器可能显示任意角度（如 28°），断电之后手动旋转调整编码器，然后再通电观察显示器显示数值是否减小。然后重复以上步骤，直到显示 10°以内，最后直接手动旋转梯架仰角编码器到 0°，在此位置安装编码器即可。

### 4. 故障评析

云梯梯架仰角编码器联轴器采用硬橡胶件柔性连接，橡胶件容易老化断裂。此外，由于梯架编码器质量问题，产生卡顿，不能有效旋转，也可能扭断联轴器。

故障原因：零件质量问题（100%）。

### 5. 改进建议

改进该联轴器的设计，采用耐久度高的材料。

# 案例 319 53 m 云梯消防车梯架仰角编码器联轴器故障

**1. 车辆信息**

底盘：曼 TGA33. 350　　生产日期：2014 年 3 月

车型：云梯消防车（ML55CS，整车进口）

**2. 基本情况**

云梯梯架从托架上抬约 1°时，转台显示屏显示工作斗碰撞红色报警图标，梯架无法继续动作，如图 19-24 所示。

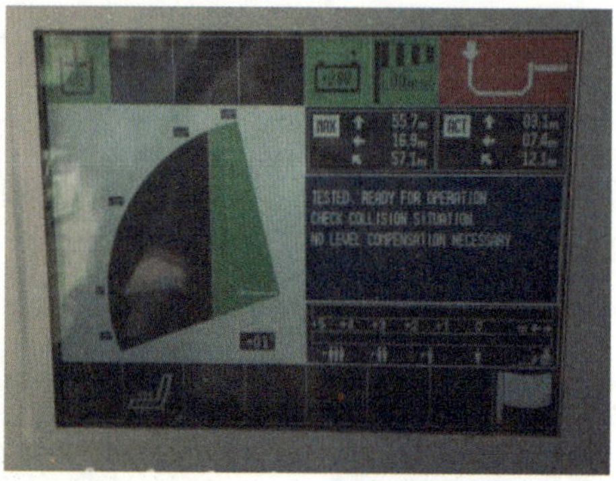


图 19-24　转台显示屏显示工作斗碰撞红色报警图标

**3. 故障检查与排除**

（1）检查梯架负载传感器，供电及信号正常。

（2）检查梯架仰角编码器，发现连接梯架的托板与编码器外侧的橡胶联轴器老化开裂，更换新的联轴器并标定参数后，云梯工作正常（图 19-25 和图 19-26），故障排除。

图 19-25　梯架仰角编码器

图 19-26　老化开裂的联轴器

**4. 故障评析**

云梯角度数据是云梯位置参数中很重要的数据。由于联轴器老化开裂，当云梯动作时角度数据未随之变化，此时，控制模块虽然收到了控制手柄的动作信号，但是仰角传感器的信号无变化，控制模块会直接判断为工作斗碰撞，而不会判断该编码器有故障。

故障原因：零件质量问题（100%）。

**5. 改进建议**

改进该联轴器的设计，采用耐久度高的材料。

# 案例 320　40 m 登高平台消防车一臂俯仰角度传感器故障

**1. 车辆信息**

底盘：依维柯 410T44　　　　生产日期：2009 年 8 月

车型：登高平台消防车（ALP42，整车进口）

**2. 基本情况**

2020 年 6 月，驾驶员正常操作上装臂架时，突然出现报警，上装显示屏显示“检查‘主臂上仰’传感器”故障（图 19-27），但此时臂架仍然可以运行。

**3. 故障检查与排除**

（1）维修人员检查发现，此车有两个俯仰角传感器，虽然报警提示为一臂俯仰角度传感器故障，但并未指出是哪一个，而且上装显示屏还可显示一臂俯仰角度（如图中的 76°），说明只有一个一臂俯仰角度传感器故障。

（2）断开一臂俯仰角度传感器 1，不显示角度，说明是一臂俯仰角度传感器 2 故障。

（3）检查一臂俯仰角度传感器 2 的连接线路，未发现异常；用专用诊断电脑检测，确认一臂俯仰角度传感器 2 失效。

（4）更换新的一臂俯仰角度传感器 2，重新设定 ID 及其参数，故障排除。图 19-28 为臂架传感器轴上的两个一臂俯仰角度传感器。

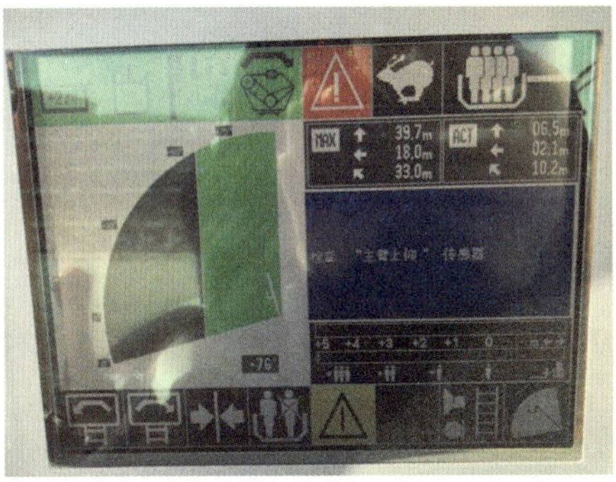


图 19-27　上装显示屏提示一臂俯仰角度传感器故障

图 19-28　臂架传感器轴上的两个一臂俯仰角度传感器

**4. 故障评析**

该车主要动作，如转台旋转、臂架俯仰和伸缩都安装有双传感器，当系统采集的两传感器信号偏差超过阈值时，系统会停止臂架动作，防止一个传感器误报，造成控制系统误判而引起的安全隐患。但在救援过程中如果系统确认一个传感器损坏或失灵，仍可以按另一传感器参数应急运行，完成救援任务后，驾驶员需尽快送修处理。如果系统不能确认哪一个传感器损坏或失灵，系统会停止臂架运动，只能做应急回收处理。

此车已使用超过 10 年，电子元件老化，应尽快大修。

故障原因：零件正常老化（50%）；维护保养问题（50%）。

**5. 改进建议**

建议使用超过 10 年的登高平台消防车应该进行大修，更换易损电子元件、液压系统密封件、液压油管、液压油及全车滤芯，并对全车控制系统进行安全检测，确保登高平台消防车使用安全。

## 案例 321 40 m 登高平台消防车一臂伸缩臂管线槽损坏

**1. 车辆信息**

底盘：奔驰　　生产日期：2017 年

车型：登高平台消防车（F42RL，整车进口）

**2. 基本情况**

2020 年 10 月，驾驶员在日常操作过程中发现，一臂内部有少量管线槽固定架摔落至转台处（图 19-29）；尝试回收臂架至行车位置，但操作一臂伸缩臂回收至某位置时，出现一系列控制模块故障。

图 19-29 管线槽固定架碎片

**3. 故障检查与排除**

（1）检查发现上装控制模块出现比较多的故障码，初步判断为控制模块 CAN 总线通信中断。

（2）检查一臂伸缩臂管线槽，管线槽内压力油管固定卡扣松脱（图 19-30 和图 19-31），导致其中带高压的油管在加压泄压切换过程中因振动产生移位，同时由于伸缩臂的动作导致油管挤破管线槽，使管线槽内部其他油管和电线脱离并卡滞于臂架之间。

（3）在臂架回收过程中，卡滞于臂架之间的油管和电线，出现磨损和断裂（图 19-32）。

（4）将臂架内卡滞的油管和电线切割分离以便回收一臂伸缩臂至行车位置。

（5）将管线槽总成从臂架内抽出并更换新的管线槽总成（包括油管和电线），测试各功能情况正常，故障排除。

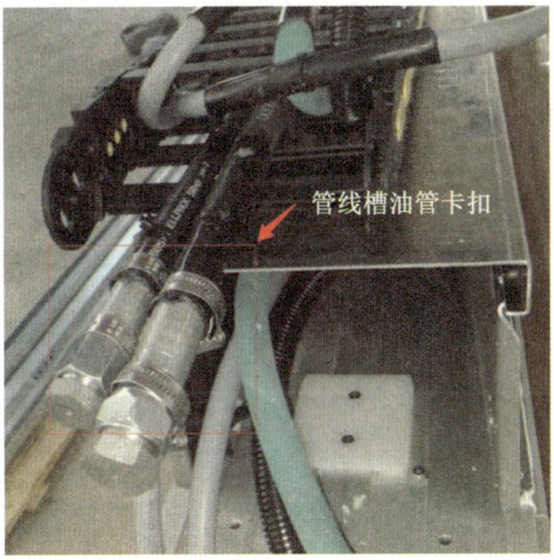


图 19-30　油管固定卡扣

图 19-31　管线槽油管卡扣固定位置

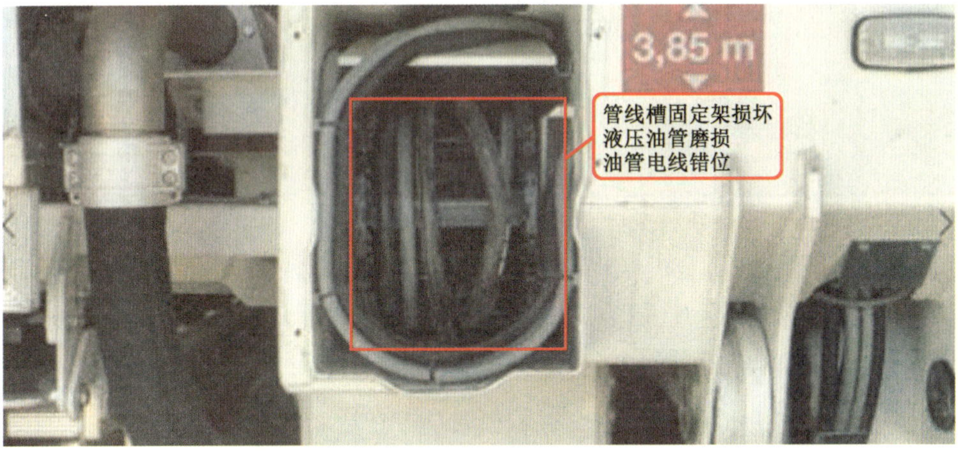


图 19-32　管线槽内油管和电线错位、磨损情况

**4. 故障评析**

管线槽内带高压的油管在压力切换时，其振动会使本来松弛的油管卡扣进一步松脱，同时高压油管长度有一定的缩短，导致其弧形内侧与管线槽碰撞，损坏管线槽，并造成其他管线跳出管线槽轨道，可能产生严重的二次损坏。

故障原因：零部件选型问题（100%）。

**5. 改进建议**

（1）维修方案方面：建议更换管线槽总成，由消防车生产厂提前装配好的管线槽能更好地控制安装工艺。

（2）配件方案方面：选用随压力产生变形量较小的油管（建议仅使用消防车生产厂供应配件），对其进行定期的安全性检查。

（3）操作方面：如发现有管线槽碎片掉落，紧急回收时注意观察管线槽是否出现卡滞问题，如有卡滞或不确定的情况下，应先行救援工作斗内被困人员，然后等待专业技术人员作进一步处理，以免导致不必要的二次损伤。

## 案例 322　40 m 登高平台消防车环境温差致臂架自行脱离行车位置

**1. 车辆信息**

底盘：奔驰 4141　　生产日期：2009 年

车型：登高平台消防车（F42RL，整车进口）

**2. 基本情况**

2009 年 12 月，东北地区某消防队，驾驶员反映该车执行完任务后从室外返回车库，第二天早上发现上装臂架自行脱离行车位置：抬起，一臂伸缩臂伸出，二臂油缸打开。其中，一臂伸缩臂伸出情况较为严重，导致工作斗碰到行车位置托架，造成轻微磕碰损坏。一臂伸缩臂伸出情况如图 19-33 和图 19-34 所示。

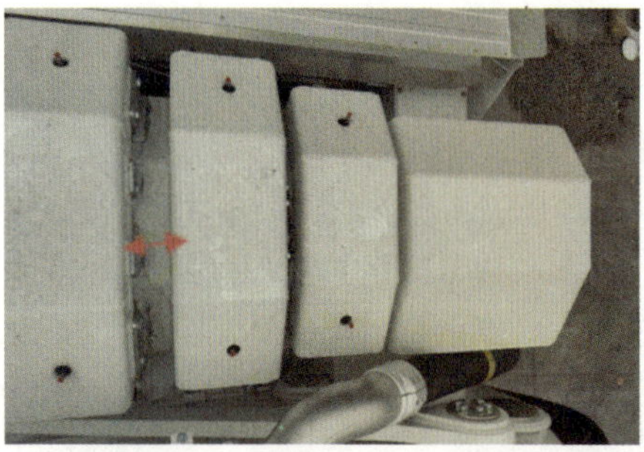

图 19-33　一臂伸缩臂伸出情况（外部视图）

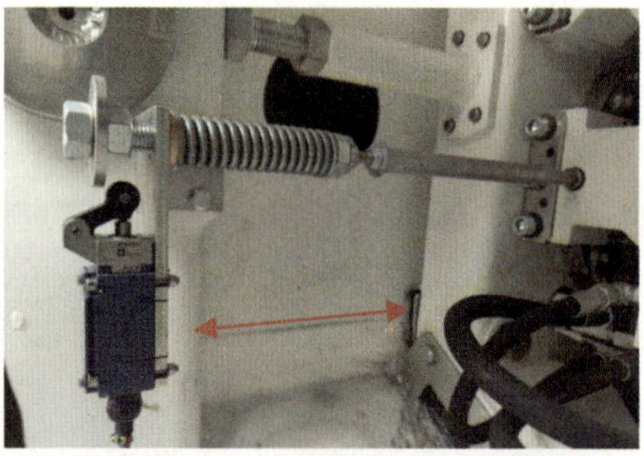

图 19-34　一臂伸缩臂伸出情况（内部视图）

**3. 故障检查与排除**

（1）检查支腿和上装臂架互锁功能正常。

（2）检查应急动力电瓶泵及其线路正常，排除自行激活情况。

（3）检查各臂架动作的液压电控阀情况，各阀组能自行恢复至零位，排除液压阀卡滞原因。

（4）对比室内外温差及车库暖气设备情况，发现室外温度为零下 25 ℃，室内温度为零上 30 ℃，且此车位于车库暖气散热器旁，散热器旁温度可达到 60 ℃，初步判定为由于较大温差，引起液压油的热胀冷缩，从而导致液压油缸出现自行运动。故障车辆室外使用情况和车库停靠情况如图 19-35 和图 19-36 所示。

（5）手动回收臂架，并按下紧急下降按键，将一臂伸缩臂油缸和一臂俯仰油缸的剩余压力泄掉，同时将此车停靠在远离散热器车位，降低散热器温度，防止类似问题的发生。

图 19-35 室外低温执勤情况

图 19-36 车库内车辆位置靠近取暖设备

**4. 故障评析**

消防车虽然能够抵抗恶劣工作环境，如暴雨和长时间持续工作，但对其停放环境有一定的要求。消防车车库的环境应满足原厂要求的工作温度范围要求，如-25～+40 ℃，且尽量通风并保持合适的湿度。

液压油虽然有一定的粘温稳定性，但无法违反热胀冷缩的物理定律，且其热胀冷缩量和液压油缸的长度成线性正比关系。以某型液压油缸为例，当温度变化1 ℃时，液压油热胀冷缩量为0.9 mm，如10 m长的油缸，室外温度-25 ℃，室内温度+40 ℃，温差65 ℃，其热胀冷缩量为10 m×65 ℃×0.9 mm/(m·℃)=585 mm，因此对于车库停放环境的温度应设置为防止结冰即可，尽量减少室内外温差。

上装回收到行车位置之后，一般有液压和机械的锁止机构保持上装臂架处于行车位置，但液压油缸无杆腔内仍残存一定油压，在温差过大的情况下，其增加的压力可能克服锁止机构的阻力，甚至导致锁止机构损坏。

除此之外，在热带地区也要引起注意：当车辆从室内至室外长时间暴露在高温阳光下时，也可能引起液压油热胀冷缩导致的油缸自行运动，造成臂架位移，严重时可能导致支腿无法操作。

故障原因：管理不规范（50%）；操作不当（50%）。

**5. 改进建议**

（1）按原厂要求设置车辆停放环境。

（2）驾驶员养成良好的上装回收操作习惯，为了尽量减少热胀冷缩使油缸自行运动的风险，应在每次回收臂架至行车位置之后，按紧急下降按键2～5 s，以泄掉液压油缸内的剩余压力，这样即使液压油缸内的剩余液压油产生热胀冷缩，也不会导致臂架大幅度的位移。

## 案例 323 40 m 登高平台消防车一臂伸缩油缸漏油

**1. 车辆信息**

底盘：奔驰 2638　　　　生产日期：1998 年 10 月

车型：登高平台消防车（F42HDT，整车进口）

**2. 基本情况**

2012 年 1 月，驾驶员报修，该消防车一臂伸缩油缸后部漏油，操作伸缩臂动作时漏油严重；车辆停放时油缸的余压也会造成漏油，必须使用容器接住渗漏的液压油（图 19-37）。

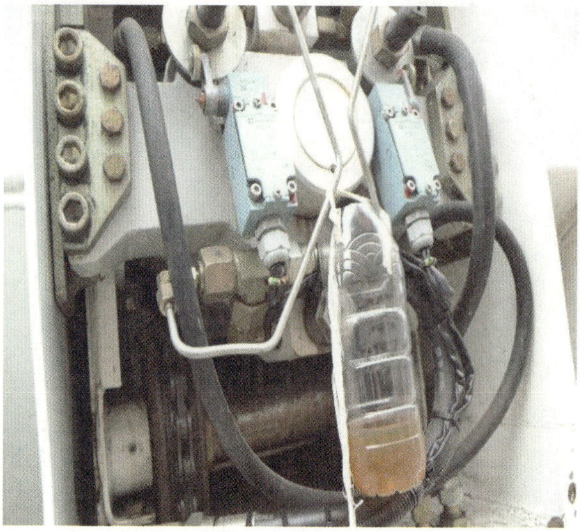

图 19-37　一臂伸缩油缸漏油位置

**3. 故障检查与排除**

（1）检查发现，在正常操作时，登高平台消防车一臂伸缩油缸端头活塞杆处漏油。通过多次运行测试，发现油缸活塞杆端口处密封漏油严重。

（2）拆卸一臂伸缩油缸后部的伸缩钢缆和链条锁止部件，拔出伸缩油缸后部支撑阀体总成；拆卸修理油缸后部支撑阀体密封组件，并将所有液压油管、油管接头接口包扎防护好，将伸缩油缸支撑阀体起吊移开（图 19-38），以便维修伸缩油缸。

（3）拆卸维修伸缩油缸活塞杆的密封组件和后部支撑阀体的密封组件，按照厂家维修手册更换油缸活塞杆的密封组件（图 19-39）和支撑阀体的密封组件（图 19-40）。

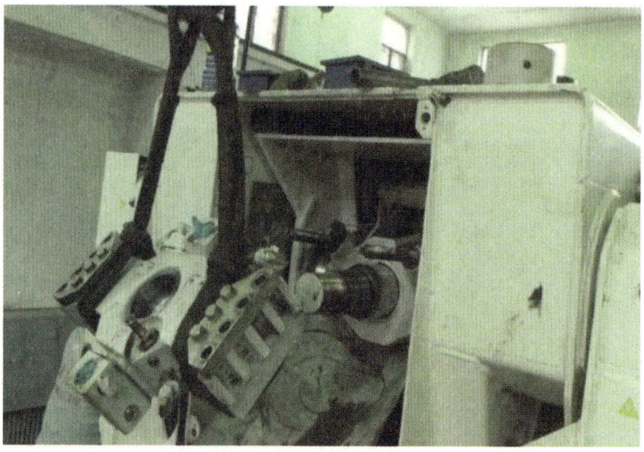

图 19-38　伸缩油缸支撑阀体起吊移开

图 19-39 伸缩油缸活塞杆密封组件

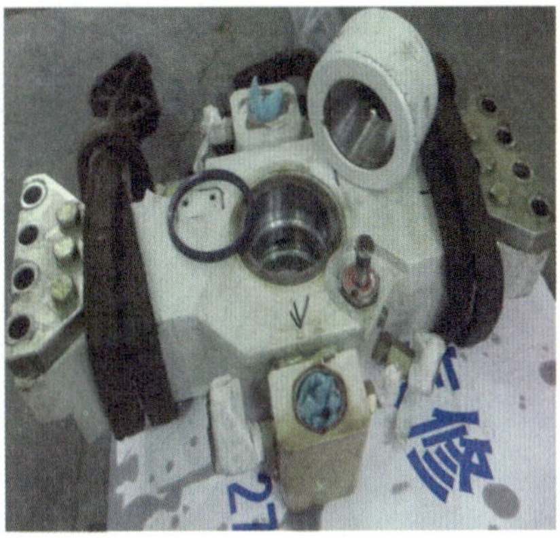

图 19-40 支撑阀体的密封组件

（4）全部安装调试好后，安装驱动链条、钢缆、限位开关、液压油管，再次紧固所有连接和锁止部件。通过多次伸缩操作试车运行一臂伸缩臂，确认伸缩油缸活塞杆及后部支撑阀体总成密封不漏油，故障排除。

**4. 故障评析**

伸缩油缸密封组件及支撑阀体、锁阀漏油有以下几种情况：

（1）车辆年久或者车辆如果经常在露天环境中存放和使用，环境温度变化和油封的材料材质老化，油缸油封密封组件往复运动频繁等等都有可能造成油封漏油。

（2）油缸支撑阀体和锁阀的密封组件破损，会出现漏油泄压问题。

（3）油缸开裂、焊缝砂眼、油缸支撑阀体、锁阀支座、刚性液压油管焊接处开裂、砂眼等情况，会出现漏油泄压问题。

该登高平台消防车服役满 14 年，密封组件属于正常老化。

故障原因：零部件老化（100%）。

## 案例 324　40 m 登高平台消防车臂架位移故障

**1. 车辆信息**

底盘：斯堪尼亚 P400　　　　生产日期：2016 年 8 月

车型：登高平台消防车（F42HDT，整车进口）

**2. 基本情况**

2023 年 3 月，驾驶员日常训练时发现，接合取力器后支腿无法伸出，不能正常操作。

**3. 故障诊断与排除**

（1）维修人员现场检测，调出显示屏诊断页面，发现有故障“E301、TURNTABLE、selection of outreach、A（转台模块 A 臂架工作范围选择故障）”，如图 19-41 所示。

（2）检查一臂没有发现位移现象，检查二臂发现有少许位移，说明臂架不在行车位置。

（3）手动应急回收二臂臂架到行车位置，支腿可以正常操作，故障排除。

**4. 故障评析**

支腿操作必须是上装臂架完全收回到行车位置才能操作，所以只要电控系统感应到上

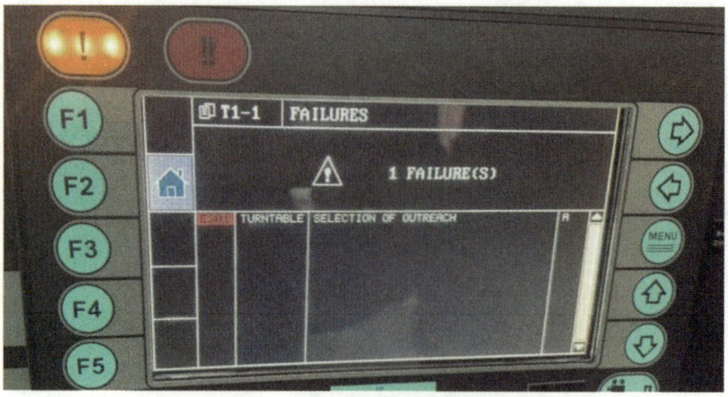


图 19-41 显示屏报警信息及故障码

装臂架任一部位不在行车位置都会出现报警。

此故障判断是维修人员通过经验和目测发现臂架发生位移。实际也可通过进入诊断页面，快速检查判定：检查 T2-1 的 A12A 页面中这组数字，如果“串行接口 RS232：A12A TO A14”行下面数字中第十位数字为“1”，说明臂架已经都收回到位，支腿可以操作；如果第十位数字为“0”，说明臂架未回收到位，支腿无法操作（图 19-42）。

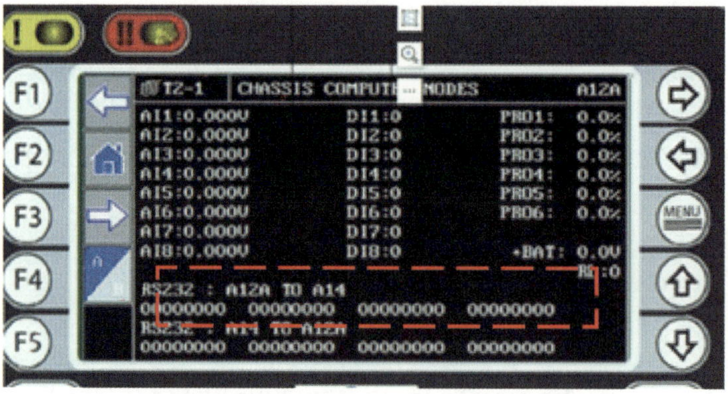


图 19-42 显示屏故障检查码

气候变化、油缸液压油热胀冷缩或开车快速起步及急刹车都有可能造成臂架移出行车位置，造成此故障。

故障原因：液压系统设计问题（100%）。

## 案例 325 43 m 登高平台消防车二臂控制手柄故障

### 1. 车辆信息

底盘：奔驰 3341　　生产日期：2014 年

车型：登高平台消防车（453TFL，整车进口）

### 2. 基本情况

2018 年 3 月，驾驶员操作登高平台消防车，当一臂俯仰角度超过 30°时，二臂自动打开。

**3. 故障检查与排除**

（1）维修人员现场检查，未发现上装控制模块报警，试换二臂控制比例阀，故障未排除。

（2）检查二臂电磁阀供电线路连接在电磁阀这端未见异常，此供电线另一端连接于转台上装控制模块，试换此上装控制模块（图 19-43），故障仍未排除。

（3）进一步检查发现，二臂控制手柄没有移动的情况下，其位置传感器输出值不在零位，因此判定为二臂控制手柄位置传感器故障。

（4）更换带位置传感器的控制手柄后，故障排除。图 19-44 和图 19-45 分别为拆解后的二臂控制手柄及其位置传感器。

图 19-43　转台上装控制模块

图 19-44　拆解后的控制手柄

图 19-45　控制手柄上的位置传感器

**4. 故障评析**

由于二臂控制手柄经常活动，手柄位置传感器容易磨损，发生数值偏移，造成上装控制模块误输出信号给电磁阀。

由于此车控制手柄也自带 CAN 通信模块，无法修复，只能更换厂家设置好程序及 ID 的控制手柄总成，成本比较高。

故障原因：零件质量问题（100%）。

**5. 改进建议**

厂家应该设置控制手柄零位自检功能，如上装控制模块接收到的控制手柄位置数据不在零位范围内，上装控制模块应锁定液压动力使其不能被激活，以免出现臂架动作失控。

## 案例 326　51 m 登高平台消防车臂架钢缆脱落

**1. 车辆信息**

底盘：曼 TGA 33.350　　　　生产日期：2008 年

车型：登高平台消防车（F53RL，整车进口）

**2. 基本情况**

2019 年 5 月，驾驶员在操作登高平台消防车时发现有钢缆脱落，同时有尼龙碎片掉下。

**3. 故障检查与排除**

（1）维修人员现场检查，打开一臂后盖，发现一臂第二节（左右两侧）伸缩臂钢缆脱落，钢缆滑轮破损，如图 19-46 和图 19-47 所示。

（2）更换新钢缆滑轮，重新安装和整理两侧钢缆（图 19-48），并调整左右两侧相应的钢缆松紧度，故障排除。

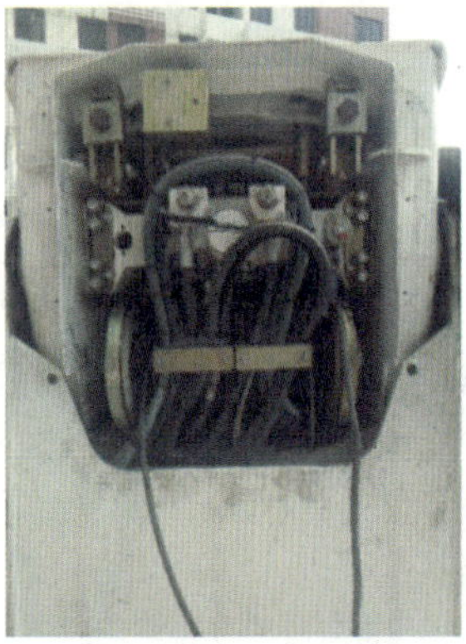

图 19-46 一臂第二节伸缩臂钢缆脱落

图 19-47 钢缆滑轮破损

图 19-48 一臂第二节伸缩臂钢缆

**4. 故障评析**

由于钢缆滑轮为尼龙材质，一般使用 10 年左右会自然老化，在钢缆拉伸下容易磨损破裂，造成钢缆脱离滑槽。

钢缆在使用过程中，会由于外力作用导致其长度产生变化，造成左右两侧钢缆的松紧度不一致，容易引起钢缆脱离滑槽或者损坏滑轮的问题。

故障原因：零部件老化（50%）；检查保养不到位（50%）。

**5. 改进建议**

（1）建议每 10 年更换全车易损元件，如橡胶件、液压软管、电子元件及塑料尼龙件等。

（2）建议按原厂要求进行年度安全检测，必要时调整伸缩臂钢缆松紧度使之均衡受力。

## 案例 327 51 m 登高平台消防车一臂俯仰角度传感器驱动机构故障

**1. 车辆信息**

底盘：斯堪尼亚 P400　　生产日期：2015 年 10 月

车型：登高平台消防车（F53RL，整车进口）

**2. 基本情况**

2017 年，驾驶员操作登高平台消防车时，上装显示屏出现报警，显示一臂俯仰角度异常（图19-49），检查发现平台上有掉落的半个小齿轮（图19-50）。

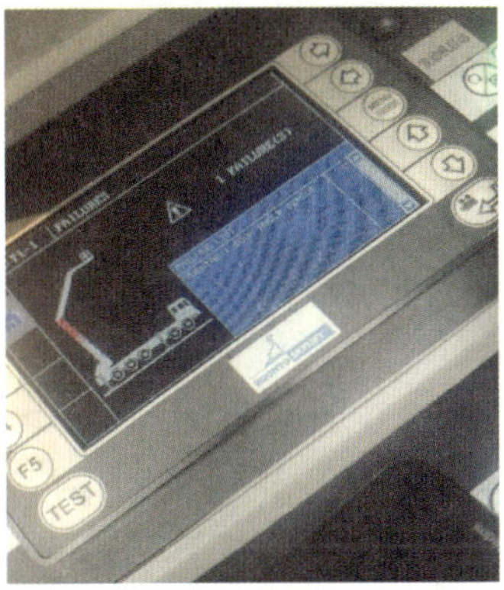


图19-49 上装显示屏报警提示

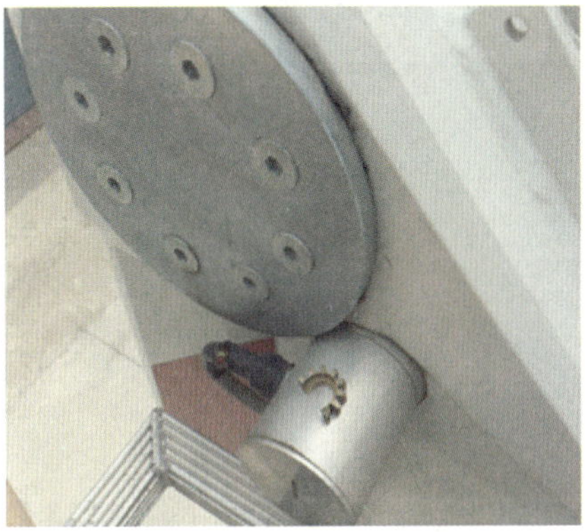

图19-50 掉落的半个小齿轮

**3. 故障检查与排除**

（1）维修人员检查发现，一臂轴销处的俯仰角度传感器驱动齿轮破碎（图19-51），拆解一臂俯仰角度传感器，发现齿轮的驱动轴已弯曲、齿轮已损坏，具体情况如图19-52和图19-53所示。

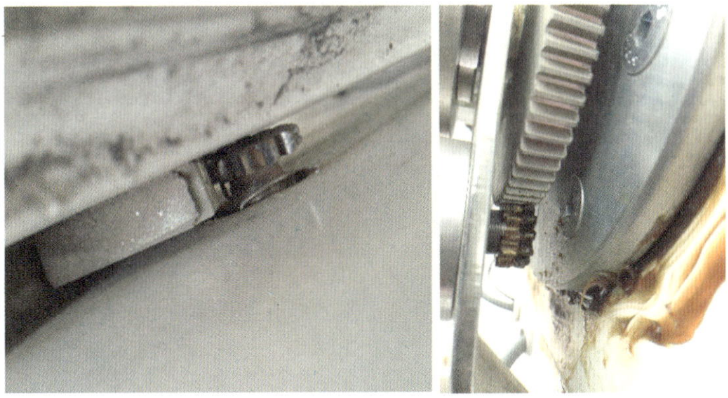

图19-51 一臂轴销处的俯仰角度传感器驱动齿轮破碎

图19-52 拆解的一臂俯仰角度传感器

（2）联系厂家技术人员，更换一臂俯仰角度传感器总成（图 19-54），用专用密钥重新设置传感器参数，故障排除。

图 19-53 弯曲的驱动齿轮轴和损坏的齿轮

图 19-54 新旧俯仰角度传感器对比（拆解的为旧件）

**4. 故障评析**

该传感器总成是安装在转台支架主体结构上，传感器轴端安装小齿轮，小齿轮与固定在一臂与转台支架铰接轴一侧的扇形齿轮啮合。当一臂变幅动作时，扇形齿轮可以与一臂同步转动，此时扇形齿轮驱动小齿轮旋转，实现俯仰角度的数据采集。

传感器轴端安装的小齿轮分成两个，一个与传感器轴固定，另一个通过扭力弹簧浮动安装在传感器轴上。由于有扭力弹簧作用，浮动齿轮可以有效消除与扇形齿轮之间的啮合间隙，减少俯仰换向过程中因啮合间隙造成的角度传递误差。

由于该车辆长期在室外停放，传感器轴长期暴露在空气中，润滑失效，传感器轴和齿轮锈蚀卡滞，无法随扇形齿轮转动，最终造成轴端浮动齿轮和传感器轴受力损坏。

故障原因：车辆管理不当（50%）；保养不到位（50%）。

**5. 改进建议**

如在室外停放时间较长，需要运行车辆和保养，保证各零部件润滑、运转可靠；如长期存放超过三个月，建议按照年度保养的标准进行维护保养。

# 案例 328 51 m 登高平台消防车一臂俯仰角度传感器故障

**1. 车辆信息**

底盘：斯堪尼亚 P400　　　　　　　　　　生产日期：2014 年 5 月

车型：登高平台消防车（F53RLX，整车进口）

**2. 基本情况**

2018 年 5 月，驾驶员操作登高平台车，向上抬起一臂时，工作斗不能自动调平、倾斜角度超过 12°，发动机自动回到怠速，没有油压，臂架无法操作。

**3. 故障检查与排除**

（1）检查发现，向上抬起一臂时，工作斗不能自动调平。工作斗倾斜角度超过 12°，发动机自动回到怠速，没有油压。

（2）查看显示屏故障报警信息，显示 F4 故障报警，整个臂架禁止动作，一臂俯仰角度为“-0. 9°”（图 19-55），说明俯仰角度传感器故障。

（3）检查发现，操作一臂时角度传感器电压不变，判断角度传感器故障。通过分解、检修，最终确认为角度传感器电位器故障。

（4）更换故障角度传感器，重新标定参数，故障排除。

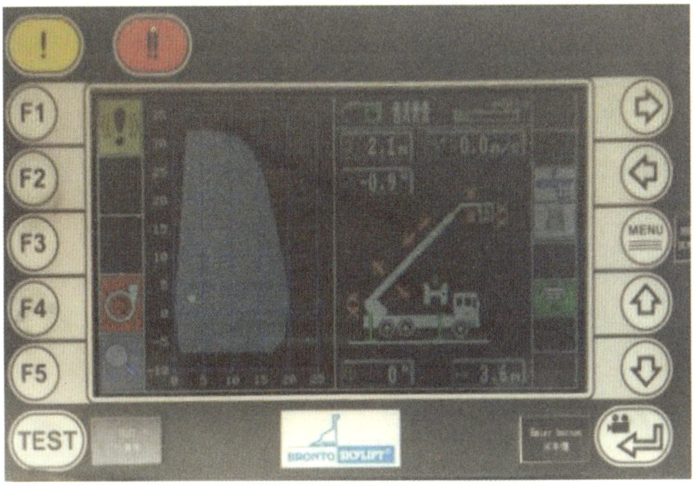


图 19-55　操作故障信息显示

**4. 故障评析**

该车一臂角度参数采用双电位器（图 19-56）采集角度位移，转换成电压值分别输入 A、B 控制模块比较，如果数值变化同步，控制模块判断角度正确，如果数值有较大差异，则控制模块认为角度传感器故障，无法再进行操作登高车。

由于该车工作斗调平是基于一臂角度传感器、二臂角度传感器和工作斗倾斜角度传感器所测角度值的综合计算，进而控制工作斗的实时调平，所以三者中任一传感器出现故障，工作斗都无法自动调平。

图 19-56 角度传感器

角度传感器电位器损坏情况有以下几种情况：

（1）角度传感器为电位器传感元件，车辆在颠簸震动等情况下，可能会出现问题。

（2）大气环境潮湿，该角度传感器为电位器传感元件，可能因密封不严导致锈蚀损坏。

（3）零件本身质量问题。

故障原因：零部件质量问题（100%）。

## 案例 329 53 m 登高平台消防车二臂变幅机构轴销脱落

**1. 消防车信息**

底盘：奔驰 3332　　　　生产日期：2009 年 3 月

车型：登高平台消防车（DG53）

**2. 基本情况**

2017 年 7 月 28 日，一次演练中，操作员在工作斗内操作一臂上仰时，二臂突然自由摆动到垂直于地面方向，并发出异响，操作员发现一根轴销掉落。厂家派人将臂架收回至行车位置，车被开回消防站。

**3. 故障检查与排除**

（1）检查发现，二臂变幅油缸伸缩臂与四连杆机构上铰点连接轴销从左侧脱落分离，图 19-57 为一臂伸缩臂前端轴销脱落部位（右侧和左侧）(图中一臂和二臂连接处的轴销为临时从右侧重新插入)。

（2）从臂架上面看，夹持油缸头部的四连杆轴孔壁在轴销脱落过程中已严重变形，四连杆机构上覆板也被撕裂掀开，图 19-58 为一臂伸缩臂前端轴销脱落部位和上覆板撕裂情况。

（3）查看四连杆下铰点轴销的定位销情况，未找到定位销（图 19-59）。查看同车其他销轴定位销，该定位销采用螺栓配螺母加一弹簧垫锁止形式，而该故障车辆此处定位销弹簧垫已松动，用手即能拧动（图 19-60）。

（4）该故障由消防车生产厂家处理。

图 19-57 一臂伸缩臂前端轴销脱落部位（右侧和左侧）

图 19-58 一臂伸缩臂前端轴销脱落部位和上覆板撕裂情况

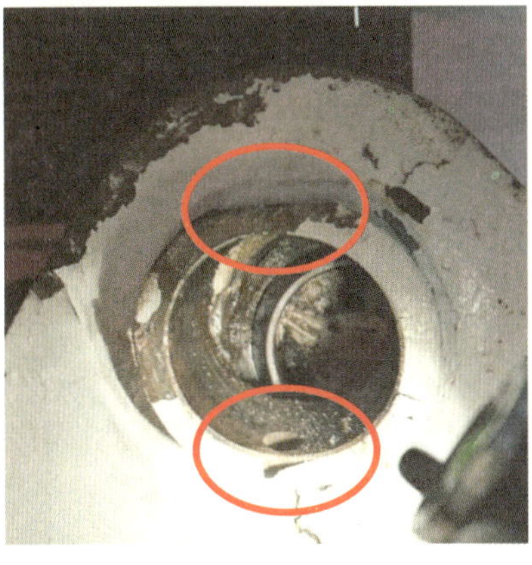

图 19-59 二臂变幅油缸与四连杆机构连接铰点轴销脱离后的定位销孔

图 19-60 二臂与四连杆机构其他连接铰点销轴定位销螺母松动

**4. 故障评析**

二臂油缸与四连杆机构上铰点连接轴销脱落是造成二臂及工作斗下坠、四连杆机构结构变形和损坏的直接原因。连接轴销脱落的可能原因有二：

（1）车辆行驶振动或四连杆机构运动使作为销轴定位销的螺栓上方螺母防松弹簧垫失灵，螺母松脱掉落，螺栓从下方滑落。

（2）轴销从二臂一侧逐渐外移，最终崩出脱落。

故障原因：设计安装问题（70%）；关键部位安全检查不到位（30%）。

**5. 改进建议**

（1）重要连接铰点要强化定位销等防松脱设计。

（2）驾驶员和维修人员要定期检查臂架各轴销是否位移，定位销或卡圈等定位装置是否缺失和紧固。

## 案例 330　53 m 登高平台消防车附梯损坏

**1. 车辆信息**

底盘：奔驰 3332　　　　生产日期：2010 年 5 月

车型：登高平台消防车（F55RLX，整车进口）

**2. 基本情况**

2012 年 12 月，车辆行驶时驾驶员因未注意上空树枝高度，导致车顶部的附梯前部刮损变形（图 19-61）。

（a）从前方看附梯和树枝相撞的情况　（b）俯视附梯损坏情况　（c）右前侧看附梯扶手损坏情况

图 19-61　登高平台消防车附梯损坏情况

**3. 故障检查与排除**

（1）向厂家售后进行技术咨询、询价，得知整体更换第四节附梯供货周期长且价格昂贵。

（2）铝合金不易进行校正，决定将损坏的断裂部件切割，并进行初步加工维修。进一步更换修复。

（3）采购附梯右侧扶手部件进行切割焊接于附梯后，加工、校正和打磨，安装后，调试附梯的正确间隙和位置（图 19-62），运行测试附梯的运行状态，故障排除。

图 19-62 附梯焊接操作现场

**4. 故障评析**

（1）城市的老城区内道路较窄、道边树枝横向伸出，消防车通过时驾驶员未注意车辆上空障碍，造成撞击损坏。

（2）考虑更换整梯价格昂贵且供货周期长，最终采用采购部分扶手，进行切割、焊接的方案。为尽量避免对原梯结构强度造成影响，邀请厂家技术人员对焊接材料和工艺进行现场指导。

故障原因：人为操作原因（100%）。

**5. 改进建议**

（1）由于举高车较高，在狭窄道路行驶时，驾驶员要注意较低的树枝斜杈等上空障碍。

（2）举高车的前悬和后悬突出结构容易在转弯时与障碍物碰撞。

（3）坐在副驾的跟车人员，要随时观察和提醒。

## 案例 331 66 m 登高平台消防车伸缩臂长度传感器故障

**1. 车辆信息**

底盘：斯堪尼亚 P380　　生产日期：2008 年 5 月

车型：登高平台消防车（F68RLX，整车进口）

**2. 基本情况**

2017 年 2 月，驾驶员在操作臂架时，发现该车上装显示屏显示伸缩长度传感器故障，臂架无法工作。

**3. 故障检查与排除**

（1）检查发现，当登高平台消防车伸缩臂进行伸缩操作时，上装显示屏会出现报警并提示伸缩长度传感器故障（图 19-63），臂架停止动作。

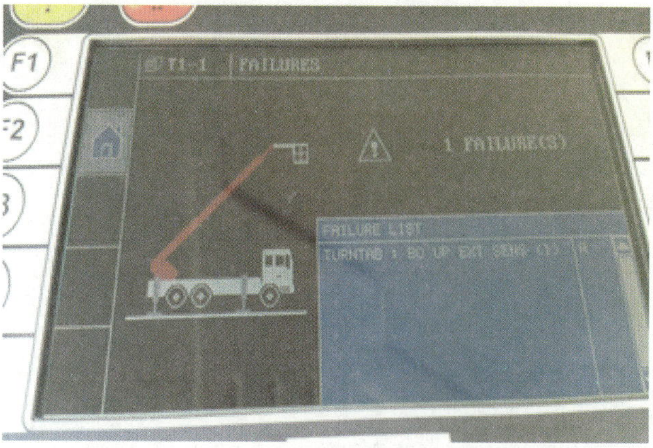


图 19-63 上装显示屏显示伸缩长度传感器故障

（2）由于传感器维修和更换需要厂家密钥进行解码，联系厂家技术人员更换该伸缩长度传感器（图 19-64）后，使用密钥进行解码和参数设置，故障排除。

图 19-64 伸缩臂伸缩长度传感器安装位置

**4. 故障评析**

为保障使用的安全性，该车型伸缩臂伸缩长度传感器采用双电位器进行数据采集。双电位器采集的数据分别传输到两个上装控制模块，两个上装控制模块对两组数据进行对比，如两组数据的差值超出设定的阈值，上装控制模块会停止当前动作，保证车辆人员安全。

该车伸缩长度传感器的两个电位器滑动电阻触点接触不良，导致伸缩长度信号不稳定，造成上装控制模块无法判断，报出故障信息，停止动作。伸缩长度传感器的内部结构如图 19-65 至图 19-67 所示。

故障原因：零部件质量问题（100%）。

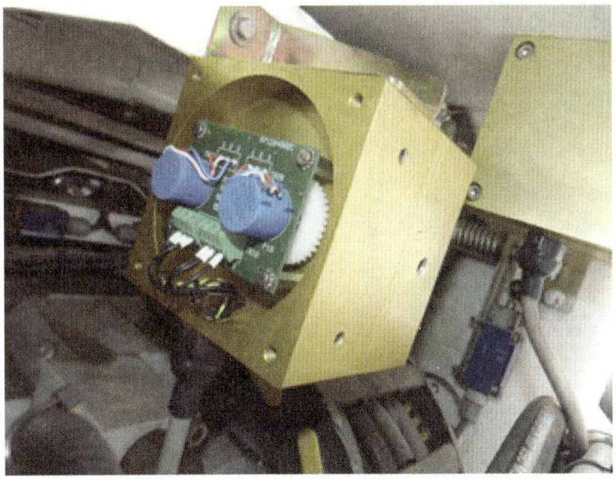

图 19-65　伸缩长度传感器的两个电位器

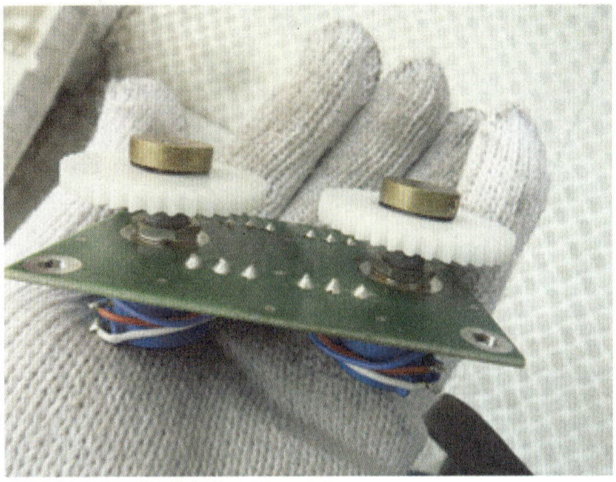

图 19-66　拉线滚轮驱动两个电位器的小齿轮

图 19-67　伸缩长度传感器拉线盘

**5. 改进建议**

电位器的触点磨损极易造成其寿命短、故障率高，目前部分举高消防车的设计制造已采用编码器等来取代电位器作为传感装置。

## 案例 332　68 m 登高平台消防车一臂俯仰角度传感器故障

**1. 车辆信息**

底盘：斯堪尼亚 P380　　生产日期：2013 年

车型：登高平台消防车（F68RLX，整车进口）

**2. 基本情况**

2016 年 6 月，驾驶员操作登高平台消防车一臂向上抬起时，转台显示屏发出故障报警（图 19-68），此时工作斗不能自动调平，倾斜超过 12°，发动机转为怠速，液压系统失去动力。

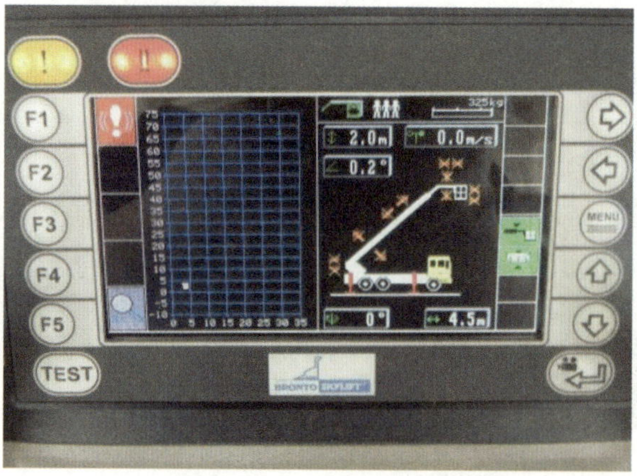


图 19-68 转台显示屏显示故障报警

**3. 故障检查与排除**

（1）测试工作斗液压管路未发现异常，电磁阀接线良好。

（2）从转台控制模块调出实时监控数据，发现一臂变幅时角度传感器电压不变（图 19-69），因此判断一臂俯仰角度传感器故障（图 19-70）；此时控制模块无反馈信号，导致工作斗无法自动调平。

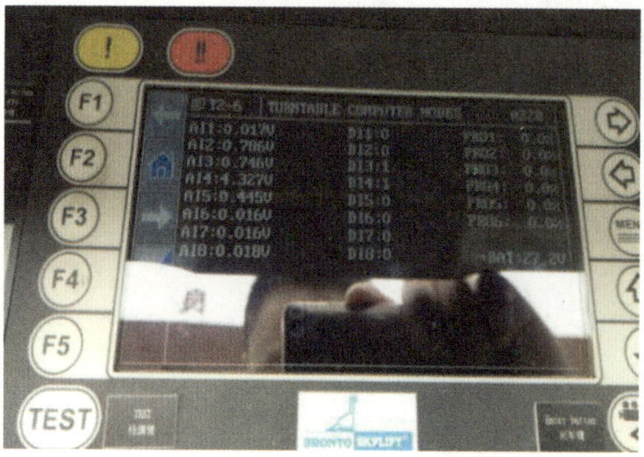


图 19-69 转台控制模块显示模式：一臂俯仰角度传感器输出电压值

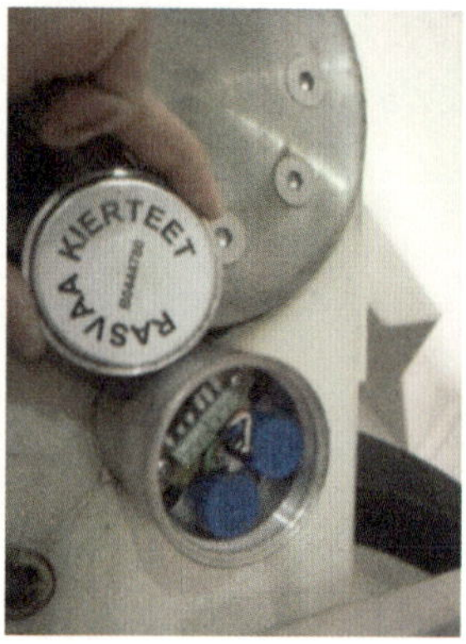


图 19-70 一臂俯仰角度传感器（上盖打开状态）

（3）更换新的俯仰角度传感器，重新标定参数，故障排除。

**4. 故障评析**

为保证安全，该车采用双控制模块分别采集两个不同的电位器角度位移数据，并自行比对，当双电位器角度传感器数值在误差允许范围时，臂架可正常操作，如当两个控制模块采集数值误差较大时消防车报警，并禁止动作。

如果有一个或两个电位器故障，登高平台消防车也会报警，并禁止动作。

电位器为滑动电阻，经常使用容易磨损发生故障，目前部分举高车厂已经采用非接触式编码器替代电位器，减少故障率。

故障原因：电位器元件质量问题（100%）。

**5. 改进建议**

建议厂家采用更加可靠精密的电位器，按原厂说明要求定期执行上装安全性检测，以便检查各关键位置传感器工作情况，作预防性处理（如更换可能出现电位器磨损的传感器）。

## 案例 333　99 m 登高平台消防车二臂角度传感器故障

**1. 车辆信息**

底盘：斯堪尼亚 P420　　　　生产日期：2014 年

车型：登高平台消防车（F101HLA，整车进口）

**2. 基本情况**

2018 年 3 月，驾驶员操作一臂到达工作位置后，二臂在抬起动作时，上装显示屏出现报警，动作停止（图 19-71）。

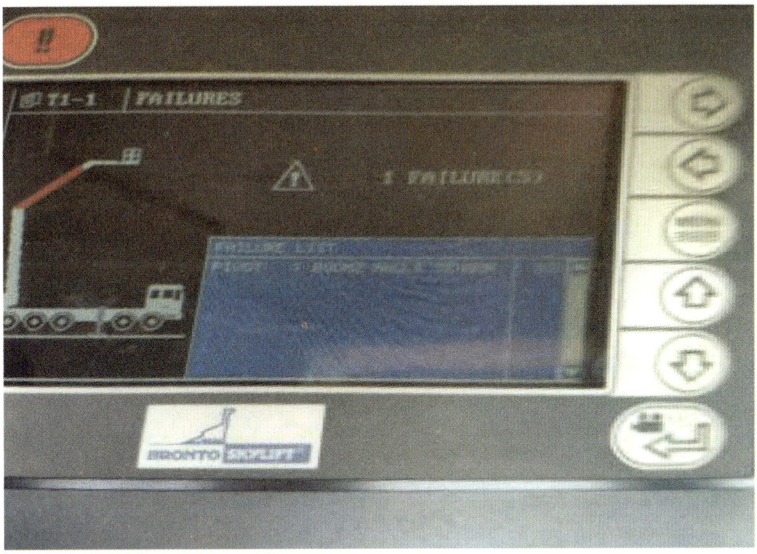


图 19-71　上装显示屏报警

**3. 故障检查与排除**

（1）维修人员现场检查，上装显示屏显示“Boom2 ANGLE SENSOR”（二臂角度传感器故障），首先检查二臂角度传感器线路连接，未发现异常。

（2）从上装显示屏调出实时监控数据，二臂角度传感器参数值在上装 B 控制模块显示电压值跳动不稳（为保证系统反馈参数的准确性和可靠性，上装安装有 A、B 两台同步监控参数的控制模块），判断为二臂角度传感器故障。

（3）更换角度传感器，并进行参数设置，故障排除。

**4. 故障评析**

该车二臂角度传感器（图 19-72）为电位器滑动电阻，容易因反复摩擦，可靠性下降，导致故障。

图 19-72 二臂角度传感器

故障原因：电子元件质量问题（100%）。

**5. 改进建议**

建议厂家选择使用旋转编码器或光栅式角度传感器，提高角度传感器的耐久性及可靠性。

## 案例 334 20 m 举高喷射消防车吊臂角度传感器故障

**1. 车辆信息**

底盘：曼 TGS33.480　　生产日期：2013 年 8 月

车型：举高喷射消防车（CTE 20/EFFER470 强臂救援消防车，整车进口）

**2. 基本情况**

2021 年 2 月，驾驶员日常训练时发现，吊臂支腿支撑好后，吊臂操作遥控器显示故障码，吊臂无法遥控操作。图 19-73 为故障车辆。

图 19-73 故障车辆外观

**3. 故障检查与排除**

（1）维修人员检查发现，吊臂遥控器显示屏显示“U3 Under Range”和“E6 II Fault”故障（图 19-74），根据厂家故障诊断码查出为二臂角度传感器故障。

（2）检查更换二臂角度传感器，故障排除。图 19-75 为二臂角度传感器安装位置。

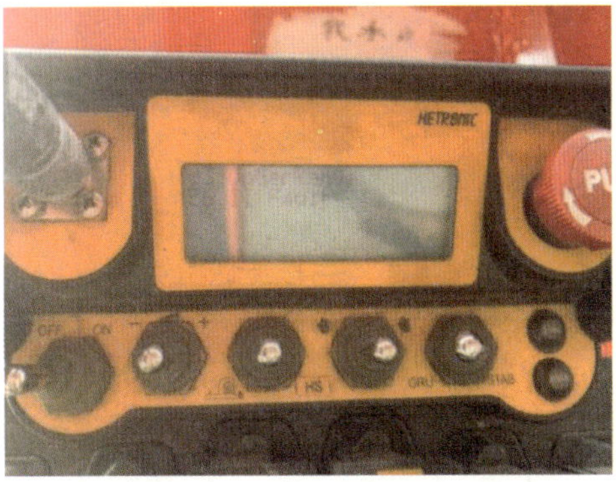

图 19-74　吊臂遥控器显示屏显示 U3 和 E6 II 故障

图 19-75　二臂角度传感器安装位置

**4. 故障评析**

吊臂安装旋转、一臂和二臂角度传感器，感应吊臂位置，防止吊臂操作超出最大安全范围。此角度传感器安装在吊臂外侧，没有防尘防水罩，容易进水损坏。驾驶员清洗车辆时使用高压水枪也会造成传感器损坏。

故障原因：设计问题（50%）；保养不当（50%）。

## 案例 335　32 m 举高喷射消防车一臂俯仰角度传感器故障

**1. 车辆信息**

底盘：斯太尔 1491　　　　生产日期：2012 年

车型：举高喷射消防车（JP32B）

**2. 基本情况**

驾驶员发现，车辆支腿调平后，臂架无法动作。

**3. 故障检查与排除**

（1）检查人员用应急方式抬起一臂，同时测量一臂俯仰角度传感器电流无变化，判断为一臂俯仰角度传感器故障，更换角度传感器。

（2）更换角度传感器后，试车发现臂架依然无法工作。再次测量俯仰角度传感器电流值，发现在一臂上仰时电流在减小，正常情况下电流应随臂架上仰数值增大。

（3）此角度传感器为转轴式，厂家有默认安装模式，如果安装方式与默认安装模式不一致，可以根据实际安装位置与方式进行跳线选择（图 19-76 的蓝色跳线帽即为传感器跳线位置）。根据传感器铭牌可以看出，如果实际是顺时针角度变大，则横向平行跳线即可，如果逆时针角度变大，则纵向平行跳线即可（图 19-77）。

（4）该车的实际情况是随着一臂变幅抬起时，一臂俯仰角度传感器是逆时针方向角度变大，因此应选择纵向平行跳线。断开电源，用螺丝刀小心将两个跳线帽挑出，旋转更改到纵向平行并插入，然后通电测试，用专用诊断电脑进行角度标定。实际测试，故障排除。

图 19-76　传感器的跳线位置

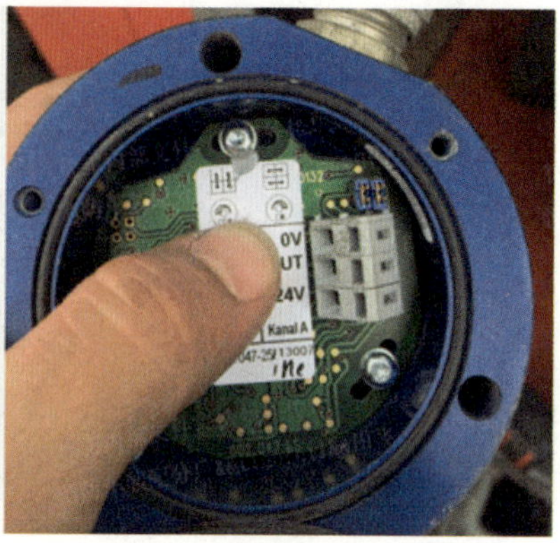


图 19-77　传感器顺逆时针对应的跳线方向（拇指所指位置）

**4. 故障评析**

此一臂俯仰角度传感器为转轴式角度传感器，本身具有内部跳线功能，用于传感器不同位置不同方向安装的信号输出调节，当传感器安装方向与臂架运动方向不一致时，就会出现以上故障。

故障原因：元件质量问题（50%）；维修安装问题（50%）。

**5. 改进建议**

维修人员对电子元件更换前应充分了解元件性能，确保正确安装。

此类型的角度传感器更换后仍需注意根据臂架的运动方向选择跳线方式，维修和安装人员容易忽略，更换比较麻烦。目前新型车辆传感器一般多通过显示屏进行标定，并且自动判断标定值与实际角度值之间的对应关系，无须考虑传感器安装方向。

## 案例 336　56 m 举高喷射消防车一臂液压油缸平衡阀调试问题

**1. 车辆信息**

底盘：沃尔沃 FM500　　　　生产日期：2019 年

车型：大跨度举高喷射消防车（JP56）

**2. 基本情况**

该大跨度高喷消防车一臂抬起时有轰鸣声异响，下降无异响。

**3. 故障检查与排除**

（1）检查一臂与转台连接处轴销，以及与一臂油缸连接处轴销润滑情况，加注润滑脂后异响依然存在。

（2）考虑只有一臂抬起时才会发出异响，判断异响的发生与相关连接轴销没有关系，怀疑油缸内部活塞密封件与缸筒非正常摩擦导致异响，但加入液压油添加剂后故障依然存在。

（3）进一步判断，异响可能为液压油经过平衡阀（图 19-78）的泄压声音，检查平衡阀调整压力是否正常或者损坏，将平衡阀压力微调后，异响明显减小，故障排除。

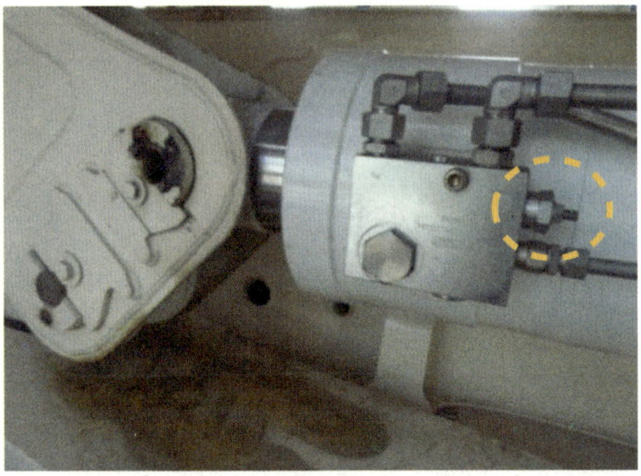

图 19-78　平衡阀在一臂油缸上的位置及其压力调整位置

**4. 故障评析**

平衡阀功能是保证臂架平稳运动，停止时油缸能可靠锁止，保证臂架不掉臂。平衡阀实际是一个可变的节流口，其开口大小由平衡阀弹簧力 $F_{弹簧}$、负载力 $F_{负载}$ 和先导压力 $F_{先导}$ 共同决定（图 19-79）。臂架运动过程中平衡阀在三个力作用下达到一个平衡状态，臂架平稳运动。

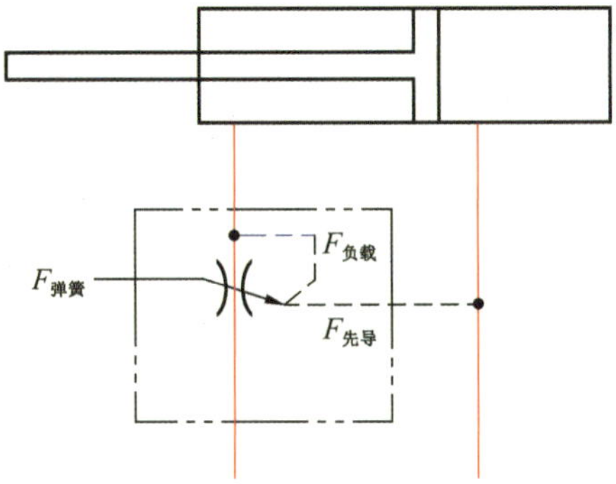


图 19-79　平衡阀工作原理图

图中，$F_{弹簧}$ 为平衡阀弹簧设定压力，$F_{负载}$ 为油缸有杆腔压力，$F_{先导}$ 为油缸无杆腔压力；平衡状态时 $F_{弹簧}=F_{负载}+F_{先导}$。

因平衡阀个体差异性，臂架运动中阀芯开启的平衡位置与弹簧的固有频率接近，引起弹簧共振。高速的液压油通过阀芯时发出异响。微调平衡阀弹簧力，避开共振区域，异响降低。为保证在静止时平衡阀还能够可靠锁止油缸，顺时针方向微调弹簧力。需要注意的是，逆时针调整弹簧力会降低平衡阀设定压力，有掉臂风险。

故障原因：偶发故障（100%）。

**5. 改进建议**

平衡阀等液压元件对于臂架的安全性起到关键的作用，对液压油质量要求较高，建议用户严格按照原厂操作说明要求进行定期维护保养，如更换液压滤芯和液压油，并由专业人员对平衡阀作安全性测试（如一小时下降量测试等）。

# 案例 337　72 m 举高喷射消防车一臂长度传感器错误报警

**1. 车辆信息**

底盘：沃尔沃 FM540　　　　生产日期：2020 年

车型：举高喷射消防车（JP72G1）

**2. 基本情况**

2020 年，该车在工厂测试时发现一臂伸长至 20 m 左右时，显示屏显示一臂长度错误报警，限制一臂动作（图 19-80）。

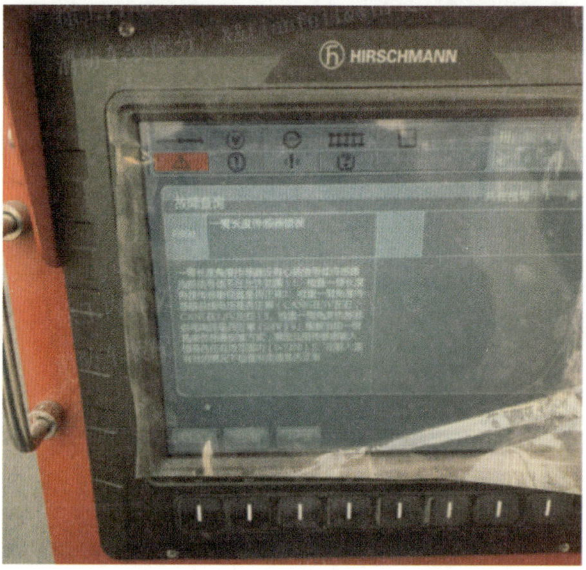


图 19-80　主界面故障信息（一臂长度传感器故障）

**3. 故障检查与排除**

（1）该车一臂为四节伸缩臂，一、二节和三、四节伸缩臂分别设置一个双通道长度传感器，为长度传感器型号 1 和长度传感器 2，冗余控制分别进行比较判断。一臂伸缩的过程中，如果两个长度传感器显示的长度误差值大于 0.5 m，就会有一臂长度传感器故障报警，此时限制一臂伸展动作。

（2）进入一臂长度传感器 1 的标定界面，伸一臂过程中发现长度传感器 1 当前值变化大；进入一臂长度传感器 2 的标定界面，伸一臂过程中发现长度传感器 2 当前值变化小，停止一臂伸缩，对比长度传感器 1 和长度传感器 2 的数值，误差大于 0.5 m，长度传感器 1 当前值数值变化大。对两个传感器参数重新标定（图 19-81），故障排除。

图 19-81　各传感器标定界面

**4. 故障评析**

上装控制系统为了安全考虑，实时对比两个长度传感器的数值，以便检查各伸缩臂的同步动作情况，如出现较大的误差，可能是链条松脱等原因。

考虑空间限制，该车设计选型时选择了两种型号长度传感器（型号 1 和型号 2）。长度传感器处理方式不一样，显示屏数据显示不一致。标定传感器前，请先利用传感器选择页面选择其中一路（A 或 B）进行标定操作，标定完成后再恢复就可避免以上故障。

一臂长度传感器 1 范围值与传感器 2 之间存在一个倍数的关系，所以标定时应将倍数关系计算进去再重新标定一下长度最小值和最大值，一臂伸缩时就不会出现一臂长度传感器错误报警了。

故障原因：安装时参数设置问题（100%）。

**5. 改进建议**

如更换传感器后也要进行参数标定。

# 第二十章 工作斗和滑车系统故障分析与排除

本章主要对举高类消防车工作斗和滑车系统的 27 个典型故障进行分析与排除

## 案例 338 30 m 云梯消防车工作斗调平角度电位器故障

**1. 车辆信息**

底盘：奔驰 2641　　生产日期：2011 年 5 月

车型：云梯消防车（L32FA，整车进口）

**2. 基本情况**

2019 年，多台次该型云梯消防车报修，在云梯高空操作和回收过程中，工作斗出现明显抖动，不能正常调平。

**3. 故障检查与排除**

（1）经检查，梯架升起后工作斗运行不平稳，明显抖动。

（2）用专用诊断电脑检测，发现工作斗调平角度电位器电压数值波动较大，初步判断是工作斗调平角度电位器出现故障。

（3）拆卸并更换电位器，将工作斗底面手动调节至与梯架平行，并手动调节电位器数值至控制系统接受范围内，经专用诊断电脑调试，工作斗调平角度电位器电压数值平稳，工作斗可以实现正常自动调平，抖动消失，故障排除。图 20-1 为工作斗调平电位器安装位置，图 20-2 为拆解后的工作斗调平角度电位器轴座和电位器，图 20-3 为拆解后的新旧工作斗调平角度电位器。

图 20-1 工作斗调平角度电位器安装位置

**4. 故障评析**

该型号云梯消防车其他传感器多采用电子编码器，灵敏度高，可靠性好。但工作斗调平选用了由齿型皮带传动的旋转滑动电阻电位器，可靠性差，寿命短，若皮带断裂更换非常不方便。

故障原因：电位器寿命（50%）；质量问题（50%）。

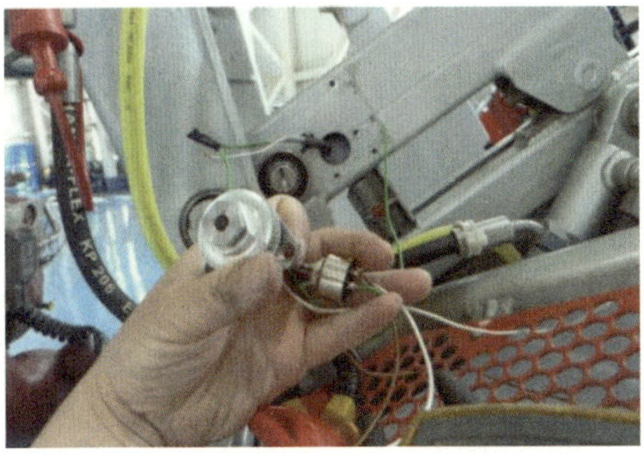

图 20-2　拆解后的工作斗调平角度电位器轴座和电位器

图 20-3　拆解后的新旧工作斗调平角度电位器

**5. 改进建议**

（1）建议对此工作斗调平角度电位器进行定期检测和更换，以确保工作斗调平的性能稳定。

（2）新产品的工作斗调平角度传感器已采用编码器。

## 案例 339　30 m 云梯消防车梯架负载传感器控制板故障

**1. 车辆信息**

底盘：奔驰 2641　　生产日期：2011 年 6 月

车型：云梯消防车（L32FA，整车进口）

**2. 基本情况**

2014 年 8 月起，多台次该型云梯消防车报修，上装显示屏显示梯架撞击故障，系统报警，梯架无法动作。

**3. 故障检查与排除**

（1）经检查，排除人为操作问题，确认为控制系统故障。

（2）采用专用诊断电脑检测，显示云梯消防车侧向负载应力数值过大，系统报警侧向撞击，如图 20-4 所示。拆卸负载传感器控制板，重新安装，故障显示消失，但操作一段时间后故障显示会重新出现。

（3）根据厂家建议重新拆卸负载传感器控制板线路，重新安装，紧固连接端子（图 20-5），故障排除。

**4. 故障评析**

类似问题在该车型出现频率较高。由于负载传感器采用应变片感应原理，所提供的传感器信号相当微弱，需要负载传感器控制板对信号进行放大处理才能被上装控制模块识别，因此，传感器连接于控制板上的连接端子的紧固和腐蚀情况对此信号影响较大。此案例中，安装负载传感器控制板的电控箱可能受潮进水，导致控制板的连接端子接触不良，造成上装控制模块接收到的负载信号偏离阈值，激发故障显示。

故障原因：零部件质量问题（100%）。

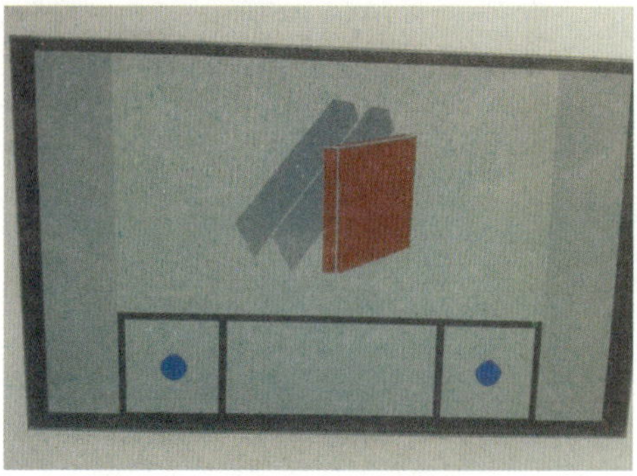

图 20-4 上装显示屏故障显示

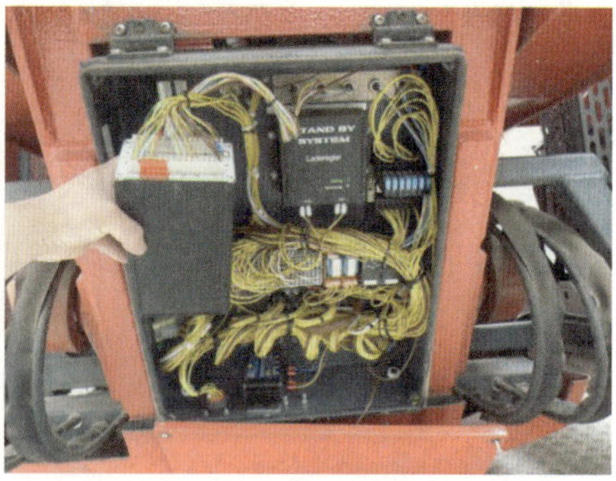

图 20-5 负载传感器控制板线路及其连接端子

**5. 改进建议**

（1）定期检查云梯消防车上装各电控箱防水情况。

（2）对于类似问题的彻底维修，建议紧固连接端子并使用锡焊方式加固，且涂上用于防止腐蚀的专用硅脂，并更换负载传感器控制板，使用专用诊断电脑重新对负载传感器进行标定。

## 案例 340 30 m 云梯消防车工作斗应急电控式调平手柄开关锈蚀短路

**1. 车辆信息**

底盘：曼 TGA33. 350　　生产日期：2009 年 12 月

车型：云梯消防车（L32FA，整车进口）

**2. 基本情况**

2019 年 7 月，驾驶员报修，正常操作过程中出现工作斗向前倾翻情况。

**3. 故障检查与排除**

（1）检查发现，云梯消防车工作斗向下方倾翻近 90°，工作斗调平油缸伸长量已到达极限位置，具体情况如图 20-6 所示。

图 20-6 向前倾翻的工作斗

（2）检查工作斗液压系统动作正常，判断可能是工作斗调平控制系统出现故障。

（3）拆开工作斗应急调平手柄电控盒（图 20-7），发现电控盒内有水渍，拆解手柄，发现其开关锈蚀（图 20-8），吹干电控盒并对此开关进行清洗除锈，故障排除。

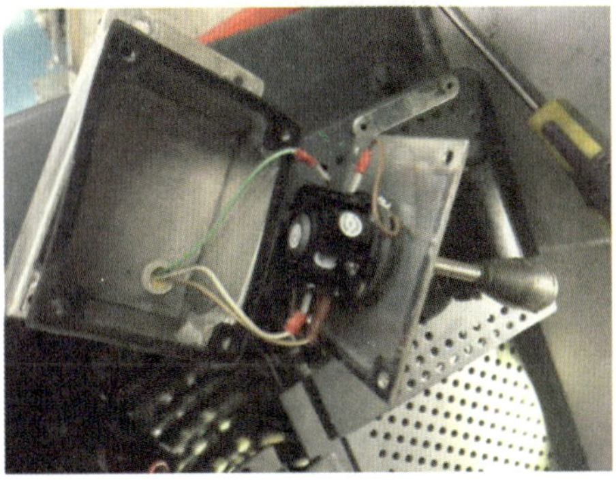

图 20-7　拆开后的工作斗应急调平手柄电控盒

图 20-8　锈蚀的调平手柄开关

**4. 故障评析**

该故障发生在训练过程中，工作斗内没有人员作业，并未导致人员受伤。故障的主要原因是工作斗调平手柄电控盒密封不严，应急电控式调平手柄进水发生短路（也可能是消防员用水枪清洗车辆时，压力水侵入盒内腐蚀开关致其短路），导致工作斗一直处于向外倾翻状态。

正常情况下，该车型工作斗倾斜角度超过正负 15°时，为工作斗调平提供液压动力的液压泵会停止工作。此时驾驶员应打开位于转台座椅下方的应急操作舱门，按下显示屏旁的强制按键且踩下上装油门踏板或按下位于车尾的绿色工作斗调平液压泵应急启动按钮，可以重新恢复液压动力；驾驶员可以根据工作斗倾斜情况使用应急调平控制手柄对工作斗水平修正操作。由于该车应急电控式调平手柄开关处于短路状态，重新恢复液压动力时，导致工作斗继续往危险方向倾翻。

故障原因：零件防水设计问题（50%）；维护不当（50%）。

**5. 改进建议**

（1）厂家在设计时要充分考虑消防队伍作业环境，加强线路及控制系统的防水、防尘性能。

（2）操作人员要严格按照相关要求进行检查保养，不得用水枪直接冲洗各类线路、接头、电控盒等部件。

（3）驾驶员应熟练掌握正常和应急的操作方法，加强各常见工况的模拟训练。

## 案例 341　30 m 云梯消防车主电缆断裂

**1. 车辆信息**

底盘：斯堪尼亚 P360　　生产日期：2018 年 7 月

车型：云梯消防车（L32XS，整车进口）

**2. 基本情况**

2019 年 7 月，新车到货验收时，发现手刹无法解除，车辆无法行驶。

**3. 故障检查与排除**

（1）检查发现，工作斗显示屏黑屏，驾驶室上装显示屏显示“ID14”“ID12”“ID36”3 个故障码，无法正常操作梯架。采用应急操作将梯架、支腿和工作斗收回到行驶位置，底盘手刹无法解除，车辆无法驶离现场。

（2）检查上装控制模块诊断界面，发现工作斗控制模块 ID14、工作斗调平模块 ID12 和工作斗显示屏 ID36 不在 CAN 总线上。检查电气线路，发现云梯梯架上主电缆内部部分线路出现断路情况（图 20-9），工作斗控制系统断电，无法恢复控制。采用临时接线方式向 ID12，ID14 和 ID36 供电（图 20-10），以便将车辆驶回维修车间。

（3）更换云梯梯架主电缆（图 20-11）并调节其松紧度，故障排除。

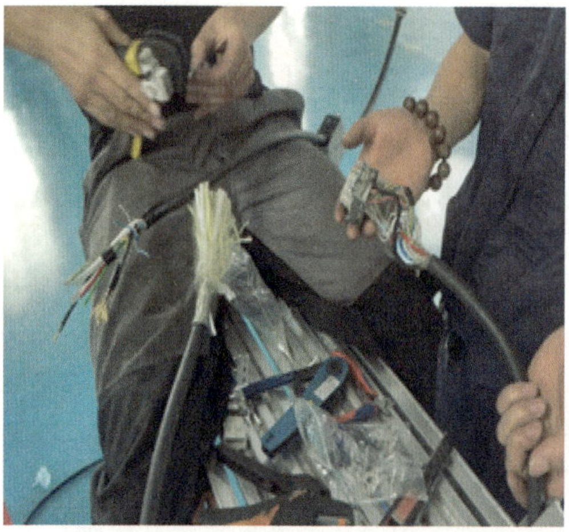

图 20-9 云梯梯架主电缆断裂情况

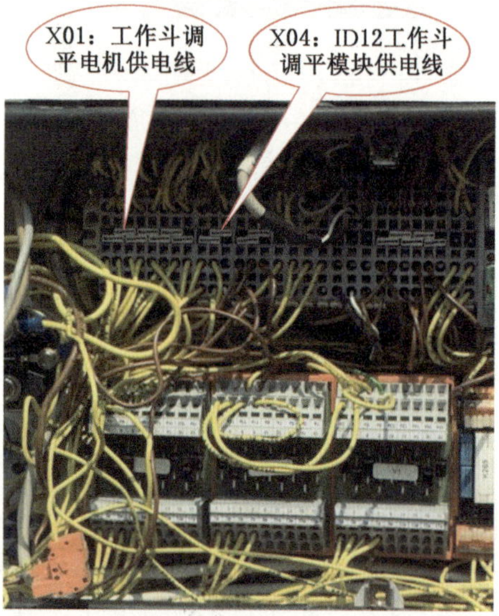


图 20-10 临时接线恢复工作斗供电解除手刹

图 20-11 更换云梯梯架主电缆

**4. 故障评析**

进口消防车交付过程中，车辆在室外无防护情况下停放时间超过一年。该云梯消防车长期停放在户外，由于日晒雨淋，导致主电缆表面润滑剂失效，外皮硬化，摩擦阻力增大，主电缆在云梯梯架动作过程中在滑轮间涩滞导致扭曲断裂，工作斗无法调平，梯架不能正常工作，车辆无法行驶。

故障原因：管理不当（100%）。

**5. 改进建议**

（1）许多新车由于报关等原因造成延期一年验收，导致车辆出现许多问题，建议尽量缩短户外停放时间。

（2）验收前对云梯进行检测维护，对上装主电缆的松紧度进行检查和调节，清理主电缆的表面并涂上轻薄硅油，以免由于云梯梯架在伸缩过程中可能存在的拉伸和扭曲等，造成主电缆部分线路损坏。

## 案例 342　30 m 云梯消防车工作斗调平电机故障

**1. 车辆信息**

底盘：斯堪尼亚 P360　　　　生产日期：2018 年 7 月

车型：云梯消防车（L32XS，整车进口）

**2. 基本情况**

2019 年 7 月，新车到货验收时出现工作斗无法调平情况（图 20-12）。

图 20-12　无法调平的工作斗

**3. 故障检查与排除**

（1）检查工作斗调平机构、液压系统和电气系统，发现位于最上一节梯架中部内侧的工作斗调平电机无法运转（图 20-13）。

图 20-13 工作斗调平电机位置

（2）拆卸工作斗调平电机，发现电机内有大量积水，内部转子和定子发生严重锈蚀（图 20-14），同时工作斗电控箱内也存有大量积水（图 20-15）。

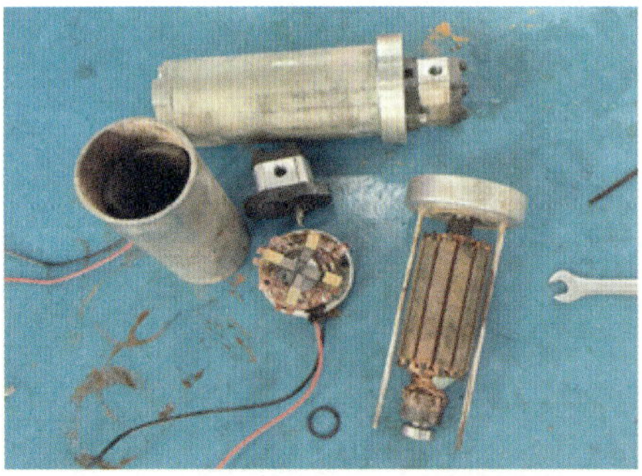

图 20-14 锈蚀的调平电机内部

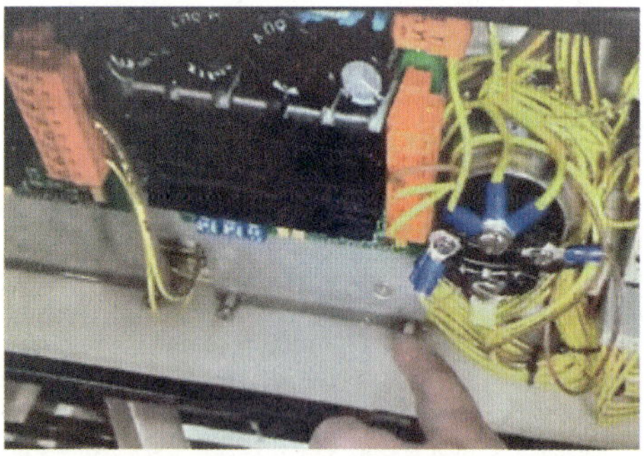

图 20-15 电控箱内的积水情况

（3）清洁电控箱，对控制线路和器件进行干燥处理，更换调平电机，故障排除。

**4. 故障评析**

进口消防车交付过程中，车辆在室外无防护情况下停放时间超过一年，可能会发生零部件锈蚀、电子元件进水损坏等问题。调平电机及其电控箱防水等级不高也是造成故障的原因之一。消防车投入使用前，应对消防车进行系统检查和试验，确保性能和状态良好。

故障原因：管理不当（50%）；零部件质量问题（50%）。

**5. 改进建议**

（1）应尽量避免车辆在室外长时间停放。

（2）在室外停放应采取必要的防晒、防潮等防护措施。

（3）使用前应进行必要的检查、测试和维护。

（4）选用防水电机或提高电机、电控箱的防护等级。

# 案例 343　30 m 云梯消防车工作斗调平油缸油管接头处漏油

**1. 车辆信息**

底盘：奔驰 2641　　生产日期：2008 年

车型：云梯消防车（L32FA，整车进口）

**2. 基本情况**

2013 年，驾驶员在日常训练时发现，云梯梯架上仰动作时，工作斗不调平，上装显示屏出现工作斗调平故障报警。

**3. 故障检查与排除**

（1）检查云梯俯仰角度传感器、工作斗调平角度电位器，线路连接良好，数据稳定。

（2）检查工作斗调平电机并手动操作，调平电机工作情况良好。

（3）检查工作斗调平油缸与油管，发现油管接头处有液压油渗漏，重新紧固接头。

（4）从工作斗调平液压油箱观察孔发现工作斗液压油位低于标准线，补加液压油后（图 20-16），故障排除。

图 20-16　工作斗调平液压油箱补加液压油后情况

**4. 故障评析**

该型云梯消防车工作斗液压油箱单独安装在梯架上，独立于主液压系统。当工作斗油箱中液压油位低于标准线时，梯架上仰、油箱倾斜，工作斗油泵无法吸入足够液压油，导致工作斗无法调平而引起上装控制模块报警。

故障原因：日常检查保养不到位（100%）。

**5. 改进建议**

驾驶员应经常检查工作斗调平液压油箱和主液压油箱液位情况，发现缺油及时补充。

# 案例 344 30 m 云梯消防车工作斗调平液压油泵电机和油泵故障

**1. 车辆信息**

底盘：奔驰 2138　　　　生产日期：2009 年 8 月

车型：云梯消防车（L32，整车进口）

**2. 基本情况**

2020 年 9 月，训练时驾驶员发现云梯梯架快速上仰时工作斗调平滞后，当工作斗倾斜角度超过 10°时梯架停止运行；云梯梯架快速下俯时调平油缸会发生卡顿现象，并有异响，工作斗不能回收到行驶位置。

**3. 故障检查与排除**

（1）维修人员检查发现，梯架快速上仰时，工作斗两个调平油泵电机都工作（排除电控系统故障），但有一个电机发热严重，并且转速较低，慢速上仰和下俯时，工作斗可正常调平。图 20-17 为该车工作斗调平液压系统。

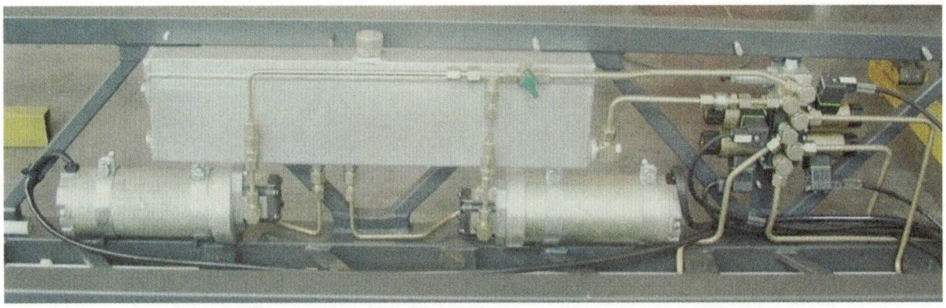

图 20-17　工作斗调平液压系统

（2）检查工作斗调平液压油箱内液压油，发现液压油浑浊，而且液面低过最低刻度线。更换工作斗液压油，调平状况有所改善，但调平还是有滞后现象。

（3）拆解发热严重的油泵电机，发现有锈蚀（图 20-18），用电器清洗润滑剂清洗、除锈、润滑，转速明显提高，但调平滞后现象仍存在。

（4）测量两调平液压油泵输出油压，发现有一个液压油泵输出油压过低（正常情况油压为 11 MPa，此油泵输出油压为 2 MPa）。拆解液压油泵，发现油泵端面密封件老化破损（图 20-19），更换新密封件，工作斗自动调平正常，故障排除。

**4. 故障评析**

云梯消防车工作斗调平液压系统是与主液压系统分开的独立液压系统。配备有两个电机分别驱动两个液压油泵供给工作斗调平油缸，当云梯梯架上仰或下俯慢速运动时，一个电机工作，驱动一个液压泵输出液压油给工作斗调平油缸调平；当系统感应云梯梯架仰角快速运动时，两个电机带动两个油泵同时供油，以避免发生液压油流量不足出现工作斗调平滞后现象。工作斗回收到行车位置前必须使油压达到 22 MPa，解锁后工作斗回收液压油缸才能工作。图 20-20 为工作斗调平液压系统原理图。

本车由于一个油泵密封件损坏，不能及时提供足够液压动力给工作斗调平，使得云梯梯架仰角快速运动时工作斗调平滞后，工作斗调平角度过大时停止工作。

由于有一个油泵密封件损坏，不能建立起足够油压，所以工作斗无法解锁、收回到行车位置。

故障原因：保养不当（50%）；零件质量问题（50%）。

图 20-18　工作斗调平液压油泵电机拆解后的定子、转子生锈情况

图 20-19　工作斗调平液压油泵端面密封件损坏

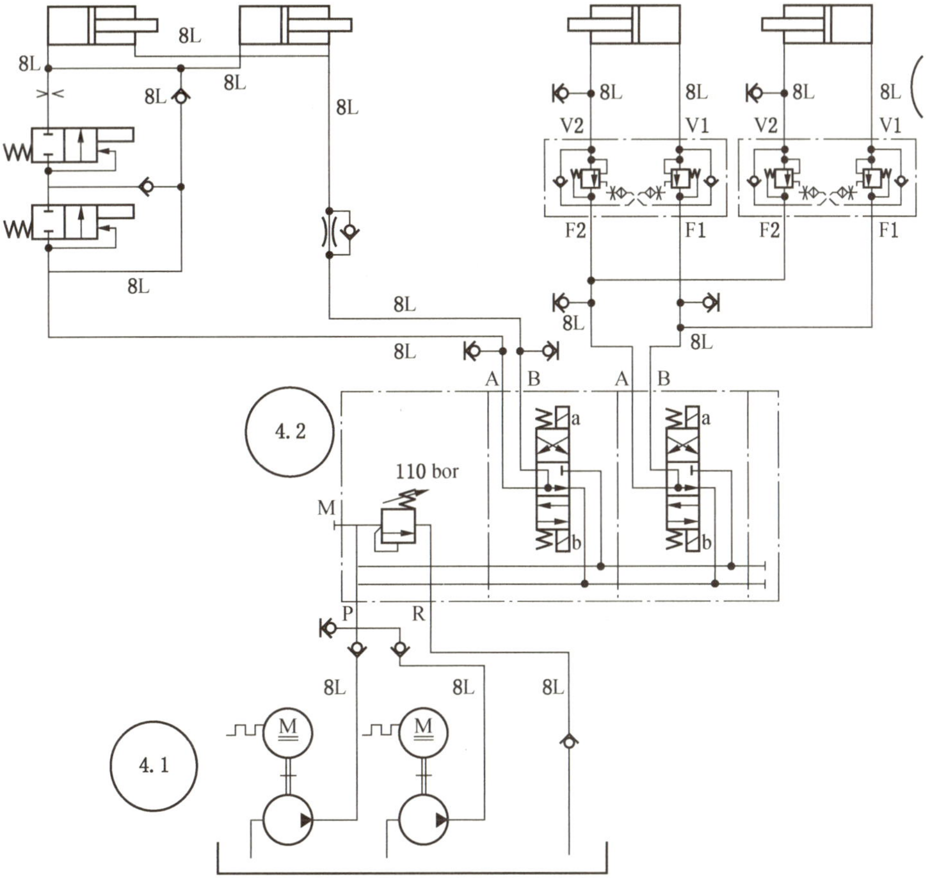


图 20-20　工作斗调平液压系统原理图

**5. 改进建议**

按规定时间保养云梯消防车工作斗调平液压系统。由于工作斗调平液压系统与主液压系统是分开的两个液压系统，用户在保养云梯消防车时往往会忽略保养工作斗调平液压系统。

由于调平油泵电机暴露在外，此类型电机多次发生锈蚀现象，故应选用防护等级更高的电机。

## 案例 345 30 m 云梯消防车工作斗角度传感器故障

**1. 车辆信息**

底盘：曼 TGS28. 280　　　　生产日期：2011 年 10 月

车型：云梯消防车（L32，整车进口）

**2. 基本情况**

2020 年 8 月，驾驶员正常操作云梯消防车时，上装显示屏突然发出报警，显示工作斗倾斜超过 15°（图 20-21），发动机熄火。

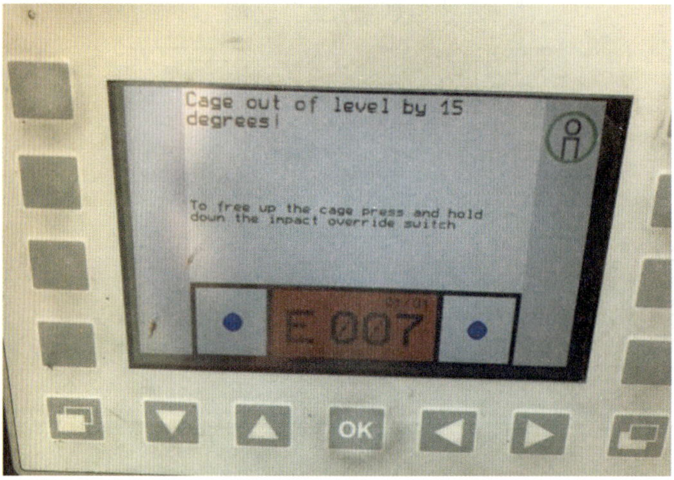


图 20-21 上装显示屏显示工作斗倾斜超过 15°

**3. 故障检查与排除**

（1）维修人员在确保安全的情况下，用强制按键将工作斗下降到安全高度。

（2）检查工作斗 15°角度传感器及其连接线路，线路连接良好。

（3）维修人员用专用诊断电脑检测，发现工作斗在水平状态时显示屏显示倾斜 15°，角度传感器被触发；由此确认是 15°倾斜角度传感器损坏。

（4）更换新的角度传感器总成（含 3°、10°和 15°三个角度传感器）后（图 20-22），重新调节感应位置并测试，故障排除。

**4. 故障评析**

为防止工作斗自动调平系统失灵，造成安全隐患，当倾斜角度大于 10°时，停止云梯工作，当超过 15°时发动机熄火，云梯所有运动停止并发出报警声，保护工作斗中人员安全。但由于角度传感器总成出现故障，云梯也可能停止运行。此角度传感器总成安装在工作斗底部，可能由于进水等原因造成损坏。另外，由于此车使用已接近 10 年，许多基础电气元件和液压元件老化损坏，容易产生安全隐患。

故障原因：电气元件正常老化（50%）；维修保养问题（50%）。

**5. 改进建议**

建议使用超过 10 年的云梯消防车应该进行大修，更换易损电气元件、液压元件（如液压系统密封件、液压油管、液压油及全车滤芯），并对全车控制系统进行安全检测，保证云梯安全使用。

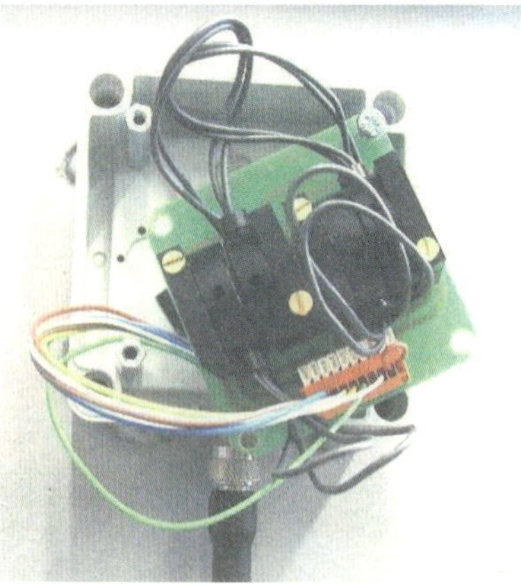

图 20-22　角度传感器总成

## 案例 346　30 m 云梯消防车工作斗显示屏模块故障

**1. 车辆信息**

底盘：曼 TGM 18. 280　　　　生产日期：2008 年 4 月

车型：云梯消防车（L32FA，整车进口）

**2. 基本情况**

2022 年 12 月，驾驶员报修，工作斗显示屏黑屏（图 20-23），但是操作不受影响，只是无法观察梯架工作位置状态和工况信息；转台操作和转台显示屏工作正常。

图 20-23　黑屏的工作斗显示屏与正常显示屏对比

**3. 故障检查与排除**

（1）转台显示屏出现 ID36 故障码，表示工作斗显示屏模块故障。

（2）拆卸工作斗显示屏、检查线路（图 20-24），检查电源线及 CAN 总线，正常，说明工作斗显示屏 ID36 模块故障。

（3）更换显示屏模块总成；由于库存备件没有安装程序，联系厂家远程更改 ID30 为

ID36，安装显示屏模块的软件及参数（图 20-25），试运行正常，故障排除。

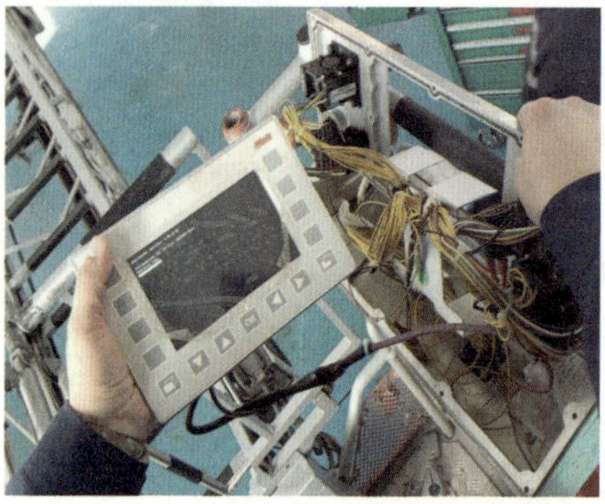

图 20-24 拆卸显示屏检查线路

图 20-25 远程安装软件及参数

**4. 故障评析**

工作斗显示屏发生黑屏，仍可以通过操作手柄控制梯架伸缩、俯仰和旋转，但是无法在工作斗位置实时监控长度、角度、工作范围等安全信息，也无法通过显示屏完成梯架一键自动回位、工作斗照明灯开启和关闭等操作。此故障主要为偶发故障。

故障原因：偶发故障（70%）；零部件质量（30%）。

## 案例 347 30 m 云梯消防车工作斗锁止阀漏油

**1. 车辆信息**

底盘：奔驰 2641　　生产日期：2011 年 6 月

车型：云梯消防车（L32FA，整车进口）

**2. 基本情况**

近年来，多台次该型云梯消防车驾驶员反映工作斗翻起或收回时前端出现漏油现象。每天早上检查时在工作斗锁止阀对应的车库地面上发现有液压油滴。

**3. 故障检查与排除**

（1）在支腿展开完成后，操作工作斗翻开时发现工作斗锁止阀后部出现漏油现象。图 20-26 为工作斗锁止阀漏油情况。

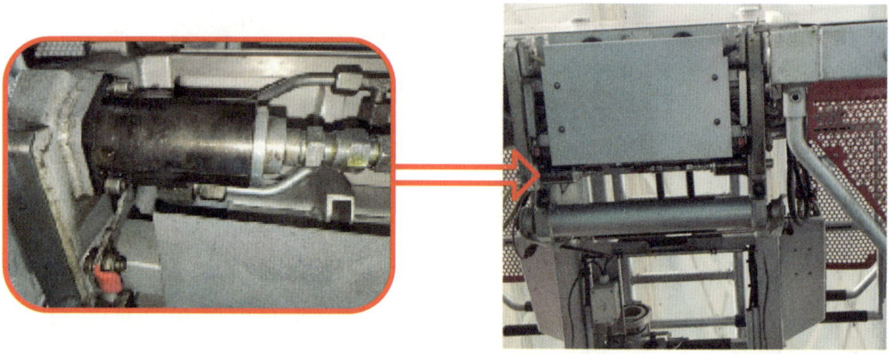

图 20-26 工作斗锁止阀漏油情况

（2）拆解工作斗锁止阀，发现活塞油封损坏，造成密封不严。液压油从锁止阀后部渗漏。图 20-27 为拆解的工作斗锁止阀及损坏的活塞密封组件。

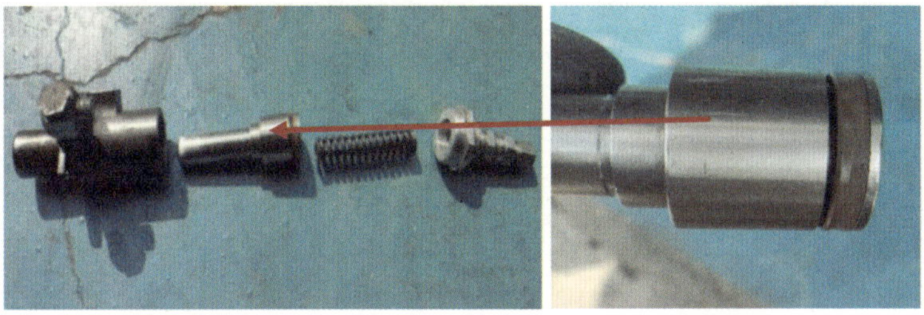

图 20-27　拆解的工作斗锁止阀及损坏的活塞密封组件

（3）咨询厂家技术人员，确认该锁止阀事关工作斗安全，不建议维修，需要更换总成。更换新的工作斗锁止阀，补充缺少的工作斗调平液压油，重新测试工作正常，故障排除（图 20-28）。

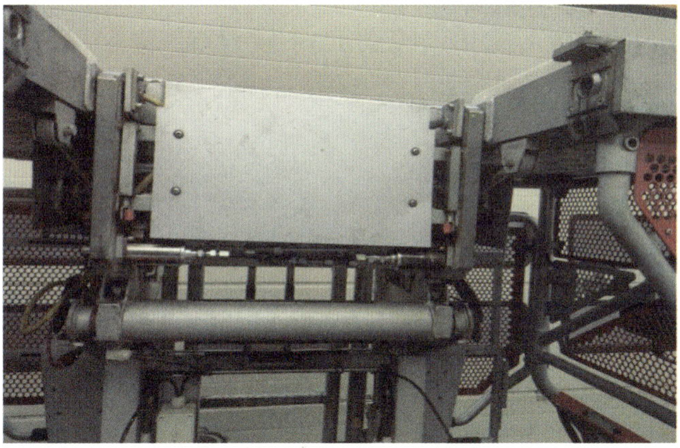

图 20-28　更换完成工作斗锁止阀的工作斗

**4. 故障评析**

此锁止阀作用是保证工作斗在工作位置正常锁止，与工作斗调平功能共用一套液压系统。活塞长时间往复运动密封组件老化、液压油中杂质磨损，都会导致密封不严而出现漏油现象。

故障原因：正常磨损（100%）。

**5. 改进建议**

此工作斗锁止阀总成价格比较贵，建议在保证安全的情况下更换密封组件。

## 案例 348　30 m 云梯消防车云梯伸展前碰撞故障

**1. 车辆信息**

底盘：曼 TGM18. 280　　　　生产日期：2017 年 6 月

车型：云梯消防车（L32，整车进口）

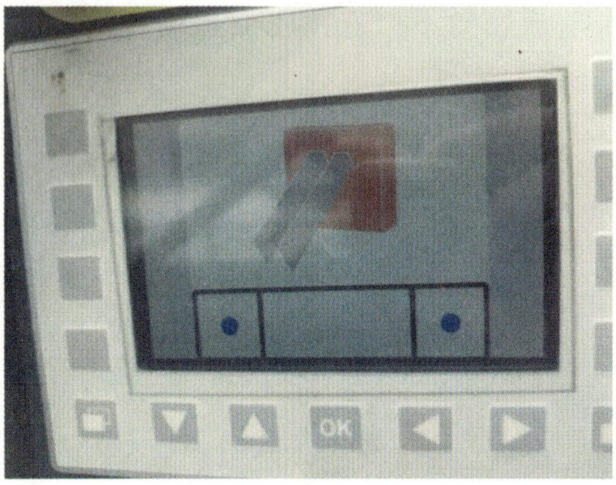

图 20-29 显示屏显示云梯伸展碰撞图标

**2. 基本情况**

2022 年 3 月，驾驶员在操作云梯时梯架突然不能运动，显示屏显示云梯伸展碰撞图标（图 20-29）。

**3. 故障检查与排除**

（1）检查发现，显示屏显示云梯伸展碰撞故障，此车工作斗为新型工作斗（额定载荷 400 kg），检查云梯伸展碰撞传感器，发现此车没有安装传感器。

（2）检查电路图，发现插座内部连接传感器及电源线 9 针与 11 针搭接，12 针与 14 针搭接，说明跨接了伸展碰撞传感器，确实没安装传感器。图 20-30 为云梯伸展碰撞传感器在电路图中的位置（图中红色虚线圈内即为 ID12 模块 4/3 针脚）。

（3）检查电路图相关位置电缆插头，发现 12 针与 14 针已连接，但 9 线插针松脱，所以 9 针与 11 针脚没有连上，造成 ID12 模块 4/3 针脚没有感应输入值，系统错误报警，重新连接 9 号针脚，故障排除。图 20-31 为云梯伸展碰撞传感器跨接的接口位置和松动位置。

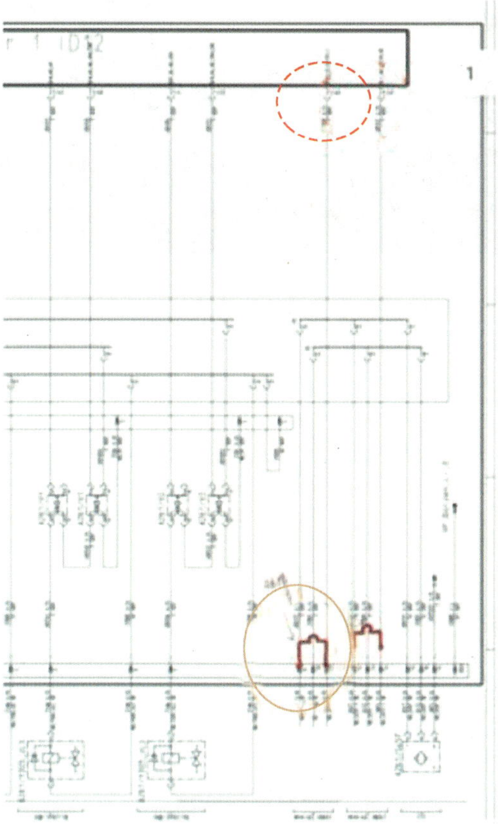

图 20-30 云梯伸展碰撞传感器在电路图中的位置

图 20-31　云梯伸展碰撞传感器跨接的接口位置和松动位置

**4. 故障评析**

此车为刚安装的新型工作斗，取消了工作斗后碰撞及云梯伸展碰撞传感器，但程序上没有取消，跨接针脚又出现松动，造成误判及故障报警。应该更改程序，取消这些传感器动作程序。

故障原因：安装问题（100%）。

## 案例 349　30 m 云梯工作斗门传感器故障

**1. 车辆信息**

底盘：奔驰 2641　　　　　　　　　　生产日期：2010 年 9 月

车型：云梯消防车（L32FA，整车进口）

**2. 基本情况**

2021 年 1 月，驾驶员发现工作斗无法回收（图 20-32），上装显示屏总是显示故障信息（图 20-33）。

图 20-32　工作斗无法收回

### 3. 故障检查与排除

（1）上装显示屏的提示故障信息，故障代码为 E013，工作斗操作台面板或者工作斗门未置于行驶位置（图 20-33）。多次检查操作台面板和工作斗通道门传感器均未发现传感器及接触感应磁铁有破损和脱落损坏等异常。因车辆停在寒冷夜晚的室外，也暂时无法判断故障原因和情况，只能通过手动按动液压电磁阀将工作斗回收到车辆行驶位置。

（2）故障信息始终提示为工作斗操作台面板或者工作斗门未置于车辆行驶位置。多次检查工作斗门传感器（图 20-34）未发现故障情况。通过联系厂家检查，拆卸工作斗各门上的传感器线缆插头进行短接测试（图 20-35），最终发现工作斗左侧门的传感器故障。拆卸传感器发现，传感器安装在门合页骨架内的部分已经断裂破损，从外部根本无法检查出明显的损坏情况。

（3）更换新的工作斗通道门传感器后（20-36），故障信息自动消除，工作斗恢复正常，故障排除。

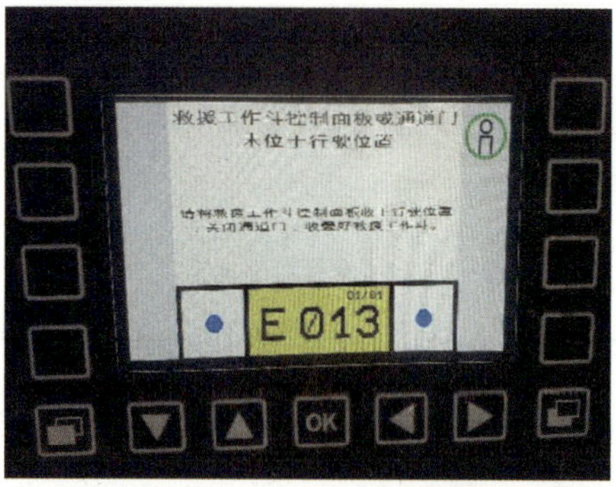


图 20-33 上装显示故障信息

图 20-34 工作斗门传感器

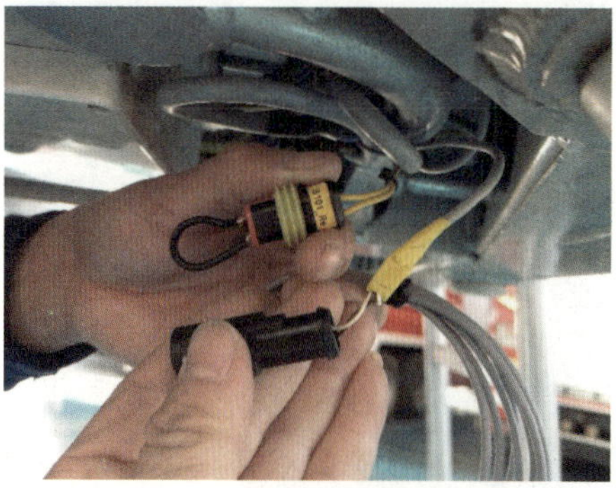

图 20-35 短接测试传感器线缆插头

图 20-36 更换工作斗门传感器

### 4. 故障评析

此工作斗门传感器采用螺纹安装方式固定在工作斗框架上，并使用螺母锁紧，防止传感器移位。由于此传感器材质采用铜合金且较为单薄，紧固锁紧螺母时没注意控制扭矩，过度紧固造成传感器撕裂。

故障原因：零部件质量问题（50%）；安装问题（50%）。

**5. 改进建议**

如发现云梯消防车上传感器存在松脱问题时，应查询原厂操作手册或咨询原厂技术人员，以便正确紧固松脱的传感器，防止扭矩过大造成传感器损坏。

## 案例 350 35 m 云梯消防车工作斗调平油缸漏油

**1. 车辆信息**

底盘：曼 TGM18. 280　　　　生产日期：2010 年

车型：云梯消防车（DLK37，整车进口）

**2. 基本情况**

2018 年，年检时发现云梯消防车工作斗左侧调平油缸漏油。

**3. 故障检查与排除**

（1）检查工作斗调平油缸漏油位置在输出轴连接部位（图 20-37 和图 20-38）。

（2）由于此油缸起到调平及支撑作用，厂家出于安全考虑，不建议更换油封，也不提供密封组件，最终更换调平油缸总成，故障排除。

图 20-37　工作斗调平油缸安装位置

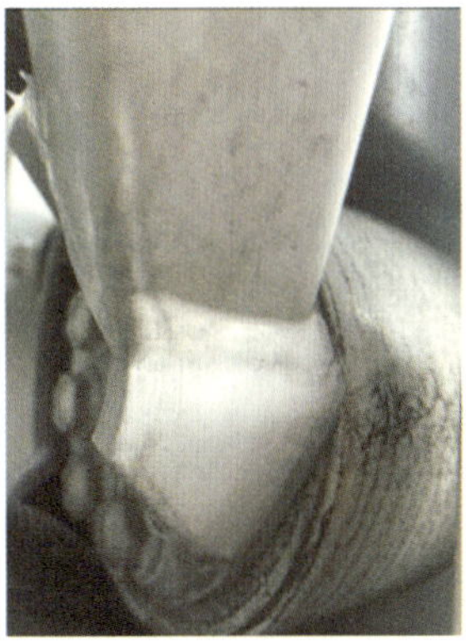

图 20-38　输出轴连接部位漏油情况

**4. 故障评析**

调平油缸安装在工作斗框架内侧，采用摆缸机构进行调平，通过油缸活塞杆上的齿条与输出轴上的齿轮啮合，构成齿轮齿条系统，调平油缸直线动作转换成工作斗前后摆动调平动作，工作斗调平机构摆缸工作原理和结构图如图 20-39 所示。

该调平机构摆缸输出轴在驱动工作斗转动调平的同时，还承受工作斗挂接云梯梯体的扭力，导致连接位置载荷大，油缸密封容易损坏漏油。

故障原因：油缸设计问题（100%）。

**5. 改进建议**

操作时应注意避免云梯梯架和工作斗与障碍物碰撞，以免造成额外的负载而导致油缸密封件损坏。油缸密封件属于损耗部件，建议每十年至少更换一次油缸总成。

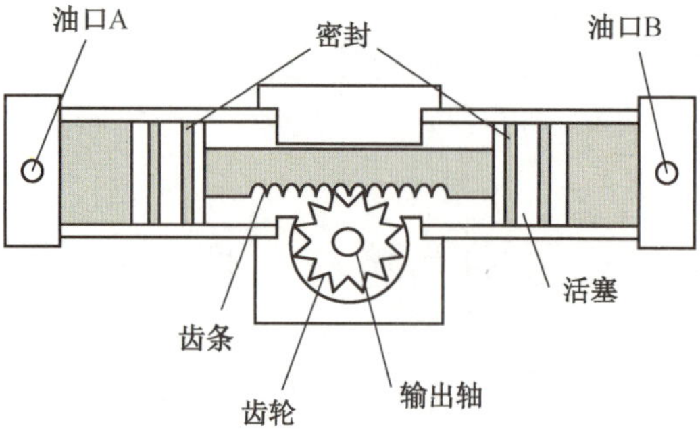


（a）工作原理

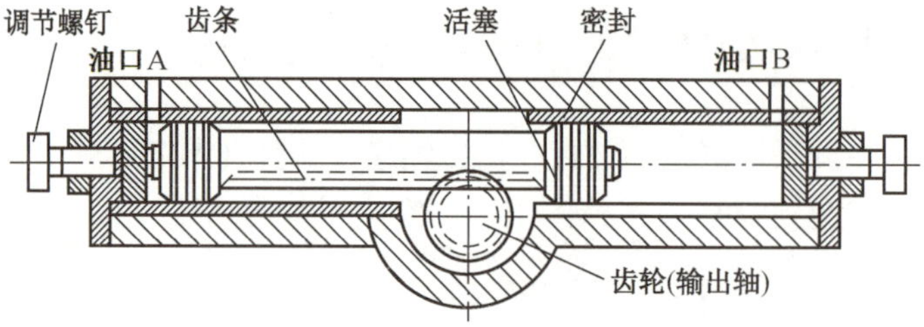


（b）结构

图 20-39 工作斗调平机构摆缸工作原理和结构图

# 案例 351 37 m 云梯消防车工作斗控制模块故障

## 1. 车辆信息

底盘：奔驰 1831　　生产日期：2016 年 8 月

车型：云梯消防车（L39，整车进口）

## 2. 基本情况

2019 年 5 月，驾驶员发现，支腿支撑好后，按下工作斗翻起按键，工作斗不能正常翻起；手动翻起工作斗至工作位置，在转台位置踩下油门踏板无反应，且蜂鸣器发出连续的“滋滋”声，上装显示屏没有任何的报警信息。图 20-40 所示为手动翻起工作斗后的云梯消防车。

图 20-40 手动翻起工作斗后的云梯消防车

## 3. 故障检查与排除

（1）维修人员检查上装显示屏，没有故障码。拔掉工作斗与云梯数据插头，云梯工作正常，报警蜂鸣消失。判断故障来自工作斗内控制系统。

（2）查看显示屏诊断页面内部信息，发现工作斗页面中紧急停止信号显示异常（工作斗紧急停止被激活，此时相应的 E-stop bskt 状态指示图标为绿色）。检查紧急停止开关及线路，未发现异常，判断为模块故障。

（3）更换工作斗控制模块 ID14 后报警蜂鸣消失，紧急停止信号显示正常（E-stop bskt 状态指示图标为红色，图 20-41），故障排除。

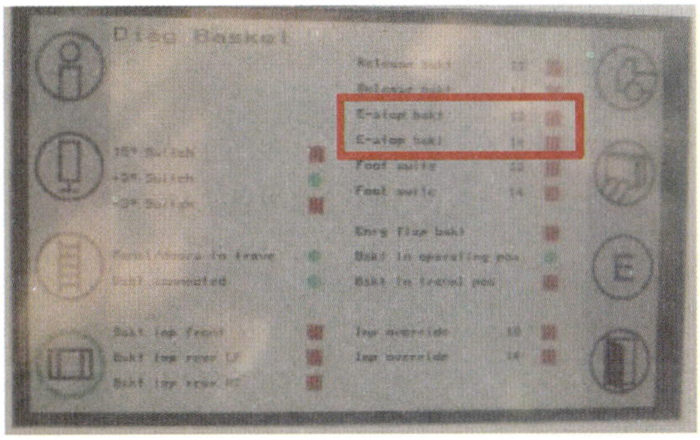

图 20-41　上装显示屏诊断页面故障显示情况

**4. 故障评析**

工作斗控制模块 ID14 安装在工作斗底部，如果防护没做好，有可能进水使模块损坏。

故障原因：零部件质量问题（50%）；（控制模块防水）设计问题（50%）。

**5. 改进建议**

提高工作斗控制模块防护等级。

## 案例 352　37 m 云梯消防车工作斗油门踏板故障

**1. 车辆信息**

底盘：曼 TGM 18. 280　　　　生产日期：2013 年 8 月

车型：云梯消防车（L39，整车进口）

**2. 基本情况**

2021 年 3 月，驾驶员日常训练时，发现云梯消防车支腿支撑好后，工作斗无法翻起到工作位置，显示屏报警“E088 救援工作斗控制面板的脚踏开关故障”，具体情况如图 20-42 所示。

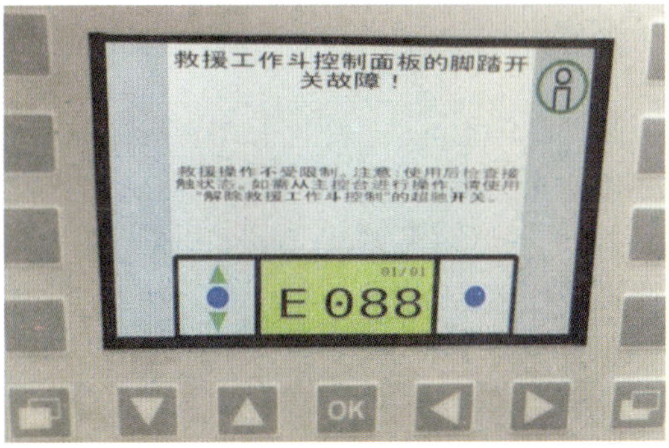


图 20-42　显示屏报警信息及故障码

**3. 故障检查与排除**

（1）检查发现云梯工作斗油门踏板破损，拆解后发现内部开关线路短接，如图 20-43 所示。

（2）更换新的油门踏板（图 20-44），故障排除。

图 20-43 工作斗油门踏板破损及线路短接情况

图 20-44 更换新的工作斗油门踏板

**4. 故障评析**

当踩下工作斗内油门踏板时，系统自动切换到工作斗内控制；所以当此踏板开关损坏并短接，系统误切换到工作斗控制，造成支腿控制面板上的翻转工作斗按键失灵；但由于工作斗没有在工作位置，所以系统报警。根据驾驶员描述，在拆卸手动水炮时滑落，砸到工作斗脚踏板，造成踏板损坏。

故障原因：操作不当（100%）。

## 案例 353 37 m 云梯消防车转台支座与梯架铰接螺栓松动

**1. 车辆信息**

底盘：曼 TGM18. 280　　　　生产日期：2014 年

车型：云梯消防车（DLK39，整车进口）

**2. 基本情况**

2017 年，该车梯架上仰 2°时停止运动，中间行出现故障提示“Check collision situation（检查碰撞情况）”并显示工作斗上部碰撞图标（图 20-45），此故障发生过两三次。

**3. 故障检查与排除**

（1）使用专用诊断电脑检查碰撞负载传感器正常。

（2）使用专用诊断电脑检查梯架俯仰角度传感器，无故障；当梯架开始上仰 1°时，发现此角度传感器数值无变化。

（3）检查转台支座与梯架铰接螺栓，发现有部分螺栓出现松动。紧固螺栓，铰接处加注润滑脂，测试多次未出现相同故障。图 20-46 为转台支座与梯架铰接螺栓，图 20-47

为转台支座另一侧的俯仰角度传感器（增量式）。

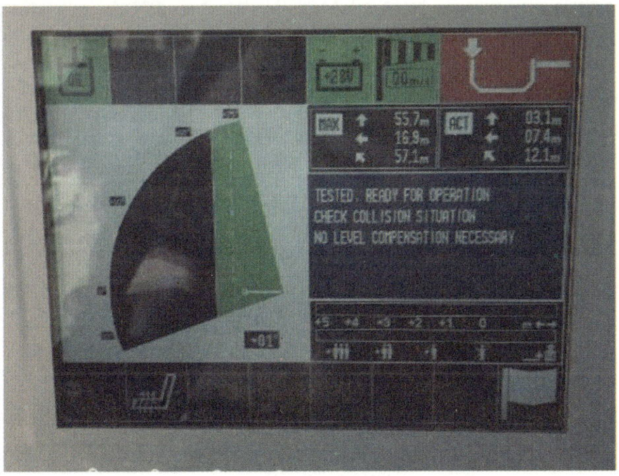


图 20-45　上装显示屏显示故障提示（中间行）及工作斗上部碰撞图标

图 20-46　转台支座与梯架铰接螺栓

图 20-47　转台支座另一侧的俯仰角度传感器

**4. 故障评析**

日常保养时未对云梯梯架铰接处加注润滑脂，铰接处出现干磨情况，可能会使固定螺栓松脱。因云梯梯架俯仰角度传感器安装在铰接处，当云梯梯架俯仰运动时此传感器没发生转动，上装显示屏报警并限制梯架运动。

故障原因：维护保养不到位（100%）。

**5. 改进建议**

云梯梯架铰接处定期加注润滑脂，紧固螺栓。

## 案例 354　37 m 云梯消防车工作斗锁定传感器损坏

**1. 车辆信息**

底盘：曼 TGM 18. 280　　　　生产日期：2012 年 6 月

车型：云梯消防车（L39，整车进口）

**2. 基本情况**

2021 年 3 月，驾驶员在操作云梯时发现工作斗不能调平，而且转台显示屏显示工作斗碰撞图标（图 20-48）。

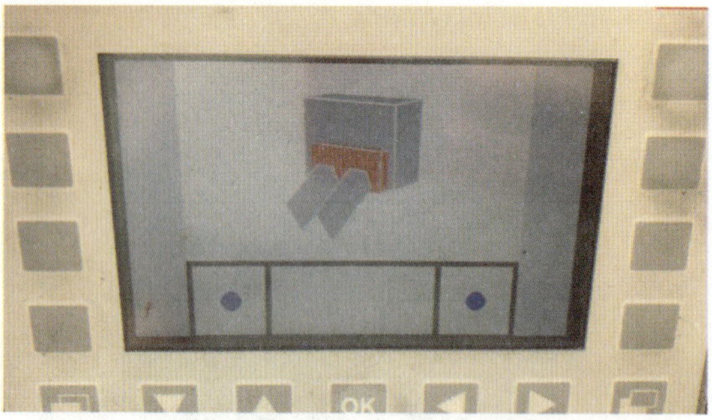


图 20-48 转台显示屏显示工作斗碰撞图标

**3. 故障检查与排除**

（1）维修人员检查发现，支腿支撑好后，工作斗翻起到工作位置，此时转台显示屏还是显示工作斗碰撞图标；举升云梯梯架，工作斗不调平。

（2）按显示屏“OK”键进入工作斗诊断页面，发现此时显示屏显示工作斗在工作位置和行车位置传感器都没信号（工作斗在工作位置时“Bskt in operating pos”应变绿）（图 20-49），说明工作斗在工作位置传感器失效。

（3）检查发现工作斗在工作位置左侧传感器损坏（图 20-50），更换新传感器，故障排除。

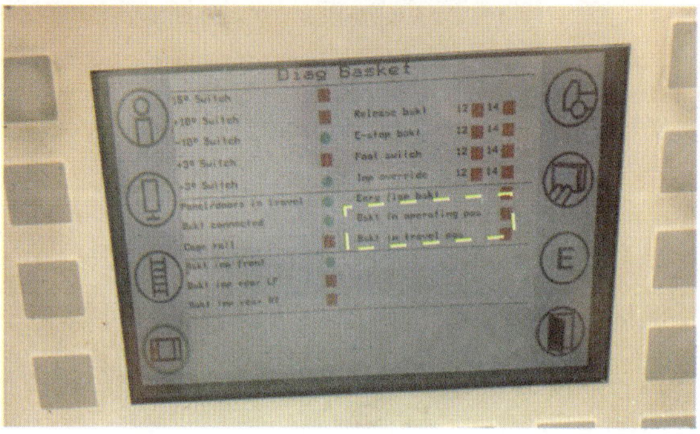


图 20-49 工作斗诊断页面

图 20-50 工作斗工作位置传感器

**4. 故障评析**

在故障检查过程中，进入到诊断页面后，如果工作斗在行车位置，则“Bskt in travel pos”图标应变绿；若工作斗在操作位置，则“Bskt in operating pos”图标应变绿。这两个图标只能有一个变红，如果两个都为红色，说明其中有一个出现故障。

云梯消防车工作斗翻起到工作位置后，工作斗锁定油缸会将工作斗锁定在工作位置，此时工作斗不能翻回到行车位置，同时工作斗工作位置传感器感应到工作斗已位于工作位置并已锁定，此时工作斗可以由调平油缸继续控制，进行正常调平操作，否则工作斗调平系统不工作。由于此传感器安装在锁定位置内侧，安装位置不易调整，安装不好，极易损坏传感器。

该车服役已近10年，应对传感器等易损件进行检查和更换。

故障原因：元器件正常损坏（100%）。

**5. 改进建议**

需要专业人员安装调试工作斗位置传感器。

## 案例 355　37 m 云梯消防车工作斗不能回收到行车位置

**1. 车辆信息**

底盘：曼 TGM 18.280　　　　生产日期：2013年6月

车型：云梯消防车（L39，整车进口）

**2. 基本情况**

2020年12月，驾驶员正常操作云梯演练，任务完成，收回云梯后发现工作斗无法收回到行车位置，转台显示屏无故障信息提示。

**3. 故障检查与排除**

（1）维修人员现场检查，转台显示屏没有任何故障信息，工作斗调平模块ID12（图20-51）工作正常；对连接线路进行检查，线路连接良好。

（2）维修人员用专用诊断电脑检测，所有模块软件也都显示正常，初步判断问题应该出在电子元件上。

（3）进一步检查发现，正常情况是按下回收工作斗按键，调平油缸电磁阀打开，两个调平电机工作（图20-52），调平油缸调节工作斗到与云梯成90°位置，调平电磁阀自动关闭，转换打开回收工作斗电磁阀，回收工作斗油缸回收工作斗，但现场按下工作斗回收按键后，发现调平油缸调节到88°左右，所以工作斗不能回收。

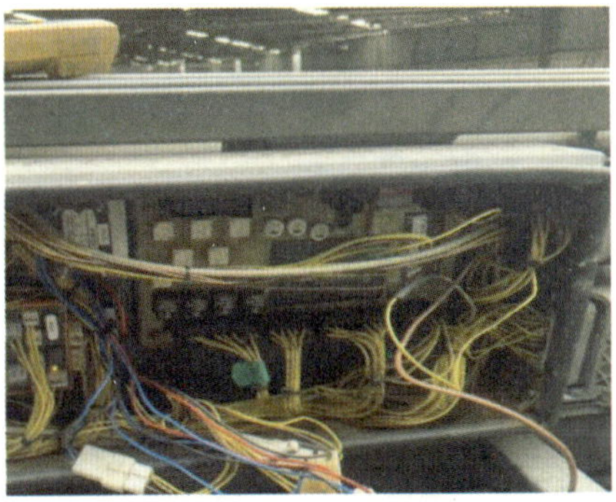

图20-51　控制箱内工作斗调平模块ID12

图20-52　两个工作斗调平电机

（4）进一步检查，两个调平电机只有一个电机工作，查看电路图后发现，有前部电机控制板的调速信号线48509电压始终为零，后部电机控制板调速信号线48510为9 V（图20-53为两调平电机及控制板电路图，图中虚线红圈内分别为输出信号线48509和

48510），而调速控制信号线又分别由前、后两个 PWM 模拟信号转换器（图 20-54 和图 20-55）控制。检查两个转换器，发现输入信号线 48513 和 48514 都有 PWM 的 18 V 电压信号输入，但前电机控制转换器信号线 48509 输出为零，后转换器信号线 48510 输出为 9 V，因此判断为前电机信号转换器故障。更换新的信号转换器，故障排除。

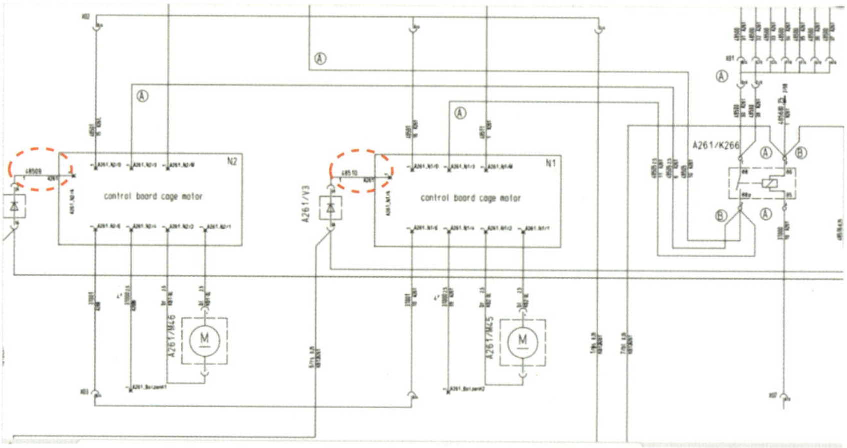


图 20-53 两调平电机及控制板电路图（图中虚线红圈内分别为输出信号线 48509 和 48510）

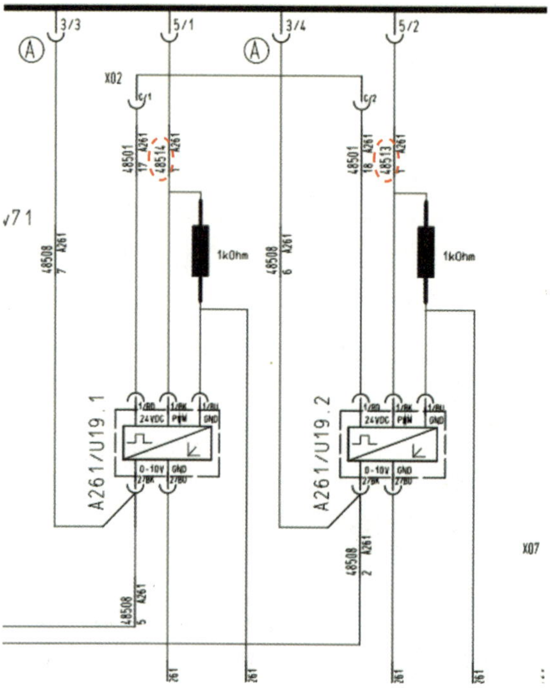


图 20-54 PWM 信号转换器电路图

图 20-55 PWM 信号转换器

**4. 故障评析**

此云梯车有两组油缸，一组为工作斗调平油缸，另一组为工作斗翻起回收油缸，分别由两个电磁阀控制。液压油路又分别由两个电机驱动两个液压油泵供油。

工作斗回收要有几个条件：

（1）所有工作斗门必须关好，工作斗控制面板回到行车位置，防止回收工作斗损坏控制面板及工作斗门。

（2）至少要有两个支腿离地，表示工作斗内操作人员已经离开，回到地面操作支腿。

（3）工作斗要由调平油缸调整到与云梯梯架成 90°，否则可能会损坏工作斗回收滑槽。

（4）调平油缸调整到与云梯成 90°，需要两个调平油缸同时工作。本车故障正是由于回收工作斗时只有一个电机驱动一个液压泵工作，没有足够压力使调平油缸驱动工作斗找到 90°位置，造成工作斗无法回收。

（5）一个电机（前）不工作的原因是前部 PWM 模拟信号转换器损坏。

故障原因：偶发故障（50%）；元器件老化（50%）。

**5. 改进建议**

建议使用超过 10 年的云梯消防车及登高平台消防车应对整车大修保养，更换易损电子元件。

## 案例 356　40 m 云梯消防车滑车钢丝绳松脱、缠绕卡滞

**1. 车辆信息**

底盘：日本五十铃 CXZ18QN　　生产日期：1992 年 11 月

车型：云梯消防车（MLE5-40，整车进口）

**2. 基本情况**

2004 年 7 月，云梯消防车驾驶员反映，滑车回落过程中卡死，云梯无法动作。

**3. 故障检查与排除**

（1）现场观察，故障云梯消防车梯架处于较小仰角状态，滑车中途卡滞，如图 20-56 所示。

图 20-56　梯架仰起、滑车中途卡滞情况

（2）检查发现，控制滑车升降的绞盘内钢丝绳跳线，部分钢丝绳未能进入到绞盘卡槽，导致钢丝绳缠绕卡滞，滑车无法动作，具体情况如图 20-57 所示。

（3）拆卸绞盘，调整钢丝绳位置，理顺各节梯底部导向滑轮上的钢丝绳，同时检查钢丝绳破损情况，重新安装绞盘，故障排除。

图 20-57　滑车绞盘钢丝绳脱落、卡滞情况

**4. 故障评析**

该云梯消防车滑车正常回收时要求梯架的仰角要大于 40°，滑车的重力才能保证钢丝绳绷紧。该车操作员在仰角低于 40°情况下，直接手动操作液压阀回收滑车，此时滑车无足够的下拉力使滑车钢丝绳拉紧，松弛的钢丝绳脱出绞盘卡槽并缠绕于绞盘驱动轴的位置，致使绞盘卡死。

故障原因：操作失误（100%）。

**5. 改进建议**

本车型保证滑车能顺利下滑的最小俯仰角度为 40°，培训时必须提醒驾驶员，带有滑车的云梯消防车结构较为复杂，操作人员需经过原厂的操作培训，包括滑车的制动原理和应急操作方法等；同时在日常操作训练中，模拟各种状况，熟悉应急操作方法。

## 案例 357　54 m 云梯消防车滑车位置编码器故障

**1. 车辆信息**

底盘：曼 33. 360　　　　生产日期：2018 年 8 月

车型：云梯消防车（L56，整车进口）

**2. 基本情况**

2019 年 10 月，驾驶员在操作云梯滑车（升降斗）时，滑车突然停止并报警，上装显示屏显示故障码为“E113”，故障信息为“升降斗位置计算错误”（图 20-58）。

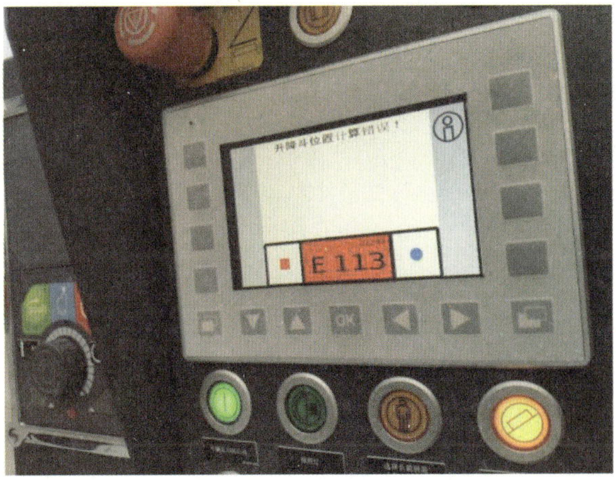


图 20-58　显示屏故障显示情况

**3. 故障检查与排除**

（1）采用专用诊断电脑检测，发现滑车位置编码器数值为 222%，超出了 100% 范围（图 20-59）。

（2）检测滑车位置编码器 CAN 总线连接正常，判断为位置编码器故障（图 20-60）。单独测试此编码器：通过手动方式转动编码器时，其数值有相应的变化，用专用诊断电脑重新设置零位参数，故障排除。

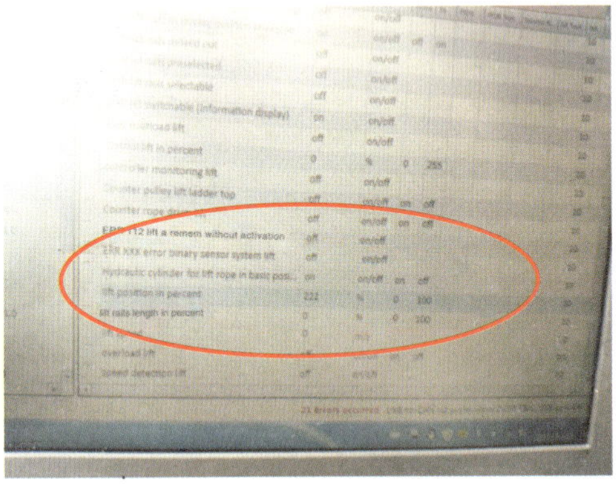

图 20-59　专用诊断电脑检测显示情况

图 20-60　滑车位置编码器

**4. 故障分析**

滑车位置编码器感应滑车在云梯上的位置，防止滑车未回收到行车位置前，动作梯架可能导致的滑车钢丝绳松脱，拉断滑车钢丝绳的风险。此编码器已经是比较可靠的传感器，出现此类故障原因可能是：随着梯架的使用，该位置编码器可能存在一定的移位，造成编码器数值偏离控制系统的阈值而报警。

故障原因：产品检测和标定问题（100%）。

**5. 改进建议**

举高消防车应按照原厂要求进行定期检测和标定。

# 案例 358 54 m 云梯消防车滑车钢丝绳断裂

**1. 车辆信息**

底盘：奔驰 3341　　生产日期：2018 年 8 月

车型：云梯消防车（L56，整车进口）

**2. 基本情况**

2019 年 5 月，驾驶员在开车出库准备操作云梯时，发现支腿无法工作，且上装显示屏出现控制模块报警提示；进一步检查发现滑车脱离行车位置（图 20-61），无法回收。驾驶员通过应急操作支腿以便操作云梯和滑车，使用应急操作抬起云梯俯仰角度到约 45°，伸出云梯到云梯长度为 27 m，切换至滑车操作模式，使用滑车应急操作尝试将滑车回收，但发现滑车只能向上运行，无法下降（图 20-62）。同时，由于滑车未收回至行车位置，云梯也无法正常回收到行车位置，驾驶员意图使用应急操作回收云梯至行车位置，以等待技术人员到现场技术协助，但当应急回收云梯时，拉断滑车钢丝绳（图 20-63）。

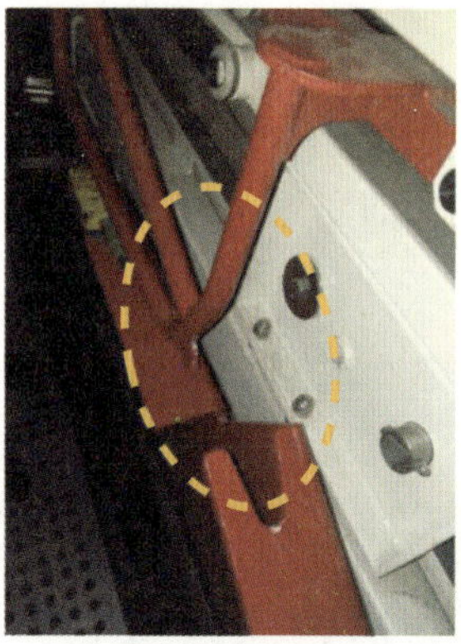

图 20-61 滑车脱离行车位置

图 20-62 滑车钢丝绳在云梯上部情况

图 20-63 滑车钢丝绳卷筒处被拉断的钢丝绳

**3. 故障检查与排除**

（1）检查滑车和云梯损坏情况，发现滑车钢丝绳断裂位置在最底一节梯架上的滑车滑轮及其支架之间（图 20-64 和图 20-65）。

（2）检查滑车系统机械结构情况，滑车金属框架完好，最底一节梯架底部滑车滑轮损坏，其固定架轻微变形（图 20-66 至图 20-68），但其焊接部位完好，其他滑车滑轮及相应固定架外观情况良好。

（3）检查滑车电气控制系统情况，各传感器正常工作。

（4）检查滑车液压系统情况，滑车绞盘及安全油缸外观无损。

（5）更换滑车钢丝绳，对变形的滑轮固定架进行钣金修正并喷漆处理，更换所有滑车滑轮。

（6）使用应急操作将滑车从行车位置操作至工作位置（滑车展开后的状态），对滑车位置传感器进行标定。

(7) 滑车操作恢复正常，测试滑车在各极限位置的减速功能正常，测试滑车紧急停止功能正常。

(8) 测试滑车各传感器信号正常（图 20-69）。

(9) 对滑车加载额定负载 270 kg 的 1.5 倍负载，测试安全油缸工作正常，故障排除。

(10) 对滑车各活动部位进行润滑，车辆可重新投入执勤使用。

图 20-64　钢丝绳卡滞

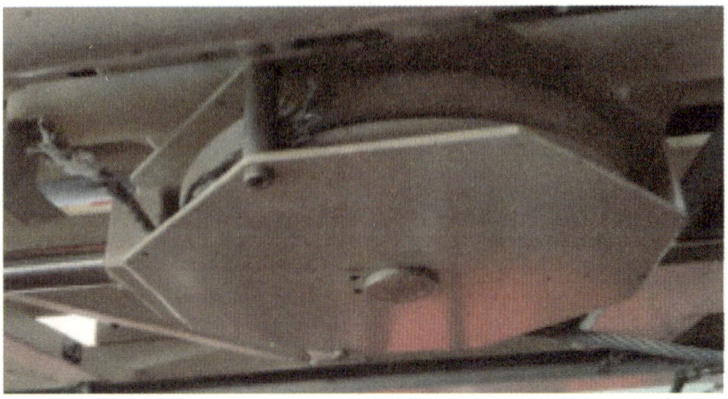

图 20-65　钢丝绳断裂位置

图 20-66　滑轮在梯架上的位置

图 20-67　滑车钢丝绳滑轮损坏及其固定架变形情况

图 20-68 拆卸下的滑轮损坏情况

图 20-69 滑车位置传感器

**4. 故障分析**

此故障原因属驾驶人员不熟悉正常操作和应急操作造成。

此故障发生前，驾驶员在没有将滑车回收到行车位置的情况下，使用应急操作将云梯回收到行车位置。由于滑车钢丝绳需要靠滑车本身的重量拉紧，而此时滑车水平躺于云梯上，其重力作用无法产生拉紧滑车的力，导致滑车由于车辆行驶的惯性产生前后移位，钢丝绳松脱。

此时上装控制模块感应到滑车不在行车位置，会限制上装的操作，仅能通过应急操作将云梯操作至可以操作滑车的位置。当将云梯抬起时，滑车本身的重力重新将滑车钢丝绳拉紧，但是曾经松脱的钢丝绳无法回到原滑轮轨道，而卡滞于滑轮及其固定架之间，当操作云梯回收动作时，卡滞的钢丝绳被云梯回收动作拉断。

滑车正确的操作方法：使用完滑车后，应在云梯俯仰角度大于 40°的情况下，将滑车回收到行车位置以下的位置，将滑车折叠，并使用滑车向上举升的动作锁紧至行车位置，此时可确保滑车钢丝绳始终处于拉紧状态（图 20-70 和图 20-71）。

滑车应急操作正确方法：操作人员必须能够熟练操作并理解其工作原理，应急操作时必须观察活动部位的情况，如钢丝绳是否脱离滑轮轨道等。同时，驾驶员对应急操作的活

图 20-70 正确的滑车行车位置

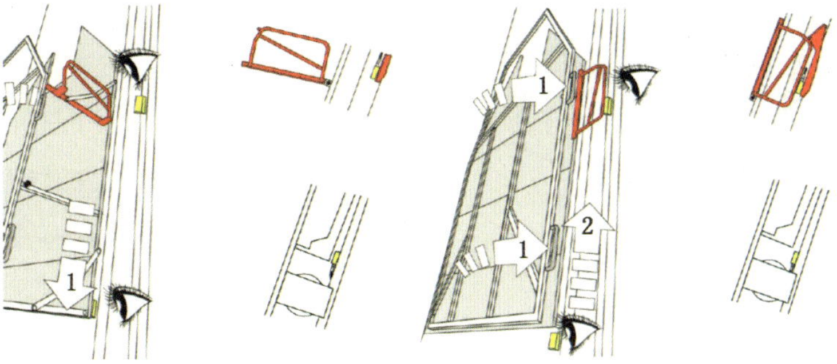


图 20-71 滑车折叠和收紧至行车位置图示

动部件保持在视野范围内并随时目测。如发现滑车钢丝绳松脱，切勿操作云梯动作，应将滑车钢丝绳重新恢复至滑轮轨道内再使用举升滑车的动作以将滑车钢丝绳拉紧并解锁滑车，拉紧后应重新复核钢丝绳是否在滑轮轨道内。

应急操作属于旁通（越过）所有安全系统的操作，驾驶员对应急操作所产生的损坏及风险负责。

故障原因：操作失误（100%）。

**5. 改进建议**

建议驾驶员严格按照原厂规定，经过原厂技术人员认证培训并通过考核，而且保持练习和训练，模拟应急操作场景，确保正常操作和应急操作的安全执行。

## 案例 359 54 m 云梯消防车工作斗调平电机故障

**1. 车辆信息**

底盘：奔驰 2641　　　　生产日期：2014 年 9 月

车型：云梯消防车（L56，整车进口）

**2. 基本情况**

2018 年 7 月，驾驶员反映，工作斗调平速度有时跟不上梯架俯仰的速度，在部分操作中出现倾斜角度过大（超过正负 10°）而自动急停。

**3. 故障检查与排除**

（1）现场检查工作斗各调平功能均正常，如：工作斗从行车位置展开至工作位置，从工作位置回收至行车位置，工作斗均能自动调平，工作斗倾斜角度超过正负 10°时自动急停及其手动恢复功能等。

（2）检查工作斗调平液压系统最大压力，正常；检查液压油品质，正常。

（3）反复测试云梯不同动作速度和工作斗不同负载时工作斗调平情况发现：当云梯动作较慢和工作斗负载较小（如空载）时工作斗调平比较顺畅；当云梯动作较快和接近最大云梯仰角时，工作斗调平速度明显跟不上，同时如工作斗负载变大，出现工作斗调平跟不上的情况更为明显。

（4）检查工作斗调平电机（图 20-72 和图 20-73），发现两个调平电机中的一个停止转动，另外一个正常转动。

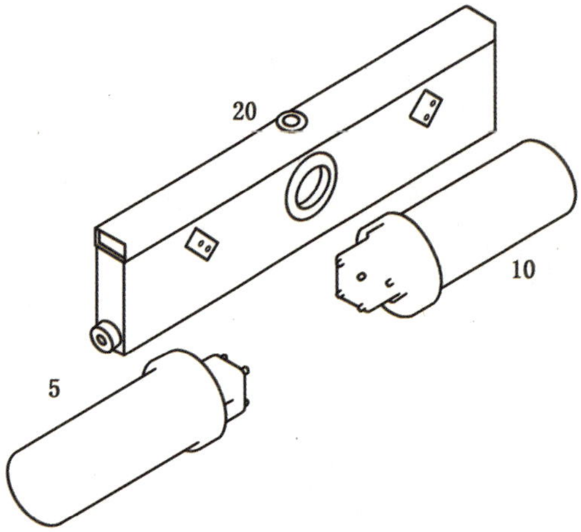


图 20-72 工作斗调平电机及液压泵

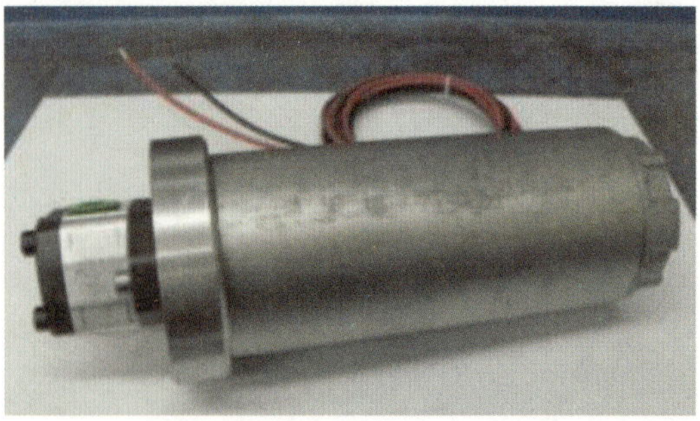

图 20-73 新的工作斗调平电机及液压泵

(5) 更换两个工作斗调平电机及其液压泵，测试工作斗各调平功能正常，故障排除。

**4. 故障评析**

工作斗调平电机为云梯消防车工作斗调平动力源。为确保安全性，该款云梯消防车配备了两个电机驱动的液压泵，只有两个电机同时工作时，才可以保证所有状态下的工作斗正常调平。当一个电机出现故障后，另一电机仅能实现较慢速度调平作业，且靠该电机持续工作提供液压动力，加速了电机及其液压泵的损耗，调平性能明显下降，此时可考虑同时更换两个电机。此类故障较难被发现，建议按原厂要求执行年度安全性检测。

工作斗调平电机采用的是直流带刷电机，工作时释放大量热量，温度比较高，因此正常损耗比较大。

故障原因：零部件质量问题（100%）。

**5. 改进建议**

(1) 按原厂要求至少每年开展一次全面安全性检测。

(2) 建议每 10 年更换一次工作斗调平电机。

(3) 如出现一个调平电机故障，建议酌情将另一个电机也同时更换，以确保电机性能情况在同一水平。

## 案例 360 40 m 登高平台消防车工作斗调平油缸密封组件老化磨损

**1. 车辆信息**

底盘：斯堪尼亚 P420　　生产日期：2004 年

车型：登高平台消防车（F42HDT，整车进口）

**2. 基本情况**

2015 年，例行检查时发现该登高平台消防车在长时间使用后工作斗调平油缸出现漏油情况。

**3. 故障检查与排除**

（1）检查发现，调平油缸出现渗油情况，大量液压油顺末节臂流出（图 20-74）。

（2）拆卸调平油缸，发现油缸密封组件老化磨损，出现渗油情况（图 20-75）。

（3）拆卸调平链条并清理其油污（图 20-76），对腐蚀表面进行抛光和防锈处理，更换油缸密封组件，重新安装。

（4）进行俯仰、水平旋转等动作试验，确认油缸密封性完好，调平链条张紧度合适，故障排除。

图 20-74 末节臂及渗油的调平油缸

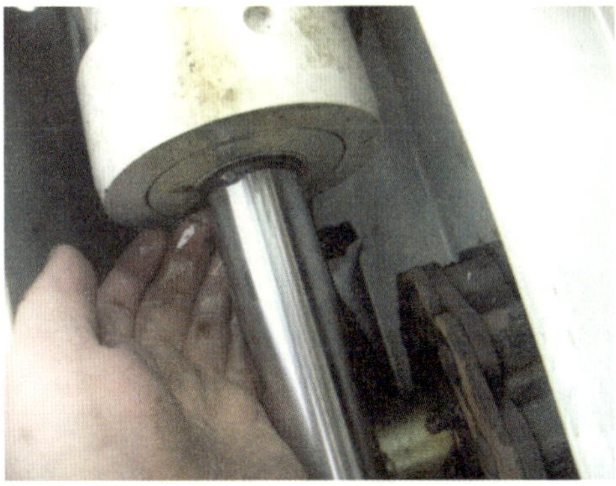

图 20-75 工作斗调平油缸渗油情况

图 20-76 拆卸和清理调平链条情况

**4. 故障评析**

油缸使用超过 10 年，橡胶密封组件老化造成故障。近年来，服役超过 10 年、举升高度 30~70 m 的多台次登高平台消防车陆续出现调平油缸活塞杆处渗油故障，均为橡胶密封组件老化所致。

故障原因：零部件自然磨损（100%）。

**5. 改进建议**

工作斗调平油缸若大量漏油会导致工作斗倾翻，因此车龄较长的举高车应更换油缸。

使用单位要严格落实日检查、周保养工作，严格按照车辆保养规程，定期更换液压密封部件，防止出现带病作业情况。

# 案例 361 43 m 登高平台消防车工作斗调平控制模块故障

## 1. 车辆信息

底盘：奔驰 4141　　　　生产日期：2013 年 6 月

车型：登高平台消防车（453TFL，整车进口）

图 20-77 工作斗调平控制模块 TOC8

## 2. 基本情况

2019 年 6 月，驾驶员操作登高平台车臂架上仰时，发现工作斗不能调平，当倾斜超过 10°时油压下降，所有运动停止，同时工作斗显示屏显示角度 10°报警。

## 3. 故障检查与排除

（1）维修人员按动手动工作斗调平电磁阀，可以控制调平油缸工作，说明液压系统工作正常。

（2）由于工作斗调平传感器信号值同时输入给工作斗控制模块 CG 和调平控制模块 TOC8（图 20-77），而上装显示屏上可以看到工作斗角度变化，说明角度传感器工作正常；检查 TOC8 有电压输入，但调平控制模块 TOC8 没有给调平油缸电磁阀输出电压信号（图 20-78），工作斗调平油缸不工作。

（3）判断为工作斗调平控制模块 TOC8 故障，更换新模块，设置参数后，故障排除。

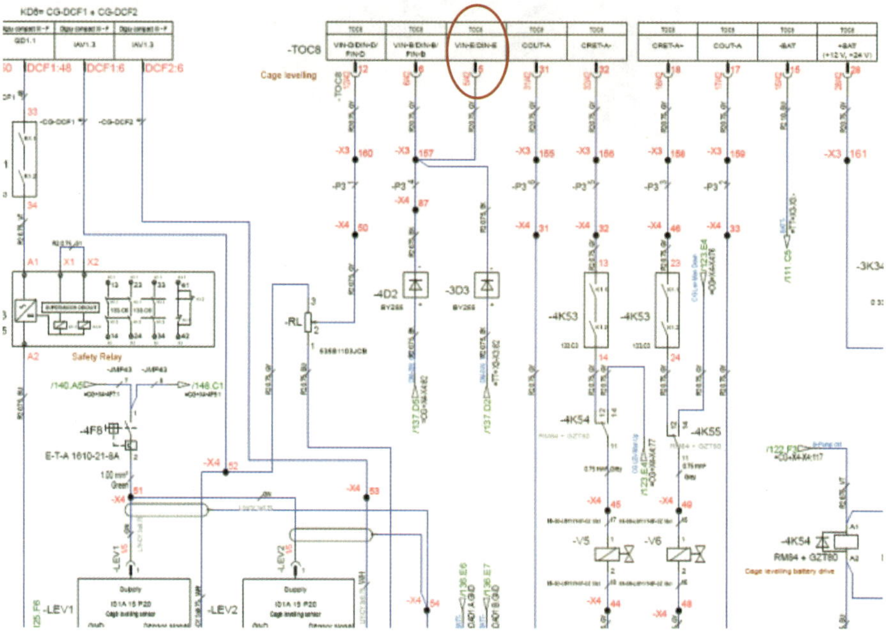

图 20-78 调平控制模块 TOC8 在电路图中的位置

**4. 故障评析**

此车使用多年，属电子元件偶发性故障。控制模块 TOC8 工厂已经停止生产，有故障只能将模块返消防车生产厂维修，价格很高，而且一旦无法维修，比较麻烦。

故障原因：零部件质量问题（100%）。

**5. 改进建议**

建议厂家尽快找到替代解决方案，否则很多车辆无法正常使用，造成很大损失。

## 案例 362　40 m 登高平台消防车上装显示屏工作斗负载值出现异常

**1. 车辆信息**

底盘：奔驰 4141　　　　生产日期：2009 年

车型：登高平台消防车（F42RL，整车进口）

**2. 基本情况**

年检时对上装进行安全性检测，发现工作斗无负载时上装所有显示屏的工作斗负载传感器数值出现较大负值“-60 kg”（图 20-79），但未出现故障码。为避免由于工作斗负载数据失准而导致高空作业风险，必须对故障原因进行诊断和维修。

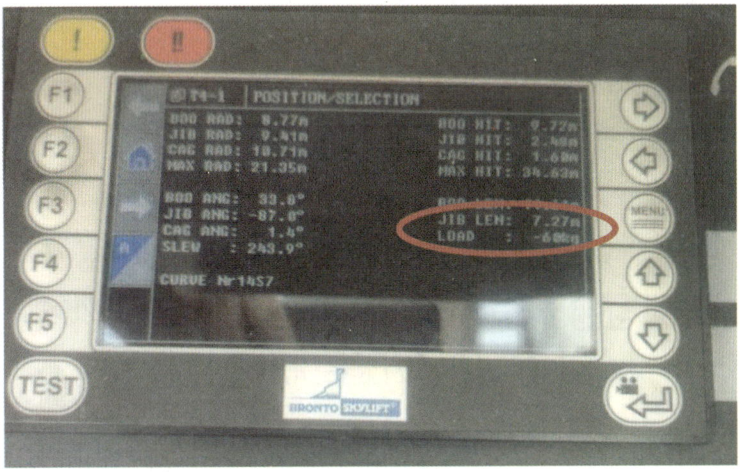


图 20-79　上装显示屏的工作斗负载数值显示为“-60 kg”

**3. 故障检查与排除**

（1）检查发现，工作斗在某一固定位置时，工作斗负载传感器数值会随着实际负载的加减而线性变化，排除工作斗负载传感器及其线缆的故障原因。

（2）操作臂架至不同位置，发现只有在操作二臂变幅动作时，工作斗空载下，其负载传感器数值才产生较大的负值。

（3）反复调整二臂角度，发现当二臂处于垂直向下（此时二臂与工作斗站立面垂直）时，负载传感器数值为最大负值，此时工作斗水管被绷紧并拉伸变形（图 20-80），对工作斗产生向上拉力，从而导致负载传感器出现负值。

（4）更换长度合适的工作斗水管（图 20-81），并适度微调，故障排除。

图 20-80 被绷紧和拉伸变形的工作斗水管

图 20-81 更换后的工作斗水管

**4. 故障评析**

工作斗水管为橡胶材质，老化情况受环境因素影响比较大（如阳光照射），可能产生形变，如长度变短，且橡胶会逐渐失去弹性，甚至出现裂纹，无法承受正常的工作压力。

工作斗水管随着二臂变幅角度和工作斗调平角度而产生移位，相应地对工作斗产生不同方向的应力，如果此应力过大，将影响工作斗负载传感器数值的准确性。

故障原因：零部件材质老化（100%）。

**5. 改进建议**

（1）按原厂要求由专业技术人员执行年度安全性检测。

（2）建议至少每 10 年更换橡胶类部件。

## 案例 363　53 m 登高平台消防车工作斗自动调平液压控制阀卡滞

**1. 车辆信息**

底盘：奔驰 3332　　　　生产日期：2010 年 5 月

车型：登高平台消防车（F55RLX，整车进口）

**2. 基本情况**

2017 年 7 月，登高平台消防车二臂进行变幅时，工作斗自动调平突然失灵，外倾角度大于 10°时上装控制系统报警，无法继续操作臂架和工作斗。此时，工作斗内无人员，驾驶员使用应急液压动力和工作斗手动调平尝试修正工作斗外倾角度，但工作斗继续下翻，经过多次尝试应急操作无果，工作斗调平油缸最终达到极限位置，倾斜角度接近 90°。

**3. 故障检查与排除**

（1）维修人员检查发现，登高平台消防车工作斗外倾将近 90°（图 20-82），其调平油缸伸长量已经到达极限。

（2）检查液压动力系统发现，工作斗自动调平过程中，工作斗自动调平液压控制阀卡滞，一旦恢复液压动力，工作斗便向外倾斜，导致工作斗倾翻。

（3）反复手动切换液压控制阀位置后，工作斗恢复自动调平。

（4）更换液压油和液压油滤芯，执行全面的安全性检测，故障排除。

图 20-82　工作斗外倾将近 90°情况

**4. 故障评析**

本案中上装控制模块报警后，控制模块自动启动急停，上装失去液压动力，工作斗停在倾角10°位置。此时，驾驶员在转台控制台用备用液压动力和工作斗手动调平按键进行控制，但由于调平油缸的控制阀卡滞在前倾动作位置，导致倾斜角度继续扩大，直至接近 90°。

控制阀阀芯卡滞原因可能是阀芯柱塞偶发卡滞或者液压油内含有杂质。

故障原因：零部件质量问题（80%）；维护保养不到位（20%）。

**5. 改进建议**

日常检查方法：

（1）日常操作时要注意工作斗调平过程的平顺性（正常情况自动调平会保持在±6°以内）。

（2）每周一次检测手动调平功能和超过±10°的自动报警和急停情况。

（3）按照操作手册执行日常检测项目，每年由专业技术人员进行一次安全系统检测。

发生液压控制阀卡滞的应急操作方法：

（1）进行任何手动操作前，建议先试用伸缩臂的紧急下降按键，在确认无障碍物的情况下，将一臂伸缩臂完全收回，以将工作斗尽量靠近地面，再使用备用动力如电瓶泵，以降低手动操作动作的速度和风险。

（2）先运行备用动力 2~3 s，观察在无任何控制信号时，是否有自行动作的部位。如果存在，应停止备用动力和应急操作，确定自行动作的相应手动液压阀位置后，直接使用该液压阀手动控制运动方向，将上装臂架和工作斗回收到行车位置，再对故障进行进一步的诊断和维修。

## 案例 364　68 m 登高平台消防车工作斗负载传感器故障

**1. 车辆信息**

底盘：斯堪尼亚 P380　　　　生产日期：2010 年

车型：登高平台消防车（F70RPX，整车进口）

**2. 基本情况**

操作臂架过程中，工作斗显示屏突然发出声光报警，显示“CAGE：LOAD SENSOR（工作斗负载传感器故障）”（图 20-83），臂架无法动作。

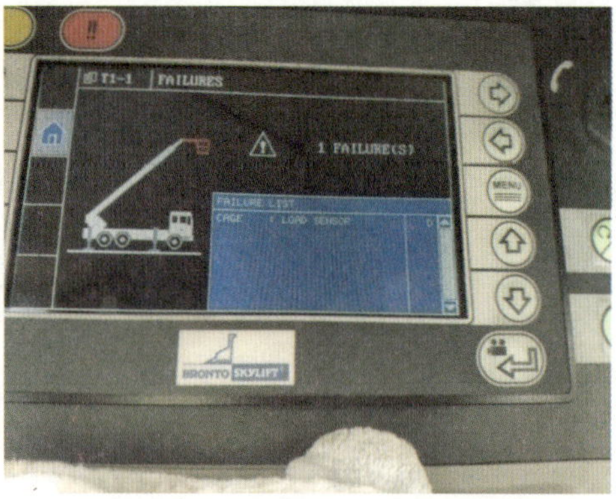


图 20-83 工作斗显示屏故障显示情况

**3. 故障检查与排除**

（1）在确保安全的前提下，按住转台处的上装操作面板强制按键，同时操作相应臂的动作手柄，把工作斗下降到安全高度。

（2）检查工作斗负载传感器外观情况正常，线路连接良好。

（3）通过显示屏查询控制系统内部数据，A、B 两个控制模块上记录的负载传感器数据差值超过阈值，负载传感器失效。

（4）更换负载传感器后（图 20-84），重新标定参数，故障排除。

图 20-84 新旧负载传感器对比

**4. 故障评析**

工作斗负载传感器作为数据采集器件，使用一段时间后应该重新对其初始参数进行校核，保证在使用过程中数据采集的准确性。

另外，个别消防车也有因操作不当，造成工作斗负载传感器碰撞损坏的情况。工作斗负载传感器属于精密应力传感器，严禁受到外力或物体碰撞。

故障原因：零部件质量问题（50%）；操作不当（50%）。

**5. 改进建议**

建议对工作斗负载传感器开展至少每年一次的安全性检测和校核。

# 第二十一章　消防系统故障分析与排除

本章主要对举高类消防车消防系统 19 个典型故障进行分析与排除

## 案例 365　20 m 多功能登高平台消防车出水管脱落

**1. 车辆信息**

底盘：曼 TGM18. 280　　生产日期：2008 年

车型：登高平台消防车（F22ALR，整车进口）

**2. 基本情况**

2009 年，驾驶员在测试从臂架顶端出水的过程中，突然从转台下方大量漏水，遂停止检查。

**3. 故障检查与排除**

（1）维修人员检查发现，转台下方上下车连接的出水胶管上端从转台水管上脱落（图 21-1）。仔细查看发现转台水管端口包裹着热缩管，表面很光滑（图 21-2）。

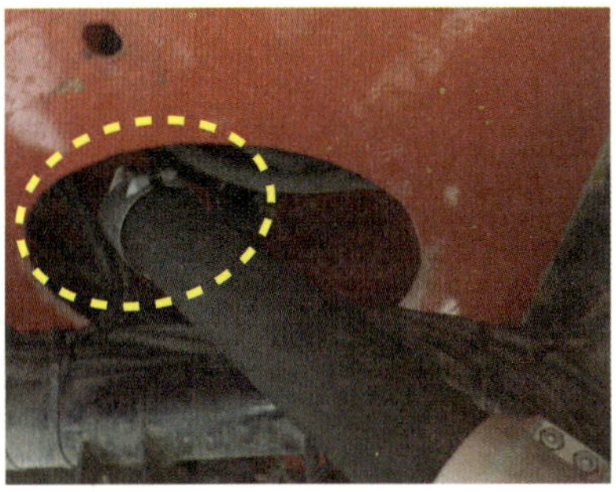

图 21-1　出水胶管上端从转台水管上脱落

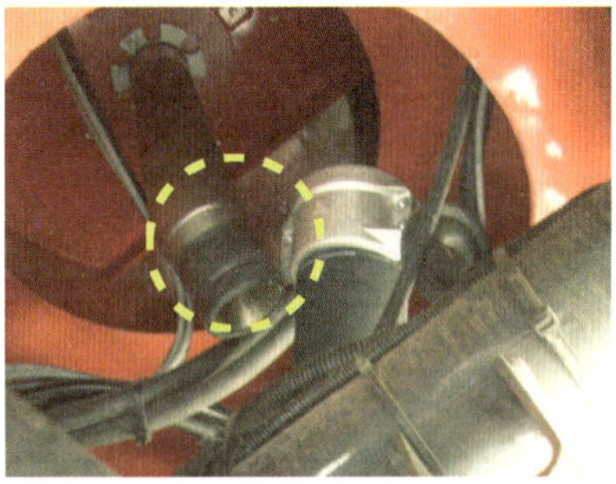

图 21-2　转台水管端口包裹的热缩管

（2）清理干净与胶管上端连接的转台金属管（图 21-3），管径通过焊接加工变窄，连接重合部分只有 1 道浅压槽，而且角度极不合适，弯曲胶管无法直接套入。

（3）拆卸出水胶管的固定卡，露出胶管接触端，表面被斜切割，管内尼龙纤维炸出（图 21-4）。

（4）拆卸出水胶管下端，金属连接管端口是加工的多道防脱沟槽（图 21-5）。

（5）拆卸出水胶管后，发现出水胶管内径和胶管下端金属连接管外径都是 80 mm，但与胶管上端连接的通向转台金属管偏细（约 70 mm）。只好将转台金属连接管裹上几层防滑布胶带，先安装胶管上端、再安装胶管下端，并紧固。经过出水试验，故障暂时排除。

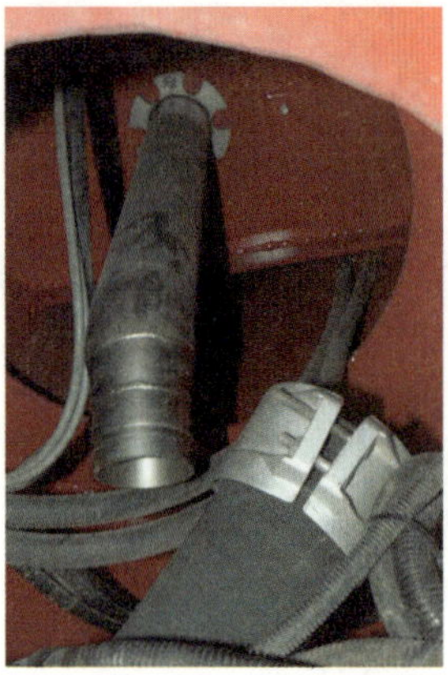

图 21-3 清理干净与胶管上端连接的转台金属管

图 21-4 被切割的出水胶管上端

图 21-5 与出水胶管下端连接的金属管

**4. 故障评析**

该故障主要是因为出水管路与橡胶水管连接的上下金属管口径不一致，而且厂家安装时不纠正设计出现的问题，而削足适履，为让胶管连接无缝隙，在转台金属管套上光滑的热缩管加粗，并将出水胶管外层切薄安装，导致固定不牢，在正常出水压力下脱落。

故障原因：设计问题（70%）；安装工艺问题（30%）。

## 案例 366　30 m 云梯消防车水罐外注水管路断裂

**1. 车辆信息**

底盘：奔驰 2641　　生产日期：2011 年 6 月

车型：云梯消防车（L32FA，进口整车）

**2. 基本情况**

2014 年 4 月起，驾驶员反映，多台次该型云梯消防车水罐主体结构下部的外注水管路（带气动阀门）连接根部断裂。

**3. 故障检查与排除**

（1）检查发现，水罐下部外注水管路连接根部存在断裂脱落情况，如图 21-6 所示。

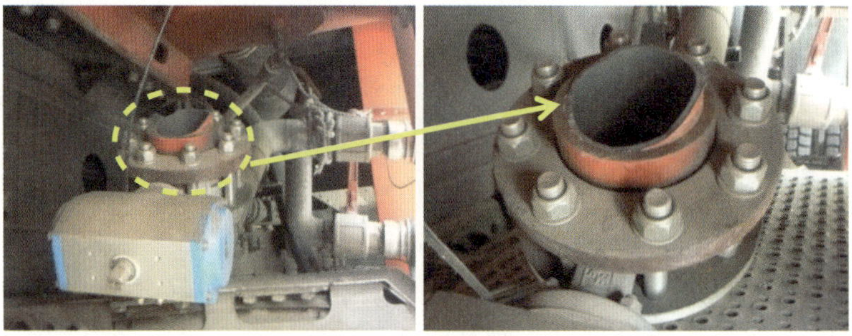

图 21-6 水罐下部的外注水管路连接根部断裂脱落

（2）与厂家沟通，采用金属粘接胶、管路卡箍等对断裂管路进行修复，同时在管路弯头位置采取简易固定措施（图 21-7），提高管路接口与罐体之间的连接强度后，故障排除。

**4. 故障评析**

该车水罐下部带气动阀门的外注水管路，在与罐体结合位置没有设置相应的连接支撑结构，管路连接处采用强度较低的树脂材料，车辆在发生颠簸或冲击时，容易导致主管路与罐体整体脱落分离。此外，水罐向水泵进水管路法兰根部采用玻璃钢材质，且未有相应支撑（图 21-8），也发生过断裂。

图 21-7　重新连接后采取的简易固定措施

图 21-8　水罐向水泵进水管路（法兰根部为玻璃钢材质）

故障原因：结构设计问题（70%）；管路选材问题（30%）。

**5. 改进建议**

管路与罐体应采用柔性连接，进、出水管路应有可靠支撑。

## 案例 367　30 m 云梯消防车泡沫液管路漏液

**1. 车辆信息**

底盘：奔驰 2641　　生产日期：2012 年 4 月

车型：云梯消防车（L32FA，整车进口）

**2. 基本情况**

2015 年 8 月，驾驶员发现水罐内有大量泡沫。

**3. 故障检查与排除**

（1）检查发现，该车穿过水罐主体的泡沫液管路开裂，导致泡沫液进入水罐，具体情况如图 21-9 所示。

（2）用环氧树脂 AB 胶对断裂的管路进行修复，故障排除。

**4. 故障评析**

检查发现，水罐和泡沫液罐采用整体设计、隔板分隔，罐体、隔板均为玻璃钢材质。泡沫液管路穿过罐壁和中间隔板，由罐壁和隔板支撑，车辆行驶颠簸和罐内水涌动冲击下，导致管路与隔板连接部位开裂。

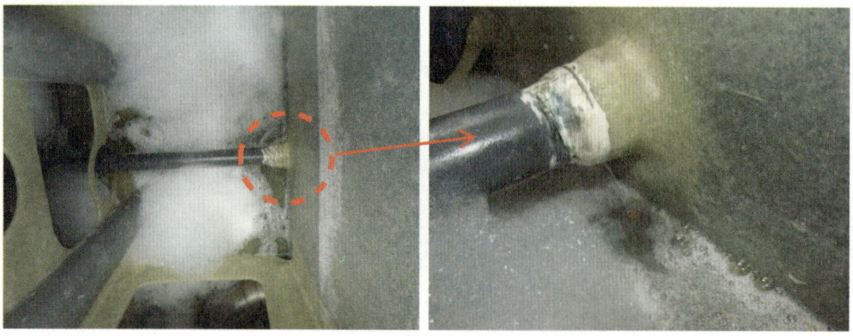

图 21-9 泡沫液管路泄漏泡沫液至水罐内

故障原因：设计问题（50%）；加工问题（50%）。

**5. 改进建议**

消防车灭火剂容罐之间及相连管路的密封性要求较高，建议在设计时要注意连接强度保证密封。

## 案例 368 30 m 云梯消防车泡沫液管路与泡沫液罐连接处漏液

**1. 车辆信息**

底盘：奔驰 2641　　生产日期：2012 年 4 月

车型：云梯消防车（L32FA，进口整车）

**2. 基本情况**

2015 年 8 月，驾驶员发现泡沫液管路与泡沫液罐罐壁连接处有漏液情况。

**3. 故障检查与排除**

（1）用压力水检查泄漏位置，发现测试压力水由泡沫液管路与泡沫液罐连接处底部的漆皮裂隙喷出（图 21-10），确认该连接部位（图 21-11）发生漏液。

（2）拆卸管路与罐体连接部位（图 21-12），用环氧树脂 AB 胶重新黏结修复、密封（图 21-13），故障排除。

图 21-10 罐底漆皮裂隙喷出测试压力水情况

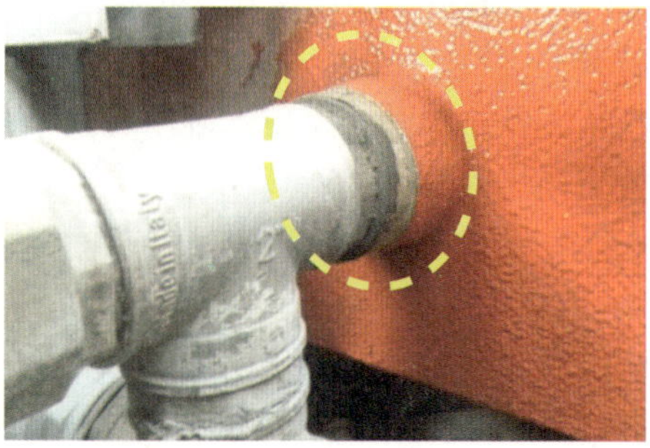

图 21-11 泡沫液管路与罐体连接处泄漏部位

图 21-12　拆卸管路与罐体连接部位

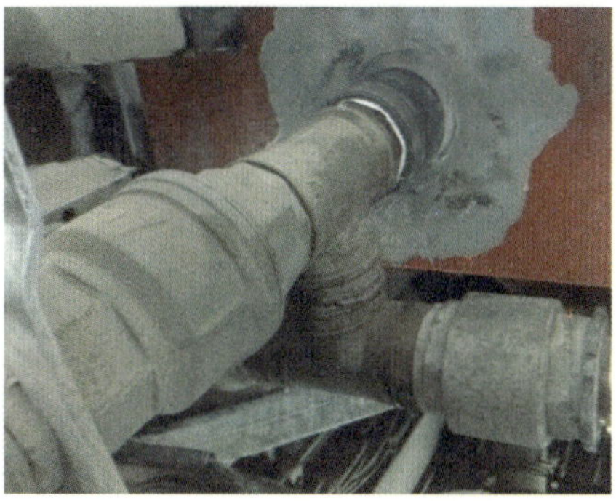

图 21-13　修复后的管路与罐体连接部位

**4. 故障评析**

由于罐体与外管路连接处为两种不同材料，一般只能采用粘接方式，但该种方式连接强度不足，容易发生开裂导致泄漏。

故障原因：罐体材料问题（50%）；加工问题（50%）。

**5. 改进建议**

消防车灭火剂容罐之间及相连管路的密封性要求较高，建议在设计时要注意连接强度与有效密封。

## 案例 369　30 m 云梯消防车水罐至水泵进水管路开裂

**1. 车辆信息**

底盘：曼 TGM 18. 280　　生产日期：2008 年 4 月

车型：云梯消防车（L32FA，整车进口）

**2. 基本情况**

2014 年 4 月起，多台次该型云梯消防车驾驶员反映水罐至水泵进水管路严重漏水。

**3. 故障检查与排除**

（1）经检查发现管路确有漏水情况，打开水罐向水泵的进水阀后，漏水更加严重；沿管路检查发现，后进水阀至水泵的弯管两端开裂（图 21-14）。

（2）拆卸水泵、管路和水泵附件，发现水罐至后进水阀的长管端部焊接处也出现开裂（图 21-15）。

（3）对水罐至后进水阀的长管端部进行重新焊接（图 21-16），并更换后进水阀至水泵的弯管；适当调整进水管路的安装位置，增加支撑架，故障排除。

**4. 故障评析**

水泵管路在安装过程中存在位置偏差，各法兰平面不平行，管路不对正，同时车辆行驶颠簸，都会导致水罐与水泵之间的管路存在较大应力而最后开裂。图 21-17 为拆下后进水阀至水泵弯管后各管路、法兰的位置关系。

故障原因：安装质量问题（100%）。

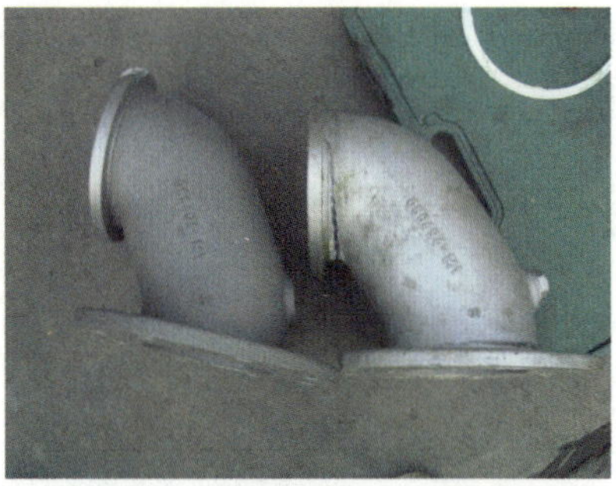

图 21-14　后进水阀至水泵的弯管两端开裂情况（新旧对比）

图 21-15　水罐至后进水阀的长管端部开裂情况

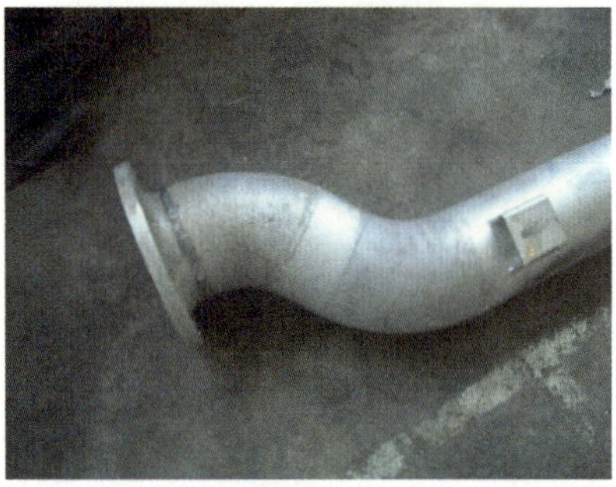

图 21-16　重新焊接的水罐至后进水阀长管

图 21-17　拆下后进水阀至水泵弯管后各管路、法兰的位置关系

**5. 改进建议**

（1）建议厂家在车辆设计时要充分考虑各部件之间的相对位置关系，避免因设计、安装等带来应力集中情况。

（2）车辆设计时应在管路连接位置适当增加柔性连接。

## 案例 370　40 m 登高平台消防车伸缩水管密封组件磨损老化

**1. 车辆信息**

底盘：奔驰 2641　　生产日期：2003 年 12 月

车型：登高平台消防车（F42HDT，整车进口）

**2. 基本情况**

2010 年 7 月，某石化专职队送修的登高平台消防车伸缩水管漏水。

**3. 故障检查与排除**

（1）漏水位置主要在伸缩水管的套筒连接处，初步判断是密封组件问题。

（2）拆卸伸缩水管总成（图 21-18），发现水管内密封组件磨损老化严重，大量密封圈破损，多节水管管壁存在明显划痕（图 21-19），拆卸过程中从水管内部清理出了大量污垢。

（3）拆卸、清洁和打磨伸缩水管管壁（图 21-20），拆卸密封组件和端套（图21-21），更换原厂伸缩水管密封组件（包括盘根）、端套（图 21-22 和图 21-23）和支撑滑块，再依次套接组装。

（4）伸缩水管进行水压测试、打水测试等，故障排除。

图 21-18　拆卸伸缩水管总成

图 21-19　伸缩水管表面和密封圈磨损

图 21-20　拆卸、清洁和打磨伸缩水管管壁

图 21-21　拆卸密封组件和端套

图 21-22　待更换的密封组件

图 21-23　更换密封组件和端套

**4. 故障评析**

消防车取水时，水中含有各种杂质和泥沙，臂架伸缩时水管表面容易粘上沙尘，使水管表面与刮尘环磨损，密封组件处的盘根缺少耐水润滑脂时磨损加剧，最终导致严重漏水。

故障原因：正常磨损（50%）；维护保养不当（50%）。

**5. 改进建议**

应定期对臂架伸缩水管系统进行清洁和润滑，保证刮尘环不被磨损，杜绝沙尘进入含油盘根。

# 案例 371 51 m 登高平台消防车泡沫系统管路被泡沫液沉积物堵塞

图 21-24 进行性能测试的登高平台消防车

**1. 车辆信息**

底盘：沃尔沃 FM7　　　生产日期：2010 年 3 月

车型：登高平台消防车（DG51）

**2. 基本情况**

2013 年 11 月，该登高平台消防车进行性能测试时，水泵正常运转，但打开泡沫液罐出液阀和泡沫比例混合器，消防炮只出水不出泡沫。图 21-24 为进行性能测试的登高平台消防车。

**3. 故障检查与排除**

（1）停泵泄放登高平台消防车供水管路压力水，此时水泵吸水口闷盖处有泡沫流出；打开吸水口闷盖，可见吸水口底部沉积大量黑色、腐臭、风干的泡沫液沉积物（图 21-25）。

（2）拆卸泡沫比例混合器（图 21-26），发现泡沫比例混合器内也有泡沫液沉积物堵塞了吸液口（图 21-27）。

（3）将比例混合器清洗干净，重新装上，并冲洗管路后运转水泵，打开出液阀，出泡沫正常，故障排除。

图 21-25 水泵吸水口内泡沫液沉积物

图 21-26 拆下的泡沫比例混合器

图 21-27 泡沫比例混合器内的泡沫液沉积物

**4. 故障评析**

出泡沫后未冲洗或未冲洗干净，造成泡沫液长时间积存于比例混合器吸液管中，形成沉积物堵塞泡沫系统管路。

故障原因：未按操作规程操作（70%）；维护保养问题（30%）。

**5. 改进建议**

出泡沫操作后，在现场及时对水泵、管路系统、消防炮、比例混合器进行冲洗；为保证冲洗彻底，建议车辆归队后再次检查，对消防炮、比例混合器等部件进行着重冲洗，在冲洗过程中反复启闭管路阀门，直至出水无泡沫。

## 案例 372　53 m 登高平台消防车水泵操作控制模块损坏

**1. 车辆信息**

底盘：曼 TGS33.360　　　　　　　　　　　生产日期：2016 年 8 月

车型：登高平台消防车（553TFL，整车进口）

**2. 基本情况**

2020 年 8 月，该车在灭火救援现场准备出水灭火时，驾驶员发现水泵操作显示屏黑屏，无法操作水泵系统，只能由其他消防车加压供水。

**3. 故障检查与排除**

（1）维修人员发现，水泵操作显示屏（触摸屏式操作控制面板）不显示，该车水泵及管路系统由水泵操作控制模块控制（图 21-28），而实际运行中水泵操作控制模块亮红灯（图 21-29），说明控制模块内部故障。

（2）更换水泵操作控制模块，用专用软件更新程序后，水泵操作显示屏显示正常，水泵运转正常，故障排除。图 21-30 为更换并正常运行的水泵操作显示屏和控制模块，图 21-31 为触摸式水泵操作显示屏。

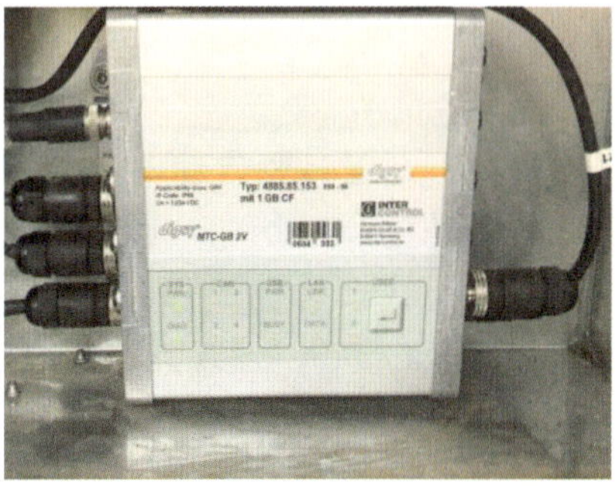

图 21-28　水泵操作控制模块

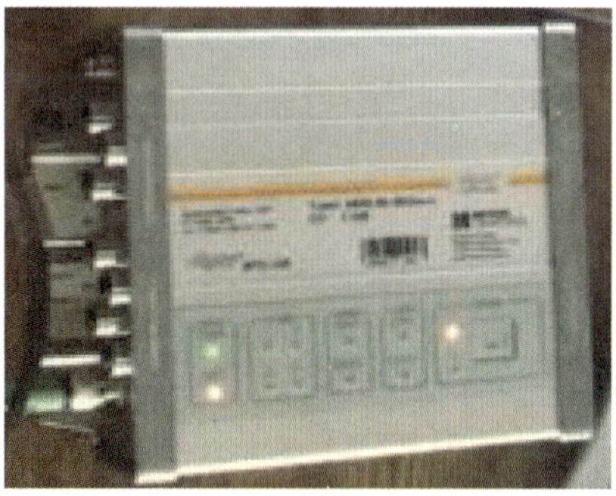

图 21-29　水泵操作控制模块亮红灯

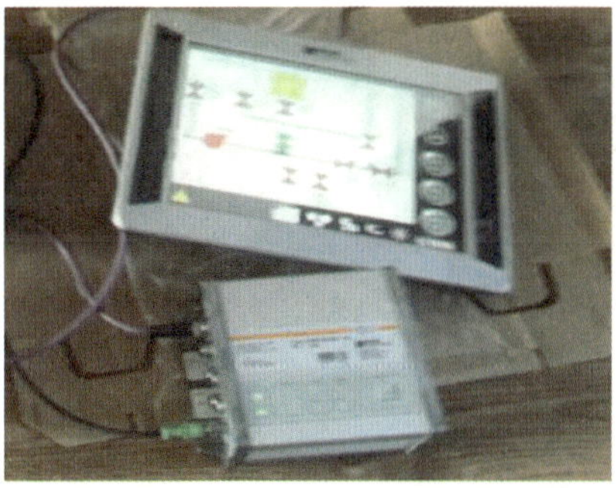

图 21-30　水泵操作显示屏和控制模块

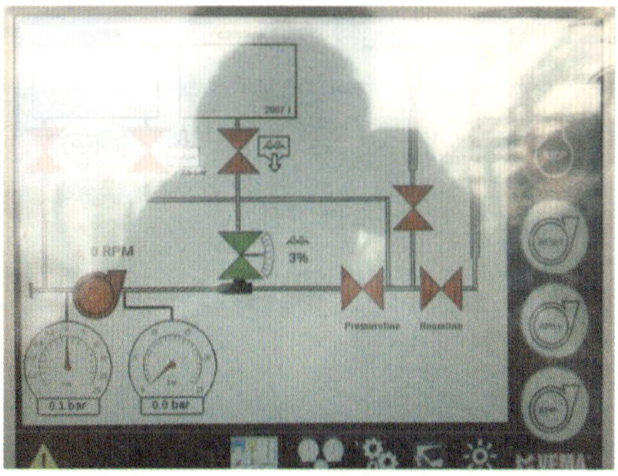

图 21-31　触摸式水泵操作显示屏

**4. 故障评析**

该车水泵操作控制模块不仅控制水泵管路各阀门，还可以控制操作显示屏，其通过CAN 总线连接登高平台消防车上装模块和底盘模块，所以此模块如果损坏，水泵系统无法工作。本次故障可能是由于车辆亏电无法启动时，用户采用外接电源搭接启动车辆方法不当造成模块损坏。

故障原因：质量问题（50%）；人为操作故障（50%）。

**5. 改进建议**

（1）车辆亏电无法启动需要搭接时，要注意用外接电源搭接相同电量及电压蓄电池，不能任意使用外接电源直接搭接启动，且注意正负极不要接反。从蓄电池极柱拆下线缆顺序是先负极再正极，安装时先接正极再连接负极。搭接启动后不要马上拆除线缆，要继续让车辆运行 5~10 min，让车载发电机给亏电蓄电池充电后再拆下搭桥电缆线，否则发电机充电电流过大，可能会造成车载控制模块损坏。

（2）在灭火救援现场，如果消防车电控系统出现故障，操作人员应熟练掌握应急操作功能。

## 案例 373　52 m 登高平台消防车电动真空泵锈蚀

**1. 车辆信息**

底盘：奔驰 4138　　　　生产日期：2004 年 5 月

车型：登高平台消防车（F54HDT，整车进口）

**2. 基本情况**

2014 年，登高平台消防车驾驶员在进行引水操作时，发现只要启动电动真空泵就烧坏电源保险。

**3. 故障检查与排除**

（1）维修人员对电动真空泵总成（图 21-32）进行全面检查，发现真空泵电路短路，保险烧断。

（2）拆下真空泵泵壳后，拆解电机和真空泵，发现电机、真空泵刮片和轴承都已经锈蚀卡死，具体情况如图 21-33、图 21-34 和图 21-35 所示。

（3）清理电机和真空泵内部锈蚀物污垢，打磨锈蚀和磨损面，更换刮片、轴承、密封组件，组装后通电测试，运转正常，故障排除。

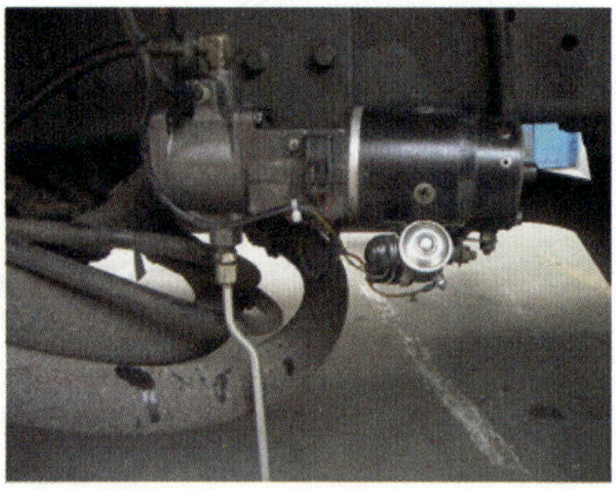

图 21-32　电动真空泵总成

图 21-33　拆下真空泵泵壳

图 21-34　拆解电机

图 21-35　拆解后的电机和电动真空泵

**4. 故障评析**

询问驾驶员，了解到水泵系统和真空泵引水系统长期闲置不用，平时也未对其进行测试和保养润滑，导致电机内部锈蚀，真空泵锈蚀、刮片卡死，此时一旦启动电机，由于真空泵刮片卡死无法转动，造成电机过载，电机电路保险烧断。

故障原因：维护保养不到位（100%）。

**5. 改进建议**

对于消防车水泵和真空泵（包括启动电机和电路），需定期检查、保养和试运转，并根据水泵系统操作说明书和厂家指导手册规定的保养时间节点进行注油润滑。

## 案例 374　18 m 举高喷射消防车异物堵塞水泵和水炮

**1. 车辆信息**

底盘：奔驰 4141　　生产日期：2009 年 10 月

车型：举高喷射消防车（JP18）

**2. 基本情况**

2012 年 10 月，车辆驾驶员反映，挂上取力器后水泵正常运转，但水炮出水时断时续，且压力和流量很小。

**3. 故障检查与排除**

（1）初步判断为异物进入管路。首先拆卸水泵，发现水泵进水管叶轮前有黑色橡胶物体缠绕（图 21-36）。打开水罐人孔盖进行检查，确认是孔盖的密封垫掉入水罐后被吸到水泵中。

（2）检查水炮出口，发现有细小的丝线随水流出；拆卸水炮，在水炮炮体内发现了一块白色无纺布状异物，该异物堵住了水炮出水口，如图 21-37 所示。

（3）清理水泵和水炮内的异物，重新组装，再次运行泵、炮，水炮出水压力和流量正常，故障排除。

**4. 故障评析**

水泵内的黑色橡胶异物是水罐人孔盖密封垫老化脱落产生。老式的人孔密封垫是套在人孔凸沿上的，很容易松脱，开关人孔盖时稍不注意就会将密封垫带出，掉入水罐；有时用水带从人孔口向水罐内注水操作时，也有可能使密封垫松脱，掉入水罐。水罐到水泵进

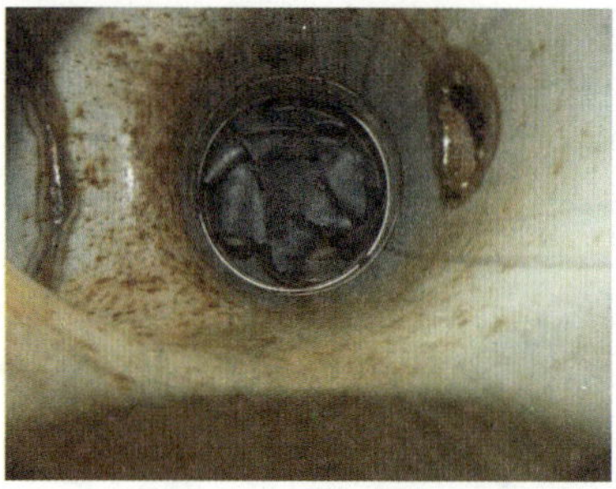

图 21-36 水泵进水管叶轮前的黑色橡胶异物

图 21-37 水炮炮体内的无纺布状异物

水口没有设置滤网，吸水时堵住水泵进水管路。

水炮内白色无纺布状异物可能是部件组装过程中遗落在管路内。

故障原因：设计不合理（50%）；零部件安装问题（30%）；检查保养不当（20%）。

**5. 改进建议**

（1）水罐向水泵供水总管的进口处应设置滤网。

（2）经常检查水罐内及进水口处是否有异物，检查滤网是否完好。

## 案例 375 20 m 举高喷射消防车水泵轴封填料密封不严

**1. 车辆信息**

底盘：豪沃　　　　生产日期：2018 年

车型：举高喷射消防车（JP20）

**2. 基本情况**

2019 年，车辆在进行水力测试过程中，发现水泵泵轴处漏水严重。

**3. 故障检查与排除**

（1）消防车在出水作业时，水泵轴封填料函处有小水流流出；车辆停靠库房时，消防水泵填料函处仍有水流出。

（2）将水泵填料备件（盘根绳）（图 21-38）剪成小段，拧下填料函压紧螺栓（图 21-39），将填料段放入螺栓孔内，再慢慢拧紧压紧螺栓，这个过程必须在水泵怠速运转

图 21-38 水泵填料备件

图 21-39 水泵填料函压紧螺栓

时进行，否则会造成填料函内部局部填死，泵轴却不密封。重复以上操作，直至填料函处有水呈滴状渗出（小于 60 滴/min），故障排除。

**4. 故障评析**

消防水泵采用填料密封时，水泵泵轴处少量漏水属于正常现象。如果轴封填料函漏水量太大（渗出的水连成线），达不到密封效果，则需要添加填料；如果没有水滴滴落，说明填料填充过紧，则泵轴与填料的机械磨损大，消耗功率大，产生发热和磨损。

目前水泵密封主要有机械密封、填料密封和浮动环密封等，这几种轴封方式各有特点，其中填料密封对日常维护保养水平要求较高。

故障原因：日常检查与保养不当（100%）。

## 案例 376　20 m 举高喷射消防车外吸液口漏气

**1. 车辆信息**

底盘：奔驰 3344　　生产日期：2019 年

车型：举高喷射消防车（JP20）

**2. 基本情况**

2019 年，消防车检测时发现无法实现外吸泡沫液工况。

**3. 故障检查与排除**

（1）外吸泡沫液工况下，第一次外吸泡沫液时泡沫液只能吸到外吸液管的半程。

（2）使用罐内泡沫液进行出泡沫试验，进一步检查管路和相关阀门开启正常，可以正常打出泡沫，说明消防系统管路及阀门正常。

（3）检查外吸液管路密封情况，发现外吸液管（钢丝软管）接头因管路自重向下坠，导致接头处不能水平对接，吸液管接头内密封变形，存在漏气可能（图 21-40）。

图 21-40　外吸液管连接处

（4）用手托住外吸液管接头，重新进行外吸泡沫液工况，泡沫液能成功吸上来，因此确认外吸液管接头处漏气。

（5）更换外吸液管接头密封皮垫，再次运行外吸泡沫液工况，正常，故障排除。

**4. 故障评析**

外吸液管采用直径 80 mm 钢丝软管，在接头处软管自重下坠导致接头密封变形、漏气。

故障原因：管路设计不当（50%）；零部件质量问题（50%）。

**5. 改进建议**

建议外吸液管接口改为内扣式；该车外吸液管直径（80 mm）过大，建议根据水泵流量匹配适当直径的吸液管。

## 案例 377　20 m 举高喷射消防车气路总电磁阀未打开

**1. 车辆信息**

底盘：奔驰 3344　　　　生产日期：2016 年

车型：举高喷射消防车（JP20）

**2. 基本情况**

2016 年 7 月，车辆调试出水时无论按哪个控制键，对应的阀门都无法打开，不能正常出水。

**3. 故障检查与排除**

（1）按下控制键后，相应的电磁阀均通电，但对应阀门却无法开启，排除电控故障因素。

（2）手动按下气路总电磁阀下的红色气阀按钮，发现相应阀门没有压力气体通过，分析可能是系统无高压气源。气路系统压力气体首先经过减压阀（附带气水分离器）和气路总电磁阀，检查发现减压阀压力约为 0.6 MPa，而总电磁阀处的压力为 0 MPa（图 21-41）。判断总电磁阀处于关闭状态，压力气体无法通过减压阀进入总电磁阀，无法建立系统压力。

（3）利用工具开启和调节总电磁阀，将压力表读数调至 0.6 MPa（图 21-42），阀内立刻有气流通过，此时按下一键出水控制按钮，阀门均能开启，车辆正常出水，故障排除。

图 21-41　减压阀和总电磁阀压力显示

图 21-42　调整后电磁阀压力正常

**4. 故障评析**

此故障是由于气路总电磁阀未开启，上装气路无压力，造成所有阀门无法工作。

消防车控制系统气源压力由减压阀与通断总电磁阀共同控制。减压阀控制系统内所需要的气体压力。总电磁阀在消防车不进行消防作业时，切断消防车控制系统气路，防止上装气路漏气。总电磁阀下方有调节螺柱，出厂时，螺柱默认调节至物理关闭位置，即使电磁阀得电产生吸力，也无法开启气路通道，高压气体无法进入系统。

图 21-43 手动开启总电磁阀

减压阀的调节方法：将减压阀上方黑色塑料帽拔出旋转，顺时针增大、逆时针减小，压力一般调整在 0.6 MPa。

总电磁阀调节方法：使用 4 mm 的内六角扳手将调节螺柱松开（根据系统排气量调节圈数）（图 21-43），将压力表读数调至 0.6 MPa，阀内立刻有气流通过，这时按下阀门控制按钮，阀门才能开启。

故障原因：安装调试问题（100%）。

**5. 改进建议**

（1）按照其他厂家做法，气路总电磁阀发生故障时，可在总电磁阀位置配置手动旁通阀，通过开启旁通阀为上装气路供气。

（2）建议在气路系统中增加气压传感器，如果气压不足及时报警。

## 案例 378 32 m 举高喷射消防车臂架伸缩水管压力限制阀被错接润滑系统

**1. 车辆信息**

底盘：奔驰 3341　　生产日期：2010 年 5 月

车型：举高喷射消防车（JP32）

**2. 基本情况**

2020 年 9 月，该车消防炮多次出现无法出水情况，并伴随油脂溢出。

**3. 故障检查与排除**

（1）拆解水泵管路，拆卸、检查伸缩水管、消防炮和加装的自润滑系统，发现管路内有大量润滑脂，并伴随泡沫液积淀。臂架伸缩水管堵塞情况如图 21-44 所示。

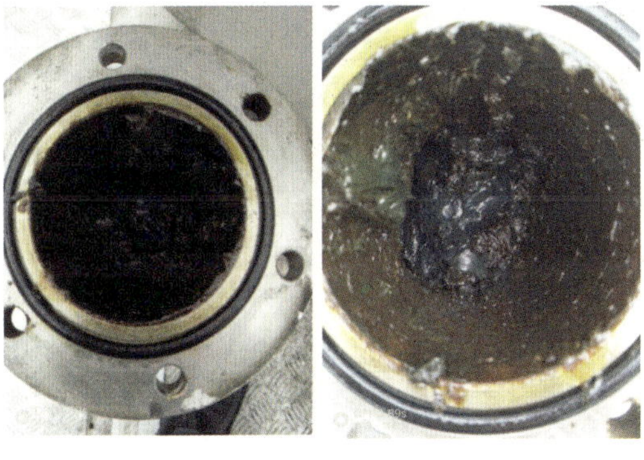

图 21-44 臂架伸缩水管堵塞情况

（2）进一步检查自动润滑系统，发现润滑系统错误接入了臂架伸缩水管压力限制阀。

（3）拆卸臂架伸缩水管，清除润滑脂，清洗并更换密封件重新装回；将自动润滑系统连接正确的润滑点位，重新恢复压力限制阀，试运行，故障排除。

**4. 故障评析**

用户委托第三方对该型车辆加装了自润滑系统，改装人员错误地将臂架伸缩水管压力限制阀接入了润滑系统，导致润滑脂被加入臂架伸缩管路。

车辆搁置时间较长，管路内泡沫液沉积物较多。虽然这一情况不是导致故障现象发生的直接原因，但是也反映了该车日常检查和维护保养存在的问题。

故障原因：委托第三方改装问题（100%）。

**5. 改进建议**

若对消防车上装系统进行改装，需由专业技术人员进行且得到消防车生产厂改装授权。

## 案例 379　48 m 举高喷射消防车消防泵测压连接管接头漏气

**1. 车辆信息**

底盘：奔驰 4144　　　　生产日期：2017 年 1 月

车型：举高喷射消防车（JP48）

**2. 基本情况**

2017 年，举高喷射消防车进行消防泵系统真空测试时，真空表压力值仅为 -10 ~ -50 kPa且无法长时间保压。

**3. 故障检查与排除**

（1）检查水泵及管路系统所有阀门（包括水泵排水阀、罐至泵出水阀、炮出水阀、泵至罐注水阀、罐出泡沫阀、低压出水口阀、外吸泡沫口阀和外吸水口等）闭合完好。

（2）启动电动真空泵（由于电动真空泵的功率达 2 kW，为了避免底盘蓄电池耗电亏电过快，让车辆发动机处于运行状态），目测真空泵拉阀阀芯动作正常，可以开启、关闭到位，排除真空拉阀故障。图 21-45 为消防泵及管路系统，图 21-46 为消防泵及管路系统中真空拉阀实物。

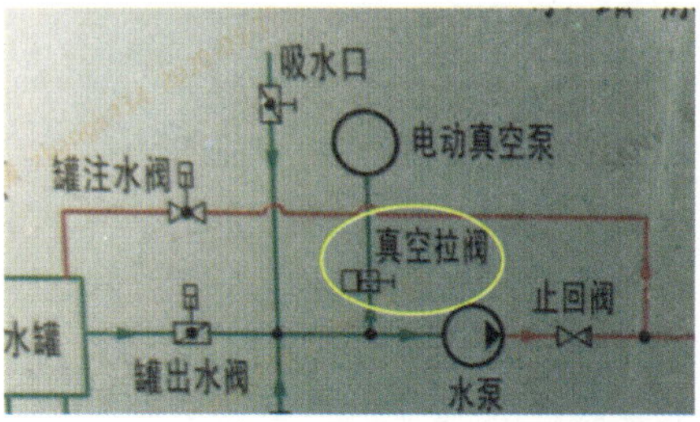


图 21-45　消防泵及管路系统

图 21-46　消防泵及管路系统中真空拉阀实物

（3）检查真空泵管路与水泵吸水管的接头，排除真空泵吸气管有松动等串气、漏气可能。

（4）再次启动真空泵，观察显示屏显示真空值可达 -85 ~ -70 kPa 并能保持 3 min 以上，表示气密性正常（若压力显示为零，可打开水泵放水阀，用手感知是否有吸力，有吸力则表示真空泵工作正常，此时也可判断压力传感器是否正常）。图 21-47 即为显示屏显示真空值的位置。

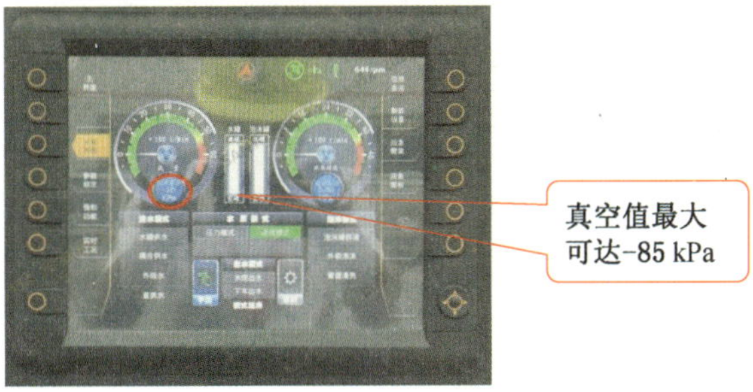


图 21-47　显示屏显示真空值的位置

（5）检查上装管路上的气源总阀，未发现气源总阀发卡造成水管路阀门不能动作或不能完全关闭现象；检查气源总阀确实处于打开状态，减压阀调整压力达到 0.7 MPa，阀门启闭正常。图 21-48 即为减压阀总成。

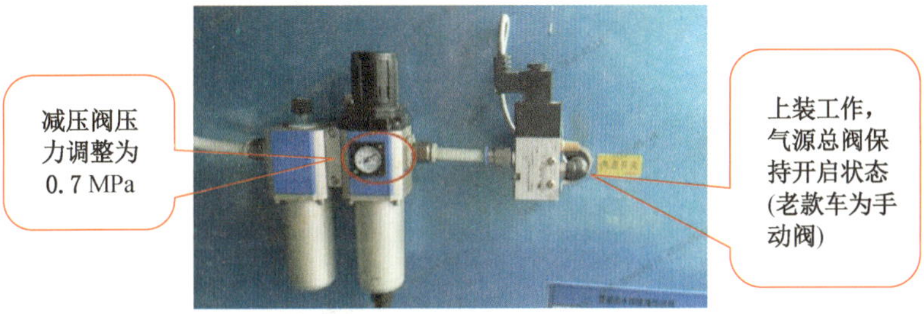


图 21-48　减压阀总成

（6）采用简易方法进一步检查管路接口密封情况，未发现下车水管路气密性异常。检查管路接口密封的三个简易方法：一是检查是否有串气的声音；二是在条件允许的前提下，用点燃的香烟靠近每一个接口，看烟是否被吸入；三是用其他消防车供压力水，从外吸水口进水憋压，检查是否有漏水点。

（7）检查水泵测压管路接头（含过渡接头）（图 21-49），连接紧固无松动；最后检查发现，测压管路过渡接头与测压管采用的是端面密封，因过渡接头端面不平整（图 21-50），造成慢串气。

（8）更换新的测压管路接头，串气现象消失，重新测试真空度正常，故障排除。

图 21-49　水泵测压管接头（含过渡接头）

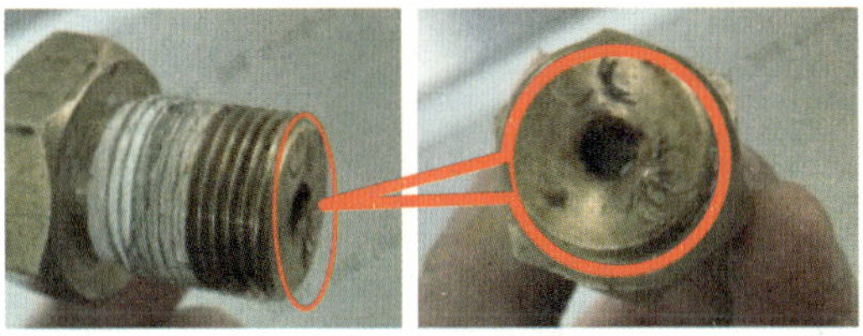

图 21-50　水泵测压连接管过渡接头端面不平整

**4. 故障评析**

GB 7956. 2—2014 第 4. 2. 1. 4 条要求“操作面板上消防泵出口和进口压力表连接处应提供测试用连接管，接口规格为 M 10×1. 5 mm 的外螺纹，螺纹长度不小于 15 mm，接口位置应便于外接压力表的安装，并标注标识”。本车测试用压力表是多次使用过的检测设备，该接头已与检测车辆的连接位置进行过多次连接，导致该接头密封性能降低。

故障原因：测试时检测接头质量问题（100%）。

**5. 改进建议**

消防车生产厂家在进行车辆水力测试时，除关注本车的各项性能指标外，同时要注意检查测试设备的性能状态。

## 案例 380 48 m 举高喷射消防车供水软管接口密封胶圈老化开裂

**1. 车辆信息**

底盘：奔驰 4141　　　　生产日期：2015 年 9 月

车型：举高喷射消防车（JP48）

**2. 基本情况**

2020 年 5 月，驾驶员反映，举高喷射消防车消防炮射水时，一臂和二臂橡胶软管连接位置有三处严重漏水。图 21-51 为故障消防车，图 21-52 为橡胶软管在臂架上的位置，图 21-53 和图 21-54 分别为橡胶软管连接接口漏水位置。

图 21-51 故障消防车

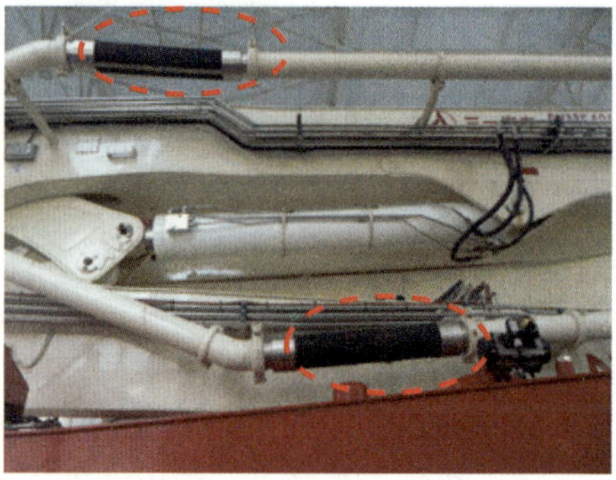

图 21-52 橡胶软管在臂架上的位置

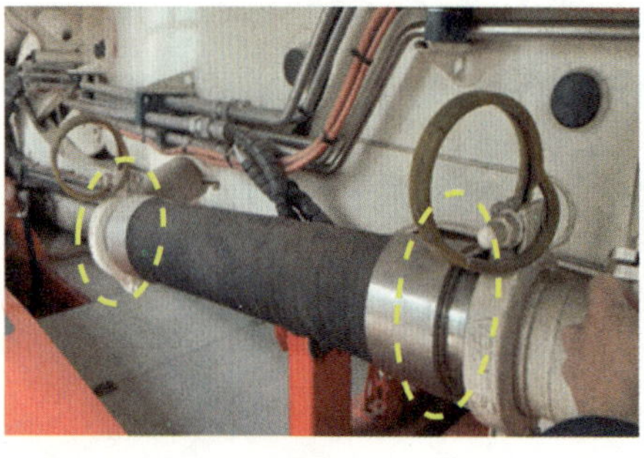

图 21-53 橡胶连接接口漏水位置 1 和位置 2

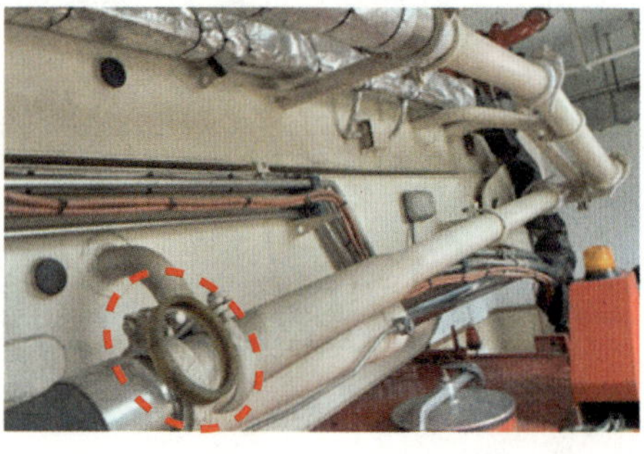

图 21-54 橡胶软管连接接口漏水位置 3

**3. 故障检查与排除**

（1）维修人员拆卸一臂和二臂管路橡胶软管连接接口卡箍进行检查，发现接口处的密封胶圈严重老化开裂（图 21-55）。

（2）维修人员将管路全套密封胶圈更换为新型密封胶圈（图 21-56），进行水压测试，故障排除。

图 21-55　损坏的密封胶圈

图 21-56　待更换的新型密封胶圈（左旧右新）

**4. 故障评析**

该型车是由混凝土泵送车设计改装而成，管道原设计为输送混凝土使用，需要每 2~3 年全部更换一次管路组件。混凝土泵送车改型为举高喷射消防车，在管路密封圈选型时未充分考虑消防车的实际需求变化，形成潜在的故障隐患。之后，厂家重新选择了更为适合的密封材料，减少了该类型故障发生的概率。

故障原因：密封圈材质选型问题（100%）。

**5. 改进建议**

水管路密封需配置耐久性更好的密封胶圈。

## 案例 381　48 m 举高喷射消防车水泵制动器漏气

**1. 车辆信息**

底盘：奔驰 4141　　生产日期：2015 年 9 月

车型：举高喷射消防车（JP48）

**2. 基本情况**

西部某地一台 48 m 举高喷射消防车出现水泵制动器漏气故障，无法实现水泵制动。

**3. 故障检查与排除**

（1）检查发现，DBF-8 型水泵盘式制动器漏气（图 21-57），且制动器为一体设计，无法单独更换密封件。

（2）更换制动器总成，故障排除。

图 21-57　水泵盘式制动器总成

**4. 故障评析**

该制动器通过气源直接推动制动钳夹紧制动盘，

达到制动的功能。制动器气缸密封件损坏会出现漏气，导致制动钳无法夹紧水泵制动盘，造成制动失灵。

故障原因：密封件质量问题（100%）。

**5. 改进建议**

加强设备易损件的检查和维护保养；加强气动缸质量控制；建议制动器总成设计为可以方便更换的密封组件，减少资源浪费。

## 案例 382 48 m 举高喷射消防车水罐至水泵进水管路入口堵塞

**1. 车辆信息**

底盘：奔驰 4141　　　　生产日期：2016 年 5 月

车型：大跨度举高喷消防车（JP48）

**2. 基本情况**

2020 年 7 月，驾驶员反映消防车挂上泵挡后，第一次加速只有少许水流出，再次加速加压，水炮和各出水口均不出水。

**3. 故障检查与排除**

（1）询问驾驶员车辆状态，检查水罐液位量以及水泵的转速、加速情况，都未发现异常；检查水泵和所有管路阀门、出水口及消防炮出口，也未发现异常。

（2）试运行发现，水泵开始运转时有压力，出水口有水流出，当水泵继续运转，却没有压力水持续输出；排查确认水罐至水泵管路阀门已经打开，但是无水进入水泵。

（3）拆卸水罐至水泵的进水管路阀门（图 21-58），发现水罐至水泵的管路入口处有异物遮挡；放尽水罐水，进入罐体内部查看，发现水罐通向水泵管路出水端口滤网处被一块抹布（毛巾）堵塞，水罐水无法进入水泵。

（4）取出堵塞异物（图 21-59），重新安装管路阀门，试运行，故障排除。

图 21-58 拆卸阀门后的水罐至水泵进水管路

图 21-59 水罐至水泵进水管路入口取出的异物

**4. 故障评析**

初步分析，消防员擦拭车辆时，抹布（毛巾）从水罐顶部人孔口掉入并被吸入到水罐通向水泵进水口的闸阀上，最终造成管路堵塞。

故障原因：人员疏忽（100%）。

**5. 改进建议**

消防员在对消防车进行清洁和维护保养时避免异物掉入水罐；水泵在水罐内部的取水口（水罐至水泵进水口）位置应设置滤网。

## 案例 383　53 m 举高喷射消防车真空泵管路爆裂

**1. 车辆信息**

底盘：豪沃　　生产日期：2010 年 9 月

车型：举高喷射消防车（JP53）

**2. 基本情况**

2013 年 11 月，某支队消防训练基地，生产厂家售后服务人员用该车给支队特种车驾驶员和装备技师演示耦合供水和高喷出水，由一辆水罐消防车经集水器向举高喷射消防车水泵进水口供水，再由水泵加压，通过臂架顶部水炮出水，但水泵加压时，回转中心下方突然泄水，演示停止。

**3. 故障检查与排除**

（1）生产厂家售后服务人员到车底检查，发现与水泵进水管路相连的真空泵吸气管出现裂口（图 21-60）。此真空泵吸气管为螺旋钢丝骨架塑料管结构软管，吸气管及接头卡箍不耐正压，有压供水时会破裂损坏。

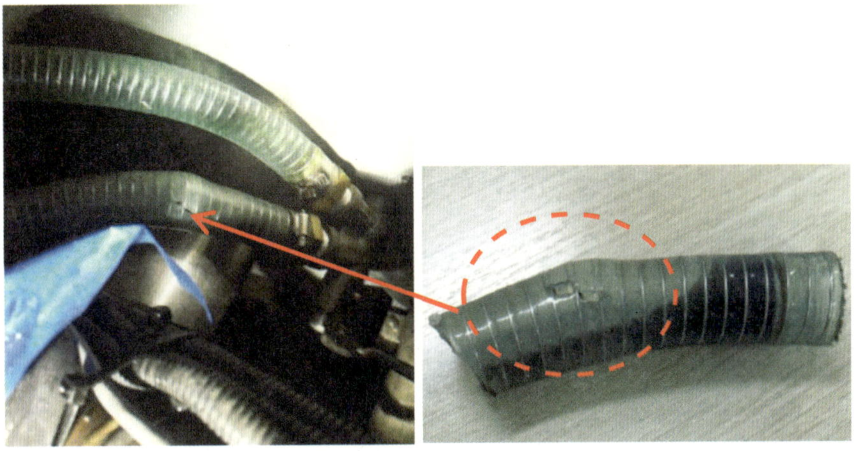

图 21-60　真空泵吸气管破裂损坏情况

（2）进一步检查发现，水泵进水管路在通向真空泵的吸气软管之前安装了一个截止阀（图 21-61），耦合供水之前关上这个截止阀，可以防止压力水对真空泵、真空表及其管路造成损坏。但这个阀位于转台下非常隐蔽的一个部位，当时无论是售后服务人员还是用户，都不知道这个阀的存在。

（3）关闭截止阀，更换破裂的吸气软管，耦合供水演示得以顺利完成，故障排除。

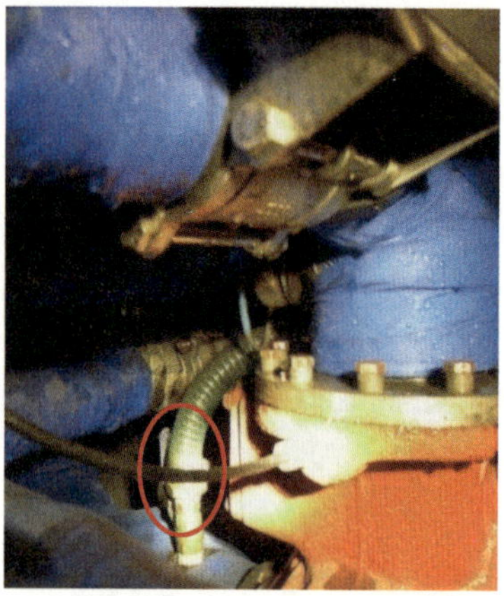

图 21-61 真空泵吸气软管之前的截止阀位置

**4. 故障评析**

本车设计未充分考虑到耦合供水需求，真空管路耐压不足，真空表也只有真空量程，不耐正压；在耦合供水时，由于进水管路为正压，需要将真空管路断开，为此设置了一个截止阀；但此截止阀位置太隐蔽，且无标识，连厂家售后服务人员开始也不知有此开关，出现损坏泄水后查原因时才找到。

故障原因：阀门设置位置不合理（70%）；操作不到位（30%）。

**5. 改进建议**

（1）消防车水泵利用水罐水、消火栓水等压力水源时，应提前关闭真空泵、真空表连接管路阀门。

（2）厂家也可将真空泵吸气管路截止阀设计为气动，与真空泵控制按钮联动，按下抽真空作业按键时，同时打开截止阀；抽真空作业完成后，及时关闭截止阀。

# 第二十二章　液压系统故障分析与排除

本章主要对举高类消防车液压系统的 11 个典型故障进行分析与排除

## 案例 384　30 m 云梯消防车液压控制系统电磁阀故障

**1. 车辆信息**

底盘：曼 TGA33.350　　　　生产日期：2009 年

车型：云梯消防车（L32，整车进口）

**2. 基本情况**

2019 年，驾驶员反映上装取力器结合后，发动机熄火。

**3. 故障检查与排除**

（1）检查发现结合上装取力器，发动机熄火，云梯显示屏显示故障码为“E083”，故障信息为“主压力阀向上开关位故障”（即上下车转换阀故障），如图 22-1 所示。

（2）检查液压系统中上下车转换阀（图 22-2），活动正常，无卡顿。

图 22-1　显示屏显示故障码

图 22-2　上下车转换阀

（3）用万用表测量，转换阀的电磁阀阀芯位置传感器电压值不在正常范围，确认位置传感器故障，更换电磁阀阀芯位置传感器，故障排除。图 22-3 为上下车转换阀的电磁阀阀芯位置传感器拆解和更换情况。

**4. 故障评析**

云梯消防车液压控制系统电磁阀芯位置传感器用来追踪阀芯运动位置：当手柄运动位置与阀芯运动位置相同时，反馈系统工作正常；当手柄运动位置与阀芯运动位置不同时，反馈系统工作异常，控制模块即强制停止云梯继续运动。在实际使用当中可能出现以下两

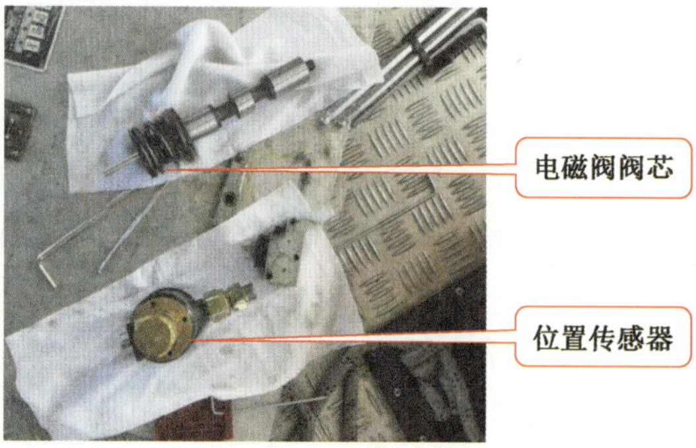


（a）转换阀的电磁阀阀芯和损坏的位置传感器

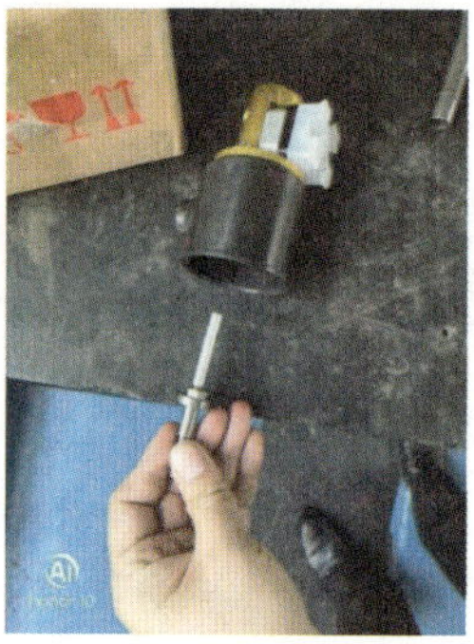

（b）更换的位置传感器

图 22-3 拆解和更换上下车转换阀电磁阀芯及位置传感器

种情形的故障：

（1）当上下车转换阀电磁阀阀芯位置传感器故障，输出信号异常，会导致发动机熄火。

（2）当云梯运动（俯仰、伸缩和旋转）电磁阀位置传感器故障，输出信号异常，可能导致云梯停止运动。通过手柄操作云梯动作时，如液压油含有杂质，可能导致阀芯卡滞，位置传感器反馈的信号与手柄动作不同步，而向系统反馈故障，造成系统报警，锁止云梯。

故障原因：维护保养不及时（50%）；零件质量问题（50%）。

## 案例 385 37 m 云梯消防车俯仰油缸漏油

### 1. 车辆信息

底盘：奔驰 1529　　生产日期：2009 年 8 月

车型：云梯消防车（L39，整车进口）

### 2. 基本情况

2022 年 3 月，在对云梯消防车巡检中，发现云梯俯仰油缸漏油，下降过程中梯架严重抖动。

### 3. 故障检查与排除

（1）维修人员发现，云梯下俯运动时梯架抖动严重，左侧俯仰油缸漏油；拆解俯仰油缸活塞杆和活塞（图 22-4），发现油缸活塞及端口油封损坏（图 22-5）。

图 22-4 拆卸俯仰油缸活塞杆和活塞

图 22-5 损坏的油缸端口油封

（2）更换俯仰油缸密封组件，油缸漏油消除，抖动明显好转，但下俯速度快时还是发生抖动。

（3）怀疑云梯下俯速度过快，可能产生抖动。用专用诊断电脑设置参数，调节减慢油缸下俯速度，发现抖动减轻，但还会有抖动现象。

（4）对调伸缩、俯仰油缸液压阀位置反馈传感器（图 22-6），发现还是有抖动。

图 22-6 俯仰油缸液压阀和位置反馈传感器

（5）拆卸俯仰油缸平衡阀，清洗后发现俯仰运动速度减慢，但还是有抖动现象，调整平衡阀 S 接口调压阀压力，重新安装后，故障排除。图 22-7 为俯仰油缸平衡阀（红色虚线圈为调压阀调整螺钉），图 22-8 为俯仰油缸系统液压原理图（绿色虚线框为调整平衡阀，红色虚线圈为调整平衡阀 S 接口处调压阀）。

图 22-7 俯仰油缸平衡阀

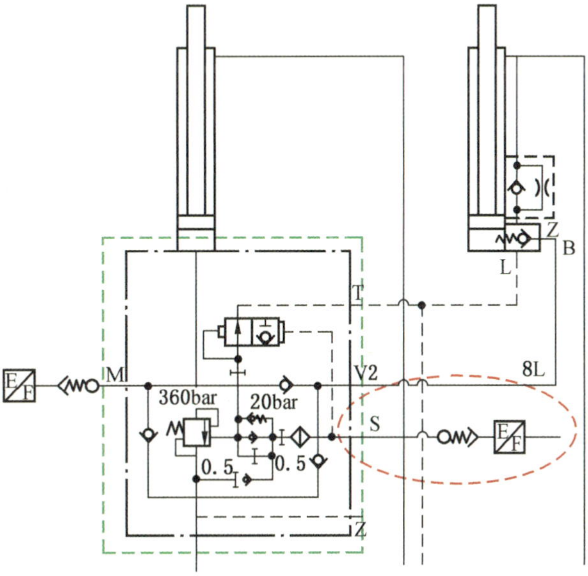


图 22-8 俯仰油缸系统液压原理图

**4. 故障评析**

此故障可能初期只是左侧油缸内泄漏油，当云梯快速运行时两油缸下降速度有偏差造成抖动，但当地维修厂不了解情况，调整了运行速度及平衡阀压力，造成进一步抖动。

发现此调压阀被人调整过，丝扣损坏，此调压阀为俯仰油缸减震传感器调压阀，随意调整可能会使油缸产生振动。

未经过厂家培训及授权的修理厂家或维修人员，不应随意维修调整云梯消防车液压系统压力，否则会造成更严重后果。

故障原因：零件质量（50%）；维修调整错误（50%）。

## 案例 386 37 m 云梯消防车后桥悬架锁油缸压力传感器故障

**1. 车辆信息**

底盘：曼 TGM18. 280　　　　生产日期：2012 年 6 月

车型：云梯消防车（DLK39，整车进口）

**2. 基本情况**

2019 年 6 月，日常训练中，消防车 X 型支腿的四个支脚触地后加压，其中三个支腿加压伸出停止后，左侧后支腿支脚继续伸出，造成车辆倾斜，上装梯架无法工作；将支腿全部收回后显示屏提示“收回支腿”故障信息。

**3. 故障检查与排除**

（1）维修人员现场使用专用诊断电脑检测，发现当云梯支腿触地支撑后，左侧后桥悬架锁油缸压力传感器压力无变化；当支腿完全回收后，压力传感器压力值未归零，因此判断是后桥悬架锁油缸压力传感器故障。

（2）更换后桥悬架锁油缸压力传感器（图 22-9），用专用诊断电脑重新设置参数后，故障排除。

图 22-9 后桥悬架锁油缸压力传感器

**4. 故障分析**

本车后桥左右各有一个悬架锁油缸压力传感器，用于判断支腿支撑地面压力是否足够，当支腿支撑压力不足，系统会自动停止上装工作。压力传感器安装在后桥悬架锁油缸锁阀上，由于靠近悬架，工作环境差，可能导致传感器发生故障损坏。

故障原因：零件质量问题（70%）；设计问题（30%）。

**5. 改进建议**

给支腿后桥悬架锁油缸压力传感器安装防护罩。

# 案例 387　53 m 云梯消防车液压软管老化

**1. 车辆信息**

底盘：曼 TGA 33.360　　　　生产日期：2009 年 9 月

车型：云梯消防车（DLK55，整车进口）

**2. 基本情况**

驾驶员反映，车辆有部分液压软管橡胶表面出现不同程度的老化开裂，金属接头压口位置开始渗油。

**3. 故障检查与排除**

在车辆日常检查中发现液压软管及接头渗油或漏油的情况（图 22-10），更换液压软管及接头，故障排除。

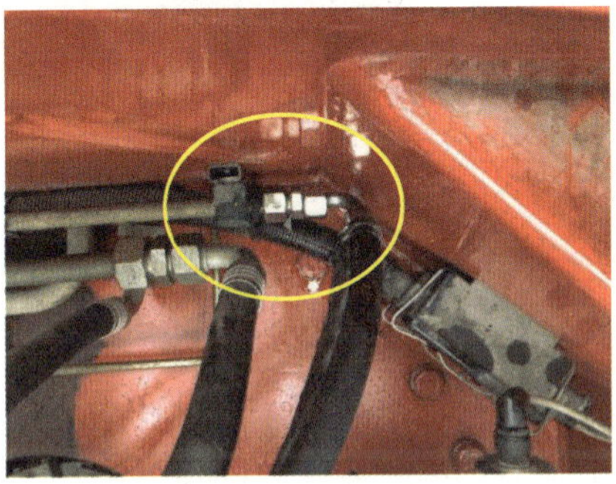

（a）转台位置漏油的液压软管接头

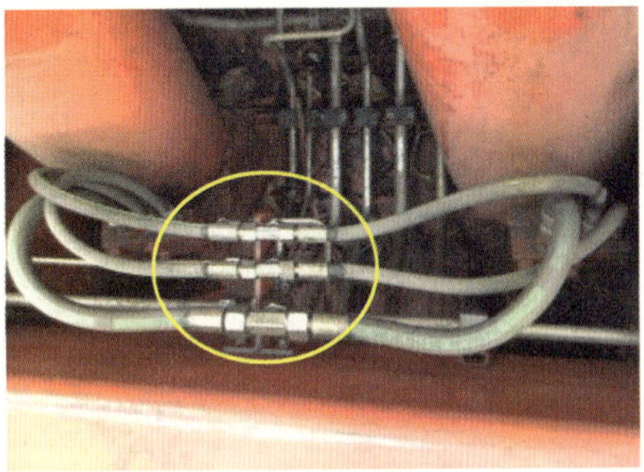

（b）变幅油缸下方漏油的液压软管接头

图 22-10　老化漏油的液压软管及接头

**4. 故障评析**

如果液压软管有老化但未及时更换，对于车辆的正常使用会构成很大风险。如果在救援过程中软管突然断裂，不但云梯动作可能突然停止，且可能使用应急操作也无法回收。

故障原因：零部件老化（100%）。

**5. 改进建议**

对于使用超过 10 年的云梯消防车应及时更换全车的液压软管，安装软管时也需注意软管不要扭转，需调整到最适宜的位置。

# 案例 388　40 m 登高平台消防车臂架及支腿液压泵故障

**1. 车辆信息**

底盘：奔驰 3341　　　　生产日期：2007 年 6 月

车型：登高平台消防车（ALP42，整车进口）

**2. 基本情况**

2018 年 6 月，当驾驶员正常操作登高平台消防车约 10 min，油压在 280 bar 时，液压系统突然泄压，所有动作不执行，再次踩下油门踏板，无法加压；驾驶室仪表盘显示屏无故障提示。

**3. 故障检查与排除**

（1）初步判断可能是液压电控系统失灵，但是手动操作液压控制阀操作臂架时也会出现突然泄压现象，判断故障来自液压系统。

（2）怀疑是此车配置的水泵液压驱动换向阀故障，当油温升高时，切断了臂架供油管路，更换此换向阀后（图 22-11），故障依然存在。

（3）检查各泄压阀也未发现故障，再次判断可能是臂架及支腿液压泵的液压油温度及油压升高时内泄，更换此液压泵后（图 22-12），故障排除。

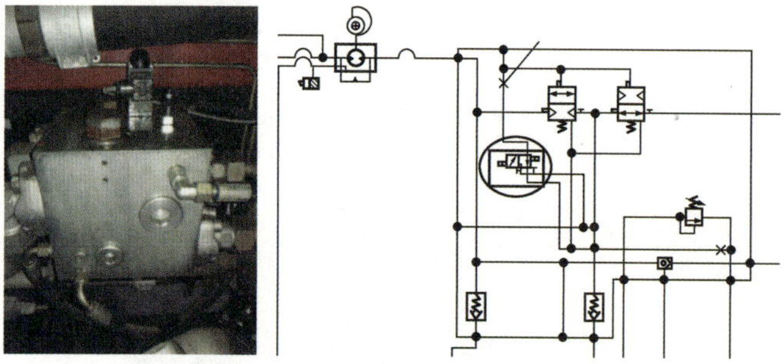

图 22-11 水泵液压驱动换向阀实物及换向阀位置原理图

图 22-12 故障的臂架及支腿液压泵

**4. 故障评析**

此车采用三个液压泵，一个液压泵给臂架及支腿系统提供液压动力，一个液压泵给大功率水泵液压马达提供液压动力，还有一个液压泵为工作斗调平、旋转提供液压动力。当需要水泵大流量出水时，臂架及支腿液压泵通过换向阀也转换到水泵液压马达油路，水泵全功率工作。液压系统原理如图 22-13 所示，图中从左至右依次为水泵驱动液压泵、臂架及支腿液压泵、工作斗液压泵。

臂架及支腿系统液压泵长时间运转，并且长时间没有更换液压油及液压油滤芯，造成液压泵内柱塞磨损，高压高温时液压油稀释，造成内泄压。

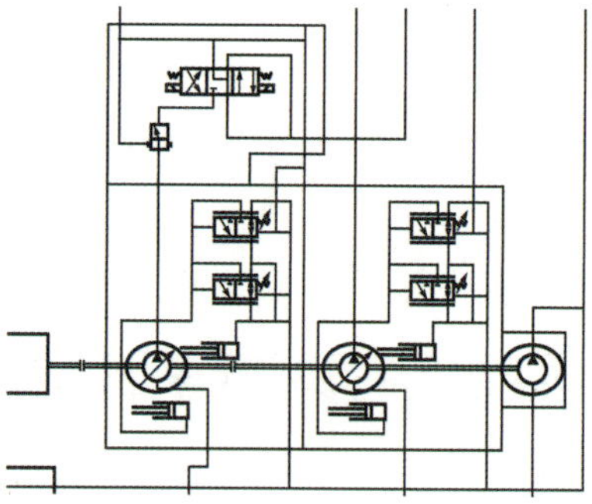

图 22-13 液压系统原理图

故障原因：保养不到位（100%）。

**5. 改进建议**

按厂家规定按时保养液压系统，避免造成损坏。

# 案例389　42 m举高喷射消防车支腿液压锁阀故障

**1. 车辆信息**

底盘：奔驰 3344　　生产日期：2016 年

车型：举高喷射消防车（JP42）

**2. 基本情况**

2019 年 11 月，车辆巡检过程中发现下车支腿支撑后，垂直支腿有异响。

**3. 故障检查与排除**

（1）维修人员挂上液压取力器将下车支腿伸出并调平，操作上车后能听到支腿处有异响。

（2）排查液压管路及油缸，发现响声在左前及右后垂直油缸处，判断为油缸下掉。将支腿支撑并熄火后，推拉阀操纵手柄并静置 1 h，测量出左前、左后、右前、右后垂直油缸回缩长度分别为 8 mm、4 mm、3 mm、10 mm，左前和右后超出允许回缩范围（5 mm）（图 22-14）。

（3）推拉一下后尾箱垂直支腿手柄，使油管泄压，然后拆除支腿液压锁上两根油管，发现回油口（A）有液压油渗出，判断为液压锁阀问题（图 22-15）。

（4）重新更换支腿液压锁阀、液压油及滤芯，故障排除。

图 22-14　支腿回缩量测试

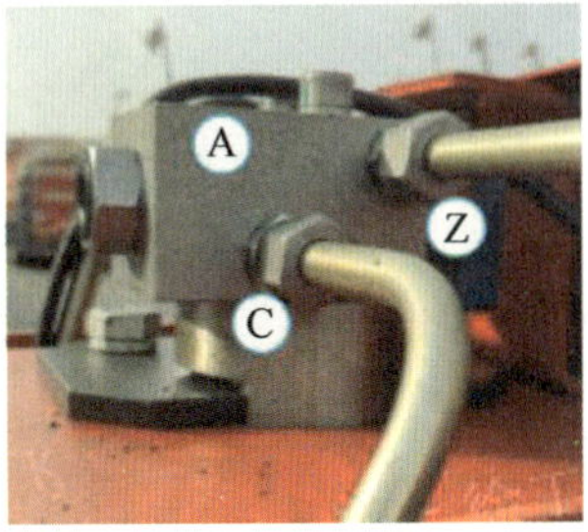


（a）液压锁阀实物图

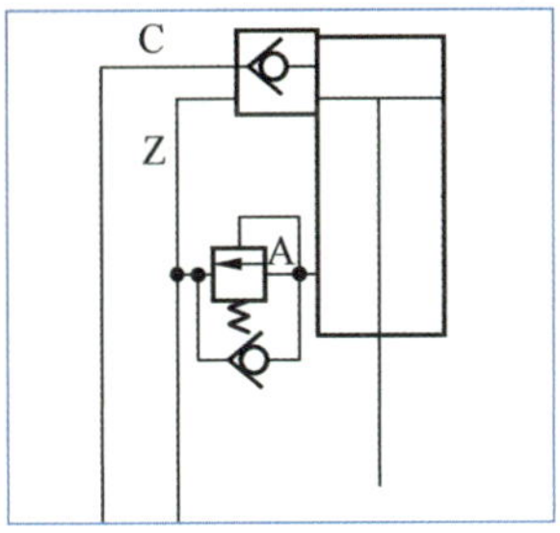


（b）液压锁阀原理图

图 22-15　支腿液压锁阀及原理图

**4. 故障评析**

（1）熄火后在垂直支腿受力状态下，推动下车支腿操纵阀杆，将支腿油路泄压，同时查看支腿有无回缩现象。如没有回缩现象，那么液压锁功能正常；如有回缩现象，需要进一步判断原因。

（2）拆开支腿液压锁的两根管路，从控制口 Z 漏油是油缸的问题，从回油口 A 漏油是支腿液压锁的问题。

（3）检查液压油，发现液压油内有杂质，可能会造成液压锁卡滞，密封不严。液压油的清洁度对举高消防车安全工作有较大影响，故举高消防车一般在液压油箱、高压出油口和回油口均设置有过滤装置。过滤装置数量与液压油总流量和液压系统阀体对液压油清洁度要求有关，有些进口车辆甚至在每个液压油缸进口均设置过滤装置。

故障原因：维护保养不及时（100%）。

**5. 改进建议**

用户应按厂家要求对登高平台车进行定期保养，严格按照说明书要求定期更换液压油和滤芯。目前，新型车辆会在液压油箱等部位粘贴永久性标牌，标明液压油型号、液压油适用温度、液压油更换周期、滤芯型号及更换周期等信息。

## 案例 390　42 m 登高平台消防车液压油管老化开裂

**1. 车辆信息**

底盘：奔驰 3341　　生产日期：2007 年

车型：登高平台消防车（DG42）

**2. 基本情况**

驾驶员反映，该车上装部分俯仰油缸液压油管和工作斗水炮驱动马达油管老化，胶皮开裂，如图 22-16 和图 22-17 所示。

图 22-16　俯仰油缸液压油管老化开裂

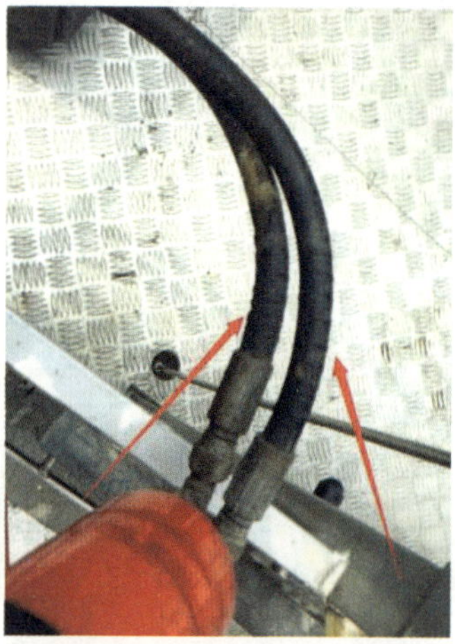

图 22-17　工作斗水炮驱动马达液压油管老化

**3. 故障检查与排除**

更换老化开裂的液压油管，故障排除。

**4. 故障评析**

登高平台消防车虽然使用频率不高，但服役超过 10 年，很多零部件已老化。为了安全起见，建议登高平台消防车每 10 年应进行全面保养或大修，更换全车油管、油封等橡胶件及电控系统电子元件，经过专业人员安全调试后再使用。

故障原因：零件自然老化（100%）。

**5. 改进建议**

登高平台消防车价值较高，国外使用时间大多超过 20 年，建议服役满 10 年强制全面保养及安全性能检测。

# 案例 391　40 m 登高平台消防车液压油乳化变质

**1. 车辆信息**

底盘：奔驰 2629　　　　　　　　　　　　　生产日期：1994 年

车型：登高平台消防车（F42HDT，整车进口）

**2. 基本情况**

2013 年 5 月，驾驶员在操作上装臂架时，发现各臂架动作锁死，采用应急操作方式也无法将臂架收回至行车位置。

**3. 故障检查与排除**

（1）检查液压动力源情况，主油泵、汽油机驱动应急泵和蓄电池驱动应急泵均运行正常且压力稳定。

（2）尝试使用电控液压阀上的手动操作方式对臂架进行控制，但无法动作；检查电控液压阀旁的液压油测压口，压力正常。

（3）检查液压油情况，发现液压油箱底部的液压油变为乳白色果冻状，判断为液压油乳化沉积，如图 22-18 所示。

（4）拆卸并清理各液压油滤芯，特别是电控液压阀上的精细滤芯要仔细清理，更换液压油，并冲刷整个液压系统，最后更换各液压油滤芯，故障排除。

图 22-18　变质的液压油

**4. 故障评析**

液压油为整个液压系统的传动介质，其质量状态直接影响液压系统工作情况，为确保液压系统的正常运行，对其状况的持续检查和维护，尤其重要。

水与液压油长时间混合后，会产生化学反应，形成如胶水状的胶质物，这些胶质物无法通过液压油滤芯，造成液压滤芯的堵塞，从而无法将液压动力传输至液压油缸。因此应对液压油的状况执行日常检查，如通过液压油液位观察孔检查其颜色情况，同时至少每年打开一次液压油箱排放阀，排出一部分液压油/水，直到看到有干净的液压油流出后即可停止。

水进入液压油的途径分为正常和异常两种情况：正常情况下，当液压油箱内液位变化时通过液压油箱的空气滤芯使液压油缸始终与大气通气，大气中的水汽就可以进入液压油箱内，由于水比油重，会沉淀在液压油箱的底部，需定期将存留于底部的水排走；异常情况下，液压油箱的密封出现问题，大量雨水进入液压油箱。通过对液压油位观察孔进行日常检查可以及时发现问题。

补充或更换液压油应采用与原液压油型号一致的液压油，不同品牌或型号的液压油混用可能产生化学反应，导致液压油变质。

故障原因：维护保养不当（100%）。

**5. 改进建议**

（1）驾驶员注意日常检查液压油颜色和状况。

（2）按原厂标准和程序，定期更换指定型号的液压油。

# 案例 392 53 m 登高平台消防车支腿油缸液压油钢管接头断裂

## 1. 车辆信息

底盘：曼 TGS 33. 380　　　　生产日期：2019 年 5 月

车型：登高平台消防车（DG53）

图 22-19 垂直支腿油缸的液压油钢管接头开裂漏油

## 2. 基本情况

2019 年 5 月，新车调试过程中操作支腿时，在垂直支腿动作结束前的减速动作过程中，出现频率较高的异响和振动，多次操作后发现垂直支腿油缸的液压油钢管接头处开裂漏油（图 22-19）。

## 3. 故障检查与排除

（1）此故障仅出现于液压系统比例控制阀执行减速动作控制过程中，液压比例控制阀控制 PWM（脉冲宽度调制）频率正常。检查中还发现，故障偶然随机出现在垂直支腿处，排除液压阀故障。

（2）检查液压油温度和压力正常，切换不同动力源，仍出现类似情况，排除液压泵故障的可能性。

（3）通过控制模块调试改变支腿调平减速速度和幅度，问题仍然存在，排除由于控制模块参数导致的问题。

（4）更换存在接头断裂风险的液压钢管为液压软管（图 22-20 和图 22-21），再次测试，异响和振动情况消失，故障排除。

图 22-20 将垂直支腿油路的液压钢管替换为液压软管

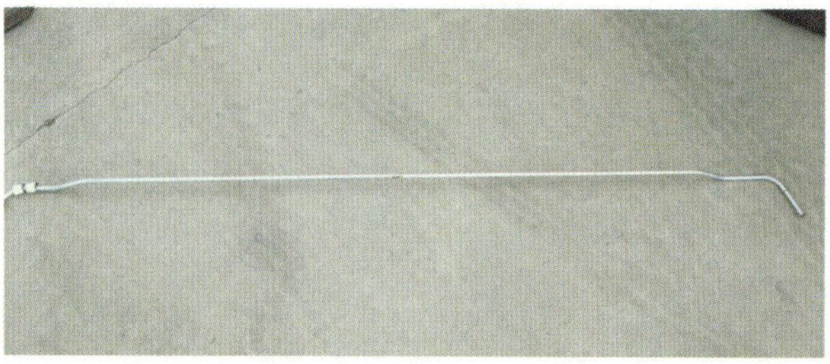

图 22-21 替换下来的垂直支腿油路的液压钢管

**4. 故障评析**

液压系统属于高压系统，很多原因（如液压泵泵油、液压油流动、比例控制阀高频开关切换、温度变化、液压油内可能存在的部分空气等）都有可能引发共振。一旦发生共振可导致采用机械密封的液压接头产生高频撞击进而发生开裂。

更换液压钢管为液压软管，可以改变液压油的流动轨迹，并且软管有一定的弹性可抵消部分振动，避免共振。

故障原因：油管设计选材问题（100%）。

**5. 改进建议**

此类问题多于新产品从一个气候条件转移到另一个条件时出现。液压共振现象比较普遍，轻者导致液压系统效率低下且液压油过热，重者可能损坏昂贵的液压部件。因此，液压系统设计时需要合理地选择零部件。

## 案例 393　68 m 登高平台消防车电磁阀卡滞

**1. 车辆信息**

底盘：斯堪尼亚 P380　　　　生产日期：2012 年

车型：登高平台消防车（F70RPX，整车进口）

**2. 基本情况**

2018 年，驾驶员反映，臂架工作时一臂最后一节伸缩臂无法伸出。

**3. 故障检查与排除**

（1）一臂俯仰和伸缩、二臂俯仰和伸缩都可以正常工作，但最后一节伸缩臂无法伸出。

（2）检查上装一臂限位开关、传感器正常；检查上装显示屏，无故障码；检查一臂液压管路，液压油管无堵塞和损坏；用万用表测量控制手柄和电磁换向阀岛（图 22-22）有电压。

（3）用手动方式按压一臂伸缩电磁换向阀，按压不动（图 22-23）；用工具辅助按压阀芯，使阀芯恢复动作，上下多次按压使阀芯活动自如后，伸缩臂可以正常伸缩，故障排除。

图 22-22　电磁换向阀岛

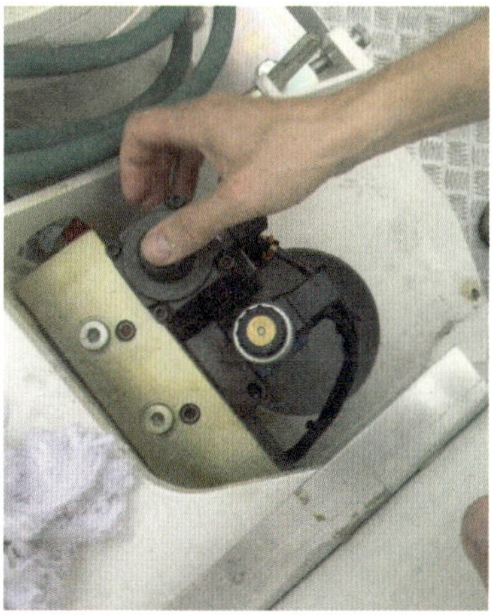

图 22-23　手动按压电磁换向阀阀芯不动

**4. 故障评析**

电磁换向阀阀芯卡滞，导致磁线圈无法驱动阀芯动作，伸缩臂无法伸缩。

电磁换向阀属于上装液压系统精密部件，对液压油品质要求高，如液压油中有杂质混入会导致液压油缸、液压阀等部件失控或严重损坏。

故障原因：保养不到位（70%）；零部件质量问题（30%）。

## 案例 394 99 m 登高平台消防车液压油箱吸油滤芯堵塞

**1. 车辆信息**

底盘：斯堪尼亚 P420　　生产日期：2010 年

车型：登高平台消防车（F101HLA，整车进口）

**2. 基本情况**

2017 年，该车驾驶员反映车辆操作时液压系统有异响。

**3. 故障检查与排除**

（1）挂接液压取力器后，上装显示屏显示正常，支腿可以自动调平且臂架指示灯亮。采用一键抬起一臂，刚开始动作时没有任何异常，当一臂抬升到 30°时，液压系统出现异常响声，用慢速时，可以正常工作。

（2）排查上装各限位开关和传感器、液压管路、液压阀，无异常情况，上装显示屏无故障码，判断为液压系统故障。

（3）检查液压油箱，发现液压油箱吸油滤芯表面有杂质（图 22-24），堵塞了液压泵的进油口，导致全速动作时液压泵吸油量不足，产生系统异响。

图 22-24 液压油箱内堵塞的吸油滤芯

（4）更换液压油和吸油滤芯后，测试上装工作正常，故障排除。

**4. 故障评析**

臂架快速动作时，需求液压油流量大，液压泵需要全速运转，由于滤芯堵塞、液压泵吸油困难，产生真空，形成气蚀，造成异响；慢速调控时液压泵流量小，此时液压油可以满足供给需求，故异响消失。液压油的清洁度是登高平台消防车正常运转的关键，上装液压系统要定期进行检查保养，清洗、更换各个部分的滤芯，特别是液压油箱吸油滤芯，以保持液压系统清洁。

故障原因：保养不到位（100%）。

# 第二十三章　电气系统与控制系统故障分析与排除

本章主要对举高类消防车电气系统与控制系统 12 个典型故障进行分析与排除

## 案例 395　22 m 云梯消防车梯架主电缆断裂

**1. 车辆信息**

底盘：奔驰 1829　　　　生产日期：2016 年

车型：云梯消防车（YT22）

**2. 基本情况**

2019 年 12 月，驾驶员发现，当云梯消防车梯架抬起离开托架并同时伸出时，车辆突然报警，转台显示屏显示故障码及信息。

**3. 故障检查与排除**

（1）云梯消防车转台显示屏提示“平台挂接检测开关错误”的故障信息（图 23-1），此时工作斗显示屏无信号反馈。

（2）检查工作斗控制模块系统、工作斗操作台、工作斗等相关插接头，未发现电缆连接问题。

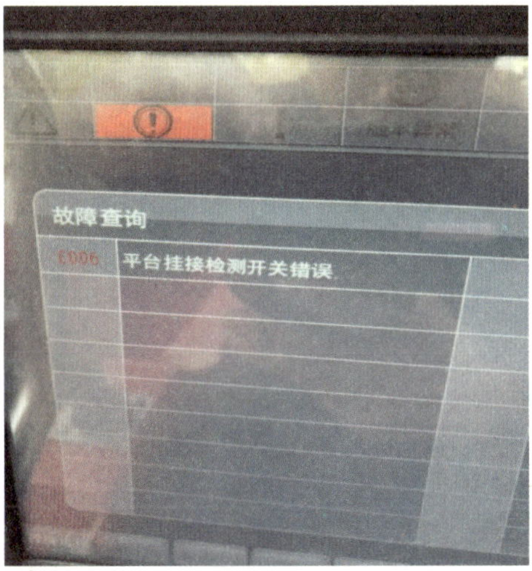


图 23-1　转台显示屏显示故障码及信息

（3）检查梯架电缆的布设情况（图 23-2），以及各接头、插头，发现梯架左侧的主电缆断裂脱落。梯架左侧的主电缆断裂脱落的情况如图 23-3 所示。

（4）更换断裂的梯架主电缆，故障排除。

图 23-2 梯架左侧主电缆布设的情况

图 23-3 梯架左侧主电缆断裂脱落情况

**4. 故障评析**

云梯消防车正常工作时转台控制模块和工作斗控制模块同步实时监测，当二者信号不同步时转台显示屏会显示故障码。此案例中主电缆断裂，工作斗控制模块无信号反馈，转台显示屏显示故障信息。

云梯消防车梯架主电缆布置不合理，且未有效固定，产生松旷，造成主电缆卡滞于云梯梯体中，云梯在伸缩过程中拉扯挤压造成断裂。

故障原因：安装质量问题（100%）。

**5. 改进建议**

维修保养时应经常检查梯架两端布置的线缆滑轮的弹簧力，保证线缆有一定张紧度。

## 案例 396 30 m 云梯消防车上装控制模块损坏

**1. 车辆信息**

底盘：曼 TGM18. 280　　生产日期：2011 年

车型：云梯消防车（DLK32，整车进口）

**2. 基本情况**

2018 年 2 月，驾驶员反映，消防车发动机无法启动。

**3. 故障检查与排除**

（1）维修人员检查蓄电池有电，启动马达可正常运转，但发动机无法启动。

（2）用专用诊断电脑检测后发现，发动机控制模块的主保险（F25A）烧断，更换新保险后启动发动机，保险再次烧断。

（3）检查判断烧断保险原因为上装控制线（8888 号线）对地短路，断开此线后，主保险（F25A）不再烧断，发动机可以启动。

（4）该上装控制线（8888 号线）是连接上装 A 控制模块和发动机控制模块的专用连接线，也是转台和工作斗远程启停发动机的信号线（图 23-4），说明 A 控制模块内部短路，更换 A 控制模块后故障排除。图 23-5 为 A 控制模块。

图 23-4　连接上装 A 控制模块和发动机控制模块的 8888 号线

图 23-5　上装 A 控制模块

**4. 故障评析**

经过了解，此车长期放在临时车库，致使蓄电池亏电，采用外接启动电源搭电时，启动电流强度过高，是烧毁上装 A 控制模块、产生短路的可能原因。

故障原因：人为操作失误（100%）。

**5. 改进建议**

由于现在消防车各系统多采用模块控制，所以要求驾驶员：

（1）经常检查蓄电池电压，及时充电；如果长期不用，可以断开电源总开关。

（2）蓄电池亏电时，如需启动车辆应采用备用蓄电池搭电启动方式。启动发动机后，应运转 5~10 min 再拆下搭电线，防止反向电流击穿控制模块。严禁采用启动充电机搭电启动。

## 案例 397　30 m 云梯消防车转台和工作斗控制模块故障

**1. 车辆信息**

底盘：奔驰 2628　　　　生产日期：2012 年 8 月

车型：云梯车消防车（L32，整车进口）

**2. 基本情况**

2020 年 10 月，驾驶员在日常训练时发现，云梯消防车支腿支撑好后，转台主显示屏不亮，工作斗不能翻起，同时发出蜂鸣报警。

**3. 故障检查与排除**

（1）维修人员现场检查发现，支腿支撑好后，云梯消防车转台主显示屏不亮，工作斗内显示屏也不亮，驾驶室内显示屏提示 ID8（转台控制模块）和 ID14（工作斗控制模块）故障，如图 23-6 和图 23-7 所示。

（2）检查发现 ID8 模块 I/O 端红灯闪烁，说明模块内部故障，ID14 模块 LED 灯不亮，检查供电电源有输入，说明也是模块内部损坏。

（3）更换新的 ID8 和 ID14 模块（图 23-8 和图 23-9），用专用诊断电脑写入软件和参数，故障排除。

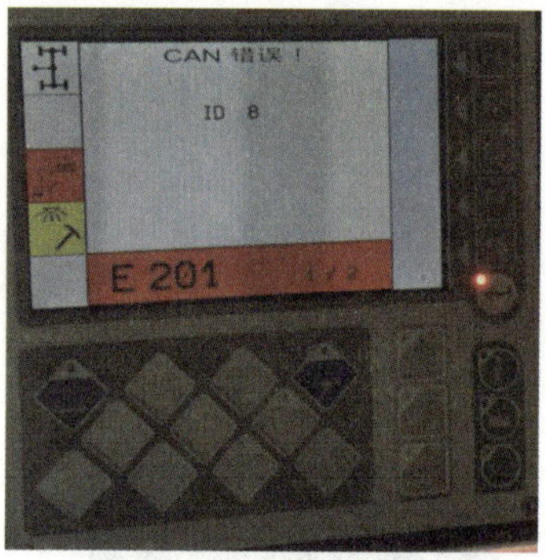


图 23-6 驾驶室内显示屏提示 ID8 模块故障

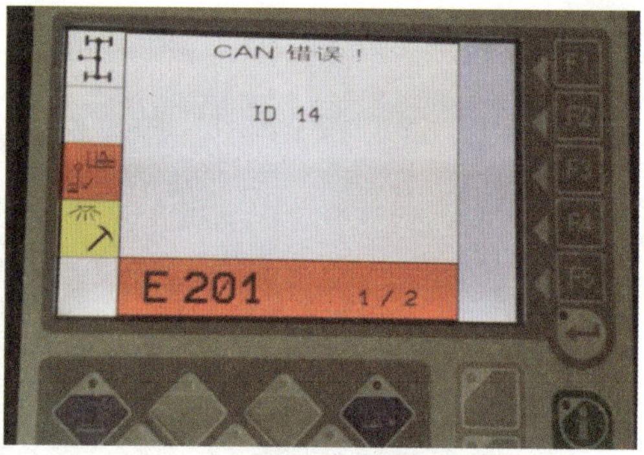


图 23-7 驾驶室内显示屏提示 ID14 模块故障

图 23-8 ID8 模块（两端都有端口，左旧右新）

图 23-9 新的 ID14 模块（只有一端有端口）

**4. 故障评析**

ID8 为转台控制模块，控制梯架运动电磁阀及操作手柄信号输入，主显示屏供电电源也是 ID8 提供。ID14 为工作斗控制模块，控制工作斗的操作手柄、安全防碰撞、工作斗门开闭、照明灯等功能，工作斗显示屏电源也是由 ID14 提供。这两个主要模块一旦损坏，云梯消防车无法工作。

云梯消防车亏电，用户采用外接电源搭电启动车辆，但操作方法不当，是造成多个控制模块损坏的最可能原因。

故障原因：人为操作故障（100%）。

**5. 改进建议**

车辆亏电无法启动需要搭电时，应利用相同电压蓄电池搭电，在搭电操作中要注意：搭电时先连接正极再连接负极并注意正负极不要接反；搭电启动后不要马上拆除线缆，要继续让车辆运行 5~10 min，让发电机给亏电蓄电池充电后再拆下搭电电缆线；从蓄电池极柱拆下线缆顺序是先负极再正极。

禁止用启动充电机直接搭电启动，因发电机充电电流过大，可能会造成车辆控制模块损坏。

# 案例 398　30 m 云梯消防车上装传感器线缆接头松动

**1. 车辆信息**

底盘：曼 TGA33.350　　生产日期：2018 年

车型：云梯消防车（L32，整车进口）

**2. 基本情况**

2020 年，驾驶员反映，操作上装或发动机怠速运行的过程中，电控系统突然出现一系列角度和长度传感器的报警，发动机自动熄火，重启发动机后一切正常，故障码自动消除。该车多次偶发类似故障。

**3. 故障检查与排除**

（1）检查发现，未出现故障时各相关传感器工作正常，故障发生时多个传感器同时报警，排除传感器硬件本身问题。

（2）检查控制模块，能自行复核诊断并恢复，排除控制模块故障。

（3）检查连接各传感器的线缆：使用万用表测量 CAN H 和 CAN L 电压，正常；摇晃线缆及其接头（图 23-10），模拟发动机运行时产生的抖动，发现个别传感器线缆连接器出现瞬间连通中断，但可以立即恢复连接。判断故障原因是个别传感器线缆接头松动，遇到振动时供电线路瞬时中断，控制模块接收到的信号由正常数值瞬间变为 0，控制模块自行诊断认为动作失控，激活紧急停止命令，导致发动机熄火。

（4）检查和紧固各传感器 CAN 总线接头（图 23-11），重新模拟测试车辆及操作云梯，再未出现故障，故障排除。

图 23-10　检查传感器线缆

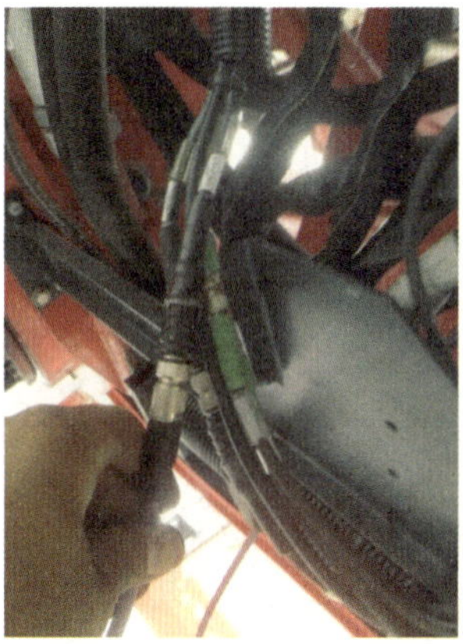

图 23-11　检查各传感器 CAN 总线接头

**4. 故障评析**

用户自行诊断提示：云梯消防车上装电控系统较为复杂，各相关安全信号均有两个或以上的传感器互相监督。以安全优先考虑，当故障发生时，上装电控系统一旦检测到异常数据信号，会立即激活紧急停止命令，发动机熄火并生成故障码。而对于部分偶然发生的故障现象，需要遇到适合的时机才能找出根本原因，故障检查与排除难度较大，因此云梯消防车用户应养成及时记录车辆故障现象及故障发生时工况的习惯，以便更快、更准确地诊断和修复。

云梯消防车基本电控系统诊断逻辑：控制模块会根据设定好的软件和参数，对每个云梯消防车的各运动部件的位置和速度等进行实时的监测和对比，如实际数值偏离控制模块设定的阈值范围，即自动停止动作。

故障原因：安装问题（100%）。

**5. 改进建议**

（1）选择质量较好的传感器连接 CAN 线及接头。

（2）安装传感器连接 CAN 线接头时，注意扭紧的力矩不能过大，同时布线的时候应控制线缆弯曲半径不能过小，并使用扎带固定，避免与任何运动部位产生干涉。

（3）日常操作云梯消防车时，坚持检测各功能是否正常，以便及早发现故障隐患。

## 案例 399　30 m 云梯消防车电缆导向轮损坏

**1. 车辆信息**

底盘：曼 TGA33. 350　　　　生产日期：2008 年 6 月

车型：云梯消防车（L32FA，整车进口）

**2. 基本情况**

2011 年，消防员在操作云梯时发现有螺栓掉落。

**3. 故障检查与排除**

（1）维修人员检查发现，螺栓应该是从伸缩电缆一导向轮固定架上脱落（图 23-12），而且发现导向轮已经破损（图 23-13）。

（2）更换新的电缆导向轮，紧固及调整导向轮支架位置，使导向轮与固定支架螺栓有足够空间，故障排除。

图 23-12　螺栓脱落位置

图 23-13　损坏的电缆导向轮

**4. 故障评析**

因电缆导向轮安装位置不当，云梯内侧电缆固定支架固定螺栓与外侧电缆固定导向轮之间间隙过小，云梯伸缩运动时云梯桁架上的电缆支架固定螺栓与右侧电缆固定导向轮产生摩擦及碰撞，导致右侧导向轮破损，左侧电缆固定支架螺栓松脱。图 23-14 即为调整安装后的电缆支架固定螺栓与另一条电缆固定导向轮的相对位置。

图 23-14　调整安装后的支架固定螺栓与导向轮的相对位置

故障原因：安装问题（100%）。

## 案例 400　37 m 云梯消防车云梯长度传感器松脱损坏

**1. 车辆信息**

底盘：曼 TGM 18.280　　　　生产日期：2013 年 8 月

车型：云梯消防车（L39，整车进口）

**2. 基本情况**

2021 年 5 月，驾驶员在进行日常训练时，发现云梯消防车支腿支撑好后，云梯无法仰起，显示屏报警“E030 云梯梯体长度传感器故障”，如图 23-15 所示。

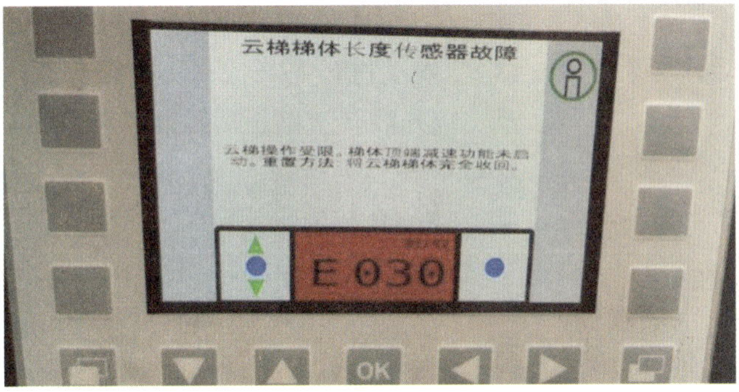


图 23-15　显示屏报警信息及故障码

**3. 故障检查与排除**

（1）检查发现，当云梯处于完全回收状态时，长度显示还有 453 mm（正常应该是 0 mm）。云梯长度错误显示情况如图 23-16 所示。

（2）进一步检查发现，长度传感器钢丝没有完全回收，有一段松脱在外，说明传感器回收簧无法完全回收钢丝，判断传感器损坏，更换新的传感器，故障排除。图 23-17 为云梯长度传感器及其正常状态下的钢丝绳。

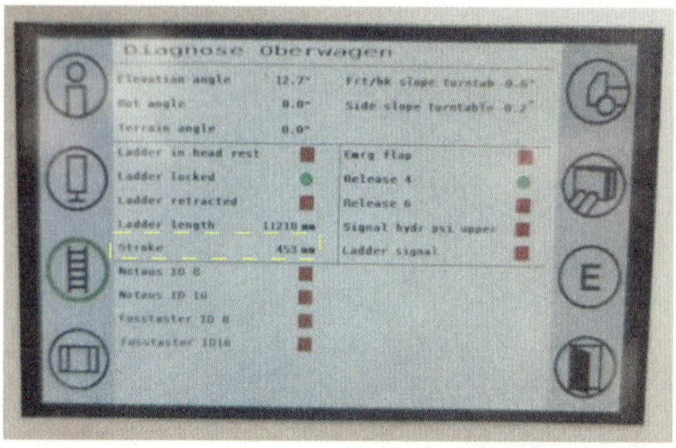


图 23-16 云梯长度错误显示

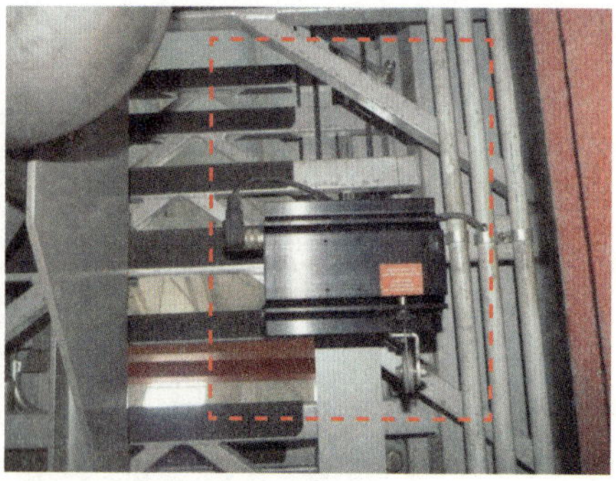

图 23-17 长度传感器及其正常状态下的钢丝绳

**4. 故障评析**

云梯长度传感器钢丝绳随云梯伸展不断变化长度，长时间拉伸可能会造成传感器内弹簧失效。还有可能是在云梯消防车保养过程不小心拉坏钢丝绳，也有可能是传感器本身质量问题。

故障原因：正常损耗（40%）；人为损坏（30%）；零件质量问题（30%）。

## 案例 401　40 m 登高平台消防车上装无高转速

**1. 车辆信息**

底盘：斯堪尼亚 P400　　生产日期：2016 年 11 月

车型：登高平台消防车（F42 HDT，整车进口）

图 23-18 故障消防车臂架动作过程

**2. 基本情况**

2023 年 3 月，驾驶员挂液压泵取力器，操作支腿调平完成，正常操作臂架时，臂架动作突然变慢（图 23-18），发动机转速降低（无高转速），上装无任何故障报警，松开高转速踏板后重新踩下，臂架又工作正常。

**3. 故障检查与排除**

（1）在故障出现时检查转台显示屏故障页面没有故障码；检查液压系统压力，压力表显示正常；检查各限位电气开关、液压比例阀连接线，连线正常（图 23-19）；检查测量上装控制模块发给底盘控制模块的高转速信号线，有 28 V 电压信号正常输入，说明上装高转速请求信号正常。

（2）检查底盘仪表时，才发现发动机有故障提示“gearbox ECU”（底盘变速箱控制模块）和“brake control unit”（制动控制模块）故障，如图 23-20 和图 23-21 所示。

（3）底盘厂家技术人员用专用诊断电脑检测，发现变速箱行驶输出轴有转速值显示，而行车传动轴并没有转动，确认是变速箱行驶输出轴转速传感器故障。

（4）更换变速箱输出轴转速传感器，用专用诊断电脑匹配底盘行车记录控制模块，故障排除。

图 23-19 线路连接检查位置

图 23-20 仪表盘故障显示“gearbox ECU”

图 23-21 仪表盘故障显示“brake control unit”

**4. 故障评析**

该故障出现在臂架正常操作的过程中，突然动作变慢，时好时坏，并不是每次都会出现。开始时认为此故障一定是上装电器造成的故障，对上装电器进行大量检查，最后确认上装控制模块已经给了底盘高转速请求信号，底盘还是不能提高转速，说明是底盘控制系统故障。

咨询底盘厂家技术人员，他们反映在某些举高消防车电控设计中，底盘控制模块同时监控驱动轴转速，拉手刹时转速正常为零，如果发现转速不是零，说明车轮有位移，为安全起见，自动切换成低转速状态。

此车底盘变速箱没有挂挡，但控制模块感应到变速箱输出轴却有转速，所以变速箱控制模块报错；手制动已经刹车，但控制模块感应到变速箱传动轴还有转速，所以制动控制模块也报错。此车变速箱输出轴转速传感器损坏，造成两个控制模块报错。

故障原因：零件质量问题（100%）。

## 案例 402 53 m 登高平台消防车转台控制模块电池记忆体电量低

**1. 车辆信息**

底盘：奔驰 3332　　生产日期：2010 年 3 月

车型：登高平台消防车（F55RLX，整车进口）

**2. 基本情况**

2014 年 5 月，驾驶员反映该车转台显示屏提示控制模块电池电量低，只剩 4%，需要更换。

**3. 故障检查与排除**

（1）检查发现车辆转台显示屏发出声音报警，并出现红色报警信号，调出维护数据页面，转台显示屏显示控制模块电池记忆体电量为 4%（图 23-22）。

（2）拆卸转台踏板下的控制模块，打开侧面盖板，插上检测密钥（图 23-23）。因更换电池记忆体需要调整控制模块数据，为了确保登高平台消防车操作系统的数据不丢失和安全操作，只能由取得厂家密钥的专业技术人员进行检测更换。图 23-24 为转台控制模块主板，图 23-25 为转台控制模块用电池记忆体和密钥。

（3）厂家技术人员插上密钥，更换电池记忆体，调整数据并测试，故障排除。

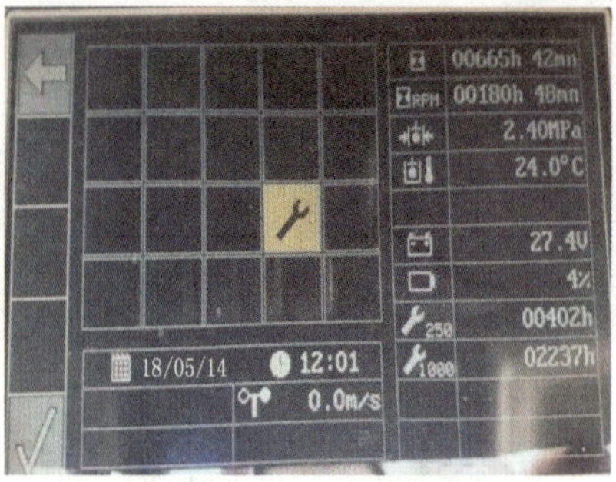


图 23-22　转台显示屏显示电池记忆体电量 4%

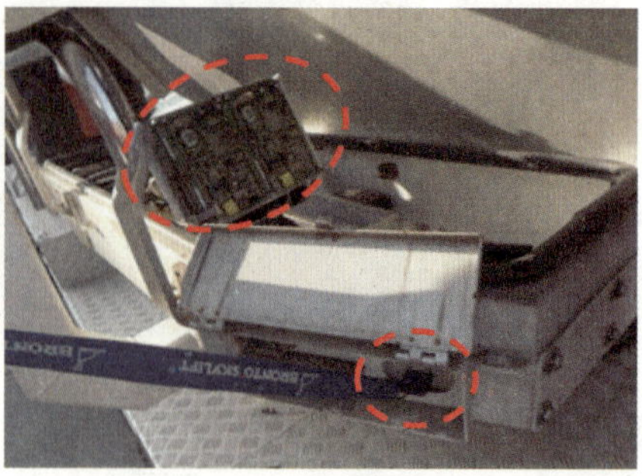

图 23-23　转台踏板下的控制模块和密钥

图 23-24　转台控制模块主板（黄色方块为电池记忆体）

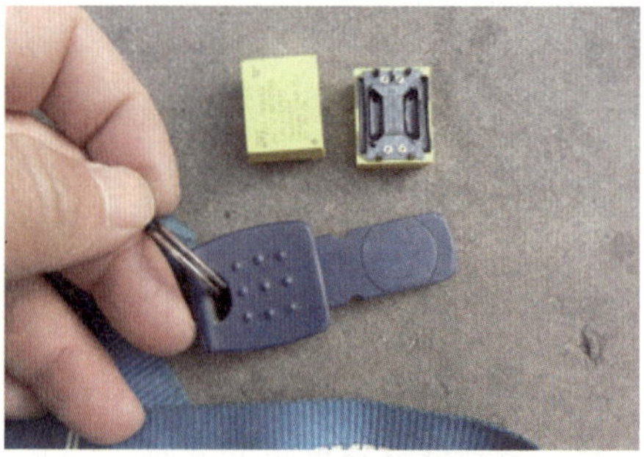

图 23-25　转台控制模块主板用电池记忆体和密钥

**4. 故障评析**

该车 CAN 总线控制系统控制模块主板装有电池记忆体，以给控制模块内储存数据供电，该电池一般使用 5 年左右。

由于厂家技术保护，当电池电量低时，若使用人自行更换电池，更换后显示屏无法显示电池的实际电量，还可能会造成电脑数据丢失。

故障原因：正常损耗（100%）。

**5. 改进建议**

消防车用于应急救援作业，所以更换电池记忆体应操作简便，不应必须由厂家工程师使用密钥才可以更换。

## 案例 403　53 m 登高平台消防车支腿长度传感器数据线接头松动

**1. 车辆信息**

底盘：奔驰 3332　　　　生产日期：2021 年

车型：登高平台消防车（F55RLX，整车进口）

**2. 基本情况**

2021 年 4 月，驾驶员反映，在操作支腿过程中经常出现故障码，并自动急停；敲击支腿长度传感器及其数据线接头（图 23-26），偶尔能恢复正常工作。

**3. 故障检查与排除**

（1）现场检查确认驾驶员反映情况属实：显示“E204”，故障码提示“左前水平支腿伸出传感器故障”（图 23-27）；另外，支腿操作完成后，操作臂架过程中偶尔也会发生自动急停的情况。

（2）调出显示屏支腿传感器检测页面，检查确认：支腿长度传感器数值随支腿横梁实际位置线性变化，且同一水平支腿的 A、B 两个传感器数值一致，排除支腿长度传感器内感应部件故障。

（3）经过多次操作测试，发现该故障发生时支腿长度传感器 A 的供电电压出现不稳定情况，对调 A、B 两个传感器的数据线接头，重新测量，长度传感器 B 的供电电压也出现不稳定现象，故判断 A 传感器的数据线接头存在问题；拆解数据线接头，发现接头内部接线端子连接松动。

（4）更换 A 传感器的数据线接头并重新设置支腿长度传感器初始参数，调试后，故障排除。

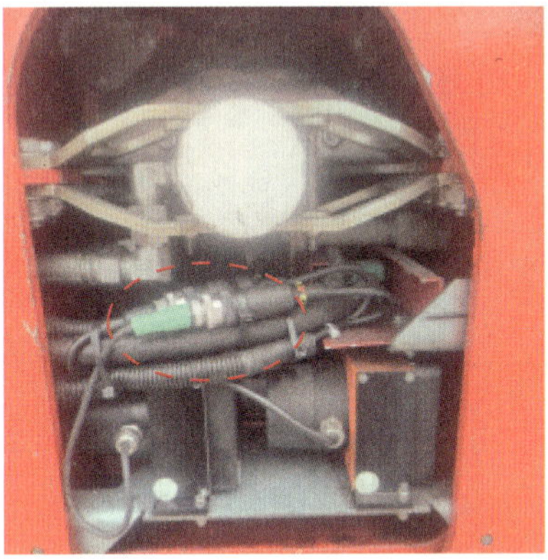

图 23-26　支腿长度传感器数据线接头

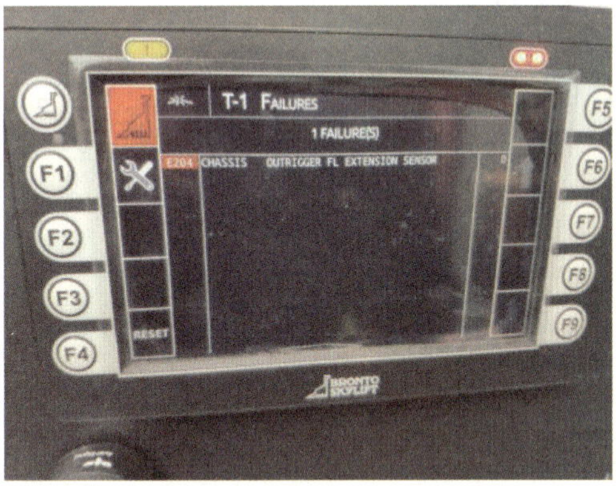


图 23-27　转台显示屏显示故障码

**4. 故障评析**

支腿长度传感器采用滑动电阻的工作原理，其供电电压将直接影响反馈信号，因此如发现反馈信号产生异常波动，可以检查供电电压和接地状况，查找故障原因。

此款支腿长度传感器采用的数据线接头为标准的圆形工业连接器（图 23-28），数据线接头内部为密封结构，防水防尘性能比较好，但数据线接头内的母接线端子为可自行复

图 23-28　传感器数据线接头连接器形式

位的簧片，如果数据线接头的紧固扭矩过大，可能会导致接线端子的过度挤压，造成其接触面积变小导致接触不良。安装此类数据线接头时，应注意紧固扭矩不能过大，不建议使用工具紧固，手动拧紧即可。

故障原因：安装工艺问题（80%）；零部件质量问题（20%）。

**5. 改进建议**

（1）安装时按原厂安装要求紧固数据线接头，同时对紧固后的数据线接头做好标识（接头两侧画一条位置对正线），以方便判断原紧固位置。

（2）此类数据线接头为通用配件，可以作为常用备件储存。

## 案例 404　88 m 登高平台消防车转台控制模块故障

**1. 车辆信息**

底盘：斯堪尼亚 P420　　　　生产日期：2008 年 5 月

车型：登高平台消防车（F90HLA，整车进口）

**2. 基本情况**

2009 年 2 月，中队司机反映，该登高平台消防车转台显示屏出现禁止操作图标，并出现连续故障报警。

**3. 故障检查与排除**

（1）启动车辆进行操作检查，挂上液压泵挡后，打开上装操作主电源，所有操作平台的显示屏（支腿处、转台处和工作斗内）都显示禁止操作的图标。

（2）在转台主控台显示屏上调取故障信息，显示故障信息清单“TURNTAB：CAN COMPUTER　TURNTAB：CAN CPUA-CPUB”（转台：控制器局域网电脑和控制器局域网 CPU A-CPU B）出现故障（图 23-29）。

（3）把故障情况反馈给消防车生产厂家技术人员，确定该登高平台消防车的转台控制模块及 CPUA-CPUB 损坏（图 23-30），需要更换。由于该车在质保期内，厂家对转台控制模块免费更换。

（4）安装新的转台控制模块（主板）（图 23-31），厂家工程师使用专用密钥进入系统重新输入软件，经过调试，故障排除。

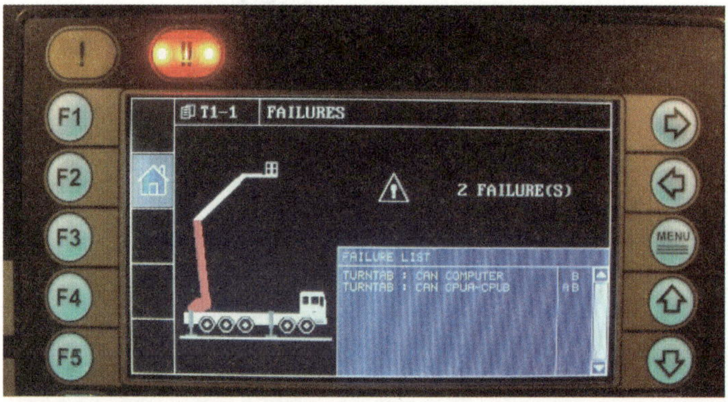


图 23-29　显示屏显示控制模块、CPUA-CPUB 故障

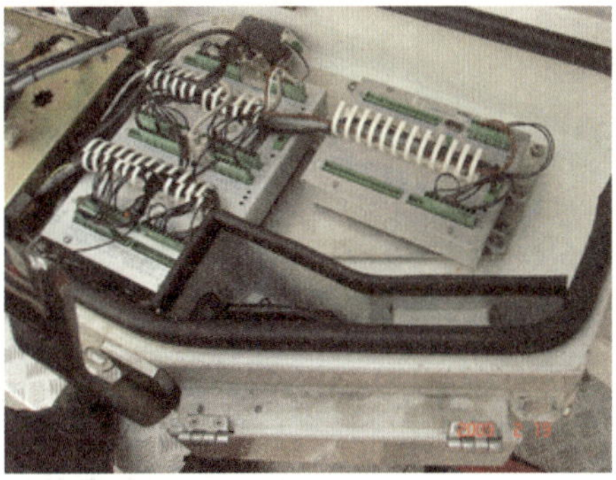

图 23-30 转台控制模块及 CPUA-CPUB

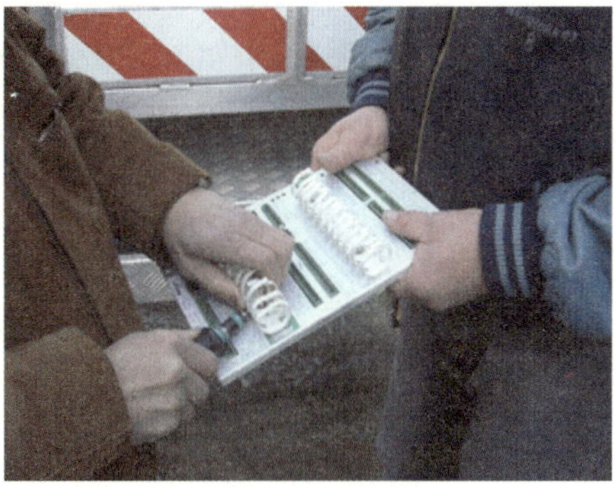

图 23-31 新的转台控制模块（主板）

**4. 故障评析**

该车在支腿、转台和工作斗操作，使用功能相同的显示屏，能显示完全相同的信息。重要传感器采用双 CPU（即 CPUA-CPUB）检测并对比数据，此次故障为转台控制模块硬件故障，故同时显示控制模块与 CPUA-CPUB 出现问题。

故障原因：零部件质量问题（100%）。

## 案例 405　48 m 举高喷射消防车上装控制模块故障

**1. 车辆信息**

底盘：奔驰 4144　　生产日期：2016 年

车型：大跨度举高喷射消防车（JP48）

**2. 基本情况**

驾驶员检查车辆时发现，遥控器无法操作消防车，车尾部显示屏报 CAN 总线遥控器通信故障。

**3. 故障检查与排除**

（1）该车 CAN 总线［CAN-H（A218）、CAN-L（A222）］挂载了 SYMC（上装控制模块）、遥控器接收机、臂架倾角传感器、电子水平仪，图 23-32 为传感器 CAN 总线通信原理图。当倾角传感器或者水平仪出现故障时也可能干扰总线，造成遥控器 CAN 总线通信错误。物理断开（非软件取消）总线其他设备后故障依然存在。

（2）断电，量取 SYMC 输出端 A222、A218 之间的电阻为 60 Ω，正常。

（3）通电后量取 A222 接口电压值为 2.4 V（正常），A218 电压值为 0 V（正常值为 2.4 V）。

（4）断开遥控器接收机 CAN 总线，再次量取 SYMC 输出端，A222 电压值 2.4 V（正常），A218 电压值为 0 V（正常值为 2.4 V）。判断为 A218 端口针脚对地短路，测量端口处 A218 针脚，证实对地短路，锁定为 SYMC 故障。

（5）打开 SYMC，在电路板上查找 A218 线路走向，发现对地接有一肖特基二极管，用来保护 CAN 总线收发芯片，测量发现此二极管反向导通，说明被击穿。图 23-33 为 SYMC 上装控制模块接收器电路板二极管位置。

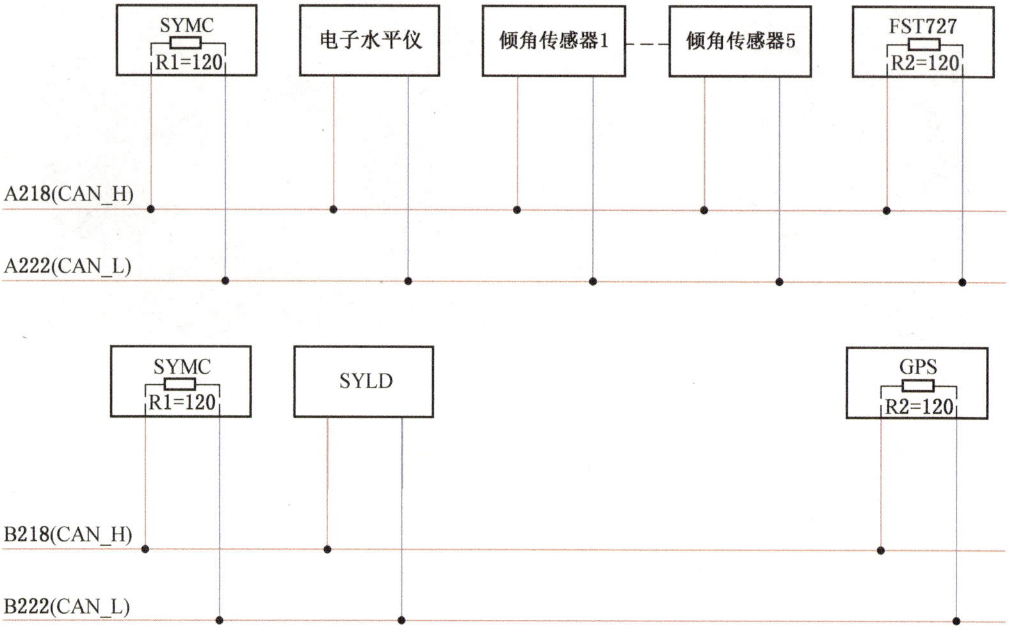


图 23-32 传感器 CAN 总线通信原理图

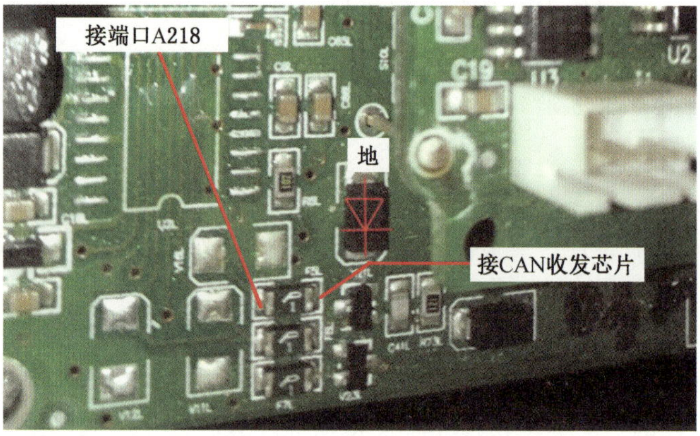


图 23-33 SYMC 上装控制模块接收器电路板上的二极管位置

（6）更换 SYMC 的二极管，A218 对地短路现象消除，遥控器 CAN 通信正常，重新检查原车线路或者更换通信线路，排除可能存在的隐患，故障排除。

**4. 故障评析**

此故障可能为蓄电池搭电启动产生的瞬时电压过高，造成 SYMC 连接 A218 的二极管反向击穿，也可能是二极管质量问题造成故障发生。

故障原因：电子元件质量问题（50%）；操作失误（50%）。

**5. 改进建议**

若需要搭电启动车辆时，应断开上装电源，以保护上装控制模块。

# 案例 406　48 m 举高喷射消防车尾部仪表盘转速为零

**1. 车辆信息**

底盘：奔驰 4144　　生产日期：2016 年

车型：大跨度举高喷射消防车（JP48）

**2. 基本情况**

2019 年，车尾部显示屏显示发动机转速为零，且无法调速，此时驾驶室内仪表显示发动机转速正常（680 rpm）。

**3. 故障检查与排除**

（1）消防车上装测速信号自底盘里程传感器处采集。

（2）根据底盘测速电路电气原理图（图 23-34），发动机在怠速时，电控柜内测量 18 号线电压为 8.1 V，18 号线为上装采集发动机转速信号线，测速信号已到电控柜测量控制器模块，说明发动机测速信号正常。图 23-35 为测量控制器模块（接收底盘信号）。

（3）测量控制器模块输入端 1A109 号线的电压，怠速时电压为零，就此判断为控制器无测速信号输入。检查测速电路板，如图 23-36 所示。

（4）因电路板有测速信号输入（18 号线电压正常），但无电压输出（1A109 号线无电压输出），说明测速电路板故障，更换了新的测速电路板，故障排除。

**4. 故障评析**

驾驶室仪表板可以显示发动机转速，而车尾部上装显示屏显示发动机转速为零，最后查到接收底盘信号的测量控制器没有测速信号输入，测速电路板损坏。

故障原因：电路板质量问题（100%）。

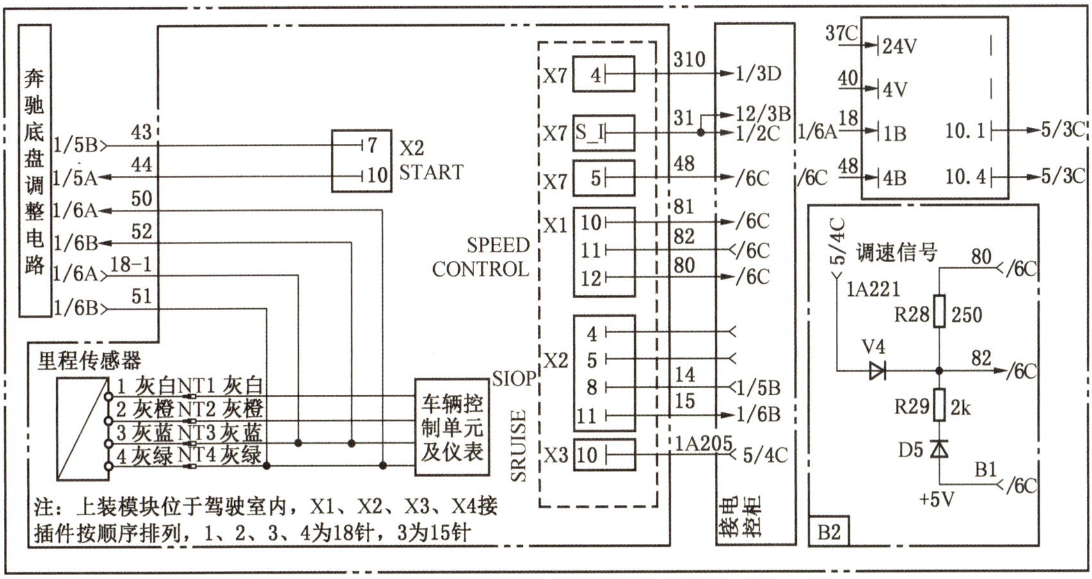


图 23-34　底盘测速电路电气原理图

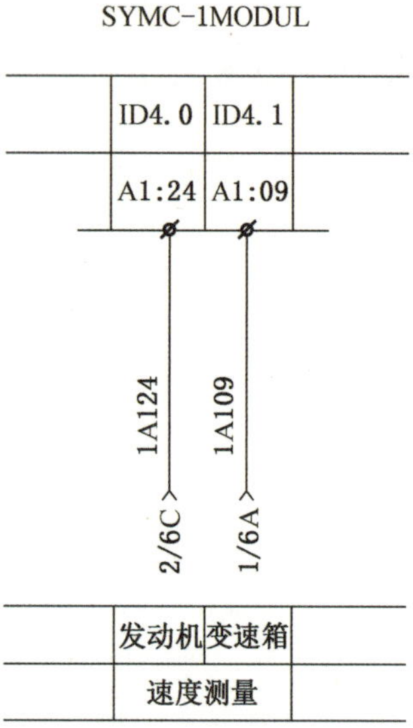


图 23-35 测量控制器模块
(接收底盘信号)

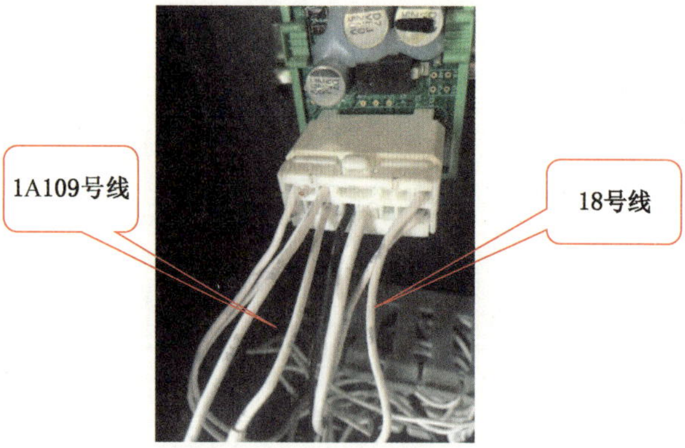


图 23-36 测速电路板及线束插头

# 第二十四章　其他系统故障分析与排除

本章主要对举高类消防车其他系统 8 个典型故障进行分析与排除

## 案例 407　30 m 云梯消防车应急电动液压泵电机故障

**1. 车辆信息**

底盘：奔驰 2641　　生产日期：2012 年 4 月

车型：云梯消防车（L32FA，整车进口）

**2. 基本情况**

2014 年 9 月起，多台次该型云梯消防车报修，启动转台上发电机，选择开关转换到应急电动液压泵模式后，电动液压泵不工作。

**3. 故障检查与排除**

（1）检查电动液压泵电源，发电机接入到应急电动液压泵电机的电压为 230 V，说明应急电动液压泵的电动机有电压输入。

（2）拆卸应急电动压液泵，发现电动机与液压泵之间连接罩壳内有大量积水，且出现严重锈蚀；拆解液压泵，发现液压泵与电动机连接的密封垫、卡圈和轴承已经严重损坏。图 24-1 为锈蚀的电动机与液压泵连接罩壳，图 24-2 为清理后的液压泵侧的连接罩壳密封垫及卡圈锈蚀损坏，图 24-3 为清理后的电动机与液压泵连接罩壳。

（3）检查电动机定子线圈，发现线圈烧毁，电动机已无法使用，如图 24-4 所示。

（4）由于原厂电机供货周期长，对电动机定子线圈、密封垫、轴承和卡圈等进行更换，并对电动机内部进行了除锈、干燥处理，恢复后应急泵工作正常，故障排除。

图 24-1　锈蚀的电动机与液压泵连接罩壳

图 24-2　清理后的液压泵侧的连接罩壳密封圈及卡圈锈蚀损坏

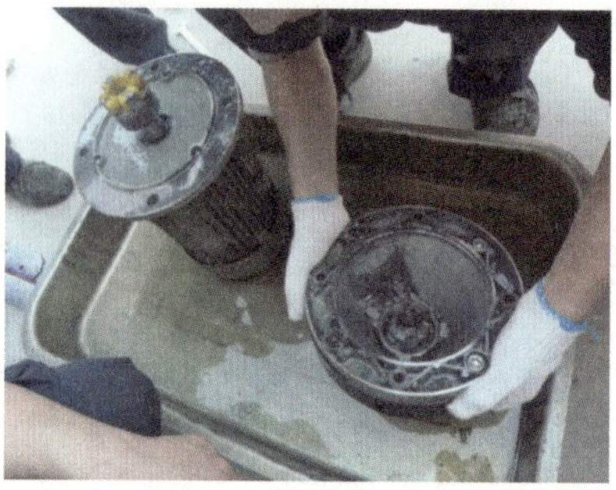

图 24-3 清理后的电动机与液压泵连接罩壳

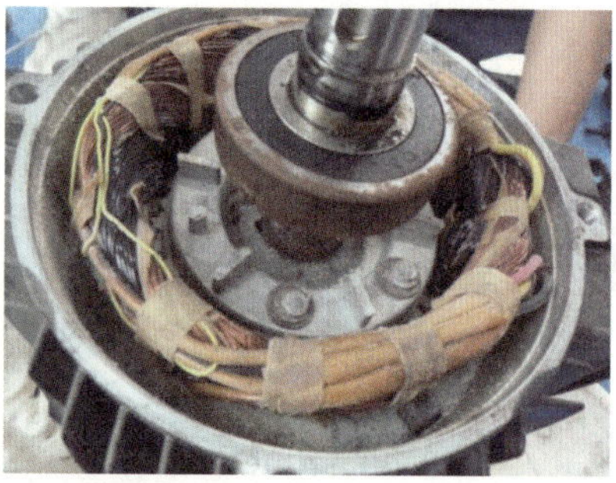

图 24-4 烧毁的电动机定子线圈

**4. 故障评析**

由于应急电动液压泵位于车辆侧面底部且为倒置式安装（图 24-5 为电动液压泵安装位置），但电动机与液压泵的碗状连接法兰未加装密封垫，水汽从接口处渗入并在凹槽处沉积，导致卡圈、轴承等锈蚀损坏，转子无法转动，电动机定子线圈烧毁。

图 24-5 电动液压泵安装位置

故障原因：产品设计问题（50%）；零部件质量问题（50%）。

**5. 改进建议**

建议厂家在设计时要充分考虑各类电器的防水、防尘要求，安装必要的防护罩或调整安装位置，在碗状法兰底端设置排水口，避免水渍侵蚀。车辆在日常清洗过程中严禁高压水直冲安装有电子元器件部分，防止进水导致元器件故障。

## 案例 408 30 m 云梯消防车梯架侧照明灯旋转电机故障

**1. 车辆信息**

底盘：曼 TGM18. 280　　生产日期：2017 年

车型：云梯消防车（DLK32，整车进口）

**2. 基本情况**

2018 年以来，多台次该型云梯车梯架一侧的旋转照明灯角度无法调整、回位。

**3. 故障检查与排除**

（1）维修人员检查发现，可旋转照明灯无法回位，主要原因为照明灯旋转电机失灵。图 24-6 和图 24-7 分别为旋转照明灯正常状态和旋转照明灯无法回位情况。

（2）由于旋转机构整体封装无法拆解，只能更换总成，更换旋转机构总成后，重新测试，故障排除。

图 24-6　旋转照明灯正常状态

图 24-7　旋转照明灯无法回位情况

**4. 故障评析**

该型云梯消防车有 10 多台次发生类似故障，如左右两侧旋转照明灯角度无法调节和照明灯自由旋转不受控制等多种故障情况，说明照明灯旋转电机存在质量问题，厂家应及时联系零件供应商解决。

故障原因：零部件质量问题（100%）。

## 案例 409　30 m 云梯消防车转台与工作斗对讲麦克风进水损坏

**1. 车辆信息**

底盘：曼 TGM18. 280　　　　生产日期：2017 年

车型：云梯消防车（DLK32，整车进口）

**2. 基本情况**

2018 年以来，多台次该型云梯消防车转台与工作斗对讲麦克风发生故障。

**3. 故障检查与排除**

（1）维修人员检查发现，转台与工作斗对讲麦克风进水，造成内部元件损坏（图24-8）。

（2）更换新麦克风，故障排除。

**4. 故障评析**

由于多台次车辆发生类似故障，说明产品选型存在问题，此款麦克风是室内型号，防

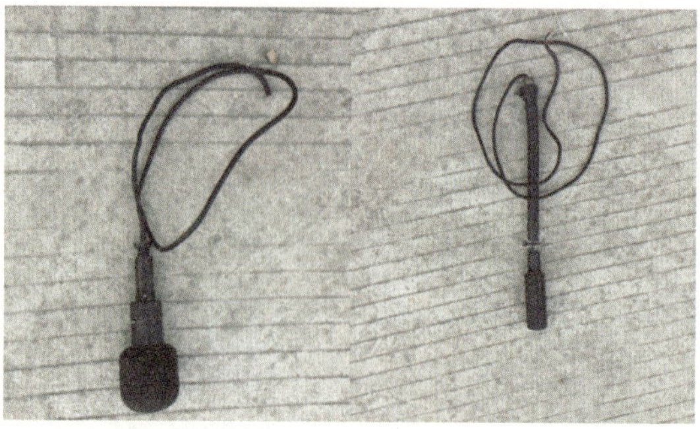

图 24-8 损坏的转台麦克风与工作麦克风

护等级仅为 IP54，容易进水损坏，不适合户外使用。

故障原因：零部件选型问题（100%）。

**5. 改进建议**

该型车使用环境恶劣，选件应提高防护等级，采用防护等级应不低于 IP65 的麦克风。

## 案例 410 35 m 登高平台消防车应急泵发动机曲轴箱混入汽油

**1. 车辆信息**

底盘：曼 TGS33.400　　生产日期：2013 年 6 月

车型：登高平台消防车（F37HDT，整车进口）

**2. 基本情况**

2020 年 6 月，维修人员对该车辆进行检查调试时发现，应急泵发动机启动后排气管冒蓝烟严重（图 24-9）。

**3. 故障检查与排除**

（1）拔出机油尺，发现机油液位严重高于正常液位（图 24-10）。

图 24-9 应急泵发动机启动后冒蓝烟

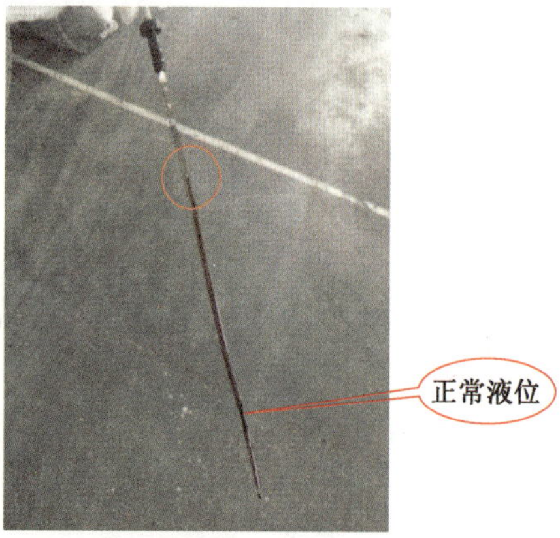


图 24-10 机油尺测量液位超高情况

（2）排放应急泵发动机内机油时，发现机油有明显变稀情况，且汽油味较浓。

（3）更换新的应急泵发动机机油和机油滤芯，重新清洗化油器后，故障排除。

**4. 故障评析**

应急泵发动机在使用后没有关闭燃油箱开关，车辆行驶至颠簸路段，化油器浮子上下浮动，导致汽油经活塞环进入曲轴箱，稀释机油且液位上升。应急泵发动机启动后，大量机油和汽油的混合油在燃烧室燃烧，导致此故障现象发生。

故障原因：操作疏忽大意（100%）。

**5. 改进建议**

应急泵在使用后，应先关闭发动机燃油箱开关，让应急泵发动机用完化油器内汽油后自然熄火，然后关闭点火开关，这样既能防止此类故障产生，还可以防止化油器里的汽油长时间存留发生变质而堵塞油量孔。

此类故障在手抬泵、发电机组、浮艇泵等装备操作使用中也会经常发生，因此，操作人员应严格按照操作规程使用。

## 案例 411　54 m 登高平台消防车集中润滑系统油管堵塞

**1. 车辆信息**

底盘：沃尔沃 FM540　　生产日期：2015 年

车型：登高平台消防车（DG54）

**2. 基本情况**

2019 年 3 月，驾驶员报修，该登高平台消防车一臂与转台连接铰点处产生异响，多次按下润滑脂加注按钮，异响无变化。

**3. 故障检查与排除**

（1）检查发现，该车臂架采用集中润滑方式加注润滑脂，在加注一段时间后，该铰点无润滑脂注入。图 24-11 为臂架集中润滑系统的润滑脂罐与润滑泵总成。

（2）拆除润滑泵出口处的油管，使用集中润滑泵打黄油，发现润滑泵出口有润滑脂流出（图 24-12）。

（3）拆除润滑脂分配器上的油管，按下润滑脂加注按钮，发现分配器上拆除管路处没有润滑脂流出。图 24-13 为润滑脂分配器。

（4）进一步检测发现，润滑泵与分配器之间的油管堵塞，导致无法加注润滑脂，更换管路后，排出空气，在润滑脂罐内加注新的润滑脂，故障排除。

**4. 故障评析**

臂架集中润滑系统输送的润滑脂黏度较大，该车采用油管内径较小（$\phi 6$），如使用润滑脂品牌型号不当，容易造成油管堵塞情况的发生。此外，长时间未使用润滑泵进行集中润滑，也会导致润滑脂干枯堵塞油管。

故障原因：缺乏日常检查与保养（100%）。

**5. 改进建议**

（1）采用集中润滑方式时，建议按厂家要求的品牌型号选用润滑脂。

（2）按照使用说明书定期加入润滑脂，防止润滑脂干枯堵塞油管。

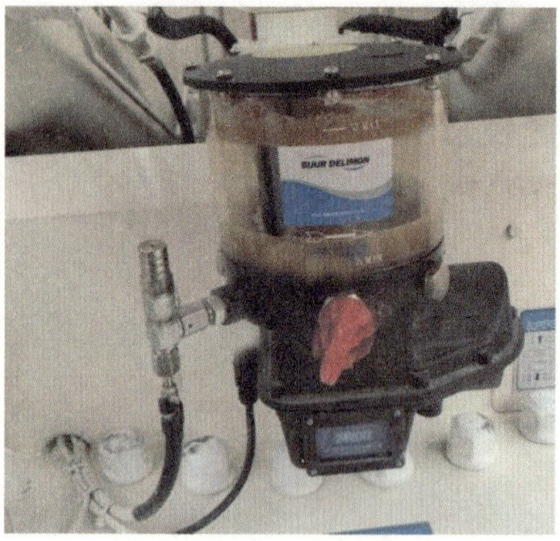

图 24-11 臂架集中润滑系统的润滑脂罐与润滑泵总成

图 24-12 润滑泵出口有润滑脂流出

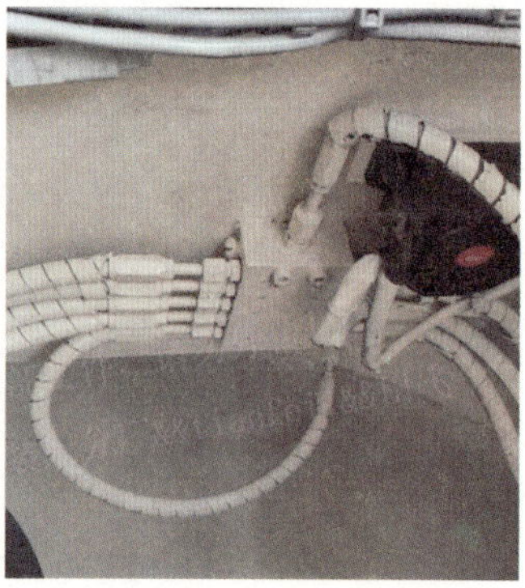

图 24-13 润滑脂分配器

## 案例 412 88 m 登高平台消防车应急泵汽油发动机化油器内部管路堵塞

**1. 车辆信息**

底盘：斯堪尼亚 P420　　生产日期：2006

车型：登高平台消防车（F90HLA，整车进口）

**2. 基本情况**

2018 年 7 月，驾驶员操作臂架过程中发动机突然熄火，尝试转台操作面板启动发动机无效，只能采用应急动力回收臂架。因该车蓄电池应急泵损坏未及时修复，只能通过汽油发动机驱动的应急泵手动回收臂架（图 24-14），但汽油发动机也无法启动。

图 24-14 汽油发动机驱动的应急泵

**3. 故障检查与排除**

（1）检查发现，汽油发动机驱动的应急泵旁的旁通阀处于关闭的状态（启动应急泵时此阀应处于打开的状态，以便于发动机启动时降低负载），打开此阀后，尝试启动仍不成功。

（2）检查火花塞工作情况，能正常产生火花，排除火花塞和点火线圈存在故障的可能。

（3）检查气缸压力情况，拉动启动手柄，气缸能保持正常的压力，排除气门间隙导致的漏气问题。

（4）拆卸火花塞后，拉动启动手柄，发现火花塞安装孔有少量汽油喷出，正常。

（5）检查发动机机油尺，发现机油有增多现象，且机油内混有大量汽油。

（6）检查节气门情况，能够正常打开和关闭，拆卸化油器，发现大量沉淀物。

（7）清洗化油器并更换机油和汽油，装回火花塞和化油器，重新启动，故障排除。图 24-15 为原厂提供的化油器原理图和优先检查的故障点（Priority check Points）。

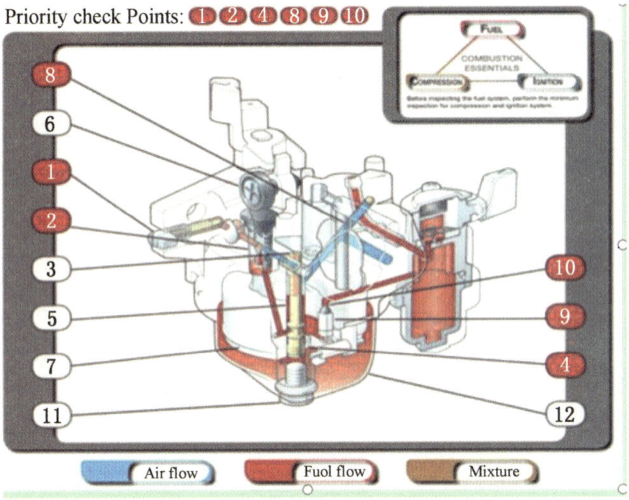


图 24-15　化油器原理图及优先检查故障点

**4. 故障评析**

举高消防车汽油发动机驱动的应急泵使用频率比较低，驾驶员容易忽视对其检查和维护。如果驱动应急泵的汽油发动机油箱内汽油长时间存放、变质，形成沉淀物会堵塞化油器的精密内部管路，从而无法形成适当浓度的燃油混合气。

多次尝试启动发动机不成功后，应及时排走气缸内未燃烧的燃料，以免由于燃料和空气的混合浓度过高而导致无法燃烧的问题。

此案例实际涉及底盘发动机故障、蓄电池应急泵故障和汽油发动机应急泵故障，由于汽油发动机故障较多，所以本案例只详细说明了汽油发动机应急泵故障的检查和排除。底盘发动机和蓄电池应急泵也无法启动，说明本车保养状况很差。

故障原因：维护保养不到位（100%）。

**5. 改进建议**

（1）举高消防车应急泵作为关键的动力部件，应执行日常检查。如发现不工作，应及时维修，以确保紧急状况下臂架和支腿能回收。

（2）每次启动汽油机前应保持打开旁通阀，以便汽油机冷启动更轻松。

（3）每次使用完汽油机驱动的应急泵之后，应保持汽油机怠速运行，关闭汽油箱到化油器之间的燃油管路开关，以便耗尽存留于化油器内的汽油，避免汽油进入机油内或在化油器内部产生沉淀物堵塞油孔。

## 案例 413　48 m 举高喷射消防车有线遥控盒输出线束与主电源线磨损粘连

**1. 车辆信息**

底盘：奔驰 4141　　生产日期：2016 年

车型：大跨度举高喷射消防车（JP48）

**2. 基本情况**

2018 年，消防车上装操作时，上装电喇叭与底盘电喇叭长鸣，切换到行驶状态，故障消除。

**3. 故障检查与排除**

（1）打开有线遥控盒，用万用表的通断挡测量喇叭开关，正常。

（2）喇叭开关断开情况下，检查 SYMC（控制模块）喇叭针脚（IO）输入端无电压，但控制模块输出端给喇叭的电压却为 24 V。

（3）拔掉控制模块上喇叭信号输出插头，通向喇叭的电源线电压依然为 24 V，说明此故障与开关及控制模块无关。

（4）检查发现，有线遥控盒的输出线束存在磨损现象，该线束的喇叭电源线与主电源线结合处绝缘层磨损，导线黏结（图 24-16）。

（5）把电线破损处用绝缘胶带分别包好，线束用胶布连续包好，其他拆过的地方复位，试车后喇叭正常，故障排除。

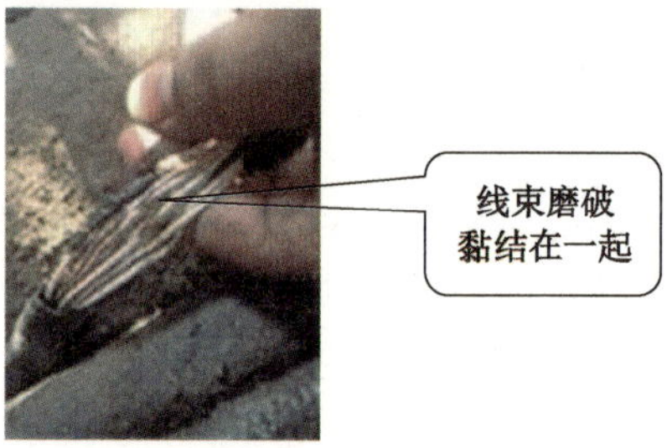


图 24-16　绝缘层磨损导线黏结在一起的线缆束

**4. 故障评析**

由于 SYMC 控制模块输出端喇叭控制线与主电源线破损短路导致此故障发生。检查此类故障一般按照开关、模块、线路的顺序查找，按先易后难步骤进行排查。

故障原因：线束布置问题（40%）；线材表皮质量问题（40%）；人为原因（20%）。

**5. 改进建议**

（1）线束布置时避免打死折的情况，同时要保证整个线路良好固定；线束穿行时要远离热源、锋利尖角等位置；线束的各种接头要采用防水性能好的插接件，减少进水损坏的概率；较长的线束要进行分段连接，发生故障时方便检查维修和更换。

（2）日常车辆检查，应注意检查线束磨损情况。

## 案例 414　62 m 举高喷射消防车臂架末端无线路由器信号发射器锈蚀

### 1. 车辆信息

底盘：沃尔沃 FM540　　生产日期：2018 年

车型：举高喷射消防车（JP62）

### 2. 基本情况

2018 年，消防车出厂测试时，发现转台操作台处的火场监控器没有影像显示。

### 3. 故障检查与排除

（1）维修人员检查发现，火场监控器显示屏呈蓝屏状态，故障提示为没有信号输入。

（2）检查摄像头电源、地线连接插接件，确认电源、地线连接插接件牢固，无松动、开路等现象。

（3）进一步检查连接摄像头与显示屏的无线路由器安装盒，发现臂架末端无线路由器安装盒的信号线安装孔密封胶涂抹不均匀（图 24-17），路由器上盖密封不严、安装盒内部有进水痕迹（图 24-18），路由器信号发射器锈蚀（图 24-19）。

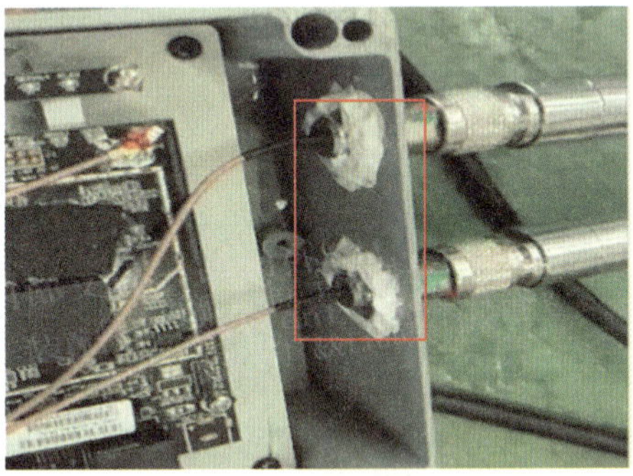

图 24-17　信号线安装孔密封胶涂抹不均匀

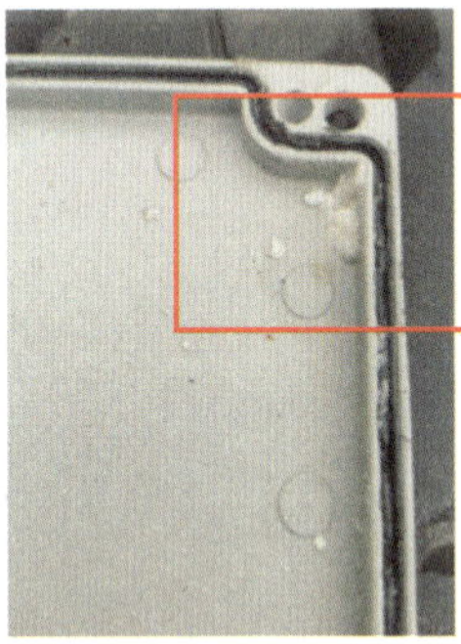

图 24-18　路由器上盖密封不严进水

图 24-19　路由器信号发射器锈蚀位置

（4）利用笔记本电脑无法连接路由器地址，更换路由器后，并重新匹配，故障排除。

**4. 故障评析**

消防车火场监控系统是近年来采用的技术手段，常见方式为有线连接和无线连接，有线连接信号稳定，但需要在设计制造时布置好线路；无线连接信号受设备、环境影响大，但后期加装相对方便。本消防车火场监控系统，采用无线路由器进行信号的传递，路由器安装在防护等级为 IP66 的盒体内。现场进行防水测试后发现，安装盒天线安装孔密封胶涂抹不均匀，影响了整体防护等级要求。

故障原因：安装问题（100%）。

**5. 改进建议**

建议选用元器件时，不仅需要从技术参数上满足防护等级要求，必要时也要进行试验验证，了解实现方式、使用环境及安装注意事项，分析是否存在隐患。

第四篇

# 专勤类和战保类消防车故障维修典型案例

# 第二十五章　专勤类消防车故障分析与排除

本章主要对专勤类消防车 22 个典型故障进行分析与排除

## 案例 415　抢险救援消防车绞盘电动机损坏

**1. 车辆信息**

底盘：斯堪尼亚 P270　　　　　　　　　　　生产日期：2008 年 6 月

车型：抢险救援消防车（JY80）

**2. 基本情况**

2009 年以来，多台次该型抢险救援消防车配置的某品牌电动绞盘出现电动机、齿轮组等部件锈蚀、损坏情况。

**3. 故障检查与排除**

（1）检查发现电动绞盘电动机、齿轮组、控制盒等部件均出现不同程度损坏。其中，电动机转子锈蚀、控制盒锈蚀、绞盘齿轮组锈蚀尤为突出，具体情况如图 25-1 所示。

（2）更换损坏的部件后，故障排除。

**4. 故障评析**

改装后的电动绞盘安装在消防车底盘（车架）下部，车辆在涉水行驶时积水会迸溅到牵引机组上，长期湿污造成机组锈蚀。

（a）电动绞盘总成

（b）电动机转子进水锈蚀

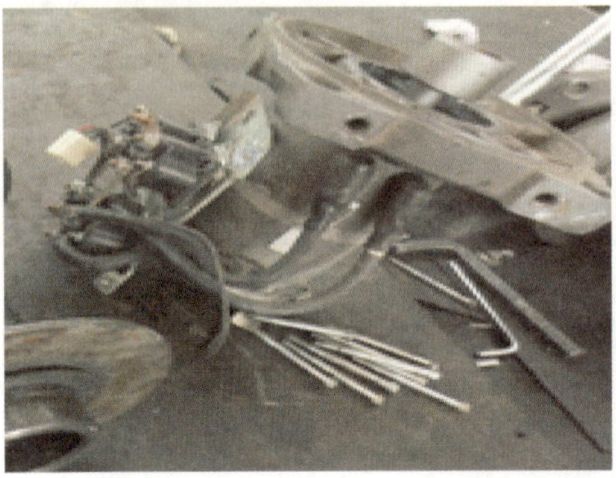
(c) 电动机控制盒进水锈蚀

(d) 行星齿轮箱内部进水锈蚀

图 25-1 电动绞盘电动机转子、控制盒、齿轮组锈蚀情况

本例中由于绞盘驱动电动机外壳倒置安装，排水孔方向朝上，水从排水孔进入电机，无法排出，造成转子锈蚀。

经统计发现，电动绞盘的防水、防潮性能不佳，造成类似故障频繁发生。

故障原因：设计不合理（70%）；使用不当（30%）。

## 案例 416 抢险救援消防车电动绞盘钢丝绳损坏

**1. 车辆信息**

底盘：斯堪尼亚 P270　　　　生产日期：2008 年 6 月

车型：抢险救援消防车（JY80）

**2. 基本情况**

2009 年以来，多台次该型抢险救援消防车配置的中置式电动绞盘出现钢丝绳断裂和离股情况。

**3. 故障检查与排除**

（1）该车采用的是中置式电动绞盘（图 25-2），检查发现，钢丝绳磨损严重，部分股丝断裂和离股，如图 25-3 所示。

图 25-2 中置式电动绞盘

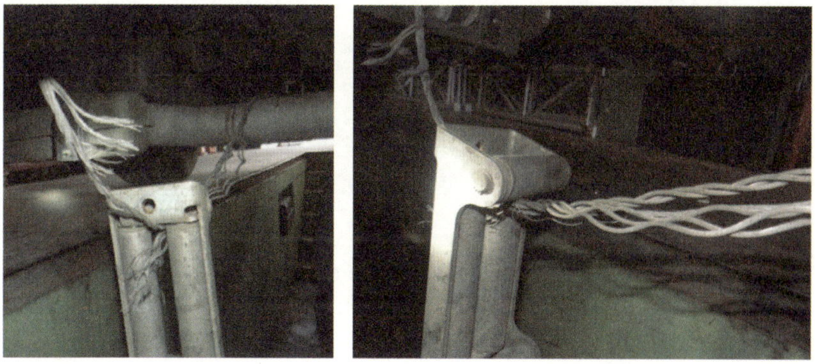

（a）钢丝绳断裂　　（b）钢丝绳离股

图 25-3　钢丝绳断裂、离股情况

（2）更换新的钢丝绳，故障排除。

**4. 故障评析**

钢丝绳断裂、离股的原因较多，如无过载保护致局部磨损、钢丝绳滚筒固定端结构不牢、超过额定牵引长度等都容易造成钢丝绳断裂损坏。

故障原因：设计不合理（50%）；使用不当（50%）。

## 案例 417　抢险救援消防车吊臂卷扬机和绞盘钢丝绳多种形式损坏

**1. 车辆信息**

底盘：奔驰 1829、斯堪尼亚 P310　　生产日期：2008 年 11 月

车型：抢险救援消防车（JY100）

**2. 基本情况**

多台次抢险救援消防车驾驶员反映，吊臂卷扬机和前部牵引绞盘钢丝绳变形、断股。

**3. 故障检查与排除**

（1）折叠吊臂二臂钢丝绳断股、起丝（图 25-4），更换全套钢丝绳，故障排除。

（2）直臂吊卷扬机钢丝绳弯折（图 25-5），更换整盘钢丝绳，故障排除。

（3）直臂吊钢丝绳缠绕不规则，钢丝绳受力卡死，出现破损（图 25-6），将破损部

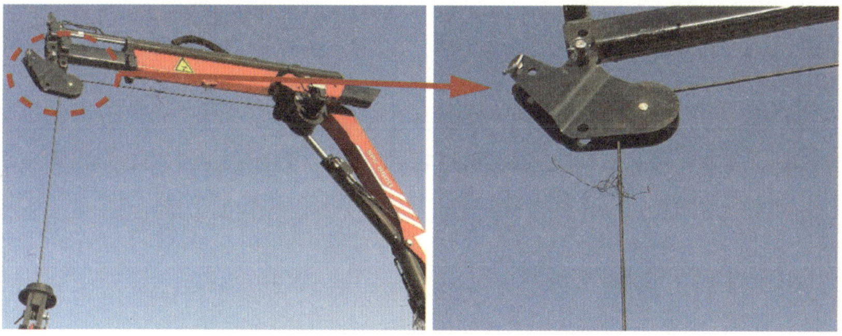

图 25-4　折叠吊臂二臂钢丝绳断股、起丝

图 25-5 直臂吊钢丝绳弯折

图 25-6 直臂吊钢丝绳缠绕不规则

图 25-7 更换后重新布线

位切断，重新布线（图 25-7），故障排除。

（4）绞盘钢丝绳缠绕不规则（图 25-8），弯折、断股（图 25-9）。更换整盘钢丝绳，故障排除。

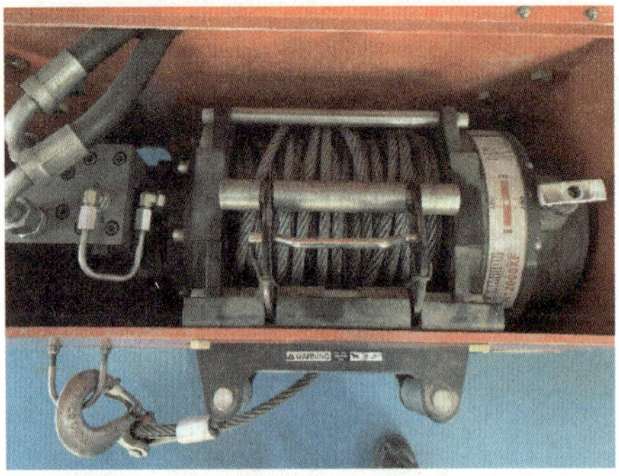

图 25-8 绞盘钢丝绳缠绕不规则

图 25-9 绞盘钢丝绳弯折、断股

绞盘故障排除提示：维修时，首先将绞盘中的钢丝绳分解拆卸，检查钢丝绳的导向滑轮并调整至正确位置后，对破损钢丝绳进行整体更换。更换钢丝绳时，首先将钢丝绳端固定锁死在绞盘滚筒初始位置，然后按照收绳顺序将钢丝绳排布平整、压实。

**4. 故障评析**

收卷吊臂和绞盘钢丝绳时，应注意观察钢丝绳的收紧程度和排线是否均匀，确保收卷过程中钢丝绳始终处于受力拉紧状态，避免回收时钢丝绳过松、缠绕不规则、甚至脱槽情况。

钢丝绳缠绕不规则、松脱的情况下，如果绞盘持续收卷，可能导致钢丝绳与滚筒的侧壁以及钢丝绳之间出现卡死，造成钢丝绳挤压磨损甚至拉断。

故障原因：操作失误（70%）；设计不合理（30%）。

**5. 改进建议**

（1）绞盘回收过程中应有人进行牵拉，并注意钢丝绳排布情况；吊车卷扬机回收过程中可起吊一定质量的重物，保证钢丝绳回收过程中时刻处于拉紧状态。

（2）新购抢险救援消防车绞盘必须配置自动排线装置。

（3）应定期检查钢丝绳，保持钢丝绳清洁无污染。

（4）定期使用专用防锈剂对钢丝绳进行保养。特别提示：润滑油或润滑脂会吸附沙尘导致钢丝绳与绳辊之间出现磨损，如果润滑油脂渗入到钢丝绳的绳丝之间，在起吊重物过程中绳丝间容易出现相对滑动产生磨损，因此，钢丝绳不能使用润滑脂或润滑油进行润滑。

（5）吊臂和绞盘的钢丝绳应按照厂家要求在达到使用年限后及时更换。

（6）无论有没有达到使用年限，发现钢丝绳有断股、离股、毛刺、扭转、弯折、局部变细和锈蚀等问题时（图 25-10），必须及时更换。

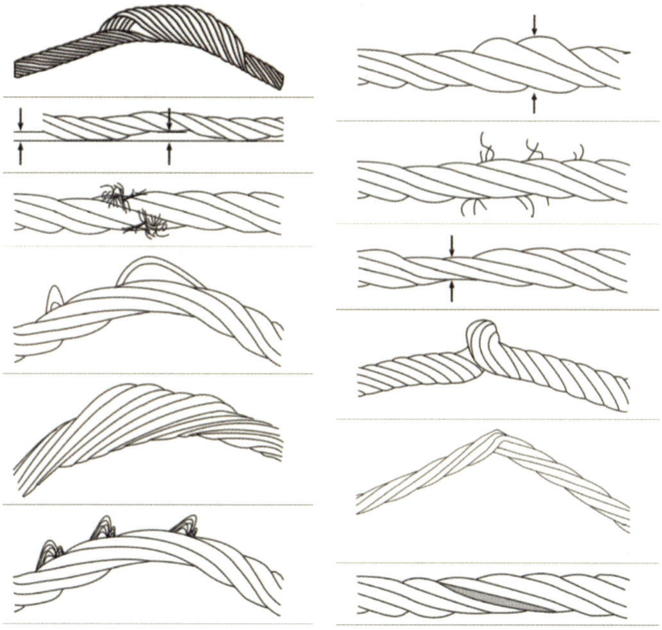

图 25-10　钢丝绳损坏需更换情况

## 案例 418　抢险救援消防车随车吊损坏

**1. 车辆信息**

底盘：奔驰 1829　　　　生产日期：2018 年 3 月

车型：抢险救援消防车（JY100）

**2. 基本情况**

2019 年 6 月，驾驶员反映该车在操作时出现后部随车吊支腿自动下伸，直到支腿完全伸出；同时发现折叠臂中间漏油情况。维修人员指导驾驶员拆卸支腿后开到维修中心。图 25-11 为拆卸支腿油缸后的抢险救援消防车。

图 25-11 拆卸支腿油缸后的抢险救援消防车

**3. 故障检查与排除**

（1）检查发现随车吊的损坏情况有：①三臂脱离限位处约 50 cm，后部限位杆被压断（图 25-12 和图 25-13）；三臂下方被挤压的液压油管变形，部分破裂漏油（图 25-14）；三臂前端照明灯压坏；三臂伸缩油缸最左端被压出深痕。②液压油箱被挤压变形，液压泵进出口油管因受压破裂漏油，回油滤芯接头被三臂挤压部分破损裂开等情况（图 25-15）。③支腿操作支架（也是二臂限位销）被挤压严重变形，右侧操控保护框被挤压变形。

图 25-12 三臂上限位杆位置（整体图）

图 25-13 限位杆损坏情况

（2）检查操作手柄故障情况，发现：①三臂压到吊臂操作手柄，操作手柄处在展开位置，并被卡住（图 25-16）。②支腿操作手柄被压下来的三臂卡死（图 25-17）。

（3）采取松开锁阀、吊起各臂等措施，解除各部件的（臂架、操作手柄等）挤压状态。根据损坏的情况，采购并更换回油滤清器总成 1 个、液压油管 3 根、照明灯 1 只，加工并焊接限位杆 1 个及更换液压油，修复液压油箱的部分变形，故障排除。

图 25-14　液压油管被挤破漏油

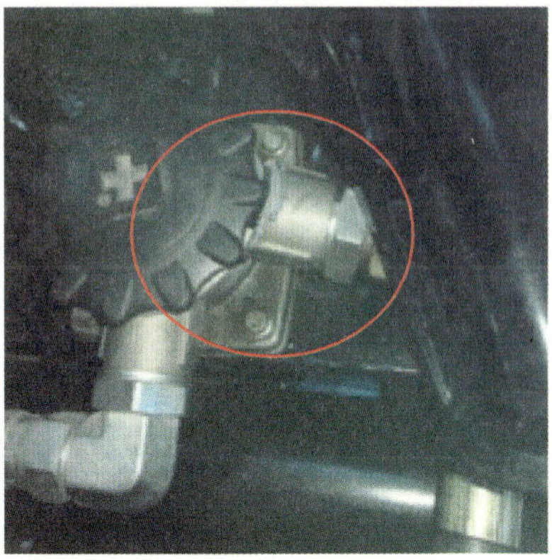

图 25-15　回油滤芯接口处损坏情况

图 25-16　三臂压到吊臂操作手柄

图 25-17　三臂压到支腿操作手柄

**4. 故障评析**

根据检查情况判断，造成此次故障的原因是操作员不熟悉操作要求，随车吊操作的第一步先将三臂回收并脱离限位槽，驾驶员误操作成打开三臂且未及时纠正错误，造成限位杆抻断，直至手柄卡死，挤坏液压油箱上方的回油滤清器及管路。同时下降的三臂挤住支腿操作手柄（正常时回中位），造成支腿一直向上伸展。

向厂家咨询并进一步检查，发现随车吊没有类似举高车的上下车互锁措施，所以操作错误会造成连锁反应。

故障原因：操作不当（100%）。

**5. 改进建议**

（1）鉴于该三角臂类型操作步骤严格，操作员需要思考各相关影响，容易引起误操作。应加强操作员的管理：①操作员须经过培训合格方能上岗。②平时要加强业务训练，提高装备的操作熟练程度。③必须进行安全教育和应急训练。④业务考核必不可少，不具备一定反应能力不能上岗。

（2）建议消防车生产厂家在产品设计时要考虑限位问题，通过技术手段来防止出现误操作问题：①操作设置必要的声光警示，并尽量统一，操作员只要遇到这种情况就知道大致状况；②操作顺序有更清晰的标注说明，例如该车展开操作顺序用绿色序号铭刻在标牌上，回收顺序用红色序号铭刻在标牌上，减少失误的概率，而不是只有图示的操作动作说明；③在设计上添加部分限位控制功能，当影响安全时停止动作或紧急报警，如三臂限位杆受力过大时应该有所警示等。

（3）针对操作员在危急时刻情绪紧张，容易操作失误造成故障，可以多考虑装备伸缩臂式随车吊，操作程序更直观、简单，不易出现误操作。

## 案例 419　抢险救援消防车随车吊液压油箱被加注柴油

**1. 车辆信息**

底盘：曼 TGM19. 320　　生产日期：2003 年 10 月

车型：抢险救援消防车（JY80）

**2. 基本情况**

2015 年 8 月 20 日，新驾驶员错把柴油加注到随车吊的液压油箱。

**3. 故障检查与排除**

（1）拆开液压油箱上盖，抽出滤芯清洗（图 25-18），将液压油箱里的油液抽出（图 25-19），清洗液压油箱及相连液压管路。

（2）重新加注液压油（图 25-20），故障排除。

图 25-18　抽出液压油滤芯并清洗

图 25-19　抽出液压油箱里的油液

图 25-20　重新加注液压油

**4. 故障评析**

该抢险救援消防车车型老旧，相应部位未设置明显标识，但是液压油箱和柴油箱形状和位置有明显区别，新驾驶员在未完全熟悉车辆各部分结构功能的情况下盲目作业，误将柴油加注至液压油油箱。

故障原因：人为故障（80%）；厂家标识不足（20%）。

**5. 改进建议**

加强驾驶员培训，老驾驶员应对新驾驶员认真传帮带，避免低级错误。厂家应对各操作部位贴上永久标识或说明。

## 案例 420　抢险救援消防车随车吊水平支腿锁销断裂

**1. 车辆信息**

底盘：豪沃　　生产日期：2015 年 7 月

车型：抢险救援消防车（JY100）

**2. 基本情况**

2016 年 7 月，驾驶员反映，随车吊水平支腿防飞出手动锁销断裂损坏（图 25-21）。

图 25-21　水平支腿防飞出手动锁销断裂

**3. 故障检查与排除**

（1）检查水平支腿防飞出锁止机构，发现支腿手动锁销断裂。

（2）更换支腿手动锁销，故障排除。

**4. 故障评析**

行车时为避免水平支腿因液压缸内漏发生甩出现象，配置了手动支腿锁止机构，保证支腿水平方向的有效锁止。

车辆使用过程中，由于没有打开支腿防飞出手动锁销就操作液压杆，将水平支腿强制伸出，造成支腿手动锁销损坏。

故障原因：人为损坏（100%）。

**5. 改进建议**

操作人员应严格按照该车操作使用规程，在伸出水平支腿前一定要确保支腿防飞出手动锁销打开。

在液压操作杆位置应设置明显标识，提示操作前必须打开水平支腿锁止机构。

## 案例 421　抢险救援消防车照明灯升降杆动作被干涉

**1. 车辆信息**

底盘：五十铃 FVR34J　　生产日期：2006 年

车型：抢险救援消防车（JY80）

**2. 基本情况**

车顶照明灯俯仰升降杆与车顶放置的二节拉梯干涉。

**3. 故障检查与排除**

（1）该车车厢顶部前侧配置折叠式升降照明灯，照明灯升降杆完全折叠归位后与车顶放置的二节拉梯重叠、互相干涉，在使用升降照明灯时必须先由人员登上车顶移开二节拉梯后方可升降使用（图 25-22）。

（2）联系消防车生产厂家，反馈设计存在问题，并对二节拉梯固定位置进行调整后，排除互相干涉问题。

图 25-22　照明灯升降杆与车顶二节拉梯重叠互相干涉

**4. 故障评析**

消防车在设计、生产过程中，未充分考虑各车载部件的空间运动位置与器材取放关系，造成实际使用中不同器材相互干涉。

故障原因：设计不合理（100%）。

**5. 改进建议**

消防车改装过程中，在满足功能需求前提下，应充分考虑各型器材的实际配置和使用情况。

## 案例 422　抢险救援消防车升降照明灯气泵损坏

**1. 车辆信息**

底盘：奔驰 1829　　生产日期：2015 年

车型：抢险救援消防车（JY100）

**2. 基本情况**

该车在使用升降照明灯时，发现升降杆无动力输入，无法实现升降作业。

**3. 故障检查与排除**

（1）检查发现升降照明灯升降杆的气泵底座碎裂，固定螺栓脱落，导致气泵松动与车体部件碰撞造成损坏（图 25-23）。

（2）更换新气泵后，故障排除。

图 25-23　气泵底座碎裂、固定螺栓脱落

**4. 故障评析**

该车升降照明灯气泵采用硬连接，消防车在长时间行驶颠簸或气泵运转振动时，连接底座断裂。但驾驶员未及时发现底座已断裂，仍继续操作使用升降照明灯，导致气泵与车体部件碰撞损坏。

故障原因：气泵安装不合理（70%）；操作使用问题（30%）。

**5. 改进建议**

（1）消防车升降照明灯的气泵应使用弹性连接件固定，降低气泵底座因消防车行驶颠簸、充气泵运转振动等因素造成损坏的风险。

（2）加强驾驶员及操作人员的培训，发现消防车存在的异常情况及时维修，最大限度避免已损坏部件引发衍生故障。

## 案例 423　抢险救援消防车照明灯柱损坏不能升降

**1. 车辆信息**

底盘：依维柯 ML180E30　　生产日期：2019 年 11 月

车型：抢险救援消防车（JY100）

**2. 基本情况**

2022 年 9 月，驾驶员反映该车升降灯柱不能全升起来，只能升到第三节，并且会卡住，不能正常收回。

**3. 故障检查与排除**

（1）核实故障情况一致，询问驾驶员使用情况：灯柱什么时候使用过？验收交接时是否检查过？灯柱升起后是否剐蹭过？都没有得到肯定的回答。

（2）只好拆下整个灯柱总成（图 25-24），该灯柱总成由 4 节嵌套的灯杆组成，从下至上依次为第一节、第二节、第三节和第四节。拆卸分解后发现灯杆的密封组件损坏（图 25-25）。

图 25-24 拆卸灯柱总成

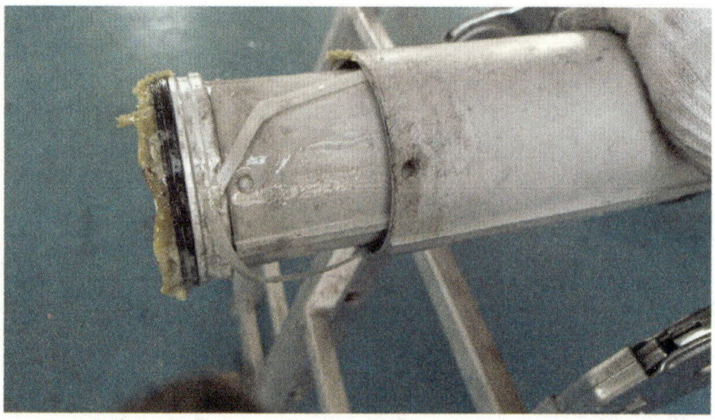

图 25-25 第二节与第三节之间灯杆的密封组件损坏

（3）核查不能伸出和回收的原因，发现第三节灯杆下部外表面有磨损和明显凹痕（图 25-26），造成第三节在第二节灯杆内部卡住，无法升降。

（4）因为该灯柱为进口，货期很长且不易购买。分析维修方案，决定截断第三节灯柱的下部损坏部分，重新设置导向环；截断第四节灯柱最上端第三节等长灯柱（以便最上节能完全落回），并重新设置固定端盖孔。图 25-27 为截断下来的两段灯柱。

（5）更换密封并安装，故障排除。

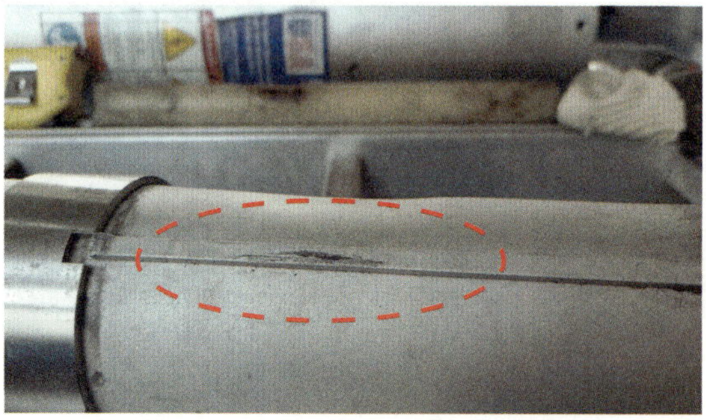

图 25-26 第三节灯柱下部外表面有磨损和明显凹痕

图 25-27 截断下来的两段灯柱（上第三节、下第四节）

**4. 故障评析**

该故障的发生反映了驾驶员对车辆不熟悉，什么时候出现的故障，怎么损坏的都一无所知。灯柱下端表面出现凹坑，只能是灯柱升起来后强力冲击造成，可能是剐蹭，也可能是大风。虽然不排除厂家交接前就已经损坏，但反映出驾驶员责任缺失。

故障原因：操作使用不正确（100%）。

## 案例 424　抢险救援消防车照明灯系统操作无动作

### 1. 车辆信息

底盘：依维柯 ML180E30　　　　生产日期：2019 年 11 月

车型：抢险救援消防车（JY100）

### 2. 基本情况

2023 年 2 月，驾驶员反映该车升降灯柱通过遥控器操作无动作，通过操作面板只能完成灯杆升降，灯头的俯仰、旋转、亮灯等动作无法完成。

### 3. 故障检查与排除

（1）检查遥控器，电源指示灯点亮，但操作各动作无反应。

（2）检查遥控器电缆插头，发现插头所在控制盒内有一个选择开关（12 V/24 V）被拨到 12 V 方向，因该车系统电压为 24 V，遂将选择开关拨到 24 V 一侧，操作遥控器，灯头的旋转、俯仰可以控制，但灯柱还是不能升降。

（3）检查器材厢内控制盒电气部件，电源开关、继电器正常，电路板没有发现异常。

（4）顺着遥控器控制线，找到灯头部分的控制盒内电路板（图 25-28），没有发现明显异常。调来一部同型号的消防车，调换这两块电路板检验，正常，说明电路板没有损坏。

（5）检查器材厢内控制盒电气部件及接头（图 25-29），发现部分接线有松动，遂检查并紧固所有接线头，故障排除。

图 25-28　灯头部分的控制盒内电路板

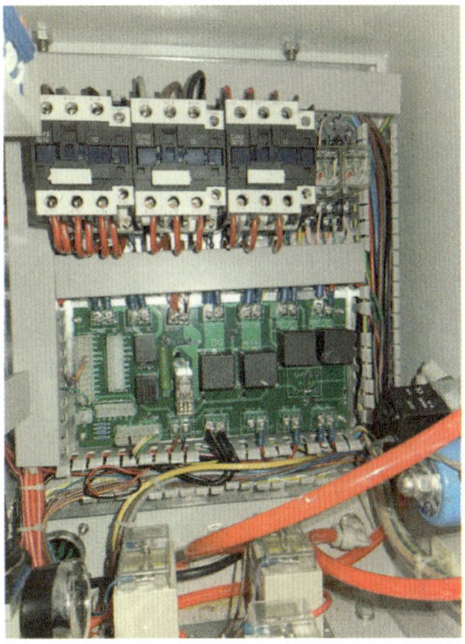

图 25-29　器材厢内照明灯系统的电气部件及接头

**4. 故障评析**

该消防车生产厂家安装工艺、检验不严格，造成部分接头松动，接触不良，这种隐形问题很难被发现，经常会在使用过程中出现，影响车辆使用。

电压选择开关在初始位置定好之后，不应该随意拨动，并在培训和使用说明书中加以说明，防止误导操作员。

故障原因：安装问题（100%）。

## 案例 425 抢险救援消防车伸缩爬梯扶手损坏

**1. 车辆信息**

底盘：红岩 CQ5190　　生产日期：2020 年 5 月

车型：抢险救援消防车（JY100）

**2. 基本情况**

2020 年 10 月，抢险救援消防车在送车途中，因路途颠簸，导致安装在直臂吊上的伸缩爬梯扶手损坏。

**3. 故障检查与排除**

（1）检查发现，直臂吊侧面上的伸缩爬梯铝合金扶手变形损坏（图 25-30）。

（2）更换新型伸缩爬梯扶手，加大扶手的直径，加厚管子的厚度，扶手与梯身的焊接处增加侧向筋板，增加与梯身的焊接面，缩短扶手挡的间距，故障排除。

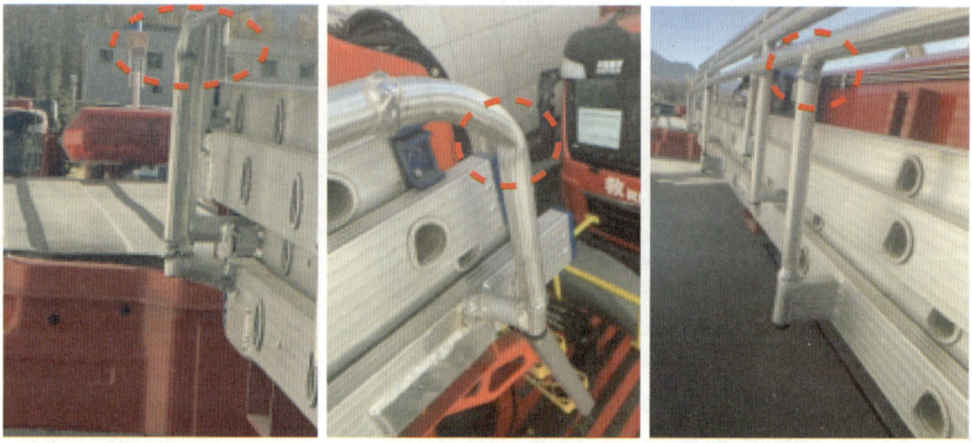

图 25-30 伸缩爬梯铝合金扶手变形损坏

**4. 故障评析**

原设计扶手管径细、管壁薄，强度不够；扶手与梯身间焊接点太少；扶手立柱的间距太大，影响登高安全，之后厂家重新进行了设计，增强了结构强度。

故障原因：选材与设计问题（100%）。

**5. 改进建议**

厂家在设计选型时，要进行强度计算，确保满足安全可靠性需求。

# 案例 426　抢险救援消防车器材厢移动发电机滑动托架底端有磨痕

**1. 车辆信息**

底盘：斯堪尼亚 P310　　　　生产日期：2007 年

车型：抢险救援消防车（JY80）

**2. 基本情况**

该消防车在推拉其移动发电机滑动托架时，有尖锐的摩擦声，推拉摩擦阻力较大，托架下边缘有磨痕。

**3. 故障检查与排除**

（1）检查发现，移动发电机在滑动托架上时（重载时），托架底端与器材厢厢体底部有摩擦。卸下发电机后，推拉托架时摩擦现象减轻，但是滑动托架与车体间隙依然偏小，具体故障情况如图 25-31 所示。

（2）卸下移动发电机推拉式滑动托架，加大托架与框架的间隙，故障排除。

（a）重载时滑动托架摩擦剐蹭车体　　（b）卸下发电机后滑动托架与车体间隙小

图 25-31　磨损的发电机托架导轨

**4. 故障评析**

消防车抽拉式托架与器材厢底部间隙过小，安装发电机后导轨与底部摩擦，颠簸时甚至发生碰撞。

故障原因：托架的设计考虑不周（100%）。

**5. 改进建议**

消防车的器材厢内框架、滑动托架装配中，要充分考虑重载后框架托架的变形量，确保整体强度的同时预留充足的间隙。

## 案例427 通信指挥消防车外扩侧厢无法展开

**1. 车辆信息**

底盘：奔驰 3341　　　　　　　　　　　　生产日期：2017 年 8 月

车型：通信指挥消防车

**2. 基本情况**

消防车垂直支腿伸出后，外扩侧厢无法展开。

**3. 故障检查与排除**

（1）消防车垂直支腿完全伸出后，PLC（可编程逻辑控制器）电控箱未接收到支腿到位信号（图 25-32）。

（2）排查过程中发现支腿到位信号继电器引脚弯曲（图 25-33），无法传输信号。

（3）更换继电器后，故障排除。

图 25-32　车厢 PLC 电控箱电信号检查

图 25-33　支腿到位信号继电器引脚弯曲

**4. 故障评析**

询问驾驶员后分析，该故障是由于上一次厂家售后人员维修其他故障，曾将该继电器拔出，再次安装时未能正确插入，导致继电器引脚弯曲引发故障。

故障原因：维修操作失误（100%）。

**5. 改进建议**

消防车采用精细电子元件越来越多，插拔电气连接部件时要注意位置、角度和力度。

## 案例428 通信指挥消防车支腿无法收回

**1. 车辆信息**

底盘：汕德卡 DM5233　　　　　　　　　　生产日期：2019 年 6 月

车型：通信指挥消防车（TZ）

**2. 基本情况**

通信指挥消防车驾驶员在执行任务结束后，发现固定车身的支腿无法收回，导致车辆无法移动。图 25-34 为故障车辆支腿结构。

图 25-34　故障车辆支腿结构

**3. 故障检查与排除**

（1）维修人员检查发现，支腿供电电压不够，导致支腿无法正常工作。

（2）该支腿操作是由单独一组蓄电池供电，蓄电池电量不足导致无法正常操作支腿。更换蓄电池，支腿操作恢复正常，故障排除。

**4. 故障评析**

该支腿操作由单独一组蓄电池供电，使用时耗电量较大，造成蓄电池电量耗损亏电，无法正常操作支腿。

故障原因：设计原因（70%）；维护保养不到位（30%）。

**5. 改进建议**

建议为操作支腿供电的蓄电池采用自动充电方式，在车辆运转时能保证电量得到及时补充。

## 案例 429　照明消防车车顶照明灯整流控制器撞坏

**1. 车辆信息**

底盘：曼 TGL8. 180　　生产日期：2008 年 5 月

车型：照明消防车（MLT-8M，整车进口）

**2. 基本情况**

2013 年 1 月，驾驶员反映车辆行驶时未注意桥梁限高标志，撞坏车顶照明灯整流控制器（图 25-35）。

图 25-35 撞坏的照明灯整流控制器外壳

**3. 故障检查与排除**

（1）经询问，确认驾驶员行车时注意力不集中，未观察到桥梁前部的限高标志和栏杆，导致车顶照明灯整流控制器受撞击损坏（图 25-36）。

（2）向厂家售后进行技术咨询、询价，得知供货周期长，且价格昂贵。

（3）维修人员从电子市场和其他电气维修公司渠道查找，没有找到匹配的零部件，整流控制器本身又无法维修，最终决定采购原厂部件更换；但由于该整流器非消防车生产厂家生产，厂家需要从其他供应商处购买，导致备件一年后才到货。

（4）更换零部件，多次运行试车后，照明灯整流控制器工作正常，故障排除（图 25-37）。

图 25-36 撞坏的照明灯整流控制器内部

图 25-37 修复后的车顶照明灯

**4. 故障评析**

照明消防车车身高 3.3 m，消防车行驶遇到道路限高低于车身高度时，驾驶员和副驾位置上的随车人员未注意到限高标识，导致该故障发生。

故障原因：驾驶疏忽（100%）。

**5. 改进建议**

加强驾驶员和随车人员安全意识的培养，建议厂家在车身合适位置标明整车高度。同时对车顶部突出的灯具等易损、昂贵、精密的器件安装防护栏杆。

# 案例 430　照明消防车升降灯组无法回收

**1. 车辆信息**

底盘：曼 TGL8.180　　生产日期：2013 年

车型：照明消防车（MLT-8M，整车进口）

**2. 基本情况**

2023 年 3 月，驾驶员反映，该照明消防车升降灯组（图 25-38）不能一键式回收到行车托架。

图 25-38　照明消防车升降灯组

**3. 故障检查与排除**

（1）检查发现，一键式回收操作时，升降灯组无法对中车辆行驶位置，俯仰不能调到与车顶甲板平行，总是出现错位。询问驾驶员，得知曾手动应急将灯组调至平行于甲板。

（2）拆卸升降灯组俯仰机构，发现蜗轮驱动的限位器金属拨片变形错位（图 25-39）。将灯组手动调整至车头对正方向，将拨片矫正，调整至驱动齿轮轴上限位销右侧（正常起始位置）。图 25-40 为修复后的俯仰限位器拨片状态。

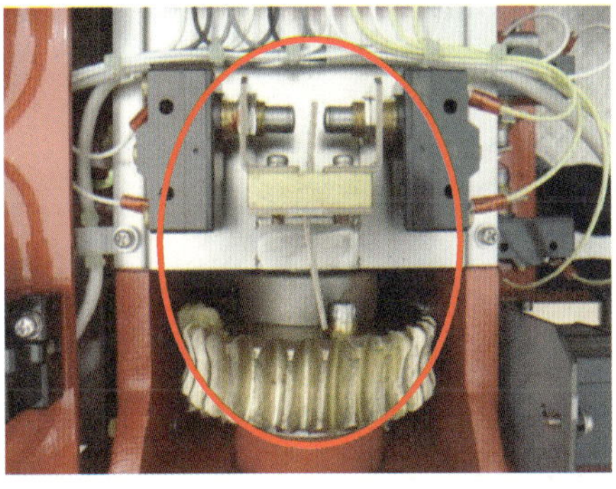

图 25-39　俯仰限位器拨片弯曲变形错位

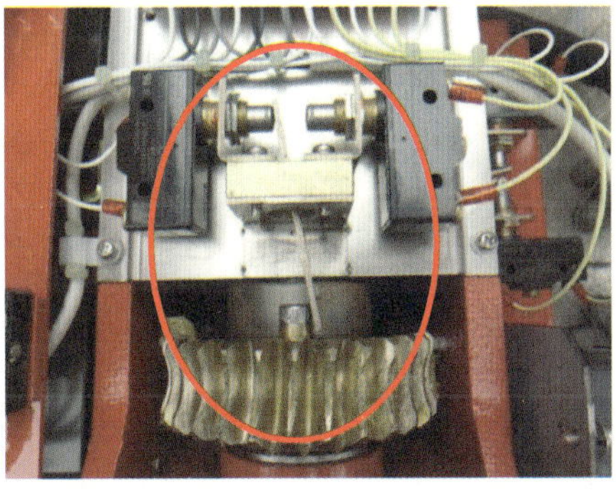

图 25-40　修复后的俯仰限位器拨片状态

（3）多次操作测试照明云台俯仰、旋转等各种动作运行及自动回收操作，恢复正常，故障排除。

**4. 故障评析**

此类故障在 2014 年 7 月新车到货配发后曾发生过。当时由于驾驶员刚培训后操作经验不足，在操作中灯组不能一键自动调平，采用手动应急调整，误将调整方向搞反，造成灯组无法下降。图 25-41 为照明消防车升降灯组应急操作位置及工具。

图 25-41 照明消防车升降灯组应急操作位置及工具（有罩和无罩）

正确的升降灯组手动俯/仰和旋转操作方法（图 25-42）：

（1）先关掉电源。

（2）取下①两颗螺丝，取出零件②和③。

（3）如需旋转，则将手动手柄插进右侧插孔；如需俯/仰，则插入左侧插孔并转动。

（4）如进行俯/仰，顺时针转动手柄是“仰”，逆时针转动是“俯”。

（5）如旋转，顺时针转动手柄是“左”，逆时针是“右”。

此次故障也是驾驶员采用手动应急调整时，本应逆时针转动使灯组“俯”向转动，但是错误地顺时针转动手柄使灯组继续上“仰”，已经直至到达极限位置，还在错误操作，最终导致限位器金属拨片变形损坏。然后，驾驶员又逆时针将灯组调回至行车位置，但此时灯组一键式回收功能已无法实现。

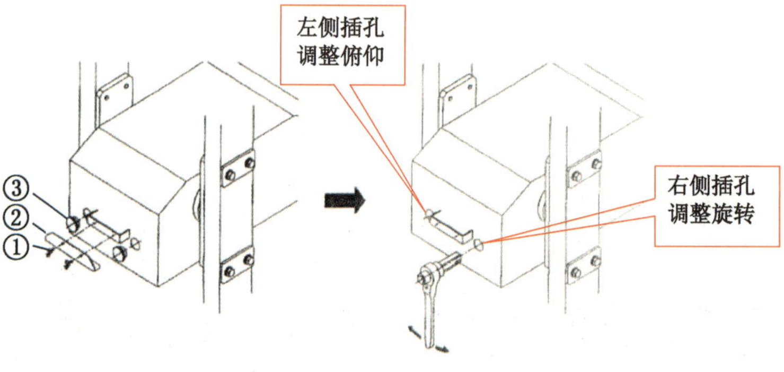


①—两颗螺丝；②—压板；③—堵塞（堵头）

图 24-42 升降灯组手动俯/仰和旋转操作方法示意图

故障原因：操作不当（100%）。

# 案例 431　防化救援消防车右侧乘员室踏板遮挡空气滤清器

**1. 车辆信息**

底盘：曼 TGM18. 280　　生产日期：2013 年 10 月

车型：防化救援消防车（整车进口）

**2. 基本情况**

日常保养时，发现该型消防车因被右侧乘员室踏板遮挡，空气滤清器滤芯取出、更换困难。

**3. 故障检查与排除**

（1）检查发现，消防车生产厂改动了底盘发动机空气滤清器的位置，空气滤清器被右侧乘员室踏板遮挡，导致难以更换空气滤清器滤芯，具体情况如图 25-43 所示。

（2）联系消防车生产厂，厂家认为对阻碍滤清器的下方框架难以更改，所以维修人员每次对空气滤清器维护保养时只能反复调整拉拽，才可将滤芯取出。

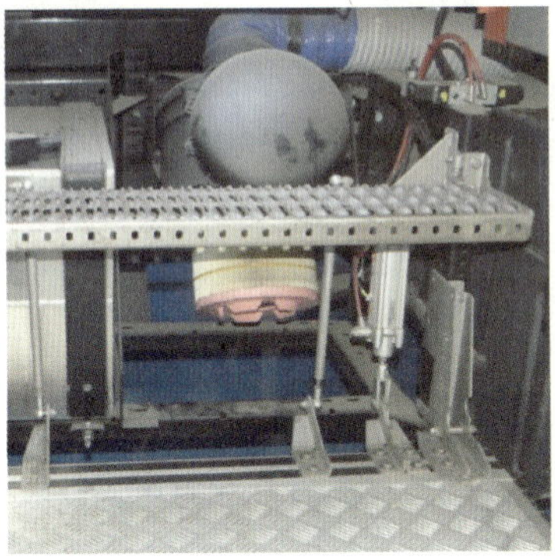

（a）空气滤清器位置

（b）空气滤清器滤芯取出困难

图 25-43　空气滤清器滤芯因遮挡难以取出

**4. 故障评析**

该消防车是在通用汽车底盘上进行加装和改装，对底盘部分功能部件的位置进行调整的情况，在消防车改装行业比较常见，但消防车生产厂在改装时并未认真考虑部件维修保养的问题。

通过与厂家交流沟通，厂家也认可维修人员作出的判断，并对新车型的空气滤清器位置进行了重新设计。

故障原因：布置设计考虑不周（100%）。

# 案例 432　化学洗消消防车液罐罐体泄漏

**1. 车辆信息**

底盘：五十铃 QL1250　　生产日期：2020 年 10 月

车型：化学洗消消防车（XX10）

**2. 基本情况**

2021 年 1 月，化学洗消消防车报修液罐漏液。

**3. 故障检查与排除**

（1）拆解液罐罐体、保温层组件，发现罐体前封板与侧板焊缝开裂（图 25-44）。

（2）进一步检查确认，该液罐直接采用对拼方式焊接（图 25-45）。

（3）对开裂位置改进焊接工艺，采用先折弯后焊接的方式，增加焊角深度，前后封板采用双面连续焊接，焊接完毕注水试验无泄漏，故障排除。

图 25-44 罐体前封板与侧板焊接位置泄漏锈蚀

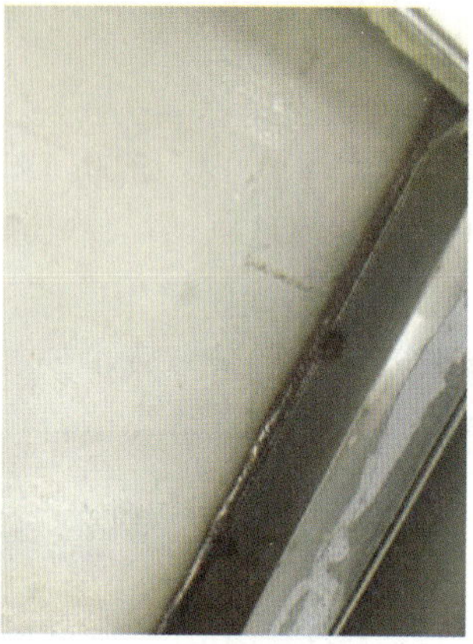

图 25-45 对拼方式焊接的焊缝

**4. 故障评析**

该型号车辆液罐罐体焊接结构为板材对拼焊接，容易开裂。厂家对原液罐焊接制作工艺进行改进，由对接角焊调整为 L 型折弯后再进行焊接，增加原有焊角深度。

故障原因：焊接工艺问题（100%）。

**5. 改进建议**

厂家在制作液罐时，从设计方案上尽量减少焊缝，从工艺上加强焊接质量，加工成品要进行严格的带压密封性试验，确保能够满足其强度需要。

## 案例 433 排烟消防车风筒风机导向护罩碰撞损坏

**1. 车辆信息**

底盘：奔驰 4141　　生产日期：2012 年 10 月

车型：排烟消防车（PY218）

**2. 基本情况**

2014 年 10 月，该排烟消防车执行火场排烟任务，在排烟风机升起旋转时（图 25-46），风筒风机导向护罩碰撞了障碍物，导致风机导向护罩刮擦变形（图25-47）和外吸伸缩风管轨道变形（图 25-48）。

图 25-46　排烟车排烟风机升起旋转

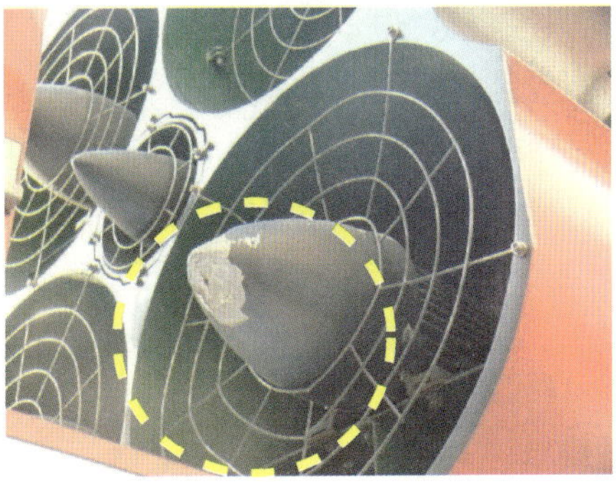

图 25-47　风机导向护罩刮擦变形

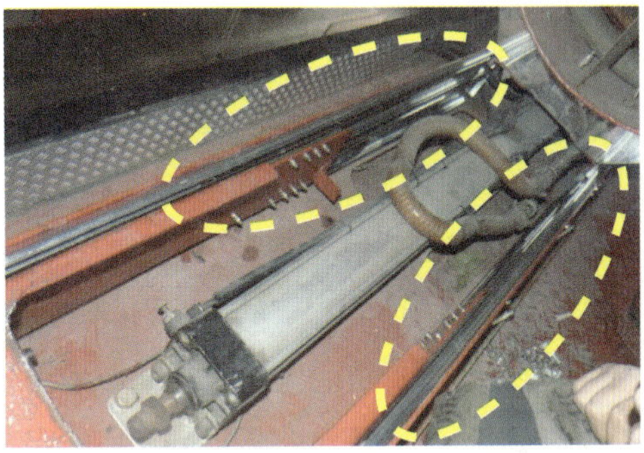

图 25-48　损坏的外吸伸缩风管轨道

**3. 故障检查与排除**

（1）厂家拆下、更换损坏的排烟风机导向护罩及外吸伸缩风管轨道（图 25-49）。

（2）厂家对控制系统所关联的操作部件和可能引发失灵的控制电器进行了检测调试，运行正常，故障排除。

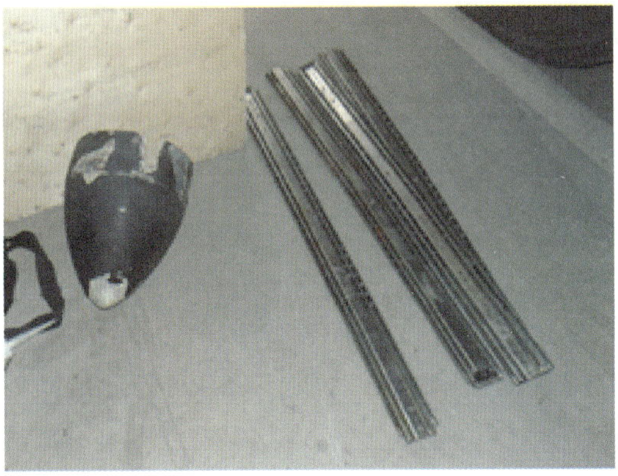

图 25-49　拆下的排烟风机导向护罩及外吸伸缩风管轨道

**4. 故障评析**

该排烟风机升起旋转控制及对接排烟管碰撞损坏的可能原因有：

（1）作业空间狭窄，驾驶员操作不熟练，导致碰撞发生。

（2）控制接触电气零件多，系统操作复杂，易造成驾驶员操作不当。

（3）电气部件可靠性不高，车辆在行驶颠簸和运行震动等情况下，操作控制的电气部件及传感元件会出现接触不良等问题。

故障原因：操作不当（90%）；电气元件质量问题（10%）。

## 案例 434 正负压排烟消防车排烟风机不转

**1. 车辆信息**

底盘：奔驰 3355　　生产日期：2012 年 9 月

车型：正负压排烟消防车（PY218/B）

**2. 基本情况**

驾驶员反映在操作排烟风机时，一直有一个风机不转。

**3. 故障检查与排除**

（1）上装风机电控箱位于风筒下方（图 25-50），打开上装风机电控箱，检查内部电气元件（图 25-51），发现其中一个驱动风机的电动机断路器开路，黑色按钮（电机启动）无法按下，红（电机停止）黑两按钮不能转换，说明该电动机断路器损坏（图 25-52）。

（2）更换新的电动机断路器，启动测试风机正常工作，故障排除。

图 25-50 上装风机电控箱位置

图 25-51 上装风机电控箱内部电气元件

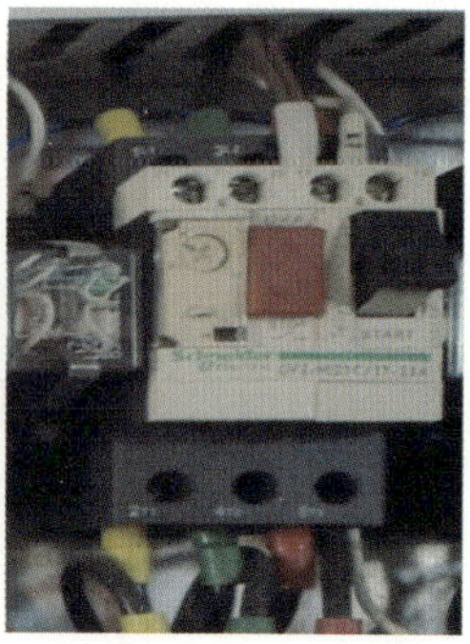

图 25-52 损坏的电动机断路器

**4. 故障评析**

该车使用发电机发电驱动电动机运转，正负压排烟送风是通过电动机断路器和交流接触器换相控制风机实现正反转。该故障原因可能是启动时电流瞬间增大而烧坏断路器。

故障原因：偶发故障（100%）。

## 案例 435 排烟消防车上装传动轴断裂击穿变速箱壳体

**1. 车辆信息**

底盘：奔驰 3355　　生产日期：2012 年 9 月

车型：排烟消防车（PY218）

**2. 基本情况**

2023 年 1 月 25 日，该车被调到事故处置现场作业，排烟风机连续运行约 6 h 时，驾驶员听到车辆发出一声异响并伴有白色浓烟冒出，立即停止作业。观察发现取力器传动轴断裂，变速箱外壳上部破裂，有油液喷到排气管上冒烟。图 25-53 为发生故障的消防车，图 25-54 为轴断击穿变速箱外壳损坏情况。

图 25-53　发生故障的消防车

图 25-54　轴断击穿变速箱外壳

**3. 故障检查与排除**

（1）维修人员到达现场，检查确认故障情况为：车辆处于工作状态，支腿支撑，风筒上仰；上装传动轴万向节（十字轴）断裂；变速箱壳体上部击穿；一组线缆被砸断。

（2）变速箱外壳击穿破裂，不能确认是否有碎片进入变速箱内部，为了避免加剧损坏程度，不能挂挡检查车辆是否还能行驶，只能首先想办法完全回收上装系统。

（3）在上装不能提供动力的情况下，只能拆除液压系统管路及锁阀等，手动泄压收回支撑的支腿和放回仰起的风筒，随后安排拖走车辆。

（4）由于变速箱相关备件国内外无现货，供货期长，只能拆卸并焊补变速箱外壳（图 25-55），更换传动轴、连接断的线缆；保养变速箱及传动轴，试车，故障排除。

图 25-55 焊接修复后的变速箱外壳

**4. 故障评析**

变速箱壳体被击穿的原因是上装传动轴万向节断裂，在断裂瞬间，旋转的传动轴后部脱离并甩出，撞到变速箱壳体上部并击穿。

车辆已经执勤超过 10 年，传动轴部分部件存在磨损老化，润滑保养欠缺。在此次长时间大负荷排烟作业中，传动轴连接件超过了其疲劳极限而断裂。

变速箱备件最好使用原装件；采用焊补等修复方式要注意铸铝壳体在焊接处外围容易开裂，必须选择合适的材料与工艺。

故障原因：维护保养不到位（80%）；设计问题（20%）。

**5. 改进建议**

（1）据了解，在该车损坏前，其他地方出现过相似故障，厂家应该及时对用户进行提醒，提出维护保养方案。

（2）在技术条件许可的情况下，可以在传动轴下方设置保护装置，即使传动轴断裂，也不会造成其他部位的损坏。

## 案例 436　化学侦检消防车多个控制模块和电气元件烧坏

**1. 车辆信息**

底盘：曼 TGS18. 480　　　　生产日期：2020 年 12 月

车型：远程侦检消防车（DECO，整车进口）

**2. 基本情况**

2023 年 2 月，驾驶员报修车辆蓄电池亏电，搭电后仍无法启动，更换蓄电池后拧动点火钥匙，仪表盘及空调系统等其他用电设备无电、无显示（图 25-56），且车辆依然无法启动。

图 25-56　空调系统及面板无电

**3. 故障检查与排除**

（1）维修人员现场抢修，检查发现蓄电池电量正常，但是全车无法通电。联系底盘技术人员增援，通过拧动启动钥匙开始自检，当自检到一半时，全车突然断电。

（2）底盘技术人员使用专业诊断电脑检测，发现车辆控制模块不工作；检查发动机控制模块电源，发现发动机顶部两个保险烧坏（125A 和 25A 保险）。图 25-57 为发动机控制电路系统烧坏的两个保险。更换了两个保险后，发动机仍然无法启动，仪表盘显示屏提示电气系统故障和发动机控制系统故障（图 25-58 和图 25-59）。

（3）再次使用专用诊断电脑检测，发现行车电脑 ZBR 模块、电源变压器、左侧门模块、空调开关、空调模块和收音机等多个元件均损坏。

（4）更换损坏的模块及所有电气部件，故障排除。

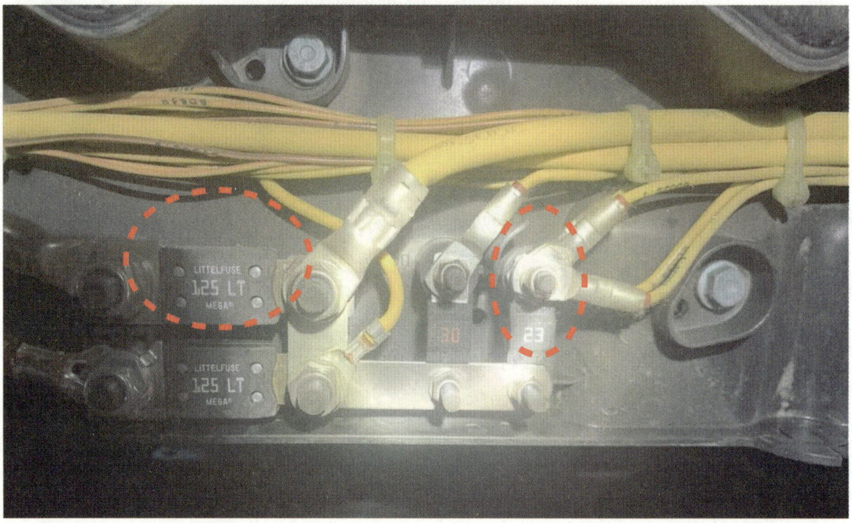


图 25-57 发动机控制电路系统烧坏的两个保险

图 25-58 仪表盘显示屏提示电气系统故障

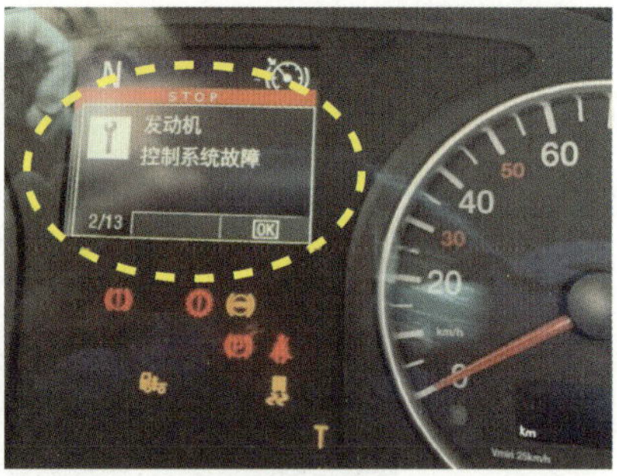


图 25-59 仪表盘显示屏提示发动机控制系统故障

**4. 故障评析**

通过修理厂和底盘厂家多次检测检查确定，该车损坏如此多的控制模块和电气部件，是因为司机没有给蓄电池及时或者时常充电，车辆蓄电池长期亏电后使用外接电瓶帮车时，搭线启动电缆线正负极接反所致。

故障原因：操作不当（100%）。

# 第二十六章　战保类消防车故障分析与排除

本章主要对举战保类消防车的 8 个典型故障进行分析与排除

## 案例 437　远程供水系统单车吸水模块支腿变形

**1. 车辆信息**

底盘：汕德卡 ZZ5356　　生产日期：2018 年 2 月

车型：远程供水系统泵浦消防车（BP200）

**2. 基本情况**

2020 年 10 月，车辆巡检过程中发现，支腿支出 30 cm 时，无法收回（图 26-1），支腿存在变形损坏（图 26-2）。

图 26-1　支腿支出后无法收回

图 26-2　支腿伸出部分明显变形

**3. 故障检查与排除**

（1）经分析，支腿变形主要原因为：取水模块回收时，车辆尾部安装的叉铲以倒车的方式将取水模块铲到提升机构上（图 26-3），铲前需将取水模块的液压支腿全部回收到位，不回收支腿，车辆在倒铲的过程中推动取水模块，可能会造成支腿弯曲变形，无法回收支腿。

（2）更换变形的支腿油缸。

（3）提前收起支腿后再将叉铲插入模块插道，避免支腿受到车辆的推动而变形。

图 26-3 车辆尾部叉铲与取水模块

**4. 故障评析**

该取水模块支腿若未回收，在叉铲插入模块插道时，受到的后推力较大，造成支腿伸缩缸变形。在回收吸水模块操作过程忽略了支腿提前收起等操作导致故障发生。

故障原因：操作步骤错误（70%）；产品设计不合理（30%）。

**5. 改进建议**

（1）增加支腿的支撑强度，底脚板与支腿的连接改为活动铰接形式，以适应不同地面情况。

（2）加强操作使用培训，在操作位置设置操作顺序标识牌，提示模块上车前需提前收起支腿。

## 案例 438 远程供水系统单车吸水模块提升机构机械锁止销变形

**1. 车辆信息**

底盘：汕德卡 ZZ5356　　生产日期：2016 年 12 月

车型：远程供水系统泵浦消防车（BP200）

**2. 基本情况**

2020 年 10 月，车辆巡检过程中发现车辆吸水模块无法卸下。

**3. 故障检查与排除**

（1）检查发现，车辆提升机构机械锁止销严重变形损坏，图 26-4 为锁止销正常状态，图 26-5 为锁止销损坏变形状态。

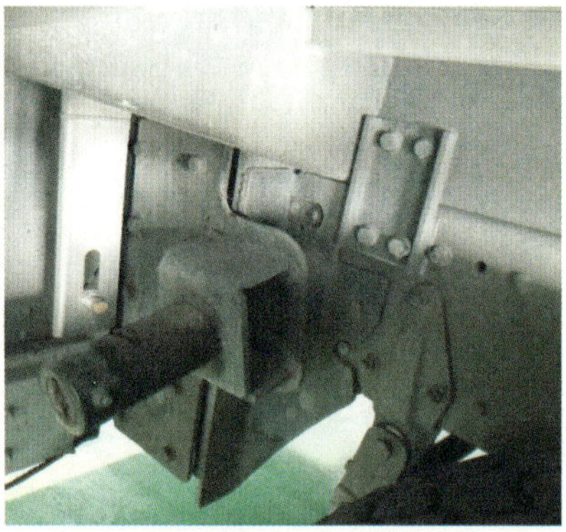

图 26-4 锁止销正常状态

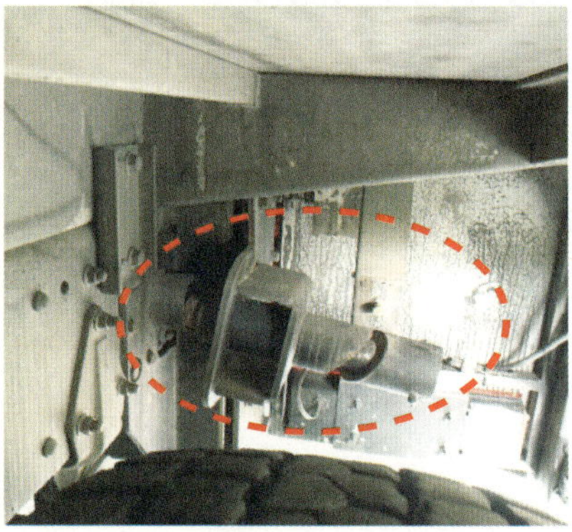

图 26-5 锁止销损坏变形状态

（2）更换机械锁止销后，故障排除。

**4. 故障评析**

询问现场操作人员，分析变形情况，认定故障主要原因为：操作模块下车操作时未提前手动解除机械锁止销，液压系统推动模块下降，导致机械锁止销受力过大而变形。

该设备的提升机构设有两道锁止装置，一道是液压系统锁止装置，一道是机械锁止装置，以防止设备在转运中滑落。本案例中出现故障的是机械锁止装置，该装置采用斜面弹力伸缩轴配合销孔的原理进行锁止，打开或锁止时需要利用专用的机械钥匙转动弹力伸缩轴进行伸或缩的操作，达到锁止和解锁作用。

故障原因：操作失误（100%）。

**5. 改进建议**

加强操作使用培训，在操作位置设置操作顺序标识牌，提示模块下车前需提前打开机械锁止。

## 案例 439　供液消防车泡沫液转子泵损坏

**1. 车辆信息**

底盘：奔驰 3348　　生产日期：2012 年 9 月

车型：供液消防车（GY150）

**2. 基本情况**

2015 年、2017 年，投入使用的两辆供液消防车，先后出现了泡沫液转子泵启动后发出严重异响和齿轮箱进水问题。

**3. 故障检查与排除**

（1）维修人员检查发现，泡沫液泵在启动后发出严重异响，齿轮箱有进水现象。

（2）拆解泡沫液转子泵（图 26-6），发现泵体内有异物，泵芯在旋转过程中与异物发生挤压，泵芯损伤（图 26-7），此外异物还破坏了齿轮箱密封组件。

（3）进一步检查发现，由于齿轮箱密封组件损坏（图 26-8），泡沫液和水进入齿轮箱，齿轮箱运转时发生异响。

（4）根据转子泵零件爆炸图订购损坏零件（图 26-9），更换泵芯和齿轮箱密封组件，对泵壳和齿轮箱内部进行清洁，故障排除。

图 26-6　拆解泡沫液转子泵

图 26-7　损坏的转子泵泵芯

图 26-8 齿轮箱密封组件损坏

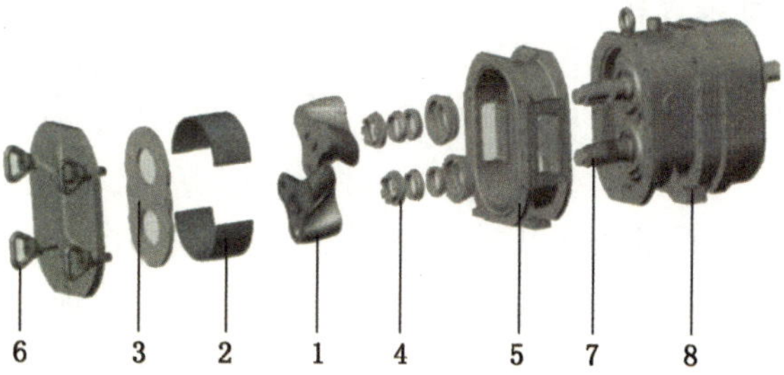


1—转子；2—耐磨套；3—耐磨板；4—密封件；
5—泵体；6—泵端盖；7—传动轴；8—齿轮箱

图 26-9 泡沫液转子泵零件爆炸图

**4. 故障评析**

检查发现的异物主要是一些焊渣、断裂的焊条和垫片等，说明厂家没有对泡沫液罐内部进行彻底的清洁，导致残留的异物最后进入泡沫液泵。

此外，人工加注泡沫液或清洗罐体时，异物意外掉入罐体内部也有可能造成同类故障发生。

故障原因：出厂检验不严格（70%）；加注泡沫液时操作疏忽（30%）。

**5. 改进建议**

（1）车辆出厂时应检查泡沫液罐内部是否有异物；向泡沫液罐内加注泡沫液过程中，一定要注意防止异物掉入罐内。

（2）泡沫液转子泵与液罐之间应加装滤网。

## 案例 440 供气消防车翻板门橡胶铰链断裂

**1. 车辆信息**

底盘：奔驰 3344　　生产日期：2012 年

车型：供气消防车（GQ39）

**2. 基本情况**

消防车在使用时，翻板门正常开启和闭合时密封性变差。

**3. 故障检查与排除**

（1）经检查，翻板门橡胶铰链断裂，致使翻板门无法正常工作（图 26-10）。

（2）对翻板门橡胶铰链进行更换后，故障排除。

**4. 故障评析**

此故障主要是橡胶铰链质量较差，长时间使用后，橡胶老化，导致断裂。

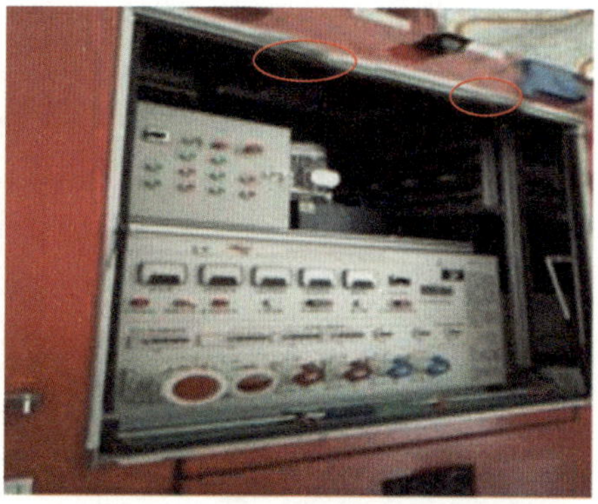

图 26-10 翻板门橡胶铰链断裂

故障原因：橡胶部件质量问题（100%）。

**5. 改进建议**

消防车在改装过程中，对密封橡胶部件要选用耐老化材料。

## 案例 441 供油车注油口关闭不严漏油

**1. 车辆信息**

底盘：东风 153　　生产日期：2009 年

车型：供油车

**2. 基本情况**

2019 年 8 月 25 日，在车辆日检查时，发现供油车注油口有漏油现象。

**3. 故障检查与排除**

（1）检查发现，车厢内右侧注油口下方出现油污（图 26-11），供油车长期使用造成注油口阀座出现环状磨损（图 26-12），致注油口关不严。

（2）拆卸后，确定已无法修复，更换新注油口，故障排除。

图 26-11 车厢内右侧注油口下方出现油污

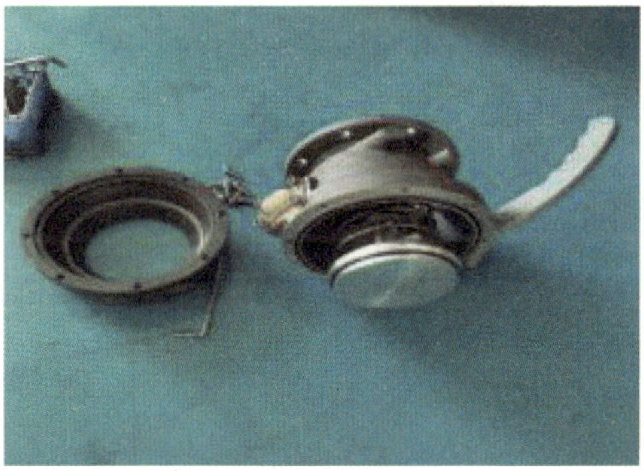

图 26-12 右侧注油口阀座出现环状磨损

**4. 故障评析**

车辆使用超过 10 年，密封结构正常老化损坏。

故障原因：零部件正常老化损坏（100%）。

## 案例 442 自装卸式消防车车身两侧裙板外翻倾斜

**1. 车辆信息**

底盘：奔驰 1829　　生产日期：2008 年

车型：自装卸式器材消防车

**2. 基本情况**

消防车在使用一段时间后，发现车辆两侧裙板外翻倾斜，变形明显（图 26-13）。

**3. 故障检查与排除**

（1）经检查，车架与裙板支撑架连接结构开裂（图 26-14）、连接位置松动（图 26-

图 26-13 车辆两侧裙板外翻倾斜情况

15)，导致车辆两侧裙板外翻倾斜、变形。

（2）拆除裙板支撑架及上装部件，对损坏变形部位进行调整、更换失去承载能力的钢梁，对连接部位进行加强处理，重新安装支撑架和裙板后，故障排除。

图 26-14 车架与裙板支撑架连接结构开裂情况

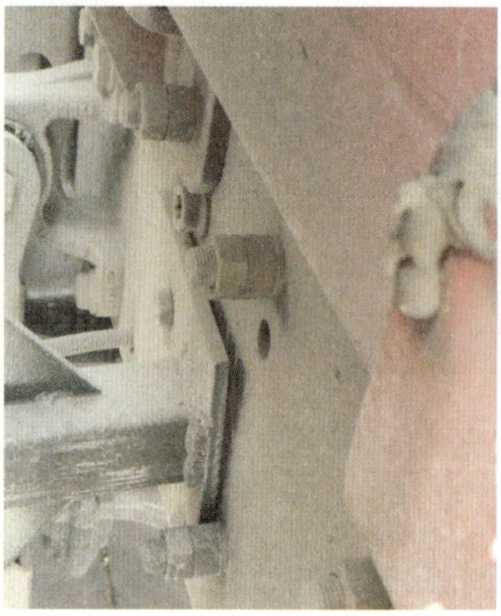

图 26-15 车架与裙板支撑架连接位置松动情况

**4. 故障评析**

消防车在设计、生产过程中，对两侧支撑结构的承载能力预估不足，定制的裙板支撑架强度不够，连接方式不合理，当车辆急速行驶、颠簸时，两侧裙板及所承载的工具箱载荷造成裙板支撑架断裂和松脱。

故障原因：结构设计问题（100%）。

**5. 改进建议**

消防车在设计、生产时，严格按照承重标准，设计支撑结构及连接方式，确保支撑强度和连接可靠。

# 案例 443　饮食保障车蒸饭柜水箱漏水

**1. 车辆信息**

底盘：汕德卡 5150　　生产日期：2022 年 12 月

车型：饮食保障车（CCV1）

**2. 基本情况**

操作员反映在准备蒸饭时，刚给蒸饭柜供水不久，发现蒸饭柜灶孔里面出现大面积渗水。

**3. 故障检查与排除**

（1）维修人员分析，整车只有水箱一个地方供水，决定沿供水系统开始检查。试着向蒸饭柜水箱注水，当水位到达 5 cm 时，灶孔里面出现渗水。

（2）拆开蒸饭柜水箱检测，发现蒸饭柜水箱侧壁开裂（图 26-16），水从裂缝渗到灶具内部，聚集灶孔附近。

（3）更换蒸饭柜水箱，故障排除。

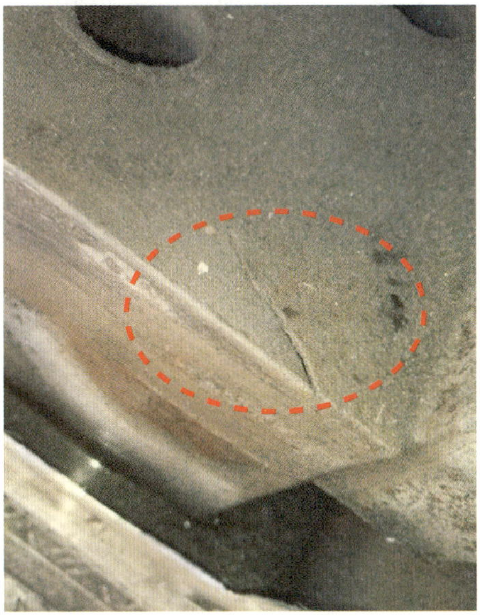

图 26-16　蒸饭柜水箱侧壁开裂情况

**4. 故障评析**

操作员在使用蒸饭柜时，每次使用都没有仔细观察水位情况，在长时间工作的状态下把水箱里的水烧干，因工作中无法补水，造成了水箱一直高温缺水或被干烧。长时间高温炙烤，导致蒸饭柜水箱侧壁开裂。

故障原因：人为操作不当（100%）。

**5. 改进建议**

（1）设置低水位报警系统，水位不到规定刻度，蒸饭柜不能启动工作。

（2）蒸饭柜加热装置缺水高温时，应能发出报警，同时启动自动补水系统，防止干烧。

# 案例 444 饮食保障车灶台供油管路泄漏

**1. 车辆信息**

底盘：汕德卡 ZZ5150　　生产日期：2018 年 8 月

车型：饮食保障车

**2. 基本情况**

操作员反映该车灶台供油管路经常漏油，处理好后不久还是出现漏油现象。

**3. 故障检查与排除**

（1）维修人员检查发现，给灶台供油的油管连接处都有渗漏油情况（图 26-17）。

（2）切除漏油的油管部分，重新紧固卡箍，故障排除。

图 26-17 供油油管连接处渗漏油

**4. 故障评析**

供油管路漏油的可能原因：北方天气寒冷，油管低温性能差，变硬或出现裂纹，接头处的卡箍无法压实，震动和碰撞都会导致松动漏油。

故障原因：设计原因（50%）；零部件质量问题（50%）。

**5. 改进建议**

建议使用抗低温性能好和耐油性好的油管，同时优化连接方式。

# 第二十七章　消防摩托车及消防机器人故障分析与排除

本章主要对消防摩托车及消防机器人的 4 个典型故障进行分析与排除

## 案例 445　四轮摩托消防车半轴断裂

**1. 车辆信息**

底盘：北极猫 ATV650　　　　生产日期：2008 年 3 月

车型：四轮摩托消防车（SL100 CAFS）

**2. 基本情况**

2020 年 6 月，驾驶员发现车辆挂挡加速后无法行驶。

**3. 故障检查与排除**

（1）将车辆支起后，启动车辆，挂挡运转时，发现右后轮不转，但左后轮旋转，说明有动力输出。

（2）拆卸轮胎后，检查发现左侧半轴和球笼联轴器旋转，右侧的半轴旋转但外侧球笼式联轴器不转。进一步拆解刹车、拆下半轴（图 27-1），发现半轴在与右后轮连接的球笼式联轴器处已经断裂脱落（图 27-2），故挂上挡位后有动力输出，齿轮箱到半轴可旋转（图 27-3），内球笼虽然橡胶套损坏但连接完好，但半轴断裂，车轮不转动。

（3）更换国外采购新的半轴和球笼式联轴器总成后（图 27-4），故障排除。

图 27-1　拆卸右后轮半轴及球笼式联轴器

图 27-2　半轴在与外侧球笼式联轴器连接处断裂

图 27-3 内球笼及半轴与齿轮箱的连接

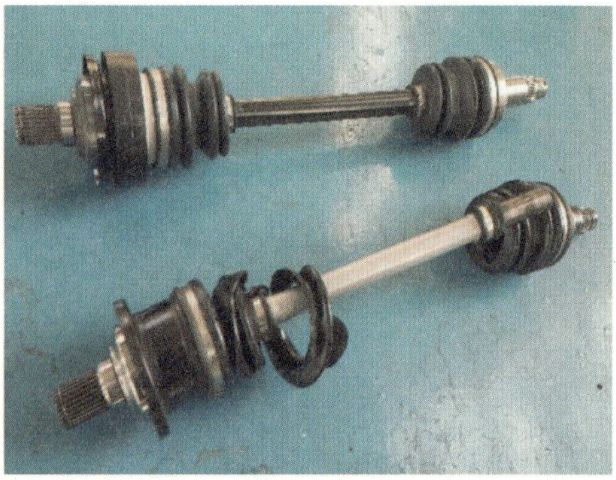

图 27-4 半轴和球笼式联轴器新旧对比

**4. 故障评析**

配备的四辆四轮摩托车中，有两辆出现相同故障，初步判断为半轴的材料选择不当，强度不足。

原车底盘设计工况为越野低速、寒带雪地行驶，在改装四轮消防摩托车过程中加装了灭火剂罐和细水雾灭火卷盘，整体质量较大，在城市道路急驶、急停过程中容易造成制动和传动系统损坏。该车型不适用于消防救援工况的任务需求。

故障原因：零部件材料质量问题（40%）；选型不当（30%）；车辆驾驶不当（30%）。

**5. 改进建议**

（1）进口车辆要备齐备件。

（2）应详细了解车辆的性能特点，根据其特点采取合理的驾驶技术。

（3）建议将此款车型用于森林、草原消防使用。

## 案例 446 排烟灭火消防机器人水罐漏水

**1. 车辆信息**

底盘：橡胶履带式行走机构　　生产日期：2020 年 8 月

车型：排烟灭火消防机器人

图 27-5 水罐后部拐角两板连接处焊缝开裂、漏水

**2. 基本情况**

2020 年 11 月，消防队报修，一台水罐容积为 2 t 的排烟灭火消防机器人水罐漏水。

**3. 故障检查与排除**

（1）由漏水处刮去油漆面，发现水罐后部拐角两板连接处焊缝开裂、漏水（图 27-5）。

（2）检查发现水罐底部焊缝为对角焊接，焊角深度不足（小于板材厚度），焊接强度不够，无法补焊修复。

（3）厂家改进水罐底部焊接处结构，板材对角拼缝焊接改进为弯折板件错位焊接，焊角深度大于板材厚度；更换新水罐后，故障排除。

**4. 故障评析**

该型号车辆水罐底部为板材对角拼缝焊接，焊接深度远小于板材厚度，同时履带底盘行驶过程中水罐减震效果差，导致焊缝开裂。

厂家已重新改进液罐结构。

故障原因：焊接结构设计问题（100%）。

**5. 改进建议**

厂家设计时，要考虑水罐的焊接结构和减震机构；也可以考虑采用其他罐体材料。

## 案例 447　排烟机器人履带磨损脱落

**1. 车辆信息**

器材名称：履带式排烟机器人　　生产日期：2004 年 6 月

型号：LUF 60（整机进口）

**2. 基本情况**

2021 年 6 月，该履带式排烟机器人在行进中，履带因磨损严重滑出轨道轮。

**3. 故障检查与排除**

（1）检查机器人履带情况，发现履带磨损严重，部分履带驱动齿脱离轨道（图 27-6）。

（2）松开张紧器，拆卸磨损破损的履带（图 27-7），发现履带有破损断裂的部位（图 27-8），必须更换新件。

（3）更换新的履带（图 27-9），调节张紧度，行走测试正常，故障排除。

图 27-6　履带因磨损滑出轨道轮

图 27-7　拆卸磨损破损的履带

图 27-8　拆卸下的磨损断裂的履带

图 27-9　更换新的履带

**4. 故障评析**

该排烟机器人驱动方式为履带式，需要转向时调整两侧履带驱动速度或驱动方向，会使整个履带与地面产生硬摩擦，损伤橡胶履带表面。

厂家建议因橡胶老化，履带一般5年需进行更换。因机器人执勤少、训练少，造成检查和更换不及时。

故障原因：零件正常老化（50%）；维护保养不到位（50%）。

## 案例 448　排烟机器人水雾喷嘴堵塞

**1. 车辆信息**

器材名称：履带式排烟机器人　　　　生产日期：2004年6月

器材型号：LUF 60（整机进口）

**2. 基本情况**

2007年6月，该履带式排烟机器人喷水雾试验，发现风筒上部内4圈喷嘴（图27-10）、下部1/4~1/3的喷嘴出水量很少或没有。图27-11为排烟机器人喷嘴堵塞后喷射状况。

图27-10　风筒上部内4圈喷嘴

图27-11　排烟机器人喷嘴堵塞后喷射状况

**3. 故障检查与排除**

（1）检查发现，该排烟机器人一共有4圈喷嘴，共计360个。长期使用，从未清洗，因水垢和泥沙等杂质堵塞，造成了喷射出水雾量低、不均匀问题。

（2）逐个拆卸清洗360个喷嘴（图27-12），安装测试，喷射出均匀水雾（图27-13），故障排除。

图27-12　拆卸清洗喷嘴

图27-13　排烟机器人喷嘴清洗后喷射状况

**4. 故障评析**

该排烟机器人风筒可喷射水雾，能有效起到排烟、喷雾降温和除尘作用。因为平时使用少，长期未清洗水过滤滤芯，造成较细杂质堵塞喷嘴；北方水质较硬，余水存积炮筒下部蒸发后，形成水垢，造成喷嘴堵塞。

故障原因：维护保养不到位（100%）。

第五篇

# 车载消防器材故障维修典型案例

# 第二十八章　灭火器具故障分析与排除

本章主要对灭火器具的23个典型故障进行分析与排除

## 案例 449　多功能消防水枪开关手柄损坏

**1. 装备信息**

器材名称：多功能消防水枪　　生产日期：2017年4月

器材型号：QLD6.0/8Ⅲ

**2. 基本情况**

2018年2月，消防员在灭火射水过程中将多功能消防水枪脱手掉在了地上，开关手柄断裂，无法继续使用（图28-1）。

（a）水枪开关手柄中间断裂

（b）水枪开关手柄从根部断裂

图28-1　水枪开关手柄断裂情况

**3. 故障检查与排除**

检查发现，多功能消防水枪开关手柄左侧撞击水泥地面，造成开关手柄断裂，损坏无法修复，报废处理。

**4. 故障评析**

该型多功能消防水枪的开关手柄采用较脆的硬质塑料制成，在气温较低的情况下受到较大的外力冲击易发生断裂。

故障原因：零件材质问题（70%）；使用疏忽问题（30%）。

**5. 改进建议**

（1）改进制作材料，采用强度和韧性较好的材料。

（2）在手柄内加装金属筋条增加强度。

（3）消防员要养成良好的使用习惯，在使用时尽量轻拿轻放，防止出现意外磕碰。

（4）验收时应按照标准进行高度为 2 m 的跌落试验。

## 案例 450 多功能消防水枪前部喷芯脱落

**1. 装备信息**

器材名称：多功能消防水枪　　生产日期：2017 年 4 月

器材型号：QLD6. 0/8Ⅲ

**2. 基本情况**

2018 年 5 月，水枪射水时前部喷芯脱落，无法继续实现喷雾（图 28-2）。

（a）水枪喷口喷芯

（b）水枪喷芯脱落

图 28-2 多功能水枪喷芯脱落情况

**3. 故障检查与排除**

检查发现，该水枪前部喷芯螺母拧接不够牢固，在较大水压作用下螺母松脱，进而喷芯脱落。重新将喷芯用螺母上胶固定，故障排除。

**4. 故障评析**

该水枪喷芯和主体采用螺纹连接，且无防松措施，在调节直流喷雾时，容易造成松动，长时间使用出现脱落。

故障原因：产品设计不合理（100%）。

**5. 改进建议**

（1）喷芯与主体连接紧固时涂抹防松螺纹胶。

（2）加强日检查、周保养工作，必要时紧固。

## 案例 451 多功能消防水枪关闭不严

**1. 装备信息**

器材名称：多功能消防水枪　　生产日期：2017 年 4 月

器材型号：QLD6. 0/8Ⅲ

**2. 基本情况**

在装备巡检过程中，发现多支该型水枪出水后关闭阀门仍然漏水。

**3. 故障检查与排除**

检查发现，该型水枪在手柄关闭时内部球阀关闭不严，还有部分其他水枪球阀存在异物卡滞情况（图 28-3）。将故障水枪返厂维修。

（a）水枪球阀关闭不严　　（b）水枪内部球阀有缝隙

图 28-3　水枪球阀关闭不严的情况

**4. 故障评析**

该水枪开关手柄与球阀连接方式为内置螺母紧固，如螺母松脱造成手柄与球阀活动间隙过大，操作手柄无法同步转动球阀，导致球阀不能完全闭合或完全打开。

该型水枪球阀采用单侧固定开关手柄，开闭球阀时手柄受力不均匀，连接螺母易松脱。

故障原因：阀门结构设计问题（100%）。

**5. 改进建议**

可以改用球阀两端对称固定 Ω 型开关手柄，避免因单侧受力导致的球阀偏转松旷。

## 案例 452　直流水枪开关损坏

**1. 装备信息**

器材名称：直流水枪　　生产日期：2015 年 4 月

器材型号：QZS6.5/7.5

**2. 基本情况**

2016 年 5 月，某中队在训练过程中发现，多支直流水枪开关手柄脱落，无法继续使用。

**3. 故障检查与排除**

检查发现，该型直流水枪开关采用外置螺钉固定，易脱落（图 28-4）。螺钉、手柄丢失，水枪作报废处理。

**4. 故障评析**

该型直流水枪开关手柄采用外置螺钉紧固结构，且无相关防松装置，容易松动脱落。

故障原因：结构设计问题（100%）。

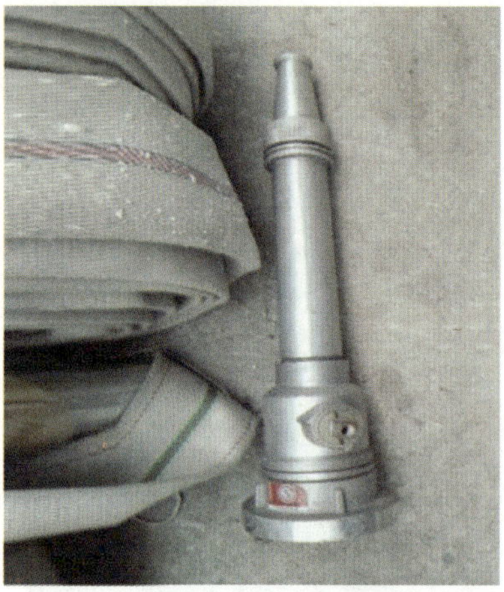

（a）内扣式接口的直流水枪开关手柄脱落

（b）卡式接口的直流水枪开关手柄脱落

图 28-4 直流水枪开关手柄脱落情况

**5. 改进建议**

建议采用一体成型设计，或加装防松装置。

## 案例 453 止水器开关损坏

**1. 装备信息**

器材名称：止水器　　　　生产日期：2015 年 4 月

器材型号：WOG

**2. 基本情况**

2016 年 5 月，某中队在训练过程中发现，止水器开关手柄脱落，无法继续使用。

**3. 故障检查与排除**

检查发现，该止水器开关手柄直接由螺母压紧固定，无其他防松措施，极易脱落（图 28-5）。配上相应螺母，涂上防松胶，拧紧螺母，故障排除。

图 28-5 止水器开关手柄脱落

**4. 故障评析**

该止水器仅将开关手柄固定在球阀连接轴上，未做防松处理，极易松脱掉落。建议采用防松措施，如使用防松螺母、防松锁片或防松胶。

故障原因：开关结构设计问题（100%）。

## 案例 454　消防水带接口损坏

**1. 装备信息**

器材名称：消防水带接口　　生产日期：2012 年 6 月

装备型号：KY80

**2. 基本情况**

2013 年 5 月，装备测试过程中，连接于水泵出水口的水带接口发生脱落的情况。

**3. 故障检查与排除**

检查发现，出水时该水带内扣式接口扣爪崩裂，连同水带一起喷出（图 28-6）。该接口报废。

图 28-6　内扣式接口扣爪断裂情况

**4. 故障评析**

该接口强度较低，初步判断为铝硅合金原材料杂质过多，断口处材质疏松，有砂眼，属于铸造工艺缺陷。

制造各类接口时应充分考虑其强度和韧性，避免采用杂质较多的原材料。

故障原因：铸造工艺问题（50%）；零件材质问题（50%）。

**5. 改进建议**

建议选用轻质铝镁合金或铜合金等强度高、韧性好的原材料，并提高铸造工艺。

## 案例 455　分水器开关手轮损坏

**1. 装备信息**

器材名称：分水器　　生产日期：2017 年 6 月

器材型号：FFS80

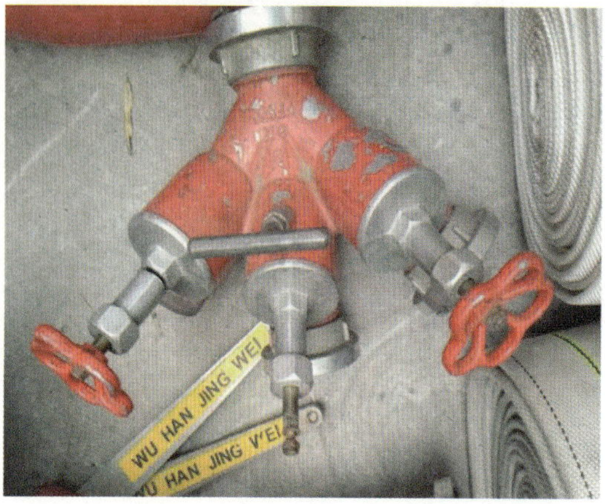


图 28-7 分水器开关手轮损坏丢失

**2. 基本情况**

2018 年 12 月，消防员训练过程中，分水器意外掉落，造成开关手轮断裂损坏丢失（图 28-7）。

**3. 故障检查与排除**

检查发现，该分水器开关手轮为铸造件，强度低、脆性大，易损坏。找到开关手轮配件，安装紧固，故障排除。

**4. 故障评析**

该分水器开关手轮是铸铁材料，低温情况脆性大，易发生断裂。

故障原因：零件材质问题（100%）。

## 案例 456 远程供水系统分水器损坏

**1. 装备信息**

器材名称：远程供水分水器　　　　生产日期：2018 年 6 月

器材型号：DN300-DN80×4

**2. 基本情况**

2018 年 10 月 13 日，远程供水系统输水测试过程中，分水器爆裂。

**3. 故障检查与排除**

检查发现，该分水器由于强度不够，在较大压力下发生崩裂。图 28-8 和图 28-9 分别为完好的远程供水分水器和分水器爆裂损坏的情况。由厂家更换了新材质的分水器。

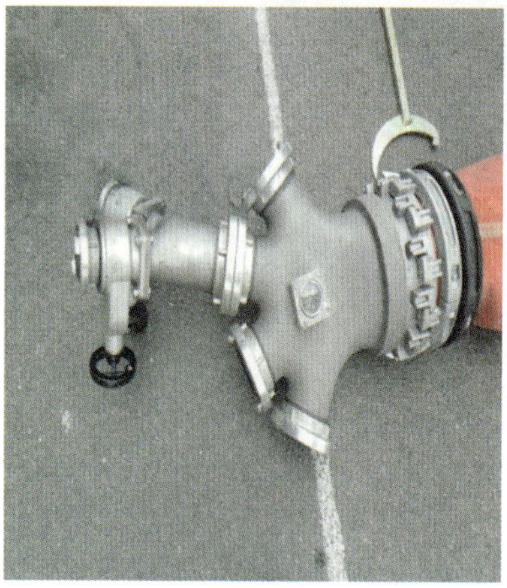

图 28-8 远程供水分水器

图 28-9 分水器爆裂损坏

**4. 故障评析**

由于远程供水分水器尺寸较大、管壁过薄、材质强度不足，输送有压水或受外力碰撞极易开裂、破损。

故障原因：设计不合理（50%）；材质强度不足（50%）。

**5. 改进建议**

建议远程供水分水器采用不锈钢焊接结构。

## 案例 457　背负式细水雾灭火装置喷射软管损坏

**1. 装备信息**

器材名称：背负式细水雾灭火装置　　生产日期：2010 年 7 月

器材型号：PMB18

**2. 基本情况**

2018 年，执勤过程中发现，背负式细水雾灭火装置喷射软管与载水器具连接处破损漏水。

**3. 故障检查与排除**

检查发现，该细水雾喷射装置软管和挂件磨损、老化、破损严重（图 28-10）。因没有备件，无法维修，作报废处理。

图 28-10　装置软管连接处破损情况

**4. 故障评析**

该背负式细水雾灭火装置多用于执勤，其喷射枪体固定在主气瓶侧面，连接管路接口位置和角度不合适，容易造成软管弯折，出现裂痕和疲劳老化现象。

软管出现损坏后未及时维修，长时间置于室外，加之泡沫液未放尽长期腐蚀，造成器材整体老化，无法维修。

故障原因：设计不合理（40%）；器材自然老化（30%）；维护保养不及时（30%）。

## 案例 458　背负式细水雾灭火装置储水罐发生鼓胀

**1. 装备信息**

器材名称：背负式细水雾灭火装置　　生产日期：2006 年 6 月

器材型号：PMB18（整机进口）

**2. 基本情况**

2017 年 6 月，检查时发现细水雾灭火装置储水罐发生鼓胀。

**3. 故障检查与排除**

检查发现，该细水雾灭火装置储水罐外表的漆面脱落，鼓胀明显。图 28-11 和图 28-12 分别为完好的背负式细水雾灭火装置和背负式细水雾灭火装置储水罐鼓胀情况，作报废处理。

**4. 故障评析**

该背负式细水雾灭火装置日常勤务使用多，在执勤结束之后，未严格按照使用要求及时将储水罐中的有压气体放掉，导致储水罐长期带压、鼓胀损坏。

故障原因：操作不规范（50%）；保养不到位（50%）。

图 28-11　完好的背负式细水雾灭火装置

图 28-12　背负式细水雾灭火装置储水罐鼓胀

**5. 改进建议**

背负式细水雾灭火装置在使用后应该及时泄压，干燥后入库保存。

## 案例 459　移动式消防炮控制面板故障

**1. 装备信息**

器材名称：移动式消防炮　　　　生产日期：2012 年 6 月

器材型号：PSKDY40ZB

**2. 基本情况**

多门该型移动式消防炮在演练和灭火过程中显示屏无电不显示，按操作按钮无法工作（图 28-13）。

**3. 故障检查与排除**

拆解发现控制电路主板烧坏（图 28-14）。该批次移动式消防炮控制电路主板电容太

图 28-13　移动式消防炮控制显示屏无显示

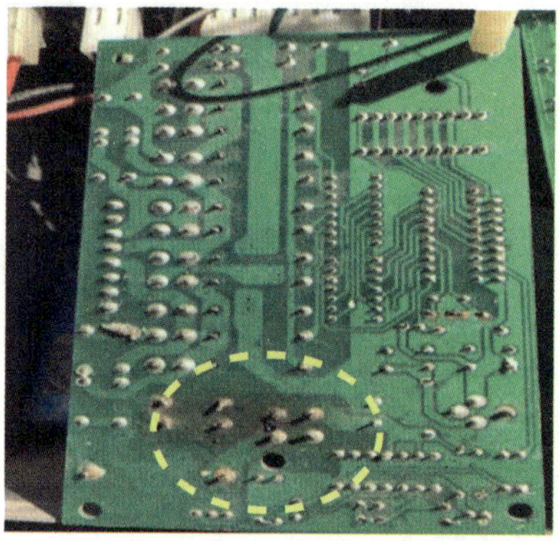

图 28-14　移动式消防炮控制电路主板烧坏

小，当负荷增大时，容易出现过载，导致主板烧毁；而且电控盒密封较差，容易进水短路。返厂更换大电容的控制电路主板，并作密封处理，故障排除。

**4. 故障评析**

该移动式消防炮在设计时未进行电路负载测算，且密封等级偏低，容易导致过载短路和进水损坏。如果处理不好，使用一段时间后，还是会出现漏水短路的情况。

故障原因：设计不合理（100%）。

## 案例 460 移动式消防炮支撑脚钉脱落

**1. 装备信息**

器材名称：移动式消防炮　　生产日期：2017 年 2 月

器材型号：PSKDY50ZB

**2. 基本情况**

巡检发现，移动式消防炮遥控天线折断，支撑脚钉脱落（图 28-15 和图 28-16）。

图 28-15 移动消防炮天线折断

图 28-16 移动消防炮支撑脚钉脱落缺失

**3. 故障检查与排除**

经了解，原因可能是在夜间火场使用时，由于没有控制好炮的出水压力和角度，造成该移动式消防炮侧翻，与地面撞击，造成支撑脚钉脱落、天线损坏。配备新的天线与支撑脚钉，故障排除。

**4. 故障评析**

移动式消防炮在使用中难免发生侧翻，因此天线应具有一定弹性，适当采取保护措施或者安装在不容易触碰的位置，支撑脚钉宜采用不易脱落的一体式结构。

故障原因：设计缺陷（100%）。

## 案例 461 移动式消防炮损坏

**1. 装备信息**

器材名称：移动式消防炮　　生产日期：2008 年 7 月

器材型号：PSKDY40WJ

**2. 基本情况**

多门该型移动式消防炮出水训练中，支腿未有效固定，水带瞬间充水后，在反作用力下水炮侧翻，导致部分部件损坏。

**3. 故障检查与排除**

（1）检查发现，有的移动式消防炮水流调节电动马达损坏，有的消防炮提把断裂，有的消防炮俯仰操作手轮撞击损坏，无法继续使用，具体情况如图 28－17 和图 28－18 所示。

（2）更换相应的备件后，故障排除。

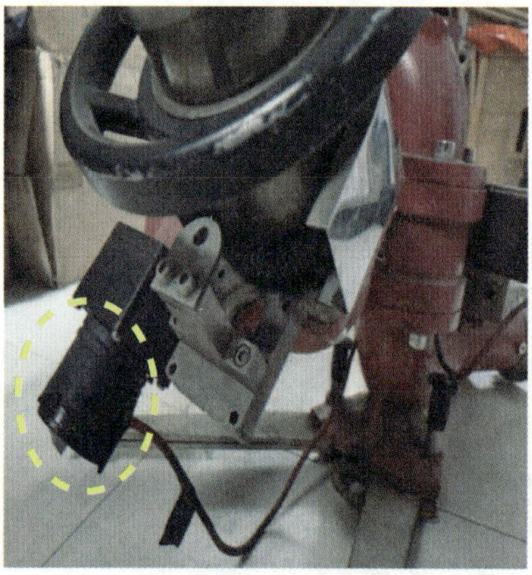

图 28-17 水流调节电动马达损坏情况

图 28-18 提把及俯仰操作手轮损坏情况

**4. 故障评析**

移动式消防炮设计的抗倾翻力矩不足，导致水炮出水时易因反作用力而倾翻；突出部件的强度不足、防碰撞保护不到位，容易损坏；使用移动式消防炮时未进行有效固定也是故障发生的原因之一。

故障原因：设计不合理（70%）；操作不当（30%）。

**5. 改进建议**

（1）移动式消防炮设计时适当扩大支腿相邻端点连线在地面的投影面积，尽可能降低炮重心。

（2）移动式消防炮使用时要注意以下三点：一是使用炮时要选择平坦地面，视情况使用固定钉、绳索，使炮牢靠固定，地面不平应加以适当修整；二是开闭水炮阀门改变射水方向或者射流形式时，要缓慢进行；三是供水时不要骤然升压，以免影响炮的稳定性，且加压不得超过炮规定的射水压力。

## 案例 462 移动消防炮炮头无法转换射流形态

**1. 装备信息**

器材名称：移动消防炮　　　　生产日期：2019 年 11 月

器材型号：PSKDY8/50WB

**2. 基本情况**

2022 年 9 月，装备巡检时，消防员反映消防炮经常出现直流、开花射流状态无法正常转换的情况。

**3. 故障检查与排除**

（1）检查发现，炮头与电动伸缩缸之间由螺钉连接，电动伸缩缸通过连接螺钉带动炮头伸缩，进而调节炮头与炮体之间的距离，最终实现消防炮直流、开花射流状态的转换，由于炮头和炮体之间润滑不足，炮体表面因干磨出现细微划痕。图 28-19 即为移动消防炮炮头及射流调节机构的组成。

（2）拆除电动伸缩缸与炮头连接的螺钉（固定螺钉），发现连接螺钉与炮头之间有些许松动。将连接螺钉拆除后，对炮体表面涂抹润滑脂（图 28-20），涂抹完毕后紧固螺钉，故障排除。

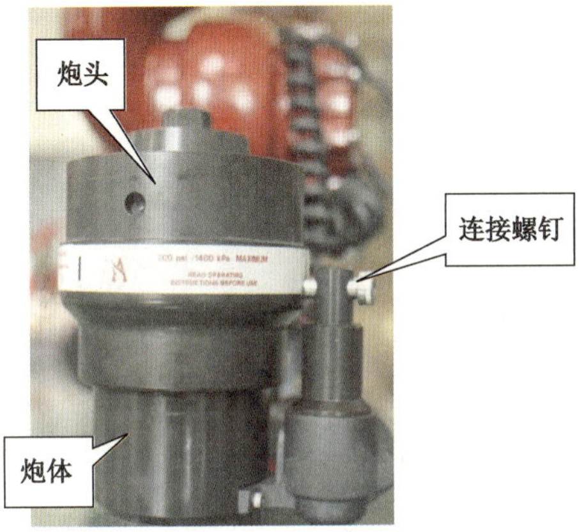


图 28-19　移动消防炮炮头及射流调节机构

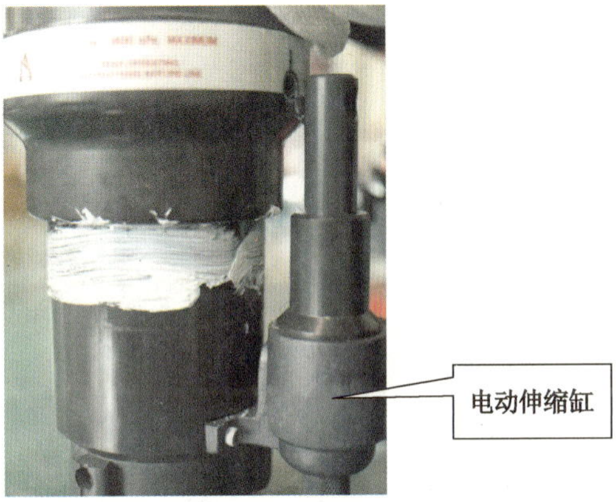


图 28-20　拆除电动伸缩缸与炮头连接螺钉后炮体表面涂抹润滑脂

**4. 故障评析**

（1）器材投入使用后，未经常性保养，使用过程中转换炮头和炮体表面之间的润滑脂长期损耗，未及时增补，故导致后期使用中出现直流开花、射流状态切换时出现卡顿或者卡死现象。

（2）连接螺钉松动造成电动伸缩缸与炮头之间的紧固力不足，可能导致炮头在螺钉驱动时发生偏斜，使炮头与炮体相对滑动中产生斜向摩擦，造成卡滞。而且螺钉松动后没有及时被发现，长时间使用造成炮头螺纹孔损伤，无法连接固定。

故障原因：维护保养不到位（100%）。

**5. 改进建议**

（1）此故障在多台此类设备上出现，主要是维护保养不到位。

（2）日常维护擦拭设备时，可将转换炮头回收到最低位置状态时再对炮头表面进行擦拭，以便减少润滑脂的损耗。

（3）日常维护保养时，应定期检查各连接螺钉等零部件的状态（建议半年一次），如发现螺钉等零部件出现异常或松动，应及时更换或紧固。

## 案例 463 消防浮艇泵倾翻后进水腐蚀

**1. 装备信息**

器材名称：消防浮艇泵　　　　生产日期：2017 年 8 月

器材型号：PFP-11hpHNDF（整机进口）

**2. 基本情况**

消防浮艇泵在吸水过程中倾翻，收回后晾干静置数日，发动机仍无法启动。

**3. 故障检查与排除**

（1）外观检查发现发动机表面腐蚀严重，局部出现结晶物（图 28-21）。

（2）拆解空滤、火花塞、油底壳、油箱、排气管、气门室、化油器，均发现大量油水混合物及结晶体，火花塞不打火、发电机励磁机构周边锈蚀严重。图 28-22 为发电机励磁机构锈蚀情况。

（3）整机拆解，使用超声波清洗机清洗化油器、机体等部件，并对电机励磁机构打磨除锈，安装调试，故障排除。

图 28-21 发动机表面腐蚀情况

图 28-22 发电机励磁机构锈蚀情况

**4. 故障评析**

消防浮艇泵、手抬机动消防泵、冲锋舟舷外机等内燃机为动力源的涉水器材，都有可能存在被油水混合物侵蚀的情况，器材被侵蚀的初期应立即清洗干净，避免长时间接触油水混合物而腐蚀。涉水器材一旦进水，应尽快将所有可能进水的部件（燃油箱、燃油管、化油器、燃烧室、排气管、空气滤清器、润滑油箱等）拆解，及时断开电路系统电源并擦拭快速风干。

故障原因：操作使用不当（50%）；保养不到位（50%）。

## 案例 464 手抬机动消防泵组吸不上水

**1. 装备信息**

器材名称：手抬机动消防泵组　　　　生产日期：2015 年 5 月

器材型号：Otter（整机进口）

**2. 基本情况**

操作该手抬机动消防泵组时，提压式手动活塞式真空泵不能形成负压，无法引水。图 28-23 为提压式手动活塞式真空泵的手抬机动消防泵组。

**3. 故障检查与排除**

（1）检查滤网、吸水管无破损，真空泵与水泵切换阀门、余水阀及出水口关闭无漏气，连接口密封良好。

（2）真空泵抽吸无力，关闭真空泵与水泵切换阀门，再次提压真空泵手柄，仍无明显阻力变化，判断真空泵损坏。

（3）经检查确认真空泵皮环与泵体缸壁较为光滑，无漏气等现象。检查真空泵进气阀、排气阀，均可双向通气。图 28-24 为手动活塞式真空泵总成。

（4）拆解手动活塞式真空泵单向阀（图 28-25），发现单向阀片被异物夹塞，关闭不严。

（5）清洗单向阀，单向阀正向进气通畅，反向密封良好。复位安装，真空泵上提下压阻力明显，故障排除。

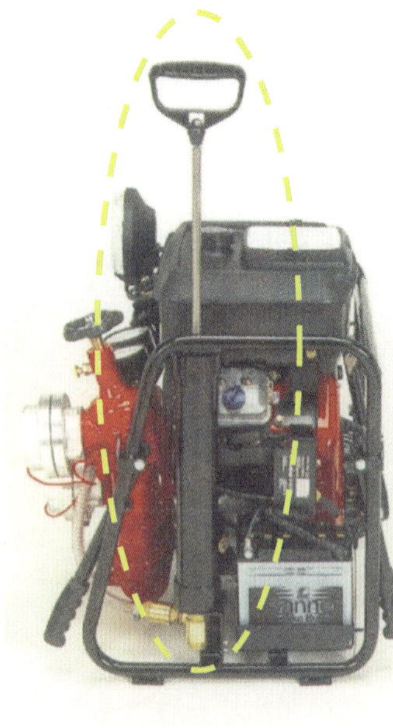

图 28-23 提压式手动活塞式真空泵的手抬机动消防泵组

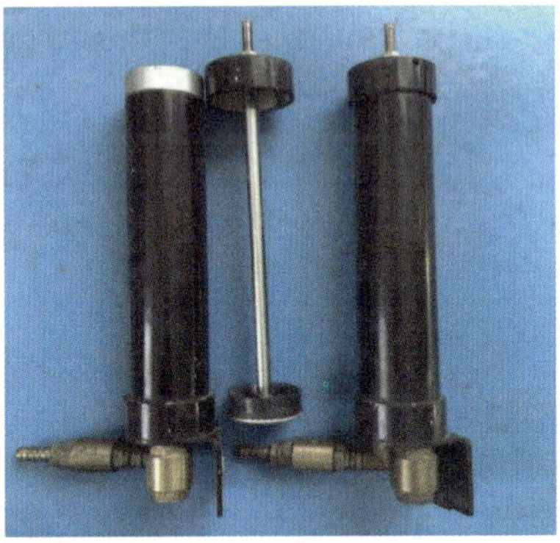

图 28-24 手动活塞式真空泵总成

图 28-25 手动活塞式真空泵单向阀

**4. 故障评析**

该手动活塞式真空泵在抽吸过程中可能会吸入沙石、树叶等异物，堵塞各类阀门。该故障在使用时可能未在吸水管端头加装滤水器及滤网，或使用后未及时用清洁水源清洗管路及阀门，造成单向阀密封不严。

故障原因：操作不当（100%）。

## 案例 465 手抬机动森林高压消防泵隔膜泵损坏

**1. 装备信息**

器材名称：手抬机动森林高压消防泵　　生产日期：2022 年 4 月

器材型号：TBQ120/100G

**2. 基本情况**

消防员报修，手抬机动森林高压消防泵（图 28-26）不能吸水。

图 28-26 手抬机动森林高压消防泵

**3. 故障检查与排除**

（1）该高压消防泵共有 4 个隔膜泵（图 28-27），拆解发现：滤水器滤网变形、被碎石和泥沙堵塞（图 28-28），其中 1 个隔膜泵缸盖破损（图 28-29）、隔膜泵膜片与其硬橡胶压盘破裂（图 28-30）。

（2）更换膜片、压盘和缸盖，并加油润滑后试水，使用正常，故障排除。

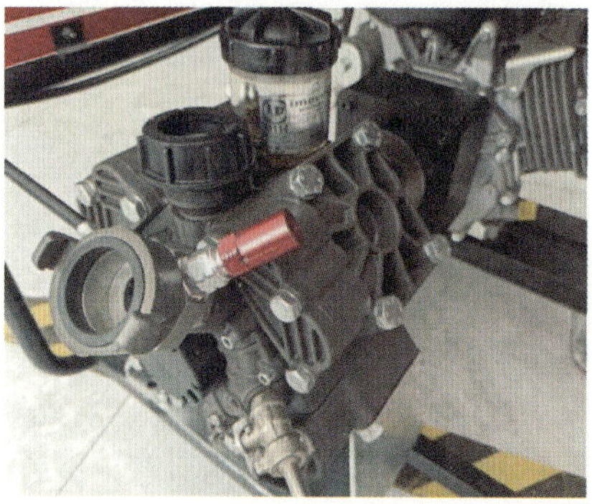

图 28-27 高压消防泵的隔膜泵外形

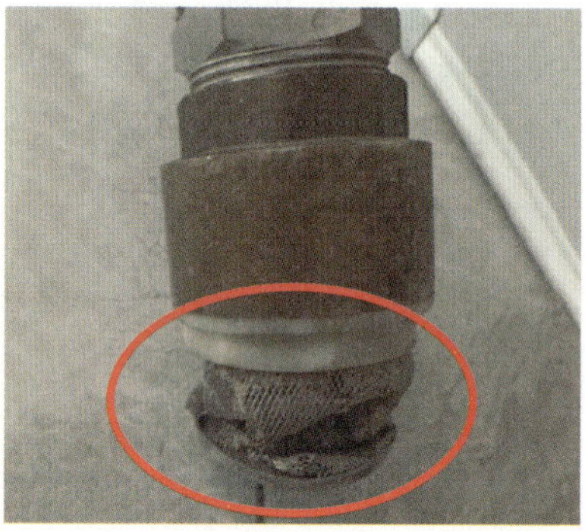

图 28-28 滤水器滤网变形、被堵塞情况

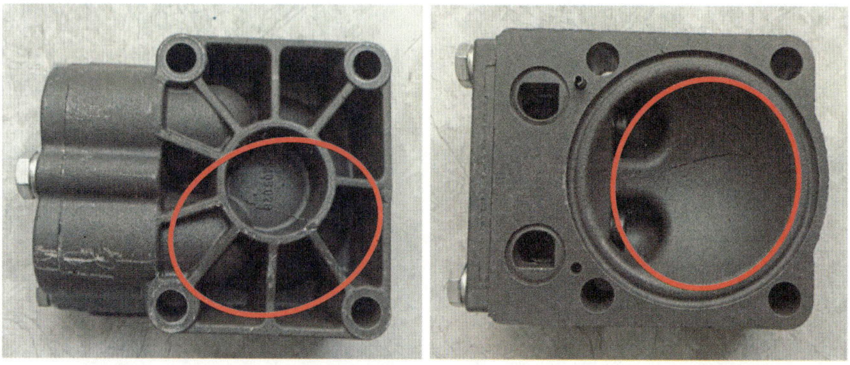

图 28-29 破损的隔膜泵缸盖（正反面）

图 28-30　破裂的隔膜泵膜片与压盘

**4. 故障评析**

故障原因：因滤水器滤网网目铁丝过细、强度不足，在野外环境中使用时，投入水中的滤水器滤网被划破，吸水时吸入尖锐砂石和泥沙，导致隔膜泵膜片与其橡胶压盖破裂，在设备高速运转下缸盖破裂。另外，启动后，长时间无水情况下隔膜泵高速运转，因发热、压力过大、气体无法排出，也可能导致损坏。

故障原因：部件质量问题（50%）；操作使用不当（50%）。

**5. 改进建议**

（1）提高该吸水管滤水器滤网强度，或在滤水器外加粗滤筐进行保护。

（2）手抬机动森林高压消防泵在使用前，应检查确认连接进水口的吸水管滤水器滤网无损坏，方可使用。

（3）使用时连接好吸水管路滤水器，放入水源。轻拉启动拉绳盘，充分润滑后，再启动设备，方可长时间使用。

## 案例 466　手抬机动消防泵组真空泵把手脱落

**1. 装备信息**

器材名称：手抬机动消防泵组　　　　生产日期：不详

器材型号：Otter（整机进口）

**2. 基本情况**

消防员在使用手抬机动消防泵组排气引水时，发现其手动真空泵提压把手脱落（图 28-31）。

**3. 故障检查与排除**

（1）检查发现，提压把手螺纹处开裂、丢失，无法操作使用。

（2）更换新的提压把手，故障排除。

**4. 故障评析**

该手抬机动消防泵组的手动真空泵提压把手为塑料材质，没有锁止装置，容易松动。如果松动，间隙变大，消防员操作极易损坏提压把手螺纹。甚至造成

图 28-31　手抬机动消防泵组手动真空泵提压把手脱落

螺纹口破裂。

故障原因：部件材质问题（100%）。

**5. 改进建议**

建议提压把手采用铝合金等金属材质，并设置锁止装置，防止松脱。

## 案例 467　手抬机动消防泵组引水装置真空度不足

**1. 装备信息**

器材名称：手抬机动消防泵组　　　　生产日期：2019 年 4 月

器材型号：JBQ5. 5/9. 0

**2. 基本情况**

2020 年 6 月，报修手抬机动消防泵真空度不足，吸不上水，而且有严重金属摩擦噪声。

**3. 故障检查与排除**

（1）检查发现，该引水装置为刮片式真空泵，其自主润滑系统油杯缺油（图 28-32），分解真空泵刮片磨损严重（图 28-33）。

（3）清洁后，更换新的刮片，加注足够的润滑油，故障排除。

图 28-32　自主润滑系统油杯缺油

图 28-33　磨损的刮片

**4. 故障评析**

润滑系统润滑油不足，真空泵内刮片无法得到足够润滑，导致磨损严重。

故障原因：维护保养不及时（100%）。

**5. 改进建议**

定期检查油杯内是否有足够的润滑油。

## 案例 468　手抬机动消防泵组无法启动（一）

**1. 装备信息**

器材名称：手抬机动消防泵组　　　　生产日期：2019 年 8 月

器材型号：FOX（整机进口）

**2. 基本情况**

2020 年 6 月，消防员发现新购买的手抬机动消防泵组（图 28-34）无法启动，显示面板出现发动机故障指示图标（图 28-35）。

图 28-34　新购进的手抬机动消防泵组

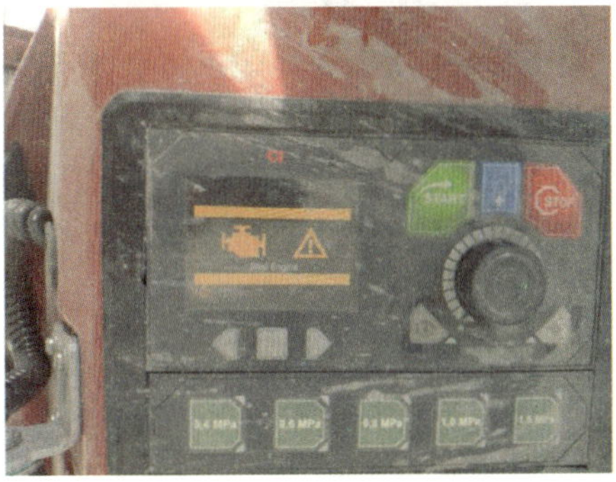

图 28-35　显示面板故障指示图标

**3. 故障检查与排除**

维修人员用专用诊断电脑检测不到手抬机动消防泵组控制模块 ID7，判断 ID7 控制模块故障。更换新模块，电脑设置参数后，故障排除。

**4. 故障评析**

此手抬机动消防泵组的模块 ID7 通过 CAN 总线可同时控制显示器及发动机两个单元，因此当 ID7 模块损坏后，无法控制发动机运转。

当发动机电瓶亏电，用户用外接电源帮助启动时，过电流、过电压、正负极接反和虚接等各种操作错误，都有可能造成控制模块 ID7 损坏。

故障原因：质量问题（50%）；操作错误（50%）。

**5. 改进建议**

执勤战备的器材要定期维保，操作使用人员应熟悉操作使用流程。

## 案例 469　手抬机动消防泵组无法启动（二）

**1. 装备信息**

器材名称：手抬机动消防泵组　　　　　　生产日期：2018 年 5 月

器材型号：JBQ5. 5/12

**2. 基本情况**

手抬机动消防泵组使用电启动开关无法启动，启动手动盘卡死无法转动。

**3. 故障检查与排除**

（1）检查发现手抬机动消防泵组发动机机油油箱内部机油量不足。

（2）放油时发现机油黏稠度不够，能闻到汽油气味，表明有汽油进入机油箱内，导致缸内润滑不够，出现卡死现象。

（3）拆解发动机（图 28-36），发现活塞在缸体内拉缸、长死。更换曲轴、活塞、连杆及缸体等（图 28-37），重新添加机油润滑，故障排除。

图 28-36 拆解发动机

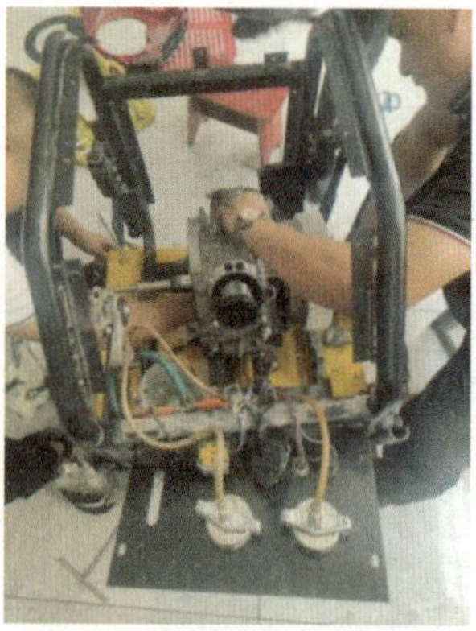

图 28-37 更换曲轴、活塞、连杆及缸体

**4. 故障评析**

该手抬机动消防泵组常备在抢险救援消防车上，使用后汽油箱开关未关闭，车辆行驶颠簸或长时间停放，汽油经过气缸渗漏到油底，机油变稀、变质，润滑不充分，发生拉缸。

故障原因：操作不当（100%）。

**5. 改进建议**

（1）使用完成后及时关闭汽油箱开关。

（2）机油添加时，一定要用标尺进行检测，建议油位在标尺上下刻度之间 1/2 偏上一点。另外检查机油状态，出现变稀、变质和有汽油味，应及时更换。

## 案例 470 消防三节拉梯梯蹬断裂

**1. 装备信息**

器材名称：消防三节拉梯　　　　生产日期：2014 年 3 月

器材型号：TLS-15

**2. 基本情况**

消防员在使用消防三节拉梯进行攀登作业训练时，第二节梯子的第一个梯蹬在上升时磕碰到训练塔突出部位，梯蹬发生弯折断裂（图 28-38）。

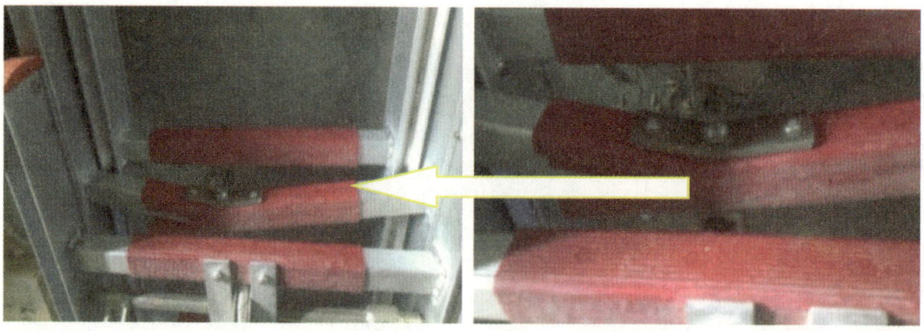

图 28-38 梯蹬弯折情况

**3. 故障检查与排除**

由于梯蹬以焊接方式连接在主支撑架上，结构形变，如果重新焊接，不能保证强度。所以作报废处理。

**4. 故障评析**

消防三节拉梯铝合金材质强度不够，耐冲击差，发生磕碰易变形。

故障原因：操作使用不当（70%）；拉梯材质强度不足（30%）。

**5. 改进建议**

（1）选用强度更高的梯蹬材质。

（2）操作拉梯时应避开障碍物。

## 案例 471　4 m 套筒式伸缩救援梯损坏

**1. 装备信息**

器材名称：套筒式伸缩救援梯　　生产日期：2018 年 10 月

器材型号：TQL-4

**2. 基本情况**

2019 年 7 月，该伸缩救援梯使用过程中出现无法回缩情况，且梯蹬脱落损坏，无法继续使用。

**3. 故障检查与排除**

（1）检查发现，伸缩救援梯的第二节伸缩套筒变形，导致第三节以上梯套筒无法回位（图 28-39）。

（2）结构变形，无法修复，作报废处理。

图 28-39　伸缩救援梯第三节套筒无法回位

**4. 故障评析**

（1）该伸缩救援梯的伸缩套筒锁止机构采用较脆的硬质塑料制成，强度差易损坏卡死。经统计分析，该型伸缩救援梯的此类故障比较普遍。

（2）铝制套筒筒壁较薄，受外力撞击，容易变形，无法伸缩。

（3）使用伸缩救援梯时，尽量注意轻拿轻放，避免碰撞损坏。

故障原因：材质强度不足（50%）；使用不当（50%）。

# 第二十九章　抢险救援器具故障分析与排除

本章主要对抢险救援器具的 21 个典型故障进行了分析与排除

## 案例 472　液压破拆工具组液压泵发动机燃油箱漏油

### 1. 装备信息

器材名称：液压破拆工具组　　　　生产日期：2016 年 4 月

器材型号：DPU31（整机进口）

### 2. 基本情况

多台次液压泵发动机燃油箱表面出现较深沟痕，部分燃油箱破损漏油。

### 3. 故障检查与排除

（1）检查发现液压泵发动机启动时，启动拉绳往复运动，绳体反复高速摩擦燃油箱，致使燃油箱表面出现沟痕（图 29-1），导致燃油箱破损漏油。图 29-2 为液压泵及启动拉盘的拉绳手柄。

（2）拆下液压泵端盖，露出燃油箱后（图 29-3），发现燃油箱固定减震橡胶套老化变形，致使油箱产生位移。

（3）更换燃油箱及固定减震橡胶套，抽拉启动拉绳测试，拉绳与燃油箱不再发生干涉，故障排除。

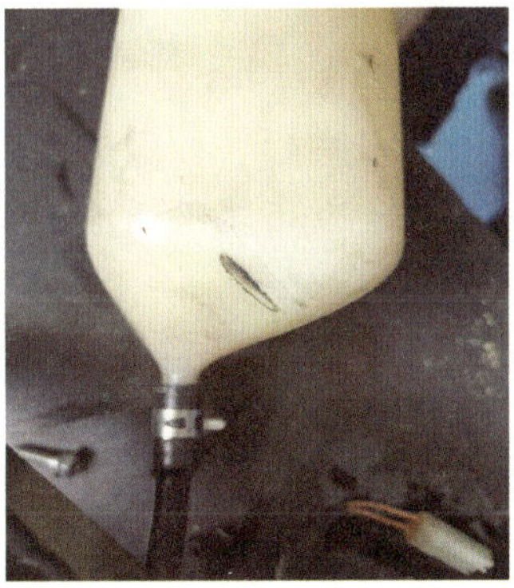

图 29-1　燃油箱被拉绳磨损的情况

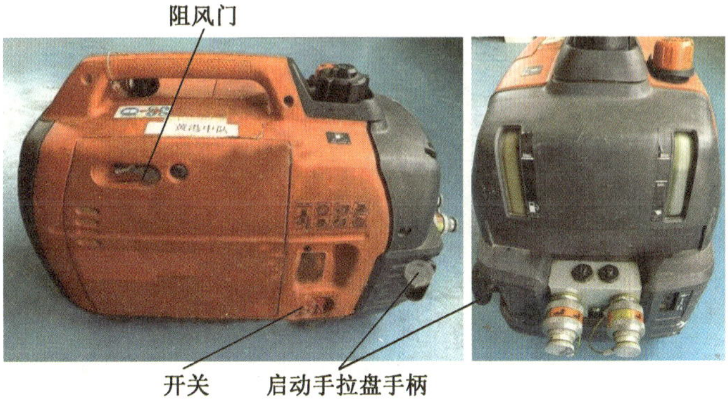


图 29-2　液压泵及启动拉盘的拉绳手柄

图 29-3 拆下液压泵端盖后的燃油箱

**4. 故障评析**

自 2017 年 8 月起，该批次液压泵发动机燃油箱箱体定位销及定位销减震皮套变形，导致燃油箱体整体下沉，与启动拉绳发生干涉，造成摩擦。

故障原因：关键承重零件质量问题（100%）。

**5. 改进建议**

改进支撑固定材料，增加支撑强度；燃油箱与启动拉绳之间增设保护。

## 案例 473 液压破拆工具组液压油箱漏油

**1. 装备信息**

器材名称：液压破拆工具组　　生产日期：2015 年 4 月

器材型号：V70W-SAH20（整机进口）

**2. 基本情况**

2019 年 9 月，消防员在进行日常检查时，发现液压破拆工具组液压油箱有漏油现象。

**3. 故障检查与排除**

（1）检查发现，漏油位置为液压油箱与底部保护壳连接处（图 29-4），该保护壳通过一颗螺钉与液压油箱底部连接，拆卸后发现液压油箱底部开裂。图 29-5 为液压油箱底部螺钉处裂缝。

（2）因暂无液压油箱配件，采用热熔胶临时修补液压油箱底部裂缝，故障排除。

**4. 故障评析**

该液压油箱为减重，采用硬质塑料制成，底部由一颗螺钉固定于保养壳，因油箱与保护壳为刚性连接，外力震动时油箱底部因无减震措施，应力过于集中而造成油箱与保护壳连接处破裂。

故障原因：产品设计问题（100%）。

图 29-4　液压泵及液压油箱漏油位置

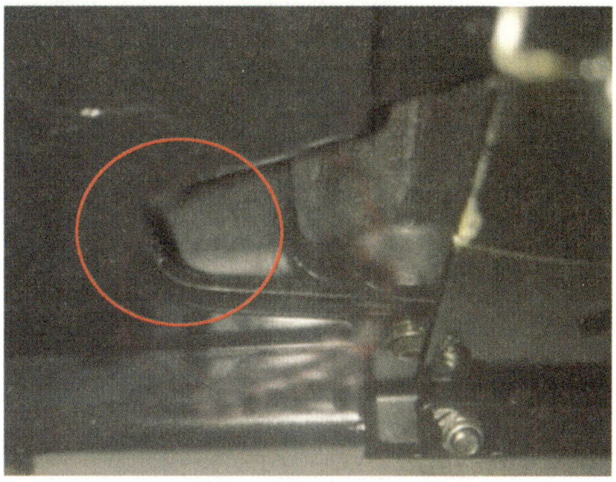

图 29-5　液压油箱底部螺钉处裂缝

**5. 改进建议**

此故障在同类设备上多次出现，需频繁更换油箱。建议改进设计，在固定螺钉处加装减震装置，也可以考虑使用铝合金的液压油箱。

## 案例 474　手动液压破拆工具组损坏

**1. 装备信息**

器材名称：液压破拆工具组　　　　　　生产日期：2002 年 4 月

器材型号：KF-M19170

**2. 基本情况**

手动液压泵为动力源的钢筋速断器剪切力不足，液压管表皮龟裂，速断器刀片碎裂，速断器及开门器锈蚀。图 29-6 为出现故障的手动液压破拆工具组。

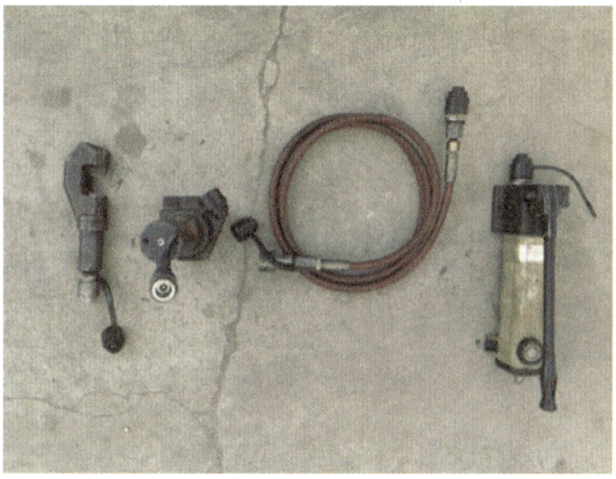

图 29-6　手动液压破拆工具组

**3. 故障检查与排除**

（1）分解手动液压泵，发现液压油多年未更换，内部产生的大量金属碎屑未及时清除，导致手动液压泵活塞密封不严，压力不足。

（2）检查发现，液压管长期处于盘卷状态，表面被接口渗出的液压油侵蚀龟裂（图

29-7）。

（3）由于剪切作业中剪切位置、方式不当，致钢筋速断器刃口崩裂（图 29-8）。

（4）更换液压泵活塞油封组件及液压油，清理快速接头，更换钢筋速断器刀刃，故障排除。

图 29-7　液压管表面龟裂

图 29-8　剪切刃口崩裂

**4. 故障评析**

故障可能原因：

一是该手动液压泵长期使用，未及时有效保养，液压油缸运动和液压管连接过程中带入沙粒，都会造成大量碎屑产生，导致手动液压泵活塞密封不严，压力不足。

二是输油管接头在使用中未注意防尘保护，接头裸露部分沾染污物，进而污染液压油。

三是液压管表面因液压油长期附着，橡胶层被侵蚀氧化，耐压、抗拉强度降低，使用过程中多次膨胀收缩，致内层金属网裸露，安全系数极大降低。

四是剪切钳切割时，未将被切割物放置于钳口中部，刀片受力不均，局部压力过载。

故障原因：操作使用不当（50%）；保养不到位（50%）。

**5. 改进建议**

非工作状态下快速接头应戴上防尘帽，暴露在外的系统连接部位和运动件应注意清洁。整套系统应定期保养，更换液压油及损坏的密封胶圈。为防止破拆器材金属表面抗腐蚀抗氧化层破坏，可定期涂抹抗磨抗氧化脂，减缓氧化磨损。

## 案例 475　电动剪切器刀头部位损伤

**1. 装备信息**

器材名称：电动剪切器　　　　　　　　　　生产日期：2020 年 3 月

器材型号：GYJQ-D-DF150

**2. 基本情况**

检查装备时发现，3 台电动剪切器刀头损伤，无法正常剪切。

**3. 故障检查与排除**

（1）检查外观，发现 3 台电动剪切器刀头损伤：第一台剪切器刀尖咬合错位（图 29-9），第二台剪切器刀尖处明显有硬物砸击过的痕迹（图 29-10），第三台剪切器刀口毛边不平（图 29-11）。3 台设备均换了新的刀头。

（2）拆机过程中发现液压油出现缺失和浑浊发黑现象，说明设备长期使用，但未定期对设备进行保养及液压油更换。组装时，重新更换新的液压油，并排除剪切器内部空气，故障排除。

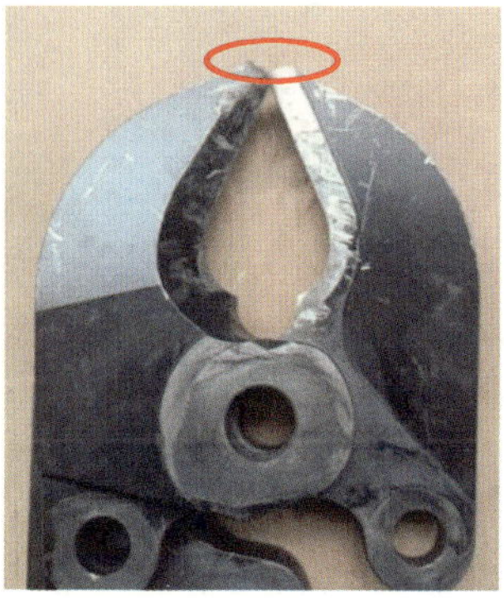

图 29-9　剪切器刀尖咬合错位情况

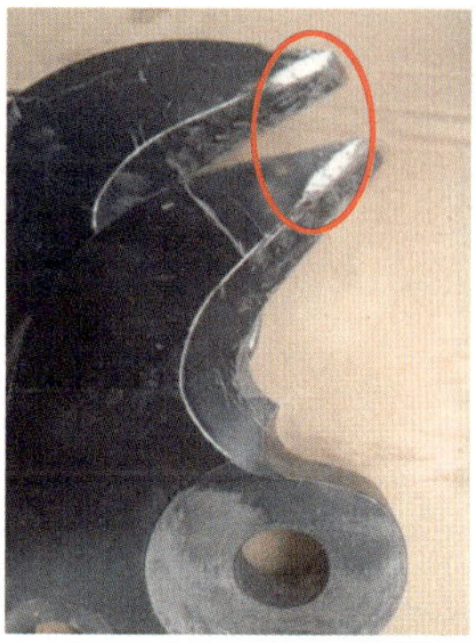

图 29-10　剪切器刀尖处硬物砸击痕迹

图 29-11　剪切器刀口毛边不平

**4. 故障评析**

（1）作业时，剪切器刀刃未与被剪切物垂直，并在剪切过程中扭动剪切器，造成刀尖咬合错位。

（2）剪切器刀头的刀尖硬度基本在 50～54 HRC（洛氏硬度），在使用中剪切器出现问题后，操作人员用硬物敲击刀尖，致使刀尖处变形。

（3）电动剪切器经常过载使用，即剪切超过限定直径的圆钢或螺纹钢，导致刀口崩裂和毛边不平。

故障原因：操作不当（100%）。

**5. 改进建议**

（1）不应剪切额定参数以上直径的圆钢或螺纹钢。

（2）严禁使用其他硬物敲击剪切器的刀尖部位。

## 案例 476　电动液压破拆工具漏油

**1. 装备信息**

器材名称：电动液压破拆工具　　　　生产日期：2019 年 3 月

器材型号：GYKZ-D-DF640

**2. 基本情况**

2020 年 10 月，装备维护员在日常检查时，发现该器材有漏油现象。图 29-12 为该型电动液压破拆工具。

图 29-12　电动液压破拆工具

**3. 故障检查与排除**

（1）检查发现，漏油位置为液压缸体与阀体连接处（图 29-13 和图 29-14），分解液压油缸与阀体，两者通过螺钉连接（图 29-15），初步判定漏油是液压缸体与阀体连接处的密封圈（图 29-16）损坏导致。

（2）清洁保养，更换密封圈，组装并紧固，故障排除。

图 29-13 液压缸体与阀体连接形式

图 29-14 液压缸体与阀体连接处的漏油位置

图 29-15 液压缸体与阀体通过螺钉连接

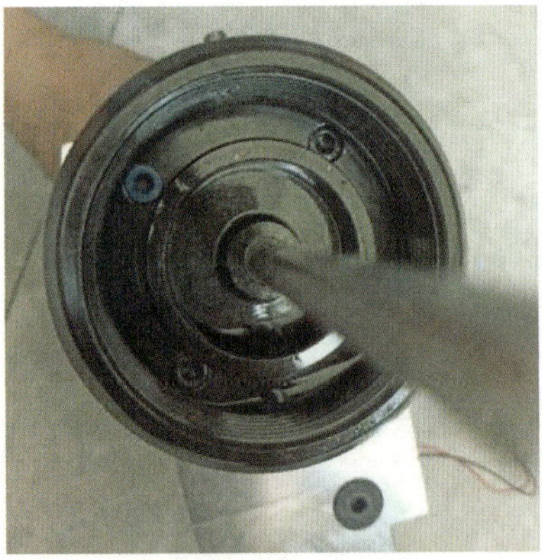

图 29-16 阀体与密封圈

**4. 故障评析**

（1）液压破拆工具长时间高压操作后，未进行泄压，有可能造成密封圈损坏。

（2）液压破拆工具使用时间较长，导致阀体内部的密封圈老化损坏。

故障原因：操作不当（60%）；正常老化（40%）。

**5. 改进建议**

（1）设备在用完后，要进行泄压操作。转动手轮开关，钳臂合拢以后再次转动手轮，让钳臂微微张开 2~3 cm 起到泄压作用。

（2）定期进行设备保养，更换密封圈。

## 案例 477 机动液压泵进出油口部位漏油

**1. 装备信息**

器材名称：机动液压泵　　生产日期：2021 年 3 月

器材型号：BJQ-72/0. 75

**2. 基本情况**

2021 年 11 月，消防员在进行日常检查时，发现机动液压泵第二个出油口处漏油。

**3. 故障检查与排除**

（1）检查发现，漏油位置为下部的液压泵进出油口底座与阀块连接处（图 29-17），每个进出油口底座通过 4 颗螺钉（图 29-18）与阀块连接，拆卸进出油口底座（图 29-19）时，发现其中 1 个螺钉松动。

（2）转动螺钉，发现螺钉无法锁紧，进一步检查发现阀体上的螺纹损坏，更换阀体后，故障排除。

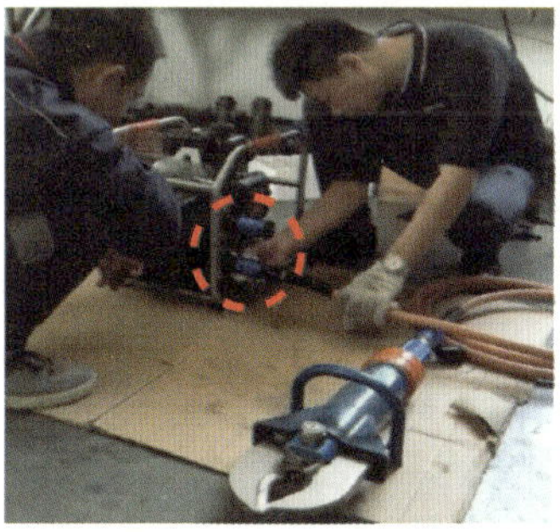

图 29-17 下部的液压泵进出油口漏油位置

图 29-18 进出油口底座螺钉

图 29-19 拆卸进出油口底座

**4. 故障评析**

该液压油箱阀体与进出油口底座通过 4 个螺钉固定，该机器阀体有 2 个进出油口共 8 个螺钉，只有 1 个螺钉松动，判定因拆装螺钉不当或振动，导致阀体上的螺纹孔螺纹损坏。

故障原因：安装质量问题（100%）。

## 案例 478 机动链锯发动机损坏

**1. 装备信息**

器材名称：机动链锯　　生产日期：2016 年 2 月

器材型号：Husqvarna 450（整机进口）

**2. 基本情况**

链锯在正常切割中发动机突然熄火，且无法再次启动。

**3. 故障检查与排除**

（1）维修前检查，燃油供应正常，进排气通畅，火花塞点火正常，温度符合点燃温度标准。用手堵住火花塞孔，拉动启动拉绳，感觉不到气缸压力，使用缸压表测量缸压不足 2 bar。该器材最低启动缸压为 6 bar，实测压力远低于启动压力标准。

（2）拆解发动机，发现活塞顶部有明显高温烧蚀现象，活塞侧壁、活塞环、缸壁有明显金属划痕。图 29-20 为活塞高温损坏情况。

（3）更换活塞及活塞环等损坏部件后，发动机成功启动，但怠速运行 2 min 后，机体

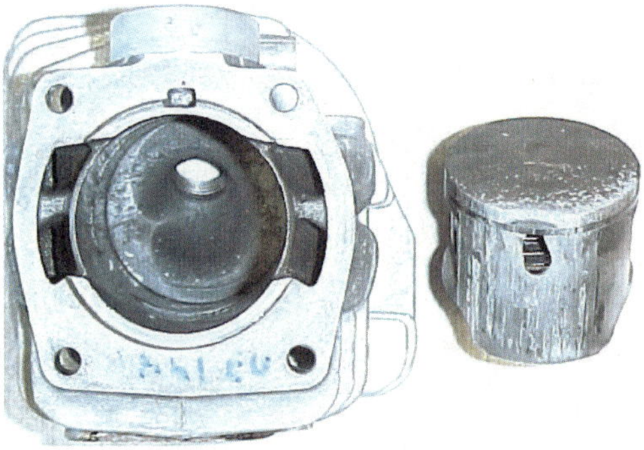

图 29-20 活塞高温损坏情况

温度急剧上升，且伴有爆燃与抖动现象。

（4）停机检查，发动机启动拉盘风冷系统进气口有大量切削残渣堆积，堵塞冷却进气口，导致冷却风量不足，发动机机体持续升温，燃烧室温度过高，引发爆燃现象。

（5）拆卸启动拉盘，清除异物，重新启动发动机，运行正常，故障排除。

**4. 故障评析**

该器材冷却系统为风冷式，通过发动机带动的带扇叶飞轮旋转，从启动拉盘镂空处吸气，推送至缸体外侧散热片，给机体降温。图 29-21 为启动拉盘的风冷装置工作原理示意图。

该器材在切削过程中，容易形成飞屑及粉尘，并弥漫在发动机冷却系统进风口，当大量的飞屑及粉尘从进风口进入后，极易堆积在送风管道，从而导致冷却系统无法给机体降温，机体温度过高，导致发动机提前点火，产生爆燃、转速不稳现象。

当发动机温度超过机体耐受温度时，活塞、活塞环、缸体等部件发生不规则软化、膨胀等不可逆金属形变。同时，该器材为两冲程发动机，机油按比例混合添加至燃油中，随着发动机温度的过高，润滑油在高温下黏稠度急剧下降，不能有效附着于活塞、活塞环、缸体等部件表面，从而产生金属硬摩擦，造成高温烧蚀。

故障原因：维护保养不到位（100%）。

图 29-21 启动拉盘的风冷装置工作原理示意图

# 案例479　机动链锯制动系统损坏

**1. 装备信息**

器材名称：机动链锯　　　　　　　　　　　　生产日期：2018 年 2 月

器材型号：Husqvarna 450（整机进口）

**2. 基本情况**

机动链锯使用中产生浓烈焦煳味，发动机制动系统烧毁、导板及链条润滑冷却系统烧毁、发动机底壳烧毁。

**3. 故障检查与排除**

（1）检查机动链锯外观发现有烧蚀痕迹，安全护挡停置在制动位置无法回位。

（2）拆卸离合器拉盘，发现发动机底座、导板及链条润滑冷却油泵、制动挡板、制动板烧焦损坏严重，具体情况如图 29-22 和图 29-23 所示。

（3）更换制动总成（图 29-24），故障排除。

图 29-22　发动机底座烧毁

图 29-23　制动总成烧毁

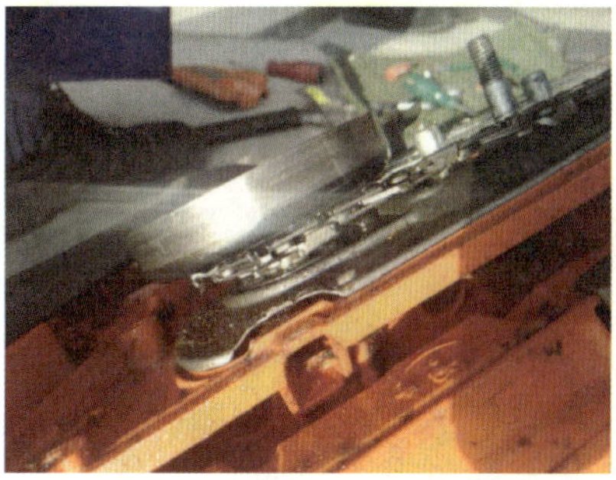

图 29-24　更换制动总成

**4. 故障评析**

机动链锯动力传输环节中设置了离心式蹄片摩擦系统来控制动力传输，正常情况下发动机低转速时，离合器分离，链条即停止运行；高转速时，离心力使蹄片压住压盘，压盘转动带动链条运行，转速越高，离心力越大，切割力也大。当转速降低时，离心力下降，压盘与蹄片分离，链条会自动制动。

但为了保证操作安全，机动链锯设计时在传动系统压盘外圈设置了紧急制动摩擦环，当摩擦环与压盘完全接触时可以起到制动效果。

该故障的可能原因有三：

（1）安全护挡处于制动位时，操作员持续加油，造成摩擦过热，引起烧蚀。

（2）使用时虽然把安全护挡打开，但是由于制动片松开机构存在问题，造成制动片没有完全松开，此时链条可以转动（操作时可能会有动力不足的感觉，链条加速性能不好），但操作员没有意识到还有一部分制动力，仍持续加油长时间作业，导致摩擦过热损坏。

（3）由于使用日久，离心重块磨损严重，或因拉紧弹簧较松，产生打滑；另外，机动链锯经常长时间以低速工作，也将会导致离合器的离心重块与压盘间产生类似打滑的摩擦，致使离心重块，特别是石棉橡胶离心块，引起过量摩擦热，造成严重磨损或烧毁。一旦磨损或烧毁，只有重新更换新配件。

故障原因：操作使用不当（70%）；机构零件正常损坏（30%）。

## 案例 480 机动链锯切割无力

**1. 装备信息**

器材名称：机动链锯　　　　生产日期：2017 年 5 月

器材型号：Husqvarna 450（整机进口）

**2. 基本情况**

发动机启动后，油门给到最大，链条旋转速度过低，切割无力。

**3. 故障检查与排除**

（1）检查离合器联动效果，分离与接合无抱死无溜滑现象；检查链条松紧度，取导板中段，上下伸展张紧度适中；检查燃油混合比例，25∶1 符合安全使用要求；检查化油器油量供给，供给量充足；检查火花塞点火正常；检查空气滤清器，干净整洁透气性能良好；检查消声器（排气管），大量积炭堵塞，有大量未充分燃烧混合燃油堆积附着于消声器内外壁（图 29-25）。

图 29-25 消声器被油污堵塞

（2）清洗消声器及滤网，试机运转正常，故障排除。

**4. 故障评析**

二冲程发动机没有专门的润滑油箱储存润滑机油，所以将润滑机油添加至燃油中，进入发动机内部进行润滑，为保证发动机功率正常输出，燃料必须严格按照汽油与机油比例调和，必要时结合发动机运行实际情况进行适当调整。

经分析可能造成发动机动力不足的原因有以下三点：

（1）火花塞有积炭，火花塞所产生的高压电弧无法及时有效的点燃气缸内可燃混合气。

（2）混合油配比不当，混合比例过浓，过量机油被燃烧；或所选机油非二冲程发动机专用机油，耐高温能力差，产生大量积炭。

（3）进气与排气道存在堵塞。进气口堵塞，发动机进气不足，发动机无法达到有效的工作状态。排气口堵塞，发动机废气无法及时有效地排出，初期大量的燃油涌入燃烧室，无法被充分及时地压缩燃烧，导致火花塞积炭快速生成并影响点火，燃油堆积在化油器喉管和消声器内，导致动力不足；极端情况下，会引发回火与爆燃，后期发动机燃烧室大量积存燃油，致使淹缸，发动机无法运转使用。

本案例中，因为机动链锯长时间使用，未及时清理排气口积炭，加剧了消声器滤网积累大量积炭和未完全燃烧的混合燃油，造成发动机排气口堵塞导致燃烧不充分、动力不足。

故障原因：操作使用不当（50%）；维护保养不到位（50%）。

**5. 改进建议**

加强使用者操作使用培训。严格按说明书要求选择机油，并按规定比例进行燃油混合配比。及时清理进气口滤芯（海绵）和消声器滤网。

## 案例 481　无齿锯传动皮带断裂

**1. 装备信息**

器材名称：无齿锯　　　　生产日期：2015 年 5 月

器材型号：Husqvarna K760（整机进口）

**2. 基本情况**

2020 年 3 月，消防员在灭火救援现场操作无齿锯时，发现发动机运转正常但锯片不旋转。

**3. 故障检查与排除**

（1）检查发现，传动皮带断裂。图 29-26 为传动皮带断裂后的无齿锯皮带轮。

（2）松开皮带调整螺栓，使皮带轮安装位置和驱动轮处于同一水平面，更换新的皮带，调整合适的张紧度，锁紧皮带调整螺栓，启动测试正常，故障排除。

**4. 故障评析**

器材长时间使用后，皮带会出现一定程度的拉伸，而未及时调整皮带的张紧度，皮带张紧度不足，容易发生跳槽，跳槽突出的皮带会被皮带轮反复磨切，导致皮带断裂。图 29-27 为无齿锯皮带传动机构。

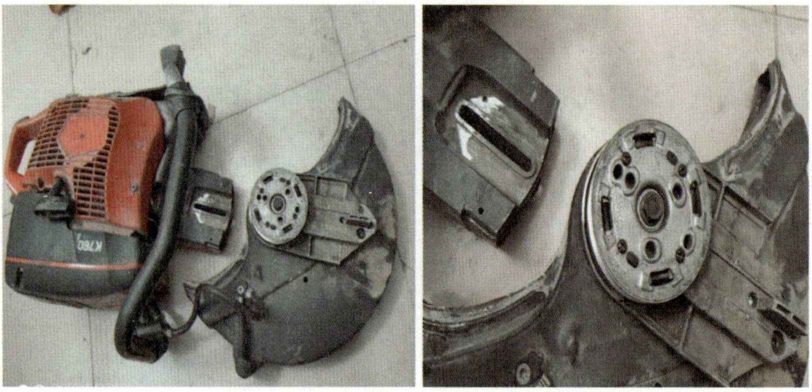

图 29-26 传动皮带断裂后的无齿锯皮带轮

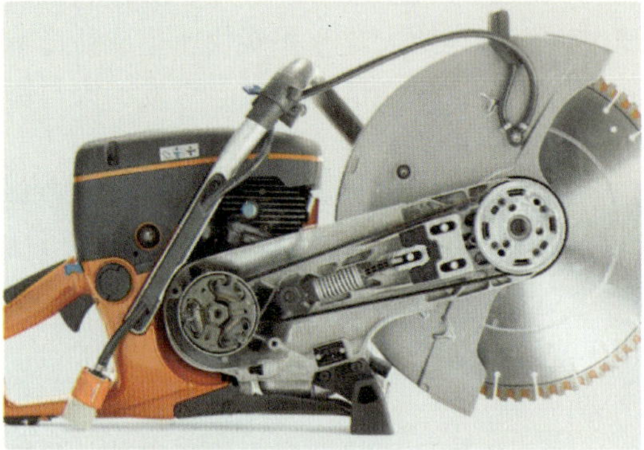

图 29-27 无齿锯皮带传动机构

故障原因：维护保养不及时（100%）。

**5. 改进建议**

（1）使用该类工具时应随身携带配套维修工具，及时检查皮带张紧度，调整张紧螺栓。

（2）在皮带护板合适位置设置皮带张紧度检查孔，方便检查。

（3）张紧螺栓或圆长孔处可以设置刻度标尺，规范张紧螺栓张紧行程。

## 案例 482 无齿锯启动拉盘损坏

**1. 装备信息**

器材名称：无齿锯　　生产日期：不详

器材型号：Husqvarna K970（整机进口）

**2. 基本情况**

2020 年 1 月，在检查器材过程中，启动无齿锯时消防员用力过猛，启动拉绳脱落，启动拉盘出现断裂，无法继续使用。

**3. 故障检查与排除**

（1）检查发现，启动拉盘断裂，启动拉绳掉出，无法继续使用。据使用人员反映，在此前，已经出现启动拉绳脱落情况。检查发现启动拉盘出现裂纹，但是仅重新进行了安装，并未进行维修更换，最终导致断裂（图 29-28）。

（2）更换启动拉盘和启动拉绳并安装好，启动测试正常，故障排除。

图 29-28　无齿锯启动拉盘断裂

**4. 故障评析**

该无齿锯启动拉盘用较脆的硬质塑料制成，特别是在冬天气温较低的情况下，一旦操作人员用力过猛易发生启动拉盘损坏断裂的情况。

故障原因：器材质量问题（50%）；操作不当（50%）。

## 案例 483　无齿锯锯片损坏

**1. 装备信息**

器材名称：无齿锯　　　　　　　　　　　　生产日期：2012 年 2 月

器材型号：Husqvarna 371K（整机进口）

**2. 基本情况**

消防员报修，无齿锯发动机使用中熄火，无法再次启动。

**3. 故障检查与排除**

（1）对火花塞、化油器、空气滤芯进行检查维修，发动机启动正常，维修人员并未对整机其他部位进行检查。

（2）消防员高速运转试车时，无齿锯片发生崩裂（图 29-29）。

（3）收集复原破碎锯片块（图 29-30），为上次使用过的旧锯片，碎片为大块破裂，纤维断裂口有明显新旧差异，距离中心孔内侧纤维层断面较为平整，距离中心孔越远纤维层断裂面越无规则。

（4）后经询问了解到，无齿锯在上次切割作业时，锯片倾斜切入导致锯片卡死，为拔出锯片，操作员左右晃动过锯身。

（5）更换新的无齿锯锯片，故障排除。

**4. 故障评析**

分析该无齿锯锯片在此次检查前，已受外力损伤，出现结构损坏，锯片在高速旋转时受离心力作用锯片崩裂。

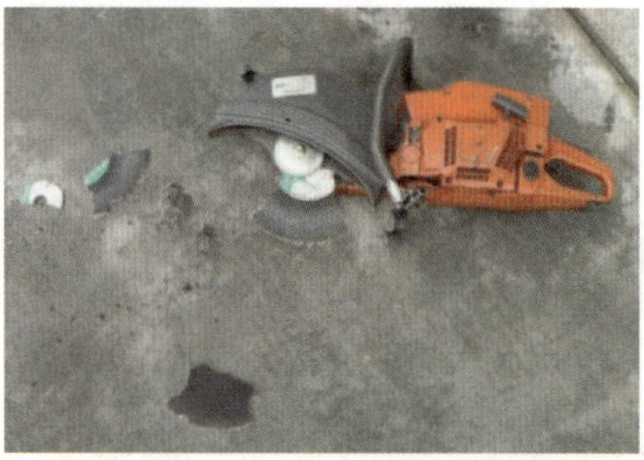

图 29-29 无齿锯锯片崩裂

图 29-30 收集复原的破碎锯片块

故障原因：违反操作规程（50%）；维修不彻底（50%）。

**5. 改进建议**

（1）无齿锯操作人员要严格按照操作规程操作。

（2）报修人员要对故障真实情况描述清晰，保证维修人员可以准确判断故障原因，查找隐患。

（3）维修后和使用前要对设备全面仔细地检查，防止发生意外。

## 案例 484 等离子切割机损坏

**1. 装备信息**

器材名称：等离子切割机　　　　生产日期：2001 年

器材型号：BPCW22A

**2. 基本情况**

对器材进行维护保养时，发现等离子切割机无法正常使用。

**3. 故障检查与排除**

（1）检查主机，主机供电等正常，连接线路无破损；拆卸切割枪枪头，检查发现枪体内绝缘瓷管断裂（图 29-31），且枪头生锈、变形、堵塞无法继续使用（图 29-32）。

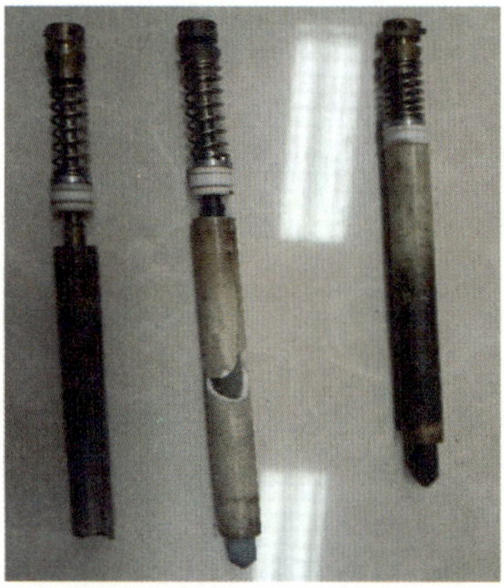

图 29-31 枪体内绝缘瓷管断裂

图 29-32 枪头生锈、变形、堵塞

（2）更换枪体内绝缘瓷管，清理枪头锈蚀物，安装好测试正常，故障排除。图 29-33 为修好后的等离子切割枪和换下的断裂绝缘瓷管。

图 29-33　修好后的等离子切割枪和换下的断裂绝缘瓷管

**4. 故障评析**

该等离子切割机的损坏的原因：一是切割枪在操作时意外掉落，造成绝缘瓷管断裂；二是枪头缺乏保养，锈蚀堵塞。

等离子切割机枪头烧毁的原因可能是：在气压不足或没有气压时起弧工作，电极和涡流环更换不及时，地线接触不良、枪头漏气等，都有可能烧毁切割枪枪头。

等离子切割机对工作环境要求高，对操作人员技术水平要求高，不适合恶劣环境下的消防救援行动。

故障原因：操作疏忽（50%）；维护保养不到位（50%）。

## 案例 485　救生照明线线体损坏

**1. 装备信息**

器材名称：救生照明线　　　　　　　　生产日期：2015 年 3 月

器材型号：JZ50Z-CS

**2. 基本情况**

线体不发亮，局部 LED 灯有明显烧蚀碳化。

**3. 故障检查与排除**

（1）检查线体航空插头（图 29-34），接线柱柱体之间隔绝良好，无桥接电弧；查看线体尾部碳化处，线体内 LED 灯烧蚀碳化断裂，无法导电（图 29-35）。

（2）测量损坏线体前端无电压电流，而电源箱输出口电压正常。

（3）检查线体整流器，整流器烧裂，更换整流器，将损坏 LED 灯跨越式桥接，其他线体工作正常，故障排除。图 29-36 为 LED 灯跨越式桥接后修复情况。

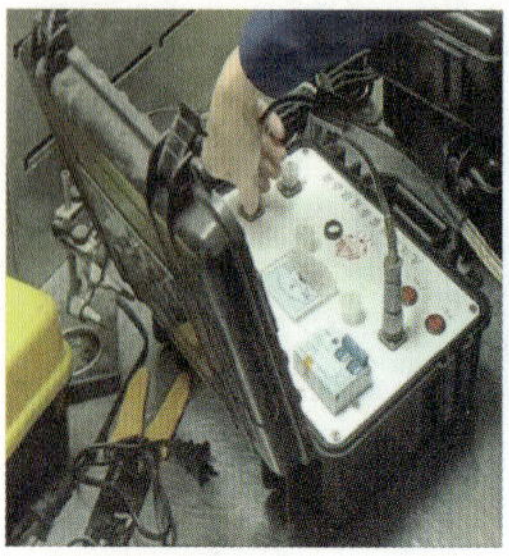

图 29-34 线体航空插头

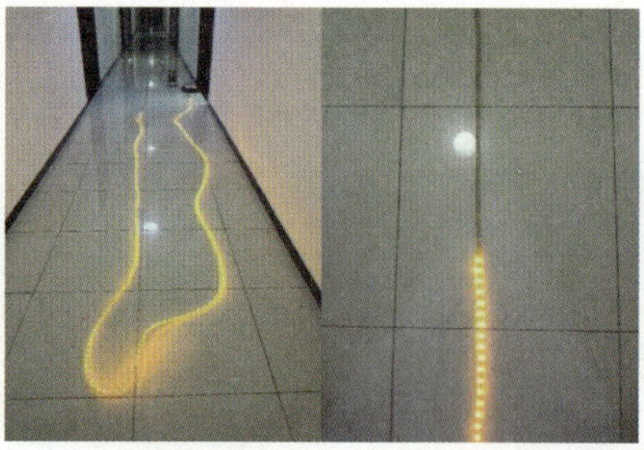

图 29-35 线体碳化、LED 灯烧蚀碳化断裂情况

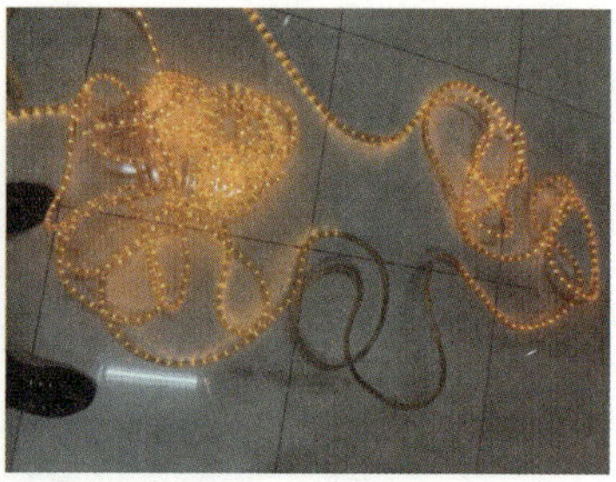

图 29-36 LED 灯跨越式桥接后修复情况

**4. 故障评析**

该器材使用电源电压为 AC220V，电源箱转灯体整流器 DC24V。三者间所用航空插头均为同一型号，且无明显区分标识，使用过程中，操作人员错把市电 AC220V 直接连接至灯体整流器，导致 LED 灯与灯体整流器过载烧毁。

故障原因：设计不合理（60%）；操作失误（40%）。

**5. 改进建议**

（1）建议生产厂家在出厂时各插头做好明显标识或采用不同种插头。

（2）使用前，操作者应加强器材使用学习，并对可能出现误连接的接口做明显标识。

## 案例 486 救援三脚架绞盘钢丝绳交错缠绕

**1. 装备信息**

器材名称：救援三脚架　　生产日期：2015 年 3 月

器材型号：SALALIFT Ⅱ

**2. 基本情况**

2019 年 12 月 8 日，消防员在进行训练时绞盘卡死。

**3. 故障检查与排除**

检查发现，绞盘内的钢丝绳交错缠绕到一起，出现抱死情况（图 29-37）。维修人员将外壳拆卸后，重新理顺钢丝绳，故障排除。

图 29-37 绞盘钢丝绳交错缠绕情况

**4. 故障评析**

该绞盘未安装排绳装置，操作时空载收绳，且未按照使用要求进行手动排绳，造成钢丝绳交错缠绕。

故障原因：设计问题（70%）；操作不当（30%）。

**5. 改进建议**

（1）厂家改进设计，安装排绳装置。

（2）收线时要用手拽着钢丝绳或者用外力使钢丝绳有一定的预紧度，缓慢把绳盘好。

## 案例 487　救生抛投器发射开关顶针处漏气

**1. 装备信息**

器材名称：救生抛投器　　　　　　　　生产日期：2021 年 8 月

器材型号：PTQ8. 0-Y150S100

**2. 基本情况**

消防员在进行训练中，发现抛投器在输入高压气体后，出现发射开关顶针漏气现象。

**3. 故障检查与排除**

（1）拆解检查发现，发射开关顶针（图 29-38）内弹簧脱落，弹力衰减，导致顶针无法回弹到位，于是更换了弹簧。

（2）进一步检查，发现发射开关顶针堵头密封圈破损，更换了密封圈，故障排除。图 29-39 为发射开关顶针堵头密封圈与顶针内弹簧。

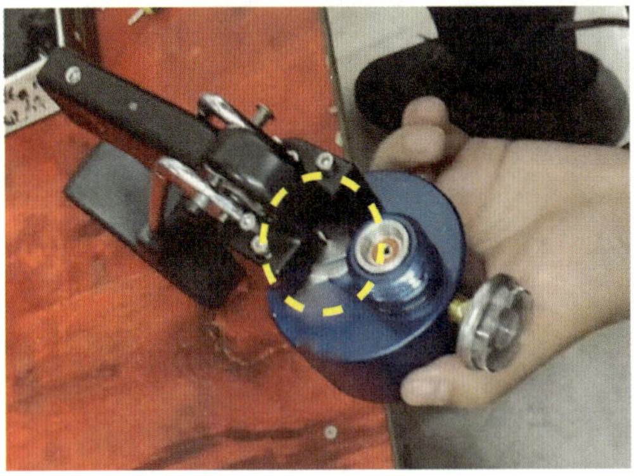

图 29-38　发射开关顶针

图 29-39　发射开关顶针堵头密封圈与顶针内弹簧

**4. 故障评析**

该救生抛投器在消防站中主要用于日常训练，使用过程中未注重器材的保护和检修。

该处漏气主要有两方面原因：一方面由于没有做到轻拿轻放，抛投器发射装置顶针里面弹簧可能脱落或者长期使用高压未及时泄压，导致发射开关顶针内弹簧变形，弹力衰减，致使发射开关顶针无法回弹到位导致漏气；另一方面是注入高压气体到缸体内，长时间未发射出去，导致发射开关顶针堵头上的密封圈变形损坏而漏气。

故障原因：操作使用不当（50%）；保养不到位（50%）。

**5. 改进建议**

非工作状态下做到缸体零压，轻拿轻放，暴露在外的系统连接部位和运动件应注意清洁，整套系统宜定期保养，必要时更换损坏的密封胶圈。

## 案例 488 音视频生命探测仪视频线路接头损坏

**1. 装备信息**

器材名称：音视频生命探测仪　　　　　　　　　　生产日期：2013 年 3 月

器材型号：WM4-MON

**2. 基本情况**

2019 年 12 月 3 日，消防员在搜救过程中，该音视频生命探测仪不慎与墙体发生碰撞，导致屏幕黑屏，无法正常使用。

**3. 故障检查与排除**

（1）检查发现电池、屏幕无破损；检查连接线路和接头，发现视频线路接头变形，且断裂。图 29-40 为音视频生命探测仪视频线路接头变形损坏情况。

（2）更换接头，重新焊接线路和针脚，开机测试正常，故障排除。

图 29-40　音视频生命探测仪视频线路接头变形损坏

**4. 故障评析**

该问题主要是操作人员操作不慎导致接头磕碰断裂。

故障原因：操作疏忽（100%）。

## 案例 489 发电机化油器堵塞

**1. 装备信息**

器材名称：发电机　　　　　　　　　　　　　　生产日期：2013 年 6 月

器材型号：IG2600

**2. 基本情况**

该机长时间放置，发电机无法启动。

**3. 故障检查与排除**

（1）检查发电机电路系统、进排气系统、润滑系统一切正常；检查油路系统，发现化油器不供油。

（2）拆解化油器，化油器油杯底部主油路出油孔被锈渣等杂质堵塞，彻底清洗疏通，安装调整后，发动机工作正常，故障排除。图 29–41 为化油器内部锈蚀残渍。

图 29–41　化油器内部锈蚀残渍

**4. 故障评析**

机器长期不使用，汽油在化油器中会积累锈渣等杂质（汽油氧化油管、油箱内部和铝壳体腐蚀等），会堵塞化油器内部孔道。

故障原因：维护保养不到位（100%）。

**5. 改进建议**

器材库存放置时，定期启动运行，使器材内部燃油流动，避免长期沉淀结块堵塞化油器。长期不使用时应排空化油器内汽油。重新启用时，应检查燃油箱、汽油滤芯及化油器油杯放油口是否有胶质物和锈渣等杂质，一旦发现及时排除。

## 案例 490　便携式发电机的驱动发动机化油器故障

**1. 装备信息**

器材名称：便携式发电机　　生产日期：2010 年

器材型号：SH3900

**2. 基本情况**

2015 年，在例行检查时发现，该便携式发电机（图 29–42）的驱动发动机无法启动。

图 29–42　便携式发电机

**3. 故障检查与排除**

（1）检查驱动汽油发动机点火系（启动拉盘、点火线圈、火花塞等）均无异常。

（2）检查供油系，发现供油不畅。拆卸连接化油器的供油管路，正常。说明问题出现在化油器上。

（3）拆卸化油器（图 29–43），首先拆开化油器浮子室，发现化油器浮子室沉淀的锈蚀物较多（图 29-44），化油器内部管道堵塞、油针及其阀卡滞等。

（4）清洗化油器浮子室和主油针及其阀门等，组装并经过启动调试，该驱动发动机运转正常，故障排除。

图 29-43 拆卸的化油器

图 29-44 化油器浮子室沉淀的锈蚀物

**4. 故障评析**

驱动便携式发电机的汽油发动机如果长时间不用，汽油很少用完或更换等，导致汽油变质沉积，还有油箱锈蚀物进入化油器浮子室和管道，堵塞化油器，造成供油异常。

故障原因：维护保养不到位（100%）。

**5. 改进建议**

（1）定期启动便携式发电机等机动类器材的驱动发动机，检查并保持其良好工作状况。若油箱内汽油长期没有使用完，也要进行更换。防止油水分离、汽油变质、油箱腐蚀等对机器的影响。

（2）养成良好的操作习惯，操作员在使用后及时关闭燃油供油开关，启动发动机，燃烧完化油器内存的汽油，减少化油器的损坏。

## 案例 491 移动照明灯组发动机无法启动

**1. 装备信息**

器材名称：移动照明灯组　　生产日期：2021 年 5 月

器材型号：OY6

**2. 基本情况**

对库房内存放的移动照明灯组进行检查保养时，发现发动机无法启动。

**3. 故障检查与排除**

（1）检查发现，发动机汽油油箱内汽油油位正常，按规范的启动步骤仍然无法启动，拆卸化油器浮子室发现有锈蚀。

（2）拆卸化油器，对主喷嘴、主喷管及浮子阀座（图 29-45）用化油器清洗剂进行清洗后，故障排除。

**4. 故障评析**

移动照明灯组使用的是 92 号汽油，存放时间较长后容易对化油器内的器件造成轻微

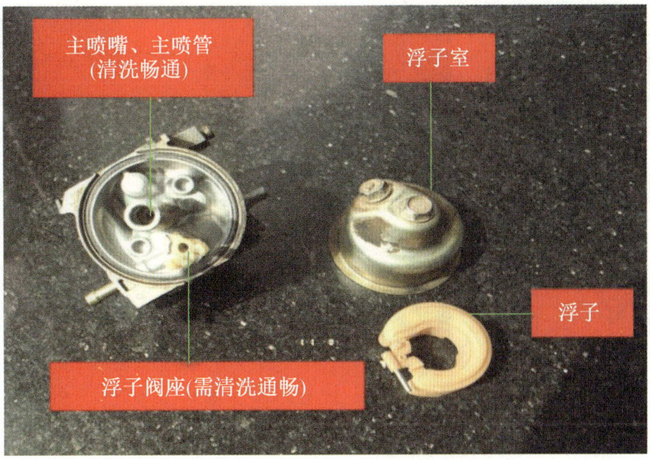


图 29-45 汽油箱喷嘴及浮子系统

腐蚀，导致主喷嘴进油不畅，燃烧室内无燃油，启动困难。燃油品质不高，长期存放未使用，导致主喷嘴堵塞。

故障原因：检查、维护保养不到位（100%）。

**5. 改进建议**

库存放置的移动照明灯组，建议每 3~6 个月启动运行 1 次。长期存放应将油箱内的汽油放出，并将燃油阀置于关闭状态，保持发动机一直运行至自动熄火，将化油器浮子室内的存油燃烧干净后存放。移动照明灯组长期存放维护保养的具体步骤为：

（1）将油箱和化油器中的汽油放尽或消耗尽。

（2）将曲轴箱中的机油放尽。

（3）加注新机油到机油尺的油位上限。

（4）关闭阻风门，并将起动器手把拉起到感到有阻力的地方。

（5）将机组擦拭干净，用纸箱或塑料罩罩住，防止灰尘。

## 案例 492 冲锋舟舷外机水泵叶轮断裂

**1. 装备信息**

器材名称：冲锋舟舷外机　　　　　　生产日期：2015 年 4 月

器材型号：雅马哈 60Hp

**2. 基本情况**

2019 年 9 月 8 日，消防员在进行日常检查时，发现舷外机水循环失效，出现不出水现象。

**3. 故障检查与排除**

（1）拆下舷外机机壳（图 29-46），分解发动机冷却系统发现，缸体水循环冷却系统中水垢较多（图 29-47），堵塞水管。

（2）拆卸水泵泵壳（图 29-48），发现泵内有颗粒物进入，叶轮老化断裂（图 29-49），清洗后更换新的叶轮（图 29-50），重新安装（图 29-51），使用正常。

图 29-46 拆下机壳的舷外机

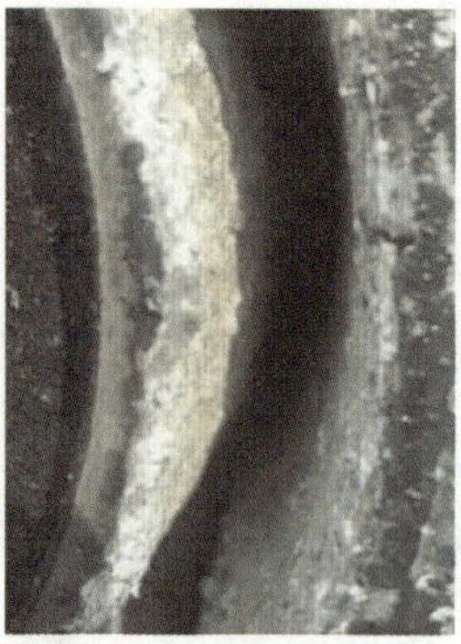

图 29-47 冷却系统水垢

图 29-48 拆下的水泵壳体

图 29-49 叶轮老化断裂

图 29-50 清洗后更换新的叶轮

图 29-51 重新装上水泵壳体

**4. 故障评析**

该叶轮为橡胶制成，长时间使用发生老化。另外，因使用环境水质较差，杂质较多，导致使用过程中应力过大而破裂。

故障原因：使用环境水质较差，泵结构不适应（60%）；用完后清洁保养不到位（40%）。

**5. 改进建议**

此故障为常见故障，建议使用完后及时清理，做好维护，另外可加强易耗配件储备。

# 第三十章　防护器具故障分析与排除

本章主要对防护器具的36个典型故障进行分析与排除

## 案例 493　消防头盔面罩防辐射镀层材料脱落

**1. 装备信息**

装备名称：消防头盔（全盔）　　　　　　　生产日期：2015年7月

装备型号：F1（进口）

**2. 基本情况**

该消防头盔配发基层后，使用过程中面罩遇高温出现防辐射镀层材料脱落的情况（图30-1）。

图30-1　面罩防辐射镀层材料脱落

**3. 故障检查与排除**

检查消防头盔面罩，发现其表面防辐射镀层“起皮”剥落，部分头盔镀层甚至出现大面积脱落，反射热辐射性能下降。通过更换新的面罩，故障排除。

**4. 故障评析**

该批次消防头盔面罩镀层制作工艺存在问题，在高温环境下镀层与面罩表面黏合强度大幅下降，出现“起皮”剥落。

向厂家反馈上述问题后，厂家改进了防辐射镀层的生产工艺，并免费为出现该情况的消防头盔更换了面罩，后续再未出现上述问题。

故障原因：工艺质量问题（100%）。

**5. 改进意见**

厂家在装备定型生产前，要严格按照产品技术标准进行全面测试，同时要严格控制批次产品质量，确保满足一致性要求，一旦发现问题应及时改进，防止出现批量质量问题。

## 案例 494　消防头盔面罩碎裂

**1. 装备信息**

装备名称：消防头盔（全盔）　　　　生产日期：2014 年 9 月

装备型号：F1（进口）

图 30-2　面罩碎裂情况

**2. 基本情况**

消防员在训练时消防头盔不慎掉落，面罩撞击地面造成碎裂（图 30-2）。

**3. 故障检查与排除**

检查发现面罩撞击地面后，出现大面积的碎裂，局部粉碎严重，已经无法进行修补，因此从厂家购买新的面罩更换后，故障排除。

**4. 故障评析**

面罩材质多为聚碳酸酯，如果选用材料强度不高，一旦发生撞击或跌落易出现碎裂。

故障原因：材料质量问题（80%）；操作使用疏忽（20%）。

**5. 改进建议**

（1）在日常使用中要注意保护，轻拿轻放，在佩戴时要严格按照要求扣紧下颚带，避免掉落，导致面罩损坏。

（2）建议厂家更换面罩材料，在保证透光性、防高温等性能的同时，提高面罩的强度和柔韧性。

## 案例 495　消防头盔帽壳破裂

**1. 装备信息**

装备名称：消防头盔（全盔）　　　　生产日期：2018 年 9 月

装备型号：FTK-Q/A

**2. 基本情况**

该批次消防头盔验收时进行跌落试验，部分消防头盔盔体帽壳破裂（图 30-3）。

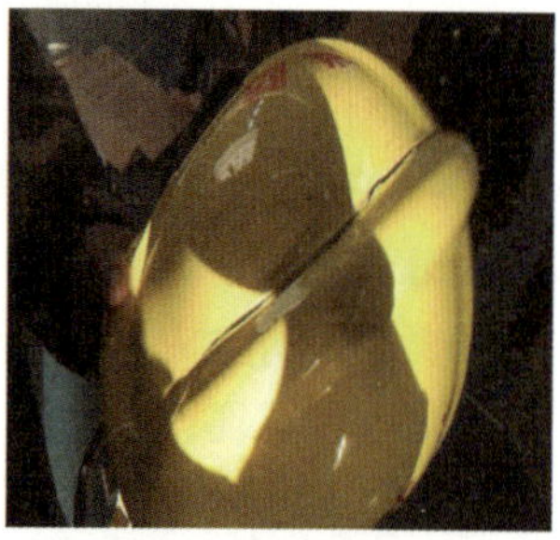

图 30-3　消防头盔盔体帽壳破裂

**3. 故障检查与排除**

对损坏的消防头盔进行深入细致的检查发现，经受跌落测试后的头盔外壳均出现不同程度的破损，部分消防头盔甚至出现大面积裂痕，外壳强度明显不足。根据相关规定，要求厂家退货，更换符合要求的消防头盔。

**4. 故障评析**

厂家自查发现，为了按期交货，在生产过程中消防头盔成形后未确保有足够的时间进行塑形（定形），就进行了外层喷涂，造成该头盔脆性过大，碰撞易碎裂。

故障原因：质量问题（100%）。

**5. 改进建议**

严格按照相关工艺流程制造，出厂前严格按照程序做好质量检验，特别是进行实战化测试工作，确保装备质量。

## 案例 496 消防头盔帽箍脱落

**1. 装备信息**

装备名称：消防头盔（半盔） 生产日期：2005 年 4 月

装备型号：FTK-Q/B

**2. 基本情况**

2019 年 3 月 10 日，消防员在训练过程中，消防头盔磕碰到墙体，造成头盔内帽箍脱落。

**3. 故障检查与排除**

检查发现，消防头盔内帽箍破损脱落（图 30-4），无法修复，作报废处理。

**4. 故障评析**

该头盔使用时间较长，帽壳、内部组件均出现不同程度的老化，消防站将其退役作为训练装备使用。在训练过程中，受到外力撞击，本就老化的帽箍发生断裂脱落。现场检查发现，该帽箍采用较脆的硬质塑料制成，在低温或受到冲击后会发生脆裂情况，且佩戴起来舒适度不佳。

故障原因：正常老化（60%）；材料质量问题（20%）；使用不当（20%）。

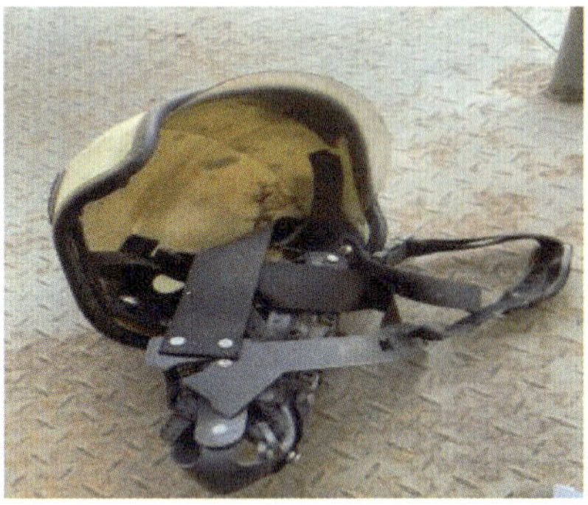

图 30-4 消防头盔内帽箍破损脱落

**5. 改进建议**

（1）消防员要加强个人防护装备的日常检查和维护保养，发现破损、开裂等情况要立即进行维修或更换，并根据情况提出退役报废申请，预防安全事故的发生。

（2）生产厂家要改进工艺，更换柔性、强度较好的材料，提高帽箍强度，延长其寿命。

## 案例 497 消防头盔披肩损坏

**1. 装备信息**

装备名称：消防头盔（全盔） 生产日期：2017 年 5 月

装备型号：F1（进口）

**2. 基本情况**

2021 年，总队在消防装备日常检查时，发现基层消防站在用消防头盔披肩存在漏洞、脱丝、断裂等损坏情况（图 30-5）。

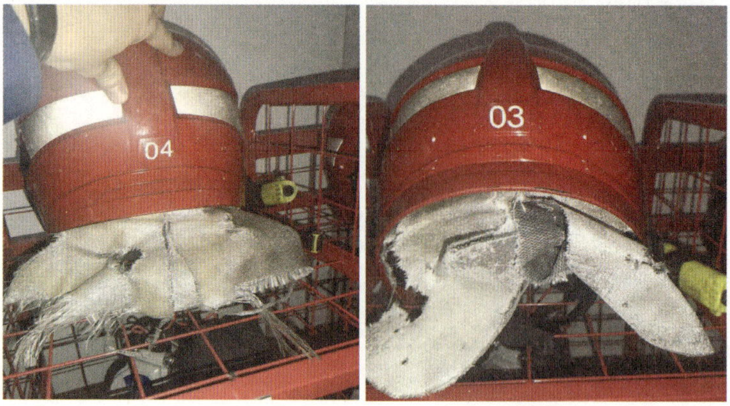


图 30-5　在用消防头盔披肩损坏情况

**3. 故障检查与排除**

检查发现，消防头盔披肩损坏失去保护性能，对损坏的披肩进行了统一更换，故障排除。

**4. 故障评析**

该款消防头盔披肩材质采用玻璃纤维表面覆铝箔材料制成，因玻璃纤维材料性脆、耐磨性差，尤其是覆铝箔材料后披肩材质较硬。消防头盔在使用时，披肩因反复弯折、与空气呼吸器气瓶摩擦等原因导致折断、边缘脱丝、漏洞等损坏现象。

故障原因：披肩材料选型问题（80%）；长期使用自然老化（20%）。

**5. 改进建议**

（1）消防头盔披肩在选用材料时不仅要注重防护性能需求，还应根据材料特性，充分考虑使用时材料的耐用性、可靠性问题。

（2）应根据消防头盔使用寿命、披肩使用寿命，增加消防头盔备用披肩的配备。

## 案例 498　消防员灭火防护服舒适层破损

**1. 装备信息**

装备名称：消防员灭火防护服　　　　　　　　生产日期：2014 年 10 月

装备型号：ZFMH-UPJ

**2. 基本情况**

基层消防站普遍反映，该批次消防员灭火防护服舒适层存在不同程度破损情况（图 30-6）。

**3. 故障检查与排除**

联系生产厂家，对部分破损严重的消防员灭火防护服进行免费修复或更换；对使用时间长，不再具备维修价值的服装作退役处理；停止采购此种面料的灭火防护服。

图 30-6 消防员灭火防护服舒适层破损情况

**4. 故障评析**

该灭火防护服为三层结构，可以形成空气夹层，起到隔热效果。但是，该批次产品的舒适层采用瓦楞结构设计，纺织层表面较为疏松、材质强度较低，穿着时易被手指或其他尖锐物钩扯破损。

故障原因：产品设计问题（70%）；材质问题（30%）。

**5. 改进建议**

厂家应提高面料强度，改进结构工艺，进一步提高舒适层的强度。

## 案例 499 消防员灭火防护靴内衬脱落

**1. 装备信息**

装备名称：消防员灭火防护靴（胶靴） 生产日期：2017 年 11 月

装备型号：RJX-25A

**2. 基本情况**

部分消防员反映，该批次消防员灭火防护靴在使用一段时间后内衬脱落，具体情况如图 30-7 所示。

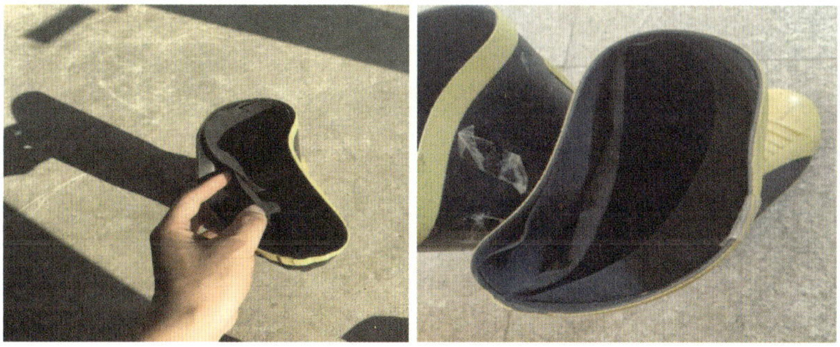

图 30-7 消防员灭火防护靴内衬脱落情况

**3. 故障检查与排除**

针对上述情况，联系厂家进行补胶，脱落严重的进行整靴更换。

**4. 故障评析**

该灭火防护靴内胆为氯丁橡胶，材质较为柔软，舒适性好，但强度不足，使用一段时间后，在着力位置会出现严重磨损。同时，由于靴口处理工艺不过关、内衬覆胶不达标，长时间使用，受到高温、汗渍、水渍侵蚀，造成内衬脱落。

故障原因：材料质量问题（50%）；产品工艺问题（50%）。

**5. 改进建议**

建议在保证舒适性的前提下提高内胆强度，同时改进制作工艺，在容易磨损部位进行加强处理，选择耐久度高、耐高温的黏合剂，提高内衬黏附性。

## 案例 500 消防员灭火防护靴靴底脱落

**1. 装备信息**

装备名称：消防员灭火防护靴（皮靴）　　生产日期：2009 年 9 月

装备型号：RPX-25X

**2. 基本情况**

2020 年，消防员在灭火过程中所穿的灭火防护靴靴底脱落，无法使用，具体情况如图 30-8 所示。

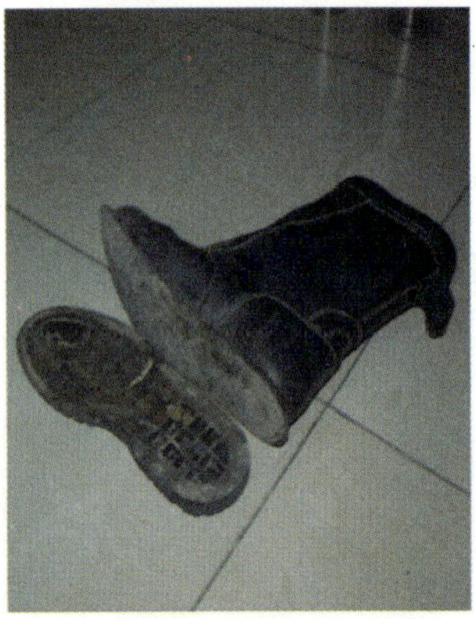

图 30-8 灭火防护靴靴底脱落情况

**3. 故障检测与排除**

由于该防护靴采购年限较长，无法联系生产厂家，且已经超过质保期，因此只能作报废处理。

**4. 故障评析**

该型号灭火防护靴配发时间较长，一直存放在库房，未及时使用和采取必要的日常维护。通过分析发现，鞋底采取胶粘方式，长时间存放，黏合剂强度下降，加上高温、水浸等侵害，极易出现鞋底脱落情况。

故障原因：制造工艺问题（30%）；维护保养问题（30%）；正常老化（40%）。

**5. 改进建议**

（1）严格在保质期内使用防护装备，对于长期存放的装备要定期进行维护。

（2）改进工艺，采用缝合和胶粘相结合的技术，确保防护靴牢固。

## 案例 501 抢险救援头盔护目镜绑带松动脱落

**1. 装备信息**

装备名称：抢险救援头盔　　生产日期：2016 年 9 月

装备型号：F2

**2. 基本情况**

消防员反映，长时间使用该批次抢险救援头盔后，头盔上护目镜绑带失去弹性，无法固定，具体情况如图 30-9 所示。

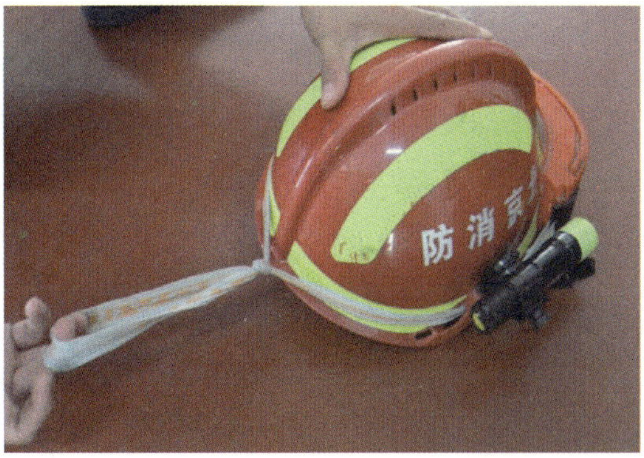


图 30-9 护目镜绑带失去弹性

**3. 故障检测与排除**

更换同批次已失去弹性的护目镜绑带，故障排除。

**4. 故障评析**

该护目镜采用松紧带方式进行捆绑，松紧带长时间处于受力状态，容易出现疲劳松弛情况。此外，护目镜绑带也存在一定的质量问题。

故障原因：正常损坏（60%）；附件材质问题（40%）。

**5. 改进建议**

（1）定期检查调整和更换护目镜绑带。

（2）改进护目镜固定形式，防止出现长时间受力造成的疲劳。

（3）建议厂家采用耐久性长、抗老化的绑带材料。

## 案例 502 抢险救援头盔照明灯底座卡扣损坏

**1. 装备信息**

装备名称：抢险救援头盔　　生产日期：2017 年 2 月

装备型号：HPS3500（进口）

**2. 基本情况**

消防员反映，该头盔使用过程中，照明灯容易出现磕碰、剐蹭，甚至连同灯架底座卡扣一起刮坏（图 30-10）。

图 30-10 抢险救援头盔照明灯底座卡扣损坏

**3. 故障检查与排除**

拆下损坏部件，更换新的配件，故障排除。

**4. 故障评析**

消防员经常会在狭小空间通行，头盔外壳安装照明灯容易发生剐蹭、碰撞。另外，安装设计方面存在缺陷，照明灯安装底座强度不足，遇有剐蹭，极易出现损坏。

故障原因：设计问题（60%）；材料问题（40%）。

**5. 改进建议**

（1）照明灯宜安装在盔体正面。

（2）增加底座壳与灯具卡扣的接触受力面积，减少在剐蹭时对底座的压力。

## 案例 503 抢险救援靴靴底脱胶开裂

**1. 装备信息**

装备名称：抢险救援靴　　　　生产日期：2014 年 12 月

装备型号：ZJ-QXJYX

**2. 基本情况**

多名消防员反映，长时间执勤训练过程中抢险救援靴出现靴底脱胶开裂问题，特别是长时间徒步和涉水后，此类情况尤为突出，具体情况如图 30-11 所示。

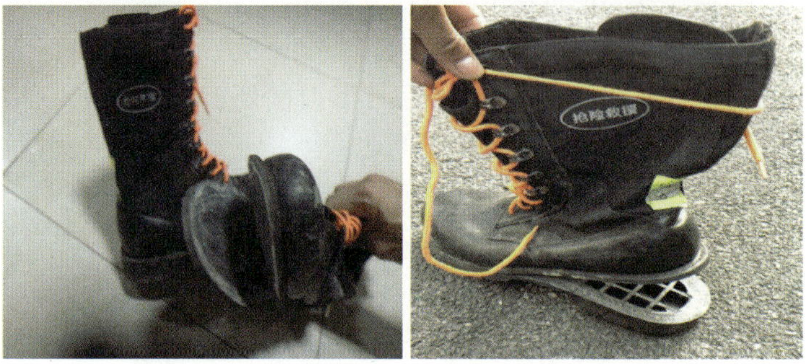


图 30-11 抢险救援靴出现靴底脱胶开裂情况

**3. 故障检查与排除**

送往专业的修鞋处，重新粘接后，故障排除。

**4. 故障评析**

目前，该类抢险救援靴一般采用胶粘方式固定靴底和靴帮，但消防员作业现场环境较为复杂，特别是经常出现涉水、高温等情况，如果黏合剂不具备防水、耐高温性能，长时间在此类环境中使用后，极易出现靴底和靴帮脱离。

故障原因：工艺质量问题（100%）。

**5. 改进建议**

（1）选用防水、耐高温的黏合剂，同时要加强日常的维护保养，发现有开胶情况及时修补。

（2）建议改进制作工艺，除采用粘接方式外，还应通过缝线方式增加结合强度。

## 案例 504 佩戴式防爆照明灯损坏

**1. 装备信息**

装备名称：佩戴式防爆照明灯　　　　生产日期：2014 年 10 月

装备型号：BJ730

**2. 基本情况**

2019 年 2 月，在灭火救援过程中，消防员所佩戴的防爆照明灯意外掉在地上损坏。

**3. 故障检查与排除**

检查发现，佩戴式防爆照明灯（简称防爆头灯）脱落，整体撞击地面后，防爆头灯和电池主体间的连接部位断裂损坏（图 30-12）。维修人员用 502 胶水粘接，但是粘接后，灯头无法调节上下幅度，最终仅能作退役处理，用于日常训练。

图 30-12　防爆头灯和电池主体间的连接部位断裂损坏

**4. 故障评析**

该佩戴式防爆照明灯连接部件采用硬质塑料制成，在气温较低的情况下，一旦磕碰或掉落地面受到撞击，极易发生断裂。

故障原因：材质问题（70%）；使用疏忽（30%）。

**5. 改进建议**

改进制作材料，采用柔韧性较好的塑料，加固连接处，增加强度。消防员佩戴防爆头灯时要确保安装牢固，使用时要轻拿轻放，养成良好的使用习惯。

## 案例 505　消防腰斧斧套破损

**1. 装备信息**

装备名称：消防腰斧　　　　　　生产日期：2015 年 11 月

装备型号：RYF285

**2. 基本情况**

消防员反映，消防腰斧的斧套长时间佩戴使用，经常出现连接处断裂的情况。

**3. 故障检测与排除**

一般根据破损情况，分别对损坏的腰斧斧套进行缝合或者退役处理。图 30-13 为退役处理的消防腰斧斧套。

**4. 故障评析**

消防腰斧外挂于消防腰带上，在灭火救援行动中消防腰斧的斧套经常接触水渍，若未及时进行干燥处理，由于皮质表面细孔形成的虹吸现象，会导致皮革发霉变质，强度下降

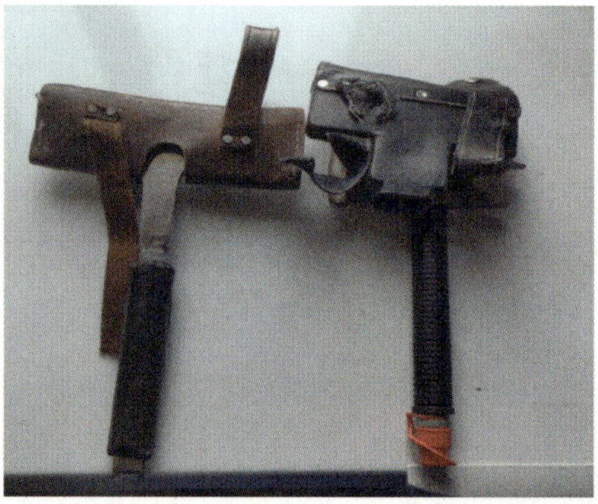

图 30-13　退役处理的消防腰斧斧套（左为皮革料，右为人造革）

断裂。同时刃部锋利的消防腰斧在斧套内长时间晃动摩擦，造成皮革连接位置损坏。部分消防腰斧斧套采用人造革材料，该材料硬度较大、强度不足，受到高温、水渍侵蚀和腰斧摩擦等作用，也会出现磨损和断裂情况。

故障原因：维护保养问题（50%）；材料强度问题（50%）。

**5. 改进建议**

（1）加强日常维护保养工作，消防腰斧斧套被水浸湿后，要放在干燥通风处晾干，必要时使用油脂进行擦拭保养，遇有磨损及时进行缝合或加固处理。

（2）采用强度高、耐磨性更好的材质，在与消防腰斧接触位置和悬挂扣处要进行加强处理，防止出现破损情况。

# 案例 506　消防呼救器锯齿扣脱落

**1. 装备信息**

装备名称：消防呼救器　　生产日期：2016 年 2 月

装备型号：RHJ240/A

**2. 基本情况**

2018 年 2 月，消防员在灭火救援过程中，呼救器磕碰或掉落，出现多起锯齿扣脱落情况（图 30-14）。

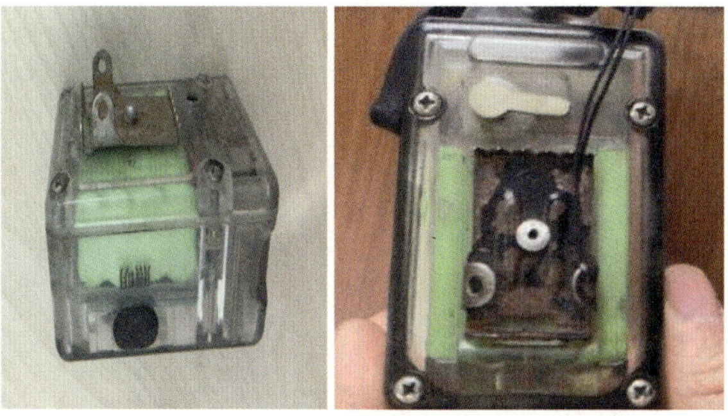

图 30-14　消防呼救器锯齿扣脱落情况

**3. 故障检查与排除**

由于该卡口使用一次性铆钉方法固定在呼救器本体上，维修人员无法进行固定，只能联系厂家进行维修。厂家更换了消防呼救器底板和固定组件，故障排除。

**4. 故障评析**

该呼救器采用铁质卡扣，且用料较薄，长时间使用后，受到水渍侵蚀而生锈、强度下降，容易出现变形、断裂损坏。

故障原因：附件材质问题（100%）。

**5. 改进建议**

（1）建议采用不锈钢材质，或强度更高、弹性好的材质替代上述铁质材料。

（2）改进固定方式。

## 案例 507　消防隔热服损坏

**1. 装备信息**

装备名称：消防隔热服　　生产日期：2013 年 11 月

装备型号：不详

**2. 基本情况**

2020 年 3 月，在日常检查中发现消防隔热服外层铝箔脱落，无法继续使用。

**3. 故障检查与排除**

检查发现，消防隔热服外层铝箔脱落且与隔热层分离，舒适层破损严重。破损消防隔热服已无修复价值，作报废处理。图 30-15 和图 30-16 分别为消防隔热服外层铝箔脱落和舒适层破损情况。

图 30-15　消防隔热服外层铝箔脱落

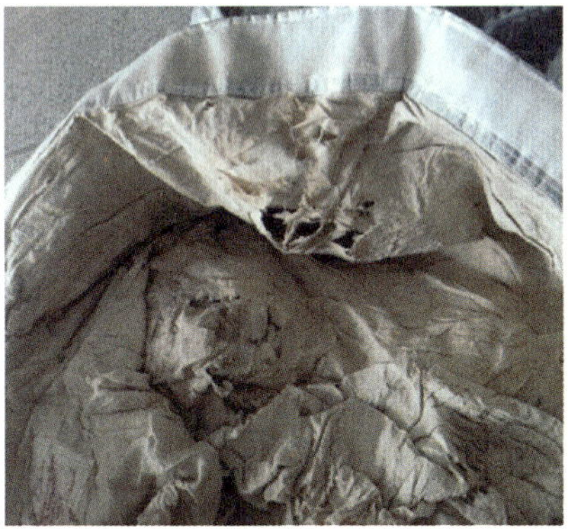

图 30-16　消防隔热服舒适层破损

**4. 故障评析**

该消防隔热服表层镀有铝箔，日常均折叠存放，重复弯折易导致表层铝箔脱落。消防员穿着该服装训练或作战后，如果不及时进行清洁处理，长时间存放后舒适层易变色、破损甚至发霉。

故障原因：维护保养不当（100%）。

**5. 改进建议**

该类服装日常要平铺放置，减少弯折，同时加强日常的维护保养工作。训练或作战后，要及时使用棉絮蘸中性洗涤液进行擦拭，并将其置于干燥、通风处晾干，防止出现发霉、破损问题。

## 案例 508 防蜂服面罩破损

**1. 装备信息**

装备名称：防蜂服　　　　生产日期：2013 年 4 月

装备型号：不详

**2. 基本情况**

消防员进行社会救助时，防蜂服被树枝剐蹭，保护面罩损坏，无法继续使用。

**3. 故障检查与排除**

检查发现，防蜂服防护面罩破损（图 30-17），失去防护效果。联系厂家，邮寄一块全新的聚碳酸酯板面罩，重新缝合后，问题解决。

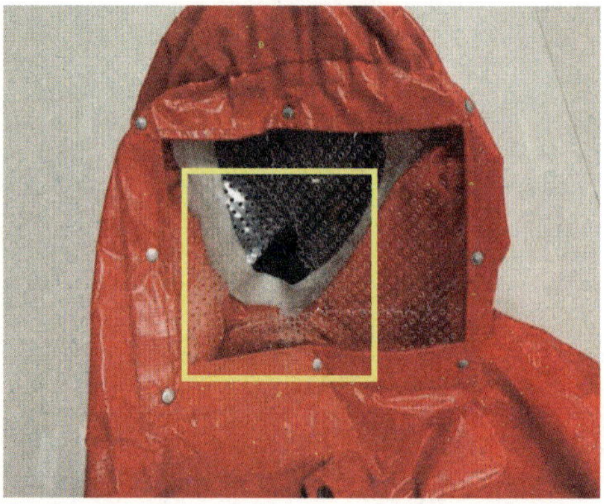

图 30-17　防蜂服防护面罩破损情况

**4. 故障评析**

该防蜂服的面罩采用多孔聚碳酸酯板，较薄、强度较低，长时间放置和使用后出现自然老化，强度进一步下降，一旦受到外力冲击，易造成面罩撕裂损坏。

故障原因：材料选型问题（100%）。

**5. 改进建议**

建议更换材质，改用金属防护网或采用双层中空夹层的面罩。

## 案例 509 一级化学防护服老化、粘连

**1. 装备信息**

装备名称：一级化学防护服　　　　生产日期：2008 年 4 月

装备型号：不详

**2. 基本情况**

在 2014 年 11 月的日常检查中，发现该一级化学防护服手套老化、粘连在一起，无法继续使用。

**3. 故障检测与排除**

检查发现，该防护服多处出现老化、粘连情况，手套老化、粘连情况尤为严重（图 30-18），已经不再具备维修价值，最终作退役处理。

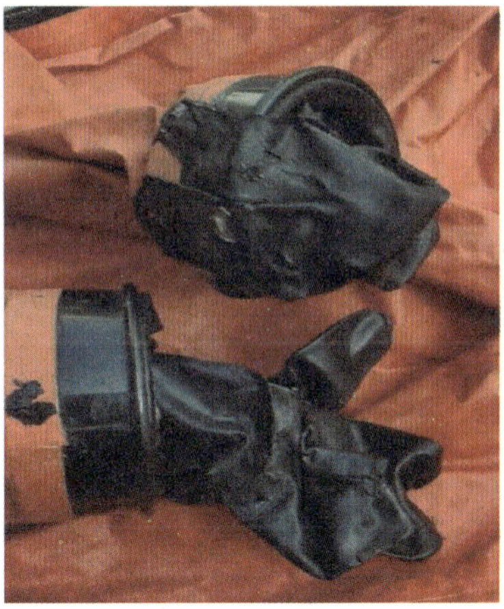

图 30-18　一级化学防护服手套老化、粘连

**4. 故障评析**

经查，受储存条件所限，训练完后，该防护服未及时进行维护保养，直接折叠存放在器材库中，且上部还有其他服装叠压；防化服因受到汗渍侵蚀，加上潮湿、高温导致表面局部蓄热，迅速老化，甚至出现粘连现象。

故障原因：存放不当（50%）；维护保养不当（50%）。

**5. 改进建议**

此类防护服应该采取展开倒挂的方式存在通风干燥处，且保持恒温、恒湿，定期涂抹滑石粉。消防员穿着一级化学服前必须先戴纯棉内置手套。

## 案例 510　二级防化服破损

**1. 装备信息**

装备名称：二级防化服　　　　生产日期：2007 年 6 月

装备型号：上海 ca6-91

**2. 基本情况**

在 2014 年 11 月的装备清查中，发现橡胶材质二级防化服表面出现破损情况。

**3. 故障检查与排除**

检查发现，由于使用时间过长、存放不当，二级防化服表面出现老化、粘连、开裂以及衣襟纽扣脱落现象（图 30-19 和图 30-20）。已无维修价值，作报废处理。

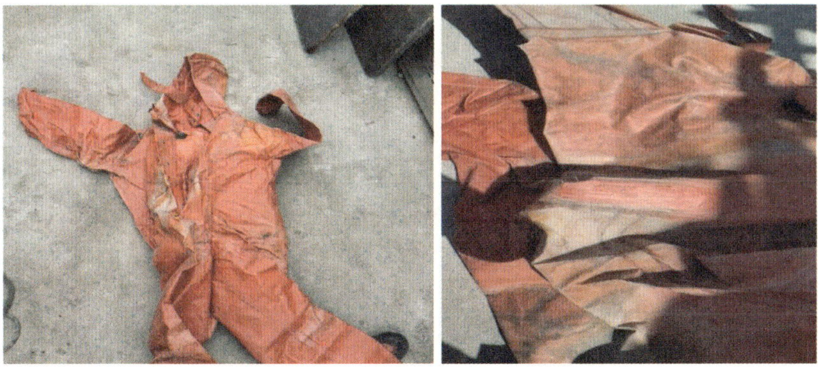

图 30-19　二级防化服表面老化、粘连和开裂

图 30-20 二级防化服衣襟纽扣脱落

**4. 故障评析**

此批次二级防化服配发时间较长，长时间折叠存放，未打开检查和维护保养，存在各部件老化、防护性能下降等情况。

防化服的封闭部位设计不合理：破坏服装原有结构、密封不严，采用金属暗扣防腐能力差。

故障原因：设计不合理（30%）；服装附件材质不合理（20%）；存放维护不当（50%）。

**5. 改进建议**

（1）防化服封闭部位宜采取接缝拉锁封闭，外覆橡胶尼龙搭扣黏结形式。

（2）针对此类橡胶类产品要加强日常检查，一旦发现粘连、破损等情况要及时退役报废，严防带病使用。

（3）加强维护保养工作，严格按照存放要求进行避光、挂置、涂覆滑石粉，存放使用期不得超过 5 年。

## 案例 511 简易防化服破损

**1. 装备信息**

装备名称：简易防化服　　　　生产日期：2009 年

装备型号：SPACEL3000

**2. 基本情况**

消防员在训练时，发现简易防化服拉链、腋下等部位发生开裂（图 30-21 和图 30-22），且此类现象较为普遍。

**3. 故障检查与排除**

检查发现，由于该服装材质单薄，强度较低，当号型较小、反复穿着或粗暴用力穿着时易出现破损。破损后无法修复，作报废处理。

**4. 故障评析**

简易防化服是消防救援队伍在化学物质处置区与安全区之间的缓冲区，用于外围人员警戒、观察、通信等人员穿着的防护服装。此类简易防化服为一次性使用品，一般采用聚乙烯制成防渗透膜，材质强度较低。消防员在穿着时若遇号型过小，或穿着动作过猛容易

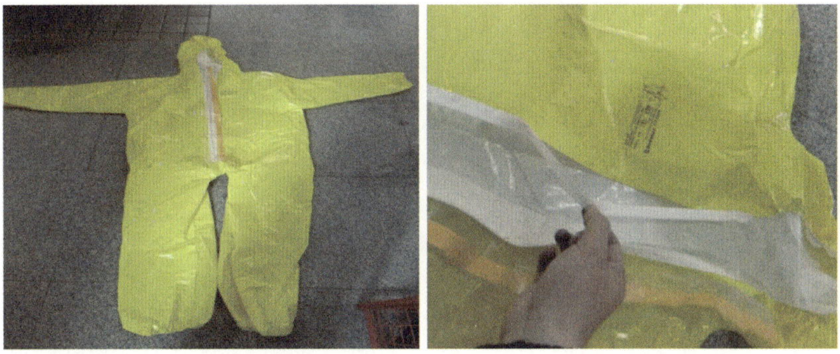

图 30-21　简易防化服拉链损坏情况

图 30-22　简易防化服腋下损坏情况

造成损坏。

故障原因：使用管理不当（100%）。

**5. 改进建议**

（1）此类服装未使用前不得打开包装，使用一次后即应抛弃。

（2）穿着时应选用稍大号型。

（3）严格控制此类防化服的使用场合和使用条件。

## 案例 512　正压式消防空气呼吸器气瓶阀总成损坏

**1. 装备信息**

装备名称：正压式消防空气呼吸器　　生产日期：2002 年、2007 年、2009 年

装备型号：RHZK9. 0

**2. 基本情况**

在日常检查过程中发现，多具空气呼吸器气瓶阀不同程度损坏。

**3. 故障检查与排除**

（1）检查气瓶阀外观和拆解气瓶阀，发现气瓶阀不同位置出现损坏：气瓶阀损坏

（图 30-23），安全爆破膜片损坏（图 30-24）。

（2）更换气瓶阀总成、安全爆破膜片等零部件后，做气瓶水压检测，故障排除。

图 30-23 气瓶阀损坏

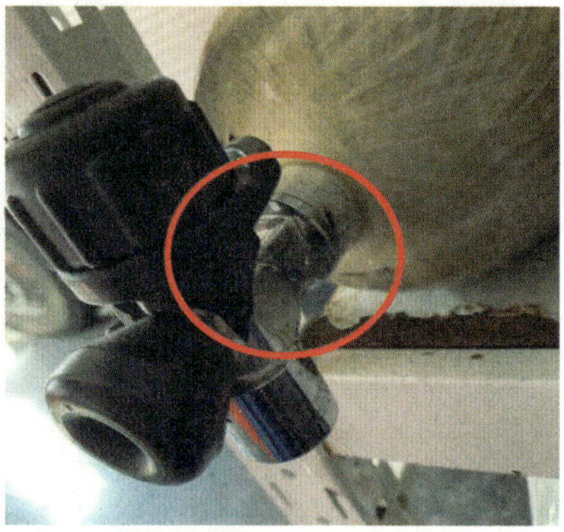

图 30-24 气瓶阀安全爆破膜片损坏

**4. 故障评析**

故障的可能原因分析：

（1）气瓶阀多因摔碰而损坏。

（2）气瓶阀上都装有安全爆破膜片，若气瓶充气压力超过爆破膜片承受压力之时便会自动爆破泄压。

故障原因：使用疏忽（50%）；检测和保养不当（50%）。

## 案例 513 正压式消防空气呼吸器减压器总成损坏

**1. 装备信息**

装备名称：正压式消防空气呼吸器　　　　生产日期：2002 年、2007 年、2009 年

装备型号：RHZK9.0

**2. 基本情况**

在装备巡检过程中，发现部分正压式消防空气呼吸器减压器总成损坏，连接管路断裂、报警哨损坏等问题。

**3. 故障检查与排除**

（1）检查外观发现，多具空气呼吸器减压器与中压管接口处断裂（图 30-25）、减压器气瓶接口变形（图 30-26）、O 型密封圈丢失（图 30-27）、报警哨低压不报警（图 30-28）等故障情况。

（2）更换减压器总成、气瓶接口、安全阀针、高压管、报警哨阻尼器、密封圈等零部件，进行气密性检查无问题后，故障排除。

**4. 故障评析**

减压器总成包括减压器、中压安全阀、余气警报器、压力显示装置、中压导管等，具有高压减为中压、中压泄压、低压报警和气瓶压力实时显示功能。减压器总成结构复杂（图 30-29 为减压器总成结构，图 30-30 为减压器总成内部结构原理），是正压式消防空

气呼吸器的重要部件，其中任意零部件故障（如高压接头密封圈丢失或损坏）都会影响使用性能，甚至给使用者带来安全隐患，因此使用和检测维护过程必须引起足够重视。

图 30-25　减压器与中压管接口处断裂情况

图 30-26　减压器气瓶接口变形情况

图 30-27　减压器密封圈丢失情况

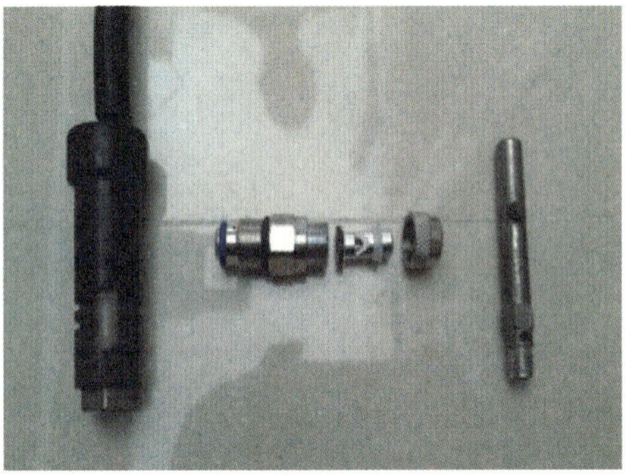

图 30-28　报警哨损坏情况

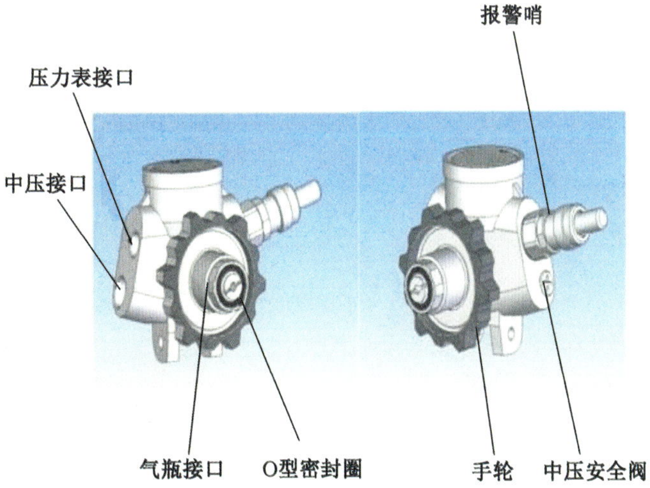


图 30-29　减压器总成结构三维模型图

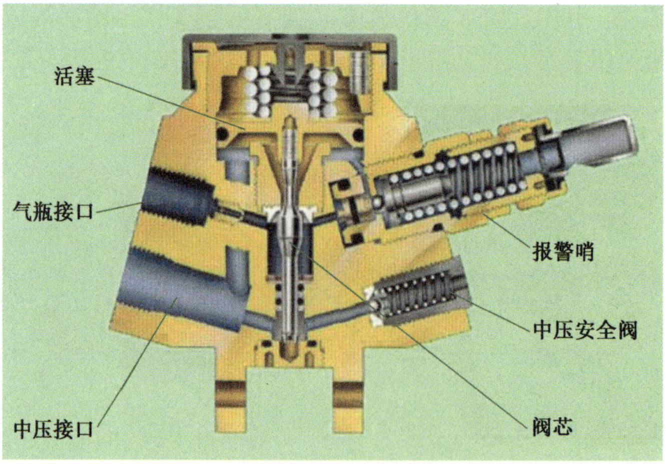


图 30-30 减压器总成内部结构原理图

故障原因：使用不当（50%）；检测、保养不及时（50%）。

## 案例 514 正压式消防空气呼吸器压力表不能归零和高压管漏气

**1. 装备信息**

装备名称：正压式消防空气呼吸器　　生产日期：2002 年、2007 年、2009 年

装备型号：RHZK9. 0

**2. 基本情况**

在装备巡检过程中，发现部分空气呼吸器压力表指针不能归零以及与压力表相连的高压管变形漏气等故障。

**3. 故障检查与排除**

（1）检查发现部分空气呼吸器高压管弯折变形（图 30-31），压力表指针不能恢复到 0 刻度值（图 30-32）。

（2）更换压力表、密封垫圈、高压管路等零部件后，进行气密性检测，故障排除。

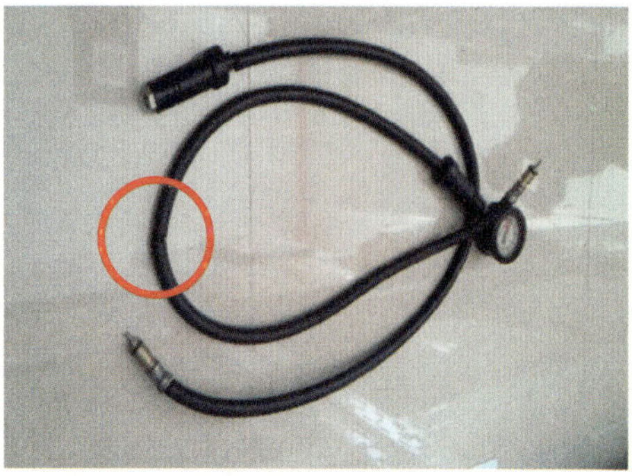

图 30-31 高压管弯折变形情况

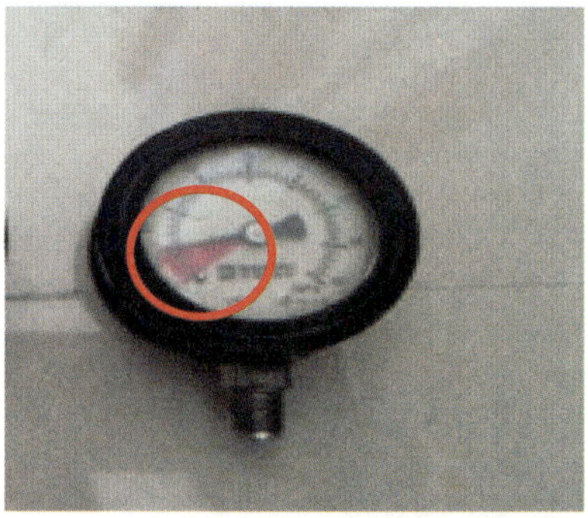

图 30-32 压力表指针不归零

**4. 故障评析**

故障原因分析：

（1）使用中遭到猛烈碰击，致使压力表内部钟表齿轮结构损坏，可能成为压力表不归零的原因。

（2）在使用中过度扭曲是高压管断裂漏气的主要原因。

故障原因：使用不当（100%）。

## 案例 515　正压式消防空气呼吸器供气阀总成损坏

**1. 装备信息**

装备名称：正压式消防空气呼吸器　　　　生产日期：2002 年、2007 年、2009 年

装备型号：RHZK9. 0

**2. 基本情况**

装备巡检中发现，多具空气呼吸器出现供气阀接口损坏和开关失灵，以及供气阀漏气无法供气等现象。

**3. 故障检查与排除**

（1）部分供气阀接口损坏、开关失灵（图 30-33）。

（2）拆解供气阀内部发现，个别供气阀阀体盖脱落、阀芯损坏（图 30-34）、膜片变形（图 30-35），导致供气阀顶部漏气。

（3）供气阀供气口处所安装金属滤网和内部销管、杠杆损坏（图 30-36），导致供气阀接口处漏气。

（4）更换扭曲变形的供气阀膜片、阀体盖顶部螺丝并固定，更换供气阀阀芯、阀芯弹簧、滤网、销管、杠杆、碟膜、导向套、正压弹簧等整套损坏零部件后，做整机气密性测试，故障排除。

**4. 故障评析**

正压式消防空气呼吸器供气阀可根据佩戴者吸气和呼气动作适时开启和关闭，并且将

图 30-33　供气阀接口（装卸扣）损坏和开关失灵情况

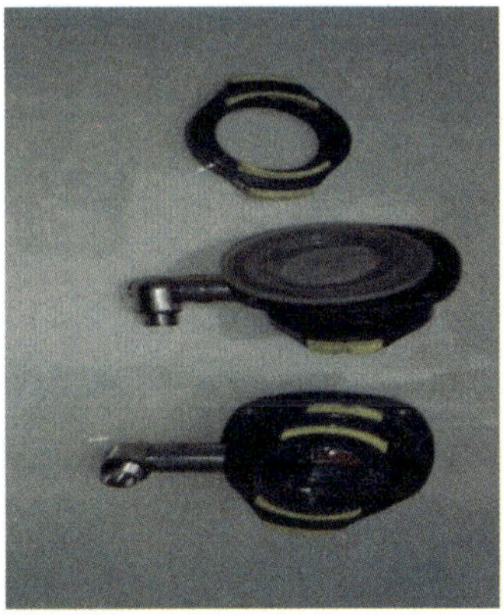

图 30-34　供气阀阀芯损坏情况

图 30-35 供气阀膜片变形损坏情况

图 30-36 供气阀内金属滤网、杠杆损坏情况

减压器输出的中压气体再次减压至人体适宜呼吸的压力，实现按需供气及保持正压。供气阀总成损坏的原因有：

（1）供气阀与面罩采用旋转内扣式或按键式插拔（拔出时需先摁住两侧按键）连接，直接硬拔供气阀，会造成接口损坏。

（2）供气阀按钮开关长时间使用按压受力不均，易损坏按钮开关。

（3）供气阀供气口处装有滤网，使用中一旦滤网脱落，有可能造成供气阀内部杠杆损坏，进而导致供气阀阀芯扭曲变形脱落，出现供气阀接口处漏气情况。

故障原因：使用不当（100%）。

**5. 改进建议**

（1）由于供气阀为塑料制品，供气阀内部的小零件较多，建议在使用供气阀过程中注意轻拿轻放，减少不必要的人为损坏。

（2）加强供气阀的清洗和消毒工作，定期进行检查和维护，利用气瓶内的余气对供气阀进行吹扫，吹去杂质和积水。

## 案例 516 正压式消防空气呼吸器面罩呼气阀和吸气阀丢失

**1. 装备信息**

装备名称：正压式消防空气呼吸器　　生产日期：2002 年、2007 年、2009 年

装备型号：RHZK9.0

**2. 基本情况**

装备巡检中发现，多具空气呼吸器面罩总成呼气阀和吸气阀丢失，如图 30-37 和图 30-38 所示。

**3. 故障检查与排除**

检查发现，多具空气呼吸器面罩总成吸气阀和呼气阀丢失，送修后及时选装产品配件，故障排除。

**4. 故障评析**

空气呼吸器面罩总成的呼气阀和吸气阀是保证按需供排气和保证气体单向流动的关键

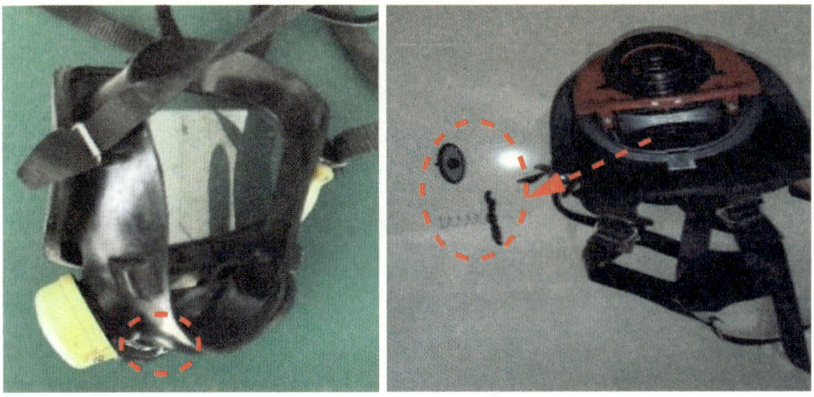

图 30-37　面罩内的呼气阀丢失

图 30-38　面罩内的右侧吸气阀（单向膜片）丢失

部件，一旦丢失，易导致面窗结雾，降低吸气效率，缩短使用时间，给处于恶劣环境的佩戴者带来危险。

故障原因：使用疏忽（50%）；检查、保养不当（50%）。

**5. 改进建议**

空气呼吸器应实行专人专用，严格按照相关规定清洗和检查，发现故障和零件丢失，必须及时维修。

## 案例 517　正压式消防空气呼吸器面屏、面框和紧固头带损坏

**1. 装备信息**

装备名称：正压式消防空气呼吸器　　　生产日期：2002 年、2007 年、2009 年

装备型号：RHZK9.0

**2. 基本情况**

装备巡检中发现，多具面罩出现面屏刮花、五爪式橡胶紧固头带损坏、面框损坏等情况。

**3. 故障检查与排除**

（1）检查面罩发现，面屏上划痕模糊已影响视野（图 30-39），面罩五爪式橡胶紧固头带断裂（图 30-40），颈带部件上卡扣、扣环等损坏，面框松动。

（2）更换面罩五爪式橡胶紧固头带部件上卡扣、扣环等零部件后能够正常使用，故障排除。面屏划痕严重，影响视野的作报废处理。

（3）头带、面框等更换完毕后，需要检查面罩气密性：用手掌心捂住面罩接口处，深吸气并屏住呼吸 5 s，应感到面罩始终向面部贴紧（即面罩内产生负压并保持），说明面罩与脸部的密封良好。

图 30-39 面罩面屏刮花

图 30-40 面罩头带脱落、断裂

**4. 故障评析**

消防员在使用中未严格遵守面屏不能接触地面的规程，因粗心大意致与硬物碰撞，或将面屏置于地面等粗糙表面上，造成磨损严重。

面罩五爪式橡胶紧固头带断裂损坏，主要是由于在实际使用中使用人员用力过猛，橡胶老化或长时间用力拉拽所致。

故障原因：使用疏忽（50%）；检查、保养不及时（50%）。

**5. 改进建议**

空气呼吸器应实行专人专用，严格按照相关规定进行使用前的外观和气密性检查，定期对其进行清洗和面罩消毒，确保完整好用。

## 案例 518 正压式消防空气呼吸器背托总成损坏

**1. 装备信息**

装备名称：正压式消防空气呼吸器　　生产日期：2002 年、2007 年、2009 年

装备型号：RHZK9. 0

**2. 基本情况**

在装备巡检过程中发现，使用时间较长的空气呼吸器背托出现断裂、肩带老化等情况。

**3. 故障检查与排除**

（1）检查背托系统外观，发现背托部件腰带和肩带老化损坏（图 30-41 和图 30-

42)，气瓶束带扣（图 30-43）和腰带扣损坏（图 30-44），固定气瓶带扣和日字扣损坏（图 30-45 和图 30-46）。

（2）更换腰带部件、肩带部件、气瓶束带扣、腰带扣、日字扣及背板等零部件后，故障排除。

图 30-41 背托部件腰带老化损坏

图 30-42 肩带老化损坏

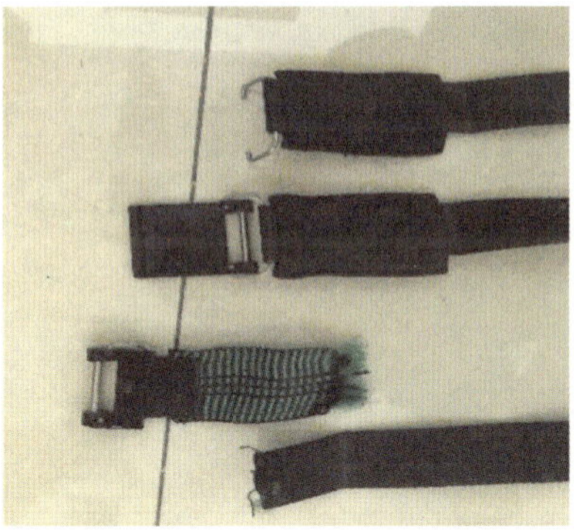

图 30-43 气瓶束带扣损坏

图 30-44 腰带扣损坏

图 30-45 固定气瓶带扣损坏

图 30-46 日字扣损坏

**4. 故障评析**

（1）腰带、肩带长时间使用时会出现磨损老化的情况，尤其是荧光指示条最易磨损。

（2）由于气瓶束带扣、腰带扣、日字扣等为塑料橡胶材质，在使用中碰到硬质物体极易损坏，佩戴者在使用中注意轻拿轻放。

故障原因：使用疏忽（50%）；检查、保养不当（50%）。

**5. 改进建议**

上述故障的发生除了器材材质问题外，消防员在使用过程中出现磕碰和受到烟气、水渍侵蚀也会导致故障和损坏。消防员在使用空气呼吸器过程中要注意避免磕碰，同时要加强日常的维护检查和保养工作，发现问题及时维修。

## 案例 519　正压式消防空气呼吸器气瓶瓶阀及接口处腐蚀

**1. 装备信息**

装备名称：正压式消防空气呼吸器　　　　生产日期：2016 年 11 月

装备型号：RHZK9. 0/30

**2. 基本情况**

2022 年，对该批次正压式消防空气呼吸器气瓶进行集中水压检测，拆卸瓶阀检查时，发现气瓶瓶阀和接口处出现腐蚀、铜锈（图 30-47），以及污物堆积等现象（图30-48）。

图 30-47　气瓶瓶阀和接口处出现腐蚀、铜锈

图 30-48　气瓶瓶阀和接口处污物堆积

**3. 故障检查与排除**

（1）利用探伤设备检查气瓶内部，发现气瓶内部潮湿，且有水渍和污物。

（2）对气瓶接口处、气瓶内部的污物、水渍、铜锈等进行清理，更换新瓶阀，按规程检测后，投入使用。

（3）对同批次其他气瓶开展了全面检查，对有同类问题的气瓶进行清理，对瓶阀进行更换，并进行相应检测。

**4. 故障评析**

气瓶瓶阀及接口处出现腐蚀、铜锈、污物堆积的原因主要有：一是气瓶未按照维护保养规程定期进行检查、清洁、维护，或上一次水压检测后未烘干气瓶就进行了组装，导致气瓶内部形成水汽造成腐蚀。二是个别气瓶瓶阀材质及制造工艺存在缺陷，耐腐蚀性较差。三是空气充填泵安装空间的通风、阳光照射条件较差，室内空气潮湿以及充气口部位较低，室内尘土和污物较多，导致充填的压缩空气湿度较大。四是空气充填泵的滤芯等过滤系统未定期更换维护，过滤性能降低或失效，导致充填的压缩空气较为潮湿、污浊。

气瓶内部若出现腐蚀和污物会对消防员的呼吸系统和身体健康，甚至对内攻作战安全造成很大影响。

故障原因：瓶阀材质（40%）；制造工艺问题（30%）；使用维护保养问题（30%）。

**5. 改进建议**

（1）厂家在气瓶瓶阀选用、安装时，一是要逐个对瓶阀的整体材料及外观质量进行检查，不能安装使用存在质量缺陷的瓶阀；二是安装环境要干燥、清洁，安装过程要规范，避免因蛮力安装导致瓶阀表面损坏或进入杂质及水汽。

（2）气瓶要按照规程定期进行检查、维护、清洁处理，尤其是水压检测后要烘干处理，再进行组装。

（3）空气充填泵要按照规范要求安装，安装的空间要保持干燥、干净，进气口位置不能过低；定期更换滤芯等过滤系统耗材，确保过滤效果可靠。

## 案例 520　正压式消防空气呼吸器气瓶阀旋转手轮损坏

**1. 装备信息**

装备名称：正压式消防空气呼吸器　　　　生产日期：2020 年 11 月

装备型号：RHZK9. 0/30

**2. 基本情况**

基层消防站反馈，该批次正压式消防空气呼吸器配发使用后，短期内出现多个气瓶阀旋转手轮端盖破裂（图 30-49）、手轮断裂脱落（图 30-50）的情况。

图 30-49　气瓶阀旋转手轮端盖破裂

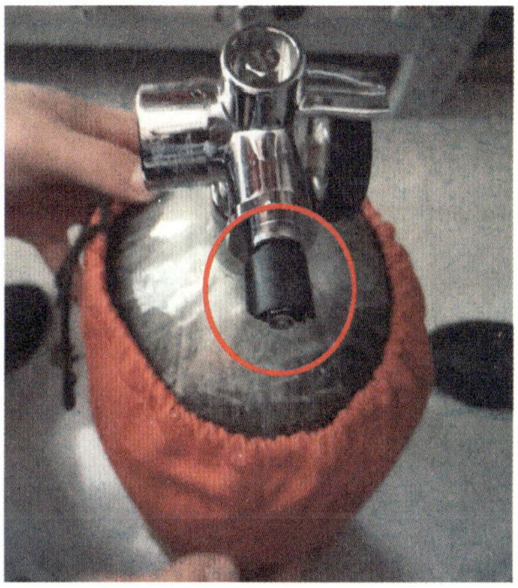

图 30-50　气瓶阀旋转手轮断裂脱落

**3. 故障检查与排除**

（1）个别基层消防站反馈问题后，因该批次空气呼吸器仍在质保期内，厂家对该批次产品进行了全部检查。

（2）通过全面检查，厂家负责全部更换出现问题的气瓶阀旋转手轮。

**4. 故障评析**

该批次空气呼吸器气瓶阀旋转手轮出现故障的主要原因为：一是旋转手轮塑料材质较脆，在冬季寒冷条件下操作极易造成损坏；二是旋转手轮的位置突出较多，气瓶在使用中可能会磕碰损伤。

故障原因：材质选型问题（50%）；结构设计问题（50%）。

**5. 改进建议**

（1）气瓶阀旋转手轮使用频次较高，应选用强度高、耐低温、抗老化的材质。

（2）气瓶阀旋转手轮在结构设计时，应考虑消防灭火救援环境的复杂性，避免因结构缺陷导致在使用过程中被外力损坏。

## 案例 521　正压式消防空气呼吸器压力平视显示装置无显示

**1. 装备信息**

装备名称：正压式消防空气呼吸器　　　　生产日期：2020 年 3 月

装备型号：RHZK9

**2. 基本情况**

面罩内的压力平视显示装置（HUD）不能指示压力范围，发射装置和显示装置未能连接。

**3. 故障检查与排除**

（1）检查 HUD 发射装置和显示装置电池是否有电，观察发射装置和显示装置电源指示灯亮绿灯（非黄灯），所以电池电量正常无须更换。

（2）考虑发射装置（图 30-51）和显示装置（图 30-52）未能蓝牙配对，重新蓝牙配对，故障排除。配对方法：先按住发射装置的对码按键 3 s 后进入对码状态，当蓝灯闪亮（0.5 s 亮，0.5 s 灭）时松开按钮；然后按住显示装置的对码按钮 3 s 后进入对码状

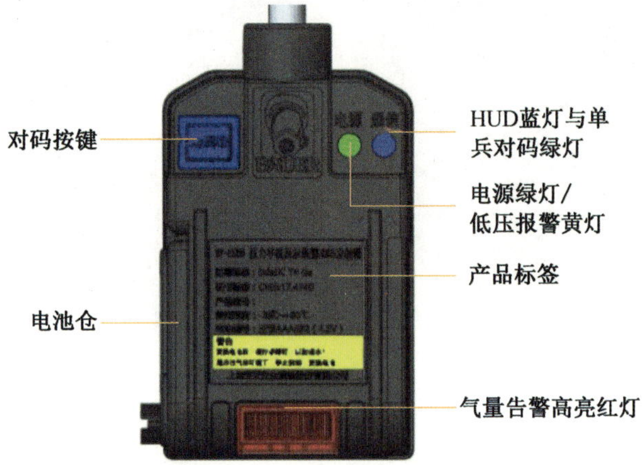


图 30-51　HUD 发射装置

态，此时蓝灯闪亮（0.5 s亮，0.5 s灭）；发射装置对码状态持续30 s，正常对码成功时间在10 s以内。通气连接验证HUD警示功能：将呼吸器与气瓶连接（气瓶内压力不低于20 MPa），打开气瓶阀，使管路内充满气体，然后再关闭气瓶阀，此时，显示装置气量绿灯常亮；打开供气阀开关，用手堵住出气口，缓慢放气，同时查看压力表指针下降位置，当压力下降至10~6 MPa，显示装置气量黄灯（左侧）常亮；当压力下降至6 MPa以下时，显示装置气量红灯闪亮，直到压力降到1 MPa为止；电源处于低电压时，欠压黄灯（右侧）闪亮。

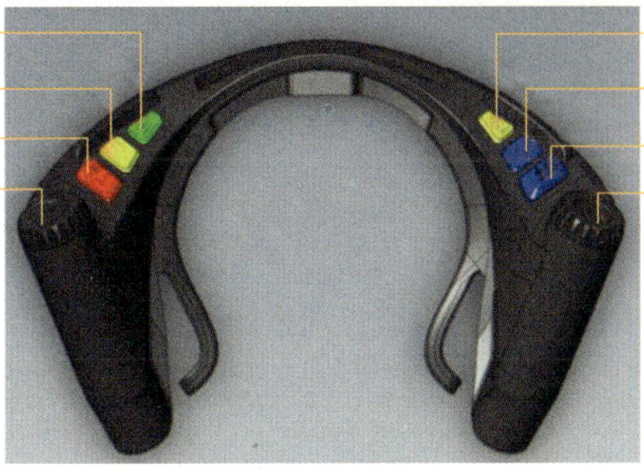


图30-52　HUD显示装置

**4. 故障评析**

电池待机最长时间为1年，因此如果在库房存放超1年，再启用需要重新更换电池。正压式消防空气呼吸器在出厂前每套发射装置和显示装置都一一蓝牙配对好，无须再配对，如果启用后空气呼吸器中的面罩（显示装置安装在面罩内）与背架（发射装置安装在背架上）搞混，需要重新配对。

故障原因：操作使用问题（100%）。

**5. 改进建议**

每套正压式消防空气呼吸器背架和面罩编有对应的编号，所以每套正压式消防空气呼吸器应专人专用，在背架和面罩贴上使用者的姓名，也可避免面罩交叉使用，对使用者健康也有帮助。

## 案例522　正压式消防空气呼吸器气瓶与减压器连接处漏气

**1. 装备信息**

装备名称：正压式消防空气呼吸器　　　　生产日期：2020年3月

装备型号：RHZK9

**2. 基本情况**

消防员报修，正压式消防空气呼吸器气瓶与减压器连接后漏气。

**3. 故障检查与排除**

（1）检查手轮能否拧紧，手动逆时针方向旋转手轮可以拧紧。

（2）检查发现气瓶与减压器连接处密封圈（图30-53）有异物造成破损，去除异物并清洁，更换密封圈（规格：ϕ11.5 mm×2.5 mm），故障排除。

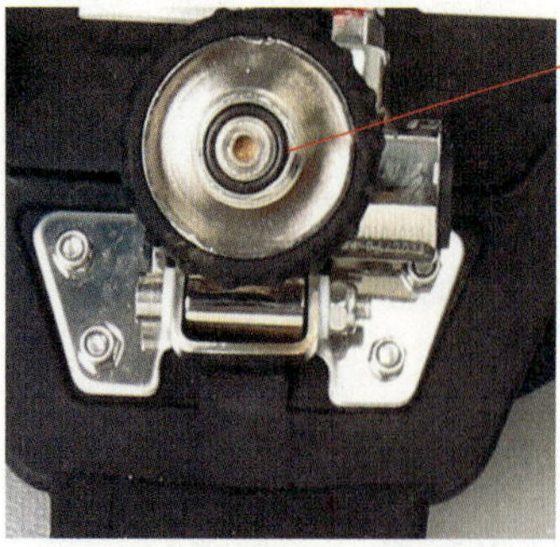


图 30-53 气瓶与减压器连接处密封圈

**4. 故障评析**

气瓶与减压器连接处密封圈属于易损件。此外，安装时未做清洁，容易进入异物造成密封圈损坏。

故障原因：使用不当（60%）；正常损耗（40%）。

## 案例 523 正压式消防空气呼吸器高压管与报警哨连接处漏气

**1. 装备信息**

装备名称：正压式消防空气呼吸器　　　　生产日期：2020 年 3 月

装备型号：RHZK9

**2. 基本情况**

消防员报修，正压式消防空气呼吸器高压管与报警哨连接处漏气（图 30-54）。

**3. 故障检查与排除**

（1）气瓶阀开启后（大于 25 MPa 压力），将高压管与报警哨连接处放入水盘中，发现有气泡。

（2）用相应开口扳手将高压管从报警哨上拆卸下来，用挑针将高压接口内的 O 型密封圈（图 30-55）拆卸下来，更换新的密封圈，并将高压管与报警哨连接好，对更换的高压管密封圈进行通气试验，利用浸水法进行泄漏测试，没有气泡冒出，故障排除。

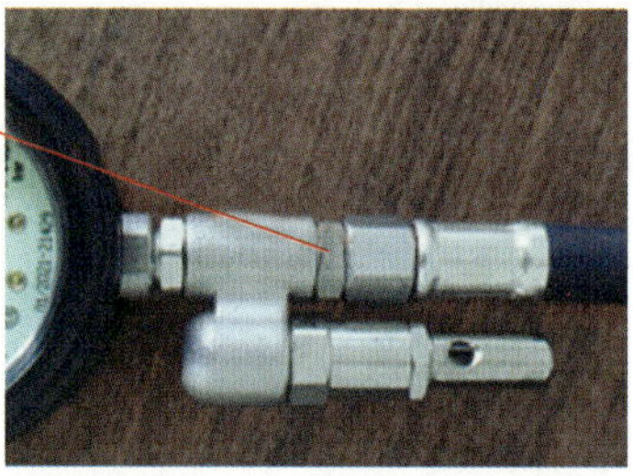


图 30-54 高压管与报警哨连接处漏气位置

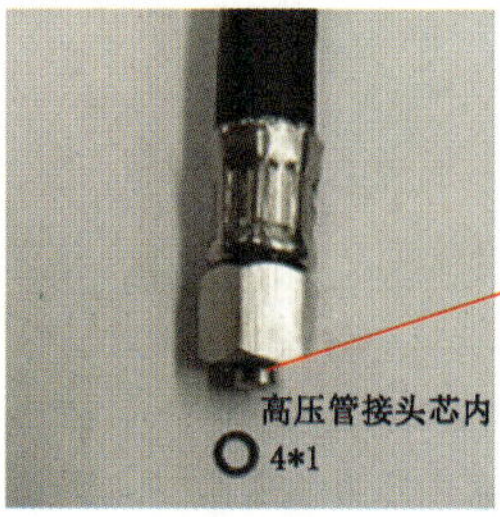


图 30-55 O 型密封圈安装位置

**4. 故障评析**

高压管与报警哨连接处密封圈属于易损件。高压管路应选用耐老化、高质量密封圈，并在安装时保证密封圈平整。

故障原因：正常损耗（50%）；零件质量问题（30%）；安装问题（20%）。

**5. 改进建议**

每套正压式消防空气呼吸器应配易损件作为备用。

## 案例 524　正压式消防空气呼吸器供气阀与面罩连接处漏气

**1. 装备信息**

装备名称：正压式消防空气呼吸器　　　　生产日期：2020 年 3 月

装备型号：RHZK9

**2. 基本情况**

消防员报修，正压式消防空气呼吸器供气阀与面罩连接处漏气。

**3. 故障检查与排除**

（1）检查发现供气阀与面罩接口处密封圈（图 30－56）破损。

（2）更换新的密封圈，故障排除。

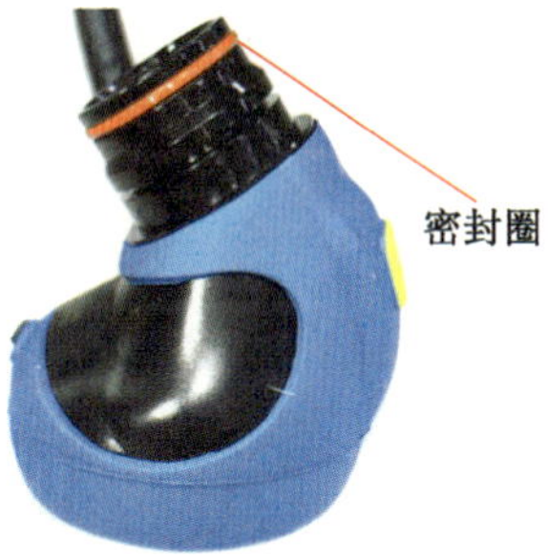

图 30-56　供气阀与面罩接口处密封圈（此密封圈为正常）

**4. 故障评析**

供气阀与面罩连接处密封圈属于易损件。供气阀与面罩连接处漏气的原因：一是安装供气阀时角度有偏差，用力压入对密封圈造成压痕漏气；二是长时间多次拆装供气阀，密封圈松弛变形脱落，造成漏气。

故障原因：操作不当（50%）；零件质量问题（50%）。

**5. 改进建议**

每套正压式消防空气呼吸器应配易损件作为备用。

## 案例 525　正压式消防空气呼吸器报警哨启鸣压力不准确

**1. 装备信息**

装备名称：正压式消防空气呼吸器　　　　生产日期：2020 年 3 月

装备型号：RHZK9

**2. 基本情况**

消防员报修，正压式消防空气呼吸器报警哨启鸣压力不在 5~6 MPa 范围内。

**3. 故障检查与排除**

（1）打开气瓶阀使管路内充满气体，继而关闭气瓶阀，利用供气阀上的泄压阀缓慢释放气体的同时注意观察压力表，当压力降至压力 7 MPa 时报警哨即发出报警。

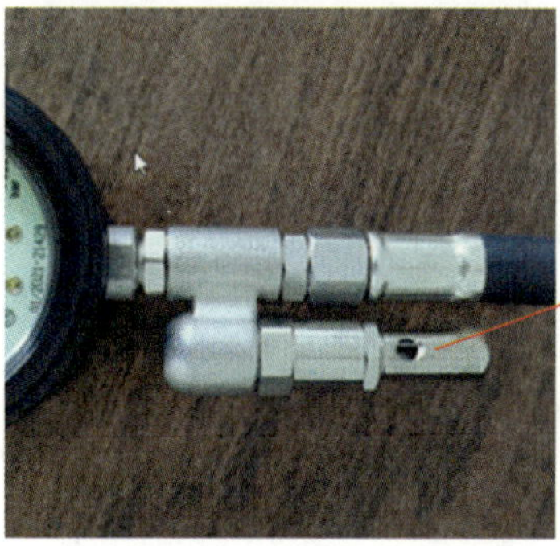


图 30-57 报警哨位置

(2) 因为启鸣压力大于 6 MPa，将报警哨（图 30-57）逆时针旋转（如果低于5 MPa，则需要顺时针旋转调整），再次操作检查报警压力，在 5.5 MPa 附近启鸣报警，故障排除。

**4. 故障评析**

报警哨是由弹簧的弹力来控制，弹簧预紧力过大或过小都会影响启鸣报警压力。本案例在较高压力时即报警，说明弹簧预紧力过大；如果在较低压力时报警，弹簧预紧力过小，或者长时间使用弹簧形变造成弹力不足。

故障原因：安装质量问题（100%）。

## 案例 526 正压式消防空气呼吸器压力表指针摆动

**1. 装备信息**

装备名称：正压式消防空气呼吸器　　生产日期：2020 年 3 月

装备型号：RHZK9

**2. 基本情况**

消防员报修，正压式消防空气呼吸器气瓶阀开启后，供气流量减少，呼吸时压力表指针来回摆动。

**3. 故障检查与排除**

(1) 检查气瓶阀已完全开启，排除了气瓶阀开度不够，供气不足引起压力表指针摆动。

(2) 将气瓶从背拖上的减压阀接口拆开，检查发现过滤网堵塞（图 30-58），更换新的过滤网，故障排除。

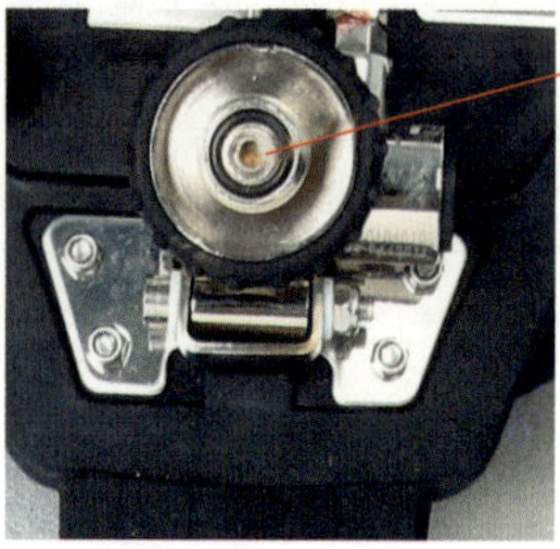


图 30-58 气瓶与减压器连接处过滤网

**4. 故障评析**

在气瓶未连接状态时，过滤网处于裸露状态，容易被杂质堵塞。此外，压力表内阻尼液流失，气瓶压力降低时压力表指针也会发生较大摆动。

故障原因：维护保养不及时（100%）。

**5. 改进建议**

每套正压式消防空气呼吸器应配过滤网作为备用。

## 案例 527 化学氧消防自救呼吸器鼓胀损坏

**1. 装备信息**

装备名称：化学氧消防自救呼吸器　　生产日期：2017 年 7 月

装备型号：HFZY30

**2. 基本情况**

消防站储备的化学氧消防自救呼吸器出现鼓胀现象。

**3. 故障检查与排除**

检查发现，储备的化学氧消防自救呼吸器发生鼓胀，内部化学物质发生反应，产生氧气，发生气囊膨胀，如图 30-59 所示。化学氧消防自救呼吸器属一次性用品，因此将问题呼吸器全部作报废处理。

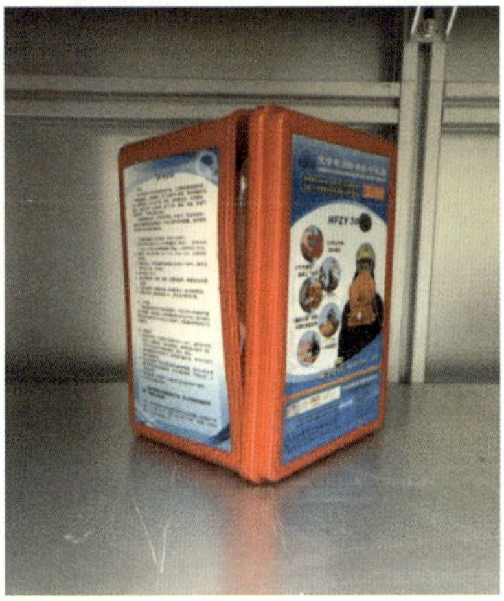

图 30-59 发生鼓胀的化学氧消防自救呼吸器

**4. 故障评析**

化学氧消防自救呼吸器，一般是利用超（过）氧化物［通常为超（过）氧化钾］与二氧化碳和水蒸气反应产生氧气，从而为使用者提供呼吸用氧。

经检查发现，因包装密封不严导致过氧化物与空气中的水和二氧化碳反应产生氧气膨胀，属于产品质量问题。

故障原因：产品质量问题（100%）。

## 案例 528 呼救器后场接收装置烧毁

**1. 装备信息**

装备名称：呼救器后场接收装置　　　　生产日期：2007 年 6 月

装备型号：RHJ280T-C/Y

**2. 基本情况**

呼救器后场接收装置，充电过程中电池突然起火，整机烧毁。

**3. 故障检查与排除**

（1）箱体局部熔融，电池、主板等均存在不同程度烧毁，测量充电器参数DC12.2 V/1000 mA，充电器性能正常。

（2）检查主板及线路无龟裂老化，短路失火可能性不大。

（3）检查电池组，发现电池老化。经询问得知该电池充放电次数过多。正常充电电量无法满足出厂时规定的额定工作时间，继而使用充电器连续对该电池充电超过 7 h，最后导致电池组气化漏液短路，将电池组、主板等部件烧毁（图 30-60），作报废处理。

图 30-60 呼救器后场接收装置烧毁

**4. 故障评析**

该器材电池组属于聚合物锂电池，可循环充电 330 次左右，化学性质非常活跃。当电池达到使用寿命后，易发生过充、短路、内部持续升温等状况，在此过程中可能出现气体膨胀，电池内压加大，导致电池破裂、漏液、起火甚至爆炸。

使用者应准确判断电池寿命长短，一般蓄电池充满电后正常放电时间不足新品的 50%时，应予以报废。

故障原因：电池质量问题（50%）；使用管理问题（50%）。

# 后　　记

## ——关于528个案例故障原因统计分析的说明

编者对本书全部案例的故障原因进行了初步探索性的分析统计，大致把故障原因划分成了十类。

（一）设计：包括结构设计、布置、参数、尺寸问题。

（二）安装：包括组装、安装、加工和工艺问题。

（三）修理、维保：包括检查、标定、修理和维护保养错误、不当、不及时。

（四）自然磨损老化：包括零部件自然磨损、老化。

（五）操作疏忽：包括操作者疏忽大意引发的故障。

（六）操作错误和操作不当：包括违章操作、缺少正确知识和误操作引发的故障。

（七）装备管理：包括存放、交货前到货后改装、检查、配发、耗材等衔接管理问题。

（八）零部件材料选择和选型：包括零件尺寸、材料、选型不合理，不适应环境和工作需求。

（九）零部件质量问题：包括零部件本身发生的故障。

（十）偶发故障：由于某种临时性原因，造成质量状况突然恶化而造成的故障；具有小概率、难复制、需继续观察的特点。

发现528个案例中属于设计和安装的故障原因占比30.2%，零部件材料选择和选型、零部件质量问题占比27.7%，修理、维保问题占比17.4%，操作疏忽、操作错误和操作不当占比15.2%，自然磨损老化占比6.0%，装备管理问题占比2%，偶发故障占比1.5%。可见，消防车辆装备的质量管理应该贯穿装备研制、生产、操作使用和维护保养等全寿命周期各阶段，无论是生产企业还是使用单位都有责任对影响装备质量的环节和因素进行计划、组织和控制。

案例中有相当一部分故障原因难于确定，可能包括两个以上的原因。编者中十几位消防队伍维修专家、装备管理人员、消防车厂家售后服务专家、设计人员经过讨论，对单一和可能有几种以上原因的案例给出了原因占比。统计分析中的案例故障原因占比不能反映实际故障原因占比，而是528个案例中故障原因出现的百分比。希望能给消防车辆装备设计、生产、零部件供应链、售后、使用、管理、维护保养等相关责任人员提供相应的教训和警示。

编者

2023年8月